# 대은 변안열의 생애와 업적

## 대은 변안열의 생애와 업적

초판 제1쇄 발행 2013. 9. 17.
초판 제2쇄 발행 2013. 11. 7.

지은이 이성무 외
펴낸이 김경희
펴낸곳 본사 • 경기도 파주시 교하읍 문발리 520-12
전화 (031)955-4226 · 4227 팩스 (031)955-4228
서울사무소 • 서울시 종로구 통의동 35-18
전화 (02)734-1978 팩스 (02)720-7900
인터넷한글문패 지식산업사
인터넷영문문패 www.jisik.co.kr
전자우편 jsp@jisik.co.kr
등록번호 1-363
등록날짜 1969. 5. 8.

책값은 뒤표지에 있습니다.


ISBN 978-89-423-1168-2 94910
ISBN 978-89-423-0062-4 (세트)

이 책을 읽고 지은이에게 문의하고자 하는 이는
지식산업사 전자우편으로 연락 바랍니다.

# 서 문

대은(大隱) 변안열(邊安烈)은 고려 말의 명장으로 이성계와 함께 홍건적(紅巾賊)과 왜구(倭寇)의 침입을 막아, 국가를 외침(外侵)으로부터 구한 대표적인 명장이다. 그는 공민왕과 노국대장공주(魯國大長公主)를 따라 원나라로부터 귀화해 국가의 공병(公兵)인 의흥우군(義興右軍)을 지휘해 외적을 막는 데 공헌했다. 처음에는 친원파였겠지만, 공민왕의 노선을 따라 친명파로 돌아서, 위화도 회군(威化島回軍) 때까지는 이성계의 노선을 따랐다.

그러나 이성계 일파가 전제개혁(田制改革)을 단행해 구 귀족의 경제적 기반을 신 귀족 쪽으로 전환하려 하자 반기를 들었다. 그는 이것이 고려왕조의 멸망과 관계된 일이라는 것을 잘 알고 있었다. 그리하여 같은 친명파였지만 고려왕조를 유지시키려는 이색(李穡)의 노선을 따랐다.

그러자 이성계 일파는 변안열을 김저(金佇)의 옥, 윤이(尹彝)·이초(李初)의 난에 연루시켜 한양으로 귀양 보내고 불법으로 죽였다. 이성계에 맞먹을 군사력을 가지고 있던 변안열은 반역자의 누명을 쓰고 억울하게 죽은 것이다. 물론 조선왕조가 세워지고 바로 뒤에, 변안열의 죄는 신원(伸寃)이 되었고 자손들은 서용(敍用)이 되기는 했지만, 《고려사》에서는 그를 간신 열전에 넣어 영원히 필주(筆誅) 했다. 충신(忠信)이 오히려 간신(姦臣)이 된 것이다. 그리하여 변안열은 억울하게 역사의 죄인으로 전락해 오늘날까지 매장되어 오고 있었다.

이는 대단히 불공평한 일이다. 역사적 인물은 그가 수행한 업적을 공정하게 평가받아 우리의 본보기가 되어야 한다. 이에 한국역사문화연구원에서는 이 방면의 전문가들을 모아, 여러 방면으로 대은 변안열 선생의 업적을 연구해, 그에 대한 정당한 역사적 평가를 내리고자 하였다. 이 연구에 참여한 이는 모두 열 분이다. 그 결과, 대은 변안열 선생을 간신으로 본 《고려사》 열전의 평가는, 조선왕조를 건국하는 데 반대한 대가로 이성계 일파들이 덧씌운 가당치 않은 죄목이라는 것을 알아냈다. 대은 변안열 선생은 간신이 아니라 충신이었던 것이다.

그래서인지, 전쟁기념관에서 이번에 대은 변안열 선생을 새로이 한국의 호국인물로 정했다고 한다. 경하할 일이다. 무엇보다도 우리의 연구가, 왜곡된 역사를 바로잡을 수 있었다는 점에서 자부심을 느낀다.

끝으로, 이 연구에 동참해 주신 학자 여러 분들께 감사드리고, 원주변씨 문중의 변상현 회장과 변정구 명예회장의 적극적인 지원과, 지식산업사 김경희 사장을 비롯한 임직원 여러 분의 노고에 아울러 감사의 말씀을 전하고 싶다.

2013년 7월  일

한국역사문화연구원장  이 성 무 드림

# 차 례

제5주제



제6주제

제10주제

## 고려 말 무장세력의 정치적 변동과 변안열 / 정해은 ······· 723



제11주제

## 조선시대의 원주변씨 유적 / 이상규 ······ 773

# 표/그림 차례

**제1주제**



**제2주제**



**제3주제**

**제4주제**



**제6주제**



**제7주제**



**제9주제**

**제10주제**



**제11주제**

제1주제

# 변안열의 생애와 평가

**이 성 무**

한국역사문화연구원장

## 1. 머리말

변안열(邊安烈; 호 大隱, 1334~1390)은 고려 말에 이성계(李成桂)의 조선 건국을 반대하고 고려를 지키려다가 죽임을 당한 충신 가운데 한 사람이다. 충신 가운데 문신의 대표가 정몽주(鄭夢周)였다면, 무신의 대표는 변안열이었다. 그런데 두 사람의 운명은 크게 다르다. 정몽주는 죽은 뒤에 곧 신원되어, 그 자손 가운데 정승의 반열에 오른 사람이 있는가 하면, 절의를 지킨 사림(士林)의 종장으로 문묘에 종사되었다. 반면, 변안열은 《고려사》 간신 열전(姦臣列傳)에 수록되었다.

《고려사》 열전 권39, 간신 열전에 변안열과 함께 수록된 사람은 조민수(曺敏修), 이인임(李仁任), 임견미(林堅味), 염흥방(廉興邦), 왕안덕(王安德) 등이다. 그러나 이들이 간신 열전에 들어가는 것은 이상하다. 윤근수(尹根壽)도 그의 《월정만필》(月汀漫筆)에서 이렇게 말하였다.

《고려사》 간신전에 실린 조민수·변안열로 말한다면, 그들의 일과 행동에서 처음부터 끝까지 간사스러운 증상이 있음을 알지 못한다. 조민수는 다만 선왕의 아들을 세워야 한다는 이색(李穡)의 말만 듣고 창왕(昌王)을 옹립했을 뿐이며, 변안열은 여흥왕(驪興王=禑王)을 개인적으로 찾아가 뵈었을 뿐이다. 이것을 가지고 죄를 만들어서 간신의 열에 넣어두었으니 어찌 후세의 인심을 복종시킬 수 있으며, 또한 사실을 바른대로 쓴 믿을 만한 역사라고 할 수 있겠는가? 또 먼저 임금의 아들을 세워야 한다고 한 것은 곧 이색의 말이다. 근본을 따져서 죄를 삼는다면 이색은 장하죄(杖下罪)의 우두머리임을 면치 못할 것이다. 그런데 사신(史臣)들이 이색은 명유(名儒)라 해 감히 간신의 이름을 붙이지 못하고, (조)민수에게만 가했을 따름이니, 한 번 웃음을 터트릴 만하다.[1)]

가정(柯汀) 조진관(趙鎭寬)은 이렇게 말했다.

원천부원군(변안열)은 곧 고려 말의 위인이다. 그의 공훈은 김취려(金就礪)와 같고, 그의 절조(節操)는 우현보(禹玄寶)와 같으며, 그의 충정(衷情)은 최영(崔瑩)과 같으니, 국승(國乘)에 두드러지고, 야사(野史)에 상세해 가히 고구(考究)할 수 있다.[2)]

---

1) 尹根壽, 《月汀漫筆》.
2) 《原州邊氏醴泉派譜》, 諸賢評論, 150쪽.

두암(斗菴) 김약련(金若鍊)도 다음과 같이 말했다.

> 삼사공(三司公) 변안열은 고려의 운명이 장차 끊어지려 할 즈음에 반드시 충의롭고 준걸한 인물을 내어 어떤 사람은 힘을 다해 외적의 침입을 방어하고, 어떤 사람은 절개를 지켜 목숨을 바친다. 만세에 이르도록 신하들에게 모범이 될 만한 자가 세상에 없지는 않다. 그러나 한 사람의 몸으로 이 두 가지를 모두 겸한 사람을 세상에서 구한다면 변안열과 비교될 만한 사람이 아주 드물다.[3)]

이성계의 화가위국(化家爲國)을 방해했으니 제재를 받는 것은 이해할 만하나, 문관과 무관의 차이가 너무 크다. 역성혁명(易姓革命)을 추진하는 쪽에서는 이들을 설득시키고자 애썼으나, 이들의 충성심 때문에 설득이 불가능했다. 그래서 이들은 비명에 갔고, 역사에서 매도되었다.

그러나 1392년(태조 1) 7월 17일에 조선왕조가 건국되자, 이들의 죄는 용서되고, 자손은 등용되었다. 고려를 위한 충신을 박해하면 조선을 위한 충신도 나올 수 없기 때문이다. 단, 무신인 변안열은 이성계에 맞설 수 있는 군사력을 가지고 있었으므로 무리하게 제거되고 각박한 처우를 받은 것이 아닌가 생각된다.

이에 이 글에서는, 고려 말 조선왕조의 건국 과정에서 간신으로 폄하된 변안열의 역사적 위상을 객관적으로 밝힘으로써, 그에 대한 새로운 역사적 평가를 하고자 한다.

---

3) 위의 글, 151쪽.

## 2. 원주변씨의 세계

변안열의 본관은 원주(原州)이다. 원주변씨의 조상은 황제(黃帝)로 소급된다고 하나, 믿을 수 없다. 고려와 조선시대에는 자기 가문의 위상을 높이기 위해 그 조상이 중국으로부터 왔다고 조작한 경우가 많았다. 그러니 중국과 연계된 가계는 신용할 수 없다. 족보에 나타나는 변안열의 상계(上系)는 다음과 같다.

표 1. 변안열의 상계

(微子上世系) 黃帝 …… 殷 …… (微子下世系) 宋(微子) …… 19세 御戎
(宋 平公; 字子邊 子孫因以邊爲姓)

一世 御戎
邊印
邊伯
邊韶
邊鳳
邊讓
邊鎬
邊肅
邊鏡
二世 重亮
三世 演

황제(黃帝)의 성은 공손(公孫), 또는 희(姬)였다. 중국에서 그 후예는 은(殷), 송(宋)을 거쳐 송 19세 어융(御戎) 때 변성(邊姓)으로 바뀌었다. 어융의 자(字)가 자변(子邊)이었기 때문에 변(邊)을 성으로 삼았다는 것이다.4)

어융과 같은 대에는 앙(卬), 백(伯), 소(韶), 봉(鳳), 앙(讓), 호(鎬), 숙(肅), 경(鏡) 등이 있다. 앙(卬)은 송나라 평공(平公)의 증손으로 대사도(大司徒)를 지냈으며, 자손들이 농서(隴西), 금성(金城), 무추(武秋), 진유(陳留) 등지에 살았다. 소(韶)는 한(漢)나라 상서령(尙書令)이었다. 《사기》(史記) 인물지(人物誌)에, 소의 자는 효선(孝先)이니 준의(浚儀) 사람이며, 문학으로 이름이 알려져 수백 사람을 가르쳤다고 하였다. 한번은 낮잠을 자는 척했더니 제자가 조롱하기를, "변소(邊韶)가 배가 편편하게 살찐 것은 독서에는 게으르고 단지 잠이나 자려고 하기 때문이다"라고 하였다. 변소가 응대하기를, "변(邊)이 성(姓)이요, 효(孝)가 자(字)인 사람이 배가 편편하게 살찐 것은 5경(五經)의 책상자이니, 다만 잠을 자면서도 경 읽기를 일삼는다"고 하니, 조롱하던 사람이 크게 부끄럽게 여겼다고 한다. 그래서 세상 사람들이 "변소는 잠을 자면서도 경(經) 읽기를 좋아하고, 태수로 좌천되었다가 정승이 되었다"고 하였다. 여러 번 북지(北地) 태수로 좌천되었다가 조정에 들어가 상서령이 되고, 진(陳)나라 정승이 되어 관(官)에서 죽었다.5)

봉(鳳)은 한나라의 경조윤(京兆尹)이었다. 《사기》 인물지에 "봉은

4) 《黃州邊氏大同譜》(황주변씨대동보편찬위원회, 朗州印刷社, 1988), 本源錄, 48~61쪽.

5) 위의 책, 61~62쪽.

진유(陳留) 사람으로, 환제(桓帝) 때 경조윤이 되어 정치에서 관용과 인(仁)을 숭상하고 백성을 불쌍히 여겨 3보(三輔; 한 무제 때 지방장관)들이 감탄했다"고 하였다. 선시(先時)의 조광한(趙廣漢)과 장창(張敞)과 왕준(王駿) 등과 뒤의 연독(延篤), 변봉이 모두 경조윤으로써 능력이 있었다고 알려졌다. 세인들이 "옛날에는 조(趙), 장(張), 왕(王) 3왕(王)이 있었고, 뒤에는 변(邊), 연(延) 2군(君)이 있었다"고 했다. 양(讓)은 한나라 구강태수(九江太守)였다. 한나라의 양과 전양(傳讓)이 재명(才名)이 있었기 때문에 조조(曹操)가 시기해 죽였다. 양이 구강(九江)에서 피살되었기 때문에 호를 구강태수라 했다. 구강의 사민(士民)들이 은혜를 많이 받아 사당을 세워 제사를 지냈다.

호(鎬)는 남당(南唐)의 대부였다. 숙(肅)은 송나라 형주자사(邢州刺史)였다. 《사기》 인물지에 "숙(肅)이 형주를 맡았을 때 마침 거란(契丹)이 쳐들어와 도적질을 하니, 진종(眞宗)이 단연(澶淵)에 있다가 밀조(密詔)를 내려 편의를 들어주고 성을 보존하라고 했다. 그러나 숙은 조서를 숨기고 장정들을 독려해 성에 올라가 모든 문을 열고 병기(兵器)와 장폐(障蔽)를 가지고 기다렸다. 거란의 기병들이 성 아래에 임박했을 때 숙이 더불어 싸워 이기니, 거란은 그 계략을 헤아릴 수가 없었고, 세인들은 변숙이 도적을 막으려고 성에 먼저 올라간 것이다"라고 했다. 경(鏡)은 송나라 평공의 증손 앙(卬)의 후손이다. 변송(汴宋) 때 문하습비후대아찬(門下習秘侯大阿湌)이었다.[6] 그러나 이 상계는 변안열 가계와 직접 연결되는지 알 수 없다.

6) 위의 책, 63~64쪽.

2세는 송나라 평장사(平章事)인 중량(重亮)이요, 3세는 송나라 병부상서인 연(演)이라 한다.

표 2. 장연변씨(長淵邊氏) 세계

| | |
|---|---|
| 四世 | 有寧 |
| 五世 | 彦卿 |
| 六世 | 冲孝 |
| | 冲悌 |
| 七世 | 睿 |
| | 玄 |
| 八世 | 懷 |
| | 呂 |

어융의 4세 유영(有寧)은 호가 석천옹(石川翁)인데, 송나라의 판동서(判同署)로서 1138년(고려 인종 16)에 장공주(長公主)의 배신(陪臣)으로서 고려로 와 중문지후(中門祗侯)에 임명되고, 연성부원군(淵城府院君)에 봉해졌다. 이가 장연변씨(長淵邊氏)의 시조이다. 유영을 시작으로 변씨는 중국의 변씨와 연결시킨 것이다. 부인은 시중상서(侍中尙書) 태보문하시랑(太保門下侍郎) 오정필(吳挺弼)의 딸인 해주오씨(海州吳氏)다. 묘는 해주 억건리(億健里) 두항동(頭項洞) 경좌(庚坐)에 남편과 함께 합장되어 있다.[7)]

5세 언경(彦卿)은 무과에 급제해[8)] 동정(同正) 벼슬을 했다. 부인은

7) 《장연변씨족보》 권1, 1쪽.

8) 고려시대에는 무과가 실시되지 않았다. 단, 1109년(예종)부터 1133년(인종 11)까

해주표씨(海州表氏)다. 묘는 해주 화분교(火焚橋)에 남편과 함께 합장되어 있다. 6세 충효(沖孝)는 검교흥의위장군(檢校興義衛將軍)이었다. 부인은 당악양씨(唐岳楊氏)다. 묘는 안악(安岳) 청룡포(靑龍浦)에 남편과 함께 합장되어 있다. 동생 충제(沖悌)도 검교흥의위장군을 지냈다. 7세 예(睿)는 충효의 아들이다. 응공하대위장군(應功下隊衛將軍)을 지냈다. 부인은 죽산안씨(竹山安氏)로, 묘는 장연(長淵) 두산(頭山) 서록(西麓)에 남편과 함께 합장되어 있다. 동생 현(玄)은 충제의 아들이다. 이름을 요(么)라고도 하고, 호는 소황자(小黃子)라 했다. 1196년(고려 명종 26)에 죽었다. 황주 삼전(三田) 서쪽 언덕에 장사지냈다. 부인은 해주최씨로, 남편이 죽은 3일 뒤에 죽어 남편과 합장했다.[9)]

8세 회(懷)는 예(睿)의 아들이다. 호를 암곡(巖谷), 초수(樵叟)라 했다. 문과[10)]에 급제해 중현대부(中顯大夫) 감문대호군(監門大護軍)이 되었다. 문집이 있다. 부인은 강씨(康氏)인데, 묘는 재령(載寧)에 있다고 한다.

회(懷)의 아우 여(呂)는 현의 아들이다. 1232년(고려 고종 19)에 몽고가 송경(松京)을 둘러쌌다. 여는 향호(鄕戶)로서 적에게 잡혔다. 적이 왕이 있는 곳을 물으니 그는 말하지 않았다. 적이 불로 지지려 했으나 끝내 불지 않으면서 정색을 하고 욕하기를, "군신은 부자와 같은 의리가 있는 것인데, 설사 신하가 임금이 피해 있는 곳을 안다고 해

---

지 24년 동안은 일시 무과를 실시한 적이 있다. 그러니 이때 무과에 합격했다는 것인지 알 수 없다.[이성무, 《개정증보 한국의 과거제도》(집문당, 1994), 142쪽]

9) 《황주변씨족보》, 65~66쪽.

10) 고려시대에는 문과라 하지 않고 제술업(製述業), 명경업(明經業)이라 했다.(이성무, 앞의 책, 62쪽)

표 3. 황주변씨(黃州邊氏) 세계

| | |
|---|---|
| 八世 | 呂(泰川伯) |
| 九世 | 允 |
| 十世 | 宥 |
| | 女+鄭文鑑 |
| 十一世 | 制 |
| 十二世 | 訥 |
| 十三世 | 碩 |
| | 順 |
| 十四世 | 諒 |
| 十五世 | 安伯 |
| | 安烈 |
| | 安緖 |

도 어찌 너희들에게 알려 주겠느냐"고 했다. 적이 죽이려 하자 그들 가운데 한 사람이 "이 사람은 의인(義人)이다. 죽여서는 안 된다"고 하고 풀어주었다. 그는 죽음을 면하고 산곡 사이에 숨어 있었다. 왕이 개경으로 돌아와 그의 충절을 듣고 찾아서 상장군에 임명하고, 태천백(泰川伯)에 봉했다. 1279년(충렬왕 5)에 죽었다. 이가 황주변씨(黃州邊氏)의 시조이다.[11] 그러나 나말려초에 변멸성(邊蔑性)의 아들 고승 균여(均如)가 황주의 북형악(北荊岳) 남록(南麓)에서 낳았다는 것으로 보아, 일찍부터 황주에는 변씨가 살았음을 알 수 있다.[12] 그

11) 위의 책, 66쪽.

12) 《大隱實記》(한일문화인쇄사, 1977), 215쪽.

런데 변려(邊呂)와 그 다음 변윤(邊允)의 세대수가 명확하지 않아, 다만 '여후'(呂後)라고만 적고 있다. 이 밖에도 변안열의 계보상의 인물 가운데 당대 기록이 확인되지 않은 사람이 있고, 생존연대도 의심스러운 경우가 있다.[13] 부인 김씨는 1266년(고려 원종 7)에 죽었다.[14]

9세 윤(允=또는 胤)은 여(呂)의 아들이다. 자는 윤지(允之)요, 호는 서해선생(西海先生)이다. 1172년(명종 2)에 태어나 서해도안찰사가 되었다. 1207년(희종 3)에 죽었다. 부인은 정당(문학) 최숙(崔俶)의 딸이다. 1208년에 죽었다. 10세 유(宥)는 윤(允)의 아들이다. 처음 이름은 보(保)다. 1199년(신종 2)에 태어나 1268년에 죽었다. 정의대부(正義大夫) 공부의랑(工部議郎)을 지냈다. 부인은 평장사 황보기(皇甫琦)의 딸이다. 윤(允)의 딸은 정문감(鄭文鑑)에게 시집갔다.[15]

11세 제(制)는 유(宥)의 아들로, 1217년(고려 고종 4)에 태어나 1289년(충렬왕 15)에 죽었다. 향년 73세. 광록대부(光祿大夫) 검교참지정사(檢校叅知正事)를 지냈다. 부인은 중서(사인) 이소(李昭)의 딸이다. 12세 눌(訥)은 제(制)의 아들로, 자가 창언(昌彦)이다. 1234년(고려 고종 20)에 태어나 1279년(고려 충렬왕 5)에 죽었다. 향년 46세. 판시중(判侍中)을 지냈다. 부인 백씨(白氏)는 낭중(郎中) 화(華)의 딸이다.[16]

13세 석(碩)은 지후(祗侯)를 지냈고, 석의 동생 순(順)의 자는 욱지(頊之)인데, 1247년(고려 고종 34)에 태어나 원나라에 가서 심양로(瀋陽

13) 위와 같음.
14) 《황주변씨족보》, 65～66쪽.
15) 위의 책, 67～68쪽; 《고려사절요》 권18, 원종 11년 6월; 《東史綱目》 권11 下, 원종 11년 6월.
16) 《황주변씨족보》, 68쪽.

潞) 천호후(千戶侯)에 봉해졌으며, 고려에서는 삼중대광(三重大匡) 문하찬성사(門下贊成事) 판예의사사(判禮儀司事) 상호군(上護軍)을 지냈다. 1268년(원종 9)에 원나라 사신 탈타아(脫朶兒)를 수행해 원나라에 갔다. 탈타아는 일본 정벌을 준비하기 위해 고려에 왔다가 12월에 귀환할 때 대장군 장일(張鎰)이 수행했는데, 이때 변순도 함께 간 것 같다.[17] 1309년(고려 충선왕 1)에 죽었다. 향년 63세. 묘는 심양(瀋陽) 백안동(伯顏洞) 북쪽, 들에 있다. 부인은 시랑(侍郎) 김재(金在)의 딸이다. 1312년(고려 충선왕 4)에 죽어 남편과 합장했다.[18]

순의 아들 14세 양(諒)의 자는 양보(亮父)요 심양후(瀋陽侯)였다. 1264년(원종 5)에 태어나 1338년(충숙왕 7)에 죽었다. 향년 75세. 성근익조공신(誠勤翊祚功臣) 벽상삼한삼중대광(壁上三韓三重大匡) 문하판삼사사(門下判三司事) 상호군(上護軍)에 추증되었다. 부인 곽씨는 좌승(左丞) 곽성(郭渻)의 딸인데, 남편보다 3일 뒤에 죽어 합장했다. 묘는 중국에 있다. 1338년 4월 19일에 오리동(梧里洞)에 매안(埋安)했다.[19]

양(諒)은 안백(安伯), 안열(安烈), 안서(安緖)의 3형제를 두었다. 장자 안백은 심양후(瀋陽侯)를 지냈다. 아들 숙(肅)은 원나라 학사로 안열을 따라 고려에 와서 벼슬이 호부전서(戶部典書)에 이르렀다. 고려가 망하고 배천(白川)에 은거했다. 안서는 서자로서 역시 안열을 따

17) 《大隱實記》, 216쪽.

18) 《황주변씨족보》, 68쪽; 《原州邊氏族譜》(庚申譜, 1800) 卷1; 《黃州邊氏大同譜》 全(朗州印刷社, 1988), 69B, 74A.

19) 위와 같음.

라 고려로 왔다.[20] 강릉대군(江陵大君: 공민왕)을 모시고 온 사람들은 3대장(大將), 6학사(學士)가 있었는데, 변안열를 비롯한 세 사람을 3대장이라 하고(두 사람의 이름은 알 수 없다), 공소(孔紹), 변숙(邊肅), 황보영(皇甫榮), 감규(甘揆), 독고억(獨孤億), 황석기(黃石奇) 등을 6학사라 했다.[21]

이 가운데 변숙은 원나라에 있을 때, 1351년(충정왕 3)에 대책(對策)으로 한림학사에 제수되고, 변안열을 따라 고려에 와서는 전객시부령(典客寺副令)을 거쳐 낭장(郎將), 전농시정(典農寺正), 태상소경(太常少卿), 밀직부사(密直副使), 문하평리(門下評理), 공부전서(工部典書), 보문각대제학(普文閣大提學), 호부전서(戶部典書) 등 고위관직을 역임하다가, 변안열이 죽은 1390년(공양왕 2)에 면직되었다.[22] 그는 정몽주의 제자이고, 조의생(趙義生), 임선미(林先味), 길재(吉再), 전귀생(全貴生), 이숭인(李崇仁), 유구(柳珣), 우현보(禹玄寶), 원천석(元天錫) 등 절의파와 가까웠다. 그런데 정몽주가 격살되자 이들은 뿔뿔이 흩어져 은거하거나 죽었다.[23] 이에 변숙은 아들 을충(乙忠)을 데리고 지팡이를 짚고 벽란진(碧瀾津)을 건너 배천(白川) 남쪽 물굴리(勿屈里)에 돌아가 그 마을을 모려(慕麗)라고 하고, 밭갈이하면서 은거했다. 그는 정몽주・길재・조의생・임선미를 스승으로, 신안(申安), 우현

---

20) 위와 같음.

21) 《原州邊氏叅判公派譜》 上卷 雜錄附(回想社, 1989), 177쪽.

22) 趙鍾永, 〈文節公神道碑銘幷序〉, 《原州邊氏典書公派世系譜》(原州邊氏典書公派宗親會), 15~16쪽.

23) 邊尙和, 〈文節公行狀〉, 《原州邊氏典書公派世系譜》(原州邊氏典書公派宗親會), 28~30쪽.

보, 조승숙(趙承肅), 채귀하(蔡貴河) 등을 벗 삼아 항상 백이송(伯夷頌)을 외우고 옛 왕씨력(王氏曆)을 썼다.[24] 1392년(태조 1) 7월에 이성계가 조선왕조를 세우자마자, 16일에 변숙을 공조전서로 불렀으나 "내 비록 중국 사람이긴 하나 노국공주를 위해 공민왕에게 신사(臣事)했거늘, 어찌 차마 북쪽을 향해 두 임금을 섬기겠느냐?"라고 하고 모려에 은거했다고 한다. 1399년(?, 정종 1)에 죽으니 유명(遺命)에 따라 재경동(宰卿洞)에 장사지냈다.[25]

## 3. 변안열의 생애

15세 안열은 바로 원주변씨의 시조이다. 안열의 자는 문성(文成), 충가(忠可)요, 호는 대은(大隱), 불굴당(不屈堂)이요, 시호는 양절(良節)이다.[26] 1334년(충숙왕 복위 3)에 심양사제(瀋陽私第)에서 태어나,[27]

---

24) 邊尙和, 〈文節公行狀〉, 29~30쪽.

25) 《原州邊氏典書公派世系譜》 年譜, 11쪽.

26) "公之先 本中國人 元朝刑部尙書諱安烈東來 官大匡門下 封原城伯 仍貫原州 號大隱 諡良節 諱/顧 官左軍都總制 諡靖平."(李中轍, 〈通訓大夫司憲府執義歸溪邊公墓碣銘幷序〉) 이 묘갈명은 1963년에 간행된 이중철의 《효암문집》(曉庵文集) 권11에도 축약된 채로 수록되어 있다. 그러나 양절(良節)이라는 시호는 이곳 이외에 어떤 곳에서도 찾아볼 수 없는 것이 흠이다. 변안열이 역적으로 처단되었기 때문에 죽은 뒤에 시호를 받을 수 없었다. 만일 한말에 변안열이 신원이 되었으면 관계기록이 관이나 문중에서 나타나야 할 것이다. 후고를 기다린다.

27) 《대은실기》 원본(原本)의 대은 연보에는 1343년(충혜왕 복위 4)에 태어났다고 되어 있으나, 1334년(충숙왕 3 甲戌)이 맞다고 했다.[〈大隱先生年譜〉, 《原州邊氏

표 4. 원주변씨(原州邊氏) 가계

安烈
　顯
　　克忠: 別坐公派
　　克愨: 叅議公派
　/頤
　　次熹: 僉樞公派
　　尙朝: 南部令公派
　　尙覲: 護軍公派
　　尙會: 叅判公派
　　尙同: 監察公派
　　尙聘: 郡守公派
　　尙服: 駙馬公派
　預
　　永淸: 司勇公派
　　世淸: 中郎將公派

1390년(공양왕 2)에 죽었다. 향년 57세. 지조가 청고(淸高)하고 국량이 넓었으며, 문장에 능하고, 무예에 뛰어났다.[28] 15, 16세에 탈탈불화(脫脫不花)를 사사(師事)해 1343년(충숙왕 복위 3)에 공부낭중(工部郎中)으로 천거되었으나 곧 버리고 하의(河義)의 집에서 살았다. 1351년(충정왕 3)에 원에서 무과에 장원으로 급제해 화관(華官) 현직(顯職)을

---

叅判公派譜》(回想社, 1989), 43쪽]

28) 鄭夢周, 〈(邊安烈)傳〉(《原州邊氏叅判公派譜》 卷之上), 69~70쪽.

거쳐 1년 안에 형부상서가 되었다. 그는 1351년 12월에 공민왕이 노국공주에게 장가를 가 고려로 오게 되자 19세에 수장(首將)으로 함께 왔다. 이때 조카 숙(肅), 아우 안서(安緖)도 같이 왔다. 이 숙위 업무를 수행하는 수장으로 삼기 위해 형부상서를 초수(超授)한 것 같다. 1353년(공민왕 2)에 왕은 자기의 척리(戚里)인 판추밀(判樞密) 원의(元顗)의 딸과 혼인하게 하고 원주를 본관으로 삼게 했다.[29] 이때 풍양(豊壤)의 전시(田柴)를 식읍으로 받았다.

원주원씨는 원주 지방의 대호족이었다. 시조 원극유(元克猷)는 왕건을 도와 고려를 건국한 공으로 삼한공신(三韓功臣) 병부령(兵部令)을 지냈고, 그 후예 가운데 충렬왕조의 원충갑(元冲甲)은 합단적(哈丹賊)의 침입을 물리쳐 추성분용정란광국공신(推誠奮勇定亂匡國功臣)이 되었으며, 충렬왕-원종조에 선정을 베풀어 명망이 높던 첨의중찬(僉議中贊) 문순공(文純公) 원부(元傅), 찬성사 원관(元瓘), 원충(元忠), 동지밀직사사 원선지(元善之), 공민왕조에 홍건적을 물리쳐 일등공신이 된 충근찬화공신(忠勤贊化功臣) 첨서밀직사사(簽書密直司事) 문정공(文定公) 원송수(元松壽) 등이 배출되었다. 원부는 원의의 증조요, 원관은 할아버지요, 원충은 아버지였다.[30] 1358년(공민왕 7)에 변안열은 노복 300구와 말 5천 필을 바쳤고, 출장입상(出將入相)해 많은 군공을 세웠다.[31]

변안열은 10년 동안 숙위 업무에 종사하다가, 1362년(공민왕 11)에

29) 〈大隱年譜〉(《大隱實記》, 韓一文化印刷社, 1977), 512쪽.

30) 《大隱實記》, 112쪽.

31) 李穡, 〈(邊安烈)行狀〉(《原州邊氏叅判公派譜》 卷之上), 80쪽.

3년 전 안우(安祐)를 따라 홍건적을 물리친 공으로 공훈 2등에 기록되고, 판소부감사(判少府監事)에 임명되었다. 이어 개경을 수복해 공훈 1등의 직첩을 받았으며, 예의판서(禮儀判書)를 제수 받고 추성보조공신(推誠補祚功臣)에 책봉되었으며, 삼사밀직사사(三司密直司事)에 올랐다.[32]

그런데 1368년(공민왕 17)에 주원장(朱元璋)이 양자강 남북을 아우르고, 대도(大都: 북경)를 탈취해 원 순제(順帝)가 상도(上都: 開平府)로 달아났다가 응창(應昌)으로 달아난 사건이 일어났다. 이에 고려 정부는 명나라에 사신을 보내기로 했고,[33] 다음 해(1369)에 변안열은 홍무(洪武) 연호를 쓸 것을 상소했다.[34] 친원파에서 친명파로 바뀐 것이다. 공민왕의 친명정책의 영향이었을 것이다. 이러한 원명교체기에 기철(奇轍)의 아들 기산첨목아(奇賽帖木兒)가 동녕부(東寧府)를 근거로 해 아버지의 원수를 갚겠다고 벼르고 있었다. 고려로서도 대비하지 않을 수 없었다. 변안열의 친구인 간관(諫官) 우현보(禹玄寶)는 이렇게 말했다.

> 가르치지 않은 백성을 싸우게 하는 것은 곧 백성을 버리는 것이라 했습니다. 하물며 싸움이란 위험한 일이어서 한 번 이기고 한 번 지는 것에 존망(存亡)이 달려 있는 것이니 신중하지 않을 수 없습니다. 국가에서는 평소에 예비함이 없이 백성은 싸움을 알지 못하니, 하루아침에 변

32) 위와 같음.
33) 丁巳 令百官 議通使大明.(《고려사》 世家 41, 공민왕 17년 戊申)
34) 《大隱實記》, 115쪽.

고가 있으면 창황해 갈피를 잡지 못하고 비로소 백성을 몰아 졸오(卒伍)에 충당하니, 칼날을 맞대기 전에 소문만 듣고도 흩어질 것이니, 이들로써 싸우면 어찌 성공할 수 있겠습니까? 비록 손자(孫子)나 오자(吳子)를 장수로 삼아도 또한 능히 감당할 수 없을 것이오니, 마땅히 미리 장수를 뽑아서 병졸을 모아 훈련시켜 가르치고 익혀서 사람마다 귀에 쇠북소리를 익히고 눈에 정기(旌旗)를 익숙하게 해서 모두 전쟁을 해도 놀라지 않고, 해야 할 일이면 비록 강한 적을 만나더라도 모두 능히 용감히 싸울 것이니 어찌 낭패해 차례를 잃겠습니까?

군사를 쓰는 길은 오로지 장수에게 달려 있는데, 훌륭한 장수의 재주는 자고로 어렵다고 하오니, 마땅히 자제(子弟)로써 기량(器量)과 견식(見識)이 있는 자를 가려 아울러 병법을 배우게 하고 무예를 익히게 하며, 항상 교열(敎閱)해 정예(精銳)를 가르쳐 길렀다가 그 재주가 이루어짐을 기다려 이를 쓰면 훌륭한 장수를 어찌 얻기 어렵고, 군사를 씀에 규율을 잃을 걱정이 있겠습니까? 옛날에 병서(兵書)로 사람을 시취하는 과(科)가 있었음도 곧 이런 뜻에서였습니다.

먹는 것은 백성의 하늘이니 무겁게 여기지 않을 수 없습니다. 공자(孔子)도 군사를 말함에 먼저 먹는 것을 족하게 해야 한다고 했는데, 먹는 것이 부족하면 군사가 비록 많아도 장차 이를 어떻게 쓰겠습니까? 국가에서 군사를 씀이 이미 햇수로 오래 되었는데, 아직 식량을 축적해 갑작스런 일에 대비함이 없고, 하물며 지금 우택(雨澤)이 때를 어겨 풍흉(豊凶)을 알기 어려우니, 마땅히 널리 저축해 군량을 넉넉하게 하소서.[35]

국가에서 장졸을 미리 뽑아 훈련시키고 군량도 준비해 나라를 지

35) 《고려사》 志 35, 兵 1.

키는 튼튼한 공병(公兵)을 길러야 한다는 것이다. 그리하여 공민왕은 1373년(공민왕 22) 8월에 의용좌우군(義勇左右軍)을 설치해 문화평리(門下評理) 유연(柳淵)에게 좌군을, 밀직사 변안열에게 우군을 지휘하게 했다.[36] 강력한 상비군으로서의 공병이 창설된 것이다. 이 상비군은 어디서 선발했나? 유연이 양광도도순문사(陽廣道都巡問使)를, 변안열은 양광도원수(楊廣道元帥)를 겸하고 있었던 것으로 보아, 양광도(경기도) 병사를 징집한 것 같다. 뿐만 아니라 제주도 목호(牧胡)를 토벌할 때는 변안열이 양광도만이 아니라 전라도 군사도 거느리고 간 것으로 보아, 경기 · 전라 군사가 변안열군의 바탕을 이루었음을 알 수 있다. 왜적이 주로 이 지역을 많이 쳐들어 왔고, 변안열이 승승장구했던 것도 향병(鄕兵)의 향토애와 지형지물 숙지에 있었지 않았나 한다.[37]

1373년(공민왕 22)에는 양광전라경상도도통사(楊廣全羅慶尙道都統使) 최영(崔瑩)과 더불어 제주의 목호(牧胡)를 토벌했다. 제주 목호 토벌에 관한 기록은 최영의 열전에 자세히 기록되어 있다. 그가 총사령관인 양광전라경상도도통사였기 때문이다.[38] 이때 명 태조가 임밀(林密) 등을 보내 제주말 2천 필을 보내라고 했으나 흡적(哈赤), 석질리(石迭里), 필사초고(必思肖古), 독불화(禿不花), 관음보(觀音保) 등의 목호들이 300필만 보내고 더 이상 보내려 하지 않자, 드디어 공

---

36) "八月丙子 置義勇左右軍 以門下評理柳淵 密直使邊安烈 分摠之."(《고려사》 世家 44, 공민왕 22년)

37) 《大隱實記》, 176~177쪽.

38) 《고려사》 권113, 열전 26, 崔瑩.

민왕이 제주도를 칠 것을 논의했다. 그리하여 최영을 양광전라경상도도통사, 염흥방(廉興邦)을 도병마사, 이희필(李希泌), 변안열을 양광도원수, 목인길(睦仁吉), 임견미(林堅味)를 전라도원수, 지윤(池奫)과 나세(羅世)를 경상도원수, 김유(金庾)를 3도조전원수(三道助戰元帥) 겸 서해교주도도순문사(兼西海交州道都巡問使)로 삼아 전선(戰船) 314척, 사졸 2만 5600명을 동원해 제주도를 공격하기로 했다. 그리고 공민왕은 다음과 같은 교서를 내렸다.

> 탐라(耽羅)는 본래 본조(本朝)에 속해 대대로 직공(職貢)을 바쳐오기를 500년이나 되었는데, 근래에 목호 석질리·필사초고·독불화·관음보 등이 우리 사신을 죽이고 우리 백성을 노예화해 죄악이 천지에 가득하므로 이제 최영에게 절월(節鉞)을 주어 가서 치게 하노니 모든 군사를 독려해 기일을 정해 섬멸하라![39]

재추(宰樞)들이 전송할 때 모든 장수들이 다 눈물을 흘리는데, 오직 최영과 변안열만 의연했다고 한다. 8월에 군사가 검산곶(黔山串)에 이르러 모든 장수들이 말하기를, "배가 떠난 날이 이미 오래되었고 바람이 또 점점 차가우니, 마땅히 속히 행군해야 한다"고 했다. 그러나 최영은 "오늘은 바람이 이롭지 못하고 서해의 전함이 백이나 되는데 아직 오지 않았으니 어찌 가겠느냐?"고 했다. 이에 모든 장수들이 울분을 터트렸고, 배가 보길박(普吉泊)에 이르러 최영이 또 바람이 없어 머물러야 하겠다고 하자, 모든 장수들이 "용병(用兵)하

39) 위의 책, 480~481쪽.

는 기틀은 신속함을 귀하게 여기는데, 지체하고 나아가지 않다가 뒤에 만약 의론이 있으면 허물을 장차 누가 감당할 것이냐?"고 했으나 최영이 역시 듣지 않았다. 해가 오시(午時)가 되었는데도 머뭇거리고 떠나지를 않자 변안열 휘하 군사가 먼저 떠나니, 모든 도(道)의 배들이 돛을 달고 일제히 떠났다. 그러자 최영도 할 수 없이 배를 출발시켰다. 이튿날 제주에 이르러 목호들을 사면으로 나누어 치니, 목호들이 3천 여 기병으로 명월포(明月浦)에서 항거하자 제주목사 박윤청(朴允淸)을 시켜 목호들을 효유하고, 항복을 거부하는 자는 모두 죽였으며, 금패(金牌) 9, 은패(銀牌) 10, 인신(印信) 30, 말 1천 필을 노획했다.[40] 이 과정을 보더라도 변안열은 막강한 최영의 뜻을 꺾고 배를 먼저 발진시킬 정도로 자신이 있고 위상이 높았음을 알 수 있다. 그러니 제주 목호 토벌도 변안열의 공로가 컸다고 할 수 있다. 이 공로로 변안열은 판밀직지문하사(判密直知門下事)의 직책을 받았으며, 문하평리(門下評理)로 전직되었다.[41] 변안열이 제주 목호를 치러 간 사이에 홍윤(洪倫), 최만생(崔萬生) 등에 의해 공민왕이 시해되었다. 10월에 돌아온 최영·변안열 등은 공민왕의 재궁(梓宮)에 복명했다.

1375년(우왕 1)에는 부원수로서 심양왕(瀋陽王) 고(暠)의 책동을 극복해 양절선위익찬공신(亮節宣威翊贊功臣)에 책봉되었다. 1376년(우왕 2)에 집의 김승득(金承得), 헌납 안정(安定) 등이 "만생(萬生)과 윤(倫)의 부모, 처자, 형제는 베고, 그 숙질, 종형제는 삭직해 멀리 귀양

---

40) 위의 책, 481쪽.

41) 李穡, 〈(邊安烈)行狀〉, 563쪽.

보내 영구히 서용하지 말기를 청하고, 또 대역(大逆)은 만생과 윤뿐만이 아니오니, 홍관(洪寬), 권진(權瑨), 한안(韓安), 노관(盧琯) 등도 모두 일체로 시행함이 마땅합니다"라고 상소했다. 그러나 문하평리 변안열은 목인길(睦仁吉), 왕안덕(王安德), 우인열(禹仁烈) 등과 함께 "적신(賊臣)의 부형은 이미 모두 멀리 귀양 보냈으니, 청컨대 그 사형은 면하게 해주소서"라고 반대했다. 당시에 권력자 지윤(池奫)이 역당(逆黨)의 전민(田民)과 자산(資產)을 탐내어 윤과 만생의 일족을 모두 베는 상황을 막기 위해서였다. 출장(出將)하면 적을 격파하고 입상(入相)하면 공정한 정사(政事)를 편 것이다.[42]

변안열은 왜구를 물리치는 데도 공헌했다. 1364년(공민왕 13)에 왜구가 착량(窄梁: 수원)에 쳐들어오자 판개성부사 석문성(石文成)과 함께 민가를 약탈하는 왜구를 토벌해 민심을 안정시킨 적이 있다. 또 1376년(우왕 2) 7월에 변안열은 도당(都堂)에서 "왜구가 바야흐로 심히 일어나는데, 오직 방어도감에서만 군기를 만들면 혹 부족할까 염려되오니, 청컨대 각사와 각 부대의 도감(都監)들에게 명해 각각 그 관청의 돈으로 (군기를) 기한을 정해 만들게 해 완급에 대비케 하소서"라고 주장한 바 있다.[43] 아마도 새로 맡은 의용우군(義勇右軍)의 무장(武裝)에 필요한 무기를 조달하는 것이 목적이 아니었나 한다.

이 해 9월에 변안열은 다시 양광전라도지휘사 겸 조전원수가 되어 나세(羅世), 조사민(趙思敏), 유실(柳實) 등과 함께 전라도 부령(扶寧: 扶安)에 침입한 왜적을 물리치니, 도당에서 천수사(天壽寺)에 나

42)《大隱實記》, 122~123쪽.

43) 위의 책, 126쪽.

와 나희(儺戱)를 행하고 백금(白金) 1정(錠), 안마(鞍馬), 의복을 하사받고, 문하찬성사(門下贊成事)로 승진했다. 곡창지대인 호남평야를 적의 노략질로부터 지켜냈기 때문이다.44)

1377년(우왕 3)에 그는 경기도총사(京畿都總使)가 되어 수원 양성에서 왜적을 물리치고, 조전원수가 되어 이성계와 함께 해주에서 왜적을 물리치고, 최영과 함께 해평(海平)에서 왜적을 격파했다. 이때 왜구가 전선 50척을 불태우고, 1천여 명의 병사를 죽였으며, 만호(萬戶) 손광유(孫光裕)가 유시(流矢)를 맞아 죽을 뻔했다. 또 강화부에서 만호 김지서(金之瑞), 부사 곽언룡(郭彦龍)이 적에게 패해 마니산으로 피하자, 우왕은 최영을 6도도통사로 삼아 왜구를 치게 했다. 이때 변안열은 이성계, 양백연(楊伯淵), 나세(羅世), 이원계(李元桂) 등과 함께 최영을 도와 왜구를 크게 물리쳤다. 그리고 경산(京山)에서 300명, 양광도에서 1천 명, 교주도, 서해도, 평안도에서 각 500명 등 무려 3천여 명의 승군(僧軍)을 모집해 전선을 만들었다.45) 4월에는 왜구가 서강(西江)에 출몰해 경성을 위협했다. 그리고 8월에는 왜구가 신주(信州), 문화(文化), 안악(安岳), 봉주(鳳州) 등지에 침입하자, 원수 양백익(楊伯益), 나세(羅世), 박보노(朴普老), 심덕부(沈德符) 등이 나가 막았으나 막지 못하자, 변안열은 이성계 · 임견미 등과 더불어 조전원수로서 출전했다. 이어 9월에 또 왜구가 영광, 장사(長沙), 모평(牟平), 함풍(咸豊) 등지와 해주 · 평주에 침입하자 변안열은 최영 등과 함께 출전해 적을 섬멸했다. 이에 크게 놀란 우왕은 판사 최무선(崔茂宣)

---

44) 鄭經世, 〈(邊安烈)神道碑銘〉(《大隱實記》), 585쪽.

45) 《大隱實記》, 127쪽.

등의 주장에 따라 화통도감을 설치해 화약과 화기를 만들어 1380년(우왕 6)에 나세 등이 하3도에서 적선 500척을 격파했다.[46)]

1380년에 왜선 500척이 진포(鎭浦; 마산) 어귀로 들어오자 나세와 심덕부 등이 화포로 물리쳤다. 이에 적들은 육지로 달아나 이산(利山), 영동(永同) 2현을 불태우고, 황간(黃澗), 어모(禦侮) 2현을 노략질한 뒤 중모(中牟), 화령(化寧), 공성(功城), 청리(靑里) 등 현에 침입했다. 그리고 상주(尙州)를 불태우고 7일 동안 있다가 선주(善州), 경산(京山)을 침탈했다.[47)] 이에 왕은 이성계를 양광·전라·경상 3도순찰사에, 변안열을 양광·전라·경상3도 도체찰사로 삼고, 왕복명(王福命), 우인열(禹仁烈), 도길부(都吉敷), 박임종(朴林宗), 홍인계(洪仁桂), 임성미(林成味), 이원계(李元桂), 이두란(李豆蘭) 등을 원수로, 정몽주(鄭夢周), 배극렴(裵克廉), 상시길, 남은(南誾)을 4종사관으로 삼아 하삼도의 왜적을 치게 했다. 거의 총동원령을 내린 것이다. 이때 이성계가 도원수였고, 변안열은 부원수였지만, 변안열이 거느린 양광·전라도 출신의 의용우군(義勇右軍)은 정예병이었기 때문에 전투력이 매우 높았을 것이다.[48)] 왜적이 사근내역(沙斤乃驛)에 주둔하고 있었는데, 원수 배극렴, 김명휘(金明輝), 지용기(池湧奇), 오언(吳彦), 정지(鄭地), 박수경(朴修敬), 배언(裵彦), 도흥(都興), 하을지(河乙沚) 등이 공격했으나 패해, 박수경과 배언이 전사하고, 사졸도 죽은 자가 500여 명이나 되었다고 한다. 적이 또 함양을 침략하고 남원산성을 공격했

---

46) 위의 책, 128쪽.

47) 위의 책, 128~129쪽.

48) 《고려사》 下, 권126, 열전 39, 奸臣 2(연희대 동방학연구소, 1955), 748쪽.

으나 이기지 못하고 물러가 운봉현(雲峯縣)을 불태우고, 인월역(印月驛)에 주둔했다. 이성계와 변안열이 남원(南原)에 이르니, 배극렴 등이 맞이해 기뻐 마지않았다. 이성계와 변안열은 말을 하루 쉬게 하고, 장차 새벽에 왜적을 공격하려 하니, 장수들이 모두 말하기를, 적이 험한 곳에 진을 치고 있으니, 기다렸다가 적이 나오거든 싸우자고 했다. 이성계가 "군사를 일으키는 데는 적을 만나지 못할까를 걱정해야 하는데, 어찌 치지 않을 수 있겠는가?" 하면서 부서를 나누어 동쪽으로 운봉을 넘어 황산(荒山) 서북쪽에 있는 정산봉(鼎山峯)으로 올라갔다. 이성계가 오른쪽 험준한 길을 보고 "적이 반드시 이 길로 나와 우리 뒤를 칠 것이다"라고 했다. 과연 적의 저항이 심했다. 그 가운데에도 열대여섯 살로 보이는 아지발도(阿只拔都)라는 적장의 용맹이 대단해 사로잡으려다가 저항이 심해 죽였다. 이성계·변안열군은 운봉 인월역에서 왜적을 대파했다. 그리하여 시냇물의 붉은 빛이 6, 7일이나 변하지 않았고, 말 1,600필, 무기 다수를 노획했다. 지인(知印) 김국(金鞠)을 보내어 승전보를 올리자 왕은 밀직사 인원보(印元寶)를 보내어 술을 하사하고, 김국에게 낭장(郎將) 벼슬을 주고 말 한 필을 하사했다. 처음에는 적이 우리보다 열 배나 되었는데, 겨우 70여 명이 지리산으로 달아났다. 대승이었다. 왕은 크게 기뻐해 궁중에서 큰 잔치를 베풀고 이성계와 변안열에게 황금 50량 씩 하사하고, 왕복명(王福命) 등 원수들에게는 은 각 50량씩 하사했다. 장수들은 모두 사양하면서 "장수는 적을 죽이는 것이 직분이니 신들이 어찌 감히 받을 수 있겠습니까?" 했다고 한다. 10월에 개선하니, 왕이 최영에게 명해 백관을 거느리고 채색한 누각을 설치해 천

수문(天壽門) 앞에서 영접했다. 물론 이 전투의 총지휘관은 이성계였겠지만, 변안열은 부지휘관으로서 군공이 같아 같은 상금이 하사된 것이 아닌가 한다.49)

그런데 황산대첩이 왜 변안열 열전에 집중적으로 기록되어 있으며, 이성계의 무용담으로 채워져 있는가? 이성계가 이 전투에 총사령관이기는 하지만, 당시는 사병(私兵)이 유행하던 시기이기 때문에 일사불란한 군사편제는 아니었다. 우선 이성계는 양광전라경상도도순찰사로 총사령관을, 변안열은 도체찰사로 부사령관을 맡은 것이다. 각 원수들도 그들이 거느리고 있는 사병을 거느리고 싸움에 임했을 것이다. 고려 충정왕 이후에는 왜구의 침입이 잦자, 그에 대한 군사적 방비를 위해 여러 가지 다른 봉명사신(奉命使臣)을 파견하게 되었다. 이들은 국왕의 명을 받들어 외적을 퇴치하는 총사령관직이나 그 예하의 지휘관을 맡았다. 이러한 성격의 봉명사신들은 고려말에 도지휘사(都指揮使), 도체찰사(都體察使), 도순찰사(都巡察使), 도병마사(都兵馬使), 병마사(兵馬使), 순무사(巡撫使), 도순위사(都巡慰使), 도순토사(都巡討使), 도순문사(都巡問使), 진변사(鎭邊使), 방어사(防禦使), 찰리사(察理使) 등 다양한 이름으로 불리었다.50) 《대전속록》(大典續錄)에 따르면, 봉명출사재상으로 정1품은 도체찰사, 종1품은 체찰사, 정2품은 도순찰사, 종2품은 순찰사, 3품을 찰리사라고 품계에 따라 이름을 달리 불렀다 한다.51)

---

49) 《大隱實記》, 128~129쪽.

50) 김순남, 《조선초기 체찰사제(體察使制) 연구》(경인문화사, 2007), 24~25쪽.

51) 위의 책, 2쪽.

전쟁에서 세운 공도, 변안열 열전에 기록된 것처럼, 황산대첩이 이성계의 독보적인 활동으로만 치부할 수 있는가도 문제이다. 이성계는 초전에 무모한 작전과 독선적인 지휘로 곤경에 처했다. "적이 산에 웅거해 굳게 지키니, 이성계가 사졸을 지휘해 요새처에 나누어 웅거하게 하고, 휘하 이대중(李大中) 등 10여 명으로 하여금 도전하게 했다. 이성계가 올려치니 적이 사력을 다해 충돌하므로 아군이 쫓겨 내려왔다. 조금 뒤에 이성계가 다시 나팔을 불게 해 개미떼처럼 적진으로 기어 올라가게 했다. 적장이 창으로 이성계의 등을 찌르려 하자 편장(偏將) 이두란(李豆蘭)이 활로 쏘아 죽였다. 이성계의 말이 화살에 맞아 거꾸러지자 바꿔 타고, 또 말이 거꾸러지자 또 바꿔 탔다. 그러나 결국 화살이 이성계의 왼쪽 다리를 맞히니, 이성계가 화살을 뽑아내고 싸움을 독려해 결국 큰 승리를 이루었다는 것이다.[52] 이 황산대첩이 왜구의 침입을 종식시켰고, 이 전투를 지휘한 이성계는 역성혁명의 발판을 마련한 것이기 때문에, 변안열의 열전에 무리하게 장황한 전과를 늘어놓은 것이라 생각된다. 그러나 내용상으로는 변안열 등 여러 장수들의 전공을 이성계가 독차지한 것이라 할 수 있다.

그렇다면 이성계는 정2품의 도순찰사를, 변안열은 정1품인 도체찰사를 맡은 셈이다. 변안열의 관직이 더 높다. 물론 조선 성종 조에 발간된 《대전속록》의 규정을 가지고 고려 말의 정황을 설명하는 데에는 무리가 있다. 그러나 도체찰사가 도순찰사보다 높은 직책이 아

52) 《고려사》 권126, 열전 39, 奸臣 2, 邊安烈(연희대 동방학연구소, 1955), 749쪽.

니라 하더라도, 다 같은 봉명사신(奉命使臣)으로서 우열을 가릴 필요는 없다. 다만 왜구의 창궐로 총동원령을 내린 마당에, 나라 안의 모든 군대가 동원되었을 것이다. 그러니 명칭이 다른 봉명사신이 중첩해서 투입되었을 가능성이 높다. 그러나 《고려사》 변안열전에 "개수태조절도"(皆受太祖節度)라고 한 것으로 보아, 이성계가 총사령관이었음은 짐작할 수 있다. 다만 이성계 일파가 편찬한 《고려사》를 어디까지 믿어야 하는지 의심하는 사람이 많기는 하다.

1382년(우왕 8) 4월에 왜적이 단양에 침입하자 변안열이 도원수가 되어 한방언(韓邦彦)과 함께 격파해 왜병 8천여 급을 베고, 말 200여 필을 노획했다. 5월에는 역시 한방언과 함께 안동에 침입한 왜적을 격파해 왜적의 목 3천여 급을 베고, 말 60필을 노획했다. 이 전공(戰功)으로 변안열은 원천(原川)부원군에 봉해지고 판삼사사(判三司事)가 되었다.53)

고려가 원에 복속된 뒤 철령(鐵嶺) 이북의 쌍성총관부(雙城摠管府), 자비령(慈悲嶺) 이북의 동녕부(東寧府), 제주의 탐라총관부(耽羅摠管府)가 원의 직할령이 되었다. 이 가운데 동녕부는 1290년(충렬왕 16)에 고려의 간청으로 20여 년 만에 돌려주었고, 탐라총관부는 1294년(충렬왕 20)에 폐지되었으며, 쌍성총관부는 1356년(공민왕 5)에 이성계의 아버지인 이자춘(李子春)의 내부(來附)로 유인우(柳仁雨)를 보내 탈취했다. 그런데 1368년(공민왕 17)에 주원장(朱元璋)이 원의 대도(大都)인 북경(北京)을 점령하고, 원의 순제(順帝)가 상도(上都: 開平府)로

53) 《大隱實記》, 134쪽.

달아났다가 다시 카라코름(내몽고)으로 달아났다. 이에 주원장은 금릉(金陵)을 수도로 명나라를 세우고, 동녕부가 있던 요양(遼陽)을 내놓으라고 강요했다. 고려는 친명정책을 써서 정몽주를 보내 명과의 관계를 완화시키려 했으나, 명은 오히려 세공(歲貢)한 말이 작고 왜소하다고 트집을 잡아 사신을 받아들이지 않았다. 명의 이러한 강압에 반발해 이인임을 제거하고 실권을 장악한 최영은 요동정벌을 강행했다. 명은 "철령 이북의 땅은 본래 원에 속했던 것이니 앞으로 이를 요동에 속하게 하겠다"고 하면서 일방적으로 70여 참(站)의 철령위를 설치했기 때문이다. 명의 후군도독부(後軍都督府)는 요동백호(遼東百戶) 왕득명(王得明)을 고려에 보내 이 사실을 통보해 왔다.[54] 우왕은 병을 핑계로 왕득명을 만나 주지 않았고, 최영은 첩문(牒文)을 가져온 요동 군인 22명 가운데 5명을 억류하고, 나머지는 모두 죽였다. 그리고 우왕은 1388년(우왕 14) 4월에 서해도에 가는 도중에 봉주(鳳州)에서 최영과 이성계를 불러 군사를 일으키라는 명령을 내렸다. 이성계는 4불가론을 부르짖었다.[55]

1. 작은 나라로서 큰 나라를 치는 것은 불가하다.(以小逆大 一不可)
2. 농사지을 여름철에 군사를 일으키는 것은 불가하다.(夏月發兵 二不可)
3. 온 나라를 동원해 원정에 임하면 그 틈에 왜구가 쳐들어오므로 불가하다.(擧國遠征 倭乘 其虛 三不可)

---

54) 《고려사》 권137, 열전 50, 辛禑 5(昌), 950쪽.
55) 《大隱實記》, 135~138쪽.

4. 무덥고 비오는 여름철이라 활의 아교가 풀어지고 질병이 유행하면 불가하다.(時方暑雨 弓弩膠解 大軍疾疫 四不可)[56]

우왕도 그럴듯하게 여겼으나, 이미 군사를 일으켜서 중지할 수 없다고 했다. 이성계는 아뢰었다.

꼭 대계(大計)를 이루고 싶으면 마땅히 서경(西京)에 주둔하셔서 가을에 출사(出師)하면 곡식이 들에 널려 대군이 먹을 것이 족할 것이니 북을 두드리며 앞으로 진격할 수 있을 것입니다. 지금 때가 아닌데 출정하면, 비록 요동의 한 성을 뺏는다고 하더라도 비가 바야흐로 내려 전진할 수 없습니다.[57]

우왕은 "경은 (요동 정벌을 반대하다가 죽은) 이자송(李子松)을 보지 못했느냐?"고 협박했다. 이에 이성계는 "이자송은 비록 죽었으나 아름다운 이름을 후세에 남겼지만, 신 등은 비록 살아있으나 이미 실계(失計)를 한 것이니 무슨 소용이 있습니까?" 하고는, "생민(生民)의 화가 이로부터 시작되는구나?" 하고 탄식했다.[58]

우왕은 평양에 주둔해 각 도의 병사를 징발해 압록강에 부교(浮橋)를 놓고, 대호군 배거(裵矩)를 독려해 임견미・염흥방의 가재(家財)를 서경으로 실어오게 했다. 뿐만 아니라 중외의 승도를 군사로 징발하고, 경기병을 동서강에 주둔시켜 왜구를 대비하게 했다.[59] 그

56) 《고려사》 권137, 열전 50, 辛禑 5(昌), 951쪽.
57) 《大隱實記》, 135~138쪽.
58) 《고려사》 권137, 열전 50, 辛禑 5(昌), 951쪽.

리고 최영을 팔도도통사, 조민수를 좌군도통사, 이성계를 우군도통사로 삼아 좌우군 3만 8800명, 겸인(傔人) 1만 1천여 명, 말 1만 1천여 필 등 10만이라 이를 만한 대군을 일으켰다. 우왕과 최영은 평양에 출진하고, 5월에 조민수와 이성계는 압록강 중류에 있는 위화도에 이르러 "상국의 국경을 침범하는 것은 위험한 일이며, 군측(君側)의 악을 없애서 생령을 편하게 해야 한다"고 하고 회군했다. 우왕과 최영은 개경으로 급히 돌아와 민병을 징발해 항전을 시도했으나 약간의 충돌 끝에 6월에 개경이 회군파에게 점령되었다.[60)]

이 위화도 회군에 변안열이 어떤 직책을 맡았는지는 알 수 없다. 그러나 회군에 동조했던 것은 틀림없다. 홍건적과 왜구를 토벌하는 데 혁혁한 공을 세운 변안열이, 국가의 운명을 건 요동 정벌에 참여했을 것은 확실하다. 그러나 그에 대한 언급이 보이지 않는다. 그러나 변안열이 죽은 뒤에 회군공신에 책록된 것을 보아도 참여 사실을 알 수 있다. 단, 역적으로 몰려 죽었기 때문에 《고려사》를 쓸 때 그와 관계된 기록을 삭제했던 것이 확실하다.

변안열은 우왕과 껄끄러운 사이였다. 1383년(우왕 9) 9월에 우왕이 전 전공판서(典工判書) 왕흥(王興)의 집에 갔을 때, 왕흥의 딸을 자기에게 달라고 했다. 그런데 그 딸은 이미 변안열의 장자 변현(邊顯)과 정혼한 사이였다. 시중 조민수가 "변안열은 나라의 명장이요, 공이 아주 큰데, 이제 그 며느리가 될 사람을 빼앗으면 장신(將臣)이 누가 실망하지 않으오리까? 신 등은 전하를 위해 마음이 아프오니, 빌건

59) 위와 같음.
60) 위의 책, 955쪽.

대 혼인하는 것을 허락하소서"라고 말했으나 듣지 않고 그녀를 선비(善妃)로 맞이했다. 그런데 6월 병오(丙午)일에 최영이 고봉현(高峰縣)에 귀양 간 뒤 우왕이 환관 80여 명을 사주해 이성계·조민수·변안열의 집을 습격해서 죽이려 했으나, 집 밖에 주둔하고 있었기 때문에 실패했다.[61] 이로 미루어 보아도 변안열이 이성계·조민수와 함께 회군 세력의 핵심이었음을 알 수 있다.

위화도 회군으로 우왕은 강화도로 귀양 가고, 최영은 죽음을 당했다. 이성계 일파는 왕씨 가운데에서 한 사람을 골라 새 왕을 시키고자 했으나, 조민수가 이색·변안열의 지지를 받아 우왕의 아들 창왕(昌王)을 세웠다. "이성계가 왕씨의 후예를 가려 세우려 했으나 조민수가 이인임이 추천해 준 은혜를 생각해 창을 세우고자 했으나, 여러 장수가 자기를 반대할까 걱정해 이색이 당시의 명유(名儒)이므로 그 말을 빙자(憑藉)코자 가만히 물으니, 이색이 말하기를 '마땅히 전왕의 아들을 세워야 한다'고 하는지라, 신해(辛亥)일에 조민수가 정비(定妃)의 하교를 받아 창을 세웠다"고 했다.[62] 변안열도 "내가 목은(牧隱)과 더불어 정비의 교지를 받들어 왕자 창(昌)을 옹립했다"고 하고는 통곡하고 두문불출했다.[63]

위화도 회군 직후에 조준은 전제개혁안을 상소했다. 그러나 대신회의를 열어 투표를 해 보니, 참석자 53명 가운데 조준·정도전 등 18명은 찬성, 정몽주는 중립, 이색·조민수·변안열·이림·우현

61) 《고려사》 권137, 열전 50, 辛禑 5, 956쪽.

62) 위의 책, 957쪽.

63) 鄭經世, 〈(邊安烈)神道碑銘〉, 585쪽.

보 · 권근 · 유백유(柳伯濡) 등 나머지 구가세족(舊家世族)들은 반대였다.[64] 이색과 변안열도 문란한 전제를 바로잡는 것은 찬성이었으나, 이성계 일파가 구귀족의 수조지(收租地)를 빼앗아 그들의 경제적 기반을 삼으려는 데는 반대하였다. 변안열로서는 위화도 회군 때까지 이성계의 친명 노선을 따랐으나, 창왕 옹립, 전제개혁 때부터 이색 · 조민수의 노선을 따랐다. 고려왕조를 수호하는 쪽으로 선회한 것이다.

9월에 우왕이 여흥(驪興)으로 옮겨지자 변안열은 사사로이 찾아보고 우왕을 다시 세우려 하였다. 1389년(공양왕 1) 10월 11일은 이성계의 생일이었다. 당시 무장들은 사병을 거느리고 있었다. 역성혁명을 꾀하고 있던 이성계는, 언제나 정예병 200명을 거느리고[65] 공병(公兵)을 장악해 전공이 많은 변안열이 마음에 걸렸다.[66] 그래서 자기 생일을 핑계로 정몽주와 변안열을 초대했다. 이성계는 아들 이방

---

64) 《고려사》 권118, 열전 31, 趙浚; 《고려사절요》 권34, 공양왕 원년. 그러나 《포은집》 권4에 실린 포은행장에 보면 "戊寅春 拜三司左使 時權奸專柄 豪奪民田 占至數圻 貪饕民瘠 公痛之 次骨請革私田 民賴以生"이라고 해 오히려 사전개혁을 주장한 것으로 되어 있다.

65) 《原州邊氏醴泉派譜》(原州變氏醴泉派譜刊行所, 回想社, 1996), 摭實, 譜牒, 120쪽. "항상 사병 2백을 거느리고 있어, 만일 적변이 일어나면 즉시 거느리고 나아가 무찌르니 가는 곳마다 이기지 않음이 없었다"고 기록되어 있다.

66) 변안열은 9년 동안 왕실을 호위하는 임무를 맡고 있었기 때문에 공병(公兵)을 장악하고 이를 관리하는 역할을 해 왔다. 따라서 안우(安祐)를 따라 홍건적을 토벌할 때부터 의용우군(義勇右軍)이라는 공병을 동원했다. 공민왕은 1373년(공민왕 22)에 내우외환에 대비하기 위해 의용좌우위(義勇左右衛)를 설립해 변안열은 밀직사(密直使)로서 우군을, 유연(柳淵)은 문하평리(門下評理)로서 좌군의 장졸을 맡았다. 그리고 그 군사들은 경기 · 전라도에서 뽑았다.(《原州邊氏叅判公派譜》 上卷; 朴翼煥, 《대은 변안열 선생에 대하여》, 回想社, 1989, 180쪽)

원을 시켜 〈하여가〉(何如歌)를 부르게 하자, 정몽주는 〈단심가〉(丹心歌)로, 변안열은 〈불굴가〉(不屈歌)로 화답했다.[67]

何如歌(李芳遠)
이런들 어떠하며 저런들 어떠하리(此亦何如 彼亦何如)
성황당 후원이 무너진들 어떠하리(城隍堂後苑 頹落亦何如)
우리도 이같이 하여 죽지 않으면 어떠하리.(我輩亦若此 不死亦何如)

丹心歌(鄭夢周)[68]
이 몸이 죽고 죽어 일백 번 고쳐 죽어(此身死了一百番更死了
백골이 진토되어 넋이라도 있고 없고(白骨爲塵土魂魄有也)
임 향한 일편단심이야 가실 줄이 있으랴.(向主一片丹心 寧有改理也)

不屈歌(邊安烈)[69]
내 가슴 말(斗)처럼 구멍 뚫어(穴吾之胸洞如斗)

67) 이성무, 《명장열전》(청아출판사, 2011), 171～172쪽. 〈불굴가〉는 《청구영언》에 필자미상으로 실려 있으나 변안열의 사위인 무안대군 방번(芳蕃)의 제문에 "於乎使公任之柱石者命也天也 使公死之斧鉞者命也天 也 公於命何哉 我於天何哉 所不朽者 不屈歌 言不可長 哭不可遲"(《大隱實記》 卷之1, 附錄 祭文)이라고 해 〈불굴가〉를 언급하고 있고, 정몽주의 〈(변안열)전〉과 길재가 쓴 〈(변안열)유사〉에도 "穴吾之胸洞如斗貫 以藁索長又長 前牽後引磨且戞 任汝之爲吾不辭 有欲奪吾主 此事吾 不屈"이라고 해 〈불굴가〉 전문이 수록되어 있는 것으로 보아 변안열의 작품이 확실하다. 이숭인의 제문에도 〈불굴가〉가 언급되어 있다.(위의 글) 〈불굴가〉는 《경신보》 잡록에 수록되어 있는 '불종가'(不從歌)가 현재로서 찾을 수 있는 가장 오래된 기록인 것 같다.(《大隱實記》, 404쪽)

68) "麗史 太宗大王設宴 邀致鄭夢周 至酒闌 太宗大王把盃作歌 以觀鄭夢周之意 公作歌以和 知其終不變 之意也(大學本."(《青丘永言》)

69) 李穡, 〈(邊安烈)行狀〉, 82쪽.

새끼줄로 길게 길게 꿰어(貫以藁索長又長)
앞에서 끌고 뒤에서 당겨 갈리고 찢길망정(前牽後引磨且戞)
너희들 하는 대로 내 사양치 않으리라.(任汝之爲吾不辭)
내 임금 빼앗는 일 나는 굽힐 수 없도다.(有欲奪吾主此事 吾不屈)

죽음을 무릅쓰고 이성계와 최후의 결별을 선언한 것이다. 그런데 1389년(공양왕 1) 11월에 대호군 김저(金佇)가 밤에 이성계를 죽이려다 미수에 그친 사건이 일어났다. 전 대호군 김저가 전 부령(前副令) 정득후(鄭得厚)와 더불어 황려(黃驪)로 우왕을 만났다. 우왕이 울면서 "울울하게 여기 거처하며 손을 거두고 죽음에 나아감은 견딜 수 없으니, 다만 한 역사(力士)를 얻어 이성계를 처치하면 내 뜻이 가히 이루어질 것이다. 내가 본래 예의판서 곽충보(郭忠輔)와 잘 지냈으니, 네가 가서 보고 이것으로 도모하라!"고 하고 칼 하나를 곽충보에게 보내면서, "이번 팔관일(八關日)에 가히 거사할 것이니, 일이 성공하면 비매(妃妹)로써 처를 삼아 주어 부귀를 같이 하겠다"고 했다. 김저가 곽충보에게 와서 전하니, 곽충보가 거짓으로 승낙하고 이 사실을 이성계에게 고자질했다. 이성계가 팔관회에 나가지 않고 집에 있었는데, 김저와 정득후가 밤에 이성계의 집으로 갔다가 문객(門客)에게 잡히자, 정득후는 자살하고 김저는 옥에 갇혔다. 김저를 문초하니 처음에는 불복하다가 칼로써 발바닥을 몇 치가량 째고, 불로써 다리미질을 하니, 묻는 대로 모두 자백했다. "변안열, 이림(李琳), 우현보(禹玄寶), 우인열(禹仁烈), 왕안덕(王安德), 우홍수(禹洪壽) 등과 공모해 우왕을 복립하려고 했다"라고 분 것이다.70) 이 사건은 조작된 흔적이 보인다. 이성계의 경비가 삼엄했을 텐데 모의가 안이하고, 곽충보는 회군 후에 최영을 포박한 사람인데, 그런 사람을 믿고 우왕이 칼을 주면서 이성계를 살해해 달라고 부탁할 수 있었을까?[71]

또 이림 열전에 간관 윤소종(尹紹宗)이 상소하기를

> 이제 경상도 도관찰사 김주(金湊), 집의 남재(南在), 판사 손흥종(孫興宗), 헌납 함전림(咸傳霖) 등이 함께 이귀생(李貴生)을 국문한 옥사(獄辭)를 보니 이르기를, 지난 해 10월에 우인열(禹仁烈)이 먼저 변안열의 집에 이름에 이귀생(李貴生)이 그 아버지 이림을 따라 뒤쫓아 이르렀는데, 변안열이 이림에게 말하기를 이을진(李乙珍), 이경도(李庚道), 곽충보(郭忠輔) 등을 시켜 시중 이성계를 살해한 뒤에 우인열은 왕안덕・우홍수 등과 함께 여흥(驪興)에 가서 우왕을 맞이할 계책이 이미 정해졌다고 하니, 우인열이 말하지 아니하고 미소를 지었다 하니, 그 정상은 진실로 마땅히 국문할 만합니다.[72]

라고 해 변안열이 이 사건에 주동이었다고 강변하고 있다. 그러니 이 사건은 변안열을 비롯한 정적들을 제거하기 위해 조작되었음에 틀림없다.

그런데 한 가지 의심스러운 일이 있다. 우왕은 자기 며느리를 뺏은 무도한 사람이었다. 게다가 우왕은 "나를 그르친 자는 변안열이다"[73]라고 원망하고 있지 않은가? 그리고 곽충보는 위화도 회군 때

---

70) 《고려사》 권137, 열전 50, 辛禑 5, 968~967쪽.

71) 《大隱實記》, 179~180쪽.

72) 《고려사》 권116, 열전 29 李琳, 552쪽.

이성계를 위해 최영을 포박한 사람이 아닌가? 그런데도 곽충보를 믿고 이성계를 죽이고 우왕을 복립하려 했단 말인가? 물론 이성계 등이 역성혁명을 하려는 것을 막기 위해 그랬을 가능성도 있다. 그러나 자기가 세운 창왕이 재위하고 있는데 꼭 우왕을 복립할 필요가 있을는지 알 수 없다. 조작된 흔적이 역력하다.

이성계파들은 변안열이 이 사건에 연루되었을 것이라며 대역죄로 몰아 죽이고자 했다. 처음에는 관련 사실을 강력히 부인하던 김저도 혹독한 형을 견디지 못해 거짓 자백했다.[74] 이 사건으로 우왕은 강릉으로, 창왕은 강화로 추방되었다. 변안열은 공양왕을 세운 뒤에도 영삼사사(領三司事)로 승진하였다. 변안열이 맡았던 관직 가운데 가장 높다.[75]

1389년(창왕 1) 11월 정축일에 심덕부·지용기·정몽주·설장수·성석린·조준·박위·정도전 등 이성계 일파는 흥국사에 모여 윤소종의 헌의로 폐가입진론(廢假立眞論)을 결의했다. "우·창왕은 원래 왕씨가 아니니 가히 종사를 받들 수 없으며, 또한 천자의 명이 있으니 마땅히 가(假)를 폐하고 진(眞)을 세울 것이다. 정창군(定昌君) 요(瑤)는 신종(神宗)의 7세손으로 그 족속이 가장 가까우니 마땅히 세울 것이다"라고 의론하다가, 의론이 분분해 결정하지 못하다가 이성계가 심덕부 등 8명과 함께 공민왕의 정비에게 나아가 군사로 위협해

73) "初禑歸江陵 謂人 曰誤我者 安烈."(《고려사》 권126, 열전 39, 奸臣 2, 邊安烈, 751쪽.

74) "問佇不服 以刀裂足掌數寸 許熨以火 隨問皆服 遂成獄詞 安烈亦坐罪."(위와 같음)

75) 李穡, 〈(邊安烈)行狀〉, 83쪽.

재가를 받으니, 종친 · 백관이 모두 따랐다고 한다.76)

1390년(공양왕 2) 정월에 낭사(郎舍) 윤소종(尹紹宗), 이첨(李詹), 오사충(吳思忠) 등이 그를 사형에 처해야 한다고 상소했으나 왕은 듣지 않고 다만 파직만 시켰다. 이들은 홍영통(洪永通), 우현보(禹玄寶), 우인열(禹仁烈), 우홍덕(禹洪德), 왕안덕(王安德), 정희계(鄭熙啓), 조방홍(趙邦興), 이림(李琳) 등 27명도 변안열과 공모했으므로 극형에 처해야 한다고 했다. 윤소종 등은 이렇게 아뢰었다.

> 홍영통(洪永通), 우현보(禹玄寶), 왕안덕(王安德), 우인열(禹仁烈), 정희개(鄭熙啓) 등은 실로 변안열과 더불어 역모를 도모했으니 왕씨의 신자(臣子)로서는 불공대천(不共戴天)의 원수입니다. 원컨대 변안열 · 홍영통 · 우현보 · 우인열 · 왕안덕 등을 극형에 처하소서.77)
>
> 홍영통은 무리를 지어 이인임 · 임견미 · 염흥방과 부화(附和)해 악한 일을 같이하고, 서로 도우며, 흉악한 무리로서 살육을 일삼았습니다. 그리고 홍영통은 오직 우왕의 인척이기 때문에 수령(首領) 자리를 보존하고 있습니다. 우현보는 지위가 상상(上相)에 이르렀는데 자리를 잃을까 걱정하고, 많은 물품을 빼앗았으며, 간사하고 아첨하기를 좋아해 우리의 예의와 풍속을 흐트렸습니다. 왕안덕은 장수의 이름에 올랐으나 매번 싸움에 패했고, 남포(藍浦) 싸움에서는 전군(全軍)을 몰살시켜 나라의 위신을 크게 손상시켰습니다. 군법에서는 마땅히 사형될 죄입니다. 우인열은 이서(吏胥) 출신으로서 권세가에 연줄을 대어 지위가 정부(政府)에

76) 《大隱實記》, 143쪽.
77) 위와 같음.

속해 있으나 공덕은 이 나라 백성들이 아직 들어본 적이 없습니다. 정희계는 염흥방과 인척을 맺고 멋대로 불의를 자행했으며, 또한 우왕의 처 최천검(崔天儉)의 딸이 좋아함으로써 위화도 회군 때 사형을 면했습니다. 이들 다섯 사람의 죄악은 너무나 커 반드시 주살해야 합니다. 하물며 변안열과 모의해 우왕을 추대하려 했으니 이는 더욱 천지가 용납할 수 없는 것이며, 임금이 사사로이 할 수 없는 바입니다. 바라건대 전하는 결단을 내려 대의(大義)를 사헌부에 하달해 국문하고 치죄(治罪)토록 하십시오.[78]

이들은 변안열과 내통했다는 혐의로 극형에 처해질 운명에 처해 있었다. 이에 공양왕은

변안열은 이미 관직을 삭탈해 유배시켰고, 홍영통·우현보·정희계 등은 김저(金佇)의 진술에 증거가 어긋나며, 왕안덕은 위화도 회군 당시에 정책(定策)에 협모(協謀)했으며, 우인열은 일찍이 설장수(偰長壽)와 함께 명나라에 들어가 우왕의 광란스럽고 패륜된 행동을 상주한 바 있어, 김저의 음모에 가담하지 않았음이 틀림없으니, 단지 그들의 관직만 파한다.[79]

고 회유했다. 비록 공양왕이 이성계 일파에 의해 세워졌지만 고려를 무너뜨리기 위해 과도하게 밀어붙이는 그들의 주장에 동조하지 만은 않았다. 그러면서 은밀히 밀직부사 유용생(柳龍生)을 보내 "내가

78) 위와 같음.
79) 위의 책, 752쪽.

있으니 경들은 두려워하지 마라"고까지 했다.[80]

다음날 윤소종 등이 다섯 차례나 계속 상소하자 변안열을 삭직해 한양의 별업(別業)으로 귀양 보냈다. 그리고 12월에 우왕은 다시 강릉으로 귀양 보내 서인으로 격하했다가 정당문학 서균형(徐鈞衡)을 보내 죽이고, 창왕은 강화로 귀양 보내 서인으로 삼았다가 예문관 대제학 유구(柳玽)를 보내 죽였다.[81]

변안열은 한양 유배지에서 〈동국유거음〉(東國留居吟) 2수와 〈한양유소음〉(漢陽流所吟) 4수를 지었다.

東國留居吟
나는 중국인으로 헌곡(軒嚳: 黃帝)에서 나왔고,(粤余華姓自軒嚳)
제왕의 사승(史乘)에 실려 밝게 전해 오노라.(昭載帝王世乘傳)
애초에 현금을 시켜 성인을 내시고,(初名玄禽天降聖)
다시 백마를 바치니 나라가 현인을 봉했노라.(更朝白馬國封賢)
대부 이름 백(伯)은 주(周)에 사는 조상이요(大夫名伯居周祖)
공자의 자 변(邊)은 송나라 조상에서 나왔노라.(公子字邊出宋先)
동국땅 세 갈래에 하나를 맡아서(東土三支分一本)
태천백으로 봉해진 후 중엽에 면면히 성씨를 이어왔네.(泰川中葉氏綿綿)

오랑캐가 천하를 짓밟아 일찍이 피지하니(左衽乾坤夙避地)
대동은 스스로 소중화라.(大東自有小中華)
당요(唐堯)와 병립해 신단수(神檀樹)를 전하고.(唐堯幷立傳檀木)

80) 위와 같음.
81) 《고려사》 권137, 열전 50, 969쪽.

주(周) 무왕(武王)이 봉한 곳 무궁화가 둘러 덮었다.(周武所封繞槿花)
날 저문 섬에 비껴 누우니 바람이 지세고(島晩橫居風氣勁)
바닷가를 거니노니 달빛이 비스듬하다.(海餘連蹈月輝斜)
산 높고 물 맑은 곳 우리 선조의 나라(高山麗水吾先國)
소나무가 무성하듯 길이 복되기를 축원하노라.(松茂承承祝永嘉)

漢陽留所吟
신주(=中國)가 육침해 나는 동으로 왔노라.(神州陸沈我徂東)
문물이 뛰어난 기자의 나라 여전히 그 기운 있구나.(文物箕邦尙有風)
바다를 건너 천자를 뵙고 대의를 비추며(航海朝天昭大義)
책산 벽지에 뛰어난 공을 세웠도다.(柵山闢地建殊功)
한때 처소(處所)를 잃은 여(莒)의 왕손이요(一時失處王孫莒)
3년 만에 다시 받들어 돌아오게 된 동(桐)의 태갑이라.(三歲奉歸太甲桐)
참됨과 거짓을 살핌은 뒤에야 있을 일,(眞僞且看來後事)
저 푸른 하늘은 응당 붉은 마음을 알아주리라.(彼蒼應識且丹衷)

당사 7월에 여흥을 찾아뵈오매(堂司七月享驪興)
도리어 풍파를 일으켜 끝없이 계속되는구나.(轉釀風波出始氷)
공은 은왕(殷王) 면(冕)을 맞이하려는데(公議方迎殷王冕)
깊은 근심은 장차 한(漢)의 금등을 두려워하노라.(隱憂將恐漢金縢)
구도는 승지라. 비록 온화하게 요양할 수 있으나(舊都勝地雖怡養)
어린 임금을 하늘에 떳떳하게 받들어 모시노라.(冲嗣彝天合奉承)
전년에 누가 〈곽광전〉을 읽었는가?(前年誰讀霍光傳)
천리 밖 연(燕)나라 땅의 편지는 더욱 한 층이라.(千里燕書更一層)

현릉(=공민왕릉)의 송백이 푸른 하늘을 떠받들고(玄陵松柏戴蒼旻)

정정한 송지(松枝)에 자엽(子葉)이 싹튼다.(正正孫枝子葉春)
도리(桃李) 문전에 바람과 더불어 벗을 삼고(桃李門前風共伴)
죽매원에 눈이 외로운 이웃이로다.(竹梅園裡雪孤鄰)
자문[82] 중로에 사사로이 무엇을 호소하겠는가?(咨文中路私何訴)
종사의 상왕(=우왕)을 의롭게 받드노라.(宗社上王義可遵)
세 임금(공민왕 · 우왕 · 창왕) 계속 모시기 16년이니,(三世相承十六載)
공들 가운데 누가 구조(舊朝)의 신하가 아니겠는가?(諸公孰不舊朝臣)

내가 동쪽에 산 지 40년(自我居東四十春)
정충 · 직절을 홀로 펴기를 구했노라.(貞忠直節獨求伸)
화산(=安東)과 인월역(引月驛)에서 개가를 전하고(花山月驛傳歌凱)
위화도와 탐라에서 의로운 깃발을 올렸도다.(威島耽羅擧義幡)
세 임금(공민왕 · 우왕 · 창왕)을 거쳐 모셔(歷事三朝天寵舊)
임금의 은총이 오래되니 책공이 1등에 이르렀구나.(寵舊策勛一等地)
어찌하여 …… (如何○○○○○; 5字缺)
아직도 중흥을 생각지 않으니 누가 본떠 따르겠는가?(未念中興孰效嚬)[83]

〈동국유거음〉은 변안열이 중국에서 고려로 와 정착할 때까지의 역사를 시로 간략히 서술한 것이요, 〈한양유소음〉은 유배지 한양에 와서 공민왕 · 우왕 · 창왕을 16년 동안 모시면서 많은 전공을 세웠으나 우왕을 복립하려다가 죽음을 당하게 된 자기의 처지를 한탄한 것이다. 그 가운데 특히 누구나 고려의 신하가 아닌 사람이 없는데

82) 중국과 왕복하는 외교문서.
83) 《大隱實記》 卷1, 附錄(大隱實記編纂委員會, 韓一文化印刷社, 1977), 543~546쪽 및 《原州邊氏醴泉派譜》 漢陽流所吟 4首, 55~58쪽.

도 자기의 임금을 복립하려고 하지 않는 것을 안타까워했다. 변안열은 무인으로, 젊었을 때부터 시를 잘한 것 같지는 않다. 이색·정몽주 등 대학자들과 교류하다 보니 식견이 늘어, 말년에는 이처럼 시를 잘 짓게 된 것이 아닌가 한다. 다만 그의 시문은 그가 역적으로 처단되었기 때문에 많이 전하지 않을 뿐이다.

또 그 무렵 성 밖에서 강도사건이 일어나고, 궁정에 여우가 나왔다. 이성계파들은 이것들이 다 변안열이 한 일이라고 몰아붙였다.[84] 대사헌 성석린(成石璘)은 변안열을 대역(大逆)으로 몰았다. 그의 죄는 여흥에 귀양 가 있는 우왕을 만난 것과, 그를 복립시키려 했다는 것이다.[85] 군공을 많이 세운 3대 군벌의 하나인 변안열이, 조민수 실각 이후로 이색(李穡)과 함께 반 이성계 세력의 핵심이었다. 이러한 변안열이 전제개혁을 반대하고, 창왕을 세우며, 〈불굴가〉를 불러 고려왕조에 충성을 다하려는 마음을 바꿀 수 없다 하자 가차 없이 제거하려 하였다. 이에 왕은 부득이 사헌부로 하여금 국문하지 말고 귀양지에서 사형을 집행하라고 하였다.[86] 이 사건은 의혹투성이다. 사건에 직접 관계된 정득후는 자살하고, 김저는 곽충보와 한 번도 대질시키지 않았으며, 조방흥(趙方興)은 전격적으로 처형되었다. 또 윤소종과 같은 간관들이 여유를 주지 않고 관련자를 서둘러 처형하라고 했고, 동정적이던 우왕마저 변안열에게 변명할 기회도 주지 않고 귀양지에 가서 다시 국문하지 말고 빨리 참하라는 명령을 내렸다.

---

84) 《고려사》 권126, 열전 39, 奸臣 2, 邊安烈, 752쪽.
85) 위와 같음.
86) 李穡, 〈(邊安烈)行狀〉, 83쪽.

뿐만 아니라 이들의 사주를 받은 한양부윤 김백흥(金伯興)과 녹사(錄事) 손원식(孫元湜)이 왜 그토록 빨리 밤을 도와 형을 집행했는가? 그리고 형을 집행한 김백흥이 어찌하여 옥중에서 폭사했는가? 그러나 평리사(評理司=都評議使司)가 "대신은 그 연고를 심문하지 않고 바로 극형에 처해서는 안 된다"고 했다.[87] 그래서 왕은 이성계파인 오사충(吳思忠), 남재(南在)를 보내 국문하도록 했다. 그러나 그들이 벽제역에 이르러서, 사헌부가 이미 1390년(공양왕 2) 정월 16일 밤중에 손원식을 시켜 한양부윤 김백흥(金伯興)에게 공문을 보내, 변안열을 정월 16일에 이미 처형했다는 것을 손원식으로부터 전해 들었다.[88] 한양부사 김백흥이 사주를 받아 그를 멋대로 처형한 것이다.[89] 변안열이 죽음에 임해 탄식하면서 '우왕을 맞아오려고 모의한 것이 어찌나 혼자뿐이랴!'라는 말을 하고자 했으나 김백흥이 형리에게 데리고 나가 베게 했다.[90] 김백흥은 윤소종 등에 의해 변안열을 멋대로 죽였다고 탄핵을 받아 파면되었다.[91] 김백흥은 옥중에서 죽었다.[92]

---

87) 《大隱實記》, 185~188쪽. 심덕부와 이성계가 도평의사사에서 이 상소를 올린 것으로 되어 있고, 실록 태조총서에서도 "대간이 변안열을 목베기를 청하므로, 태조가 극력 구원했으나 창왕은 듣지 않았다"고 변명하고 있다.(《태조실록》 권1, 總書 99번째 기사)

88) 李穡, 〈(邊安烈)行狀〉, 89쪽.

89) "憲司 夜遣錄事孫元湜 移牒漢陽 府尹金伯興 誅安烈."(《고려사》 권126, 열전 39, 奸臣 2, 邊安烈, 752쪽)

90) 《大隱實記》, 367쪽.

91) 위의 책, 240쪽.

92) "(金)伯興 黨逆掩覆之罪 不可不懲…伯興尋死獄中 王疑獄官嚴刑致死 謂鄭夢周曰 凡鞫囚 當徐 察其情 今巡軍不依法律 遽加慘毒 無辜或死 予甚憫焉 況宰相雖有重罪 賜死可地."(《고려사》 권40, 世家 40, 공양왕 3) 이 기록을 통해 이성계파들이 적법한 절차를 거치지 않고 역성혁명에 불리한 인사들을 마구 죽인 것

여름에 회군공신이 되었다. 왕은 "변안열은 이미 몸은 죽었으나 의(義)에 입각해 회군한 공로는 잊을 수 없다"고 했다. 1391년(공양왕 3)에 공신녹권을 받았으나 얼마 후 윤이(尹彝), 이초(李初)의 난이 일어나자 다시 삭탈관작당하고 재산은 몰수당했다. 그러나 1392년(태조 1) 7월 17일 이성계가 즉위하자 바로 관직을 돌려주고 재산을 환급했다. 그리고 두 옹주를 변안열의 두 손자에게 시집보냈다.[93] 의관은 오랫동안 양주(楊州) 주엽산(注葉山)에 매장되었다가 1468년(세조 14)에 광릉(光陵)에서 가깝다 해 양주 동풍양(東豊陽) 건천면(乾川面) 지사동(芝沙洞) 인좌(寅坐)로 옮겼다.[94]

변안열이 죽은 뒤 1824년(순조 24)에 3남의 선비들이 운봉(雲峯) 인월역(引月驛)에 사우(祠宇)를 세우려다가 실패하고, 다음 해인 1825년(순조 25)에 다시 그를 정몽주와 함께 용암서원(龍巖書院)에 추향(追享)하려다 뜻을 이루지 못했다. 그러다가 1920년에 그를 배향하는 송곡서원(松谷書院)이 완성되었다.[95] 그리고 1984년에 원주변씨 세거지 봉화(奉化) 거촌(巨村) 구동(龜洞)에 구양서원(龜陽書院)을 세워 변안열을 주벽(主壁)으로, 변경회(邊慶會)와 변극태(邊克泰)를 배향(配享)으로 모셨다. 변경회는 임진왜란 때 포의(布衣)로 의병을 일으키

을 알 수 있다.

93) 《大隱實記》, 440쪽. 정종의 3녀 덕천옹주는 변상복(邊尙服)에게, 태종의 5녀 소선옹주(昭善翁主)는 변효순(邊孝順)에게 시집갔다. 그 이전에 변안열의 하나밖에 없는 딸은 무안대군 방번에게 시집갔다. 변안열 집안을 회유하기 위해 겹사돈을 맺은 것이다.

94) 李穡, 〈(邊安烈)行狀〉, 89~90쪽.

95) 《大隱實記》, 265쪽.

고 재산을 모두 팔아 군량을 지원한 공으로 3품 관작을 받은 사람이고, 변극태는 변경회의 현손으로 몸으로 강도의 칼을 막고 부친을 구하고 자신도 중상을 입은 효자로서 동몽교관의 증직을 받은 사람이다. 이 서원은 1914년에 세덕사(世德祠)로 출발해 1924년에 구양사로 바뀌었다가 1984년에 유림들이 구양서원으로 승격시켰다.[96]

한편 1969년 4월 22일에 정경세(鄭經世)가 쓴 '원천부원군대은변안열선생신도비'(原川府院君大隱邊安烈先生神道碑)를 세울 때 박정희 대통령이 그 충절을 기리기 위해 고유하였고,[97] 이를 기념하기 위해 2007년 10월 성균관유도회에서 발기해 변안열의 묘 앞에 이성무(李成茂)가 쓴 '원천부원군대은변공안열신도비 박정희대통령고유기념비'(原川府院君大隱邊公安烈神道碑朴正熙大統領告由紀念碑)를 세웠다.[98]

부인 원주원씨는 은천광록대부(銀靑光祿大夫) 판추밀원사(判樞密院事) 원의(元顗)의 딸이다. 묘는 양주 동쪽 건천면 오리동(梧里洞) 자좌(子坐)에 있다. 남편의 묘에서 5리 정도 떨어져 있다.[99] 그러나 세조의 능과 가깝다 해 1468년(세조 14)에 양주 동쪽 건천면 지사동 인좌로 옮겼고,[100] 1985년에 다시 남양주시 진건면 지사동에 인좌 남

96) 金喆熙, 〈龜陽書院記〉(《原州邊氏叅判公譜》, 回想社, 1989), 171~173쪽.
97) "告由文: 己酉辛卯朔二十二日壬子 大統領朴正熙謹告于高麗忠臣原川府院君大隱邊先生神道碑銘告成之 日 曰凜義烈忠 乾坤一蹴 於乎先生 扶綱誰激 瞻彼崧陽 江山嶷嶷 高仰萬情 偉節不息 永闡其功 蔚然 大石 歌長又長 千古無斁 楊路一明 先生降陟 伏惟尊靈 庶斯歆格 尙饗."(邊起兌 編著, 《百世忠義》, 원주변씨화수회, 도서출판 해조음, 2007, 179쪽)
98) 위의 책, 173쪽.
99) 《黃州邊氏族譜》, 75쪽.
100) 《原州邊氏族譜》 권1(庚申譜, 1800), 子二..

告由文

維歲次己酉辛卯朔二十二日壬子大統領朴正熙謹告于

高麗忠臣原川府院君大隱邊先生神道碑告成之日曰

凜義烈忠乾坤一眺於乎 先生扶綱誰激瞻彼崧陽江山嶷嶷

高仰萬情偉節不息永闡其功蔚然大石歌長又長千古無虧

楊路一明 先生降陟伏惟

尊靈庶斯歆格尚 饗

그림 1. 원천부원군대은변공안열신도비 대통령박정희고유기념비(위)와 고유문(아래)

편묘 옆으로 옮겼다. 변안열의 서제(庶弟) 변안서(邊安緖)는 낭중령(郎中令)을 지냈으며 시령공파의 파조가 되었다. 《요동록》(遼東錄)에 따르면 변안서도 형인 변안열을 따라 고려에 왔다고 되어 있다.[101)]

## 4. 변안열의 후예들

변안열은 3남 1녀를 두었는데, 장자는 현(顯), 차자는 이(頤), 3자는 예(預)다. 그리고 1녀는 무안대군(撫安大君) 이방번(李芳蕃)에게 시집갔다.[102)]

장자 현(顯)은 1382년(우왕 8) 문과에 급제해 벼슬이 통훈대부 판봉상시사(判奉常寺事)에 이르렀다. 묘는 양주 건천면 오리동(梧里洞) 동록(東麓) 성재동(聖在洞) 서북강(西北崗) 축좌(丑座)에 있다. 그러나 그 뒤 남양주시 진건면 지사동 변안열 산소 아래에 축좌로 다시 옮겼다. 부인은 형조판서 전오륜(全五倫)의 딸 숙인(淑人) 정선전씨(旌善全氏)다.[103)]

차자 이(頤)의 자는 이지(頤之)요 시호는 정평(靖平)[104)]이다. 그는

101) 위의 책, 69쪽.

102) 《原州邊氏族譜》 권1, 天編.

103) 위와 같음.

104) 주) 26 참조. 이중철(李中轍)이 쓴 '통훈대부사헌부집의귀계변공묘갈명'(通訓大夫司憲府執義歸溪邊公墓碣銘)에만 변이의 호가 정평(靖平)으로 되어 있다. 근거를 더 찾아보아야 할 것 같다.

표 5. 변안열의 직계비속

安烈－顯－克忠－處寬
處安
處寧
處溫
女+金祚
女+元澶
克愨(文)
載重
女+朴葵
女+朴大生
/頤－次熹(生)
宏
定(進)
寧
富
女+辛潤祖
女+李閏昌
尙朝
浩
堯頙
女+洪淀
女+李晟
女+韓致良
尙覲
孝同

孝南
女+申仁壽
女+梁誠之
女+李諧
女+韓壽
尙會(生, 文)
佑(蔭)
僙
伍千(武, 重)
脩(武, 重)
女+趙鐵堅
女+趙孝孫
尙同
孝順(柔川尉)+ 태종녀 昭善翁主
德順
義順
萬山
女+鄭苯(右議政)
女+尹三元
女+鄭永通(大司成)
女+李棣
尙聘
保(生)
石崙
石山
石崑

尙服(原川尉)+定宗女 德川翁主

堅(蔭)

厚(生, 武)

靖(武)

女+李秀鳳

女+金如鎭

女+鄭由吉

女+李漸(義安大君 李和 孫女)

女+李承孫(左贊成)

預

永淸

大孫

順孫

仲孫

從孫

女+朴榮

女+李秀茂

女+李昌壽

世淸(入居濟州)

士英

士俊

士仁

士雄

女+高以禮

女+撫安大君 李芳蕃-廣平大君 璵

풍채가 좋고, 기절(奇絶)이 특이해 약관(弱冠)에 이미 경세제민(經世濟民)에 뜻을 두었으나 아버지가 화를 당한 이후에는 슬퍼서 병이 들었다. 복(服)을 마치고 마의(麻衣)를 입고 풀로 혁대를 매고 두문불출했다. 벼슬에 뜻이 없었지만 조정의 강권에 의해 벼슬이 여러 번 내려졌어도 곧 사의를 표하고 나가지 않으려 했으나, 허락을 받지 못하고 부득이 벼슬을 하기는 했다. 즉, 1392년(태조 1)에 조선이 건국되자 변안열의 자손들을 등용했다. 처음에 이(/顧)에게는 선공감역(繕工監役)이, 얼마 있다가 문경현감이 제수되었다. 1393년(태조 2)에 의성현령, 1395년(태조 4)에 청도군수, 1397년(태조 6)에 밀양부사를 역임했다. 1399년(정종 1)에 원주목사에 제수되고, 1401년(태종 1)에 원종공신에 훈록되었으며, 진주목사에 임명되었다. 1403년(태종 3)에 선정을 베풀었다 해 통정대부로 승진되고 강계부사가 되었다. 1405년(태종 5)에 임기가 만료되어 동부승지가 되고, 1406년(태종 6)에는 가선대부에 올랐다. 1407년(태종 7)에 한성좌윤, 1408년(태종 8)에 공조참판 겸 부총관에 제수되었다. 1411년(태종 11)에는 용양위 호군에 제수되었는데 상소를 올려 물러났다. 이때 전(田) 30결과 노비 30구를 하사받았다. 이때부터 전원에 물러나 있었는데, 1419년(세종 1) 대마도 정벌 때 그를 좌군부총제사(左軍副摠制使)를 삼았으나, 나가지 않았다. 1422년(세종 4)에는 충청도안무처치사(忠淸道按撫處置使)에 제수되어 나가지 않으려 했으나 세종의 독촉으로 억지로 나갔다. 이어 관찰사에 오르고 1434년(세종 16)에는 북변(北邊)을 토벌할 때 그를 가선대부로 승진시켜 좌군통제사로 임명했는데, 임명장이 도착하기 전에 병으로 죽었다.[105)]

그는 풍채와 용모가 크고 훤칠했으며, 의기와 절개가 높고 뛰어나 약관에 경세제민의 큰 뜻을 품었으나, 아버지가 화를 당하고부터는 슬퍼서 병이 났고, 3년상을 다 치룬 뒤에도 베옷을 입고, 문을 닫고, 출세할 뜻이 없었다. 국가에서 여러 번 억지로 관직에 임명했으나 상소를 올려 사퇴하기를 빌었다. 그러나 끝내 허락을 받지 못해 부득이 취임했는데, 목민관으로 나가면 백성들이 떠난 후에 사모하는 비석을 세웠다. 그러나 친구들과 술로 세월을 보냈다. 그는 술을 먹으면 눈물을 흘리면서 가슴을 풀어 헤치고 "내 가슴과 배에 과연 명리심(名利心)이 있는가 봐주시오. 깊은 산 속에 문 닫고 엎드려 여생을 마칠 것을 가만히 바랐는데, 그렇게 못하는 것이 한스럽소"라고 했다.[106]

조선 건국에 저항한 인사의 자손들을 억지로 벼슬시키려 하는 시국을 한탄한 것이다. 부인이 셋인데, 첫째부인은 전리총랑(典理摠郞) 이달존(李達尊)의 딸, 계림부원군(鷄林府院君) 문충공(文忠公) 이제현(李齊賢)의 손녀, 보문각제학(寶文閣提學) 상당군(上黨君) 백이정(白頤正)의 외손녀인 정부인 경주이씨다. 1남1녀를 두었다. 둘째부인은 대제학 의성군(宜城君) 양정공(良靖公) 남좌시(南佐時)의 딸인 의령남씨다. 1남을 두었다. 셋째부인은 전농시승(典農寺丞) 이비일(李毗一)의 딸이요, 직제학 이충증(李充曾)의 손녀딸인 동성이씨(東城李氏)다. 5남 2녀를 두었다.[107]

105) 李彦迪, 〈左軍摠制邊公(/顧)墓表〉[《原州邊氏醴泉派譜》(回想社, 1996)], 203~205쪽.

106) 위의 글, 205쪽.

3자 예(預)는 무과에 급제해 판훈련원사(判訓鍊院事)를 지냈다. 첫째부인은 지보주사(知甫州事) 김보린(金寶麟)의 딸인 안동김씨다. 둘째부인은 판삼사사(判三司事) 노항(盧珦)의 딸이다.

변안열의 딸은 무안대군(撫安大君) 방번(芳蕃)에게 시집갔다. 방번이 변안열의 사위라는 것은 이색(李穡)의 변안열 행장(行狀)에도 있고, 《원주원씨족보》(原州元氏族譜)에도 있다.108) 단, 《선원보》(璿源譜)에는 방번의 부인으로 개성왕씨만 기록되어 있고, 원주변씨는 보이지 않는다.109) 아마도 변안열이 역성혁명에 저항하다가 죽자 《선원보》를 만들 때 삭제한 것이 아닌가 한다. 방번이 17세에 죽었고, 변안열이 고려 말에 죽었으니, 그의 딸인 원주변씨가 방번과 정략결혼을 했다면 원주변씨가 첫째부인이었을 가능성이 높다.

변안열의 장자 현은 2남 2녀를 두었는데, 아들은 극충(克忠), 극민(克愍)이요, 두 딸은 박규(朴葵)와 박대생(朴大生)에게 시집갔다. 변안열의 3세 극충은 별좌(別坐)로서 가선대부(嘉善大夫) 호조참판(戶曹叅判)에 증직(贈職)되었다. 부인은 전의감판사(典醫監判事) 이효신(李孝

107) 위의 글, 206쪽.

108) 목은 이색이 쓴 〈대은변안열행장〉에 "변안열의 딸이 이방번에게 시집갔다"(女適李芳蕃)고 기록되어 있다.

109) 《원주변씨세보》 권1, 上系(1959년 己亥本)에 시조 변안열의 딸이 무안대군 방번에게 시집갔다(女撫安大君芳蕃 系孫廣平大君璵)고 되어 있다. 그러나 《선원보》에는 방번의 부인으로 개성왕씨만 있을 뿐 변안열의 딸인 원주변씨는 없다. 변안열이 실력자로 있을 때 정략적으로 혼인했다가 변안열이 역적으로 몰리자 족보에서 삭제한 것이 아닌가 한다. 《원주원씨족보》 이방번조에 "按丁丑譜及柳氏源派譜 皆載邊安烈女撫安大君芳蕃 而璿源譜略不載 故姑不錄 子孫以俟後考"라고 해 《원주원씨족보》에는 있으나 《선원록》에는 기재되어 있지 않음을 기록하고 있다.

信)의 딸, 대제학 공도공(恭度公) 이문화(李文和)의 손녀인 인천이씨다. 극민은 문과를 거쳐 형조참의를 지냈다. 묘는 양주(楊州) 성재동(聖在洞) 산(山) 동강(東崗)에 있었다. 그러나 그 후 1968년 남양주시 진건면(眞乾面) 지사동 변안열 산소 끝으로 옮겼다. 부인은 정랑(正郎) 김상근(金相瑾)의 딸인 안동김씨다. 극민은 천자(天資)가 청숙(淸肅)하고, 풍의(風儀)가 준수했으며, 벼슬이 문과를 거쳐 형조참의에 이르렀다. 묘는 양주군 성재동 계좌(癸座)에 있었다. 그러나 자리가 좋지 않다고 해 1972년 4월 16일에 양주군 진건면 용정리(龍井里) 변안열의 산소 밑으로 이장했다. 극민의 외아들 재중(載重)은 장예원 사의(司議)를 지냈으나 상소를 잘못 올려 태천(泰川)으로 귀양 갔다가 그곳에 눌러앉았다. 묘는 태천현 서읍내면(西邑內面) 송곡동(松谷洞) 와우산(臥牛山)에 자좌(子坐)로 있다.[110] 큰사위 박규(朴葵)는 반남박씨(潘南朴氏)로 유명한 박세당(朴世堂)의 집안이요,[111] 둘째사위는 목사를 지낸 밀양박씨 박시(朴蓍)의 집안이다.[112]

변안열의 차자 이(/頤)는 7남(次熹·尙朝·尙覲·尙會·尙同·尙聘·尙服) 3녀(鄭由吉·李漸·李承孫에게 시집갔다)를 두었다. 맏아들 차희(次熹)의 원래 이름은 상희(尙熹)였고, 자는 회문(晦文)이다. 학문으로 덕망이 높아 당세에 추앙을 받았으므로, 태종이 이르기를 "경(卿)의 덕이 주자(朱子)와 서로 이름을 본받았고, 상(尙)을 차(次)로 고침이

110) 邊學永, 〈叅議公(克愍)墓碑文〉[《原州邊氏族譜》(1959년 己亥譜) 권1, 上系 2006], 358~359쪽.

111) 위의 책, 24쪽.

112) 위와 같음.

좋겠다"고 해 차희(次熹)로 개명했다. 첫째부인 경주김씨의 아들로, 1392년(태조 1)에 태어났다. 천자(天資)가 준수하고, 글을 잘했으며, 기력이 장대했다. 여러 번 과거에 응시했으나 합격하지 못해 과거를 포기했다. 1426년(세조 8)에 음직으로 헌릉(獻陵) 참봉에 제수되었으나 나가지 않았다. 1461년(세조 7)에 수직(壽職)으로 첨지중추부사를 받았다. 1462년(세조 8)에 부인과 함께 큰아들 정(定)의 임소(任所)에 갔다가 병이 나 관아에서 죽었다. 향년 81세. 묘는 찾지 못하고 남양주시 지사동 변안열 묘역 아래에 제단만 만들어 놓고 있다. 행장은 좌찬성 이언적(李彦迪)이, 묘지명은 우찬성 권벌(權橃)이 지었다. 부인은 풍산군(豊山君) 정양공(靖襄公) 심구령(沈龜齡)의 딸인 숙부인 풍산심씨(豊山沈氏)다. 남편보다 며칠 앞서서 죽어 남편과 함께 묻혔다.[113]

변안열의 차자 이(頤)의 맏아들 차희는 첨추공파(僉樞公派)를 이루었는데, 4남(宏·定·寧·富) 2녀(辛潤祖·李閏昌에게 시집갔다)를 두었다. 장자 굉(宏)은 장가들기 전에 죽어 자손이 없다. 차자 정(定)은 자를 안지(安之), 호를 송와(松窩)라 했다. 실묘해 변안열 묘역에 설단했다. 1415년(태종 15) 한양 명례방(明禮坊)에서 태어나, 1474년(성종 5) 7월 8일에 죽었다. 향년 60세. 1441년(세종 23)에 진사가 되어 학행으로 세자세마(世子洗馬)에 임명되었다. 1454년(단종 2)에 의성현령에 임명되었으나 나가지 않았고, 1455년(단종 3)에 원종공신으로 녹훈되었다. 1457년(세조 3)에 마침 황해도에 흉년이 들자 왕이 그에게 사정

113) 위의 책, 23B～27A 및 權橃, 〈獻陵叅奉邊公(尙憙)墓誌〉(《原州邊氏醴泉派譜》, 回想社, 1996), 215쪽.

을 알아보라고 했다. 복명하고 청도군수에 제수했으나 나가지 않았다. 1458년(세조 4)에 금부도사, 한성주부, 사복시주부를 역임하고, 1460년(세조 6)에 수천(隨川)군수를 거쳐 1467년(세조 13)에 영변(寧邊)부사, 선혜청 낭청, 한성서윤을 지냈다. 묘는 용인 남방곡(南方谷)에 있었다. 지금은 실묘해 변안열 묘역에 설단했다. 부인은 첨지중추부사 손서(孫敍)의 딸인 밀양손씨다. 1418년(태종 18)에 태어나 1432년에 정(定)에게 시집와 1474년(성종 5) 3월 26일에 죽었다. 향년 57세. 묘는 남편의 묘 뒤에 있었다.[114] 지금은 실묘해 아버지와 함께 변안열 묘역에 설단했다. 묘지명은 퇴계 이황이 지었다. 김종직(金宗直)의 제문과 만사(輓詞)가 전한다. 그는 정(定)을 지기(知己)라고 했다.[115]

차희의 차자 정(定)은 4남(希哲·希李·希潁·希達) 1녀(金進明에게 시집갔다)를 두었다. 장남 희철(希哲)은 첨지중추부사로서 부인은 선전관 최사청(崔思淸)의 딸 최씨다.

정의 둘째아들 희리(希李)의 자는 선보(仙甫)요, 호는 귀계(歸溪)다. 1435년(세종 17)에 태어나 1509년(중종 4)에 죽었다. 향년 75세. 태어나면서부터 남다른 자질을 지녀, 아버지 정은 "이 아이는 반드시 큰 그릇이 될 것이다"라 했다고 한다. 1462년(세조 8)에 생원이 되고, 1466년(세조 12)에 효렴(孝廉)으로 천거되어 창선교위(彰善校尉)를 받고 곧 부사직(副司直)이 되었다. 1474년(성종 5)에 아버지를, 다음 해

114) 李滉, 〈原從功臣通訓大夫行寧邊都護府使邊公(定)墓誌〉(《原州邊氏醴泉派譜》), 218~222쪽.

115) 金宗直, 〈祭文〉(《原州邊氏醴泉派譜》), 222쪽.

표 6. 변희리의 가계

- 次熹－宏
    - 定
        - 希哲(武)
        - 希李(生, 文)
            - 必大
            - 光大(生進, 文)
            - 成大
        - 希穎
            - 夢德
        - 希達
            - 封(蔭)
            - 女＋柳垣
            - 女＋李貴枝
            - 女＋德城守 灩
        - 女＋金進明

에 어머니를 여의고 슬퍼서 출세할 뜻이 없었다. 벼슬을 권하는 사람이 있으면 “부모를 여의고 근근이 붙어 있는 목숨으로 외롭게 사는 사람이 입신양명을 한들 무슨 영광이 되겠는가?”라고 했다고 한다. 그러나 큰형의 권고에 따라 1486년(성종 17)에 문과에 급제해 승문원 정자에 임명되고 성현찰방(省峴察訪)이 되었다. 그러다가 1487년(성종 18)에 사헌부 감찰이 되고, 1488년(성종 19)에 형조좌랑, 1489년(성종 20)에 황산찰방(黃山察訪)을 지냈다. 1492년(성종 23)에 무장(茂

長)현감이 되어 소신신(召信臣)과 두백(杜伯)[116]과 같은 치적을 이루었다. 임기를 마치고 이듬해 사간원 정언이 되었다가 사옥(史獄)[117]이 일어나 이극돈(李克墩)이 "이번 옥사는 나라의 큰일이다. 이세좌(李世佐), 변희리(邊希李), 노공필(盧公弼)이 각기 간언(諫言)의 직분을 맡고 있으니 3사(三司)가 함께 상주하는 것이 좋을 듯하다"고 말했다. 이에 변희리는 "인륜이 다하고 국가의 기강이 무너지고 말았다. 떠나지 않는다면 장차 어떤 화가 미칠지 알 수 없었다. 차라리 내가 죽을지언정 선비들을 무고하는 짓은 차마 할 수 없다"며, 사직(司直) 자리에 있는 사촌동생 변희예(邊希乂)와 함께 벼슬을 버리고 떠났다. 떠날 때 정승조(鄭承祖)에게 다음과 같은 시를 남겼다.

그대는 범맹박(范孟博)[118]이요(君爲范孟博),
나는 오문졸(吳門卒)[119]이라(我作吳門卒).
양의 창자처럼 꾸불꾸불한 길로 떠나가노니(羊腸去去路),
서주의 호걸(豪傑)[120]에게 부끄럽구나(慙愧西州傑).

---

116) 한나라 때 앞뒤로 남양태수가 되어 선정을 베풀었던 사람들. 당시 백성들이 이들을 칭송해 "전에 는 소부(召父)가 있었는데 뒤에는 두모(杜母)가 있다"고 했다. (《漢書》 卷89, 循吏傳 召信臣; 《後漢書》 卷31, 杜詩列傳)

117) 사초(史草)로 인한 옥사. 무오사화가 일어나기 전에 김일손이 훈구파 이극돈의 비행을 사초에 기록했다가 반목이 생겼다.

118) 후한의 범방(范滂)을 말함. 맹박(孟博)은 그의 자. 효렴광록으로 천거되어 청조사(請詔使)로 기주(冀州)에 나갔는데, 수레를 타고 고삐를 잡자 개연히 천하를 맑게 할 뜻이 있었다고 한다.

119) 한나라의 매복(梅福)을 일컬음. 매복은 《상서》와 《춘추곡량전》에 밝았는데, 왕망이 집권하자 성명을 바꾸고 오주(吳州)의 저자에서 문지기 노릇을 했다고 한다.

120) 진(晉)나라 사안(謝安)을 일컬음. 사안은 신성(新城)을 지키다가 병이 위독해 부득이 서주의 성문이 열리게 되자, 평소 동산(東山)에 은거하려던 뜻을 이루지 못

그는 배를 사서 예천(醴泉)의 귀래곡(歸來谷)에 은거해, 귀계(歸溪)를 호로 삼았다.121) 집 앞에 버드나무를 심고 십류선생(十柳先生)이라 했다. 각건(角巾)을 쓰고 베옷을 입고 안개와 구름이 자욱한 계곡을 소요했다.

중종반정이 일어난 뒤 문학에 뛰어나고 정직하다고 해 사헌부 지평에 임명되었다. 1507년(중종 2)에 고성(固城)현령이 되었다가 곧 병조정랑으로 옮겼다. 1508년(중종 3)에 시강원 사서(司書), 1509년(중종 4)에 사헌부 장령과 집의가 되었으나, 병으로 집에서 지내고 있었다. 상경해 임명장을 받으라는 임금의 독촉이 성화같아 어쩔 수 없이 가마에 몸을 실어 길을 떠났으나, 1509년(중종 4) 3월 8일에 단양의 객사에서 죽었다. 향년 75세. 부음이 전해지자 임금이 특별히 비단과 말을 내려 장례를 치르도록 했다. 그의 둘째아들인 광대(光大)가 시신을 수습해 신계동(新溪洞)의 안산(案山) 주봉 아래 유좌(酉坐)로 장사지냈다.122) 묘표는 국오(菊塢) 강경순(姜景淳)이 짓고, 묘갈명은 진성이씨 이중철(李中轍)이 지었다.123)

변희리는 타고난 자질이 순수하고 학문과 덕행을 겸비해 일찍이

---

함을 매우 슬퍼했다. 그래서 그가 죽은 후 그의 생질인 양담(羊曇)이 외숙의 일을 가슴 아프게 여겨 서주의 길로 다니지 않았는데, 한 번은 크게 취해 자신도 모르게 그곳을 지나다가 좌우 사람이 "이곳이 서주의 성문이다"라고 말하자, 양담이 슬픔을 견디지 못해 통곡을 하면서 지나갔다고 한다.

121) 변희리는 서울에 있을 때 안침·이세좌·노공필 등 명류(名流)들과 총마계(驄馬契)를 만들어 교류했으나, 예천으로 은거해서는 도연명의 〈귀거래사〉를 화운(和韻)해 부(賦)를 지어 은거의 뜻을 굳혔다.

122) 《原州邊氏族譜》, 27AB 및 眞城 李中轍, 〈通訓大夫司憲府執義歸溪邊公墓碣銘幷序〉(《原州邊氏醴泉派譜》, 224~232쪽.

123) 李中轍, 〈(邊希李)墓碣銘〉(《原州邊氏醴泉派譜》).

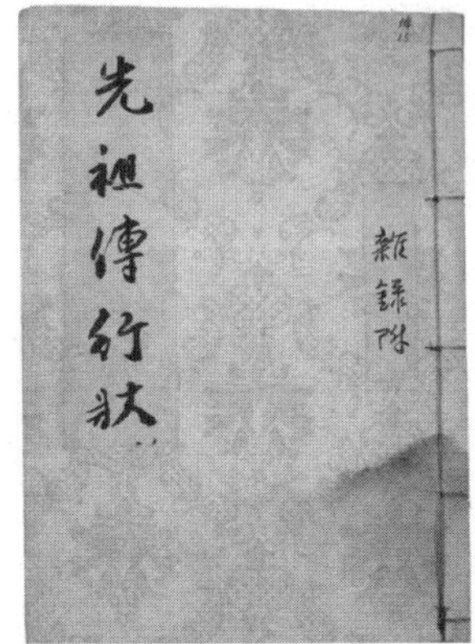
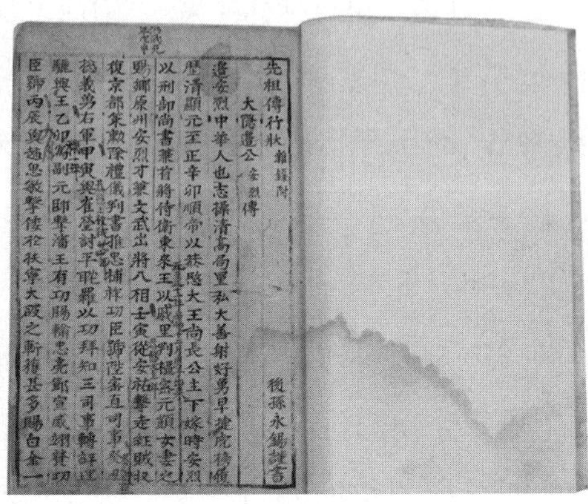

그림 2. 변희리의 《전가록》 필사본

조정에 나갔으나, 사화를 피해 은거했다. 애석하게도 남겨놓은 글이 없다. 변희리는 《전가록》(傳家錄)을 지은 것으로 유명하다. "집의(執義) 귀계공(歸溪公) 변희리의 전가록에 따르면"[124]이라는 인용문이 보이는 데서 《전가록》이라는 책이 있었음을 알 수 있다. 그러나 지금까지 《전가록》은 보이지 않는다. 다만 1949년에 예천 금곡(金谷)에 사는 족인가(族人家)의 옛 바구니 속에서 옛 문서들이 발견되었는데,[125] 그 속에는 변안열에 대한 제문·전·행장·묘표 등이 들어 있었다. 《전가록》은 이들과 대은연보, 그리고 후세 사서에서 수집한 사료들을 보탠 것이 아닌가 한다. 이러한 자료들은 1950년에 변종기(邊鍾基)가 《시조실기》(始祖實記)로 집성한 것을 뒤에 《대은실기》(大

124) 《原州邊氏叅判公派譜》 上卷 雜錄附(回想社, 1989), 174쪽. 《전가록》에는 〈불굴가〉를 비롯한 많은 정보가 있는 것이라 보인다.

125) 《大隱實記》, 340쪽.

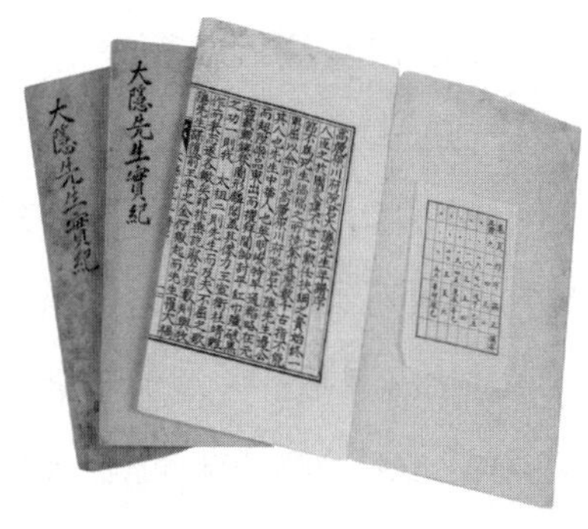

그림 3. 대은실기(김철희 필사본)

隱實記)에 수록한 것으로 보인다.[126] 《대은실기》 권1에는 가(歌; 不屈歌)와 시(詩; 東國留居吟 2首, 漢陽流所吟 4首), 그리고 부록이 실려 있고, 권2에는 척실(摭實; 譜牒 · 東史 · 彙纂麗史 · 諸賢評論)이 있는데, 윤근수(尹根壽), 조진관(趙鎭寬), 김약련(金若鍊) 등이 변안열을 변호하는 글이 수록되어 있다.[127] 그리고 부록에는 변안열의 연보(年譜), 제문(祭文; 정몽주 · 이색 · 길재 · 이숭인 · 이방번), 전(傳; 정몽주), 유사(遺事; 길재), 행장(行狀; 이색), 묘표(墓表; 朴承任), 묘표후지(墓表後識; 邊循), 명신전(名臣傳; 洪汝河), 송곡서원상량문(松谷書院上樑文; 金冕周) 등이 실려 있다.[128] 가장 오래된 《대은실기》는 1949년 양주성소

126) 〈대은선생실기서〉(大隱先生實紀序)에 서문을 쓴 김병구(金秉矩)에 의하면 원손(遠孫) 변종기(邊鍾基)가 1950년(庚寅)에 아마도 《전가록》에 있는 자료와 기타 자료들을 모아 《시조실기》(始祖實紀)를 편찬했고, 그것을 기초로 《대은실기》를 편찬한 것을 1977년에 신석호 선생 등이 실록, 《고려사》 기타 자료를 모아 《대은실기》(韓一印刷社, 1977)를 다시 편찬한 것이다.

127) 《大隱實記》, 210~211쪽.

회(楊州省墝會)에서 간행한 목판본《고려원천부원군대은실기》(高麗原川府院君大隱實記)다.[129]

부인은 둘인데, 첫째부인은 유유(柳牖)의 딸이요, 안동김씨인 판관 김계권(金係權)의 외손녀인 진주유씨(晉州柳氏)다. 묘는 예천 북쪽 5리 쯤 있는 나부촌(羅浮村) 뒤 계명현(鷄鳴峴) 산록 끝에 을좌(乙坐)로 있다. 둘째부인은 청암(淸巖) 이정위(李正偉)의 딸 숙인(淑人) 전주이씨다. 묘는 남편 묘 아래 유좌(酉坐)로 있다.[130] 희리의 첫째아들 필대(必大)는 충순위(忠順衛)에 속해 있었고, 1472년(성종 3)에 태어나 1521년(중종 16) 4월 9일에 죽었다. 향년 50세. 묘는 아버지 묘 왼쪽에 자좌(子坐)로 있다. 부인은 별제 권선(權善)의 딸이요, 한성부원군(漢城府院君) 문열공(文烈公) 이계전(李季甸)의 외손녀인 안동권씨다. 묘는 남편과 쌍분으로 묻혔다. 둘째아들 광대는 문과에 급제해 벼슬이 사간원 정언을 지냈다. 부인은 군수 신숙권(申叔權)의 딸이요, 좌의정 신개(申槪)의 증손녀요, 남양홍씨 홍계상(洪繼常)의 외손녀인 숙인 평산신씨다.[131]

---

128) 위의 책, 504~670쪽.

129) 위의 책, 209쪽. 이때 변종기가《동사》(東史) 등에서 보충자료를 뽑아서《시조실기》이라는 책을 만들었는데 오래 되어, 1949년에 예천 문중 집안에서 나온《전가록》과 합쳐 양주성묘회(楊州省墓會)에서《대은실기》를 간행하게 된 것이라 한다.(乃者 族祖鍾基氏 惕然起慕 夙夜靡懈 考之譜牒 抄諸東史 合而編之 曰始祖實記 在其中 籍者亦有年 所歲己丑 楊州省墓之會僉議發 方圖繡棗 得一小冊於醴泉族人家 卽當時諸先輩所箸祭文及傳行狀墓表神道碑銘也 靡挲奉玩 若壁裡殘經 僅免咸陽熱火 而復出於世也 於是乎.;《高麗原川府院君大隱先生實記》卷2, 識)

130) 위의 책, 28.

131) 위의 책, 27A~28A.

정의 3자 희영(希穎)은 평시령(平市令)을 지냈고, 그 후손들은 문경을 거쳐 현재 경산 자인에 많이 살고 있다. 4자 희달(希達)은 자가 세통(世通)인데, 1454년(단종 2)에 태어났다. 벼슬이 함종(咸從)현령에 이르렀다. 1509년(중종 4) 4월 14일에 죽었다. 부인은 현령 계우(啓佑)의 딸 인천이씨다. 1517년(중종 12)에 태어나 1542년(중종 37)에 죽었다. 묘는 용인 기곡(器谷)에 있다.132)

차희의 3자 영(寧)은 정국공신(靖國功臣)으로 서천(舒川)군수를 지냈다. 묘는 양주 미동리(美洞里)에 있다. 부인은 생원 임복생(任復生)의 딸 풍천(豊川)임씨다. 4자 부(富)는 수의부위(修義副尉)로 부인은 여흥민씨다. 장녀는 판서 신인손(辛引孫)의 아들 신윤조(辛潤祖)에게 시집가서 신승담(辛承聃), 신성담(辛成聃; 進士) 등의 아들을 두었다. 둘째딸은 인천이씨 이윤창(李閏昌)에게 시집갔는데, 자손이 없어 친정 조카인 집의(執義) 변희리(邊希李)를 시양자(侍養子)로 맞이해 지금까지 자손들이 이윤창의 제사를 받들고 있다고 한다.133)

영은 3남(希俊 · 希乂 · 希康)을 두었다. 장자 희준(希俊)은 부사직을 지냈다. 묘는 금천(金川) 강남면(江南面) 피곡(陂谷)에 있다. 부인은 부사 윤보상(尹輔相)의 딸인 파평윤씨다. 묘는 현(縣)에서 40리 떨어진 전석현(磚石峴) 북쪽 기슭에 계좌(癸坐)로 있다. 차자 희예(希乂)는 충무위(忠武衛) 부사직을 지냈으며, 서울에서 처음 영주(榮州)로 내려와 살았다. 묘는 순흥(順興) 수민단(壽民丹) 요산동(腰山洞)에 자좌(子坐)로 있다. 부인은 이시생(李始生)의 딸 인천이씨다. 3자 희강(希康)은

132) 위의 책, 27A~29B.

133) 위의 책, 27A~32B.

통제사(統制使)를 지냈고, 부인은 인천이씨다.

차희의 4자 부(富)는 1남 희일(希一)을 두었는데, 부인은 진주강씨다.[134]

변안열의 차자 이(/顧)의 둘째아들 상조(尙朝)는 남부령(南部令)을 지냈다. 부인은 정랑 김유공(金有恭)의 딸인 순천김씨다. 상조의 아들 호(浩)는 어모장군(禦侮將軍) 행충무위(行忠武衛) 대호군(大護軍)을 지냈다. 묘는 양주군 진관면(眞官面) 백양곡(白楊谷)에 곤좌(坤坐)로 있다. 부인은 참봉 오세(吳洗)의 딸 숙인 해주오씨다. 남편과 함께 묻혔다.[135]

이의 셋째아들 상근(尙覲)은 선절장군(宣節將軍) 충무시위사(忠武侍衛司) 중령호군(中領護軍) 겸 군기판관(軍器判官)이었다. 1443년(세종 25)에 죽었다. 묘는 시조묘 왼쪽에 건좌(乾坐)로 있다. 상근의 아들 효동(孝同)은 1460년(세조 6)에 무과에 급제해 명천(明川)부사를 지냈다. 부인은 공조판서 이정손(李廷孫)의 딸 경주이씨다.[136] 변상근은 세종대에 최해산(崔海山)의 뒤를 이어 화약을 개량, 발전시키고 화기(火器)의 제조와 방사술(放射術) 교습에 힘쓴 인물로 유명하다. 그는 감련관(監鍊官)으로서 지방군의 화포 교습을 감독, 지휘하는 책임을 맡았고, 지방 지휘관인 수령·만호 등을 처벌할 수 있는 권한까지 부여받고 있었다.[137]

---

134) 위의 책, 29B~32A.

135) 위의 책, 33A.

136) 위의 책, 25AB.

137) 《韓國軍制史》(朝鮮前期篇); 《大隱實記》, 169~170쪽.

고려는 1377년(우왕 3) 10월에 판사(判事) 최무선(崔茂宣)의 요구로 화통도감(火熥都監)을, 1378년(우왕 4) 4월에 화통방사군(火熥放射軍)을 설치해 화기(火器) 발달에 공헌했다. 이 화포를 이용해 정지(鄭地)가 진포(鎭浦)에 침입한 왜적을, 이성계가 운봉(雲峰)에서 왜적을 크게 물리칠 수 있었다. 그러나 화통도감은 그 뒤 10년이 못 가 1388년(창왕 1)에 조준(趙浚) 등의 요구로 혁파되어 군기시(軍器寺)에 편입되었다. 이성계 세력에 대항할 수 있는 무력을 싹트지 못하게 하기 위해서다. 그러나 조선이 건국된 뒤 화약과 화포는 다시 발전했다. 국가에서 4군과 6진의 개척, 대마도 정벌 등에 활용하기 위해서였다.[138]

최해산(崔海山)은 화약 제조법을 아버지 최무선이 죽은 뒤에 어머니로부터 유서로 물려받아 화기 개량에 매진했다. 권근(權近)은 태종에게 상소를 올려 화기 제조를 활성화하자고 해 최해산을 군기주부(軍器主簿)로 임명하게 했다. 변상근은 최해산의 뒤를 이어 세종의 명을 받아 군기감(軍器監)에서 화기 업무를 도맡아 해 왔다. 그러나 수양대군의 계유정난(癸酉靖難)으로 화기 제조가 한때 억제되었다. 다만 화포의 발달은 변상근의 사위인 양성지(梁誠之)에 의해 그 명맥이 유지되었다. 양성지는 총통위(銃筒衛) 혁파를 반대하고 화기의 증강을 역설했으며, 화기 제조법이 일본에 흘러들어가지 않도록 하기 위해 《총통등록》(銃筒謄錄)을 한글로 번역하고 한문 원본은 불살라 버려야 한다고 주장했다.[139] 변상근의 화포 제조술이 사위인 양성지

138) 위의 책, 167~169쪽.

139) 위의 책, 170쪽.

의 국방정책에 영향을 미친 것이다.

부인은 주부 민린생(閔麟生)의 딸 여흥민씨다. 남편과 함께 묻혔다.[140] 4남을 두었는데, 장남 보(保)는 양성부사(陽城府使)를, 차남 석륜(石崙)은 창성부사(昌城府使)를 지냈다. 3남은 석산(石山)이요, 4남 석곤(石崑)은 강계부윤을 지냈다. 석륜의 손자사위는 세조의 4남(謹嬪朴氏 소생) 창원군(昌原君) 이혜(李溭)이다.[141]

이(/顧)의 넷째아들 상회(尙會)의 호는 무송당(撫松堂)이요 자는 전하지 않는다. 1399년(정종 1)에 태어나 1485년(성종 16) 10월 4일에 죽었다. 향년 87세. 1420년(세종 2)에 생원시에 합격하고, 1434년(세종 16)에 별시문과에 급제해(崔恒·朴允亨·朴彭年이 同榜), 승문원 정자·주서(注書), 병조 좌랑, 성균관 직강을 거쳐 함양군수로 나갔다. 임기를 채우고 사간원 정언에 임명되었다가 사헌부 지평으로 옮겼다. 사헌부 장령, 승문원 부지사, 판군자감사, 원주목사로 나갔다가, 내직으로 들어와 선공감 판사를 역임했다. 첨지중추부사를 거쳐 호조·예조 참의가 되었으나, 사람들의 시기를 받아 벼슬을 버리고 고향집으로 돌아갔다.[142]

뜰 앞의 늙은 소나무를 사랑해 그 집에 무송당(撫松堂)이라는 편액을 달았다.(撫松齋는 2006년 8월 15일에 재건되었다) 이것은 '날씨가 추워진 뒤에야 송백(松柏)이 나중에 시드는 것을 안다'는 뜻을 취한

140) 《原州邊氏叅判公世譜》 上卷.

141) 邊泰用, 〈通政大夫行杆城郡守邊公(尙聘)行狀〉, 《原州邊氏世譜》 首卷, 734~737쪽.

142) 李家源, 〈原平君墓誌〉, 《撫松齋》(原州邊氏叅判公宗親會, 도서출판 修書院, 2006), 54쪽.

것이다. 성종조에, 나이가 많아 검교호조참판을 제수하고, 매달 고기와 술을 하사했다. 그 뒤 예조참판으로 옮겼으나 병이 걸려 1485년(성종 16) 10월 4일에 죽었다. 1486년(성종 17) 2월 16일에 양주 동면(東面) 주을동(注乙洞) 광암(廣巖; 남양주시 別內面 廣田里 산 141-2번지) 남쪽 언덕에 장사지냈다. 뒤에 아들 수(脩)의 훈공으로 예조판서 겸 예문관제학지경연춘추관사에 추증되고, 원평군(原平君)에 추봉되었다. 부인은 둘이 있었는데, 첫째부인은 참의 김관(金灌)의 딸인 청풍김씨다. 묘는 남편 무덤 뒤에 경좌(庚坐)로 있다, 둘째부인은 전서(典書) 유분(柳濆)의 손녀요, 유이생(柳易生)의 딸인 진주유씨인데, 1410년(태종 10)에 태어나 1490년(성종 21) 9월 4일에 죽었다. 향년 81세. 묘는 남편의 무덤 오른쪽에 있다.[143)]

상회는 4남(佑·僙·伍千·脩) 2녀(趙鐵堅·趙孝孫에게 시집갔다)를 두었다. 맏아들 우(佑)는 음사(蔭仕)로 한성서윤, 종친부 전첨(典籤), 군자감 첨정을 지냈고, 예조참의에 추증되었다. 묘는 아버지 무덤의 아래 유좌(酉坐)에 있다. 부인은 부사(府使) 정신석(鄭臣碩)의 딸 숙부인 연일정씨다. 남편과 함께 묻혔다. 둘째아들 환(僙)은 행절충장군(行折衝將軍) 월관첨사(月串僉使)를 지냈으며, 호조참판에 증직되었다. 묘는 광암(廣巖) 선영에 있다. 부인은 현감 전유의(全由義)의 딸인 정선전씨다. 남편과 함께 묻혔다. 환은 외아들 사겸(士謙)을 두었는데, 사겸은 자가 홍생(興生), 1446년(세종 28)에 태어났다. 음직으로 내금위에서 근무하다가 중종반정에 가담해 정국공신 4등에 책봉되고,

143) 위와 같음; 《原州邊氏叅判公派譜》 上卷, 208~211쪽; 邊時淵, 〈贈禮曹判書原平君行禮曹叅判撫松堂邊公行狀〉, 《撫松齋》, 208~209쪽.

원양군(原陽君)에 봉해졌다. 호조판서 겸 지의금부사에 증직되고 시호는 양호공(襄胡公)이다. 묘는 남양주시 별내면 광전리 주을동(注乙洞) 광암(廣巖) 선영에 있다. 부인은 장령 이혼(李渾)의 딸이요, 연성(延城)부원군 증영의정 문강공(文康公) 저헌(樗軒) 이석형(李石亨)의 손녀인 연안이씨다. 남편과 함께 쌍분으로 묻혔다.144)

상회의 셋째아들 오천(伍千)의 자는 무강(無疆)으로, 1445년(세종 27) 9월 24일에 태어나 1513년(중종 8)에 죽었다. 향년 69세. 1465년(세조 11)에 무과에 급제하고, 중시(重試)에 합격해 경력(經歷), 훈련원 첨정(僉正), 부정(副正), 풍천(豊川)부사, 사복시정(司僕寺正), 통예원 좌통례, 전라수사, 공주·나주목사, 전라병사를 역임하고, 승정원에 들어가 여러 번 승지를 지내고 내승(內乘)을 겸임했다. 성종이 특별히 화공(畵工)을 시켜 그의 상을 그리게 했다고 한다. 유고가 있었으나 6.25사변 때 없어졌다고 한다. 묘는 주을동(注乙洞) 아버지 무덤 가까이에 있다.(남양주시 별내면 광전리 산 130번지) 부인은 선공감부정 박귀손(朴貴孫)의 딸인 운봉(雲峰)박씨다. 1450년(세종 32)에 태어나 1510년(중종 5)에 죽었다. 향년 61세. 남편과 함께 쌍분으로 묻혔다.145)

오천은 3남(士溫·士良·士儉) 5녀를 두었다. 오천의 큰아들 사온(士溫)은 평안도사, 병조참판을 지냈고, 1511년(중종 6)에 죽었다. 부인은 첨정 김훈조(金薰祖)의 딸인 경주김씨다. 오천의 둘째아들 사량(士良)은 무과에 급제해 풍저창수(豊儲倉守), 남포(藍浦), 덕천(德川)의 수령을 지냈다. 원종공신에 책훈되었다. 묘는 광암(廣巖) 선영에 있

144) 《原州邊氏叅判公派譜》 上卷, 210쪽.
145) 위의 책, 211쪽.

다. 부인은 생원 김국량(金國樑)의 딸인 청풍김씨다. 남편과 함께 쌍분으로 묻혔다.[146]

상회(尙會)의 넷째아들 수(脩)의 자는 영숙(永叔)이다. 1447년(세종 29)에 태어나 1524년(중종 19) 7월 10일에 죽었다. 향년 78세. 1469년(예종 1)에 무과에 급제하고, 1476년(성종 7)에 중시(重試)에 합격해 훈련원 정(正)이 되었으며, 1478년(성종 9)에 임기가 차 공조참의로 승진했다. 1479년(성종 10) 3월에 동부승지가 되고,[147] 10월에는 우부승지로서[148] 평안도별선위사(平安道別宣慰使)로 파견되었다.[149] 11월에 좌부승지가 되었으며,[150] 다음해 6월에 우승지가 되었다.[151] 무신으로 승지가 되기 어려웠는데, 변수가 승지에 임명된 이후에는 무신도 승지가 될 수 있었다. 1483년(성종 14) 12월에 형조참의가 되고,[152] 다음해 4월에 병조참지,[153] 8월에 절충장군 경상우도수군절도사,[154] 12월에 통정대부 호조참의[155]가 되었다. 1485년(성종 16) 정월에 사간원의 공박을 받아 물러가려 했으나 받아들여지지 않았다. 1489년(성종 20) 5월에 충청도병마절도사,[156] 1492년(성종 23) 11월에

146) 邊時淵, 〈贈兵曹叅判行全羅兵使邊公(伍千)墓表〉, 《原州邊氏叅判公派譜》 上卷 首卷, 221쪽.
147) 《성종실록》 권102, 성종 10년 3월 정묘.
148) 《성종실록》 권105, 성종 10년 6월 정해.
149) 《성종실록》 권110, 성종 10년 10월 신유.
150) 《성종실록》 권111, 성종 10년 11월 무자.
151) 《성종실록》 권118, 성종 11년 6월 정축.
152) 《성종실록》 권161, 성종 14년 12월 병술.
153) 《성종실록》 권169, 성종 15년 8월 정묘.
154) 《성종실록》 권162, 성종 15년 1월 신유.
155) 《성종실록》 권173, 성종 15년 12월 을축.

경상우수군도절도사가 되었으나,157) 1494년(성종 25) 4월에 만호 이극검(李克儉)이 수군 1명이 왜적에게 죽은 것을 보고하지 않았다고 해 국문을 받았다.158) 그 후 1497년(연산군 3) 8월에 영안북도절도사로 재발탁되었으나,159) 대간이 그의 자질을 문제 삼아 온성부사(穩城府使)로 좌천되었다.160) 영중추 정문형(鄭文炯)은 "이미 병사로서 적당치 못하다고 한 이상, 부사로 임명하는 것은 옳지 않다"고 해 장령 김물(金勿)이 변수를 내금위장으로 삼을 것을 건의했으나 받아들여지지 않았다. 1504년(연산군 10) 4월에는 변수가 연산군의 어머니 윤씨를 폐비하는 데 가담했다고 장 70에 처했다.161) 그러다가 1506년(중종 1) 9월에 중종반정이 일어나자 그는 정난공신 2등에 녹훈되어,162) 11월에 황후책봉을 하례 드리는 진하사(進賀使)로 명나라에 다녀왔다.163) 다녀와서 1513년(중종 8) 6월에 충청도수사가 되었고,164) 8월에는 원천군(原川君)에 봉해지고 봉조하(奉朝賀)가 되었다.165) 이와 같이 변수는 무신으로서 승지를 지낸 단초를 열었다. 1546년(명종 1) 9월에 영경영사 홍언필(洪彦弼)은

156) 《성종실록》 권228, 성종 20년 5월 을해.
157) 《성종실록》 권271, 성종 23년 11월 기묘.
158) 《성종실록》 권289, 성종 25년 4월 정해.
159) 《연산군일기》 권26, 연산군 3년 8월 을유.
160) 《연산군일기》 권26, 연산군 3년 8월 무술.
161) 《연산군일기》 권53, 연산군 10년 4월 경진.
162) 《중종실록》 권1, 중종 원년 9월 갑신.
163) 《중종실록》 권1, 중종 원년 11월 기묘.
164) 《중종실록》 권18, 중종 8년 6월 병오.
165) 《중종실록》 권18, 중종 8년 8월 병진.

> 성종께서 변수(邊脩), 김세적(金世勣)에게 일시에 승지를 제배하신 것도 장재(將材)를 미리 대기시켜 두려는 뜻이었습니다. 옛말에 문무를 함께 쓰는 것은 장구책의 하나라고 했습니다. 지금 육조와 승정원에 무신도 함께 주의(注擬)하게 해 격려시키는 것이 어떻겠습니까? 그리고 오늘날 무신은 연소한 자만 귀하게 여기고 노쇠한 자는 버리다시피 하고 있는데, 옛날 한(漢)나라의 조충국(趙充國)과 진(晉)나라의 왕준(王濬) 같은 사람은 다 노년기의 사람이었습니다.[166]

라고 해 무신을 승지로 쓸 것을 주장했다. 성종조 이후의 문무교차(文武交差) 논의의 일환이다. 1524년(중종 19) 7월 10일에 죽었다. 그 해 9월 9일에 동종면(東終面) 갈산리(葛山里) 임좌(壬坐)의 언덕에 장사지냈다.(지금은 1997년에 강원도 홍천군 북방면 역전평리 250-2번지로 이장했다) 죽은 뒤 병조판서에 증직되었다. 부인은 군수 김양신(金良臣)의 딸인 연안김씨다. 1451년(문종 1)에 태어나 1532년(중종 27) 8월 19일에 죽었다. 향년 82세. 남편과 함께 묻혔다.[167]

그런데 1997년 12월 경기도 양평군 창대리에 있는 변수(1447~1524)의 묘가 발굴되었다. 출토유물 가운데에는 지석(誌石)과 목관(木棺), 명기(明器), 사발(鉢), 경덕원보(景德元寶), 황금동못, 금정(金錠), 은정(銀錠), 운삽(雲翣), 운아삽(雲兒翣) 등과, 요선철릭(腰線帖裏)을 비롯해 단령(團領), 답호(褡胡), 액주름포(腋注音袍) 저고리, 속바지(袴), 모자(帽子), 복건(幞巾), 솜버선(襪), 악수(幄手), 멱목(幎目), 이불, 허리

166) 《명종실록》 권4, 명종 원년 9월 기묘.
167) 《原州邊氏叅判公派譜》 上卷, 228~229쪽.

띠, 손싸개 등 30여 점의 의류와, 관복 차림의 남녀상, 각종 악기를 연주하는 주악상(奏樂像), 안장만 올려놓은 소형 말 등 22점의 목각 인형이 포함되어 있었다. 이들 유물은 국립민속박물관에 기탁되었는데, 조선시대 복식 연구나 생활사 연구에 중요한 자료가 된다.[168]

상회의 넷째아들 수(脩)는 2남(士信·士倫) 5녀를 두었다. 사신(士信)은 음직으로 경안(慶安)찰방을 지냈고, 부인은 감찰 김광후(金光厚)의 딸인 청풍김씨다. 사륜(士倫)은 자가 명보(明甫)로 1504년(연산군 10) 2월 7일에 태어났다. 무과에 급제해 훈련원 첨정, 종성(鍾城)판관, 덕천(德川)군수를 지냈고, 죽은 뒤에 형조판서에 증직되었다. 부인은 셋이다. 첫째부인은 현령 홍의손(洪義孫)의 딸인 남양홍씨요, 둘째부인은 경력 이적(李適)의 딸인 양성(楊城)이씨요, 셋째부인은 이형양(李亨良)의 딸인 공주이씨다. 공주이씨는 남편과 같이 묻혔는데, 1997년에 양평에서 강원도 홍천군 북방면 역전평리 250-2번지로 이장했다.[169]

그런데 상회의 참판공파(叅判公派)에서는 많은 인물을 배출했다. 상회의 증손 계윤(季胤), 계윤의 3자 협(協)과 그의 아들 응성(應星), 협의 동생 열(悅)과 그의 아들 응정(應井), 응벽(應璧), 응규(應奎), 손자 충범(忠範) 등이 그들이다.

상회의 증손 계윤(季胤)은 4남(愷·悌·協·悅) 2녀(鄭昌贇과 李德厚에게 시집갔다)를 두었다. 계윤은 음사로 면천군수, 중추부 경력을 지냈는데, 천성이 근후(謹厚), 염개(廉介)했다. 계윤은 원양군(原陽君)

168) 《撫松齋》, 91~92쪽.

169) 《原州邊氏叅判公派譜》 上卷, 228~230쪽; 《原州邊氏世譜》 元, 原川君墓誌.

양호공(襄胡公) 사겸(士謙)의 막내아들로 현령 효공(孝恭)의 양자가 되었다.[170] 1565년(명종 20) 11월 4일에 죽었다. 부인은 용성군(龍城君) 최자반(崔子泮)의 딸 수원최씨다. 1572년 3월 23일에 죽었다. 묘는 격장(隔葬)으로 쌍분이다. 계윤의 장자 개(愷)는 연기현령이었고, 차자 제(悌)는 진사였으며, 3자 협(協)은 포도대장, 공조판서, 증영의정, 원흥부원군(原興府院君), 양정공(襄靖公)이었고, 4자 열(悅)은 공조좌랑, 증공조참판이었다. 개의 아들 응두(應斗)는 무과에 급제해 첨지중추부사를 지냈고, 제의 아들 응각(應角)은 종성부사를 지냈으며, 협의 아들 응성(應星)은 훈련대장, 포도대장, 병조참판, 한성판윤, 연천군(淵川君), 양혜공(襄惠公)이었다. 또한 열의 아들 응정(應井)은 전라감사, 증병조판서, 충장공(忠壯公)이었고, 응벽(應璧)은 문과에 급제해 승지를 지냈으며, 응규(應奎)는 무과에 급제해 병사를 지냈다.[171]

협(協)의 자는 자인(子寅)이다. 1528년(중종 23) 10월 22일에 태어나

표 7. 변협의 가계

安烈－頎－尙會－佑－孝恭－季胤－協－應星－悅
應井
應璧
應奎

170) 《原州邊氏叅判公派譜》 上卷, 253～264쪽; 鄭晩錫, 〈原興府院君(協)行狀〉, 《原州邊氏遺稿略抄》.

171) 邊時淵, 〈沔川郡守贈領議政邊公墓表〉, 《原州邊氏叅判公派譜》, 235～237쪽.

1590년(선조 23) 9월 5일에 죽었다. 향년 63세. 나면서 기우(氣宇)가 남다르고, 붓글씨를 배운 지 얼마 안 되어 벽에 큰 글씨로 '장군가'(將軍家)라고 썼으며, 여섯 살에 우물에 빠졌는데도 죽지 않았다고 한다. 새벽에 물 길러 온 사람을 보고 천천히 말하기를 "나는 주인집 가동(家童)이니, 모름지기 굵은 새끼줄을 내려 구해 달라"고 했다. 온 집안이 놀라서 분주한데 그만은 편안하게 여겨 두려워하지 않았다고 한다. 그리고 열 살에 여러 아이들과 함께 나무에 올라가 먼 가지를 잡고 다니다가 가지가 휘어, 몸은 매달려 있었으나 밑은 절벽이었다. 여러 아이들이 두려워서 흩어졌으나 그는 천천히 바지를 벗기라고 하고 두꺼운 포단 위에 떨어져 부상을 입지 않았으니, 어려서부터 지려(志慮)가 남다른 데가 있었다.[172] 1548년(명종 3)에 무과 3등으로 급제해 선전관(宣傳官)이 되었다가 해남현령으로 나갔다. 1555년(명종 10)에 왜구가 쳐들어와 읍진(邑鎭)이 다 무너졌으나 그는 홀로 성색(聲色)을 바꾸지 않고 기계를 수선하고 험한 곳을 지켜 적의 눈을 속이기도 하고, 갑자기 출격해 적이 먹을 것이 모자란 틈을 타 요격해서 대파하니, 죽이거나 사로잡은 적이 많았다. 또 명나라 사람을 포로로 잡아 보내니 천자가 은(銀)과 비단을 상으로 내리면서 "현감 변협(邊協)이 외로운 성을 홀로 지켰다"고 칭찬했다고 한다. 이때 변협의 나이 겨우 스물여덟 살이었다.[173]

협은 이 무공으로 장흥(長興)부사로 승진했는데, 난을 겪은 뒤 장흥부가 탕잔(蕩殘)되어 그가 무너진 집을 수리해 주고 상처를 입은

172) 위와 같음.
173) 위와 같음.

사람을 쓰다듬어 주니, 1년이 안 되어 관민(官民)이 전처럼 복구되었다. 그러나 중풍에 걸려 5년 동안 문을 닫고 정양했다. 병이 좀 낫자 다시 훈련원 부정(副正) 겸 내승(內乘)에 임명되었다가 조양(調養)을 하라고 파주목사로 내보냈다. 파주에 있을 때 율곡 선생에게 《주역》을 배웠다. 이어 향약을 시행하니 읍의 풍속이 크게 변해, 지금까지 유속(遺俗)이 남아 있다. 1563년(명종 18)에 통정대부로 승진해 만포(滿浦)첨사에 제배되고, 다음 해에 제주목사로 이배되었다. 당시에 마침 요승(妖僧) 보우(普雨)가 제주에 귀양 와 있었는데, 그가 장살(杖殺)하니 사림이 통쾌하게 여겨 편지를 보내 축하하자 "나라 사람이 죽인 것이지 내가 죽인 것이 아니다"라고 했다.174)

1565년(명종 20) 겨울에 아버지가 돌아가시자 혐은 날씨 불구하고 배를 띄우려 했으나, 선리(船吏)가 듣지 않았다. 강행했더니 바다 가운데 이르러 과연 태풍을 만나 돛이 부러지고 배가 거의 전복될 뻔했으나 살아 돌아오니, 사람들이 효심에 감동된 결과라 했다. 복상(服喪)을 마치고 화양(花梁)첨사를 거쳐 경상좌도수사로 옮겼다가 전라병사가 되었는데, 아우가 죽었다는 말을 듣고 어머니가 상심할까 봐 아무 조처 없이 달려갔다. 1569년(선조 2)에 안변부사에 임명했으나 부임하지 않고 남도병사로 옮겼으니, 다 어머니를 편하게 봉양하기 위해서였다. 고미평(古未坪)이 우리 땅이었는데 버려두자 호로(胡虜)들이 잡거했다. 이에 그는 상소를 올려 토지를 남에게 줄 수 없다고 하고, 드디어 호로들을 쫓아냈다.175)

174) 위와 같음.
175) 위와 같음.

1571년(선조 4)에 협은 가선대부로 승진해 북도병사가 되었으나 어머니가 편찮아 상소를 올려 사임하고 돌아왔다. 1572년(선조 5)에 어머니가 죽었다. 당시 야인들이 서해평(西海坪)에 멋대로 살아 두통거리였으나 장수들이 여러 번 패해, 조정에서는 협의 어머니 복상이 끝나는 것을 기다려 그를 즉시 평안병사에 임명했다. 그가 야인을 위엄과 시혜로 다스리자 야인들이 감히 변경 지방을 범하지 못했다. 1577년(선조 10) 여름에 조정으로 들어와 한성좌윤, 병조참판을 거치는 등 병조에 네 번, 한성부에 두 번, 동지중추부사 세 번, 오위도총부 부총관 등을 역임했다. 1582년(선조 15) 여름에 지중추부사에 임명되어 곧 판한성부사, 판공조사로서 언제나 도총관, 지훈련원사, 포도대장, 특진관, 비변사(備邊司), 군기시(軍器寺), 원유시(苑囿寺)의 제조(提調)를 겸임하고 이때부터 지방으로 나가지 않았다.[176)]

1587년(선조 20)에 왜구가 녹도(鹿島)에 쳐들어와 수장(守將) 이대원(李大源)이 전사하자, 선조가 신립(申砬)으로 좌방어사를, 변협을 우방어사로 삼아 적을 막으라 했다. 협은 "왜적이 본래 깊이 들어올 계책이 없기 때문에 반드시 오래 머물지 않을 것입니다. 지금쯤은 이미 물러갔을 것입니다"라고 아뢰었다. 그랬더니 과연 왜적이 물러갔다. 1589년(선조 22)에 도요토미 히데요시(豊臣秀吉)가 히라요시(平義智), 겐소(玄蘇) 등을 보내 공작새와 준마를 바치고 우리의 허실을 엿보려 했는데, 정신(廷臣)들이 통호를 하는 것이 좋다고도 하고, 안 된다고도 해 의견이 일치되지 않았다. 이에 그는 "보사(報使)를 보내

---

176) 위와 같음.

그쪽의 동정을 살펴보는 것이 좋겠다"고 건의했다. 의론이 정해지자 선조는 그를 병조판서에 임명하고자 상신(相臣)에게 물어보는 중에, 그가 병이 들어 1590년(선조 23) 9월 5일에 죽었다. 그해 광주(廣州) 초부면(草阜面) 운길산(雲吉山) 남록(南麓) 건좌(乾坐)에 장사지냈다. (지금의 남양주시 鳥安面 松村里 산 26의 4번지) 뒤에 영의정에 증직되었다. 신도비는 문충공 이정구(李廷龜)가, 시장(諡狀)은 우의정 이병모(李秉模)가, 행장은 외6세손 정만석(鄭晩錫)이 지었다.[177]

협은 벼슬하는 43년 동안 청렴결백했고, 사재를 모으지 않았으며, 군사를 거느릴 때는 신상필벌(信賞必罰), 관맹득중(寬猛得中)했다. 평소에 특별히 좋아하는 것도 없었으나, 글씨와 바둑, 거문고, 매, 연꽃, 국화 등 여섯 가지를 좋아했다. 글씨는 고금(古今)을 증거하고, 바둑은 기축(機軸)을 보는 것이요, 거문고는 소리를 조화하고, 매는 영기(英氣)가 있으며, 연꽃은 성품을 정화시키고, 국화는 만절(晩節)을 지키기 때문이라고 했다. 그는 천문·지리·수학·산학·의학에 정통하지 않은 것이 없고, 관서 지방의 변경 10여 군을 순찰할 때 산천, 지리, 험이(險易)를 한 번 보고 지도를 그리면 강 하나, 들 하나 틀리지 않았으며, 병영의 군부(軍簿)도 한 번 펼쳐 보면 거기에 적힌 사람을 한 사람도 빼지 않고 다 외웠다고 한다. 1584년(선조 17)에 그가 천상(天象)을 보고, 태을(太乙)을 추산해 보고, 집 사람들에게 10년 안에 나라가 병사(兵事) 때문에 크게 고생할 것이라고 예언했다. 과연 1592년(선조 25)에 임진왜란이 일어났다. 특진관으로 있을 때 상

177) 위와 같음.

소해 "신이 일찍이 왜적과 싸워 보니 그들은 능히 목숨을 가벼이 여기는데, 하물며 조왜(朝倭)는 3로의 형세를 숙지하고 있음에랴. 대마도(對馬島)는 다른 날의 근심이 될 우려가 있으니 가히 말하지 못할 것이 있으나, 신은 (죽은 뒤라) 보지 못할 것이다" 하고는 사촌동생 응정(應井)을 천거했다. 1592년(선조 25) 4월에 왜적이 쳐들어오자 선조가 신립(申砬)을 보내 막으려 했다. 선조가 신립에게 적이 어떻겠느냐고 물었더니, 신립이 가볍게 여겼다. 이에 선조가 "변협이 매번 말하기를 왜가 가장 어려운 적이라고 했는데, 경은 어찌 그리 쉽게 말하는가"라고 했다. 신립이 나간 뒤에 선조가 "변협은 진실로 양장(良將)이라, 내가 항상 잊지 않는다. 만약 이 사람이 있었더라면 내가 어찌 왜적을 걱정하겠느냐"고 했다고 한다. 변협이 죽은 지 3년 만에 신립이 패사(敗死)하고, 응정(應井)이 계책을 올렸으나 채택되지 않아 응정마저 전사했다. 시호는 충장공(忠壯公)이다.[178]

협의 부인은 증참판 최유선(崔惟善)의 딸 화순최씨다. 1527년(중종 22) 정월 25일에 태어나 1594년(선조 27) 6월 17일에 죽었다. 향년 68세. 남편과 함께 묻혔다. 외아들 응성(應星)이 있다.

협의 아들 응성의 자는 기중(機仲)이다. 그는 1552년(명종 7) 3월 29일에 태어나 1616년(광해군 8) 정월 27일에 죽었다. 향년 65세. 어려서부터 총명해 문예가 일찍 성취되어, 약관에 여러 차례 문과에 응시했으나 급제하지 못하자, 28세에 붓을 던지고 무과에 응시해 1579년(선조 12)에 급제했다. 9년 동안 선전관, 훈련원 부정 겸 내승

178) 위와 같음.

표 8. 변협·변응성의 가계

尙會－佑－孝恭
　　　　愷(蔭)
　　　　悌(進)
　　　　恊(武)
　　　　　　應星(武)
｜　　　悅(蔭)
　　　　　　應井(武)
　　　　　　應璧(文)
　　　　　　應奎(武)
　　　　女+鄭昌㵢
　　　　女+李德厚

(內乘), 용강·함종·장단부사를 역임하고, 1587년(선조 20)에 통훈대부로 승진해 다음해에 강계부사가 되었다. 선조가 비변사에 명해 무신 가운데 차서를 막론하고 쓸 만한 인재를 추천하라고 하자, 유홍(兪泓), 신립(申砬), 이산해(李山海), 이순신(李舜臣), 변응정 등이 천거되었다.179)

1590년(선조 23)에 응성은 돌아가신 아버지 복상중이었다. 그러나 경주는 영남의 큰 방어지인데다, 변응성이 아니면 지키기 어렵다고 기복(起復; 상중에 있는 사람을 기용함)해 경상좌도방어사 겸 부윤(慶尙

179) 閔鍾顯, 〈淵川君請諡行狀〉, 《原州邊氏叅判公派譜》, 297~309쪽; 鄭晩錫, 〈淵川君行狀〉, 같은 책, 297~310쪽; 邊時淵, 〈漢城判尹淵川君贈兵曹判書諡襄惠邊公墓神道碑銘〉, 같은 책, 310~321쪽.

左道防禦使兼府尹)에 기용하고 막료를 가려 종군토록 했다. 좀 지나 경상우도수사로 승진했고, 1593년(선조 26)에 광주목사로 옮겼다. 얼마 뒤 이천부사로 옮겨 경기방어사를 겸임해, 용진강(龍津江) 위에 진을 치고, 수책(水柵)을 설치하며, 토성을 쌓고, 척후를 살피며 병기를 수선하고, 군량을 비축해 경기 동부를 방어하는 데 만전을 기했다.[180] 그는 원호(元豪)와 협력해 1592년(선조 25) 6월 중순에 마탄(馬灘)에서 적장 모리 요시시로(毛利吉城), 아키즈키 다네나가(秋月種長), 다카하시 모토다네(高橋元種) 등과 싸워 적을 섬멸하는 공을 세웠다.[181]

왜적들이 원주에 웅거해 곧바로 서울로 쳐들어오자, 그는 사졸을 격려하고, 한강 상류의 물을 막았다. 적군이 절반 정도 건너왔을 때 물을 트니 적들이 크게 놀라 패주했다. 또 마탄에서 적을 맞아 안개가 자욱한 틈을 타 공격해 많은 적을 죽이거나 사로잡았다. 그런데 당시 북병사(北兵使)가 결원이라 왕이 대신들에게 "누가 적임인가?" 물으니, 유성룡(柳成龍)이 "변응성이 가히 마땅하나, 지금 한강 상류가 급하니 외지로 내보내는 것은 불가합니다"라고 했다. 얼마 후 왜적이 물러가자 왕은 그를 독성(禿城)이 남도(南道)로 통하는 요충이라 해 수원부사 겸 방어사에 임명하고, 면포(綿布) 100필을 하사했다.[182] 변응성이 몸소 장정 500여 명을 모아 군사를 조련하고, 상부에 상황을 보고해 준비를 단단히 했다. 그리하여 적병이 침범했을

180) 鄭晩錫, 〈淵川君行狀〉, 302~302쪽.
181) 〈邊應星將軍行狀〉, 《原州邊氏叅判公派譜》, 325쪽.
182) 閔鍾顯, 〈淵川君請謚行狀〉, 291쪽.

때 성을 잘 지킬 수 있었다.[183]

1594년(선조 27) 여름에 어머니가 죽었으나 전쟁중이라 경기방어사에 기용되어 복상을 하지 못했다. 난리통이라 도둑이 성행하고, 백성이 도탄에 빠져 마을은 텅 비고 도로는 막혔다. 이에 변응성은 강가에 요충을 감시하고, 둔보(屯堡)를 설치하며, 토지의 비옥하고 척박한 것을 헤아려 유랑민을 모으고, 이들을 안정시키니 동군(東郡)이 편안해졌다.[184] 1598년(선조 31)에는 경기방어사로서 광주(廣州), 이천(利川)의 사민(士民)을 규합해 한성(漢城) 방어에 힘썼다.

1602년(선조 35)에 윤두수(尹斗壽)가 유표(遺表; 죽을 때 올리는 表)에서 독성(禿城)을 굳건히 지켜야 한다고 하자, 선조는 변응성을 발탁해 이 일을 맡겼다. 그는 성을 높이 쌓고, 도랑을 깊이 파는 한편, 노궁(弩弓), 석거(石車), 화포(火砲) 기계를 설치하고, 병사들을 조련하며, 황무지를 개간하고, 샘을 파서, 백성으로 하여금 산업에 즐겁게 종사하게 하니, 한 해가 지나 성중의 인구가 200호 늘어나고, 창고와 사찰이 100여 개소나 되어 경기도의 큰 관문이 되었다. 이 말이 전해지자 왕이 가상히 여겨 구마(廐馬)를 내려주고, 따뜻한 유지(諭旨)를 내려 격려했다.[185]

1604년(선조 37) 9월에 부모의 묘를 개장(改葬)하기 위해 사임하고자 했으나 1606년(선조 39)에 가선대부로 승진, 남도병사에 제수되고 얼마 있다가 북도병사에 제수되었다. 1608년(선조 41)에 내직으로 들

183) 鄭曉錫, 〈淵川君行狀〉, 304쪽.

184) 위와 같음.

185) 위의 글, 305쪽.

어와 훈련원 도정(都正)을 거쳐 포도대장으로서 주사당상(籌司堂上)을 겸하고, 양남(兩南)의 기무(機務)를 관장했다. 겨울에 조정에서 양남산성(兩南山城)을 폐치하려고 하자

> 양남은 오로지 지리산의 험고한 것을 의지해 촉석(矗石)과 교룡(蛟龍)이 바로 그 요새입니다. 국가의 존망이 양남을 얻고 잃음에 달려 있고, 양남의 얻고 잃음은 다만 험한 곳을 웅거해 요새를 지키는 여하에 달려 있습니다. 제(齊)나라 무왕(武王)은 백벽(百壁)에서 곤경을 당했고, 당나라 태종은 안시성(安市城)에서 굴복했습니다. 수비와 방어의 중요함은 이 두 성이면 또한 만족하지만, 다만 일찍이 한 가지도 이로움을 얻지 못함으로써 사람들이 반드시 죽을 것으로 알고 이제 다 폐허가 되었습니다. 대저 병사에게 병기와 군량이 없어 당(唐)의 수양(睢陽)이 함락되었고, 백성들이 원망과 노여움을 품은 것은 조장자(趙長子)가 완전하지 못했던 것입니다. 수비를 갖추고도 장수가 능하지 못하면 또한 패하나니, 지난번의 진주가 그렇습니다. 만약 사람을 얻어 지키고, 그 조세를 감하며, 백성들은 병농(兵農)을 겸해 그 집을 보전하고, 그 성을 지키면 가히 양남을 보전해 국세가 군건해질 것입니다.[186)]

라고 반대했다. 그리고 1609년(광해군 1) 여름에는 다음과 같은 방어책을 건의했다.

> 지금 노적(老賊), 홀적(忽賊), 왜적(倭賊) 등 3적이 있는데, 홀적은 장수 24인에 병사 각 500인이 있었으나, 문암(門巖)의 전투에서 사상자가

---

186) 위와 같음.

6천이었으니, 지금 만 명이 되지 못하고, 노적은 누차 홀성(忽城)에 다다라 헛되이 공갈만 칠 뿐, 능히 진격하지 못하고 화전(和戰)을 허락하고 있으니, 그 병력을 가히 알 수 있습니다. 또 중조(中朝)의 관방(關防)이 서로 대치하고 있으니, 이 2적은 감히 가벼이 움직이지 못할 것입니다.

그러나 왜적은 병사를 헤아리건대 50만에 이르는데, 사신을 보내어 길을 빌려 달라 하니, 속임수를 또한 헤아리기 어렵습니다. 우리나라는 병사가 적어 힘으로 제어하기 어려우니, 마땅히 형세로서 방비해야 할 것입니다. 서북이 험액(險阨)하니, 복병(伏兵)을 설치해 기계(奇計)를 내는 데 이로우니, 포화(砲火)를 갖추어 제어해야 하며, 동남은 평연(平衍)해 성을 쌓고 평야를 깨끗이 치우는 데 이로울 것이니, 주사(舟師)를 엄격히 훈련시켜 방어해야 할 것입니다. 모름지기 약속을 분명히 하고 사졸들을 가다듬어, 편안함으로 수고로움을 기다리고, 장점으로 단점을 쳐서, 그 군사가 늙고 사기(士氣)가 게으르게 될 것 같으면 적병이 가히 굴복할 것입니다.

또 반드시 장수를 선발하고 병사를 양성해야 하는데, 장재(將材)에 셋이 있으니, 지혜와 용맹과 힘이라. 3재(三才)가 한 마음이 되면 공을 마침내 보전할 것입니다. 초려(草廬)를 세 번 돌아봄에 제갈량(諸葛亮)이 나라를 위해 노고를 다했고, 형제의 의를 맺어 관우(關羽), 장비(張飛)가 힘을 다했으니, 3재의 충성을 다함은 또한 인주의 부린 바입니다. 병명(兵名)에 셋이 있으니, 왕자(王者)의 병(兵)은 의(義)로써 불인(不仁)을 치고 천벌을 공경히 행하기 때문에 무적이요, 패자(覇者)의 병은 곧음으로써 굽은 것을 쳐서 어려운 것을 널리 구제하기 때문에 반드시 승리하고, 능자(能者)의 병은 옳은 것은 상을 주고, 잘못한 것은 벌을 주어 시기를 보아 움직이기 때문에 반드시 강합니다. 능자의 병이 왕자·패자의 병을 오히려 제압하니, 하물며 무능자이겠습니까? 지금 장수가 그 재주가

> 없고, 병사가 전투를 알지 못해 수륙의 방어에 모두 획일함이 없으니, 마땅히 장재를 가리고 규율을 정하면 반드시 먼저 이기고 뒤에 싸우게 할 수 있을 것입니다. 그러나 신의가 없으면 일심(一心)의 병사가 반드시 없어질 것이며, 방비가 없으면 나라에 믿을 바가 없어질 것입니다. 오직 전하는 반드시 신의를 중히 하소서![187]

라고 해 장재를 가리고, 규율을 정하되 인주의 신의가 중요하다고 강조했다.

얼마 뒤 가의대부(嘉義大夫)로 승진, 훈련대장에 제수되고, 한성부윤, 도총부 부총관, 동지중추부사, 유도대장(留都大將), 특진관, 군기시 제조 등의 관직을 역임했으며, 1613년(광해군 5)에 자헌대부(資憲大夫)로 승진, 한성부 판윤, 지중추부사, 지훈련원사 겸 도총관 등의 관직을 역임했다.[188]

1613년(광해군 5) 4월에 계축옥사가 일어났다. 정협(鄭浹)이 이이첨(李爾瞻)의 사주를 받고 이정구(李廷龜), 김상용(金尙容) 등과 함께 변응성을 사건에 연루시켜 폐고(廢錮)되어 광주(廣州) 선영 아래 물러나 칩거했다. 변응성이 병권을 가지고 있었기 때문에 이이첨 등의 핍박이 심했다.[189]

1614년(광해군 6) 봄에 훈련원사에 임명되었으나 나가지 않으려 했다. 그러나 왕의 윤허를 받지 못했다. 1616년(광해군 8) 정월 27일

187) 위의 글, 305~307쪽.
188) 위의 글, 307쪽.
189) 위와 같음.

에 병으로 정침(正寢)에서 죽었다. 죽은 뒤에 병조판서가 추증되었다. 그해 3월 광주(廣州) 용진리(龍津里) 운길산(雲吉山)에 건좌(乾坐)로 장사지냈다.[190] 행장은 정만석(鄭晩錫)이, 청시행장(請諡行狀)은 예문제학 민종현(閔鍾顯)이, 신도비명은 종후손 변시연(邊時淵)이 지었다.[191]

그는 용모가 풍만하고 수염이 아름다우며, 천성이 탁월하고, 평소에 마음이 평온했지만, 큰일을 당해서는 굳건했다. 관직에서는 겸손하고 공손했으나, 권귀(權貴) 보기를 대수롭지 않게 여겼다. 난리에 어머니를 잘 모셨다. 군무를 보면서도 정성온청(定省溫凊)의 절차를 조금도 거스르지 않으려 했으며, 아버지가 아플 때는 분뇨를 맛보고 손가락을 베었다. 거상(居喪)에 슬픔으로 살고자 하지 않았으나 국란으로 상을 제대로 지키지 못하는 것을 안타까워했다. 본래 검소하고 청백했으며, 오직 백성을 위해 정성을 다했다. 크고 작은 50여 차례의 전투에서 전공을 세웠으나, 공을 남에게 미루었다. 부인은 셋인데, 첫째부인은 지훈련원사 백유검(白惟儉)의 딸 수원백씨이고, 둘째부인은 부사 송율(宋律)의 딸 여산송씨이며, 셋째부인은 진사 심대겸(沈大謙)의 딸인 청송심씨다. 아들이 없어 족자(族子) 변득(邊得)을 양자로 들였는데, 부사과를 지냈다. 변득은 1남 3녀를 두었는데, 아들은 석징(錫徵)이요, 딸은 사인(士人) 이상신(李相紳), 유관(兪綰), 이성하(李成廈)에게 각각 시집갔다.[192]

---

190) 위와 같음.

191) 위의 글, 286~321쪽.

192) 위의 글, 308~309쪽.

협(協)의 아우는 열(悅)이고 열의 아들은 응정(應井), 응벽(應壁), 응규(應奎)다. 열(悅)은 무과를 거쳐 음직으로 공조좌랑을 지냈고, 1565년(명종 20)에 고성(固城)현령을 지낸 적이 있으며, 죽은 뒤에 아들 응정의 출세로 공조참판에 추증되었다. 묘는 금촌(金村) 마산(馬山) 아버지 산소 아래 간좌(艮坐)로 있다. 부인은 병사 이흔(李昕)의 딸인 철성(鐵城)이씨다. 부인은 품성에 법도가 있어서 과부가 되었을 때 아들 응정을 불러놓고 "내가 미망인으로서 이미 세 아들이 있으니, 교훈이 불가불 엄해야 하겠다"고 하고는, 세 개의 고리[環]를 만들어 오라고 해 교형(教刑)의 자료로 삼았다. 그래서 세 아들의 재기(才器)가 성취되어 이름을 드러낼 수 있었다 한다. 석주(石洲) 권필(權韠)이 "世重二男俱死國 天有一子爲全家"라는 만시(輓詩)를 지어 애도했다. 1600년(선조 33)에 죽었다. 묘는 남편과 함께 묻혔는데, 쌍분이다.[193)]

열의 장자 응정(應井)의 자는 문숙(文叔)이다. 1557년(명종 12) 10월 27일에 태어나 1592년(선조 25) 8월 27일에 전장에서 죽었다. 향년 36세. 어려서부터 절조(節操)가 있고 문예에 뛰어나 여러 차례 문과에 응시했으나 급제하지 못했다. 그는 일찍이 아버지를 여의고 작은아버지인 협(協)에게 의탁하고 있었는데, 중부도 무과를 권했다. 그리하여 29세에 무과에 응시했다가 떨어졌다. 선조가 일찍이 변협에게 장재(將材)가 될 만한 사람을 추천하라고 하자, "신의 조카 변응정이 문무에 재주가 있습니다"라고 추천한 바 있다. 당시 북변이 소란해

193) 《原州邊氏叅判公世譜》 下卷, 241～241쪽.

조정에서 무과에 응시한 자는 다 파견해 그곳을 수비토록 했는데, 응정도 거기에 포함되었다.[194] 함흥에 이르니, 감사(監司)가 그의 문재(文才)를 사랑해 막하(幕下)에 두고 매양 시문을 칭탄하며 "그대의 문예로 만약 유과(儒科; 문과)에 진출했으면 가히 옥당에 발탁될 것이었는데, 활을 짊어지고 전장에 나섰으니 애석하기 그지없다"라고 했다. 그때 향시(鄕試)가 가까운 읍에서 시행되었는데, 향인들이 앞다투어 타도에서 응시한 사람들을 내쫓았다. 그는 시를 지어 "다북쑥 떨기 속에 솔나무는 천척(千尺)이요, 까막까치 지저귀는 속에 학의 일성이라"[195]고 했더니, 배척하던 자들이 위축되고, 또한 그가 책문(策問) 시험에 장원을 하니, 무인으로서 과장(科場)에서 명예가 대단했다.[196]

1588년(선조 21)에 식년무과에 급제해 처음에 월송만호(月松萬戶)에 제수되었다가 얼마 후 선전관(宣傳官)에 뽑혀 들어갔는데, 행장(行裝)이 담박해 칼 한 자루만 몸에 지니고 다녔다고 한다. 집이 가난해 열읍(列邑)의 여러 진영(鎭營)에서 자용(資用)을 도와 청중(廳中)에서 쓰는 장구(裝具)를 갖추어 주었다. 선전관이 된 지 한 달이 못 되어 그는 남해(南海)현감으로 내려갔다. 남해안에 왜구가 나타나 조정에서 이를 막을 사람을 뽑아 보낸 것이다. 그러나 잠시 후에 차례를 건너뛰어 제주목사에 천거되었으나, 그런 문무전재(文武全才)는 중앙

194) 宋時烈, 〈忠壯公(應井)墓表〉, 《原州邊氏世譜》 首卷, 516~517쪽..

195) "蓬艹高叢裡松千尺 烏鵲喧邊鶴一聲(忠壯公贈兵曹叅判全羅水使邊公遺事." (《原州邊氏世譜》 首卷, 522쪽)

196) 위와 같음.

으로 불러들여야 한다고 해 승정원으로 불려 들어갔다.197)

1592년(선조 25)에 임진왜란이 일어나자 난민들이 자물쇠를 부수고 관청의 물건을 약탈해 갔다. 그가 주모자를 체포해 목을 베어 거리에 매다니 경내가 두려워서 조용해졌다. 그는 상소를 올려 적들이 허술한 틈을 타 대마도를 기습해 그들의 수미(首尾)가 서로 내응할 수 없도록 하자고 했다. "곧바로 대양(大梁)으로 내닿는 것은 손빈(孫臏)의 승산(勝算)이고, 먼저 범양(范陽)을 취하는 것은 이필(李泌)의 기모(奇謀)입니다"라는 말을 식자(識者)들은 기이하게 여겼으나 조정에서는 채택하지 않았다. 그는 종 일력(一力)을 두 아우, 승지 응벽(應璧)과 병사(兵使) 응규(應奎)에게 보내어 "당당한 성대(聖代)에 역적의 왜인들이 강성함으로 말미암아 변장(邊將)이 방어하지 못하고, 여러 진영이 연이어 무너지며, 왜적이 도성을 핍박해 왕이 파천(播遷)하게 생겼으니, 신자(臣子)는 마땅히 죽어야 할 것이다. 또한 누구에게 들으니 어머니께서 출성했다고 하니 더욱 망극하다. 멀리 해외에 있어 가국(家國)의 화란을 함께 하지 못하니, 천지간에 큰 불충이요, 불효다"라는 편지를 전하게 했다. 그리고 의복을 벗고 손톱과 머리카락을 잘라 보내면서 "내가 난리에 임해 반드시 죽을 것이니, 죽거든 이로써 장사지내라!"라고 했다.198)

그가 항상 의기로써 사졸을 격려하고, 단속은 비록 엄히 하되, 어루만져 사랑함이 심히 지극하니, 군사들이 모두 쓰임을 즐겁게 여기고 감히 발길을 돌리는 자가 없었다. 드디어 주사(舟師)를 거느리고

---

197) 《原州邊氏叅判公派譜》 上卷, 359쪽.

198) 閔鎭厚, 〈忠壯公請謚行狀〉, 338쪽.

고을 앞 바다에서 선봉에 서서 고단한 군사로서 적선을 크게 무찔렀다. 그리고 격문을 손수 써서 여러 고을에 통문(通文)을 내어 돌렸다.

> 히라요시(平義智)와 도요토미(豊臣秀吉)가 병권을 탐해 함께 군사를 일으켜 쳐들어왔다. 땅은 준령(峻嶺)이 이롭고, 천혜의 요충은 장강(長江)인데, 일찍이 20일이 못 되어 많은 우리 지방이 적의 손에 들어가고 많은 생령이 적의 칼끝에 죽었으며, 종사(宗社)가 피란길에 오르고, 산하가 피로 물들었으니, 무릇 혈기가 있는 자는 피를 마시지 않을 수 없게 되었다.
>
> 슬프다! 우리 장수와 사졸들이 차마 하늘을 함께 머리에 이고 있겠는가? 죽을힘을 다하고, 죽기로 각오함이 바로 오늘에 있음이라. 거가(車駕)가 도성을 떠나고 온 나라가 막혔으니 가속(家屬)들은 어디로 돌아가겠으며, 사생(死生)을 알기 어렵도다! 임금과 어버이를 다 버리고 충효가 둘 다 이그러졌으니, 사는 것이 가히 부끄러운지라. 무슨 낯으로 천지에 대하리오. 동국(東國)에 사람이 없음이니, 후세에 부끄럽기 한이 없다. 이제 들으니 동궁(東宮)이 이미 경기도에 임하시어 군사를 애무(愛撫)해 친히 출정한다 하시니, 신주(神州)를 능히 회복할 날을 손꼽아 기약할 수 있으리라. 국가의 회복이 오로지 호남에 달려 있으니, 금성(金城)에 주둔하고 있는 적을 급히 쳐서 승전을 이끌진대, 국가의 수치를 가히 씻으리라. 남도의 백성들을 구원한 연후에 의병을 일으켜 즉시 서울로 다다라 천병(天兵)을 성원해 요기(妖氣)를 빨리 소탕하리라. 역사에 이름을 남기는 것이 요긴한 것이 아니요, 마땅히 우리의 직분이니, 어찌 또한 힘써야 하지 않겠는가?[199]

199) 위의 글, 338~342쪽.

이때 중봉(重峯) 조헌(趙憲)이 의병을 일으켜 금산(錦山)에 이르렀다는 소문을 듣고 권율(權慄), 조헌과 함께 금성산을 협공하기로 약속하고 달려갔으나, 연락이 잘못되어 조헌군만 싸우다가 순절(殉節)한 뒤였다. 이에 그는 "내가 조헌 선생과 더불어 약속하고 지키지 못했으니, 어찌 하늘을 볼 수 있겠는가?"[200]라고 하고, 마침내 김제군수 정담(鄭湛)과 함께 동맹의 의를 맺고 웅령(熊嶺)에 목책(木柵)을 설치하고 적과 크게 싸워 목을 베고 사로잡은 수가 헤아릴 수 없이 많았다. 마침 날이 저물자 적들이 아군의 화살이 동이 나고 후원이 끊긴 것을 알고 힘을 다해 공격해 왔다. 응정은 기운을 다해 소리 높여 말하기를, "이곳이 우리가 죽어야 할 곳이다"라고 하고 병사들과 함께 육박전을 치르다가 마침내 전사하니, 1592년(선조 25) 8월 27일이었다. 적들도 그의 죽음을 의롭게 여겨 큰 무덤을 만들어 '조조선국충간의담'(弔朝鮮國忠肝義膽)이라는 표목(標木)을 세워 주었다. 그리고 살아남은 병사들도 그의 기숙처(寄宿處)를 바라보며 서로 통곡하며 떠났다고 한다.[201]

이에 앞서 관찰사 이광(李洸)이 변응정이 바다에서 승전한 공을 나라에 알리자, 선조가 그를 전라수사로 임명했으나 길이 막혀 전하지 못해 그가 알지 못한 채 죽었다. 난리가 점점 평정되어 가자 성혼(成渾)은 "조헌(趙憲), 고경명(高敬命), 변응정(邊應井)은 다 충의가 뛰어난 분들입니다. 진실로 마땅히 그 처자들을 구제하고 그 충혼을 위로해 사기를 격려함이 옳을 것입니다"라고 상언해, 변응정에게는

200) 尹根壽, 〈邊應井의 횡당촌싸움〉, 《原州邊氏叅判公派譜》, 379쪽.
201) 위의 글, 329쪽.

병조참판의 증직과 정문(旌門)이 내려지고, 자손을 녹용하는 조처가 내려졌다. 또한 금산(錦山)의 선비들이 사당을 지어 조헌 · 고경명 · 변응정을 향사(享祀)했다.[202] 유성룡(柳成龍)은 그의 《징비록》(懲毖錄)에서 "적의 정예병이 다 웅령(熊嶺) 전투에서 패함으로써 전라 일도가 온전함을 얻어 중흥의 기초를 세운 공적이 있었다"[203]고 적어 놓았다.

변응정은 문장에 능하고 시도 잘 지었다. 그 약간 편(篇)이 세상에 전하는데, 논평하는 사람들이 "골격(骨格)이 개장(開張)함이 그 위인과 같다"고 했다. 또한 두 아우에게 보낸 서찰이 다행히 보존되어 있는데, 사의(辭意)가 비장함이 추상열일(秋霜烈日)과 같고, 필세(筆勢)가 굳세어 지금 보더라도 사람으로 하여금 감동을 일으키게 한다. 이로써 그의 기상의 일단을 알아볼 수 있다.[204]

효성이 지극해서 집에는 항아리와 그릇도 없으면서 어머니 음식은 안 떨어지게 하였고, 병이 나면 근심이 얼굴에 가득하고, 허리띠를 풀지 않았으니, 곁에 있는 사람이 감동해 "고인(古人)이 이른바 충신은 효자의 가문에서 나온다"는 말이 맞구나 여겼다.[205]

1393년(선조 26)에 김진규(金鎭圭)가 변응정의 사적을 들어 표장할 것을 아뢰니, 선조는 "수립(樹立)이 탁이(卓異)하고 충절이 가상하도다. 마땅히 정경(正卿)의 증직을 더하고 특히 시호(諡號)를 내리라"고

---

202) 위와 같음.
203) 위의 글, 330쪽.
204) 위와 같음.
205) 위의 글, 330쪽.

특명을 내렸다. 이에 예조는 "난리를 당해 승첩(勝捷)하고, 힘을 다해 싸우다가 의리에 순절했다"고 했다. 선조는 드디어 그에게 충장공(忠壯公)이라는 시호와 자헌대부 병조판서 겸 지의금부사 지훈련원사의 증직을 내렸다.[206)]

윤근수(尹根壽)가 그의 무덤을 의총(義塚)이라 하고, 이정구(李廷龜)가 그 사실을 자세히 기록했다. 송시열(宋時烈)은 묘표를 지어 '만세불사'(萬世不死)라 했고, 의단(義壇)과 당재(堂齋)의 기(記)를 지었다. 변응정 청시행장(請諡行狀)은 민진후(閔鎭厚)가, 가장(家狀)은 변정진(邊挻鎭)이, 임오충절사적초(壬午忠節事績抄)는 우산(牛山) 안방준(安邦俊)이, 변응정전적기(邊應井戰績記)는 윤근수(尹根壽)가 지었다. 뿐만 아니라 김진규(金鎭圭)는 경연에서 변응정을 포상할 것을 상주했다. 모두 노론 벌열들이 변응정의 현양을 주창한 것이다. 이는 그의 충의가 의리를 생명처럼 여기는 송시열을 비롯한 노론 대가들의 구미에 맞았기 때문이 아닌가 한다.[207)]

부인은 현감 오윤경(吳胤慶)의 딸인 정부인 보성오씨다. 남편과 함께 묻혔다.[208)] 변응정은 금산의 종용당(從容堂)에 배향되어 있는데, 이 당은 1646년(인조 24)에 창건되어 1663년(현종 4)에 사액(賜額)을 받았다. 그리고 그의 행적은 《삼강행실》(三綱行實)에 실려 있다. 묘는 양주(楊州) 동면(東面) 금촌(金村) 마산(馬山) 아버지 묘 아래에

---

206) 위의 글, 330쪽.

207) 邊挻鎭, 〈贈兵曹判書行全羅水使忠壯公家狀〉, 《原州邊氏叅判公派譜》, 338~352쪽.

208) 《原州邊氏叅判公派譜》 上卷, 419~453쪽.

간좌(艮坐)로 있다.[209)]

응정에게는 아들 하나가 있었는데, 이름은 충범(忠範)이요, 자는 군칙(君則)이다. 충범은 1581년(선조 14)에 태어나, 1606년(선조 39)에 무과를 거쳐 종성부사가 되었다가 가선대부 동지중추부사 겸 부총관으로 승진했다. 1627년(인조 5) 정묘호란 때 오랑캐와 화친하는 것을 부끄럽게 여겨 〈관서비어8조소〉(關西備禦八條疏[210)])를 올렸다. 상소의 말미에는 '근화지의'(斤和之義) 8조를 첨부했는데, 1) 진형편야(鎮形便也) 2) 중사신야(重師臣也) 3) 연사졸야(鍊士卒也) 4) 엄군율야(嚴軍律也) 5) 개둔전야(開屯田也) 6) 설주사야(設舟師也) 7) 임인재야(任人才也) 8) 고번리야(固藩籬也) 등 척화책을 늘어놓았다. 1635년(인조 13) 8월 30일에 죽었다. 향년 75세. 묘는 아버지 묘 뒤에 간좌(艮坐)로 있다.[211)]

그는 충의의 가문에 태어나 형제가 난리를 만나고, 부자가 행방이 막혀 어버이의 유해를 거두지 못해 유서를 끌어안고 종신토록 통한했으니, 그는 효자이다. 무과 출신으로 조정에 출사해 여러 번 군읍의 수령을 맡아 백성을 다스리고 병사를 훈련하는 데 두루 힘써, 관찰사와 암행어사가 포상을 청하는 장계를 올려 승진의 특전이 있었으니 그는 양리(良吏)이다. 광해군조에서 인륜을 거스를 때 이항복(李恒福)이 반대하다가 유배 가는 것을 보고 국사를 통곡하며 강호에 물러나 낚시꾼과 벗을 했으니 그는 정인(正人)이다. 정묘호란 때 오

209) 위와 같음.

210) 邊忠範, 〈關西備禦八條斥和疏〉, 《原州邊氏叅判公派譜》, 419~453쪽.

211) 《原州邊氏叅判公世譜》 下卷(家乘미디어, 2006), 241~242쪽.

랑캐를 배척하는 〈관서비어8조소〉를 올렸으니 그는 열사(烈士)이다.[212]

변충범은 어려서부터 골격이 보통 사람과 다르고, 기상이 뛰어났다. 종조(從祖) 변협이 "우리 집안에 가성(家聲)을 길이 전하는 것은 이 아이에게 있다"고 했다. 또 임진왜란 때 아버지 변응정이 손톱과 머리카락을 잘라 서신과 함께 집에 보내 영결(永訣)하자, 울면서 "나의 아버지께서 반드시 전장에서 돌아가실 터인즉, 부친은 충성을 다하는데 자식은 홀로 피난해 부친이 돌아가신 곳을 알지 못한다면 어찌 자식의 도리이겠는가? 내 비록 어린아이지만 급히 가서 시석(矢石)을 무릅쓰고 시신을 거두겠다"고 했으니, 그의 나이 열두 살 때였다. 비록 중부(仲父)와 계부(季父)가 말려 뜻을 이루지는 못했으나, 그의 충효는 하늘로부터 타고난 것이었다. 아버지가 전장에서 죽었다는 말을 듣고 항상 남쪽을 향해 곡을 하며 복수할 뜻을 다지고, 피란하는 가운데에도 낮에는 말을 타고 활쏘기를 익히며, 밤에는 병가서를 읽어 그 뜻을 해득했다. 또 매양 충신·열사의 말을 외우고, 무릎을 치며 눈물을 흘렸다. 광해군이 인목대비를 폐비시키자 10여 년 동안 은거하다가, 임진왜란을 당해 계부 변응벽이 영변부사로 부임할 때 따라가, 관서(關西) 지방 산천의 험하고 평탄함과 도로의 멀고 가까움을 다 조사해, 1632년(인조 10) 봄에 관서를 방위할 〈관서비어8조소〉를 올렸다. 그는 이 상소에서 강력한 척화론을 전개했다. 그는 "오랑캐란 개돼지요, 호랑이나 이리와 같습니다. 개돼

212) 宋穉圭, 〈摠管公(忠範)實蹟〉, 《原州邊氏叅判公派譜》, 417~419쪽.

지는 물건 탐하기를 한없이 하며, 호랑이와 이리는 성질이 포악해 물어뜯으니, 피폐(皮幣)나 주옥(珠玉)으로 어찌 그 한없는 탐욕을 충당하며, 형제의 서약인들 어찌 그 물어뜯는 사나움을 능히 막겠습니까?"라고 전제하고, "형편을 진정하고, 수신(帥臣)을 중히 여기며, 사졸을 훈련시키고, 군율을 엄히 하며, 둔전(屯田)을 개간하고, 주사(舟師)를 설치하며, 인재를 기르고, 번리(藩籬)를 공고히 해야 한다"고 주장했다.213)

응벽(應璧)의 자는 명숙(明叔)이다. 1562년(명종 17)에 태어났다. 어려서부터 가업을 이어 궁마(弓馬)를 익히고 겸하여 문사(文詞)를 전공해 여러 차례 초시(初試)에 합격했다. 임진왜란 때 형 변응정은 해남 임소에 있고, 아우 응규(應奎)는 만포진(滿浦鎭) 임소에 있었는데, 그가 모친을 모시고 관서에서 피난했다. 1600년(선조 33) 4월에 실시한 문과 전시에서 외민책(畏民策)으로 병과(丙科)에 급제해 승정원 가주서가 되었다.214)

선조가 4도도체찰사 이항복(李恒福)을 별전(別殿)에서 인견할 때, 그가 승지 민중남(閔中男)과 함께 입시했다. 해원부원군(海原府院君) 윤두수(尹斗壽), 영돈령 이원익(李元翼), 영의정 이항복, 좌의정 이헌국(李憲國), 우의정 김명원(金命元), 이조판서 한응인(韓應寅), 좌찬성 심희수(沈喜壽), 병조판서 신석집(申石集), 호조판서 이정구(李廷龜), 병조참판 한준겸(韓浚謙), 동부승지 윤훤(尹暄) 등도 참여했다. 다음해 주서(注書)로 승진했고, 나가서 경성판관이 되었으며, 1605년(선조

213) 〈副摠管邊公(忠範)鄕薦狀〉, 《原州邊氏祭判公派譜》 上卷, 459~466쪽.
214) 邊時淵, 〈同副承旨九江邊公行狀〉, 《原州邊氏祭判公派譜》 上卷, 400쪽.

38)에 다시 들어와 호조좌랑으로서 춘추관 기사관을 겸임해 《명종실록》을 편찬했다. 그러다가 다시 외직으로 나가 황해도사가 되었는데, 첩을 거느렸다는 죄로 양재역찰방으로 좌천되었다. 그 후 함경도사, 길주목사를 지냈고, 다시 들어와 대간을 거쳐 벼슬이 동부승지, 첨지중추부사에 이르렀다.[215]

일찍이 서장관으로 연경(燕京)에 갔을 때 예부상서 변모(邊某)가 "공(應璧)의 선조는 심양후(瀋陽侯)이니, 구강태수(九江太守) 변양(邊讓)의 후손이다"라고 해, 태수묘(太守廟)를 알현하고 귀국해 호를 구강(九江)이라 했다. 1627년(인조 5)에 성절사로 동지사를 겸해 출발하려 하는데, 설촌(雪村) 이흘(李忔)이

| | |
|---|---|
| 구강재사를 누가 능히 당하랴. | (九江才士孰能當) |
| 기개와 풍류는 일찍이 과장에 떨쳤다. | (氣槪風流早擅場) |
| 절묘한 재주는 일찍 유여각처럼 들리고, | (妙藝曾聞游羿彀) |
| 맑은 문장은 정히 분우상과 합당하네. | (淸文端合賁虞裳) |
| 병법을 장군 막하에 잠시 시험했고, | (龍蹈暫試靑油下) |
| 용병(用兵)은 멀리 만리 변방에 자원했네. | (虎竹遙分紫塞傍) |
| 보국에 가히 마음이 함께 붉었고, | (報國可憐心共赤) |
| 우시에 그 어찌 머리가 푸르겠나? | (憂時其奈髮垂蒼) |
| 장부 사업은 파함이 없는데, | (丈夫事業無窮日) |
| 역사의 훈명은 헤아릴 수 없도다. | (竹帛勳名未可量) |
| 오랑캐를 평정해 번방의 수치를 씻고, | (夷襄庶雪藩邦恥) |

215) 위와 같음.

천자의 진노에 하(漢)나라 번영을 기약하네. (震疊方期漢道昌)
대대로 장수가문 참으로 씨가 있고, (家世將門眞有種)
만년의 유석에는 문득 빛이 나도다.[216] (暮年儒席便生光)

라는 14구의 시를 지어 송별했다. 등주(登州) 광록도(廣鹿島)에 이르러 큰 바람을 만나 서장관 윤창립(尹昌立)이 탄 배가 표류했다. 그는 급히 장계를 올려 명 희종(熹宗)이 죽고, 의종(毅宗)이 즉위한 사실을 보고했다. 1628년(인조 6) 5월에 복명하니, 선조가 서장관의 표류 사실을 묻고, 또 "모문룡(毛文龍)이 오랫동안 우리나라에 머무르고 있는데, 명나라에서 의심하지 않더냐"고 물었다. 그는 "동지의 행례(行禮)시에 다만 이해(利害)만 묻고 별로 의아해 하는 일은 없었다"고 대답했다. 선조가 또 묻기를, "새 천자가 거룩하고 밝으시다고 하는데, 명나라의 사정이 전과 다름이 없느냐?" 하자, "사람들이 성명(聖明)하다고 하나 옥하관(玉河關)에서의 수색(搜索)은 전보다 갑절이나 심합니다"라고 대답했다. 선조가 또 묻기를, "명나라에서 장차 오랑캐를 토벌하고자 하던가, 다만 스스로 지키고자 하던가, 아니면 화의하고자 하던가?"라고 묻자, "다만 스스로 지킬 계획이며, 오랑캐를 토벌할 계획을 잊지 않았으며, 화의도 또한 듣지 못했습니다"라고 대답했다.[217]

만년에 이르러 집에 기오헌(寄傲軒)이라는 현판을 달고 이곳에 소요하며 스스로 즐기다가 죽었다. 묘는 양주(楊州) 미금면(渼金面) 마

216) 위의 글, 398~401쪽.
217) 위의 글, 401~402쪽.

산(馬山)의 선영 아래에 있다. 부인은 신항(愼向)의 딸 거창신씨다. 남편과 함께 묻혔다. 다섯 아들을 두었는데, 충집(忠執), 충렬(忠烈), 충길(忠吉), 충신(忠信; 무과), 충익(忠翊; 진사)이다.[218]

응규의 자는 광숙(光叔)이다. 응규가 일찍이 무과에 급제해 만포진 첨사가 되었고, 임진왜란이 일어나자 어머니는 중형인 응벽(應璧)이 모셨다. 얼마 안 되어 영변부사로 옮겼는데, 사헌부가 "왜적이 창궐해 사경(四境)이 잔파(殘破)되고, 국가에서 보전한 바가 다만 관서 1도뿐이며, 만포진은 강변의 큰 진으로서 오랑캐들이 왕래하는 요충입니다. 조석으로 방어할 일이 가히 염려되는데, 급히 진장(鎭將)을 바꾸는 것은 참으로 그 시기가 아니오니, 청컨대 바꾸지 말고 관서의 방어를 중히 하소서"라고 상소해 조방장(助防將)에 세수되었다.[219]

그가 여러 고을을 순행하면서 사졸을 조련했는데, 건주위(建州衛) 야인들 90여 명이 유랑민을 돌려보내고, 만포진에 와서 우리 군관이 대접하는 연회를 받지 않고, 방자한 뜻으로 산삼을 캐가려 했다. 병사 신집이 이 사실을 보고하니, 비변사에서 그 처리방안을 논의했다. 1656년(효종 7)에 변응규가 군사를 거느리고 만포진에 이르러 진을 치고 의외의 변을 대비하고 있는데, 이때 북병사가 결원이 되자 유성룡과 병조판서 심충겸(沈忠謙)이 그를 천거했다. 비변사가

직차(職次)가 상당하고 인격이 가합한 자로는 변응규만한 사람이 없

218) 위의 글, 402쪽.

219) 邊時淵, 〈平安兵使邊公行狀〉, 《原州邊氏叅判公派譜》, 411~412쪽.

습니다. 변응규가 일찍이 만포진 첨사가 되어 자못 청렴하고 근신(謹愼)하다는 평이 있었고, 서변의 군졸들이 쓰이기를 즐거워했다고 합니다. 그리고 우의정 이원익(李元翼)도 병사를 바꾸려면 이 사람이 아니면 안 된다고 하니, 신 등이 가히 아룁니다.[220]

라고 상소했다. 그리하여 그가 가선대부 평안병사에 임명되었다. 이때 오랑캐들이 변경을 노략질하자, 유성룡은 변응규가 잘하고 있으니 다른 장수를 보내지 않아도 된다고 해 그대로 두었다. 이에 그는 얼음이 얼기 전에 강가의 촌민들을 성 안으로 철수시키고, 마초(馬草)와 병량을 미리 장만해 환란이 있을 것에 대비했다. 그리고 오랑캐의 두목 노을가적(老乙可赤)의 성곽과 누각, 군졸과 전마 등의 실상을 아뢰고, 조정에서 확실히 상의해 처치하도록 건의했다. 선조는 병조판서 이덕형(李德馨)에게

변응규의 계책은 사람의 마음을 차츰 차츰 강하게 한다고 한다. 근래에 장수된 자들은 먼저 형장(刑杖)을 써서 위엄을 세우는데, 변응규는 이런 일이 없으므로 사졸들이 기꺼이 감복한다 하니 지극히 기쁜 일이다.[221]

라고 했다.

1656년(효종 7) 3월에 죽으니, 왕이 "평안병사 변응규가 뜻밖에 죽

220) 위의 글, 412쪽.
221) 위의 글, 412~413쪽.

었으니 놀랍고 슬픔이 이를 데 없다. 국사가 불행해 이와 같은데, 그 대신 누가 합당한가 알지 못하겠다. 비변사에서 의론해 아뢰라"고 했다. 이에 비변사가 "변응규는 성심을 다하고 또 변방의 정세를 잘 알았는데, 이제 갑자기 불행하게 되니 극히 애석합니다. 그 대신으로 십분 마땅한 자를 구하지 못하겠습니다"라고 회계했다.[222] 그가 무과에 급제한 직후부터 서도(西道)에서 직급이 병사(兵使)에 이르고, 여러 사람의 신임을 얻었다. 주획(籌劃)과 무략(武略)이 있어 방어가 매우 치밀해 오랑캐들이 감히 노략질을 하지 못했다. 묘는 양주 선영 아래에 있다. 부인은 아버지가 현령인 정부인 남원윤씨다.[223]

이(/頤)의 다섯째아들은 상동(尙同)이다. 상동은 1400년(정종 2)에 태어나 1453년(단종 1) 10월 31일에 죽었다. 향년 54세. 통훈대부 행 사헌부 감찰을 지냈다. 묘는 양주 건천면(乾川面) 지사동(芝沙洞)에 축좌(丑坐)로 있었는데, 실전(失傳)되어 2012년 용정리 대은 묘역에 제단비를 세웠다. 부인은 둘인데, 첫째부인은 판관 이직생(李直生)의 딸 숙인 경주이씨요, 둘째부인은 군수 권집지(權執智)의 딸 숙인 안동권씨다. 4남(孝順 · 德順 · 義順 · 萬山) 4녀(우의정 鄭苯, 尹三元, 대사성 鄭永通, 사과 李棣에게 각각 시집갔다)를 두었다.[224]

장자 효순은 1415년(태종 15)에 태어나 1457년(세조 3) 3월 병술에 죽었다. 향년 43세. 1428년(세종 10)에 유천군(柔川君)에 봉해졌다. 그는 태종의 사위 유천위(柔川尉)로 시호는 강이(康夷)다.(信柔好樂曰康

222) 위의 글, 413쪽.

223) 위와 같음.

224) 《原州邊氏叅判公世譜》, 211쪽.

安心好靜曰夷) 성품이 온아하고, 행실이 공손했다. 평생에 3대졸(三大拙)이 있었으니, 1) 처심졸(處心拙), 2) 치가졸(治家拙), 3) 대인접물우졸(待人接物又拙)이다. 부인은 태종과 신빈신씨(信嬪辛氏)의 딸인 소선옹주(昭善翁主)다.[225] 1437년(세종 19) 6월 갑술에 죽었다. 이틀간 조회를 정지하고, 관곽(棺槨)과 미두(米豆) 100석, 종이 150권, 포(布) 40필을 내렸다. 소선옹주는 태종 후궁 신령궁주(信寧宮主) 신씨(辛氏)의 딸이다. 봉상시(奉常寺) 소윤(少尹) 변계량(卞季良)에 명해 호상(護喪)을 보게 하고, 장례를 특별히 후하게 하라고 했다.[226]

차자 덕순(德順)은 1417년(태종 17)에 태어나 평시서령(平市署令)을 지냈다. 묘는 양주 건천면 지사동 조모 남씨묘 아래 묘좌(卯坐)로 있다. 부인은 둘인데, 첫째부인은 정랑 오비(吳備)의 딸이요, 개국공신 조인옥(趙仁沃)의 외손녀인 공인(恭人) 보성오씨요(남편과 함께 묻혔다), 둘째부인은 사인 정인조(鄭寅祖)의 딸인 공인 동래정씨다. 동래정씨의 묘는 2005년 9월 17일에 진천군(鎭川郡) 문백면(文白面) 평산리(平山里) 산 37번지 인좌(寅坐)로 옮겼다.[227] 덕순의 장자 상(祥)은 자가 상지(祥之), 또는 선옹(善翁)이다. 1486년(성종 17) 10월 13일에 문과 병과에 3종 변희리(邊希李)와 동방(同榜)으로 급제해 1491년(성종 22) 5월에 사간원 정언이 되고, 이어 세자시강원 보덕(輔德)으로 승진했다. 묘는 양주군 건천면 지사동 변안열묘 근처에 인좌(寅坐)로

225) 《원주변씨참판공세보》에는 소신옹주(昭信翁主)로 되어 있으나, 《선원세계》에는 '소선옹주'(昭善翁主下嫁柔川尉邊孝順)로 되어 있다. 여기서는 후자를 따른다. 신령궁주 신씨(信寧宮主辛氏)는 뒤에 신빈신씨(信嬪辛氏)로 승격된 것 같다.

226) 《原州邊氏參判公世譜》, 211～212쪽.

227) 위의 책, 212쪽.

있다. 부인은 순성군(順城君) 이개(李諧)의 딸이요, 양녕대군 이제(李禔)의 손녀딸인 숙인 전주이씨다. 남편과 함께 묻혔고, 2005년에 함께 진천군으로 이장되었다.[228)]

이(/顚)의 여섯째아들은 상빙(尙聘)이다. 세종조에 행대감찰(行臺監察)로서 홍원숙(洪元淑)과 함께 경기좌우도전사(京畿左右道轉司)를 적간(摘奸)해 원종공신 3등에 직록(直錄)되고, 벼슬이 통정대부 행간성현감(行杆城縣監)에 이르렀다. 묘는 여주군 강천면(康川面) 도전리(道全里) 원심동(遠深洞) 산 93번지에 인좌(寅坐)로 있다.

이(/顚)의 일곱째아들은 상복(尙服)이다. 상복은 정종의 셋째딸인 덕천옹주(德川翁主)에게 장가가서 원천위(原川尉)로서 불천위(不遷位)가 되었다. 왕의 아들딸이나, 종묘나 문묘에 배향된 사람, 훈신이나 충신에게는 부조묘(不祧廟)를 세워 5세가 지나도 사당에서 계속 제사지내게 되어 있었다.[229)] 그는 1455년(세조 1)에 강릉부사로 있다가 관아에서 죽어, 왕이 호조에 명해 쌀과 콩 각 10석과 종이 60권을 관곽(棺槨)과 함께 하사했다. 묘는 남양주 진건면(眞乾面) 용정리(龍井里) 지사동(芝沙洞)에 축좌(丑坐) 미향(未向)으로 있다. 그의 부조묘는 대전광역시 동구 직동(稷洞) 641번지에 있다. 3남을 두었는데 장남 견(堅)은 사용(司勇)을, 차남 후(厚)는 생원시와 무과에 합격해 현령을, 3남 정(靖)은 무과에 급제해 전라병사를 지냈다.[230)]

228) 위와 같음.

229) 邊時淵, 〈原川尉邊公不祧廟記〉, 위의 책, 746~749쪽.

230) 邊時淵, 〈駙馬公(尙服)墓表〉, 위의 책, 742~745쪽. 《선원세계》에는 태종의 "三女德川翁主 下嫁行府使邊尙服"라고 기록되어 있다.(9쪽)

상복은 〈엽자보〉(葉子譜)를 쓴 것으로도 유명하다. 그 서문에 따르면

> 1435년(세종 17) 겨울에 상복이 선친의 말씀을 들어 가로대 '오호라! 호적(戶籍)이 첫 번째 금(金)나라가 쳐들어왔을 때, 두 번째 홍건적이 쳐들어왔을 때, 세 번째 변안열이 벽제(碧蹄)에서 화를 당했을 때,[231] 화를 입었다. 다행히 선자(先子; 아버지 /顧)께서 호적에 관한 기록 45대(袋)를 내게 주시면서, 엽자보(葉子譜)를 만들라고 하셨다. 내가 그 큰 약속을 두려워해 시일을 다투어 보태고 깎기를 1년 동안 해서 하나의 엽자대(葉子袋)를 만들었는데, 여섯 번 접어 내외로 배행(排行) 50본이었다. 아손(兒孫)들에게 아홉 살짜리는 차고 다니게 하고, 열두세 살짜리는 읽어보게 하고, 나머지는 내가 받아두었다'고 했다.[232]

라고 〈엽자보〉가 탄생하게 된 내력을 적고 있다. 그러니 이 〈엽자보〉는 15세기 중반에 이미 만들어진 것이다. 우리나라에서 가장 빠른 족보는 1476년(성종 7)에 만들어진 《안동권씨성화병신보》(安東權氏成化丙申譜)다.[233] 이보다 앞서는 보첩(譜牒), 족도(族圖), 가첩(家牒), 가계도(家系圖), 세계도(世系圖) 등이 유행했다.[234] 〈엽자보〉는

231) 변안열이 벽제에서 죽은 것은 아니고 공양왕이 오사충(吳思忠) 등을 시켜 변안열을 조사하게 했는데, 이들이 벽제에 이르러 그가 이미 처형되었다는 소식을 들은 것이다. 죽기는 한양에서 한양부사 김백흥(金伯興)에게 죽었다.

232) 宣德十年乙卯冬 孤尙服述先言 曰嗚呼 先籍相禍于金 再禍于紅巾 三禍于碧蹄 幸先子記四十五袋 命孤約葉子譜 孤懼其太約 時日承裁 鍊刪一年 淸書一葉子袋 六摺內外排行五十本 兒孫九歲者佩之 十二三者讀之 餘授于孤.

233) 이성무, 〈한국의 성씨와 족보〉, 《한국계보(系譜)연구》(한국계보연구회, 2010), 23쪽.

이 가운데 족도에 해당하는데, 종이를 여섯 번 접어 만든 족도이다. 족도 가운데 가장 오래된 것은 〈해주오씨족도〉이다. 〈해주오씨족도〉는 1401년(태종 1) 11월에 오선경(吳先敬)이 완성한 것이다. 이 족도를 만들기 시작한 것은 고려 말에 전서(典書)를 지낸 오광정(吳光廷)이었지만, 마친 것은 그의 둘째아들인 오선경이었다. 〈엽자보〉는 변상복이 그의 아버지 변이(邊/頤)가 전해준 여섯 포대의 자료를 바탕으로 15세기 중반에 만든 것이다. 그러니 간략하기는 하지만 이 원주변씨의 〈엽자보〉는 〈해주오씨족도〉보다 조금 늦은 시기에 만들어진 한국에서 가장 빠른 족도 가운데 하나임을 알 수 있다. 〈엽자보〉의 내용은 다음과 같다.

一世 諱 玄: 一作厶 號小黃子 本宋人 子姓 邊氏 世居黃鄉 趙宋 建炎中 入靑嶼 主○場 聽人自 買 又好施 晩徒之高麗黃州 明王 丙辰(1196)卒 葬黃之三田西原 ○ 夫人崔氏 後公 三日卒 祔 一子

二世 諱 呂: 丙辰(1256) 喪小黃子 三年 高王丙子(1216) 丹兵屠 黃公見俘 以奇緩師 存王京 王 求之 封泰川伯 己卯(1219)卒 戒世葬于黃子孫 貫黃 ○ 夫人金氏 丙寅(1266)卒 后祔 一子

三世 諱 允: 一作胤 字允之 號西海先生 明王 壬寅(1182)生 丁巳(1197)進士 高王 甲寅(1254) 起疾 按西海元王復位再起 壬申(1272)樞密 忠烈王元年(1276)三月丁卯卒 戒辭諡葬同 ○ 夫人崔氏 父俶政堂 戊辰(1268)卒 后祔 一子一女 鄭文鑑直學士 士節死 邊氏 亦隨死

四世 諱 宥: 初諱保 神王己未(1199)生 高王庚戌(1250)政堂 元王丁卯

234) 위의 글, 402쪽.

(1267)按忠淸 流月餘 宥 還 西海公志而更呼 戊辰1268)卒 葬同 ○ 夫人皇甫氏 父琦平章 壬午(1282)卒 祔 一子

五世 諱 制: 高王丁丑(1217)生 丁巳(1257)舍人 元王癸酉(1273)政堂 忠烈王己丑(1289)卒 葬同 ○ 夫人李氏 父昭中書 辛卯(1291)卒 祔 一子

六世 諱 訥: 字昌言 高王癸未(1223)生 丁巳(1257)卒 葬同 ○ 夫人白氏 父華郎中 十一月卒 祔 二子

七世 諱 碩: 祇侯

諱 順: 字 順之 高王丁未(1247)生 元王九年(1268)元使脫朶兒以公歸見世祖帥瀋八年 至 元乙亥(1335)爵侯 武宗至大元年(1308) 高麗世子傎有功王瀋 公罷師 家居爲附城 己酉(1309)卒 葬瀋之伯安洞北原 ○ 夫人吳氏 父佑侍郎 壬子卒 祔 一子

八世 諱 諒: 字亮父 至元甲子生(1264) 十五歲試鹵簿郎 從幸上都 射雁鴈中 世祖雅悅侯公 特 命世爵 庚戌(1310)嗣順帝 至元戊寅(1338)卒 ○ 夫人郭氏 父�左丞 後公三日卒 二子

九世 諱 安伯: 嗣侯 至正戊戌(1358)死瀋

諱 安烈: 字文成 英宗至治癸亥(1323)生 十五六師事脫脫 至正三年(1343) 脫脫擧工部郎中 旋失河幮家居 壬辰(1352)恭愍王偕魯主東還 帶公及姪肅 癸巳(1353)封戚里原州 元顗女 食豊壤田柴 戊戌(1358)納僮三百人馬 五十疋 誓脫紅巾 授安祐策功 禑八年(1382)却倭封君婦鄉 恭讓王庚午(1390)正月禍 卒于碧蹄 葬楊州注葉山 太祖元年(1392) 復勳錄孤 ○ 夫人元氏 三月卒 葬楊之豊壤五弄洞東原 明成化四年(1468)立光陵 遷公墓于夫人兆西北芝沙洞 萬曆庚辰(1580)樹碑于五弄 三子一 女女恭順君芳蕃

庶子 安緖: 郎中

十世 諱 顯: 洪武壬戌(1382)以 內謁者監 登文科 官通訓大夫判奉常

寺事 二月九日卒 葬豊之 乾川面聖齋洞西北崗 ○ 夫人全氏 父五倫判書 七月十八日卒 葬同 一子二女 女 朴葵判書 朴大生節度使

諱 /顧: 字頤之 恭愍王庚子(1360)生 我太祖癸酉(1393)主簿 定宗己卯(1399)原州前後七官 有碑 太宗辛巳(1401)叅佐命功臣原從 戊子(1408)叅判 世宗壬寅(1422)觀忠淸 甲寅(1434)北征都摠制 未肅而卒 葬豊之芝沙府院君兆右崗 ○ 三夫人李氏 父達 尊中丞 葬同 祔 一子一女 女鄭由吉功臣 南氏父佐時大提學宜城君 葬摠制公兆 右前X 祔 二子一女 女李漸都摠制 李氏父毗一寺丞 葬同 祔 四子一女 女李承

孫左贊成

諱 預: 判訓鍊

原本葉子譜 終

그리고 맨 끝에 누가 썼는지 알 수 없는 발문(跋文)이 붙어 있다.[235] 발문에 따르면 〈엽자보〉는 소략한 대로 가필하지 않고 그대로 전해온 것 같다. 한국의 최초의 족보라는 점에서 주목해야 할 것 같다.

변안열의 3남 예(預)는 영청(永淸), 세청(世淸) 두 아들을 두었다. 영청은 사용(司勇)을 지냈고, 부인은 상호군 계(啓)의 딸인 여흥민씨다. 묘는 법곡(法谷) 마산(麻山) 술좌(戌坐 )에 연분(連墳)으로 있다. 세청은 중령(中領) 중랑장(中郎將)을 지냈는데, 처자와 더불어 제주(濟州)로 입거했다. 부인은 이씨다.[236]

235) 謹按右葉子譜 卽駙馬公諱尙服 承摠制公面命撰述 老而顧於舊譜 未曾卽刊文獻之晦則有數而然耶 今見傳本不可闕滿 故姑爲附錄於世紀下 而每世配夫人上 加圈以標之 駙馬公序文 亦爲並錄 以示原本所由云.

## 5. 맺음말 _변안열에 대한 평가

변안열은 《고려사》 권126, 열전 39, 간신 2에 들어가 있다. 그러나 변안열이 간신전에 들 만한 행위를 한 흔적은 별로 없다. 《고려사》 찬자들이 기록해 놓은 데에서 굳이 찾아본다면, "변안열이 임견미(林堅味), 이인임(李仁任)과 함께 정방(政房)을 휘어잡고 무릇 공장(工匠) 및 재용(財用)을 반드시 먼저 사용했다"는 정도이다.[237] 따라서 이성계의 역성혁명을 반대했으니, 변안열을 오히려 반역 열전에 넣을 수 있을지언정 간신전에 넣는 것은 이상하다. 그러기에 윤근수(尹根壽)가 《월정만필》(月汀漫筆)에서 "변안열 등이 한 일과 행동에서 처음부터 끝까지 간사스런 증상이 있음을 알지 못한다"고 토로하지 않았는가? 안정복도 "조민수 · 변안열이 간신전에 들어 있는데, 이는 공정한 기록이 아닌 것 같다"고 했다.[238]

그러면 왜 간신으로 판정된 것인가? 간신이란 무엇인가? 간사한 신하를 말한다. '간사'하다는 말은 '성질이 간교하고, 행실이 바르지 못한 것'을 말한다.[239] 그러면 과연 변안열이 성질이 간교하고, 행실이 바르지 못했나? 변안열의 죄는 오히려 1) 창왕을 옹립하는 데 찬

236) 《原州邊氏世譜》(己亥譜) 卷1, 上系, 1959, 46~47쪽.

237) "安烈與堅味李仁任 提調政房 同欲相濟 凡工匠及有財者 必先用之."(《고려사》 권126, 列傳 39, 邊安烈)

238) "曺敏修邊安烈 皆入奸臣傳 似非公筆."(《順菴集》 卷10, 東史問答)

239) 이희승, 《국어대사전》(민중서관, 2010), 57쪽.

동했고, 2) 사전개혁(私田改革)을 반대했으며, 3) 우왕을 복립하려 했기 때문이라고 했다.

첫째, 창왕을 옹립하는 데 찬동한 점이다. 위화도 회군 이후 이성계파는 우왕의 아들이 아닌 왕씨를 허수아비로 옹립하려 했다. 그러니 역성혁명은 위화도 회군으로부터 싹텄다고 할 수 있다. 회군 때 남은(南誾)과 조인옥(趙仁沃) 등이 역성혁명을 하자고 했으나, 이방원이 시기상조라고 말렸다고 한다.[240] 그러나 조민수(曺敏修)가 이색에게 자문을 구해 창왕을 옹립한 것이다. 이 때문에 역성혁명이 일차적으로 차질을 빚게 되었다. 이것은 뒤에 윤소종(尹紹宗)의 제의로 폐가입진론(廢假立眞論)을 내세워 우왕과 창왕이 신돈(辛旽)의 혈통이라고 주장함으로써 뒤집혔다. 그러나 이종학(李鍾學)의 말처럼, 공민왕이 이미 우(禑)를 강녕군(江寧君)으로 책봉해 후계자로 삼았는데, 이성계가 무엇인데 감히 공민왕의 명을 어기고 우왕을 폐위시키느냐는 것이다.[241]

그리고 이색도 그때 분위기로 보아, 창왕이 신돈의 혈통임에도 우격다짐으로 후계자로 삼았을 리가 없다. 창왕이 왕위에 오를 당시에는 신씨설이 아직 표면화되지 않았고, 우왕에게 공요(攻遼)의 책임을 지고 왕위에서 물러나게 해 대명관계를 원만히 하려고 했다. 실제로 《고려사》에는 우왕이 강화도에 가서 휴양하면서 상왕(上王)의

240) "自葳化島回軍之時 南誾與趙仁沃等 密議推戴 以告太宗 太宗曰 此大事 不可輕言 時衆心皆歸."(《燃藜室記述》 卷1, 太祖朝)

241) "其子鍾學倡言曰 玄陵旣以禑封江寧君而立府矣 天子爵命矣 李成桂何人 敢違玄陵之命而廢我驪興王乎."[安鼎福, 《東史綱目》 17下(경인문화사, 1970), 450쪽]

자격으로 고려 조정의 정중한 예우를 받았고(생일과 명절에 의복을 바치고 향연을 베풀어 드림), 아들 창왕에게 부왕으로서 자상하고도 경건한 태도로 교훈의 글을 보내기도 했다. 이런 형편이고 보면, 이색이 전왕의 아들을 세워야 한다는 주장이 너무나 당연하다.[242] 더구나 우왕이 이미 14년 동안이나 재위했고, 이성계파도 그 신하였지 않은가? 그런데도 우왕과 창왕이 가짜라고 하는 것은 오히려 역적이 되는 것이다.

창왕이 신돈의 혈통이라는 확실한 증거는 없다. 오히려 원천석(元天錫)은 야사를 지어 우왕이 공민왕의 아들이라 했다.[243] 미암(眉岩) 유희춘(柳希春)도 예문관 곳간에서 고려 말 실록을 보았는데, 우왕을 공민왕의 아들로 기록했다고 했다.[244] 안정복도 《동사강목》에서 "우왕이 비록 폐해졌으나, 오히려 상왕(上王)의 호칭으로 존대되었다. 우왕이 신씨라는 설을 밝힐 수가 없다고 했다."[245]

이색은 창왕이 선 뒤에 이 어린 왕을 받들고 고려왕조를 존속시키려 애썼다. 그러나 이미 대세가 이성계에게 기울어서 국내에서는 손을 쓸 수 없었다. 이에 이색은 하정사(賀正使)로 자원해 명의 천자를 만나 창왕의 친조(親朝)를 통한 이성계 세력을 견제하고자 시도했으나 뜻을 이루지 못했다. 명의 예부(禮部)는 오히려 창왕이 가짜 왕씨라면서 친조를 반대했다.[246] 이성계파가 미리 손을 쓴 것이 아

---

242) 이우성, 〈고려말에 있어서 목은(牧隱) 이색(李穡)의 정치적 처지와 그 주의〉, 《고양만록(高陽漫錄)—한국학의 저변》(경인문화사, 2005), 11쪽.

243) "原州進士 元天錫 麗末人也 作野史 以辛禑爲恭愍子."(《松都記異》 附錄)

244) 위와 같음.

245) 安鼎福, 《東史綱目》 17, 下 開書筵.

닌가 한다. 이럴 즈음에 김저(金佇) 사건이 일어나 사태가 급전직하되어 갔다. 이성계파는 변안열을 이 사건에 연루시켜 재판 없이 죽였다.

둘째, 사전개혁에 반대한 점이다. 변안열은 여러 번 군공을 세웠고, 공신이 되어 많은 공신전을 받았을 것이다. 예컨대 그는 1363년(공민왕 2)에 원주원씨와 혼인할 때 풍양(豊壤)의 전시(田柴)를 식읍으로 받았고, 군공으로 여러 차례 공신전을 받은 데다가, 계속 고위직에 있었으므로 과전(科田)을 받았을 것이다. 그리고 그의 딸을 권력자인 이성계의 아들 무안대군(撫安大君) 방번(芳蕃)과 혼인을 시키는 등 권문세족으로 군림한 것은 사실이다. 그리고 1399년 수도를 개경으로 옮겨 이성계가 개경에 갔을 때 변안열의 집에 묵었던 것을 보면, 그의 집이 크고 좋았던 것을 알 수 있다.[247)]

이색도 "구법(舊法)을 가벼이 고칠 수 없고, 구차하게 개혁하면 사군자(士君子)의 생리(生理)가 날로 쪼그라들어서 반드시 공상(工商)을 추구할 것"이라면서 원칙적으로 사전개혁에 반대했다. 이에 동조한 사람은 이림(李琳), 우현보(禹玄寶), 변안열(邊安烈), 권근(權近), 유백유(柳伯濡) 등 구가세족(舊家勢族)들이었다.[248)] 그러나 이색도 문란해

---

246) 이우성, 앞의 글, 12～13쪽.

247) 《정종실록》 권1, 정종 1년 3월 경진.

248) "我太祖興大司憲趙浚欲革田制 李穡以爲不可輕改舊法 持其議不從 而李琳禹玄寶邊安烈 皆欲革以穡 爲儒宗 籍其口 以惑衆聽 革復之論未決 藝文館提學鄭道傳大司成尹紹宗 同浚議 厚德府尹權近判內 府寺事柳伯濡 同穡議 贊成事鄭夢周 衣違兩間 乃令各司議革復利害 議者五十三人 欲革者八九 其不 欲者 皆巨室子弟也."(《고려사절요》 권34, 공양왕 1)

진 전제를 개혁하는 데는 반대하지 않았다. 이색은 오히려 1352년(공민왕 1)에 호강(豪强)의 전지 겸병을 반대해 사전개혁을 주장한 바 있다. 다만 이 사전개혁이 이성계파의 경제적 기반을 제공하는 데 반대한 것이다. 이성계파는 변안열 등이 유종(儒宗)인 이색을 내세워 사전개혁을 반대했다고 몰아붙였다. 이로서 변안열은 창왕 옹립, 사전개혁 반대로 이색 뒤에 줄서게 되었다. 안정복도 "이색 등이 반대한 것은 스스로 이익이 되기 때문이 아니라, 민심이 이로 인해 이성계에게 돌아갈까 두려워해서였다"고 했다.[249] 그는 다시

살피건대, 충신의 임금을 섬김은 반드시 법령이 임금으로부터 나오게 하고 신하로부터 나오지 아니한 것으로 하고자 한다. 그렇게 함으로써 백성으로 하여금 내 임금을 마음으로 사랑하고 떠받들되, 다른 사람을 사랑하고 떠받들지 않게 하고자 한다. 이때를 당해 우리 태조(이성계)는 조야의 촉망하는 바 되었고, 정령의 선포와 시행으로 사랑하고 민심의 떠받듦이 다 우리 태조에게만 있었으니, 어찌 목은과 포은의 제공이 바라는 바이겠는가! 사전을 겸병하는 폐단은 진실로 빨리 제거해야 할 문제임은 의심의 여지가 없었으나, 제공이 개혁을 반대한 것은 자신의 이익을 위함이 아니라 오직 민심이 이로 인해 점차로 태조에게 돌아갈까 두려워함이다. 저 후배의 애써 논쟁함은 반드시 개혁하고자 하는 자 고려의 충(忠)이 아니요, 곧 태조에게 충이라 함이다. 자취를 두고 논하건대, 제공이 고려 왕실을 위해 고심한 것은 가히 공경할 만하고 가히 법받을 만한 것이다.[250]

249) "是豈牧圃諸公之所欲哉 私田兼併之弊 誠亟去之物疑 而諸公之阻革者 非爲自利也 惟恐民心之因此而 漸歸太祖也."(安鼎福, 《東史綱目》)

라고 논평을 했다. 민심이 이성계에게 돌아가는 것을 막기 위해서 사전개혁을 반대했다는 것이다. 사전개혁은 역성혁명의 두 번째 단계였다.

셋째, 김저(金佇)가 이성계를 죽이고 우왕을 복립시키려 하였던 사건에 연루되었다는 점이다. 1389년(공양왕 1) 11월에 대호군 김저가 전 부령 정득후(鄭得厚)와 함께 여흥(驪興)으로 우왕을 찾아갔다. 우왕이 원래부터 잘 안다는 예의판서 곽충보(郭忠輔)에게 칼 한 자루를 전해 주면서, 팔관회 날 이성계를 암살하라고 했다. 그러나 곽충보가 거짓으로 허락하고 이성계에게 고해 바쳤다. 암살에 실패하자 정득후는 자결하였고, 김저는 잡혀 옥에 갇혔다. 김저는 처음에는 연루자를 말하지 않다가, 칼로 발바닥을 벗기고 다리미질을 하자 견디지 못하고[251] 조방흥(趙方興), 변안열, 이림, 우현보, 우인열, 왕안덕, 우홍수 등과 함께 모의했다고 실토하였다. 이 일을 빌미로 우왕은 강릉, 창왕은 강화로 귀양을 보냈다. 그리고 변안열의 가산은 몰수되었다.[252] 그런데도 우왕은 "나를 그르친 자는 변안열이다"[253]라고 했다. 왜일까? 오히려 변안열 때문에 죽게 되었다고 생각한 모양이다.

이성계와 심덕부, 지용기(池湧奇), 정몽주, 설장수(偰長壽), 성석린(成石璘), 조준, 박위(朴葳), 정도전 등이 흥국사(興國寺)에 모여 군대

250) 安鼎福,《東史綱目》第17 上 改定田制.

251)"問佇不服 以刀裂足掌數寸許 熨以火 隨問皆服 遂成獄事 安熱亦坐罪."(《고려사》권26, 列傳 39, 邊安烈)

252)《고려사》권126, 列傳 39, 姦臣 2, 邊安烈.

253) "只削職 流禑漢陽 初禑歸江陵 謂人曰 誤我者安烈."(위의 책)

를 둘러 세우고 폐가입진론을 주창했다. 이에 창왕을 폐하고 공민왕비 정비(定妃)를 협박해 신종의 7세손인 요(瑤)를 공양왕으로 추대했다.[254] 김저는 옥에서 폭사했다. 변안열과 대질할 수 없게 하기 위해 죽인 것이다. 그런데 이성계는 "나는 처음부터 살해할 마음이 없었는데, 못난 선비[小儒]들이 어찌 이 지경에 이르렀는가?"라고 하면서 관련자들을 헌사(憲司)에 넘겨 국문해야 한다고 했다.[255] 책임 회피 발언이다. 그리고 정당 서균형(徐均衡)을 강릉에 보내 우왕을 죽이고, 대제학 유순(柳珣)을 강화에 보내 창왕을 죽였다. 그리고 변안열을 한양으로 귀양 보냈다가 조사도 하지 않고 "우왕을 복립하려는 것이 어찌 내 혼자뿐이랴!"라고 하면서, 말할 것이 있다고 하는데도 한양부사 김백흥(金伯興)을 시켜 급히 죽였다.[256] 전광석화와 같이 단숨에 해치운 것이다. 왜 그렇게 서둘렀을까? 반대파가 반격할 겨를을 주지 않기 위해서였다.

변안열은 1389년(공양왕 1) 10월 11일, 이방원의 〈하여가〉(何如歌)에 〈불굴가〉(不屈歌)로 화답한 후 이성계 세력과는 이미 결별했다. 그러한 결기가 변안열로 하여금 여흥으로 우왕을 찾아가게 한 것이다. 단, 자기가 찬동해서 세운 창왕이 있는데, 자기와 별로 좋은 사이가 아닌 우왕을 굳이 복립시키려 했을까? 우왕은 자기의 며느리가 될 사람을 가로채지 않았던가? 이성계의 역성혁명을 막기 위해 취한 행동인가? 그러나 변안열이 이성계를 제거하는 데 직접 나선 것은

254) 安鼎福, 《東史綱目》 17 上, 446쪽.
255) 《태조실록》 권3, 태조 2년 1월 戊午.
256) 위의 책, 452쪽.

아니다. 그러니 김저의 옥에 변안열이 관련되었다는 것도 믿을 수 없다. 이성계파들이 이 사건에 변안열을 엮어 넣어 처단한 것이라 할 수 있다. 변안열의 처족인 원상(元庠)은 구가세족들이 사전개혁을 저지하기 위해 우왕을 복립하려 했다고 말했다.[257] 김저의 옥은 이성계의 역성혁명의 세 번째 단계이다.

변안열은 명장이었다. 처음 원나라에서 고려에 왔을 때는 10년 동안 공민왕과 노국공주를 호위하는 일에 몰두했다. 그러나 1373년(공민왕 22) 8월에 공병(公兵)인 의용좌우위(義勇左右衛)를 설치해 그 우군을 맡은 이후에는 강병을 거느릴 수 있었다. 그래서 홍건적·왜구와 싸워 연전연승한 것이다. 황산대첩도 이성계의 무용담을 늘어놓고 있으나, 실은 초전에 가당치 않은 실패를 했고, 싸움에 이긴 것은 변안열 등 여러 장수들의 공로가 컸을 것이다. 대첩 후에 이성계와 변안열에게 똑같은 황금 50량을 하사한 것만 보아도 알 수 있다. 그리고 황산대첩을 변안열 열전에 장황하게 소개한 것도 변안열의 전공이 컸기 때문이라 할 수 있다. 이것이 《고려사》를 개찬해 가는 과정에서 오로지 이성계의 전공으로 둔갑한 것이 아닌가 한다.

변안열을 급히 처단한 것도 이성계와 맞먹는 강군을 거느리고 있는 그를 그대로 두고는 역성혁명이 불가능했기 때문이다. 그래서 〈불굴가〉를 듣자마자 적법한 과정을 거치지도 않고 변안열을 제거한 것이다. 변안열의 약점은 원나라에서 이주해 와서 국내의 기반이 튼튼하지 못했던 데 있었던 것 같다. 1391년(공양왕 3) 7월 순녕군(順

257) "命臺諫同巡軍鞠庠 庠曰但怨革私田 欲迎立辛禑 以阻其事耳."(《고려사》 권 26, 列傳 39, 邊安烈)

寧君) 담(聃)과 성균사예 유백순(柳伯淳)의 설화(舌禍) 사건이 있자, 종친이나 귀척을 가리지 않고 "말을 만들고 정치를 어지럽히는 자는 벼슬을 즉시 몰수하고 국문해 죄로 다스리고, 왕이 그들을 만날 때도 경연에서 공공연히 말하라"고 했다. 이는 국왕의 이목을 막으려 한 것이다. 그리고 1392년(공양왕 4) 7월 17일에는 조선왕조가 개창되었다. 이것은 이성계의 역성혁명의 네 번째 단계이다.

그러면 왜 변안열에 관한 기록이 날조되었는가? 조선왕조를 세우는 역성혁명에 방해되기 때문이다. 역성혁명에 반대하는 세력을 그대로 두면 혁명을 달성할 수 없다. 그러다 보니 역성혁명을 정면으로 반대한 변안열에 관한 기록이 남아 있을 리 없고, 있는 기록도 날조, 변조, 축소, 탈락될 수밖에 없었다. 《고려사》와 《고려사절요》, 《조선왕조실록》은 대표적인 기록들이다. 이들 관찬사서는 유교사관에 입각해 씌어졌으므로 충·역의 문제가 중시되었으며, 특히 여선교체(麗鮮交替)와 같은 정치적인 사건은 조선의 건국을 합리화하기 위해 많은 부분이 날조되었다. 특히 《고려사》는 1394년(태조 3) 《고려국사》로부터 1454년(단종 2) 10월까지 정도전, 정인지, 김종서 등에 의해 여러 번 개찬되었다. 조선왕조 건국을 합리화하기 위해서였다. 전후 50년이 걸린 것이다.

상촌(象村) 신흠(申欽)은

고려사에서 여탈하는 바는 모두 믿을 만한 것은 못 된다. 말년의 사적은 더욱 잘못이 심하다. 이것은 물론 나라에서 꺼리는 일이라서 자연 제약을 받은 까닭이겠으나, 진실을 전해야 하는 사기가 어찌 사실을 모

> 조리 몰각하고 덮어버리는 일을 용납하는가?……《고려사》를 엮은 이는 정인지(鄭麟趾)다. 정인지는 세종과 문종 두 왕조에서 사랑을 각별히 받고 자리는 재상에까지 이르렀으나 마침내는 임금을 죽인 적신이 되었다.[258]

고 평하고 있다. 《청야만집》(靑野謾輯)에도

> 생각건대 저 정인지의 무리는 그 좁은 마음으로 비뚤어진 붓대를 놀려 그 사실을 마치게 했으니 특히나 가통하다.[259]

라고 했다.

실록도 왜곡 서술되기는 마찬가지였다. 고려 말에 사관(史官) 이행(李行)이 이성계가 우왕, 창왕 및 변안열을 죽였다고 직필해 처벌받은 적이 있다.[260] 공양왕은 무진년(1388년 위화도 회군) 이후의 사초(史草)를 바치라고 해 그 사초를 직접 확인하고 그를 울진으로 유배시켰다.[261] 이와 같이 태조 조에 정도전, 정총(鄭摠), 윤소종 등에게 명해 전조실록을 수찬할 때, 여러 사관이 다 사초를 고쳐 써서 바쳤는데, 이행만은 그대로 내 죄를 받았다고 한다.[262]

---

258) 《燃黎室記述》 권 1, 太祖朝.

259) "惟彼鄭麟趾輩 以其偏心 作爲曲筆 終歸其實 殊可痛也."(《靑野謾輯》)

260) "司憲府上書 前藝文春秋館學士李行 嘗爲恭讓知申事 職兼史官修撰 乃阿李穡鄭夢周 誣書我主上殿 下 殺辛禑辛昌及邊安烈 請收職牒 鞫問論罪 上允之."(《태조실록》 권2, 태조 2년 정월 戊午)

261) "上命進戊辰已後史草 遂親見行所記 以誅安烈及禑昌父子等事 皆指斥上 以爲無罪被殺."(위와 같음)

정몽주와 변안열은 다 같이 고려를 지키려다가 죽음을 당한 사람이다. 정몽주가 문신의 대표라면, 변안열은 무신의 대표다. 이방원의 〈하여가〉에 대해 정몽주는 〈단심가〉를, 변안열은 〈불굴가〉를 지어 고려왕조에 대한 충성을 맹약했다. 그런데 변안열은 죽은 뒤에 간신전에 넣어 역사에서 매장시켜 버린 데 비해, 정몽주는 충신으로 현양한 까닭은 무엇인가?

태종은 1401년(태종 1) 즉위하자마자 권근(權近)의 요청에 따라[263] 정몽주를 영의정부사 익양부원군에 추증하고, 문충(文忠)이라는 가장 좋은 시호를 내리며, 자손을 녹용하도록 했다.[264] 그리고 1432년(세종 14)에 《삼강행실》(三綱行實)을 편찬할 때 정몽주를 충신전(忠臣傳)에 넣게 했으며,[265] 1517년(중종 12) 9월 7일에는 태학생 권석(權碩)의 상소로 정몽주를 문묘(文廟)에 종사(從祀)하고, 예관(禮官)을 보내 분묘를 수축하고 초목(樵牧)을 금하게 하고 비석을 세우게 했다.[266] 그 까닭은, 정몽주 같은 충신을 박해하면 조선을 위한 충신도 나오지 않을 것이기 때문이다. 뿐만 아니라 재야세력이었던 사림파

262) "臣聞太祖之時 命鄭道傳鄭摠尹紹宗 修撰前朝實錄 諸史官皆改書史草而納之 惟李行不然 故未免囚繫."(《태종실록》 권7, 태종 14년 5월 壬午)

263) "歲在乙酉 先正文忠公權近上書 請 加封贈錄其子孫 以勵後人 殿下嘉納."(《圃隱文集》 권4, 行狀)

264) "建文三年辛巳 太宗大王命 贈先生大匡輔國崇祿大夫領議政府事修文殿大提學兼藝文春秋館事益陽府 院君 謚文忠."(《圃隱文集》 권4, 年譜)

265) "命儒臣編輯古今忠臣孝子烈女之卓然可法者 隨事記載幷著詩贊...名曰三綱行實 廣布中外 仍命以鄭夢 周列於忠臣傳."(《燃黎室記述》 권3, 世宗朝 纂述製作)

266) "中宗大王 因太學生權碩等上疏 議于廷臣 命從祀文廟 實九月十七日也 又下禮官 修墳墓 禁樵牧 立 碑."(《圃隱文集》 권4, 年譜)

가 절의를 숭상한 것도 정몽주가 부상한 중요한 이유 가운데 하나였다. 사림파들이 절의의 대표로 내세운 사람은 정몽주와 사육신(死六臣)이었다. 그리고 그들은 정몽주-길재-김숙자-김종직-김굉필-조광조-이언적-이황으로 이어지는 이른바 조선 도학 계보를 정통으로 삼아, 그 가운데 정몽주 · 김굉필 · 정여창 · 조광조 · 이언적 · 이황을 문묘에 종사했다.[267] 송시열(宋時烈)도 정몽주는 절의만이 아니라 도학(道學)을 일으킨 공이 있다고 했다.[268] 정몽주가 친명노선을 걸었던 것도 그를 숭배하는 이유가 되었다.[269]

그러나 정몽주를 현창하는 데 대해서는 반대 의견도 있었다. 난신을 어떻게 충신을 만드느냐는 것이었다.[270] 한강(寒岡) 정구(鄭逑)는 퇴계 이황에게 묻기를

> 조남명(曺南冥)이 일찍이 정포은의 나오고 처한 일을 의심했습니다. 저의 생각에도 포은의 죽음은 자못 가소롭습니다. 공민왕조의 대신으로 30년을 지내며 불가한 것에 대해서는 곧 이를 멈추는 의로움을 했어야

267) 이성무, 《조선시대 사상사연구》(지식산업사, 2009), 179쪽. "光祖之學之正 其所傳者 有自來矣 自少受業於金宏弼 宏弼學於金宗直 宗直之學 傳於其父司藝臣叔 滋 叔滋之學 傳於高麗臣吉再 再之學得於鄭夢周之門 夢周之學 實爲吾東方之祖 則其學問之淵源類 此."(《圃隱文集》 續錄 권3, 館學生朴謹等 請靜菴先生伸寃疏略)

268) "領府事宋時烈啓曰 吾東方自箕子聖以後 至于麗季 闡開道學有功斯文 無如鄭夢周之比 而至使人人得 知君臣父子之倫 內憂外夷之義者 亦皆夢周之功也."(위와 같음, 筵臣奏辭 3)

269) "鄭夢周於本朝 旣無君臣之分 論其人物 則不獨節義 文章炳耀千載 學行踐履有功於斯文 爲東方理學 之祖 是實前代忠賢之最者也."(위와 같음, 禮曹啓辭)

270) "臺諫論啓曰 亂臣豈可謂忠臣 近之疏妄矣 上排衆議 從之."(《楓岩輯話》 권1)

> 했습니다. 또 신우(辛禑) 부자를 섬길 때는 우왕을 왕씨의 소생으로 여겼단 말입니까? 곧 다른 날에는 우왕과 창왕을 몰아내는 일에 간여했으니 어찌된 일입니까? 10년 동안을 신하로서 복종하고 섬기다가 하루아침에 쫓아내서 죽이니 차마 할 수 있는 일입니까?…… 또 복종하고 그의 녹을 이와 같이 먹고 후일에 죽인 것은 깊이 이해할 수 없는 일입니다.[271]

라고 했다. 정곡을 찌른 질문이다. 이에 대해 퇴계는

> 정자가 말하기를, '사람은 허물이 있는 가운데서 허물없기를 구해야 하며, 허물없는 가운데서 허물 있기를 구해서는 안 된다'고 했습니다. 포은의 정충(精忠)은 큰 충절로서 가히 천지를 경위(經緯)하고 우주를 동량(棟樑)할 만한 것으로 말할 수 있는데, 세상이 의론을 좋아해 쳐서 드러내기를 기뻐하며, 사람의 아름다운 점을 이루는 일을 즐기지 않음을 두려워 마지않습니다. 황(滉)은 이런 소리가 들려올 때마다 귀를 가리고 듣지 않으려고 합니다. 그대도 이 병에 걸려 있을 줄이야 생각도 못했습니다.[272]

271) "寒岡鄭逑問於退溪李滉曰 曺南冥嘗以鄭圃隱出處爲疑 鄙意 圃隱一死 頗可笑 爲恭愍朝 大臣三十年 於不可則止之 義已爲可愧 又事辛禑父子 謂以禑爲王出歟 則他日放出已 亦預焉何也 十年服事 一朝 放殺 是可忍乎...又從而食其祿如是 而有後日之死 深所未曉."(《增補退溪全書》 2, 권39, 書 答鄭道 可逑問答, 대동문화연구원, 경인문화사, 1971, 291쪽)

272) "程子曰 人當於有過中 求無過 不當於無過中 求有過 以圃隱之精忠 一大節可謂經緯天地棟樑宇宙 而世之好議論 喜攻發 不樂成人之美者 嘵嘵不已 滉每欲掩耳而不聞 不意君亦有此病也."(위의 책)

라고 비판을 원천봉쇄했다. 사림파의 종장으로서 학통의 시작이요, 절의의 상징인 정몽주에 대한 비판은 듣고 싶지 않았던 것이다. 그러나 우왕과 창왕을 끝까지 배신하지 않은 대은 변안열의 정충과 비교하면 흠이 되지 않는 것은 아니다.

오히려 이색은 우왕 옹립, 사전개혁, 김저의 옥, 윤이・이초의 난 때 일관된 충절을 보였다. 이 가운데 윤이・이초의 난은 변안열이 죽은 뒤의 일이지만, 그 사건에도 변안열이 연루된 것으로 되어 있다. 상촌(象村) 신흠(申欽)이 이렇게 말하였다.

> 왕씨가 망하자 사람들이 다만 포은(圃隱), 야은(冶隱)만이 큰 절개를 이룬 것을 알고 목은(牧隱)은 알지 못하니 아까운 일이다. 태조가 건국한 뒤에 고려 조정에 일제히 무릎을 꿇었으나, 태조가 가장 두려워하고 꺼리던 사람은 유독 이색과 권근 두 사람뿐이었다.
>
> 그런데도 사람들은 이색이 공양왕이 오라면 오고 가라면 갔다고 그의 절의를 의심한다. 권근도 이색에게 세상 사람들의 이목이 있으니 개경에 드나들지 말라고 했다. 이색은 임금의 신하된 도리로 왕이 부르면 와야 하고, 죽는 한이 있어도 피하지 말아야 한다고 했다. 조선이 건국된 후 이성계가 이색을 불렀다. 이성계가 용상에서 내려와 "어리석고 어두운 나를 버리지 마십시오" 하니, 이색이 "망국대부는 살기를 도모하지 않으며, 다만 해골을 고향 산천에 장사지내고자 합니다"고 했다. 한산백(韓山伯)을 제수했으나 받지 않았다. 이색의 지지를 얻어야 민심을 수습할 수 있었기에 계속 설득한 것이다. 설득에 실패하자 1396년(태조 5) 5월 8일 벽란도에서 여흥으로 피서 간 이색을, 정도전 등이 보낸 짐독(鴆毒)을 탄 술을 먹여 죽게 했다.[273]

이로 미루어 보면, 변안열은 황산대첩, 위화도 회군까지는 친명파로서 이성계와 노선을 같이 했지만, 창왕 추대, 전제개혁, 김저의 난, 윤이·이초의 옥까지는 이색과 노선을 같이 한 것이다. 정몽주도 반이성계 세력이었다는 점에서는 변안열과 쌍벽을 이루는 충신이었으나, 우왕과 창왕에 대한 태도는 달랐다. 그리고 보면, 이성계의 가장 철저한 반대자는 변안열이었다고 할 수 있다. 그러니 이성계파들이 그를 재판도 없이 죽이고, 간신전에 편입시켜 매장시킨 것이다. 그렇다면 현재의 객관적인 입장에서 변안열을 간신이 아니라, 고려의 충신으로 재평가해야 하지 않을까?

273) 이성무, 〈이색의 절의〉(《한국일보》 2009년 11월 3일자, 〈이성무의 선비 이야기〉 7).

제2주제

# 《고려사》 편찬과 열전의 재검토

정 구 복

한국학중앙연구원 명예교수

## 1. 머리말

동양의 전근대 역사서술은 기전체(紀傳體)로 편찬되는 오랜 전통을 가졌다. 기전체의 역사서술은 중국 사마천의 《사기》(史記)에서부터 시작되어 이후 계속 발전하여 한 왕조의 역사를 편찬하는 체재로 《수서》(隋書) 이후 완전 정립되었다. 이것이 이른바 '25사'라는 중국의 정사(正史)이다. 그러나 사마천의 《사기》로부터 범엽의 《후한서》까지는 개인에 의해서 편찬이 이루어졌다. 그러나 왕조의 역사를 다음 왕조의 정부에서 주관하게 된 것은 당나라에서 사관(史館)이라는 국가기록을 담당하는 관청이 설치되어 당시 역사를 기록하는 전문 사관(史官)이라는 관직이 두어진 이후부터였다.

사관(史官)은 당시의 역사기록을 남겨 왕이 죽은 뒤에 그 왕의 실록을 편찬한다. 한 왕조가 망하면 다음 왕조에서는 앞 왕조의 역대

실록 자료 등을 가지고 앞 왕조의 역사를 기전체로 새로이 편찬한다. 그러므로 여기에는 앞 왕조의 자료를 자세히 전한다는 의미와 함께 앞 왕조가 망한 원인과 과정을 서술하면서, 현 왕조 건국의 정당성을 강조하려는 의미를 지닌다. 우리는 일반적으로 정사(正史)에 대해 오해하는 부분이 있는데, '정사'라는 말을 '올바른 역사'로 해석하는 점이다. '정사'란 원래 '국가에서 편찬한 역사'라는 뜻이다.

정사에 대칭되는 용어를 '야사'(野史)라고 하는데, 이는 개인이 편찬하거나 기술한 역사를 뜻한다. 그러므로 전근대의 야사와 오늘날의 소설가들이 역사 소재를 택하여 쓴 허구적인 문학작품을 야사라고 부르는 것과는 개념이 크게 다르다. 전근대의 야사는 허구라 볼 수 없고, 오히려 국가에 의하여 은폐되거나 조작된 내용, 또는 중요시하지 않은 내용을 충실히 전하고 있는 개인이 쓴 역사 기록을 가리킨다. 일반적인 기사라면 국가에서 편찬한 정사 자료가 신뢰성이 높다고 할 수 있다. 그러나 정치적 변혁기의 경우, 정사의 모든 기사를 신뢰할 수 없는 것은 당연하다. 이런 시기에 그 문제로 견해를 달리하는 기록이나 저술은 국가로부터 규제나 금압 조처를 받게 된다. 그래서 그 경우, 야사는 거의 전하지 않는다.

우리나라도 《삼국사기》 이후 《고려사》가 기전체로 편찬되었고, 이는 국가에서 관장한 점에서 정사라고 한다. 《고려사》 이외에 편년체로 정리된 《고려사절요》도 정사의 범주에 든다. 그런데 우리나라 왕조의 존속기간이 500년을 넘기 때문에, 정사에서 잘못 기록된 것을 바로 잡으려는 야사적인 저술은, 국가의 금압정책이나 필화에 걸려들 위험이 있어 오랜 동안 공개되지 못하고 후손들이 전하다가 없어지기 쉽다. 이런 예로, 조선 건국에 반대한 원천석의 고려 말 비사(秘史)가 있었는데, 공개되지 못하고 없어져 버렸다. 또한 조선 초기에 출간된 이색의 《목은집》도, 당시 왕조에 의하여 문제가 될 만한 기록은 출판에 앞서 삭제되었을 가능성이 있다.

오늘날 고려시대사 연구자들이 금과옥조처럼 여기는 원전 자료는 《고려사》와 《고려사절요》이다. 이들은 고려시대에 대하여 비교적 상세한 자료를 전해주고 있다. 그러나 고려 말의 정치적 기사는 승리자인 이성계의 업적과 덕성을 강조하기 위하여, 60여 년 동안 정도전 등이 편찬한 이후 4차의 개수 작업을 통해 윤색되고, 역사적 진실을 왜곡한 것이 상당히 많다. 세종대에는 〈용비어천가〉라는 노래를 지어 왕조 건국의 신비성을 강화시켰고, 이어서 대대적인 문헌 작업을 통하여 상세한 주석을 붙였는데, 여기에는 구전하는 전설과 민담까지 함께 다루었다. 이런 〈용비어천가〉의 내용이 《고려사》와 《고려사절요》에도 추가 반영되었다.

여기서 아쉬운 것은, 《고려사》와 《고려사절요》 최종본이 완성되기까지, 이전의 고려사에 관한 역사 편찬 내용이 전해지지 않아, 정치적 사건이 서술상 어떤 추이와 변화가 언제 이루어졌는가를 살필 수 없다는 점이다. 이 작업은 아마 더 이상의 문헌자료가 나타나지 않는다면 영원히 불가능하리라 여겨진다.

이 글은 특히 《고려사》 편찬 과정을 재검토하면서, 추가로 보완된 점이 무엇인지 살펴보려 한다. 그리고 일반적으로는 고려 쇠퇴의 원인을 각 지(志)의 서문에서 무신집권기로 파악하고 있으나, 열전에서도 이런 시기구분이 보이는지를 검토하고, 또 고려 말기의 열전이 조선왕조의 성립을 정당화하기 위하여 정치적 입장에서 반대편에 선 사람을 공정하게 다루지 않고 곡해 곡필한 사실을 밝히려고 한다.

그러기 위해서는 《고려사》 편찬 과정을 고찰하면서, 재편찬의 동기와 이유가 그 서문이나 《고려사》, 실록 기사 등 표면에 내건 것과는 다른, 정치적 조작이 있었음을 살펴보고자 한다. 또한 중국 정사의 열전 체재를 검토하면서 '간신'전이 언제부터 나타났는지, 간신전에는 어떤 유형의 인물이 실렸는지를 살펴보고자 한다.

그리고 고려 말의 정치적 사건에 대한 재해석, 즉, 우왕과 창왕의 비왕씨설을 비판적으로 해석하고, 이에 연루되어 간신전에 오른 변안열전의 내용을 분석하여, 과연 간신전에 오른 것이 타당한가를 검토하고자 한다. 그러나 문헌 비판을 다른 문헌을 가지고 입증하기란 현재의 상태에서는 거의 불가능하므로, 《고려사》와 《고려사절요》의 내용상 엇갈리는 문제점을 찾아 입론의 근거로 삼고자 한다. 정치적 목적으로 서술된 자료에는 어디엔가 조작한 근거를 유추할 수 있는 조그마한 문제점이라도 남아 있을 것이기 때문이다. 그런 한편, 고려왕조에서 이루어진 이성계의 업적 미화 작업도 살펴보려 한다. 이는 당시 거의 대등한 지위를 가졌던 무장 변안열의 기록을 이해하는 데 하나의 반증이 될 것이라 생각하기 때문이다.

《고려사》 열전 자료를 비교하기 위하여 편년체인 《고려사절요》를 적극 활용하고자 한다. 왜냐하면 《고려사》에서는 우왕과 창왕을 왕인데도 〈세가〉(世家)에서 다루지 않고 〈반역열전〉에 수록함으로써, 《고려사》 세가는 공민왕에서 공양왕으로 연결되어 역사의 고리가 끊어진 상태이기 때문이다. 〈반역열전〉에 실린 우왕과 창왕의 기록을 그대로 믿을 수 없다는 것은 삼척동자도 알 수 있다. 더구나 우왕과 창왕대의 기록이 열전에 수록됨으로써 연월(年月)만 기록된 자료가 태반이어서, 이 경우 《고려사절요》의 기록은 유용하게 사용될 수 있다. 더구나 열전에는 연대의 정확한 표기가 거의 생략되어 있어서, 그 연대를 확정하기 위해서는 《고려사절요》가 요긴하게 이용될 수밖에 없다.

## 2. 《고려사》 편찬의 우여곡절

현재 고려왕조사의 기본사료인 《고려사》와 《고려사절요》는 조선의 건국을 추동시킨 정도전 등에 의하여 1395년에 편찬된 후, 약 60년 동안 네 차례나 수정되었다. 그래서 재편찬의 동기와 이유를 《조선왕조실록》에 씌어진 대로 순순히 이해해서는 곤란하다. 맨 처음 편찬된 역사서는 정종과 태종, 세종이 직접 보았다. 그들은 이에 대해서 불만을 토로했다. 이는 역사서의 수정에 국가 최고의 수장인 왕의 정치적 입김이 작용했음을 뜻한다. 그런데 더욱 안타까운 사실은, 이처럼 개수(改修)된 원 역사서와 그 원본이 지금은 하나도 전하지 않는다는 점이다.

그러므로 이전의 원 역사서와 개수된 새 역사서 사이에, 어떤 서술이 어떻게 변형되었는지를 확인할 길이 없다. 새로 개수한 다음 국가에서 원 역사서를 완전 폐기해서 전해지지 않는 것인지, 아니면 원전을 보존할 필요성이 없어서 저절로 전해지지 않는 것인지 확인할 수 없다. 설령 최초본이 발견된다고 하더라도 고려 말기의 기사를 서술한 성향은 최종본인 현재의 《고려사》나 《고려사절요》와 비교하여 큰 차이가 없을 것이라고 예상된다. 왜냐하면 고려 말의 역사 왜곡은 공양왕 때 조선 건국의 주동자들에 의하여 정치적 쟁점으로 확립되었기 때문이다.

그리고 《고려사》 개수의 기본사료로 이용되었던 고려왕조의 실록[1)]이 《고려사》 편찬이 끝난 뒤 경복궁 안 춘추관에 보존되어 오다가, 1592년 4월 29일, 왕이 백성을 버리고 도망치자 성난 민중이 궁궐에 불을 지르는 바람에 불에 타버려, 귀중한 실록 자료를 구해볼 수 없게 되었다. 고려왕조의 실록이 현존하였다면 대단히 귀중한 사료로 활용될 수 있을 것이다. 이 글에서는 고려왕조의 역사에서는 '태조'라고 기록된 것을 '이성계'로 쓰겠다.

### 2.1. 편년체 《고려국사》의 편찬

조선이 건국되고 3개월 만인 10월에, 이성계는 우시중 조준(趙浚; 1346~1405), 문하부 찬성사 정도전(鄭道傳; 1342~1398), 예문관 학사 정총(鄭摠; 1358~1397)에 명하여, 고려왕조의 역사를 정리하게 하여, 태조 4년(1395) 정월에 37권의 《고려국사》(高麗國史)가 찬진되었다.[2)]

1) 이에 대하여는 정구복, 《한국중세사학사 1》, 집문당, 120~140쪽 참조.

2) 이때에 고려사 편찬에 참여한 사람은 정도전, 정총 이외에 예문관 학사 박의중

그러나 조준은 《고려국사》 편찬에 직접 참가하지 않은 듯하며, 이는 정도전과 정총에 의하여 이루어졌음은 그들을 포상한 《태조실록》의 자료로써 단정할 수 있다.

《고려국사》는 편년체로 써진 것이다. 그런데 고려왕조사의 정리를 이처럼 급히 서두른 것은, 고려사의 정리로 고려왕조의 멸망을 기정사실화하여, 아직도 정세를 관망하는 세력을 포섭하여 새 왕조의 안정적 기반을 마련하려는 정치적 목적이 우선이었다고 생각한다. 또한 여기에는 고려왕조 멸망의 당위성과 조선 건국의 당위성을 확보하기 위해, 이성계의 덕업을 과장하기도 하였으며, 그의 정치적 대립자를 비난하거나 깎아 내리기도 했다고 생각한다.

조선 건국 전에도 고려왕조의 역사를 정리하려는 일련의 작업이 개인이나 국가에 의하여 이루어졌다.[3] 이는 원나라에서 고려의 역사를 정리하여 바치라고 주문했으므로, 이에 따라 시작되었다. 왕조가 망하기도 전에 왕조사를 정리하려 하였다는 것은 특이한 현상이

(1337~1403), 병조 전서 윤소종(尹紹宗; 1345~1393)이 더 있었다. 이들은 모두 목은 이색(李穡; 1328~1396)의 문인이었다. 윤소종은 이 책을 완성하기 전에 죽었음으로 끝까지 편찬에 참여하지는 못했으나, 고려 말의 기사 서술에는 참여하였을 것으로 짐작된다.(《태조실록》 권2, 태조 1년(1392 임신/명 洪武 25년) 10월 13일(신유) 첫번째 기사 및 변태섭, 《고려사연구》, 삼영사, 1982 참조)

3) 김관의(金寬毅)가 쓴 《천추금경록》(千秋金鏡錄), 민지(閔漬; 1248~1346)와 권보(權溥; 1262~1346)가 이를 교정한 《편년통록》(編年通錄)과 《왕대종록》(王代宗錄), 원부(元傅; 1220~1287), 허공(許珙; 1233~1291), 한강(韓康; ?~1303)이 사관(史館)에서 편찬한 《고금록》, 오양우(吳良遇)가 편찬한 《국사》, 정가신(鄭可臣; ?~1298)이 편찬한 《세대편년절요》, 민지가 편찬한 《본조편년강목》, 그리고 그 증수본, 이제현(1287~1367)의 《국사》, 이인복(1308~1374))과 이색(1328~1396)이 증수한 《본조금경록》, 그리고 이승휴(1224~1301)의 《제왕운기》 등이 있었다.(정구복, 앞의 책, 83~86쪽 참조)

다. 이런 역사 정리의 바탕 위에서 고려왕조사를 정리하는 것은 그리 어려운 작업이 아니었을 것이다, 따라서 고려사 편찬의 목적은 공민왕 이후 고려 말기의 역사 정리에 중점이 두어졌을 것임은 추측하기 어렵지 않다.

《고려국사》는 고려 말의 왕조사 정리의 영향에서 벗어나지 못했다. 즉, 원나라의 간섭 아래서 고려사는 자주적인 역사 서술이 이루어지지 못하고, 제후국으로 격하된 용어를 사용하는 역사 서술이 그대로 행해졌다. 즉, 왕실의 지위가 황제국에서 제후국으로 격하된 상황이었고, 중앙 관서의 명칭도 격하 축소되었다.

당시에는 원나라 간섭 이전의 역사도 그렇게 정리하는 방식을 취하였다. 즉, 왕의 묘호를 '혜종', '정종', '광종'이라는 조종(祖宗)의 명칭을 사용하지 못하고, '혜왕', '정왕', '광왕'이라는 식으로 표현하였다. 《고려국사》는 이런 원 간섭의 시기를 벗어난 시기에 편찬된 역사서임에도, 이런 역사의식에서 벗어나지 못했다. 이렇게 된 데에는 조선왕조가 명나라를 의식한 것 때문만은 아니었다. 이에서 벗어나야 한다는 철저한 역사의식이 없었기 때문이라고 할 수 있다. 이 점이 《고려국사》를 다시 편찬하여야 하는 이유로 들고 있지만, 정종과 태종이 이 책을 보고 불만을 가졌던 것은 이 문제가 아니었다. 즉, 공민왕 이후, 좀 더 정확히 말하면, 우왕 이후의 역사 기술이 잘못되었다는 점이었다. 두 왕은, 이런 역사책은 없는 것만 못하다는 극단적 표현까지 썼다.

《고려국사》는 고려의 멸망과 조선의 건국 과정까지의 서술에 중점을 두었기 때문에, 자연히 신흥무장 이성계의 역할과 정도전, 조준, 윤소종(尹紹宗; 1345~1393) 등, 이른바 신진 사대부[4]로서 조선 건국에 적극적인 역할을 한 사람들의 기록이 강조되었을 것이다. 이는 아마도 편년체의 역사 서술에 윤소종의 긴 상소문이 여러 번 기록된 것을 보고, 윤소종이 자신의 역할을 강조한 것으로 보았을 가능성이 높다. 윤소종의 상소문 가운데 네 편이 현전하는 변안열 열전을 비롯하여 각 열전에 중요 사료로 분산 정리되어 있다. 이 책에는 고려왕조의 실록 자료를 이용했다고는 하지만, 얼마나 적극적으로 이용하였는지는 확인할 수 없다.

이 책이 편찬되자 이성계는, 정도전과 정총에게 교서를 내려 찬사를 표하고 포상하였는데, 이 글이 《태조실록》에 전한다.[5] 정도전에게는 은 한 덩어리, 정총에게는 은 50량, 둘에게 말 1필, 채단, 비단 각 1필을 상으로 내려주었다. 정총은 1397년에 사망했고, 조선 건국의 일등공신인 정도전은 이성계의 후비 강씨 소생 방간을 세자로 책봉했다는 정치적 문제로 말미암아, 다음해 이방원에 의해 남은, 심효생, 박위, 유만수 등과 함께 격살되었다. 이 사건을 이른바 '1차 왕자(방석)의 난'이라고 한다.

---

4) 이는 학계에서는 일반적으로 중소 지주층 출신의 유학자로서 성리학적 소양이 있는 학자군을 가리킨다. 이런 개념에 따르면, 조준은 권문세족이었던 재상 조인규의 증손으로, 경제적 기반으로는 중소 지주층에 해당하지 않는다. 그러나 그는 주자학의 수용에 적극적이었던 점에서 사대부층에 속한다. 그는 위화도 회군 후 이성계에 의하여 대사헌에 임용되어, 고려 말 국가경제에 큰 문제였던 사전 혁파의 논리를 전개하여 고려왕조의 기반을 뒤흔드는 데 큰 공헌을 한 사람이다.

5) 《태조실록》 권7, 태조 4년(1395 을해/명 洪武 28년) 1월 25일(경신) 참조

## 2.2. 《고려국사》의 1차 개수 작업

세종 3년(1421) 1월 30일에 유관, 변계량이 《고려국사》를 교정하여 바쳤다. 이때 개수한 것은 《세종실록》에는 간간이 사신(史臣)의 본초(本草)와 같지 않은 곳이 있고, 또 고려 왕이 '제'(制; 황제의 법령), '칙'(勅; 황제의 명령)이라고 칭하거나, '태자'(太子; 황제를 이을 계승자)를 칭한 용어가 참람하기에, 대조 교정을 하였다는 것이다.[6] 즉, 하나는 사신이 써낸 기록과 다르다는 점이고, 또 하나는 고려 왕이 황제가 쓰는 용어, 즉, 제와 칙을 사용하여 왕지(王旨), 또는 교서(敎書) 등으로 쓰지 않았고, 태자를 세자로 쓰지 않아 용어의 사용이 제후국의 명분을 어겼다는 것이었다.

그러나 이 개수 작업은 태종(1367~1422)대부터 시작되었다. 태종은 원년부터 《고려국사》를 보아왔는데,[7] 공민왕(1352~1374) 이후의 기록이 잘못되었다고 통분하였다. 또한 태종은 14년 4월 20일 영춘추관사 하륜(河崙; 1347~1416)에게 《고려국사》를 바치게 하여, 태종은 원년에 본 후 두 번째로 《고려국사》를 읽었다. 즉, 태종 14년 5월 10일 영춘추관사 하륜에게 개찬을 명했고,[8] 더 구체적인 개찬의 명령은 같은 해 8월 7일자에 내렸다. 이는 다음 [사료 1]과 [사료 2]에

---

6) 前此, 以鄭道傳所撰高麗史, 間有與史臣本草不同處, 且稱制勑, 稱太子之類, 語涉僭踰, 命柳觀, 卞季良讎校, 至是書成乃進.(《세종실록》 권11, 세종 3년 1월 계사조)

7) 《태종실록》 권1, 태종 1년(1401 신사 / 명 建文 3년) 4월 25일(계미) 두 번째 기사. "감춘추관사 하윤에게 《고려사》를 바치게 하였다."

8) 《태종실록》 권27, 태종 14년(1414) 5월 10일(임오)조.

해당하는 내용이다.[9)]

[사료 1] 영춘추관사(領春秋館事) 하륜(河崙)을 불러서 《고려사》를 개찬하라고 명하였다. 국초(國初)에 정도전(鄭道傳), 정총(鄭摠) 등에게 명하여 편찬하게 하였으나, 위조(僞朝) 이후의 기사는 자못 사실과 다른 것이 많았기 때문에 이러한 명령이 있었다. 이는 대개 하륜의 청을 따른 것이었다. 처음에 임금이 여러 신하들에게 이르기를, "내가 《고려사》 말기(末紀)를 보니, 태조의 사실이 자못 사실과 달랐다." 하니, 한상경(韓尙敬)이 대답하기를, "태조(太祖)도 또한 일찍이 그러한 말씀을 하셨습니다." 하고, (승지) 이응(李膺)이 말하였다.

"실록(實錄)은 마땅히 몇 세대 뒤에 수찬(修撰)하여야 하는데, 만약 그렇게 한다면 반드시 공론(公論)이 있을 것입니다. 신이 듣건대, 태조 때에 정도전(鄭道傳), 정총(鄭摠), 윤소종(尹紹宗)이 전조 실록(前朝實錄)을 수찬할 때 여러 사관(史官)이 모두 사초(史草)를 고쳐 써서 바쳤으나, 오로지 이행(李行)만은 그렇게 하지 않았기 때문에 수금(囚禁)되는 것을 면치 못하였습니다."

임금이 "만약 이 글과 같다면 전조(前朝)의 말년에 임금에게 직언(直言)한 자는 오직 윤소종 한 사람뿐이었고, 고을을 잘 다스린 자는 오직 정운경(鄭云敬) 한 사람뿐이었으나, 개국할 때 기밀의 일을 내가 모조리 알고 있다." 하니, 한상덕(韓尙德)이 "신이 조준(趙浚)에게 들으니, 또한 말하기를, '현릉(玄陵; 공민왕) 이후의 기사는 모두 잘못 썼다.'고 하였습니다. 대개 믿을 수 있는 역사는 후세에 보이기 위한 것이니, 전하가 아시는 바대로 개정(改正)하는 것이 어떠하겠습니까?" 하니, 임금이 "내가

9) 실록 자료의 번역문은 국사편찬위원회 《조선왕조실록》 인터넷 사이트에 올라 있는 글을 이용하였으나, 필자가 수정한 부분도 있다.

마땅히 영의정과 의논하겠다." 하였다.[《태종실록》 권27, 태종 14년 (1414) 5월 10일(임오)조]

[사료 2] 영춘추관사(領春秋館事) 하륜(河崙), 감춘추관사(監春秋館事) 남재(南在), 지춘추관사(知春秋館事) 이숙번(李叔蕃), 변계량(卞季良)에게 명하여 《고려사》를 개수하게 하였다.

임금이 말하였다. "공민왕 이후의 일은 사실이 아닌 것이 많으니, 마땅히 다시 찬정(竄定)하라."[태종실록 권28, 태종 14년 8월 7일(정미)조 기사]

[사료 3] 영춘추관사 하륜과 지관사(知館事) 한상경과 동지관사 변계량이 《고려사》를 셋으로 나누어 각자 자기 집에서 개수하였다. 하륜이 춘추관의 장무(掌務) 김원로(金元老)를 불러서 말하기를, "더운 때에 날마다 모여서 근무하는 것은 편하지 못하다. 전조(前朝)의 충정왕(忠定王) 이전의 역사를 마땅히 셋으로 나누어 그 하나는 나에게 보내고, 그 하나는 지관사의 집에 보내고, 그 하나는 동지관사의 집으로 보내면, 우리들이 나누어 보고 찬정(竄定)하겠다." 하였으나, 이 해 겨울에 하륜이 죽어 일은 마침내 이루어지지 못하였다.[《태종실록》 권31, 태종 16년 6월20일(경진)]

위의 [사료 1]에서는 정도전과 윤소종이 편찬한 《고려국사》의 잘못이 우왕 이후의 일이라고 언급했고, 그 책의 부당성을 논했다. 이를 근거로 《고려국사》가 개찬된 주요 원인은 조선 건국을 사대부의 역할을 중시하여 썼기 때문이라고 보아왔다.[10] 이는 자연히 신흥무장 이성계의 역할이 지금의 《고려사》 서술처럼 미화되어 있지 않다는 뜻이기도 하다. 위조(僞朝)는 우왕과 창왕의 역사를 말하는 것으로, 이방원이 활동하던 시기였다. 이는 하륜의 건의에 따른 것인 양 말하고 있다.[11] [사료 2]의 《태종실록》 기사에서, '《고려국사》의 잘못된 것은 공민왕 이후의 기술에 사실이 아닌 것이 많다'고 했다. 공민왕대는 이성계가 고려 왕실에서 두각을 드러내기 시작한 때이다.

또한 [사료 1]에서 우왕 · 창왕 · 공양왕의 실록 편찬에서 사관들이 사초를 고쳐내었는데, 이행(李荇)만이 그렇게 하지 않아서 구금되었다고 한 내용은, 사초를 제출하지 않았기 때문에 구금된 것으로 해석되지만,[12] 앞의 문장, '다른 사관들이 기록을 고쳐서 제출하였다'는 대목은, 어느 내용을 고쳤겠는가를 생각할 때, 고려 말 정치적 사건을 다룬 기사의 진실성이 의심스럽다고 확언할 수 있다.

[사료 3]은 개찬의 명을 받은 후, 춘추관의 고위 관료가 춘추관에 나와서 서로 함께 일하기가 불편하므로, 충정왕 이전 기사의 보완 수정을 위해 그 내용을 3분하여, 지관사 한상경, 동지관사 변계량, 그리고 영춘추관사 하륜 자신의 집으로 각각 보내어 고치도록 하라고 한 내용을 전하고 있다. 이는 개찬의 명을 받은 지 1년 8개월 만인 태종 16년 6월 20일 기사이다.

그런데 충정왕은 바로 공민왕 이전의 왕이다. 따라서 이들 세 사

10) 이기백, 《고려사해제》.

11) 《태종실록》은 서술체재는 편년체이지만 강목 형식을 취하였기 때문에, 앞에 쓴 첫 줄의 기사는 전체 기사의 제목 '강'(綱)이라고 보면 된다. '그 이전에' 또는 '처음에'로 표현된 이후의 내용은 '목'(目)에 해당하는 구체적 서술이라고 보면 된다.

12) 이행은 우왕과 창왕을 죽인 것은 이성계였다고 기록했다고 한다. 이는 실제 죽였다는 사실보다는 그 책임은 이성계에 있다는 표현으로 이해되어야 할 것이다.

료로만 해석하면, 공민왕 이후의 기사에 대한 수정은 하륜이 혼자 정리했고, 나머지 윗부분의 수정을 마감하려 한 것이라고 판단된다. 그리고 공민왕 이후 기사에 대한 수정은 이후의 개수 작업에서 논의되고 있지 않는 점이 위와 같은 판단을 하게 되는 근거이기도 하다.

하륜이 이 작업을 마치지 못하고 그해 겨울에 죽어, 완성된 책이 바쳐지지 못했다고 했다. 그런데 태종 16년 5월 25일, 하륜은 영의정에서 물러나고 남재가 영의정이 되어 영춘추관사를 당연직으로 겸직해야 하였을 것이나, 이는 국초의 기사라 정확하게 단정적으로 말할 수는 없다. 충정왕 이전의 역사를 각자 나누어 집에서 완성하자고 한 것이, 그가 영춘추관사직에서 해임되었기 때문인지도 모른다. 어떻든 하륜이 죽었기 때문에 이 개수 작업은 마치지 못했다.

1차 개수 작업은 세종대로 넘어가게 되었다. 태종은 두 차례 왕자의 난을 직접 겪었기 때문에, 왕위를 물려주고 이를 유지시키기 위한 목적으로, 자기가 죽기 4년 전 1418년에 왕위를 세종에게 물려주었다. 자신은 상왕으로서 병권과 인사에 관여하는 특수한 정치를 행하기도 했다. 태종은 왕권의 강화를 위해 사병의 혁파, 육조직계제도의 확립, 정치적 걸림돌이 된다고 생각되는 공신세력과 외척세력, 그리고 반대파 정치세력을 과감히 숙청하는 작업을 해냈다.

그러나 장자를 세자에서 파하고, 16세의 어린 셋째아들을 왕위에 앉힌 태종은 열두 왕자를 두었으므로, 자신이 행한 것과 같은 왕자의 난이 다시 일어나지 않을 것이라는 확신을 가질 수 없었다. 자기가 살아 있는 동안 왕위의 안정을 지켜보려 한 뜻이, 생전에 양위하는 결단을 내렸다고 이해된다.

세종(1397~1450; 재위 1418~1450)은 즉위한 해에, 《고려사》에서 공민왕 이후의 기사가 잘못된 것으로, 정도전이 마음대로 필삭을 가한 것은 없는 것만 같지 못하다고 혹평하고, 경연에 나아가 개수를 논의한 바 있다. 이는 아버지인 상왕 태종의 뜻을 따른 것이었다. 세종이 개수의 목적을 말한 것이 태종의 견해와 일치하기 때문이다. 세종 또한 《고려국사》를 읽어보았다. 이처럼 《고려국사》는 정종, 태종, 세종에게 이미 읽혀져, 이성계의 활동과 정치적 상황에 대한 윤색과 곡필이 가해질 수밖에 없었다.

세종은 태종 18년(1418) 8월에 즉위했다. 세종은 즉위년부터 경연에서 《고려국사》에 대한 불만을 두 번이나 강하게 토로했다. 즉, 경연에서 세종이 개수를 언급한 것은 다음과 같다. 즉위년 12월 25일 경연에서 변계량과 정초에게 "《고려국사》는 차라리 없는 것만 같지 못하다"고 했고, 원년 9월 19일에는 경연에서 윤회(尹淮; 1380~1436)에게 "사실과 맞지 않는 곳이 많으니 마땅히 개수해야겠다"라고 말했다. 세종이 이처럼 《고려국사》의 개수를 서두른 것은, 당시 상황을 직접 겪은 아버지가 살아 있을 때 이를 마치려는 뜻이 있었을 것이다.

10개월이 지난 세종 원년 9월 20일에 《고려국사》를 개수하라고 명했다. 세종은 태조 6년(1406)에 출생하였으므로, 고려 말의 사건을 직접 체험하지는 못했다. 《고려사》의 서술이 잘못되었다고 하는 그의 근거는, 주로 아버지 태종이나 주위의 신료로부터 들은 이야기에 의존했을 것이다. 즉, 세종이 이 책은 차라리 없는 것만 못하다고 한 말은, 위에서 언급한 윤소종과 정도전의 개인활동을 기록한 문제만

이 아니었음은 분명하다고 할 것이다.

고려 말의 기사를 엄청나게 수정했음을 뜻한다고 했다. 그렇다고 없는 사실을 날조해 넣었다는 뜻은 아니다. 세종은 고려 말의 정치적 변혁기에 조선을 건국하게 된 것은, 인위적인 왕조의 찬탈이 아니라 천명과 인심이 이성계에게 돌아왔다는 틀을 만들기 위해서 이성계 미화작업을 하였을 것으로 추정된다. 이를 직접 들은 변계량이 《고려사》를 개수할 때 세종의 뜻을 거슬렀다고 할 수는 없을 것이다.

세종 원년 9월 20일에는 예문관 대제학 유관(柳觀), 의정부 참찬 변계량 등에게 명하여, 정도전이 편찬한 《고려사》를 개수하게 하였다.[13] 이때의 개수는 태종이 국가의 역사 편찬과 기록을 남기는 기관인 춘추관의 책임자에게 맡기지 않고, 개인 학자를 특별히 임명한 점에서 차이를 보인다. 이는 그들이 다른 직책으로 옮기더라도 이 일을 완수해야 한다는 점에서, 이전의 태종대 개수 작업을 춘추관 관료에게 맡겼던 것과 다르다. 그리고 이는 왕의 역사의식을 쉽게 반영할 수 있는 길이었다는 점도 유의할 필요가 있다.

그리고 개수 과정에서 편찬자 두 사람과 각각 한 차례씩 경연에서 문답을 주고받았다. 한 번은 유관과 2년 2월 23일에, 또 한 번은 변계량과 2년 5월 28일에 의견을 나누었다. 여기서 세종의 관심이 지대했음과, 세종은 주자의 《자치통감강목》을 중요한 역사 편찬의 전범으로 여기고 있음을 확인할 수 있다.

13) 《세종실록》 권5, 세종 원년(1419) 9월 20일.

이렇게 하여 《고려국사》의 1차 개수본은 세종 3년(1421) 1월 3일 유관과 변계량이 교정한 《고려사》라는 이름으로 세종에게 바쳐졌다. 이를 세종은 물론 태종도 보았을 것인데, 그토록 깊은 관심을 가졌던 고려 말의 기사 수정을 어떻게 했는지에 대하여는 은밀한 내용이기 때문에 기록을 남기지 않아 확인할 길이 없다. 그러나 이 책은 이후의 고려사 정리의 대본으로 작용하였을 것이다. 이미 하륜이 공민왕 이후의 기록을 정리하였을 것이라는 추정을 한 바 있고, 1차 개수 작업에서 그토록 강조했던 공민왕 이후(또는 우왕 이후)의 역사 서술에 대해서는 전혀 언급 없이, 단지 교정 작업을 하였다는 기록을 남겼기 때문이다.

### 2.3. 《고려사》의 2차 개수 작업

세종 5년(1423) 12월 29일, 우의정 유관, 예문관 대제학 변계량, 동지춘추관사 윤회에게 명하여 《고려사》의 2차 개수를 명하여,[14] 다음해 8월 11일에 완성되어 바쳐지고, 그 서문은 윤회가 지었다. 이는 주로 원종 이전의 역사 기록을 실록과 대조하여 실록대로 기술하는 원칙을 지켰으나, 이에는 변계량의 반대의견도 있었지만 실무를 맡은 젊은 사관들이 반대하였다. 이에 변계량은 세종에게 자신의 의견

14) 《세종실록》 권22, 세종 5년 12월 29일자의 기록에는, 변계량이 개수작업의 명을 받은 것으로 기록되지 않았으나, 윤회의 서문 중에 변계량이 함께 개수의 명을 받은 것으로 기술되어 있음을 확인할 수 있다. 아마 변계량의 역사 개수의 의견이 세종과 달라서 사퇴한 것이 아닌가 추정된다.

을 다시 직접 피력했으나, 세종은 실록의 기록대로 기술하라고 명하였다. 그러나 세종의 결단에 따라 오직 '대사천하'(大赦天下)라는 표현만은 '천하'를 삭제하게 하였다.[15] 이는 단순 수정작업이기 때문에 쉽게 완성되었다. 이 개수 작업은 공민왕 이후의 기사에 대한 수정과 윤색은 더 이상 진행되지 않은 듯하다. 윤회가 지은 서문은 다음과 같다.

[사료 4] 교정하여 편찬한 《고려사》를 올렸는데, 그 서문(序文)에 쓰기를, "역사의 법은 예부터 있었다. 당(唐; 요임금 때의 국호) 나라와 우(虞; 순임금 때의 국호) 나라 적부터 이미 그러하였으니, 여러 서책을 살펴보면 가히 알 수 있을 것이다. 열국(列國)의 사관이 각기 그때의 일을 기록하여, 뒤에 편찬 기술하는 자가 상고할 수 있게 되었다. 저 한 고조 같은 이는 관중에 들어가면서 소하(蕭何)를 시켜서 진(秦)나라의 문적(文籍)을 수집하게 하였고, 당나라 태종은 위에 오르자 위징(魏徵)을 명하여 《수서》(隋書)를 편찬하게 하였으니, 전 세상의 쇠하고 흥한 연고를 거울삼아 뒷 임금의 착하고 악한 것을 본받고 반성하게 함이니, 이른바 '나라는 가히 멸망시켜도 역사는 멸망시킬 수 없다'는 것이 어찌 참말이 아닌가? 공경히 생각하면 우리 태조께서 개국한 처음에 즉시로 봉화백(奉化伯) 정도전(鄭道傳)과 서원군(西原君) 정총(鄭摠)에게 명하여 《고려국사》를 편찬하게 하시니, 이에 각 왕의 《실록》과 검교시중(檢校侍中) 문인공(文仁公) 민지(閔漬)의 《강목》(綱目)과 시중 문충공(文忠公)

15) 우리나라를 '천하'라고 칭하는 것은 고대적 유습이었다. 조선시대에는 우리나라를 '천하'라고 칭한 학자는 전혀 보이지 않는다. 그러나 고대적 관념은 민속으로 전하여 오늘날 씨름대회에 '천하장사씨름대회"라는 명칭으로 현재까지 전하고 있다.

이제현(李齊賢)의 《사략》(史略)과 시중 문정공(文靖公) 이색(李穡)의 《금경록》(金鏡錄)을 채집하여 모아서 편집하여, 좌씨(左氏)의 편년체를 본떠 3년 만에 37권이 성취되었으나, 살펴보건대, 그 역사가 잘못된 것이 꽤 많았으니 범례(凡例) 같은 데에 있어 원종(元宗) 이상은 일이 많이 참람되었다 하여 간간이 추후로 개정한 것이 있었더니, 우리 주상 전하께서 총명하고 학문을 좋아하여 고전과 서적에 뜻을 두셨으므로, 이에 우의정 신(臣) 유관(柳觀)과 예문학 대제학 신 변계량과 신 윤회 등에게 명하여 '거듭 교정하고 개정하여 그 잘못된 것을 바르게 하라!' 하시니, 영락 21년 11월 28일에 신 관(觀)이 말씀을 올리기를, '전조(前朝)에 태조로부터 내려오면서 모두 종(宗)이라 칭한 것은 참람한 일이었으나, 혜종(惠宗), 정종(定宗)이 모두 묘호(廟號)였는데, 이제 새 역사에는 혜왕이라 정왕이라 개칭(改稱)하여 묘호로써 시호(諡號)인 것처럼 만들어 진실을 잃은 것 같사오니, 실록에 따라 태조는 신성왕(神聖王)이라 하고, 혜종은 의공왕(義恭王)이라 하고, 정종 이하도 모두 본래의 시호를 쓰게 하면 거의 사실(事實)을 속이지 않는 것이라 하겠나이다.' 하였더니, 이 날에 신 회(淮)가 경연(經筵)에 입시하였을 때에 친히 옥음(玉音)을 받자오니, 말씀하기를, '공자의 《춘추》(春秋)는 제왕과 같은 권세에 의탁하여 임금의 법을 이루려고 하였던 까닭으로, 오(吳), 초(楚)에서 참람하여 왕이라 칭한 것을 깎아서 자(子)라 하였고, 성풍(成風)을 봉(賵)으로 장사하게 한 것에는 왕을 말할 때 천왕이라 하지 아니하였으니, 붓으로 깎아내리고 빼앗는 것은 성인의 마음에서 재정(裁定)하였으나, 좌씨(左氏)가 전(傳)을 짓는데 이르러서는 오나라·초나라와 월나라에 한결같이 왕이라 자칭(自稱)한 것을 좇아 왕이라고 써서 일찍이 고친 것이 없었고, 주자(朱子)의 《통감강목》(通鑑綱目) 같은 데에 이르러서는, 비록 말하기는 《춘추》의 서법(書法)을 본받았다고 하나, 그 분주(分註)에는 참람하고 거짓

된 나라에서 도적질하여 표절(剽竊)한 명호(名號)라도 모두 그 사실대로 좇아 기록하였으니, 어찌 기사(記事)의 범례가 그렇게 하지 않을 수 없었던가 한다. 이제 붓을 잡은 자가 붓으로 깎는 성인(聖人)의 본뜻을 엿보아 알지 못하였은즉, 다만 마땅히 사실에 의거하여 그대로 쓰면, 칭찬하고 깎아내린 것이 자연히 나타나 족히 후세에 믿음을 얻을 수 있는 것이니, 반드시 전대(前代)의 임금을 위하여 그 사실을 엄폐하려고 경솔히 고쳐 그 진실을 잃게 할 수 없을지니, 그 종(宗)이라 한 것을 왕으로 고치는 등 가히 실록에 따라 묘호와 시호의 사실을 없애지 말라. 범례를 고친 것은 이것으로 표준을 삼으라.' 하시니, 신 등이 공경하여 명철하신 명령을 받고 드디어 원종(元宗) 이상의 실록을 가지고 새 역사와 비교하여 종(宗)을 고쳐서 왕(王)이라 함과, 절일(節日)을 생일(生日)이라 함, 조서(詔書)를 교서(教書)라 함, 사(赦)를 유(宥)라 함, 태후(太后)를 태비(太妃)라 씀, 태자를 세자라 쓴 것 같은 유(類)는 다시 당시의 실록 옛 문구를 좇아 바로 잡았으니, 편찬하기를 이미 끝내매, 사적(事跡)이 대강 완전하여 책을 펴면 권(勸)하고 징계하는 것이 분명하게 여기에 있는지라, 신은 그윽이 생각하건대, 사마자장(司馬子長)이 세상을 덮는 기개로 석실(石室)의 글을 뒤져서 《사기》(史記) 130편을 편찬하였는데, 누를 것은 누르고, 높일 것은 높이고, 버리고 취하여 스스로 일가(一家)를 이루었으나, 반드시 저소손(褚少孫)이 그 빠진 것을 첨부하고, 사마정(司馬貞)이 그 잘못된 것을 구(救)해 준 뒤에 그 역사가 완비되었으니, 자장(子長)도 오히려 그러하거든, 하물며 그 아래 되는 자로서 어찌 깎아 바르게 하고 잘못을 고칠 자에게 기대함이 없겠는가. 역사를 짓는 것의 어려움과 교열하고 교정하지 않을 수 없는 것이 이와 같으니, 전하의 생각하심이 깊으신지라, 면대하여 명령하심은 어의의 독단에서 나왔으니, 명백하고 정대(正大)함이 보통 천박한 소견으로는 그 가[涯]와 끝을 측량하지 못할 것이라. 삼가 머리를 조아리고 붓을 들어 글로 써서 책머리에 실어서, 뒤의 군자로서 이것을 읽는 자에게 고하노니 마땅히 신중하게 생각하라." 하였으니, 동지춘추관사(同知春秋館事) 윤회(尹淮)가 지은 것이다.[세종실록 권25, 6년(1424) 갑진 8월 11일(계축)]

《세종실록》에는 윤회의 서문이 지어지기까지의 과정이 전년 세종 5년 12월 29일자 실록 기사로 실려 다소 혼동감을 주고 있으나, 그 자초지종이 상세히 실려 있다.

[사료 5] 세종 5년 12월 29일에 《고려국사》를 재개수하게 함.

지관사(知館事) 유관(柳觀)[16]과 동지관사(同知館事) 윤회(尹淮)에게 명하여 《고려사》를 개수하게 하였다. 그 이전에 정도전(鄭道傳), 정총(鄭摠) 등이 전조(前朝) 의 역사를 편수함에 있어, 이색(李穡), 이인복(李仁復)이 저술한 《금경록》(金鏡錄)을 근거로 하여 37권을 편찬하였더니, 정도전이 말하기를,

"원왕(元王) 이하는 참람하게 쓴 것이 많다 하여, 즉 '종'(宗)이라고 일컬은 것을 '왕'이라 쓰고, '절일'(節日)이라고 호칭한 것을 '생일'(生日)이라 썼으며, '짐'(朕)은 '나'[予]로 쓰고, '조'(詔)를 '교'(敎)라 썼으니, 고친 것이 많아서 그 실상이 인멸된 것이 있고, 또 운경(云敬)은 도전의 부친으로, 별다른 재능과 덕행도 없었는데도 전(傳)을 지어 드러내고, 정몽주(鄭夢周), 김진양(金震陽)은 충신(忠臣)인 것을 가차 없이 깎고 몰았으며, 오직 자기의 일은 비록 작은 것이라도 반드시 기록하여, 그 옳고 그른

16) 그의 아들이 관찰사로 나가 자기 아버지의 이름자를 쓰게 되었기에, 상소하여 '관'(寬)으로 개명하게 되었다.

것을 정한 것이 '그네들이' 좋아하고 미워하는 데서 나왔고, 착하다고 한 것과 악하다고 한 것이 올바르지 않아 옛 역사를 그르쳐 놓았다."

진산군(晉山君) 하륜(河崙)이 이르기를,

"도전의 마음씨 바르지 못함이 이와 같이 극심한 지경에 이르렀다."
하고, 조정에 건의하기를,

"옛날 역사를 상고하여 거기에 붙여 쓸 것은 더 써넣고, 없앨 것은 삭제하여야 한다."
고 하더니, 그만 이것을 마치지 못하고 죽었다.

(**1) 무술년(세종 즉위년)에 임금이 유관과 변계량에게 명하여 교정(校正)을 가하도록 하니, 유관이 주자(朱子) 강목(綱目)을 모방하여 편집하려고 하였으나, 계량이 말하기를,

"《여사》(麗史)가 이미 이인복과 이색과 정도전의 손을 거쳤으니 경솔히 고칠 수는 없다."
하여, 그 편수함에 미쳐서는 옛 그것을 그대로 두었다.

즉, '태자(太子)의 태부(太傅), 소부(少傅), 첨사(僉事)'를 세자(世子)의 태부·소부·첨사로 하고, '태자비'(太子妃)를 '세자빈'(世子嬪)으로 하며, '제·칙'(制則)을 '교'(敎)로 하며, '사'(赦)를 '유'(宥)로 하고, '주'(奏)를 '계'(啓)로 하였고, 아직 '지주'(知奏)는 고치지 않았으나, 자못 당시의 사실을 잃었다.

(**2) 사관(史官) 이선제(李先齊), 양봉래(梁鳳來), 정사(鄭賜), 강신(康愼), 배인(裵寅), 김장(金張) 등이 계량에게 말하였다.

"'태자 태부'(太子太傅) 등의 칭호는 당시의 관제(官制)요, 제(制), 칙(勅), 조(詔), 사(赦)도 당시에 호칭하던 바요, 비록 명분(名分)을 바로잡는다고는 말하지만, 《춘추》(春秋)에 교제(郊禘)와 대우(大雩)를 같이 전하여 '그 후세의' 감계(鑑戒)가 되게 하였으니, 어찌 이를 고쳐서 그 실상

을 인멸되게 하겠소."

변계량이 그렇지 않다 하여, 도리어 이 뜻을 윤회에게 말하여 임금에게 아뢰게 하였다. 이에 임금이 말하였다.

"공자(孔子)의 《춘추》(春秋) 같은 것은 제왕의 권한을 의탁하여 왕의 법을 이루었기 때문에, 오(吳)나라와 초(楚)나라가 참람하게 '왕(王)'으로 일컬은 것은 깎아내려서 '자'(子)라고 썼고, 성풍(成風)의 장사에 천자로서 과람한 부의를 했다 하여, '왕'이라 이르고 '천왕'이라 일컫지 않았으니, 이와 같이 취할 것은 취하고, 삭제할 것은 삭제하며, 빼앗고 주는 것이 성인의 심중의 재량으로부터 나왔는데, 좌씨(左氏)가 전(傳)을 지음에 이르러서는, 형(荊) 나라와 오(吳)나라와 어월(於越; 춘추시대의 월나라) 나라의 경우 한결같이 자기들이 호칭대로 좇아, '왕'이라 쓰고 일찍이 고치지 않았으며, 《주자강목》 같은 것도 비록 춘추의 필법[書法]을 본받았다 하나, 그 주에는 참람하게 반역한 나라가 명칭을 도절(盜竊)한 것도 또한 그 사실에 인하여 그대로 기록하였으니, 그 기사(記事)의 규례상 그렇게 하지 않을 수 없던 것이리라. 오늘 사필(史筆)을 잡는 자가 이에 성인이 취하고 버리신 본지를 엿보지 못할 바엔, 다만 마땅히 사실에 의거하여 바르게 기록하면, 찬미하고 비난할 것이 스스로 나타나서 족히 후세에 전하고 신빙할 수 있을 것이니, 반드시 전대(前代)의 임금을 위하여 그 과실을 엄폐하려고 경솔히 후일에 와서 고쳐서 그 사실을 인멸케 할 것은 없는 것이다. 그 '종'을 고쳐서 '왕'으로 일컬을 것도 사실에 좇아 기록할 것이며, 묘호·시호도 그 사실을 인멸하지 말고, 범례(凡例)도 이에 준하여 고쳐야 할 것이다." 하였다.

이에 계량이 대궐에 나아가서 아뢰었다.

"도전(道傳)이 참람히 쓴 것을 고쳤사오나, 도전 때에 와서 비로소 고친 것이 아닙니다. 익재(益齋) 이제현(李齊賢)과 한산군(韓山君) 이색(李

禧)이 종으로 일컬은 것을 왕으로 썼고, 또 주자(朱子)가 강목을 지을 때에, 측천황후(則天皇后)의 연호를 쓰지 않고서 당(唐) 2년, 3년으로 썼기에, 신도 또한 위로 주자의 필법을 본받고, 아래로 도전의 뜻을 본받아, 무릇 참람하게 칭한 일은, 이미 고치지 않은 것까지도 고쳤습니다. 또 이미 고친 바 있는 참람된 일을 다시 쓴다면, 지금의 사관들이 반드시 그렇게 쓸 것이니, 사실을 '그대로 쓴다는 것'은 신의 생각으로는 타당하지 않은 것으로 압니다."

이에 임금이 말하였다.

"경의 말에는 내 능히 의혹을 풀지 못하겠다. 주자의 《강목》은 이 책과는 다르다. 《주자강목》은 명분을 바로잡고 사실을 상세히 기록하여, 만대의 아래에서도 일성(日星)과 같이 환히 밝은 것이 있으나, 이 글에는 대강(大綱)과 세목(細目)의 구분이 없는데, 그대로 쓰지 않는다면 후세에 무엇으로 연유하여 그 사실을 보고 알겠는가. 경이 또 말하기를, '익재가 처음에 시작한 일이라.'고 하니, 내 비록 굳이 옳고 그른 것을 말하지 않겠으나, 옛사람이 이르기를, '앞사람의 과실을 뒷사람이 쉽게 안다.'고 하였거니와, 경이 말한바 '지금의 사관이 그것을 보고서 그대로 쓸 것'이라는 것은, 즉, 사실 그대로 쓴다는 말이니, 사관이 직서하는 것이 무엇이 해롭겠는가."

드디어 유관과 윤회에게 명하여, 도전이 고친 것까지도 아울러 모두 구문(舊文: 실록 자료)을 따르도록 하였다. 이에 유관이 다음의 글을 올렸다.

"삼가 상고하오니, 한나라와 당나라 · 송나라의 제도에 있어, 서한(西漢) 시대에는 태조 고황제(太祖高皇帝)와 태종 효문 황제(太宗孝文皇帝)와 세종 효무 황제(世宗孝武皇帝)와 중종 효선 황제(中宗孝宣皇帝)만 종의 존호를 올렸고, 그 나머지 황제는 모두 '종'으로 일컫지 않았으며, 동한(東漢)에서는 세조 광무 황제(世祖光武皇帝)와 현종 효명 황제(顯宗孝明皇帝)와 숙종 효장 황제(肅宗孝章皇帝)와 목종 효화 황제(穆宗孝和皇帝) 이외에는 또한 '종'으로 칭호하지 않았으며, 당나라에서는 고조(高祖) 이하를 모두 '종'으로 칭호하였고, 송나라에서는 태조 이하 또한 모두 '종'으로 칭호하였습니다. 전조(前朝)에서 이것을 본받아 태조로부터 내려오면서 또한 모두 '종'으로 칭호하였으니, 이는 참람한 일입니다. 그러나, 혜종(惠宗), 정종(定宗)은 모두 묘호이므로, 이번에 혜왕(惠王), 정왕(定王)으로 칭호를 고쳤습니다. 묘효로써 시호[謚]를 삼는 것은 그 진실을 잃는 것 같아서, 전조사(前朝史)의 시말(始末)을 상세히 상고하오니, 태조의 시호는 신성대왕(神聖大王)이요, 혜종의 시호는 의공대왕(義恭大王)이었으며, 정종 이하도 모두 시호가 있었습니다. 재위(在位)의 끝나는 해에 이르러서는, 왕이 아무 전에서 훙(薨)하다 하고, 시호를 올리기를 아무 왕이라 하고, 아무 능(陵)에 장사하고, 묘호는 아무 종(宗)이라 하였던 것입니다. 그러다가 고종에 이르러서 원나라 조정에서 추후해서 충헌왕(忠憲王)이라 시호하였고, 원종(元宗)도 추후해서 충경왕(忠敬王)이라 시호하였으며, 충렬왕(忠烈王)으로부터 그 이하는 모두 원나라 조정의 시호를 받은 것이오니, 비옵건대, 전조사에 있어 태조를 신성왕이라 고치고, 혜종을 고쳐서 의공왕이라 하며, 정종 이하는 모두 본래의 시호로써 아무 왕으로 칭호하면, 거의 사실을 속이는 것이 되지 않을 것이오니, 엎디어 바라건대, 하감(下鑑)하시고 재량 선택하소서." 하였다.

임금이 또 윤회에게 명하기를,

"전조사에 천변(天變)과 지괴(地怪)를 다 기록하지 않은 것은 다시 실록을 상고하여 다 싣도록 하라!" 하였다.

윤회가 사관들로 하여금 초출하여 등사하게 하고, 윤회가 경연에서

강의를 마친 뒤에, 천변 · 지괴의 단자(單子)와 지관사(知館事) 유관이 올린 (앞의) 글을 다 읽어 드렸다.

이에 임금이 말하였다.

"이와 같은 미소(微小)한 별(星)의 변동은 기록할 것이 못 된다. 고려실록에 기록되어 있는 천변과 지괴를 정사(正史)에 기록하지 않은 것은, 전례에 의하여 다시 첨가하여 기록하지 말고, 또 그 군왕의 시호는 아울러 실록에 의하여 태조 신성왕, 혜종 의공왕이라 하고, 묘호와 시호도 그 사실을 인멸하지 말 것이며, 그 태후 · 태자와 관제(官制)도 또한 모름지기 고치지 말고, 오직 대사천하(大赦天下)라고 한 곳에는 천하 두 글자만 고칠 것이요, 또한 천하를 경내로 고칠 필요는 없는 것이다."라고 하였다.[(세종실록 권22, 세종 5년(1423) 12월 29일(병자)]

위의 [사료 5]는 지금까지의 《고려사》 편찬과정에 대한 전반적인 과정을 개술하고 있다. 정도전의 《고려국사》 편찬과정과 태종대의 하륜 등의 개찬에 대한 설명, 그리고 세종대의 1차 개수 과정(**1 내용)과 2차 개수 과정(**2), 그리고 세종의 최종 서술방침을 보여주고 있다.

여기서 변계량은 1차 수정 작업에서 원종 이전의 역사 서술에서 참람한 칭호를 고쳤음을 보여주고 있으며, 이에 젊은 사관들이 사실대로 기술하여야 한다는 주장이 2차 개수의 발단이 되었음을 확인할 수 있다. 그래서 변계량은 자기의 뜻을 윤회를 통하여 세종에게 알렸으나, 세종이 반대를 하자 그는 직접 세종을 만나 자기의 주장을 말하였는바, 하나는 주자의 《강목》과 《춘추》의 예를 들었고, 다른 하나는 정도전이 시작한 것이 아니라 이제현의 서술에서 비롯된 것이라는 것을 근거로 내세웠다.

그러나 세종은 《춘추》와 주자의 《자치통감강목》을 예로 들어 반박하여 이를 받아들이지 않았다. 이에 변계량은 이후의 2차 개수 작업에는 참여하지 않았다고 생각된다. 그리고 유관은 중간적인 입장을 취하여 시호와 묘호를 구분해 쓰자는 주장을 하였는데, 세종의 결단에 따라서 '태조신성대왕' 등으로 묘호와 시호를 함께 쓸 것을 명하였다.

그리고 '대사천하'라는 용어에는 한 발 물러나 '천하'라는 용어의 사용을 삭제토록 하고, '천하'를 '경내'로 바꾸지는 말라고 했으나, 현재 《고려사》와 《고려사절요》에는 '대사경내'(大赦境內)라는 용어가 보이고, '대사천하'라는 표현은 삭제되어 보이지 않는다. 이를 들어 세종의 역사 서술에서 '직서주의'(直書主義)라고 칭한다. 그러나 고찰한 대로 세종의 직서주의는 정치적 이해관계가 없는 고려 전기의 역사 서술에도 한계가 있음을 확인할 수 있다.

따라서 고려 말의 정치 기사에도 직서주의를 일관되게 강조했다고 보기에는 약간의 의문이 든다. 왜냐하면 세종은 역사의 교훈적 측면의 실용성을 강조한 점에서 직서주의는 제한적일 수밖에 없다. 그리고 윤회의 이 개수 작업은, 세종이 변계량의 강청을 어기지 못해 우선은 윤회의 서문을 쓰지 않고 변계량의 말에 따르도록 하라고 했다.

[사료 6] 경연에 나아가 맹사성(孟思誠)에게 이르기를,

"변계량이 연전에 청하기를, '《고려사》를 정도전이 편수한 전례에 따

라, 모든 참의(僭擬)한 이름은 모두 고치고 피하여 쓰자.'고 하므로, 내가 말하기를, '도전이 이미 편수한 글에도 기성의 사실은 고치지 않았는데, 고쳐 편수하지 않은 글까지 굳이 추후로 고쳐야 하겠는가. 역사의 기록은 반드시 바른 대로 써야만 하는 것이니, 어찌 숨겨[諱] 써서 그 일을 민멸(泯滅)시킬 수 있겠는가.' 하였더니, 우의정 유관(柳觀)과 제학(提學) 윤회도 또한 바른 대로 쓰는 것이 좋다고 하였다. 그런 까닭에 일찍이 윤회에게 명령하여 서문(序文)을 다시 지으라고 하였더니, 이제 계량이 이렇게 강청하고, 참찬(參贊) 탁신(卓愼)의 논의도 또한 계량과 같으니, 내가 어찌 반드시 말리겠는가. 또 나의 말한 바를 지금의 사관(史官)이 어찌 모두 기록하지 않겠는가. 윤회가 지은 서문은 쓰지 않고, 우선 계량의 말에 좇도록 하겠다."[세종실록 권30, 세종 7년 12월 7일(임신)]

세종의 직서주의는 세종 12년에 변계량이 죽음으로써 그의 완강한 반대의견을 피할 수 있었다. 그리고 세종은 항상 《고려사》의 소략함에 불만을 표하고, 고려 말의 인물들, 길재, 최영, 이색, 이숭인, 정몽주에 지대한 관심을 가지고, 경연에서 신료들에게 묻고 대화를 나누었다.[17]

### 2.4. 《고려사》 3차 수정 보완작업

세종은 왕 2년(1420)에 집현전을 설치하여 젊은 학자로 하여금 학문을 연구하게 하였고, 그 후 집현전 학사를 10명에서 36명에 이를

---

17) 《세종실록》 권50, 세종 12년 11월 23일 경연 기사 참조.

정도로 확대했고, 그들에게 전문 영역을 연구하게 하여 중국의 역사와 문화를 깊이 연구하게 하였다. 세종의 역사 인식과 이해는 집현전 학자들과의 연구 및 경연을 통해서 증진되어 갔다.

세종은 경연에서 경학과 사학을 다음과 같이 말하였다.

> 경학(經學)과 사학(史學)은 체(體)와 용(用)으로서 서로 보조적이기 때문에 어느 한쪽을 경시할 수 없다. 지금 학자는 혹 경전 연구에 집중하여 사학을 공부하지 않는다.[18)]

이 내용에서, 세종이 집중을 위해서 하나의 경전, 하나의 역사서만 깊이 있게 공부하도록 한 폐단을 수정하려는 뜻이 있었다고 생각한다. 그러나 여기서 주목하고 싶은 것은 그의 '경사체용론'(經史體用論)이다. 이는 경학 또는 경서는 근본 원리를 말한 본체(本體)이고, 역사는 경전의 원리가 실제로 어떻게 구현되었는가를 보여주는 실용(實用)의 학문으로 이해하였다는 점이다. 세종은 어느 것 하나 소홀히 할 수 없다고 보았다. 그는 경전으로는 《사서오경》, 《주자대전》을 깊이 있게 연구하였고, 이를 예제(禮制)에 적용하면서 고금의 제도를 함께 연구한 것도 체용론으로 해석할 수 있다.

역사서로서 우리나라만의 역사가 아니라 중국의 역사문헌을 상세하게 총정리하여 《치평요람》(治平要覽)을 편찬했고, 《자치통감 훈의본(訓義本)》을 열심히 만들어냈다. 우리나라 역사서와 중국의 역사서를 연구한 학자들로서는 우리 역사의 소략함을 통감하였을 것

18) 《세종실록》 권83, 세종 20년 12월 을축조.

이다. 이에 세종은 우리 역사에 대한 철저한 내용의 보완을 요구했다. 그는 당시의 역사서로서 실록을 상세히 만드는 것에 실질적으로 영향을 주었다. 그리고 실록을 자손만대에 영원히 전해주기 위하여 2부를 작성하던 데서, 4부를 인쇄하여 중앙과 지방의 사고에 보존하게 하였다. 그 결과 임진왜란 때 전주사고본이 유일하게 가까스로 구제되어 현전하게 되었다.

그뿐만 아니라, 세종은 훈민정음을 만들어, 이를 가지고 〈용비어천가〉를 지었고, 이에 대한 상세한 주석을 붙이게 하였다. 〈용비어천가〉는 자기의 직계인 태종, 태조, 환조 도조, 익조, 목조에 이르는 여섯 선조의 업적을 칭송하는 노래를 지어, 후대 임금에게 선조가 건국한 어려움과 백성을 존중하는 정신을 잊지 말고, 게으르거나 방탕하지 말아 왕조를 오래토록 지속하라는 뜻을 당부하였다.[19] 그리고 이를 종묘의 음악으로 사용하게 하였다. 이는 마치 고려 태조의 〈훈요십조〉나 〈계백료서〉와 같은 성격이라 할 수 있다.

그래서 세종 18년(1436)에 신개와 권제에게 《고려사》의 3차 개수를 명하였다.[20] 세종 24년 8월 12일에 감춘추관사 신개, 지춘추관사 권제는 이 일을 끝내고 그 결과를 세종에게 바쳤다. 이 작업은 주로 안지와 남수문이 편찬했으나, 상위직인 권제가 수정을 했다. 권제는

---

19) 정구복, 〈용비어천가에 나타난 역사의식〉, 《한국사학사학보》 1, 한국사학사학회, 2000 참조.

20) 신개의 졸기에는 세종 18년에 《고려사》 수찬의 명을 받았다고 했고, 권제의 졸기에는 세종 19년에 편찬의 명을 받았다고 써서, 그 시작에 1년의 차이를 보이나, 이는 졸기를 쓴 사관의 착오로 판단된다. 18년에 개찬의 명을 받은 것으로 확인된다.

수사에 공정하지 못하다는 죄목으로 안지와 함께 처형되었다. 안지와 남수문은 관직이 삭탈되었다가 문종 2년 4월 11일과 단종 때에 고신이 되돌려주어 면죄 처리 되었다.

이 작업이 진행되기 전부터 세종은 역사 편찬의 체재에 대하여 지대한 관심을 가지고 숙고했다. 즉, 세종 14년 8월 12일에 왕은 2차 개정된 수정본을 읽고 춘추관에 명하여 "강목[21]보다는 편년의 필법으로 이를 수찬(修撰)하여, 차라리 번거로운 데에 흠점이 있더라도 소략하여 사실을 빠뜨리지 말게 하라" 하였다. 여기서 세종의 문헌 기록을 중시한 견해를 파악할 수 있다.

또한 세종 20년(1438) 3월 21일에는 승지 허후(許詡; ?~1453)가 시강에 참가했다가 기전체로 《고려사》를 편찬할 것을 진언하였으나, 편찬 담당자인 권제가 소극적인 반응을 보여 실현되지 못하였다. 허후는 중국의 편년체와 기전체 두 가지 기본 역사기술의 체재를 언급하고, 중국 정사인 기전체로 편찬할 것을 건의하였으나, 권제는 자료의 소략을 들어 이루기 어렵다고 반대하였다. 허후가 역사에 대한 깊은 이해를 지녔음을 확인할 수 있다.

또한 세종 20년 7월 8일에는 춘추관에서, 지난날 정도전이 우왕과 창왕의 이름을 써서 '우', '창'이라 한 칭호를 '폐왕 우', '폐왕 창'으로 쓰고, 기사에서는 당시에 사용했던 대로 '왕', 또는 '상'으로 기

21) '강목'이라 함은 줄거리, 요점, 즉, 제목을 큰 글자로 쓴 것을 '강'(綱)이라고 하고, 내용을 작은 글씨로 쓴 것을 '목'(目)이라고 한다. 그러나 강목은 편년체의 한 방식이다. 그래서 '강목체'라고 함은 잘못이고, '강목 형식'이라고 해야 올바른 표현이다.

술할 것을 건의하여 승낙을 받았다. 이는 우왕이 공민왕으로부터 아들로 인정을 받았으며, 원나라 황제의 승인을 받았다는 점과, 그런 선례를 중국사의 《자치통감》과 《강목》에서 근거로 제시하였기 때문이다. 그리고 세종은 《고려사》 개찬에 참여하고 있는 이선제(李先齊)에게 고려 왕실의 용손설을 갖추어 써 바치도록 명했다. 이때 참여한 사관의 이름을 모두 다 확인할 수는 없으나, 전문 사관으로는 안지 이외에, 이선제·남수문·신석조·정창손 등의 이름이 더 확인되며, 주로 안지와 남수문이 실무 작업을 하였음을 확인할 수 있다.[22)]

이 개수 작업도 빠진 사실이 있어 소략하다는 평을 받았고, 세종 28년 10월 11일에 왕은 집현전 관원인 이계전과 어효첨에게 "요나라에서 고려의 태자(세자)에게 관복인 면복(冕服)을 내려준 기사가 빠졌다고 지적하고, 〈용비어천가〉에 나오는 도조와 환조와 태조의 일화를 추가해 넣으라"고 해서 다시 《고려사》 개찬 문제가 세종 31년부터 논의되었고, 이 책은 또한 권제의 편당적인 서술이 있다고 해서 문제가 되기도 했다. 처음에는 교정의 수준을 통해서 추가 보완하려고 하였다. 이 책은 권제·안지의 편찬이라는 기록도 보인다.[23)] 권제는 남의 청탁을 받고 사료를 고쳐 쓰고, 자신의 가문에 대하여는 지나치게 수식을 했다고 하여, 그 자손의 서용을 금지하는 처벌을 받았다.

그러나 이 책은 《고려사 전문(全文)》으로 칭해졌다는 점으로 보

22) 《세종실록》 권123, 세종 31년 2월 22일(계유)조.
23) 《세종실록》 권123, 세종 31년 2월 1일(임자)조.

아, 내용의 상세성이 크게 갖추어진 편년체였음을 확인할 수 있다. 이를 양성지가 후일 인쇄할 것을 주장한 점으로 보아, 《고려사절요》보다 상세한 편년체 역사서였음을 짐작할 수 있다.

### 2.5. 《고려사》 4차 개수작업

세종 31년(1449) 1월 28일에는 집현전의 정창손을 불러 《고려사》의 개수를 논의하고, 춘추관에 문서로 개수를 명하여 드디어 우찬성 김종서, 이조판서 정인지, 호조참판 이선제와 정창손에게 감독하기를 명하였다.[24)]

김종서는 세종 31년(1449) 2월 1일자로 의정부 우찬성 지춘추관사 겸 판병조사(知春秋館事兼判兵曹事)로 승진했다. 2월 5일에는 사관들의 주장으로 동궁을 움직여 기전체의 《고려사》 편찬 방침을 승낙받았다.

[사료 7] 춘추관에서 《고려사》를 고쳐 편찬하기를 논의하였는데, 의논이 일치하지 아니하였다. 사관(史官) 신석조(辛碩祖), 최항(崔恒), 박팽년(朴彭年), 이석형(李石亨), 김예몽(金禮蒙), 하위지(河緯地), 양성지(梁誠之), 유성원(柳誠源), 이효장(李孝長), 이문형(李文炯) 등은 의논하기를,

"역사를 짓는 체(體)는 반드시 기(紀), 전(傳), 표(表), 지(志) 등이 있어서, 사적(事跡)을 갖추어 실어 각각 조리가 관통(貫通)됨이 있어야 하니,

24) 《세종실록》 권123, 세종 31년 1월 28일(기유)조.

사마천(司馬遷), 반고(班固) 이후로 모두 이 체를 이어받아서, 고치는 이가 없고, 편년법(編年法)은 본사(本史)를 정리하여 보기 편리하도록 하는 것입니다. 이제 본사를 짓지 아니하고 곧 편년에다 갖추 싣고자 하니, 서술하기가 심히 어렵고, 따로 세계(世系)와 지리(地理)가 있으니, 쓸데없이 덧붙임이 심하며, 또 범례(凡例) 안에 조회, 제사, 가구 경행(街衢經行), 춘추 장경도량(春秋藏經道場), 생신 수하(生辰受賀), 왕자 탄생, 사교 예물(賜敎禮物), 인일 반록(人日頒祿), 연향 중국 사신(燕享中國使臣) 등과 같은 것은 모두 예삿일이라 하여, 약(略)하여 쓰지 아니하고, 다만 처음 나타나는 것만 썼으니, 만약 본사(本史)가 있고 편년(編年)을 짓는다면 가하거니와, 이제 본사가 없는데 이처럼 요약(要略)하면 자못 사체(史體)를 잃은 것이오니, 원컨대, 역대 사가(史家)의 구례(舊例)에 의하여 기·전·표·지 등에 빠짐없이 갖추어 쓴 뒤, 이에 편년으로 다시 깎고 보태어 따로 한 책을 만들어서, 본사(本史)와 아울러 전하게 하면, 옛 사람의 역사를 닦는 제도에 거의 합할 것입니다. 어떤 이는 말하기를, '고려의 사적이 본래 거칠고 빠진 것이 많아서, 기·전·표·지 등을 만들고자 하여도 일을 성취하기가 어렵다.'고 하나, 전사(前史; 《삼국사기》)의 열전에 한 사람의 일을 겨우 두어 줄만 쓴 것이 있으니, 여기에서도 마땅히 전(傳)을 세워야 할 사람이 있으나, 사기에 행한 사적을 잃어서 전을 실을 수 없는 것과, 사적(事迹)이 갖추어지지 못한 것은 비록 빠뜨릴지라도 해가 되지 아니하며, 진실로 제작(制作)하는 일이 제도에 합당함을 얻으면, 일의 어렵고 쉬움과 더디고 빠른 것은 다시 의논할 필요가 없습니다."

하고, 어효첨(魚孝瞻), 김계희(金係熙), 이물민(李勿敏), 김명중(金命中) 등은 논의하기를,

"사기를 짓는 체는 반드시 기·전·표·지를 세우는 것이 진실로 상

례(常例)이지만, 다만 염려되는 것은 일을 쉽게 성취할 수 없어 수년 안에 반드시 이루어질 수 없을 것입니다. 또 체례(體例)가 빠지고 간략하여 옛 사람의 지은 것과 같지 아니하니, 비록 이룩될지라도 도리어 볼 만한 것이 못될 것입니다. 송조(宋朝)의 일로 보건대, 본사(本史) 외에 전문(全文)이 있고, 또 속편(續編)이 있으니, 원컨대, 《송사》(宋史) 전문의 예에 의하여 지금 편찬한 《고려사》에다 다시 교정을 더하여 예전대로 반행(頒行)하고, 기 · 전 · 표 · 지의 저작을 만일 아니할 수 없다면 후일을 기다릴 것입니다."

하니, 지관사(知館事) 김종서(金宗瑞), 정인지(鄭麟趾)가 두 논의를 가지고 아뢰매, 세종은 어효첨 등의 논의에 따랐다. 김종서와 정인지가 동궁을 찾아가 뵙고 아뢰기를,

"편년체에 그때그때의 일을 갖추어 기록하려고 하면 뜻을 통하지 못하는 예가 많으니, 신석조 등의 논의에 따르기를 원하옵니다."

하니, 동궁이 들어가 아뢰매, 임금이 기 · 전 · 표 · 지로 개찬(改撰)하기를 명하였다.[세종실록 권123, 세종 31년 2월 5일(병진)]

[사료 7]에서 확인할 수 있듯이, 춘추관 안에서도 개수의 체재를 놓고 두 가지 강한 주장이 있었고, 세종은 편년체 쪽을 선호했으나 다시 동궁을 설득하여 기 · 전 · 표 · 지의 체재로 개수하기로 최종 승낙을 받아냈다.

이런 결과에 이르기 데에는 집현전을 통한 중국의 역사 편찬에 대한 상세한 연구가 춘추관원으로 하여금 역사 편찬에 대한 공통인식을 갖게 했음을 확인할 수 있다. 그리고 세종이 기전체의 편찬을 선호하지 않고 편년체를 선호한 중요한 이유는 확인할 수는 없다.

그러나 추측건대, 역사의 효용성에 있어서 더 많이 읽히는 역사는 편년체였다고 생각한 데 기인하지 않을까 한다.

세종 31년 4월 6일에는 세종에게 "우왕과 창왕을 세가에서 제외하여 열전으로 취급할 것"을 상신하여 재가를 받았다. 이때 그들이 주장한 중요 이유는, 우왕이 어머니 반야가 일찍이 공민왕의 궁인이 된 일이 없으며, 공민왕이 양자로 삼았다고는 하나 죽을 때까지 자기 친자를 낳기를 희망한 점으로 보아, 공민왕이 오로지 우왕에게만 마음을 굳히지 않았다는 점, 왕이 된 것은 태후와 시중 경복흥이 종실을 세우려 하였으나 이인임이 독자적으로 세웠다는 점, 원나라 황제의 승인이 있었지만 이는 강청하여 마지못해 내려준 것이라는 등의 이유를 들고, 태조가 왕씨를 왕위로 세우려 한 주장을 들어 왕으로서 서술할 수 없으니, 《한서》〈왕망전〉의 예에 따라 반역열전에 넣자는 주장을 세종은 허락했다.

이는 앞에서 우왕과 창왕을 '우', '창'으로 이름만 불러 썼던 것을 '폐왕 우', '폐왕 창'으로 서술하도록 한 자기의 명령을 번복한 것이다. 이는 세종이 건강이 나빠져 세세한 일에 신경을 깊게 쓰지 못한 점도 작용했을 것이다. 어떻든, 이에 따라 우왕과 창왕은 반역열전에 들게 되었다.

이 기전체의 《고려사》는 김종서에 의하여 다음해인 문종 원년(1451) 8월 25일에 139권으로 편찬되어 왕에게 바쳐졌다. 학계에서는 정인지의 《고려사》로 알려지는데, 이는 김종서가 2년 뒤 계유정난에서 제거되었기 때문에, 부책임자인 정인지의 이름으로 바쳐진 것으로 인쇄 반포되었기 때문이다. 《고려사》는 세가(世家) 46권, 지(志)

39권, 연표(年表) 2권, 열전(列傳) 50권, 목록(目錄) 2권, 총 139권이다. '세가'는 본래 '본기'라고 해야 하는데, 조선왕조가 명나라에 대한 명분을 고려하여 낮추어 칭한 것이다.

그리고 《고려사》를 완성하여 바친 그날, 김종서는 편년체의 역사서를 재편찬할 것을 건의하여 승낙을 받았다. 이처럼 기전체의 역사 편찬이란 어려운 작업을 1년 6개월 만에 완수할 수 있었던 것은, 이미 자료의 확보에 열성을 보인 세종의 관심이 있었기도 했고, 또 많은 전문가 수찬원이 참여하였기 때문이다. 이에 참가한 사람들의 명단은 현재 전하는 《고려사》에 모두 전하고 있다.[25] 그리고 이달 30일에는 편찬에 수고한 사람들에게 포상 조처가 내려졌다.

그러나 현전하는 《고려사》의 인쇄 반포는, 많은 사람들의 반발이 있을까봐 늦추었다. 그래서 곧바로 출판되지 못했다. 김종서가 이른바 '계유정난'에서 제거됨으로써 《문종실록》에 실렸던 김종서의 서문이 부책임자였던 정인지의 이름으로 대치되어 인쇄 반포되었다.

《고려사》 편찬이 완료되고, 편년체의 역사 편찬의 명을 받은 6개월 만에, 김종서 등은 《고려사절요》 35권을 편찬 완료했다. 이는 정도전이 편찬한 《고려국사》와 그 개찬본이 여러 차례 이루어졌기 때문에 손쉽게 완료할 수 있었다. 《고려국사》가 37권이었는데 왜 35권으로 줄었는지는 명확히 밝힐 수 없다. 이 책은 김종서의 명으로 곧바로 출판되었다.

---

25) 이 가운데 사육신 사건으로 처형된 인물, 즉, 박팽년, 하위지, 유성원 등은 인쇄 과정에서 편찬자 명단에서 제외되었다.

[사료 8] 김종서가 문종에게 아뢰기를,

“다른 나라의 역사도 구해보고 있는데, 하물며 우리나라의 역사이겠습니까? 대신들이 자못 구해 보려고 하는 사람이 있으니, 마땅히 빨리 인쇄하여 중앙과 지방에 반포하여야 할 것입니다. 또 본사(本史)가 비록 사적(事迹)은 상세하지 못하지마는, 이를 버리면 다른 데는 상고할 글이 없습니다. 혹시 빨리 인쇄하지 않는다면 벌레가 먹어 파손될까 두려우니, 마땅히 빨리 인쇄하여 여러 사고(史庫)에 간수해야 할 것입니다.” 하니, 임금이 말하기를,

“역사란 것은 후세에 보여서 권선징악하려고 하는 것이므로 숨겨서는 안 되니, 마땅히 인쇄하여 이를 반포해야 할 것이다.” 하였다.

처음에 태조가 개국하니, 정도전에게 명하여 《고려사》를 찬술(撰述)하도록 했는데, 정도전이 관장하는 사무가 많아서 이 일은 요속(僚屬)에게 맡겼으나, 이로 말미암아 빠진 부분이 매우 많았다. 태종은 하륜(河崙)에게 명하여 대조 교정하도록 했으며, 세종은 윤회(尹淮)에게 명하여 고쳐 찬술하도록 했으니, 정도전의 초고(草藁)에 비하면 조금 상세한 편이었다. 동지춘추관사(同知春秋館事) 김효정(金孝貞)이 말하기를,

“윤회가 찬술한 것에 또한 빠지고 간략히 한 실수가 있으니, 후세에 전해 보일 수 없습니다.” 하니, 이에 권제(權踶)에게 명하여 이를 찬술(撰述)하도록 하였다.

권제가 안지(安止), 남수문(南秀文)과 더불어 편찬 보충한 것은 앞의 두 가지보다는 상세한 편이었지만, 그 좋아하고 미워함을 마음대로 처리하여 필삭(筆削)이 공정하지 못하였다. 일이 발각 나게 되니, 김종서에게 명하여 정인지 등과 더불어 이를 찬술하도록 하였다. 김종서 등은 편년체는 기록을 상세히 갖출 수 없다고 생각하여, 이에 기전체의 법에 의거하여 과(科)를 나누어 완성을 책임 지워, 최항(崔恒), 박팽년(朴彭年),

신숙주(申叔舟), 유성원(柳誠源), 이극감(李克堪) 등으로 하여금 열전을 찬술하도록 하고, 노숙동(盧叔仝), 이석형(李石亨), 김예몽(金禮蒙), 이예(李芮), 윤기견(尹起畎), 윤자운(尹子雲) 등으로 하여금 기(紀), 지(志), 연표(年表)를 나누어 찬술하도록 하고는, 김종서가 정인지, 허후(許詡), 김조(金銚), 이선제(李先齊), 정창손(鄭昌孫), 신석조(辛碩祖) 등과 더불어 이를 산삭(刪削) 윤색(潤色)하였다. 이때 권제·안지·남수문이 거듭 중죄로 처형되니, 사관들이 모두 몸을 움츠려서 산삭하지 못했으므로, 자못 번잡한 곳이 있게 되었다. 그러나, 역사가의 체례(體例)가 비로소 구비되었으므로, 이때 와서 그 간절하고 요긴한 것만 모아서 사략(史略)을 찬술하여 바치었다.[문종실록 권12, 문종 2년 2월 20일(갑신)]

당시에는 기전체의 《고려사》를 '본사' 또는 '전사'(全史)라고 약칭하고, 《고려사절요》를 '사략'이라고도 칭하였다. 그런데 《고려사》와 《고려사절요》의 차이를, 군주권이 강할 때에 편찬된 것이 《고려사》이고, 신권이 강할 때에 편찬된 것이 《고려사절요》라는 설이 제기되었으나,[26] 이는 타당성이 없는 주장이다. 6개월 안에 세종이 죽고 세자 문종이 즉위했지만, 이런 정치적 변화를 왕권의 강약으로 볼 수 있을까도 문제이지만, 지금까지 서술해온 것처럼 《고려사》와 《고려사절요》는 서술체재를 달리하는 두 가지 방식으로, 두 사서 사이에 나타나는 역사의식이나 역사관의 변화를 전혀 보이지 않는다. 읽히는 역사서로 쓴 것이 《고려사절요》이고, 자료를 보존하기 위하여 편찬한 것이 《고려사》라는 설이 타당하다고 본다. 또한 《고

26) 한영우, 〈고려사와 고려사절요의 편찬〉, 《조선전기사학사연구》(서울대출판부, 1982) 참조.

려사절요》의 편찬자 18명이 모두 《고려사》 편찬에 참여하였던 사람이었다.

《고려사》에는 각 지의 서문이 붙여지고, 열전에도 사람에 따라 후비전, 종실전, 공주전, 제신전과 별전으로 유형별 분류를 하여 실었다. 《고려사》 열전은 최항(崔恒; 1409~1474), 박팽년(朴彭年), 신숙주(申叔舟), 유성원(柳誠源), 이극감(李克堪) 등이 찬술하였으나, 누구를 어느 열전에 넣을까 하는 중대 문제는 편수관이었던 김종서・정인지・허후・김조・이선제・정창손・신석조 등이 결정했다고 생각된다.[27]

《고려사절요》는 편찬자 김종서의 이름으로 단종 원년(1453, 계유) 7월 22일(정축)에 인쇄되어 반포되었다. 그러나 《고려사》에는 열전이 실려 있어 후손들의 지대한 관심이 있었으므로 곧바로 출간 반포하지 못하였다가, 단종 2년(1454, 갑술) 10월 13일(신묘)에 인쇄되어 반포하려고 하였으나 연기되어, 세조 때 편찬자 정인지의 이름으로 반포되었다. 왜냐하면 그 편찬자 명단에서 1456년의 이른바 사육신 사건으로 사형을 당한 사람의 명단이 삭제되었기 때문이다.

요컨대 정도전 등이 《고려국사》를 편찬한 뒤, 60년간 네 차례의 수정작업을 하여 《고려사》와 《고려사절요》로 완성시킨 결과를 크게 세 가지로 요약할 수 있다. 첫째는 공민왕 이후의 조선 태조인 이성계의 활동상이 제대로 서술되지 않았다는 점이고, 둘째는 원 간섭기 이전에 사용된 왕실의 용어 등을 낮추어 실은 것을 실록에 따라

27) 《문종실록》 권12, 문종 2년 2월 20일조에 실린 김종서의 아뢲 참조.

직서하는 것이었고, 셋째는 고려시대의 역사자료를 충실히 보존 정리하였다는 점이었다.

이 가운데 첫째의 문제는, 조선 건국은 이성계가 왕조의 탈취한 것이 아니라 천명과 인심이 고려 왕실을 떠나 이성계에게 돌아왔기에 가능한 것임을 강조하기 위하여 그 활동을 미화하고 신격화하는 작업이 행해졌다. 이는 태종의 뜻을 이어받아 세종은 〈용비어천가〉를 짓고 그 주석에 민간의 설화와 민담까지도 자료로 실었는바, 이를 《고려사》와 《고려사절요》에 반영하였으며 우왕과 창왕은 반역 열전에 넣어 고려왕조 멸망의 불가피성을 강조하려는 것이다.

둘째의 문제는, 황제가 사용하는 용어의 사용은 참람한 것으로 써서는 안 된다는 변계량의 끈질긴 반대에 부닥쳤으나, 그 사실을 실록에 기록된 대로 써서 보는 사람이 판단하도록 해야 한다는 세종의 직서주의 정신이 관철되었다. 그러나 이도 '대사천하'라는 표현만은 그대로 쓰지 못하게 하는 제한적인 것이었다.

셋째의 문제는, 자료의 보존을 위해서 본사인 기전체의 역사 서술과 읽히는 역사의 편년체 역사로 정리하게 되었다. 이는 집현전을 통해 중국 역사에 대한 깊은 연구를 한 학자들의 주장에 따른 것이었고, 또한 세종이 '경사체용론'으로 경학과 역사를 대등하게 존중하는 학문적 결단이 있었기에 가능했다. 이런 역사 기록을 중시하는 경향은 당시의 실록을 상세히 만듦에 실질적으로 활용되었다고 할 수 있다.

## 3. 중국 정사의 열전과 《고려사》 열전의 상관관계

앞에서 《고려사》와 《고려사절요》로 고려의 역사가 최종 정리된 것은, 중국 역사서의 선례에 크게 힘 받은 것임을 살펴보았다. 그렇듯이 《고려사》의 열전 구조를 이해하기 위해서는 중국 정사체 열전과의 상관관계를 살펴봄이 반드시 필요하다.

《고려사》의 열전은 다음과 같이 구분되어 있다. 명신전과 별전으로 구성되었는바, 별전은 같은 부류의 신하를 모아 놓은 전이다. 여기에는 후비전, 종실전, 공주전(公主傳)과 권121의 양리(良吏), 충의(忠義), 효우(孝友), 열녀전(烈女傳)과, 권122의 방기(方技), 환자전(宦子傳), 권123 · 124의 폐행전(嬖幸傳), 권125 · 126의 간신전(姦臣傳) 1 · 2, 권127에서 권137까지 반역전(叛逆傳)이 해당된다. 명신전을 제외한 모든 별전에는 각자 서문을 붙여 그 전을 설치한 이유를 설명하고 있다.

역사 편찬에서 기전체의 역사를 논함에 늘 들먹이는 사마천(司馬遷; 145 B.C.~86?)의 《사기》는 기전체의 첫 역사서였기 때문이었지, 《사기》의 서술체재는 그대로 이어진 것이 아니라, 이후의 역사서에 의해 지속적으로 변형 발전되어 왔다. 예컨대 열전도 사기에서는 별전으로 자객열전, 순리(循吏)열전, 유림열전, 혹리(酷吏)열전, 유협(遊俠)열전, 영행(佞幸)열전, 골계(滑稽)열전, 일자(日者)열전이 설정되었고, 이들 별전에는 모두 '태사공왈'이라는 서문을 붙이고 있다.

그리고 《사기》 열전의 서술방식은 자료에 근거하면서도 훌륭한 문장으로 되어 후대의 독자에게 감동을 주고 있다. 역사 서술이 감동을 주는 데에는 사실대로의 기록만 전하는 것이 아니라, 편찬자의 서술적(writing) 면이 있기 때문이다. 서술적인 면이란 사료의 편찬과는 달리 역사 편찬자의 주관적인 서술이 있음을 뜻한다. 사마천이나 《삼국사기》를 편찬한 김부식은 자기의 문장으로 서술함으로써 기록만이 주는 밋밋함에서 박동감, 박진감을 주는 표현을 통해 읽는 사람에게 감동을 주는 것이다. 이는 《고려사》의 열전에도 정도의 차이는 있지만 같은 성격을 찾을 수 있다.

역대 중국 정사와 한국 측 역사서의 열전 구성을 일람표로 만들면 다음 쪽 표와 같다.

이에서 명신전(名臣傳)이라 함은 열전에는 붙여진 이름이 아니다. 일반적으로 국가에 기여한 문무 관료들을 통칭하는 말로 흔히 칭하는 용어일 뿐이다. 《사기》의 경우 별전은 명신전 사이에 군데군데 섞여 있다. 즉, 자객열전은 권86에, 순리 열전은 권119에, 유림 열전과 혹리 열전은 권121, 122에 실린 것 등을 들 수 있다.

그러나 반고의 《한서》(漢書)에서부터 별전을 뒤로 몰아 정리하는 방식을 취하기 시작하여, 이후의 정사에서 하나의 틀로 굳혀졌다. 이다. 《한서》의 열전 별전 가운데 《사기》로부터 변화된 것은 자객(刺客) 열전, 골계(滑稽) 열전, 일자(日者) 열전이 없어졌고, 다른 열전은 존속했다. 이들 별전이 새로이 추가되거나 없어지는 것은 그 편찬자의 역사관에 달린 것이라고도 할 수 있으나 이는 다룬 시대의 문화상황의 변화에 주로 기인한다고 할 수 있다. '화식' 열전은 《한

표 1. 중국 정사와 한국 역사서의 열전 구성 일람표

| 사서명 | 편찬자 | 편찬연대 | 열전 중 別傳 항목 | 비고 |
|---|---|---|---|---|
| 사기 | 사마천 | 한 무제 | * 刺客열전, 循吏열전, 儒林열전, 酷吏열전, 遊俠열전, 佞倖열전, 滑稽열전 日者열전, 貨殖열전 | 각 전에 서문, 말미에 사론을 씀 |
| 한서 | 반고 | 후한 광무제 | 儒林전, 循吏전, 酷吏전, 貨殖전, 遊俠전, 佞倖전, 外戚전 | 각 열전 서문을 씀 |
| 후한서 | 범엽 | 진(晉) 424년경 | **黨錮열전**, 循吏열전, 酷吏열전, **宦者열전**, 儒林열전 **文苑열전**, **獨行열전**, 方術열전, **逸民열전**, **烈女열전** | 문원열전에만 서문 없음 모두 맨 뒤에 贊[28] |
| 위서 (魏書) | 위수(魏收;505~572) | | 皇后, *, 外戚 儒林, 文苑, 孝感(感通鳥獸), 節義, 良吏, 酷吏, 逸士, 術藝, 烈女, 恩倖, 嚴宮 | 양리전은 순리전의 명칭 변경임 |
| 진서 (晉書) | 방현령 | 644 | 后妃, 宗室, *, 孝友, 忠義 良吏, 儒林, 文苑, 外戚. 隱逸, 藝術, 烈女, 叛逆 | |
| 북제서 | 이백약(李百藥; 565~648) | | *, 儒林, 文苑, 循吏, 酷吏 外戚, 方技, 恩倖 | |
| 송서 | 심약(沈約) | | 후비, 종실, 효의, 양리, 은일, 은행 | |
| 양서 | 요사겸(姚思兼; ?~637) | 636 | 황후, 태자, *, 종실, 효행, 유림, 문학, 처사, 止足, 양리, | #진서, 송서의 지족전을 언급. |
| 진서 (陳書) | 요사겸 | | 황후, 종실, (*), 효행, 유림, 문학 | |
| 북사 | 이연수 (李延壽) | | 황후, 종실,(*) 외척, 유림, 문원, 효행, 절의, 순리, 혹리, 은일, 예술, 열녀, 은행, 참위, 附庸전 | |
| 수서 | | 636 | 후비, (*), 誠節, 효의, 순리, 혹리 유림, 문학, 은일, 예술, 외척, 열녀. | |

| | | | |
|---|---|---|---|
| 구당서 | | 후비, 종실, 왕자, (*)외척, 환관, 양리 , 혹리, 충의, 효우, 유학, 문원, 方伎, 은일, 열녀. | |
| 신당서 | 1044~1060 | 후비, 종실, 諸帝公主, (*), 충의, 탁행, 효우, 은일, 循吏, 유학, 문예, 方技, 열녀, 외척, 宦者, 혹리, **번진**. | 각 전에 서문을 씀 |
| 구오대사 | | 후비, 종실, 세습열전, 참위열전 | |
| 신오대사 | | 梁家人傳, 唐家人傳, *, 梁臣傳 , *, 唐 臣傳, 死事傳, 死節傳, 義兒傳, 伶官傳, 환자전. 雜傳. | |
| 금사 | | 후비, 시조 이하 諸子, 태조제자, 世戚, *, 충의, 문예, 효우, 은일, 순리, 혹리, 佞倖, 열녀, 환자, 방기, 逆臣, 叛臣 | 세척 이하 전에 모두 서문을 씀 |
| 송사 | 1345 | 후비, 종실 (*)순리. **道學**, 유림, 충의, 효의, 은일, 탁행, 열녀. 방기, 외척, 환자, 영행, **간신**, 반신, 세가, | 도학, 간신 열전이 새로 설정됨 |
| 원사 | 1369 | (후비, (종실). (*), 유학, 양리. 충의, 효우, 은일, 열녀, 釋老, 방기, 환자, 간신, 반신, 역신 | 석노전이 새로이 추가, 이는 도학전의 대치 |
| 삼국사기 | 1145 | | |
| 고려사 | 1449 | 후비, 종실, 공주, (*), 양리, 충의, 효우, 열녀, 방기(方技), 환자, 폐행, 간신, 반역 | |

##1. 표 안의 *는 名臣傳의 표시이다.
##2. 표 안의 굵은 글자는 새로이 나타나는 별전을 표시한 것이다.
##3. 별전의 명칭이 약간 변형된 것은 새로운 열전으로 취급하지 않았다.
##4. 외국열전은 제외하였다.

서》에까지만 설정되고 이후의 역사서에는 사라진 별전이다. 이는 지방의 특산물, 농업, 상업, 수공업 등에 종사한 사람들의 열전인바, 이후의 역사가 유교 중심의 문치주의가 발전하면서 일반 사람들의 생활 모습을 담는 '화식' 열전은 소멸되었다. 《한서》에 '외척' 열전이 새로이 실린 듯하지만, 이는 《사기》에서 '외척' 세가가 이것으로 이름이 바뀐 것일 뿐이다.

《후한서》는 별전으로, 《한서》에서 새로 추가된 것은 '환자'(宦者) 열전, '문원'(文苑) 열전, '독행'(獨行) 열전 '방술'(方術) 열전, '일민'(逸民) 열전, '열녀'(烈女) 열전이다. '문원' 열전과 '독행' 열전, '방술' 열전, '일민' 열전이 새로 추가된 것은, 유학과 도교의 성행과 국가의 집권력이 강화되고, 유능한 사람을 관료로 흡수하지 못하는 남북조의 정치적 상황과 문화현상을 보여주는 것으로, 이는 그 편찬자가 살았던 남북조 시기의 문화적 관심을 보여준다고 할 수 있다. 그리고 비교적 성적 자유가 분방했던 남북조 시기에 열녀전을 설정한 것은, 유교적 이념을 강조하기 위한 것으로 이해된다. 즉, 강력한 황제권이 성립되면서 환관의 역할이 강화되었기 때문에 환자전이 새로이 설정된 것이고, 《후한서》에서 '외척' 전이 없어진 것은 황후를 본기로 썼기 때문으로 판단된다. 또한 당파의 싸움을 기록하기 위해 '당고'(黨錮) 열전이 새로이 추가된 것도 정치적 상황의 반영이라 할 수 있다.

---

28) 찬(贊)은 넓은 의미에서는 사론이라 할 수 있지만, 칭찬과 숭모의 뜻을 운문으로 지음. 《후한서》의 찬은 4자성구의 운문이고, 그의 사론은 논왈(論曰)이라고 씀. (예: 방술전 상권 말미)

반역 열전이 써지기 시작한 것은 《금사》(金史)부터이고, 이후 《송사》와 《원사》에 이어졌으나 반신(叛臣)과 역신(逆臣)으로 구분되어 서술되었는데, 《고려사》에서는 구분하지 않고 '반역' 열전으로 썼다. 또한 간신전이 열전에 쓰이기 시작한 것은 《송사》부터이고, 《원사》에도 실려 있다. 《송사》는 《고려사》보다 100년 전에 간행되었고, 《원사》는 80년 전에 완성되었으나 현전하는 《원사》는 두 번째로 편찬된 것이다.

《고려사》 편찬자들은 이들 《송사》와 《원사》의 간신전을 참고하여 서문을 작성하였음을 서문의 비교를 통해 확인할 수 있다. 간신전과 비슷한 별전으로는 영행전(佞倖傳)이 있으나, 이는 '군주에게 아부하는 신하'라는 뜻으로, 간신전과 유사하면서도 다른 점이 있다. 간신전이 《송사》에서 처음으로 출현한다는 것은, 성리학의 발전과 궤를 같이한다고 해석할 수 있다.

《송사》 간신전의 서문은 다음과 같다.(권 471~474)

[사료 9] 《주역》에 "양괘에는 음이 많고, 음괘에는 양이 많다"고 하였다. 군자가 비록 많아도 소인이 일을 하면 그 형상이 음이 되며, 소인이 비록 많아도 군자가 일을 하면 그 형상은 양이 된다. 송나라 초기에 다섯 별이 규성에 모이니, 점을 치는 자가 말하기를, 인재가 많이 나올 징조라고 했다. 그러나 송나라 말기에 어질고 밝은 인재가 부족하지 않았고 간사한 사람 또한 많았으니, 바야흐로 그 성시에 군자가 정권을 잡으면 소인이 그 명을 들어 걱정됨이 또한 적었다. 그러나 쇠망의 때에 이르러서는 소인이 뜻을 얻어 교활한 꾀를 함부로 펴니 위에 들림이 막히어 국시를 바꾸고, 도적이 충직한 사람을 해치고, 선량한 사람을 몰라 버

리니 군자가 재야에 있어도 화란을 구할 길이 없으니, 국가를 가진 자는 바르고 사특한가를 분별함에 삼가지 않을 수 있겠는가? 이에 간신전을 짓는다.[29]

《송사》에서 간신이라 함은 간사한 사람을 뜻하지만, 이를 군자가 아닌 소인으로 규정하고 있다. 사람을 '군자'와 '소인'으로 구분하는 것은 도덕적 성향을 말하는 것으로, 소인은 자신의 이익에 따라 언행을 바꾸는 자라고 규정할 수 있다. 즉, 소인은 자신의 이·불리에 따라 언행을 바꾸는 자를 말한다고 할 수 있으며, 군자는 '이'보다는 '의'를 실천하는 사람을 뜻한다고 할 수 있다.

[사료 10] 《원사》 권205 간신전 서문

원의 구사(舊史)는 왕왕 좋은 일만 상세히 기술하고 악을 징계함에 소략하였으니 이는 당시 역사를 쓴 사람들이 숨기기 위함이 있어서 감히 직서하지 못했다. 그러나 간사하고 기교를 부리는 무리들이 재주를 부려 부귀를 취하여 권세를 함부로 하니, 처음에는 백성에게 해독을 입히고 나라를 잘못 이끌지만 마침내는 자신이 죽고 집을 망치는 것이다. 그 행적을 실록과 편년 중에 산견되어 춘추의 뜻이 남겨진 것이다. 삼가 더욱 두드러진 자를 모아서 써서 간신전을 지으니 세상의 귀감을 삼고자 한다.[30]

29) "易曰 陽卦多陰 陰卦多陽" 君子雖多 小人用事 其象爲陰 小人雖多 君子用事 其象爲陽 宋初 五星聚奎 占者以爲 人才衆多之兆 然終宋之世 賢哲不乏 姦邪亦多 方其盛時 君子秉政 小人聽命 爲患亦鮮 及其衰也 小人得志 逞其狡謀 壅閼上聽 變易國是 賊虐忠直 屛棄善良 君子在野 無救禍亂 有國家者 正邪之辨 可不愼乎 作姦臣傳.

원사에서 간신이라 함은 간사하게 기교와 재주를 부려 부귀와 권세를 장악하는 사람으로 파악하고, 백성에게 해독을 입히고 나라를 잘못 이끌어 결국 패가망신하는 자를 간신으로 규정하였음을 확인할 수 있다.

> [사료 11]《고려사》 간신전 서문
>
> 세상에 일찍이 간신이 없었던 적이 없다. 오직 군주가 밝음으로써 비추고, 그들을 통제함에 도를 얻기 때문에 그 술을 부리지 못했다. 진실로 군주가 그 술에 한번 빠지면 위태롭고, 망하지 않는 자 드물다. 고려는 인종 이후 간신이 서로 이어 나와서, 권력을 훔치고 마음대로 휘둘러 백성을 좀먹고 나라를 망하게 하였으니, 그 일은 모두 족히 후세의 경계하기에 족하므로 간신전을 짓는다.[31]

《고려사》 간신전 서문은《원사》 간신전 서문을 참고하여 지어진 것임을 위의 [사료 10]과 [사료 11]을 비교하여 보면 바로 알 수 있다.《고려사》 간신전 서문을 염두에 두고 간신전에 오른 사람들의 행적을 읽으면, 그가 왜 간신전에 올라왔는가를 확인할 수 있다. 즉, 간신전 서문에서 언급한 대로, "간신이 권력을 훔치고 마음대로 휘

30) 元之舊史 往往詳於記善 約於懲惡 是蓋當時史臣有所忌諱 而不敢直書之爾 然姦巧之徒 挾其才術 以取富貴 竊威福 始則毒民誤國而終至於殞身亡家者 其行事之概 亦或散見於實錄編年之中 猶有春秋之義存焉 謹撮其尤彰著者 彙次而書之 作姦臣傳 以爲世鑒

31)《고려사》 권125, 열전 권38. "世未嘗無姦臣也 惟人主明以照之 而御之得其道 故不得騁其術 苟人主一陷其術 則 鮮不至於危亡 高麗自仁宗以後 姦臣相繼而出 竊弄權柄 蠹民敗國 其事 皆足以爲後世戒 作姦臣傳."

둘러 백성을 좀먹고 나라를 망하게 하였다"의 기술에 과연 합당한가를 《고려사》 열전 자료를 통해서 살펴볼 필요가 있다. 이 간신전 서문에 따르면, 권력을 훔친다는 말은 자신의 능력에 따른 정상적인 승진이 아닌, 부당한 방법으로 고위직에 올라 그 권력을  자의적 횡포로 행사함을 뜻하는 것으로, 구체적인 예로는 인사 비리, 부정축재, 탈점하여 백성을 좀먹고 나라를 망하게 한 자를 간신으로 규정했다는 의미로 해석된다.

요컨대, 중국 정사의 열전과 《고려사》 열전의 상관관계는, 《원사》를 기준 모델로 《고려사》가 편찬되었다고 보는 것이 이미 학계의 정설이다. 특히 간신전은 《송사》에서부터 나오기 시작하여 《원사》까지 이어지고 있다. 《송사》의 서문에서는 간신을 소인배로 규정하였으며, 《고려사》의 간신전은 《원사》의 간신전 서문을 따온 것임을 확인할 수 있어 《원사》를 적극 참조하였음을 확인할 수 있다. 그러나 《원사》에서 다룬 석노전은 불교 승려와 도교 승려를 다룬 것인바, 《고려사》 찬자가 당시의 역사상을 중시하였다면 응당 불교 승려를 다루었어야 마땅함에도, 현실적으로 불교를 배척하는 유자적 입장에 서 있었기 때문에 고려 시대의 많은 고승을 배제했다고 해석해야 할 것이다.

## 4. 《고려사》 열전 간신전의 내용 비판

《고려사》 권39의 간신전 2에 오른 고려 말 이인임, 조민수, 임견미, 염흥방, 변안열, 왕안덕은, 그 나름대로 그들이 왜 간신전에 들어가 있는가를 추측할 수 있지만, 공통점은 조선 건국자와 정치적 입장이 다른 자들이었다는 점이다. 즉, 정권에서 패퇴한 부류의 사람들이며, 이성계 세력에 붙지 않은 사람들이란 공통점이 있다. 또한 이들은 《고려사》의 개수과정에서 그토록 강조했던 공민왕 이후, 좀 더 구체적으로는 우왕 이후 정치적 활동을 한 인물이라는 공통점을 가지고 있다.

또한 이들 가운데에는 간신전의 서문에 맞게 개인적 이득을 위해 권력에 아부하여 국가와 백성에게 해를 끼쳤다는 내용을 유념할 필요가 있다. 즉, 권력을 이용해 부정부패를 저질렀는가의 문제를 검토해야 할 것이다. 이런 기준에 맞추어 본다면, 이인임과 임견미, 염흥방은 그 열전의 서술 내용으로 보아 간신전에 당연히 들 사람이라고 할 수 있다.

그러나 조민수와 변안열의 경우에는 간신전에 든 이유가, 권력을 이용하여 저지른 부정부패의 기사가 전혀 없다. 왕안덕의 경우, 우왕을 옹립함에, 공민왕이 원자로 인정한 사람을 제쳐두고 다른 사람을 논의할 수 없다는 결정적인 말을 했던 공로로 여러 번 왜구의 격퇴에 패전했음에도 우왕의 도움으로 계속 승진을 했다고 하여 간신전에 넣은 듯하다. 그러나 그보다는 그가 변안열의 당파였다는 점이 중시된 듯하다. 조민수와 변안열, 왕안덕이 간신전에 들어 있는 이유를 굳이 든다면, 위화도 회군 이후 창왕의 즉위에 동의했다는 내용과, 창왕의 즉위 전에 변안열과 왕안덕은 여주에 유배된 우왕을 복위하려는 일에 주동이 되었다는 점이다.

변안열이 우왕복위사건을 일으켰다는 진실성도 그가 취조되기 전에 타살되었고, 증거마저 인멸하였기 때문에 의심스럽다. 이는 이림전에 나오는 변안열과 이림의 이야기를 이림의 아들이 들었다고 형장에서 진술한 것에 의존하고 있다. 따라서《고려사》열전에 실린 우왕 복위사건은 조선 건국자들이 반대세력을 처형하기 위한 정치적 조작 사건인지도 모른다. 우왕의 복위와 창왕의 옹립은 조민수와 변안열의 경우 위화도 회군 후 장수회의에서 한 약속을 어긴 것이라고 했지만,[32] 회군 후 장수들의 모임에서 어떤 결정을 했는지에 대해 구체적 서술 없이 단지 이렇게만 서술한 것은 타당하다고 할 수 없다.

아마도 요동 정벌 명령을 내린 우왕의 폐위 조처에 대해서는 합의를 보았을 가능성이 있지만, 다음 후계자로 누구를 세울 것인가에 대한 합의가 이루어졌는가는 정확하지 않다. 우왕이 폐위된 것이 당시《고려사》열전이나 세가에 서술된 것처럼, 그의 출신이 공민왕의 아들이 아니라는 점보다는 요동 정벌을 무리하게 일으켰다는 명분이 더 중요한 이유였다고 생각한다, 이에 최영이 체포되어 처형되

32)《고려사》권126, 열전 39, 간신전 2 조민수전 참조

고, 우왕이 폐위된 것이다.

우왕과 창왕이 신돈의 후손이라는 논의가 본격화 된 것은 창왕이 축출되고 공양왕이 새로이 추대된 1388년 무렵이며,33) 좀 더 구체적으로는 창왕이 즉위한 1388년 6월부터 공양왕이 즉위한 그 해 11월까지 사이였다고 할 수 있다. 물론 소문으로는 이런 이야기가 좀 더 일찍부터 나돌았을 것으로 판단되지만, 확실한 사실로 단정한 《고려사》에서의 서술과 같이 공식적으로 논의된 것은 공양왕을 즉위시킨 1388년 11월부터라고 할 수 있다. 이는 《고려사》 열전만의 문제가 아니라, 이를 정리한 편년체의 《고려사절요》에도 이렇게 정리되었다고 할 수 있다.

당시 유자들의 관점으로 보면, 변안열·조민수·왕안덕 등이 왕씨의 후손이 아닌 사람, 즉, 창왕을 세움에 동의했기 때문에 정치적 노선의 문제가 아니라 도덕적으로 간신이라고 평해야 한다고 했을 수도 있다. 그렇다면 창왕을 세움에 결정적인 역할을 한 이색(李穡)을 간신전에 싣지 않고 명신전에 실은 것은 어떻게 설명해야 할 것인가. 따라서 창왕의 즉위에 찬동했다는 사실만으로 간신으로 파악한 것은 아니다. 조민수와 변안열을 정치적으로 제거하고 간신전에 넣은 것은, 고려왕조를 빼앗아 조선왕조를 건국하려는 자들에게 위협적인 무장세력이었기 때문이라고 판단할 수밖에 없다. 그리고 이색과 원천석(元天錫) 등은 우왕이 신돈이 아들이라는 소문을 부정한 당시의 사람들이었다.

33) 이상백, 《이조 건국의 연구》(을유문화사, 1949), 75~83쪽. '異姓說의 由來'.

## 5. 《고려사》 열전의 이성계 기록 미화작업

《고려사》 열전에는 조선왕조에서 살고 있던 사람도 열전에 올려 고려 말까지의 행적을 서술했다. 그러나 이성계는 조선 건국자가 되었기에 《고려사》의 열전으로 싣지 않았다. 따라서 그의 행적은 다른 사람의 열전에 나누어 실었고,[34] 세가에도 실었다. 그가 고려왕조의 신하였음에도 조선 건국자인 이성계와 그에 관련된 직계 아버지, 그리고 태종에 대한 모든 기술을 '아태조'(我太祖), 또는 '태조' 등으로 서술하고, 극존칭을 표하기 위해서 줄을 바꾸어 쓰는 식의 '대두법'(擡頭法)을 적용했다.

이는 국가에서 편찬한 관찬사서로서는 당연한 일이라고 생각할 수도 있으나, 단지 '태조'라고만 표현하여 당시의 직책이나 관등급에 대한 기록이 분명하지 않다. 그리고 세종조에는 태조와 그 선계의 업적을 미화하여 신격화하는 작업인 〈용비어천가〉의 제작을 위하여 설화와 민담을 폭넓게 수집하였다. 이는 〈용비어천가〉 주석에 상세히 실렸다. 이 〈용비어천가〉 주석에 실린 설화와 전설까지도 《고려사》에 역사적 사실로 싣게 되었다.

이성계가 특출한 무장으로서 활약한 바는 충분히 인정된다. 그러나 《고려사》 서술에서 그의 행적을 미화한 부분은 태종 8년(1408)에

34) 그 구체적인 예가 황산대첩의 공로를 변안열전에 싣고 있는 점을 들 수 있다.

편찬된 《태조실록》의 '총서'(總書) 부분이 고려조의 업적을 기술한 것이므로, 그 기록과 현재의 세종 31년(1449)에 편찬된 《고려사》 열전 기록과 대비함으로써 일부 밝혀낼 수 있을 것이다.

그러나 이전에 편찬된 《고려사》가 전하지 않기 때문에 현재 문헌실증적인 방법으로는 어느 사실이 나중에 더 미화되어 수정되었는가를 구체적으로 밝힐 수 없다. 그러나 분명히 미화되었다고 생각되는 부분을 몇 가지 들어, 이를 유추할 수 있는 근거로 제시하고자 한다.

1) "恭愍王 10年 2月 丁酉 我桓祖以將作監事 爲東北面兵馬使 御史臺上疏以爲 李 東北面人 而又本界千戶也 不可使爲鎭守 王不允 賜宴慰行 宰樞 又餞于會賓門 旣行授戶部尙書 桓祖至北道 未幾馳報 本國人入彼土者 皆順命出來."[35]

여기서는, 본국인으로 저들 땅에 들어가 살고 있는 모든 사람이 그의 명에 따라 나왔다고 과장 서술했고, 또한 3월 경술에 환조가 죽으니 "士大夫 咸驚曰 東北面無人矣"라고 하여 모든 사람이 놀래어 동북면에는 이제 사람이 없다고 과장해 서술했다.[36] 이는 《태조실록》 '총서'(總緖)에 실린 부분이다.

2) 공민왕 10년 정월에 태조가 휘하병 2천 명을 거느리고 홍건적 10만

35) 《고려사》 권39, 세가 공민왕 10년 2월 정월조.
36) 《고려사》 권39, 세가 공민왕 10년 3월 경술조.

을 죽였다.(《고려사절요》)

이는 이성계의 업적을 지나치게 과장하여 미화한 서술이라고 할 수 있다.

3) "禑王 元年 九月 倭船大集德積紫燕二道 時將卒悉赴北征 乃簽軍坊里及諸陵戶 又徵楊廣全羅慶尙道 以我太祖及判三司事 崔瑩領之 輝兵東西江 以備之."[37]

이 자료에서 판삼사사인 최영이 이성계보다 당시에 상관이었고, 왜구 격퇴에 명성이 있었으므로, 판삼사사 최영과 이성계로 하여금 거느리게 하였다는 기록에서 최영과 이성계의 자리를 앞뒤로 바꾸어 서술했음을 확인할 수 있다. 이런 사례는 더 있다.[38]

4) "禑王 3年 3月 以三司左使 李希泌爲東江都元帥 睦仁吉 林堅味等 十一人副之 受守城都統使 慶復興節度 義昌君 黃裳爲西江都元帥 我太祖與楊伯淵邊安烈等 十人 副之 受京畿都統使李仁任節度."[39]

위 자료에서 도원수의 이름을 기록하고 원 기록에는 부원수를 두 사람씩을 열거하고 누구, 누구 등 11인이라고 하고, 도통사 누구의

37) 《고려사》 권133, 열전 46 신우열전 1.

38) 이는 구체적 예를 일일이 들 수 없을 정도로 많다.(《고려사절요》 권32, 우왕 11년 9월조 및 《고려사》 열전 권48, 신우 11년 9월조 참조)

39) 이 자료는 《고려사절요》 권30, 신우 3년 3월조와 《고려사》 권133, 신우열전에서 보인다.

절도를 받았다는 문장 구조로 되어 있다. 원래 뒤 문장은 '양백연, 변안열 등 11인이 부원수가 되어 경기도통사 이인임의 지휘를 받았다'로 기록되었다고 판단된다. 그런데 뒤 문장에서 감추어진 이성계의 이름을 제일 앞으로 끌어내 놓고 보니, 이 문장은 부원수가 10명으로 한 사람이 줄었음을 확인할 수 있다. 이는 사관이 기록한 자료를 후일 《고려사》 찬자가 태조의 이름이 들어 있는 것을 보고, 이성계의 이름을 앞으로 끌어내 쓴 것임을 알려주는 자료이다. 그리고 몇 개의 경우를 제외하고는 이성계의 경우 관직명을 쓰지 않음으로써 그를 높이는 효과를 가져왔다고 할 수 있다.

5) "倭寇西海道 信州文化安岳鳳州 元帥 梁伯益 羅世 朴普老 都巡問使沈德符 等 擊之敗績 請遣將助戰 以我太祖及 門下評理 任堅味, 邊安烈 密直副使 柳曼秀 洪徵 爲助戰元帥."(《고려사절요》 우왕 3년 8월조)

이 당시의 이성계의 관직이 무엇인지 알 수 없으나, 재추였던 문하평리 임견미, 변안열, 밀직부사 유만수와 홍징보다 아래 서열이었던 것으로 이해된다. 그렇다면 아마도 조전원수로 임명한 것은, 이성계의 이름은 맨 아래에 기록되어 있었던 것을 앞으로 끌어올렸다고 판단된다.

다음으로, 이성계는 동북면 지방의 변방을 안정시키는 '안변지책'(安邊之策)을 우왕 9년 8월조에 올렸다고 《고려사절요》[40]와 《고

40) 《고려사절요》 권32, 신우 9년 8월조 참조.

려사》 열전에 실려 있다. 이는 그의 정치적 소견을 피력한 첫 문서라고 할 수 있다. 당시 이성계의 지위는 동북면병마사 정도였다고 할 수 있다. 그가 올린 글의 중요 내용은 다음과 같다. 이 안변책은 이성계가 단주(端州)에서 호발도(胡拔都)를 격파한 후에 올린 것으로 되어 있다.41)

6-1) 북계는 여진과의 경계이고 요(遼), 심(瀋)과 연계된 국가의 요충지로 전에는 양곡을 이 지방에 비축하여 군사를 길렀는데 지금은 이 지방에 여진족과 상호 거래가 일어나고 사람들이 왕래하여 불안정한 상태이다. 일단 사태가 일어나면 군사를 징집하여 훈련을 시켜야 함으로 지금부터 군사를 훈련시켜, 군령의 약속을 엄하게 마련할 것.

6-2) 군사의 생명은 군량에 매달려 있으므로 전에는 경상(慶尙), 강릉(江陵), 교주(交州)의 곡식으로 충당하였는데 지금은 도내의 지세만으로 이를 충당한다. 그런데 흉년의 연속과 인근 국가의 둔병의 폐단, 그리고 권세가들의 토지에 대한 부가세의 징수 등으로 포목의 반급과 그 대가를 징수했는데, 농민이 8, 9할이 유망되고 있는 실정이니 지세(地稅)는 경작하는 농지의 다과에 관계없이 호구(戶口)의 대소(大小)에 의거했던 공민왕 5년의 법령(丙申之敎)에 의거, 3가를 1호로 하고 100호를 1통으로 삼아 통주가 관장하도록 하여 무사시에는 3가에서 1명을 내고 유사시에는 3가의 전원을 징집하는 옛 제도에 의거하여 경작지의 다소에 따라 세금을 징수할 것.

6-3) 백성의 안정은 수령에게 달려 있고, 군사의 용겁은 장수에게 달려 있으니 수령이 될 만한 정직하고 근실한 자를 수령에 임용하고 장

41) 《태조실록》 총서 참조.

수가 될 만한 능력을 갖춘 자를 임용하여 국가를 방위하게 할 것 등이 었다.

이성계는 이 안변책을 바치고 만 2년 뒤에 동북면 도원수로 발령을 받았다. 도원수라 함은 전투에서 군령권만 가졌기 때문에, 비록 그 지방의 민정 업무를 다루지는 않았지만 이런 문제의식을 가지고 정책적 대안을 제시한 것은, 이것과 우왕 14년의 요동 정벌 때 4불가론을 낸 것이 전부라고 할 수 있다.

7) 우왕 11년 9월에는 함주, 홍원 등지에 쳐들어 온 왜구 150척의 침입을 막아내어, 은 50량과 옷, 안마 등을 하사받고, 또 정원십자공신(定遠十字功臣) 호를 받았다.[42]

8) 태조는 최영과 함께 권력을 마구 흔드는 시중 이인임, 영삼사(領三司) 임견미(林堅味), 좌사(左使) 염흥방(廉興邦), 찬성사(贊成事) 도길부(都吉敷)를 몰아내어 참형에 처하고, 이성계는 수문하시중이 되었다.

9) *우왕 14년 4월 병진(4월 12일)에는 철령위를 설치하여 그 지역을 모두 차지하려는 명나라에 대하여 우왕과 최영은 요동 정벌을 목적으로 좌우군 총 3만 8830명을 출병시켰다. 이는 최영을 팔도도통사, 창성부원군 조민수를 좌군도통사로 삼아 12원수[43]를 배속시켰다고 하고, 아태조

42)《고려사절요》倭賊150艄 寇咸州洪原北青哈蘭北 等處 殺虜人民殆盡 元帥沈德符, 洪徵, 安柱 黃希碩 鄭承可 等 與戰于洪原之大門 嶺北諸將皆敗走 沈德符大敗…太祖請往擊之. 태조에게 백금 50량 5表裏 鞍馬를 하사했고, 又加賜定遠十字功臣號.

(我太祖)를 우군도통사로 삼아 16명의 원수급 지휘관을 배속시켰다.[44)]

이 기록은 좌·우군의 배속된 지휘관의 숫자도 차이가 날 뿐만 아니라,《고려사절요》우왕 14년 6월조에는 양 도통 및 36원수가 예궐(詣闕)하였다는 기록이 보인다.(구체적 명단은 각주 43과 44 참조) 원래는 12명씩 원수급 지휘관이 3부대에 배속되면 36명이 된다. 그런데 없어진 한 부대의 지휘관 4명은 이성계 쪽에 사후에 붙인 것이라고 하지 않을 수 없다.

그런데 바로 이어지는 기사에서 우왕은 환관 80명을 거느리고 회군한 세 장수 이성계, 조민수, 변안열을 죽이려고 집을 습격했으나 모두 군문에 나가 있어서 실패했다고 한다.[45)] 그런데 변안열이 요동정벌에 참여했음이 공양왕 때와 태조 4년에 회군공신을 책봉한 기사에 분명히 나오므로, 변안열은 위의 요동정벌군 좌우군에 속하지 않은 도원수급임이 분명하다. 따라서 중군도통사로 출정한 것이 아닌가 하는 추정을 하기도 한다. 분명한 좌우도통사 체제를 뒤집을 수 있는 확실한 자료는 아니지만, 회군한 장수 세 명을 우왕의 측근 환관들이 격살하려 한 데에 변안열이 포함되었다는 점과, 출정 장수가 36원수인데 좌도통사 조민수 휘하에는 12명, 우도통사 이성계 휘

43) 西京 都元帥 沈德符 부원수 李茂 양광도 도원수 王安德, 부원수 李承源, 경상도 상원수 朴葳, 전라도 부원수 崔運海 鷄林元帥 慶儀, 安東元帥 崔鄲(단) 조전원수 崔公哲 팔도도통사조전원수 趙希고, 安慶, 王賓을 배속시켰다.

44) 安州 都元帥 鄭地, 上元帥 池湧奇, 부원수 皇甫琳, 동북면부원수 李彬, 강원도 부원수 구성노, 조 具成老, 조전원수 尹虎, 裵克廉, 朴永忠, 李和, 李豆蘭, 金賞, 尹師德, 慶補 팔도도통사조전원수 李元桂, 李乙珎, 金天莊 속언

45)《태조실록》총서 및《고려사절요》권33, 신우 4.

하에 16명이 배속되어 균형이 맞지 않을 뿐만 아니라 원수급 장수는 모두 28명뿐이라는 점 등은, 이에 무언가 흑막이 분명히 있음을 말해 준다. 이런 사료상의 모순점은 중대한 사료의 조작이 행해졌음을 보여주는 반증자료가 된다. 여기에 요동 출정장수가 확실했던 변안열 장군의 이름이 보이지 않는다는 점이다.

10) 출병하기 전인 신우(辛禑) 14년(1388) 무진 정월, 이때 시중 이인임이 권세를 마음대로 부리니, 그의 무리 영삼사 임견미, 좌사 염흥방, 찬성사 도길부 등이 요로(要路)에 나누어 점거하여 돈을 받고 관작을 팔며, 남의 전정(田丁)을 빼앗아 그 탐욕과 포학을 자행하여, 관청과 민간이 빈곤하여졌다. 태조가 최영과 더불어 그들의 하는 짓을 분히 여겨, 마음을 같이하고 힘을 합하여 우왕을 인도해서 이들을 제거하니, 온 나라가 크게 기뻐하여 길가는 사람이 노래하고 춤추었다. 견미 등이 참형을 당하자 태조로써 수문하시중(守門下侍中)을 삼았다.

요컨대 이처럼 이성계의 공민왕 이후의 무공을 세운 것을 최대한 미화하여 신격화하려는 노력이 《고려사》가 네 차례 개수되는 동안 수정 보완을 통하여 이루어졌다고 할 수 있다. 즉, 이성계가 나오는 모든 표현에서 '태조'라 하여 줄을 바꾸어 올리어 쓰는 대두법을 써서 강조했을 뿐만 아니라, 관련자 명단에서 제일 앞으로 빼내 서술하는 것 등이 미화 신격화 하는 수법이었다.

## 6. 변안열의 행적과 간신전 수록 비판

《고려사》에서 반역한 사실이 분명치 않은 신돈을, 공민왕을 살해하려 하였다는 투서를 통해 처형한 사실에 기대어 그를 반역 열전에 넣은 것은, 비록 정치적 조작이라 하지 않더라도 이는 고려 말 정치사를 이해하는 데에 중심 과제가 된다. 신돈을 반역 열전에 넣고, 우왕을 그의 아들이라고 주장하여 그 아들 창왕마저 축출하면서, 고려왕조를 지지하는 신료군을 대거 제거하는 정치적 공작행위가 일어났다. 그리고 우왕과 창왕대의 주도 정치세력이 제거된 자들을 간신전에 수록했다. 우왕과 창왕을, 왕이 아닌 반역한 신하라는 뜻의 반역 열전에 넣은 것과, 그를 지지했던 사람을 간신전에 넣은 것은 조선 건국자들의 역사 왜곡이라고 할 수 있다.

그리고 우왕과 창왕의 왕위 계승에 동의한 사람 가운데 사림의 종장이었던 이색만 빼고는 모두 간신전에 넣었다. 《고려사》 간신전 2에 실린 이인임, 임견미, 염흥방, 조민수, 변안열, 왕안덕 등이 그 예이다. 따라서 《고려사》의 열전은 다른 사람의 열전을 참작하여야만 당시의 사정과 정치적 추세를 파악할 수 있을 정도로 복잡하게 얽혀 있다.

즉, 변안열전을 이해하려면 본인의 열전만이 아니라 최영전, 이림전, 신돈전, 정몽주전, 정지전 등 여러 열전을 두루 살펴야 한다. 그런데 이런 여러 열전을 두루 참작하면서 유의해야 할 점은, 역사적 조작의 흔적을 찾아야 한다는 것이다. 이는 분명한 표현으로 나오지 않지만 의심의 실마리는 부조리한 서술, 근거가 약한 서술 등을 찾는 작업이다. 그러나 국가적으로 수많은 인재를 동원하여 60여 년 동안 《고려사》 서술의 조작이 이루진 만큼, 이를 밝혀내는 일은 참으로 어렵다. 더구나 국가의 시책으로 조작된 이 《고려사》의 진실을 문헌적으로 밝히려면 반대 기록을 찾아야만 하나, 현재 자료가 거의 인멸되거나 당시에는 금기시된 기록으로 전하지 않는다.

그러나 정치적으로 조작한 글에는 조작의 꼬투리가 될 근거를 남긴다. 이 점을 찾는 것은, 마치 형사사건을 추적할 때 사건의 단서를 잡는 것과 같은데, 이에 대한 근거를 다른 사람의 열전을 통해 보강할 수 있다.

따라서 이 절에서는, 14세기 후반의 고려의 군사와 방어능력에 대하여 개괄적인 고찰을 한 다음, 《고려사》 열전의 최대 조작이라고 믿는 우왕신씨설의 정당성 여부를 검토하고, 변안열 열전을 통해 그의 무공 행적을 정리할 것이며, 마지막으로 그가 간신전에 오른 이유를 검토하고자 한다. 무엇보다 그의 행적을 살피는 이유는, 《대은실기》에 실린 연보 사항의 오류를 검토하려는 뜻도 있다. 그리고 그가 간신전에 오른 것이 과연 근거가 있고 타당한지를 검토하고자 한다.

## 6.1. 14세기 후반 고려의 군사와 외적 방어능력

변안열은 공민왕 22년(1367) 8월에 국가 상비군으로 조직한 의용위 우군을 맡았고, 좌군은 문하평리 유연(柳淵)이 맡았다. 문하평리직은 재상급의 관직이었다. 의용좌우군의 군사 수가 몇 명인지는 확인할 수 없다. 그러나 그 기능은  중앙의 상비군, 왕실호위군으로 군사훈련을 시키기 위하여 편성한 군대로 보인다. 당시 고려 군제가 사병 중심으로 운영되었다고 이해함은 실상과 다르다. 우리가 고려 말의 상황을 너무 허약하게 인식하는 경향이 있다. 군사의 중심은 사병이 아니라 국가 군대였다. 고려 말에 국가 군대가 없이 사병이 중심이 되었다는 잘못된 이해는 고려 시대 말기 군제가 제도적으로 정비되지 못하였고, 조선 건국 때 군권이 개인 장수들의 수중에 있었던 상황을 소급하여 적용시킨 데 말미암는다.

《고려사》와 《고려사절요》에는 공민왕대와 우왕대는 홍건적과 왜구의 침입이 극심하여 국가의 안위가 위태로웠던 것으로 기술했지만, 이런 외침을 막아낼 수 있는 군사력과 동원력을 갖추고 있었던 사회였음을 확인할 수 있다. 그래서 고려 말 14세기 후반의 고려의 군사력과 방어능력을 새롭게 볼 필요가 있다. 그래야 우왕 14년에 4만 명을 동원하여 요동 정벌을 단행하였던 것을 이해할 수 있게 된다.

고려 말에 왕조의 유지를 주장한 사람들의 근거가 단순한 명분론에 의지하였다고 봐서는 안 된다. 이는 《고려사》에서 고려왕조 멸망을 필연적인 과정으로 그 모순을 과장 서술한 조선 건국자들의 주장을 그대로 따르게 되니, 조선왕조의 건국으로 인해 고려 말의 사회에서 갑자기 커다란 낙폭이 큰 발전을 가져온 것으로 이해하게 된다.[46)]

고려에서는 중앙의 장수를 지방에 보내 유사시 군대 20만 명을 동원한 예에서 보듯이, 국가 군대가 주를 이루었고 사병의 군대는 큰 비중을 차지하지 않았다. 물론 국가 재정의 조달이 원만하지 않아 군공을 세운 군사에게 군직을 주기 위하여 기왕에 있던 직책의 정원을 확대한 첨설직이 증가한 것 또한 사실이고, 원래 12명이 정원이었던 재추회의의 회원이 한때 56명으로 늘어나 70여 명에 이르는 모순을 가져온 것도 부정할 수 없다.

그러나 비록 2군6위제의 국가 군대는 무신집권기를 계기로 폐기되었으나, 당시는 지방에 순찰사와 체찰사를 보내 지방군을 동원하여 북방의 방어와 왜구의 침입에 대한 지방의 방어를 담당했다. 장군으로는 중앙의 재추가 파견되었다는 점이 조선조의 군사제도와 크게 다른 점이다. 도원수, 원수, 부원수, 병마사 등은 군사 지휘 임무를 띤 직으로, 수시로 그리고 즉각적으로 편성하여 군대를 동원 지휘할 수 있는 방어 능력을 가지고 있었다.

다만 왜구를 본격 방어하지 못한 것은, 예고 없이 쳐들어오는 도적단의 침입이었기 때문이다. 당시 일본의 국가체제가 혼란스러운 상황에서 지방사회를 통제할 수 없었기 때문에 왜구의 침입이 일어났다. 고려는 이들을 막아내기 위해 화포를 제작하고 선박을 제조하여 수군을 강화하였고, 불시에 쳐들어오는 왜구를 조직적으로 막아내기에 애를 썼다. 그러나 당시 고려 대군의 군대를 동원함에, 군량을 어떻게 조달했는지에 대한 기록이 전혀 없다.

---

46) 정구복, 〈사학사적 관점에서 본 광복후 60년간의 조선시대사 연구성과 검토〉, 역사학회편 편, 《한국역사학의 성과와 과제》(일조각, 2007), 161~169쪽 참조

그 무렵 고려의 군사력을 알려주는 다음 표는, 우왕 2년 8월에 각 도에 사령관을 보내 점검 파악한 군대 수를 나타낸다.

| | |
|---|---|
| 양광도 | 기병 5,000명, 보졸 20,000명 |
| 경상도 | 기병 3,000명, 보졸 22,000명 |
| 전라도 | 기병 2,000명, 보졸 8,000명 |
| 교주도 | 기병 400명, 보졸 4,600명 |
| 강릉도 | 기병 200명, 보졸 4,700명 |
| 삭방도 | 기병 3,000명, 보졸 7,000명 |
| 평양도 | 기병 600명, 보졸 9,000명 |
| 서해도 | 기병 500명, 보졸 4,500명 |
| 합계 | 기병 14,700명, 보졸 79,800명[47] |

우왕 2년경 고려의 국가 군대는 총 9만 4500명이었고, 특히 전투력이 강한 기병이 1만 4700명이 있었으며, 중앙의 상비군인 의용위 군대를 합치면 10만 명이 넘는다. 여기에 유사시에는 승도를 징집하는 예도 있었다. 승도는 전선(戰船)을 만드는 데 동원되었으니, 우왕 3년에 전선 축조에 동원된 승도는 2,800명이었다.[48] 그뿐만 아니라 군비 준비에도 즉각적인 조처가 이루어졌다.

지휘관인 장수는, 조선조와는 달리, 문무 관료를 가릴 것 없이 전투 경험을 가진 이가 상당히 많았다. 지휘관은 도원수, 원수, 조전원수의 칭호를 가진 지휘관으로 40여 명을 차출할 수 있었다. 무공을

47) 《고려사》 권81, 兵志 1 참조.
48) 위와 같음.

세운 장수에게는 은과 포(布)로 즉각적인 포상을 했고, 승진을 시켜 주었다. 지휘관은 문무관의 구별 없이 병서(兵書)를 공부했고, 왜구의 침입에 전투 경험을 가졌다. 그리고 전선을 만들고, 화통도감을 설치하여 화약을 군대 무기에 적극 사용함이 알려져, 활에 의존하던 상황에 무력을 증강시킬 수 있었다. 이런 군대 상황 덕에 《고려사》와 《고려사절요》에 자주 나오는 왜구의 침입과 20만 홍건적의 침입을 막아내고, 국가를 지켜낼 수 있었다. 그리고 동원체제가 발달하여, 군량과 군대 동원이 제때 빠르게 이루어질 수 있었음을 이해해야 할 것이다. 이처럼 고려 말의 국가 경영의 실태는, 왕조를 유지할 수 있는 상황이었다. 조선 건국자들이 주장한 것처럼, 그리고 《고려사》에 기술된 것처럼, 왜구의 침입으로 나라가 위태로운 상황은 아니었다고 할 수 있다. 조선 건국에 반대한 사람이 많았다는 사실 자체는, 고려왕조의 멸망과 조선 건국이 왕조의 탈취행위에 반기를 든 것이라고 해석할 수 있다.

### 6.2. 우왕 신씨설의 비판

고려 말에 우왕과 창왕을 제거하면서 내건 명분은, 우왕이 신돈의 아들이고 왕씨의 혈통이 아니라는 주장이었다. 신돈이 공민왕에게 자기의 첩 반야를 바친 것은 사실이고, 공민왕 16, 17년에 왕은 신돈의 집에 자주 행차했다.[49]

49) 《고려사》 권41, 세가 공민왕 16, 17년조 참조. 그리고 공민왕은 반야에게 매달 쌀 30석을 하사하였다.(공민왕 17년 9월조 참조)

같은 기간에 반야와 공민왕의 정식 부인인 노국대장공주가 다 같이 임신을 하였는데, 노국대장공주는 산통으로 죽었고, 반야는 아들을 낳았다. 왕에게 바쳐진 뒤에 반야가 낳은 자식을, 그 이전에 반야가 신돈의 비첩이었다고 해서 신돈의 자식이라고 우겨대는 것은, 정치권력을 장악한 사람들이 억지로 꾸며낸 주장이었다. 그 근거는 우왕의 생모인 반야를 궁인으로 봉하지 않았다는 것이다.[50] 그리고 공민왕은 우왕을 자신의 후계자로 지정했기 때문에 왕위 계승에 아무런 문제가 없었다. 《고려사》 열전에서는 신돈을 반역 열전에 넣고, 그 아들이라고 주장하는 우왕과 창왕을 반역 열전에 실었다.[51]

우왕이 신돈의 아들이 아니라는 설은 이미 이상백이 그의 책에서 《해동악부》(海東樂府)를 인용하여 상세히 논증한 바 있다.[52] 《해동악부》는 심광세(1577~1624)의 작품이다. 악부란 노래의 한 장르로, 이에는 역사적 유적, 유명한 사람, 역사적 소재거리를 시로 지었고, 앞뒤에 그 사연을 싣는 역사시이다.

《해동악부》 '아지문'(阿只問)에서 '쉽게 말할 수 없다'고 부제를 달았고, 《고려사》를 인용하여 우왕은 신돈의 비첩 소생으로, 그를 이인임은 '원자'(왕의 맏아들)라고 했으며, 신돈이 주살될 때 죄를 심

50) 김종서 찬, 〈진고려사전〉(《문종실록》 권9, 문종 원년 8월 25일 경인조). 그러나 현전하는 《고려사》에는 정인지 찬으로 되어 있다. 올린 글을 김종서가 계유정난(1453)에 피살되어 춘추관 부책임자였던 정인지 이름으로 인쇄되었기 때문이다.

51) 《고려사》 찬자와 이를 반역열전에 넣도록 재가한 세종이 내세운 근거는, 유씨(劉氏)의 한나라를 한때 찬탈한 왕망의 예에 의거한다는 것이었다.(《세종실록》 권124, 세종 31년 己巳 4월 6일 기묘조 참조)

52) 이상백, 앞의 책, 72~79쪽.

문함에, 대언(代言) 임박(林璞)을 보냈는데, 신돈이 "아기가 나를 생각하겠지"라고 했으니, 이는 대개 그를 보호한 공이 있음을 말한다고 했다. 그리고 악부는 다음과 서술하고 있다. '아지'는 현재의 음은 '아지'이지만, 이를 '아기'라고 읽어야 한다.

> 아기에 대해 묻는다. 쉽게 말할 수 없다.
> "아기는 누구의 아들이냐고 묻는다면 임대언이 아기를 안다고 했다.
> 반역자 신돈이 죽음에 임해서 '아기가 나를 생각하겠지'라고 말했다.
> 그 아기가 마침내 죽고 국성(國姓)이 신씨전에 올랐으니
> 후일 사가는 아기는 누구의 아들인가 묻노라!

이에서 심광세는 《고려사》의 우왕이 신돈의 아들이라는 설을 부정하고, 공민왕의 아들임을 강하게 시사하고 있다. "국성이 신씨전에 올랐다"는 표현은 왕씨가 신씨전에 올랐다는 뜻이다. 조선시대의 관료로서는 더 이상 강하게 이야기할 수 없는 것이다. 여기서 우왕의 어머니 반야가 신돈의 비첩이었던 것은 사실이지만, 이를 가지고 모든 기술을 신돈의 아들로 곡필했다고 해석할 수밖에 없다.

그리고 대언 임박전에는, 그가 이공수와 함께 원나라에 사신을 갔을 때 원나라에서 심양왕 덕흥군을 돕도록 강권하고, 또한 덕흥군이 높은 벼슬로 유혹했지만 완전히 거절했다고 하고 있으며, 신돈에 아부한 신하로 서술하고 있을 뿐 신돈과의 대화 내용은 보이지 않는다. 그는 우왕 초에 북원에 사신을 보내자는 안건에 박상충, 정도전과 함께 서명을 하지 않았다는 죄목으로 서인으로 폐해졌다는 기록

이 있어, 신돈에 아부했다는 기록은 앞뒤가 맞지 않는 서술로 판단된다.

신돈은 공민왕 12년에 김용(金鏞)이 흥왕사에서 벌인 왕 시해 음모사건을 진압한 후, 마음의 공백을 위로해주는 승려로 발탁되어 공민왕의 적극적인 신임을 받고 친서민정책을 실현하는 개혁정책을 추진하고 전권을 휘둘렀다.[53] 공민왕 20년 7월, 선부의랑 이인(李韌)이 신돈이 공민왕을 시해하려 한다는 흉모를 익명으로 써서 재상 김속명 집에 던지고, 이어 그의 집에 가서 이를 문제로 비화시키자 신돈은 전격적으로 제거되었다. 즉, 3일 만에 수원에 유배되었다가 곧바로 처형되었다. 《고려사》〈신돈전〉에는 이에 관한 다음과 같은 기록이 있다.

> [사료 12] 신돈이 수원에 유배되어 있을 때에 왕은 찰방사 임박, 체복사(體覆使) 김구(金釗)를 보내 신돈을 주살하게 했다…… 임박이 수원에 도착하여 사람을 시켜 임금이 신돈을 부른다고 거짓으로 알리니 신돈이 기뻐 말하기를 '금일 소환됨은 아마 아지(阿只)가 나를 생각하기 때문일 것이다' 했다. 아지는 어린아이를 칭하는 방언이다. 신돈의 비첩 반야가 모니노(牟尼奴)를 낳으니, 왕이 자기의 아들이라고 생각했고, 이가 우(禑)왕이다. 아기는 모니노를 가리킨다…… 신돈이 형을 당할 때에 손을 묶인 채 임박에게 애걸하기를, '원컨대 공은 아기를 보아 나를 살려다오' 하였으나, 이에 참하고 사지를 찢어 여러 도에 돌리고 경성 동문에 효수했다.

53) 김창현, 《신돈과 그의 시대》(푸른역사, 2006) 참조.

전에 임박이 상장군 이미충(李美冲)과 함께 왕을 모셨는데, 왕이 미충을 보면서 '너는 아기의 일을 알지?' 하니 대답하기를, 신은 '이미 압니다.' 하였다. 임박이 괴이히 여겨 나와서 미충에게 물으니, 미충이 말하기를 (가) "'임금이 일찍이 금돈을 만들어 신에게 주어 신돈의 집에 가서 이를 아기에게 주게 하였는데 아기가 대단히 기뻐했습니다'. 신돈이 나에게 말하기를 '임금이 자주 우리 집에 행차하심은 나 때문이 아니다' 했다. 내가 이 말을 모두 아뢰었더니 임금께서 이런 말을 한 것입니다." 하였다.

이때 신돈이 주살되자 (나) 임박이 사관 민유의(閔有宜), 이지(李至)에게 말하기를 "신돈을 주살한 것은 국가의 큰 경사이다. 또 큰 경사가 있는데, 경들은 아는가?, 임금이 궁인에게 행차하여 아들을 낳았는데, 지금 이미 7살로 신돈이 몰래 키웠다. 국인으로 하여금 알게 하지 말라. 이 또한 마땅히 주살될 것이다. 사관은 마땅히 이를 알라!" 하였다.

위의 〈신돈전〉의 내용 가운데 강조점을 친 부분은 모니노가 공민왕의 아들임을 확언해 주는 자료이다. (가)의 부분은 공민왕을 모셨던 최측근인 상장군 이미충이 공민왕으로부터 들은 은밀한 말을 임박에게 전한 내용으로, 사료적 신빙성이 높다고 생각된다. 즉, 공민왕이 신돈의 집에 자주 행차한 것은 신돈을 만나기 위한 것이 아니라 아기를 보기 위해서이고, 공민왕은 그 아기에게 금돈을 만들어 주었다고 하는 사실이다. 아기는 이를 받고 대단히 기뻐했다고 하여, 모르는 사이에 정이 통하고 있음을 암시해 주는 내용이다.

(나)의 강조점을 친 부분은 공민왕이 궁인에게 행차하여 낳은 일곱 살 난 아들을 신돈이 키우고 있다고 하는 기밀사항을 전하고 있

다. 이는 신돈이 처형될 때 함께 주살되지 않도록 하는 배려임을 뜻한다.

위 글은 사관이 남긴 기록이기 때문에, '우왕은 신돈의 아들'이라고 여러 곳에서 언급하면서도 삭제하지 않은 소중한 자료이다. 이를 보면 《고려사》의 말기 열전 기사가 윤색되면서도 진실은 숨기지 않은 훌륭한 자료집이라 할 수 있다. 물론 우왕(반역 신우조)에서는 그 출자(出自)에 대하여 여러 가지 설을 쓰면서, 모니노는 신돈의 비첩 반야가 낳았다고 하고 있지만, 위화도 회군 이후에 신돈의 아들로 조작한 흔적을 충분히 찾을 수 있다.[54)]

모니노는 신돈이 처형된 뒤 명덕태후(明德太后) 전각에 들여 키웠고, 2년 뒤인 공민왕 22년 7월에 이름을 우(禑)로 고치고 강녕부원대군(江寧府院大君)이란 작위를 주고, 정당문학 백문보와 전록생, 대사성 정추가 사부(師傅)로 지정되었다. 따라서 공민왕이 23년 8월에 시해되고 우왕이 즉위하는 데에는 전혀 문제가 되지 않았다.

우왕과 창왕을 반역 열전에 넣은 것은, 오직 그가 반역자 신돈의 아들이라는 것이었다. 그 명분은 왕씨가 아닌 자가 왕위를 차지했다는 것이다. 이는 조선 건국자들이 창왕을 몰아내고 공양왕을 즉위시키면서 행한 정치적 술수일 뿐, 우왕과 창왕이 반역한 일은 전혀 없다. 그런데도 우왕 14년의 역사를 반역 열전에서 다루고 있다. 이는 《한서》 왕망전의 예에 따른 것이지만, 《고려사》 열전 가운데 최대의 실수라고 할 수 있다.

---

54) 이상백, 앞의 책, 79~83쪽 참조.

우왕과 창왕을 몰아낸 처사에 대하여, 원천석은 그의 문집에 다음과 같은 시를 남기고 있다.

| | |
|---|---|
| 전왕의 부자가 각각 나뉘어 떨어져 있다. | 前王父子各分離 |
| 동서 만리라도 같은 하늘아래네 | 萬里東西天一涯 |
| 한 몸을 서인으로 만들 수는 있지만 | 可使一身爲庶類 |
| 올바른 명분은 언제나 바뀔 수 없네 | 正名千古不遷移 |
| | |
| (고려)태조왕의 굳은 맹서 하늘에 응하여 | 祖王信誓應乎天 |
| 남긴 은택이 수백 년을 전하였도다. | 餘澤流傳數百年 |
| 진짜 가짜 분간을 어찌 일찍이 하지 않았나 | 分揀假眞何不早 |
| 저 푸른 하늘의 거울이 밝게 비친다.[55] | 彼蒼之鑑照明然 |

이 시에서 올바른 명분[正名]은 천고에 움직일 수 없다는 것은 조선 건국자의 행위가 정당하지 않음을 뜻하고, 폐가입진(廢假立眞)한다는 명분의 허식을 저 푸른 하늘이 분명히 알고 있다고 해서, 시로서 우왕이 신씨의 아들이라는 주장을 부정하는 견해를 뚜렷이 폈다.

그의 집에는 고려 말의 정치적 사건을 기록한 서사적인 내용의 글이 전해, 절대로 발설하거나 공개하지 말라는 문서가 전해 왔다는 이야기가 조선 후기까지 전해 왔으니, 이는 조선의 금압정책이 오래 지속됨으로써 끝내 발현되지 못한 문헌이라고 할 수 있다.

또한 우왕이 죽을 때 겨드랑이를 보이면서 자기가 왕손임을 입증

55) 《耘谷集》, 《高麗名賢集》 5, 343쪽.

했다는 설화가 조선조에 야사로 전해 온다. 고려의 왕손은 용의 손자이기 때문에 겨드랑이 털이 일반 사람과 다름을 암시한 것으로 해석된다. 왕손이 용의 혈통을 받았다는 설화는, 태조의 조부가 용녀와 결혼했다고 하며,[56] 현종도 용의 핏줄을 이었다고 하는 설화가 전한다.

폐가입진한다고 공양왕을 추대한 조선 건국자인 이성계는, 고려의 중흥공신이라는 책봉을 받고 공양왕과 서약을 한 후 3년이 지나 왕조를 아주 찬탈했다. 이성계 일파는 공양왕이 즉위하자마자 무장세력인 변안열을 죽이고, 마지막 반대세력인 정몽주를 격살하고 왕조를 찬탈했다. 이에 고려의 예부판서로 명나라에 갔던 김주(金澍)는 압록강을 건너기 전에 왕조 멸망의 소식을 듣고 귀국하지 않고 명나라에 가서 군대를 내어 이를 쳐달라고 부탁했으며, 이색·원천석·길재 등 조선 건국을 반대하는 세력이 상당수 있었다. 그리고 조선 건국자들은 왕씨 성을 가진 사람을 배에 태워 바다에 수장하는 등, 반대가 될 만한 세력을 무자비하게 숙청했다. 이처럼 조선 건국 초기에 반대세력이 아직 잔존했기 때문에, 조선 건국자들은 3개월 후 《고려사》 편찬을 서둘러 고려왕조의 멸망을 기정사실화하려고 했다. 조선 후기의 지식인들은 우왕이 신돈의 아들이라는 신씨설을 정치적 조작으로 이해하는 학자가 많았고, 사찬 사서에서는 거의 이렇게 씌어졌다.[57]

---

56) 《고려사》 세계 김관의(金寬毅)의 《편년통록》(編年通錄)의 인용문 가운데 태조 2년(919)에 용녀는 의조(懿祖)의 비 원창왕후(元昌王后)에 봉해졌다.

57) 유영옥, 〈'폐가입진'에 대한 조선 후기 사대부의 비판적 인식〉, 《역사와 경계》

### 6.3. 무장 변안열의 행적

변안열은 1334년 충숙왕 3년에 심양에서 출생하여 18세 때 원나라 무과에서 장원급제를 하였고, 공민왕이 왕에 임명되어 고려에 올 때 공민왕비인 노국공주를 친위했던 무장이다. 그는 이성계보다 한 해 먼저 태어났다. 변안열이 무장으로서 이름을 크게 떨치기 시작한 것은 공민왕 10년, 안우를 따라 홍건적을 격퇴하면서부터이다.

변안열이 무장으로 활약한 행적은 《고려사》 그의 전에는 거의 연월이 보이지 않으므로, 《고려사절요》를 통하여 연월을 보완할 수 있으며, 또한 열전에 서술되지 않는 기사도 보완할 수 있다. 다른 사람의 열전 등을 통해서 보완하여 변안열의 무공을 정리하면 다음과 같다.

1) 공민왕 10년 홍건적 침입시 안우가 올린 연주(延州) 전투의 헌첩(獻捷)에서 변안열과 정찬(丁贊), 왕안덕(王安德), 김인언(金仁彦), 허자린(許子麟), 박수년(朴壽年), 김기(金琦), 정원보(鄭元甫), 유지철(兪之哲), 권장수(權長壽), 조린(趙麟), 조인벽(趙仁璧) 등이 모두 힘써 싸운 공로가 있다고 포상을 요구했다. 이에 2등으로 녹공됨.[58](《고려사》 안우전)

2) 공민왕 11년 홍건적을 개경에서 격파함. 1등의 공으로 녹훈됨. 추성보조(推誠補祚) 공신에 책봉되었다.(《고려사》 변안열 본전)

3) 재추들이 교외에서 연회를 하면 변안열이 임견미, 염흥방과 박희

---

83, 2012 참조.

58) 《고려사》 권126, 열전 39, 변안열 본전 및 권113, 열전 26, 安祐傳 참조.

(팔씨름)을 했다고 한다. 이는 그의 체력이 강했음을 말해주는 것이다.(지밀직사사로 승진, 재추의 지위에 오름; 《고려사》 본전)

4) 공민왕 22년 8월 "置義勇左右軍 以門下評理柳淵 密直副使邊安烈分摠之."(《고려사절요》) 변안열은 의용우군을 관장했다.

5) 공민왕 23년 3월 최영으로 경상전라양광도도순문사로 삼아 제주도 반란을 진압하게 할 때 변안열은 이희필과 함께 양광도 원수로 출정하여 우왕 즉위년 10월에 개경으로 개선하여 돌아왔다.(최영전)

6) 우왕 원년 8월 심왕(瀋王)의 모자(母子)가 반인(叛人) 김의(金義), 진봉사(進奉使) 김서(金湑) 등을 이끌고 신주(信州)에 침입하였다는 이성(泥城)만호의 보고가 있자 크게 당황하여 지문하사임견미위서경상원수(知門下事林堅味爲西京上元帥) 등 서북지역인 안주, 서해도, 동북면원수로 밀직부사 조인벽을 임명하고, 문하평리(門下評理)[59] 변안열을 부원수로 임명하고, 제도(諸道)의 군사를 징집하려 했으나 그 침입은 그렇게 큰 문제가 없이 처리되었다.(《고려사절요》)[60]

7) 우왕 2년 9월 전라도 부안 지역에 왜구가 침입하여 조사민(趙思敏)을 전라도 부원수로, 목충(睦忠)을 조전병마사(助戰兵馬使)로 임명하고, 또 변안열을 양광전라도도지휘사 겸 조전원수(楊廣全羅道都指揮使兼助戰元帥)로 삼았다. 윤9월에는 나세(羅世)를 전라도상원수 겸 도안무사로 삼았는데, 10월에 부안에 왜가 침입하자 변안열, 나세, 조사민 등이 역습하여 크게 파했다. 참획한 수가 많았다. 은(백금) 한 덩어리와 안마,

59) 종2품의 문하부 관료로 국정을 논의하는 재신(宰臣)이며, 재추직의 일원이다. 이 당시 그 직은 3인이었다.

60) 《대은실기》에 실린 대은 선생의 연보에는 변안열이 동북면원수에 임명되어 심왕 고(暠)를 물리치고 공신호를 받았다고 기록했으나, 《고려사절요》에는 동북면원수에는 밀직부사 조인벽(趙仁璧)을 임명하고 변안열을 부원수로 삼았다고 했다. 연보 기사의 오류로 판단된다.

의복을 하사받았다.[61](《고려사》, 《고려사절요》)

8) 우왕 3년 4월 왜선이 서강(西江)에 들어오자 최영, 변안열이 출병하여 물리쳤다.(《고려사절요》)

9) 우왕 3년 5월 직산에서의 왜구 격퇴에 찬성사 양백연, 평리 변안열, 임견미를 파견하여 돕도록 했다.

10) 우왕 3년 8월, 왜가 서해도 신주・문화・안악・봉주를 침입하자 원수 양백익, 나세, 박보노, 도순문사 심덕부 등이 공격했으나 패하여 도움을 요청하므로, 태조급 문하평리 임견미, 변안열, 밀직부사 유만수, 홍징을 조전원수로 삼았다.(《고려사절요》)

11) 우왕 6년 8월 진포(금강어구라고 하나 낙동강어구인 듯하다)에 왜선 500척으로 침입하여 내지로 약탈을 감행하자 나세・심덕부・최무선 등이 최무선이 만든 화포로 배를 모두 태워버리자 경산부까지 쳐들어오자 태조를 양광전라경상도 도순찰사로, 찬성사 변안열을 도체찰사로 삼아 돕게 했다. 왕복명(王福命), 우인열(禹仁烈), 도길부(都吉敷), 박림종(朴林宗), 홍인계(洪仁桂), 임성미(林成味), 이원계(李元桂)을 원수(元帥)로 삼아 모두 태조의 지휘를 받게 하여 황산에서 대첩을 거두고 10월에 돌아오니, 이성계와 변안열에게 금 50량을 상금으로 주고 다른 원수에게는 은 50량을 하사했다.(《고려사》, 《고려사절요》)

12) 우왕 8년 4월 왜가 죽령을 넘어 단양군에 침입하자 원수 변안열・한방언 등이 격파하여 80여 명을 참하고, 말 200여 필을 얻었다. 5월에는 변안열・한방언 등이 안동에서 왜를 쳐 30여 명을 참하고, 말 60필을 얻었다.(《고려사》, 《고려사절요》)

61) 이때 그의 열전에서는 문하찬성사로 승진한 것으로 기술하였고, 이에 의거 《대은실기》의 〈대은선생연보〉에서 이 해 11월 기사에 기록하였으나, 다음해인 우왕 3년 8월조의 《고려사절요》에서는 문하평리로 기록하였으므로, 연보의 이 기사는 잘못된 것으로 판단된다.

이때 그는 공을 세워 이등공신이 되었고(권26, 안우전), 공민왕 11년(1362)에 홍건적이 수도 개경을 점령하였을 때 이를 환수하는 데에 공을 세워 추성보조공신에 책봉되었고, 관직은 예의판서에 임명되었다.

이 무렵 고려의 최고위 무장으로는 정세운, 안우, 김득배, 이방실(세 사람은 안우전에 함께 실렸는데, 이전에 홍건적 격퇴에도 함께 공을 세웠다) 등이었다. 총사령관 정세운이 김용(金鏞)의 악의적인 사주를 받은 안우에 의해 살해되었다. 안우와 김득배, 이방실 등도 처형되어 사령관급이 모두 제거되었다. 이는 모두 김용의 간계에 의한 자중지란이라고 할 수 있다.

당시 사령관급에 최영이 있었고(서북면도순찰사, 공민왕 9년), 연대장급으로는 변안열, 이성계, 안우경 등이 공을 세워 무장세력으로 두각을 나타내기 시작했다. 이성계가 거느린 군대가 친병 2천 명이었기 때문에 이들을 연대장급이었다고 판단된다. 최영은 김용이 흥왕사의 난을 일으켜 공민왕을 시해하려 하였을 때 그를 제거하는 데 수공을 세웠으나, 신돈이 정권을 장악한 동안(공민왕 14년 5월에서 20년 신돈의 실각 때까지) 좌천되어 경주부윤으로 나가 있었다.

《고려사》 변안열전에 다룬 내용 가운데 황산의 왜구 토벌에 대한 기사에서 이성계의 전공만 늘어놓았을 뿐, 부장으로 참가하여 주장인 이성계와 똑같이 금 50량을 받았다는 기사 외에는, 그의 열전임에도 그의 전공을 한마디도 서술하지 않고 있다. 이 전투의 모든 공을 이성계가 독차지했다는 것으로 해석할 수밖에 없다.

그의 열전에 든 그의 죄상은, 여주로 폐출된 우왕을 맞이하여 복위시키려 하였다는 것이다. 그 근거는 대간직에 있었던 윤소종의 네 차례 상소문을 싣고, 이에 동조하는 대간들의 상소문을 실었을 뿐이다. 개경에 여우가 나타난 것을 들어 소인배를 처형하지 않아 생긴 천견(天譴)이라고 주장한 소, 그리고 한양에 유배되어 주살되는 과정과 연루된 이을진, 이림, 이경도, 정지, 원상 등의 처형 기사, 말미에 변안열이 회군공신에 책봉되었으니 처자들을 처벌하지 않는다는 공양왕의 하교를 싣고 있다.

우왕을 다시 옹립하려 하였다는 변안열의 기사는, 정몽주 열전에 다른 상세한 기록을 보이고 있다. 즉, 정몽주와 동료[同列]가 함께 거듭 상소를 올리자, 간관과 사헌부, 형조에서 다섯 가지 죄를 열거하여 죄가 의심스러운 사람에 대한 재심을 제의하였다. 이에는 5죄 가운데 세 가지가 언급되어 있는바, 첫째, 우왕 퇴출 후 왕씨를 세우는 논의를 반대하고 창왕을 세운 죄, 둘째, 여주에 유배 보낸 우왕을 맞이하여 복위시키려한 죄, 셋째, 윤이 이초의 무고한 글에 이름이 연루된 죄 등이다.

5죄라는 것 가운데 두 가지는 현재의 문헌자료로는 밝힐 수 없다, 아마 우왕을 영립한 죄와, 요동을 정벌하고자 하여 명을 치려고 한 죄가 아닌가 추정할 뿐이다. 그런데 이 두 가지가 정몽주 열전에 빠진 것은 관련자가 이미 처형되었거나 재심을 할 필요가 없었기 때문으로 짐작이 된다.

위의 3죄에 해당되는 사람 가운데 창왕 옹립에 관련된 지용기(池湧奇), 박위(朴葳), 이무(李茂), 정희계(鄭熙啓), 이빈화(李彬화), 윤사덕(尹師德), 진을서(陳乙瑞), 진원서(陳元瑞), 이옥(李沃), 이중화(李仲華)

는 심문도 하지 않고 유배를 보냈는바 심문 조서가 없는데, 이 가운데 지용기와 박위는 공신이므로 면죄시켜 주자는 것이고, 우왕을 다시 영립하려는 모의 명단에 나오는 심문조서가 없는 우홍수(禹洪壽), 정지(鄭地) 및 공초가 없는 사람을 다시 살피자는 것이 주목적이었다고 판단된다. 이에 공양왕은 5죄를 의논할 사람으로 이성계를 지명했다.

이 5죄 관련 기사는 《고려사절요》에 따르면 공양왕 3년 9월조에 "문하성 사헌부, 형조가 논열했다"고 간략이 나오고 있고, 이 논의는 실제 실효를 거둘 수 없을 정도로 정치상황이 급박하게 돌아갔기에 결국 유야무야 되었다.

정몽주 열전에 나오는 5죄 가운데 우왕을 영립하려 한 죄의 총책임자로 변안열이 언급되고 있으며, 나머지 두 가지 죄에도 변안열은 중죄로 지목되고 있다. 그리고 앞서 윤소종이 변안열을 처형하라는 네 차례의 상소를 공양왕에게 올려 어쩔 수 없이 변안열을 한양으로 유배 보냈다. 헌사에서 한양부윤 김백흥에게 이첩하여 살해하도록 하여 격살되고 말았음을 그의 열전에 쓰고 있다. 《고려사절요》와 《고려사》 변안열 열전에 실린 윤소종의 상소문에는, 변안열이 우왕을 영립하여 왕씨의 종통을 끊게 하였다고 하여, 천지가 용납할 수 없는 '대반역자'라고 지목했다.

김저의 사건도 이성계를 살해하려 하였다고 하나, 김저를 추조함에 칼로 발바닥을 찢고 불로 지지는 가혹한 고문을 통해 각본대로 복종을 받아냈다.

특히 변안열 열전에 한양부윤 김백흥에게 죽기 전에 모의를 혼자

한 것이 아니라는 말에 의거하여 연루자를 대폭 확장시켰으니, 이는 정적의 인물들을 완전 제거하기 위한 술법이라고 할 수 있다. 또한 이을진을 고문하여 연루된 원상(元庠)의 말에 우왕을 다시 영립하려 한 것은 사전 혁파를 막으려는 뜻에서 행했다고 하나, 이도 근거가 명확하다고 할 수 없다. 변안열이 특별히 많은 사전을 가졌다고 할 수는 없다. 이는 이색도 마찬가지였다. 사전의 개혁이 고려왕조의 기반을 송두리째 없애려 한다는 판단에서, 조선 건국을 반대하는 입장에서 이를 제기하였을 가능성이 높다고 할 수 있다.

도평의사사에서 고위 관료를 취조도 하지 않고 주살한 잘못을 아뢴 기사가 그의 열전에 실려 있으나, 당시의 그 책임자에 대한 문책이나 처벌은 행해질 수 없도록 정치상황이 이성계 쪽으로 유리하게 돌아가고 있었다. 따라서 그가 주살된 주 원인은, 조선 건국에 최대의 걸림돌이 되는 이성계의 반대세력이었기 때문이다.

### 6.4. 변안열이 간신전에 든 이유와 그 비판

간신이라 함은, 국어사전의 해석대로 '간사한 신하'라는 뜻만이 아니다. 역사적으로 《고려사》 간신전에 오른 대부분의 사람은 간신전 서문에서 말한 대로, 권세를 잡은 다음 그 권세를 마음대로 휘둘러 사리사욕을 채우기 위하여 부정부패를 저지른 사람이라고 정의할 수 있다. 간신전 1 · 2에 오른 대부분의 사람이 2품 이상의 재상급으로, 사욕을 위해 권력을 자행한 사람들이다.

변안열이 간신이라는 것으로, 그의 열전에 씌어진 내용을 적출하면 다음과 같다.

1) 안열이 임견미, 이인임과 함께 정방의 제조가 되어 서로 자신의 뜻을 이루고자 함께 욕심을 냈다. 무릇 공장(工匠) 및 재산이 있는 자는 반드시 먼저 임용했다.[62)]

2) 공양왕 초 영삼사사(領三司事) 김저(金佇)의 옥이 일어났는데, 김저의 말에 안열, 이림, 우현보, 우인열, 왕안덕, 우홍수와 함께 여주에 있는 우왕을 맞이하려 공모했는데 (안열이) 내응하기로 했다.

정방이라 함은 무인집권시기에 최우가 자기의 집에 문무반의 인사를 집행하는 기구로 정방을 설치하여, 원래 이부(吏部)와 병부(兵部)에서 담당했던 문무반의 인사행정을 처리한 기구로, 무인집권기가 지나서도 정방은 없어졌다가 다시 생겨나서 고려 말까지 지속되었다. 고려 말에는 '상서사'(尙瑞司)로 개칭되었고, 이를 '지인방'(知印房), 또는 '차자방'(箚子房)이라고도 칭하였으며, 인사권의 정상화를 위해 정방은 치폐를 거듭하다가 조선조에 와서 다시 문무의 인사권이 이조와 병조로 넘겨가면서 국왕의 인장을 보관하고 관장하는 기구가 되었다. 창왕대에 상서사로 개칭된 이후 조선왕조로 넘어갔다. 정방에는 상서사 판사가 네 명이었는데, 문하부(宰府)와 추밀원(樞府)의 재추(宰樞)가 겸했다.[63)] '제조'란 관직은 '제거'(提擧)라고도

62) 우왕 6년의 황산대첩의 기사와 동 8년의 단양에서 왜구를 격퇴한 전공의 기사 중간에 실린 글로 원문은 다음과 같다. "安烈 與堅味李仁任 提調政房 同欲相濟 凡 工匠及有財者 必先用之"

63) 《고려사》 권77, 지 권31, 백관 2, 尙瑞司 참조.

칭했는데, 이는 송나라의 직제를 수용한 것으로 충렬왕 때 설치된 '경사교수도감'(經史教授都監)에, 충목왕 4년에 제조 3인을 두었다는 기록이 나온다.[64] 즉, 관서의 중요 업무를 총지휘하는 직책이라는 뜻이다.

그런데 간신전 임견미전에는, 그가 수문하시중에 승진하여 도길부(都吉敷), 우현보, 이존성과 함께 정방의 제조가 되었다. 옛날(故事)에는 시중이 인사권을 장악하였는데, 임견미가 권력을 마음대로 휘둘러 영통, 민수가 비록 시중이 되었어도 간여할 수 없었다. 임견미의 인척 성수항(成守恒)을 평주지사에 임용하여 백성에게 껍질을 벗겨 사리를 취하는 등 하지 못하는 일이 없었다. 그가 임기를 마치고 돌아올 때 짐수레가 이어졌는데, 또 철원부사에 임용했다는 등 두 가지 부당한 인사를 열거했다.[65]

간신전 이인임전에는, 당시(우왕 2년경) 이인임이 지윤(池奫), 임견미와 함께 정방의 제조를 맡았는데, 인사권을 마음대로 휘둘러 자기 무리를 관직에 심으니, 온 나라 사람이 그의 줄에 서 붙었다. 관직을 임용할 때 그 사람이 바치는 뇌물의 다소에 따라 행하였고, 근태를 엿보아 승진과 파직을 시켰다. 관직의 수가 부족하면 관직을 첨설하기가 한이 없었다. 혹 수십 일이 되어도 왕의 결재가 나지 않으면 뇌물을 가지고 오기를 기다려 하루의 관직에 임용하니, 재추(2품 이상)가 59명에 이르렀고, 대간, 장수, 수령이 모두 그의 친구였고, 시정상인이나 공장(工匠)도 줄을 대어 임용되었다. 당시 사람들이 '연호

---

64) 《고려사》 권77, 지 권31, 백관 2, 經史教授都監 참조.
65) 《고려사》 열전 권39, 간신전 2, 林堅味傳 참조.

정'(煙戶政; '백성을 임용하는 인사'라는 뜻)이라 불렀고, 홍산 전투의 전공을 논상함에는 종군하지 않고도 관직을 얻은 자가 심히 많았다.[66]

간신전 임견미와 이인임의 열전 가운데 그들과 함께 한 정방의 제조에 변안열의 이름이 나오지 않을 뿐만 아니라, 변안열이 한때 그들과 정방의 제조를 맡았다고 하더라도, 그들의 열전에서 정방의 제조로서 비행을 저지른 구체적 사례가 나오는 데 반하여, 변안열의 열전에는 비리나 부정을 저지른 구체적 사례가 전혀 나오지 않는다는 점이다. 그리고 변알렬이 간신전에 오른 중요한 이유가, 자기의 뜻을 이루기를 함께 하려 했다는 표현은 대단히 막연하다. 그리고 "공장이나 재산이 있는 자를 먼저 등용했다"는 것과 유사한 표현은 이인임전에도 보여, 이에서 따온 것으로 판단된다.

따라서 변안열전에서 유일하게 들고 있는 비행은, 위 1)의 표현은 열전 편찬자가 그를 간신전에 넣는 사유로 궁색하게 짜맞춘 것이라고 해석할 수밖에 없다. 위 2)는 그가 유배되고 죽임을 당한 근본 이유로 볼 수 있는 것인데, 이를 가지고 간신전에 넣는다는 것은 더욱 사리에 맞지 않다. 이는 이어서 나오는 윤소종의 네 차례 상소문과 대간들의 상소문에서, 그는 간신이 아니라 고려왕조의 종묘 제사를 행해야 할 군주로 왕씨의 혈통이 아닌 우왕과 창왕을 세운 것은 난신적자이며, 고려 왕실에 대한 대역죄인이라 표현했다. 이는 이성계의 조선 건국에 반대한 정적이라는 표현이 옳다고 본다.

66) 《고려사》 열전 권39, 간신전 2, 李仁任傳 참조.

요컨대 변안열이 사전개혁을 반대한 것이나, 우왕과 창왕을지지한 것은 고려왕조를 유지하려 한 충정이었다고 할 수 있다. 변안열보다 사전개혁과 우왕, 창왕의 지지에 더 적극적이었던 이색을 간신전에 넣지 못한 것은, 그가 너무나 명성이 높은 유학자 사대부였기 때문이다. 조선 건국자들이 유학을 따르는 사대부였고, 그를 간신으로 평하기에는 사대부들이 학문적으로 존경하는 인물이었기 때문이다. 최영을 회군한 뒤에 죽이지만 그를 명신전에 넣은 것은, 그가 너무나 우뚝 선 큰 인물이었고, 백성의 지지를 얻은 곧바른 인간이었으며, 조선 건국의 문제가 노출되기 전에 죽은 인물이었기 때문이다.

변안열을 간신전에 넣은 것은, 왜구의 격퇴에 혁혁한 무공을 세웠고, 고려왕조의 유지를 위해 노력한 그가, 이성계의 왕국 찬탈을 반대하였기 때문이라고 할 수 있다. 또한 윤소종 등이 우왕을 신돈의 아들이라는 설을 날조하는 데 동조하지 않았던 데에 말미암은 것이라 하겠다.

## 7. 맺음말

위에서 살핀 내용을 정리하면 다음과 같다.

1) 《고려국사》는 조선이 건국한 지 3개월 되어 정도전, 정총, 윤소종 등에 명하여 2년 2개월 만인 1395년에 37권으로 편찬이 완성되

었다. 그 후 네 차례의 수정작업을 거쳐 1351년에 기전체의 139권의 《고려사》와, 곧바로 6개월 만에 편년체의 35권의 《고려사절요》로 완성되었다. 60여 년에 걸쳐 수정 보완되었다.

《고려국사》의 수정작업이 처음 시작된 것은, 태종이 "공민왕 이후의 역사 사실이 잘못 기술되었고, 특히 우왕 이후의 역사 서술에 빠진 것이 많다"고 한 데에 있다. 이를 조선 건국을 사대부 중심으로 서술하였기 때문이라고 해석하였으나, 진짜 이유는 이성계의 활동과 이방원의 역할 등이 소홀히 다루어지고 빠진 일이 많다는 것이었다. 이 문제는 《고려사》가 완성될 때까지 놓지 않았다. 《고려국사》는 《태조실록》이 편찬되기 전이므로, 태조총서에 나오는 내용이 담겨 있지 않았다. 《태조실록》은 태종대에 하륜이 편찬하였고, 건국 이전의 행적이 총서에 서술되었다.

이성계에 관한 《고려사》의 서술은 《태조실록》의 총서 내용이 많이 들어 있다. 그러나 《고려사》의 편찬 과정을 말해주는 실록 자료에는 이 사실이 완전히 숨겨졌다. 단지 형식적인 왕실의 용어 등이 중대한 문제인 듯 장황하게 전하고 있다. 다시 말하면, 이성계에 대한 미화작업, 신격화 서술을 끝까지 숨긴 채, 《고려사》로 정착될 때까지 보완하였다고 할 수 있다. 그 예로 세종대에 만든 〈용비어천가〉의 상세한 주석을 이용하도록 하였다. 이에는 문헌자료에 없는 설화와 전설 등 민담이 담겨 있다.

또한 고려 말의 정치, 경제, 문화 등의 상황이 망하지 않을 수 없다고 강조하여, 조선 건국은 찬탈이 아니라 천명과 인심이 이성계에게로 돌아왔다는 신진 사대부들의 주장이 강하게 반영되었다. 60년 동안 네 차례나 고쳐진 것은 이런 과정이었다고 할 수 있다. 세종대에 고려 왕들이 황제가 사용한 칭호와 용어를 쓴 것을 한 단계 격하시켜 기술했던 원나라 간섭기의 역사 서술을, 고려왕조의 실록에 의거 사실대로 서술하라는 편찬 원칙이 세워졌다. 이를 《고려사》의 직서주의라고 칭한다. 그러나 고려 말 조선 건국과정은 이런 직서주의 원칙보다는, 조선 왕실이 정치적 입장이 강하게 반영하는 정책적인 서술이 이루어졌다.

또한 《고려사》 열전 가운데 우왕은 어머니가 과거 신돈의 비첩이었다는 것을 이유로, 공민왕의 아들이 아니라 신돈의 아들이라는 주장을 만들어냈다. 이는 《고려사》 편찬과정에서 만들어진 것이 아니라, 정도전과 윤소종 등이 창왕을 축출할 때 주장한 것이다. 이것이 이른바 '폐가입진'(廢假立眞)이다. 그러나 《고려사》 찬자는 이성계를 '진주'(眞主)라고 썼듯이, 왕조의 찬탈을 위해서 우왕의 신씨설을 만들어냈다.

그래서 이성계가 몰아낸 우왕과 창왕을 반역 열전에 실었고, 그가 몰아낸 정치세력을 간신전에 실었다. 이는 역사가 정치가에 의하여 굴절된 좋은 실례이다. 우왕의 출자에 대한 이 주장은, 고려 말에서 조선 건국으로 이어지는 과정의 가장 근원적인 문제로서, 고려 당대는 물론 조선조에도 이를 부정하는 견해가 강력히 있었음을 밝혔다.

2) 《고려사》는 세종대의 집현전 학사들을 통해 중국의 역사를 깊이 있게 연구한 결과가 반영되었으므로, 열전을 중국 정사 《25사》와의 관련성을 살펴보았다. 열전 가운데 특히 간신전이 나타나는 것은

《송사》(宋史)부터이고 《원사》(元史)에 이어졌다. 그 서문을 《고려사》 간신전의 서문과 비교하여 검토하니, 《고려사》 간신전의 서문은 《원사》의 서문을 축약한 것임을 확인했다. 《고려사》 간신전 서문의 요지는, 인종 이후 간사한 신하가 이어 나와 '권력을 훔치고, 마음대로 휘둘러 백성을 침탈하고 나라를 망쳤다'는 것이다. 다시 말하면, 권력의 장악에 부당한 방법을 사용하였으며, 권력을 잡은 후에는 전횡하여 비리, 부정부패를 한 고위 관료라고 했다.

간신은 '간사한 신하'라는 국어사전적 해석 위에, 역사적 용어로 사용할 때에는 이런 해석이 추가되어야 할 것이다. 간신전 1은 인종 이후 무신집권 시대의 인물이며, 간신전 2는 우왕 이후의 사람으로, 이들은 조선 건국자, 즉, 이성계와 대간직이었던 신진 사대부들의 주장으로 관직에서 밀려나고 처형되기까지 한 인물이라는 공통점을 가진다. 이들 가운데 지윤, 이인임, 경복흥, 임견미 등은 서문의 뜻에도 부합하는 인물이지만, 조민수, 변안열, 왕안덕의 행적은 서문과 일치하지 않음을 밝혔다.

3) 이성계를 미화한 수법을 구체적으로 검토했다. 그 결과는 이성계와 그 아버지의 이름이 나올 때에는 '우리 태조'(我太祖)라고 칭하여, 고려조의 역사에서 이미 왕이 된 것처럼 취급하여, 줄을 바꾸어 올려 쓰는 대두법을 적용했고, 함께 참가한 장수 가운데 한 사람으로 나올 경우, 그를 제일 앞에 내세우는 방식이었고, 당시의 관직을 생략함으로써 더욱 높이는 수법을 사용했다.

4) 변안열은 간신전의 서문에 해당하는 내용으로 든 임견미, 이인임과 같은 대표적인 간신과 함께 정방의 제조가 되어, 인사로 자신

의 일을 이루는 데 협력했다고 하나, 정작 이인임과 임견미전에는 정방의 제조로 인사권을 행한 사람이 두 명, 또는 세 명이 열거되었는데, 변안열의 이름은 나오지 않는다. 그리고 변안열이 권력의 장악을 위해 부당한 방법을 사용하지도 않았고, 비리나 부정부패 행위가 전혀 기록되지 않아, 위 두 사람의 경우와 크게 다르다.

따라서 이런 점은 바로 변안열이 정치적 희생양이 되어 간신전에 넣어졌고, 그 이유를 구차히 남기려다 보니 근거 없는 서술을 써 넣은 것이라고 판단된다. 그는 요동 정벌에 참여한 36명의 원수 명단에는 보이지 않으며, 우왕이 환관을 동원하여 회군한 주모급 원수를 죽이려 했다는 사람 가운데 조민수, 이성계, 변안열 세 장군의 이름이 나오는 점이라든지, 공양왕과 태조대에 회군공신을 책봉할 때 변안열이 책봉된 점으로 보아, 요동 정벌의 군사 책임자에 대한 서술에 모종의 은폐가 있음을 간파할 수 있다. 그가 한양에 유배되어 살해된 것은, 이성계를 죽이려 한 김저의 사건에 연류된 것이지만, 그가 우왕복위운동을 한 것을 들어 공양왕에게 탄핵한 윤소종의 네 번의 상소문과 대간의 주장에는, 고려 왕실의 제사를 끊기게 하였다 하여 하늘과 땅의 신이 분노할 '대역죄인' 또는 누구나 잡아 죽여도 좋다는 최악질의 범죄자라는 뜻의 '난신적자'(亂臣賊子)라는 대단히 가혹한 죄명을 뒤집어 씌웠다.

또한 그가 간신전에 든 것은 무인이었다는 점도 작용하였을 것이다. 조선 사대부들이 무보다는 문을 중시하는 성향을 가졌기 때문이다. 이는 이색과 똑같은 노선을 취했으면서도 그만 유독 간신전에 넣은 데서도 알 수 있다.

이처럼 《고려사》는 학문적 객관성을 견지하려고 노력하였음에도, 고려 말의 기사는 조작될 수밖에 없는 정치적 산물이었고, 사료의 조작과 곡해가 이루어진 구체적 사례를 변안열 열전을 통해서 확인할 수 있었다.

제3주제

# 몽골 제국과 원주변씨 가계의 관계

**허 흥 식**

한국학중앙연구원 명예교수

## 1. 머리말

14세기 말 동아시아는 커다란 정치적 전환기였다. 이보다 4세기 앞서 9세기 말부터 10세기 전반에 있었던 동아시아의 변화와 비교할 대상이다. 변방에서 일어난 세력에 의하여, 신라에서 고려로 변화보다 조선의 개국은 국가 내부에 있었던 정변으로 차이가 있다. 그러나 국제 정세의 변화와 내부의 군벌이 형성된 다양한 요소는 고려의 건국에 못지않은 다양성도 있다.

고려의 한반도 통일은 조선의 개국보다 국제적 관계에서 다원화된 요소를 앞서 극복하였다는 의미를 담고 있다. 명보다 늦게 출발한 조선은 고려보다 자주성이 약한 불리한 조건을 감내해야 하였다. 조선의 건국과정에서 무장들의 세력은 고려의 건국처럼 다양하였고, 문신관료들의 기반은 과거제도를 통하여 더욱 강화되어 있었다.

조선 개국에 대해서 조선 건국의 정당성을 강조한 나머지, 고려 말기의 사실 일부분만 강조하거나 개국의 중심세력인 이성계의 세력기반과 공신의 행적만 미화하거나 다른 무장들의 역할을 소홀하게 취급한 부분도 있다.

14세기 후반은 동아시아의 여러 곳에서 새로운 국가가 일어나 국제 관계가 재편되는 격동기였다. 대륙에는 한족이 몽골 제국의 수도였던 황하 유역까지 확대하여 명을 건국하고, 한반도에는 고려에서 조선으로 왕조가 바뀌었다. 왕조의 변화는 정치사에서 가장 큰 정변인데, 이를 전후하여 크고 작은 정변이 빈번하게 일어나는 속성이 있다. 정변의 배경에는 각 시대의 여러 상황이 반영되었고, 이를 극복하기 위한 국가와 사회의 내부 모순, 내우외환 등이 복합적으로 연결되지만, 어느 하나를 초점으로 삼아 연구하고 이를 확대하여 평가하는 경향이 불가피하다.

14세기 말의 왕조 변화는 고려왕조의 종말과 조선 개국이라는 용어로 많은 연구가 축적되었다.[1] 단순한 왕조의 교체인가, 아니면 사회개혁의 혁명인가라는 가치의 평가가 개입되면서 더욱 활발하게 진행되었다. 역성혁명이라고 보는 관점은 왕조의 성씨를 중요시하는 왕조사관이다. 왕조에서 벗어나 급격한 사회개혁인 혁명이란 용어를 결합시킨 표현이 있었는가 하면, 민본(民本)이란 근대혁명의 용

1) 이러한 경향은 역사의 시대구분을 왕조사 중심에서 벗어나 사회경제의 변천에 두어야 한다는 관점에서 비롯되었고, 최근에 강조된 느낌이 있다. 대표적인 예로 한국사연구회 편, 《한국사입문》(지식산업사, 1981)과 《신조선사입문》(용계서사, 1981)이 있다.

어까지 차용한 다양한 언어의 수사(修辭)가 국사학계에 등장하였다.[2)]

이 무렵의 왕조 교체는, 왕조가 오랜 기간 지속하는 속성을 가진 한국사에서 매우 보기 드문 현상이다. 이것의 의미는 왕조 교체가 잦은 황하 유역에 수도를 둔 동아시아의 왕조보다 중요하게 취급해야 할 요소가 없지 않다. 따라서 이에 대한 각 방면의 연구가 뒷받침되고, 개별적이고 부분적인 성과가 축적되어 이를 종합하면서 왕조 교체의 의의를 재음미할 필요가 있다.

《조선왕조실록》에는 조선의 건국을, 1392년 4월 4일 백주(白晝)에 있었던 정몽주 척살 사건을 강조하여 기점으로 삼은 느낌이 있다. 이 글에서는, 이보다 6년 앞서 무장들의 가장 큰 정변인 위화도 회군을 강조하여 기점으로 삼고자 한다. 위화도 회군이 가장 큰 무신의 정변이라면, 정몽주의 척살은 조선 건국에 반대한 문신을 폭력으로 숙청한 시발점이었다는 차이점이 있다.

원주변씨는 출발부터 몽골 제국과 깊은 관련이 있었다. 한반도의 서북에서 세거(世居)하던 변씨가 몽골과 항전하는 기간에 심양으로 이주하였고, 공민왕이 귀국해 즉위할 때 호위하면서 가문과 함께 귀국한 변안열은, 무장으로 여러 차례 전공을 세웠고, 위화도 회군에 동참하였으나 이후 창왕의 옹립과 우왕의 복위에 가담했다고 처형당했다. 그의 삶은 몽골 제국과 깊이 관련되어 있었고, 가장 큰 정변의 하나인 위화도 회군은, 원의 핵심부가 함락된 뒤에도 20년 동안

2) 李丙燾, 《朝鮮史大觀》(同志社, 1948); 旗田巍, 《朝鮮史》(岩波書店, 1951); 국사편찬위원회, 《한국사》(탐구당, 1973～1976).

이어진 북원과의 관계에서 거시적으로 살펴야 할 중요한 대상이다.

이 글에서는 변안열이 세력 기반을 형성해 가는 과정을 살피고자 한다. 변안열은 공민왕이 즉위하기 위하여 환국하는 과정에서 심양에 머물던 호위무장으로 참여하였다. 그의 역할과 제거되기까지 고려 정부와 원과 명의 관계, 그리고 동북면에서 성장한 하나의 군벌인 이성계와의 협력과 갈등을 살피고자 한다. 고려 말기의 무장들은 다양한 세력 기반이 있었고, 군사는 관군의 성격에서 벗어나 사조직인 군벌로 변하는 경향도 있었다. 위화도 회군의 가장 큰 약점은, 다양한 군벌의 요소가 참가하였으나 군사의 공적인 요소를 협동하여 무기력하게 만든 정변이었다는 사실이다. 군벌을 하나의 관군인 공조직으로 환원하는 과정이 실패하였고, 사병의 혁파는 이후 왕자의 난에 이르기까지 조선 건국 이후에도 한동안 남아 있던 과제였다는 관점을 제시하고자 한다.

다음으로, 조선 개국을 방해하는 문신세력을 제거하는 과정에 초점을 두었던 정변에 앞서, 무상이 사조직인 군사력을 세거하는 과정을 살피고자 한다. 홍건적과 왜구 등 외세의 침략과, 이 과정에서 사병화된 군사력을 보유한 대표적인 군벌인 이성계를 비롯하여 최영, 조민수, 변안열, 우인열 등의 협력과 갈등을, 대륙의 정세 변화와 이성계의 군사 기반이 주도하는 상황으로 변화하는 과정에서 변안열의 역할을 살피고자 한다.

대체로 전근대에는 왕조의 창건자를 신성시하여 윤색하므로 사실적인 연구가 이루어지기 어렵다. 조선왕조가 멸망한 뒤에야 몇몇 역사가가 연구대상으로 삼았으나,[3] 왕조적 사관의 습성을 가진 식자들로부터 사적(史賊)으로 성토되었을 뿐이다.[4] 조선 건국에 대해서는 근래에 정치, 경제사적으로 다양한 방향에서 접근한 연구들이 나왔다.

조선 건국에 대한 연구는 왕조변혁을 뒷받침한 공신이나 개혁파 인물을 중심으로 접근하거나,[5] 위화도 회군 이후의 정치·경제 상황과 연결시켜 이해하려는 방향으로 이루어졌다.[6] 여기서는 이러한 선학들의 연구 방향과는 달리, 필자가 추구해온 국제관계와 사회구조사의 변화에서 위화도 회군에 나타난 무장들의 세력 기반을 소급해서 조명해 보고자 한다.

14세기 말의 고려는 동북아시아라는 거대한 공간과 맞물려 있다. 이에 원주변씨라는 미시적인 사례를 거시적인 공간과 연결시켜 입체적으로 살피고자 한다. 고려 말의 정변과 조선 개국에 대한 사료는 《조선왕조실록》의 권두에 실린 총서(總書)를 비롯하여 《고려사》, 개인문집에 이르기까지 수없이 많다. 그러나 이 글에서는 《용비어천가》의 주(註)와 《북순사기》(北巡私記), 그리고 이슬람권의 사료를 주목하여 주된 자료로 활용하려 한다. 되도록 윤색된 기존 자료의 한계를 벗어나, 동아시아 국제 환경의 변화와 관련 지워 부각시킴으

3) 金澤榮, 《韓史綮》(南通翰墨林書局, 1918). 태조의 즉위를 "弑二王 簒恭讓王"라 하였는데, 이성계에 대한 이와 같은 기술태도는 그가 처음이 아닌가 한다.

4) 太極敎本部, 《韓史綮辨》(1923).

5) 한영우, 《정도전사상의 연구》(한국문화연구총서, 1973); 박천식, 〈개국원종공신의 연구〉, 《군산교육대논문집》 10(1975); 정두희, 〈조선초 삼공신 연구〉, 《역사학보》 75, 76 합(1977).

6) 李相佰, 《李朝建國의 硏究》(乙酉文化社, 1949); 한영우, 《조선전기사회경제연구》(을유문화사, 1983).

로써 객관적인 이해에 접근하고자 한다.

## 2. 몽골 제국의 소수민족 정책과 세계 경영의 변화

14세기의 동아시아는 이미 확립되었던 팍스 몽골리아의 변화를 이해하는 데서 시작할 필요가 있다. 고려 말기의 역사는 몽골 제국(1206~1388)[7]이 확립한 동아시아 질서의 재편과 맞물려 있었다. 지금까지 고려 말기의 역사는 명나라 초에 서둘러 저술한 《원사》(元史)와, 이를 기준으로 삼아 정인지가 편수관(編修官)으로 저술한 《고려사》에 바탕을 두고 있다. 《고려사》를 평가한 근대의 연구서는 객관적인 사료의 편집이라, 이를 인정하는 경향이 대세였다.

이러한 일반적인 견해는 《원사》에 기반을 둔 《고려사》의 연장이었다. 여기에 식민지 시대에 일본인이 확립한 동아시아 관섬에 의하여, 고려는 외침으로 풍전등화와 같았다는 이론으로 더욱 증폭되었다. 광복 후에도 자기의 역사를 제대로 연구하여 바로잡지 못한 상황에서, 국민교육을 위한 개설서를 서둘러 써야 했던 시기에, 식민지 시대의 성과에 의존한 《고려사》의 관점을 벗어나기 어려웠다. 그리고 이후에 중·고등학교 국정 국사 교과서까지 그대로 답습하였다.

7) 일반적으로 몽골 제국의 존재 기간을 1206~1368이라 말하지만, 적어도 북원의 20년을 포함할 필요가 있다고 간주하였다.

이와 달리 필자는, 고려는 당시 세계사에서 보기 드문 자주적인 국력을 바탕으로 안정된 국가를 유지하면서, 개방성이 강한 문화를 발전시켰다고 보고자 한다. 이전의 사관과는 전혀 다른 관점이므로 이에 대한 의견을 묻고자 한다. 몽골 제국은 소수의 민족으로 이룩한 훈족에 이어서, 팍스 몽골리아의 세계 경영의 전통이 있었고, 이를 견지하였다. 몽골의 세계 경영에 탁월하였던 요소를 민족정책에서 살피도록 하겠다.

### 2.1. 소수민족 정책의 시대구분

본래 전통시대의 정사(正史)란, 자신이 살고 있는 국가를 승국(勝國)이라 말하는데, 거기에는 앞선 왕조를 극복하여 향상시켰다는 의미가 숨어 있다. 다른 표현으로, 전 왕조는 망해야 마땅하다는 당위성을 서술해 새 왕조를 선전하는 것이 불가피하다. 더구나 1368년에 명이 몽골의 수도를 함락시켰다고 하지만, 농업경제에 기반을 두었던 한족 국가와 전혀 다른 유목민족의 국가란 그 뿌리가 달랐다. 북원(北元)으로 건재하던 시기에 서둘러 저술하여 명초에 완성한 《원사》는 최악의 사서로 꼽히고, 청대에 이르러 《신원사》(新元史) 편찬은 불가피하였다.

《원사》를 기준으로 삼아 펴낸 《고려사》는 《고려국사》가 졸속 편찬이란 점이 드러나, 출간한 다음 배포를 금지하고 새로 쓰기가 시작되었다. 조선의 전성기인 세종 때 현존하는 《고려사》가 거의 완성되었으나, 첫 단추를 잘못 끼운 큰 틀을 벗어나기 어려웠다. 세상의 모든 일이란 시작의 큰 틀은 매우 중요하고, 명나라보다 오래 버틴 몽골의 잔존세력은 동쪽에서 후금(後金) 팔기(八旗)의 하나로 구성되었고, 서쪽에서는 명을 지나 청의 초기까지 준가르부로 건재하였다.

원의 영토에서 2할로 쪼그라든 영역만 확보한 명으로서는 몽골족의 뿌리를 뽑기란 기대하기조차 어려웠다. 명은 송처럼 화이(華夷)사상을 강조하여 봉공체제로 느슨하게 종속시킨 이웃 소수민족을 단속하는 수밖에 없었고, 이 올가미에 걸려든 대표적인 왕조가 조선이었다. 조선과 몽골, 그리고 티베트와 위구르족은 인구가 적지 않지만, 한족이 워낙 많아서 동북아시아의 다른 민족은 모두가 소수민족이었다.[8)]

역사에서, 본래 전왕조의 멸망을 정당화하려고 쓴 왕조사 위주의 전통시대의 정사를 가지고 정치사를 논의하는 것은 문제가 있다. 그래서 올바른 현대의 역사 연구는 다른 부분에서 출발하여 사회사로, 그리고 마지막으로 정치사로 끝나야 한다. 한국의 역사교육은 단추를 끼우고 옷을 입히는 식으로, 순서가 잘못된 경우가 많았다.

고려 말기의 정치사와 관련이 큰 이번 주제를 계기로, 먼저 거시적인 시각에서 동북아시아사를 살피고자 한다. 다음으로 《원사》를 기준으로 저술한 《고려사》의 틀을 벗어나려 하였다. 마지막으로 당

---

8) 소수민족이란 상대적이고 고정된 숫자를 나타낸다고 말하기 어렵다. 한족의 숫자가 너무 많아 동아시아에서 다른 민족은 거의 소수민족에 속하지만, 동아시아와 남아시아를 제외한 다른 지역에서는 다수민족이라 말할 정도인 수천만이 넘는 민족도 적지 않다. 여기서는 최대 민족의 20퍼센트 이하인 민족을 가리키는 용어로 사용하고자 한다.

시에 이루어진 1차자료를 이용해야 하지만, 《고려사》를 편찬하면서 조선 건국의 당위성을 강조한 사료만 선별한 자료집의 올가미에서 벗어나, 당시의 실상을 전하는 자료를 사용해야 한다는, 어쩌면 유치할 정도의 상식을 강조하고자 한다. 그러므로 먼저 고려와 원의 관계를 직시하고자 한다.

몽골 제국의 한자식 표현은 원(元)이고, 13세기 후반부터 1세기 동안 소수민족의 연합을 통하여 동아시아뿐 아니라 세계 경영의 선례를 보였다. 세계 경영은 다수의 민족을 바탕으로 등장한 패권주의보다 소수의 민족이 연합하여 평등주의로 이루어진 경우에 세력균형과 세계평화, 그리고 사상과 종교에도 순기능이 가능하다고 제시하고 싶다. 한국사에서 원사(元史)는 명의 건국 직후에 급히 편찬된 《원사》의 영향을 받아 완성된 《고려사》의 시각을 그대로 답습하는 경향이 강하다. 《원사》는 명의 건국을 정당화하려고 몽골 제국을 악의에 찬 시각에서 본 서술인데, 이를 답습한 원의 '간섭', 원의 '압제'란 표현은 정당하지 못하다.

고려는 먼저 혼인동맹을 요청하였고, 몽골은 이를 받아들여 준수하였고, 딸을 보낸 부모의 나라로서 고려를 끝까지 도왔다. 고려는 몽골 제국의 중심부보다 오랜 기간 국가를 유지하였다. 이를 보면 자식은 부모의 자식에 대한 사랑보다 크게 부족하다는 표현이 국가 사이에도 적용된다고 하겠다.

몽골 제국은 내부의 부족을 결합하여 국가로 출발한 다음, 한동안 다수의 국가와 민족을 정복하면서 공간을 넓혔다. 원이란 국호를 사용하기까지, 몽골 제국이 정복한 공간과 민족의 범위는 역사상 다시 유례를 찾기 어려울 만큼 방대하였다. 소수의 민족으로 넓은 영역과 많은 인구를 지배하는 원리는, 현대에 이르러 교통과 통신이 발달한 지구촌의 시대일수록 다시 돌아볼 중요한 주제이다.

두 개 이상의 대륙에 걸쳐 국제성을 띠고 경영한 국가와 민족은 흔하지 않다. 고대에 페니키아와 마케도니아가 두각을 드러내었으나, 영역이 몽골 제국에 비할 바가 아니므로, 세계사를 썼다고 말하기는 어렵다. 중세에 아시아의 남부와 아프리카 북안(北岸)을 확보하고 이베리아 반도까지 정복하였던 이슬람 제국은, 지중해와 인도양을 석권하여 해상왕국으로 세계사를 쓴 국가이다. 이와 달리 몽골 제국은 유목민족으로 광범위한 육지를 확보하면서 교통과 통신을 발전시키고, 이슬람 제국을 몰아내면서 두 번째로 세계사를 제대로 쓴 국가이다.

몽골 제국은 사막과 해양으로 발전하였던 이슬람 제국에 타격을 주었다. 이슬람 제국에 의하여 위협을 받았던 서유럽의 국가는, 이슬람 제국으로부터 항해술을, 몽골 제국으로부터 화약무기를 받아들여 개량하고, 지리상의 발견 시대를 열었다. 특히 몽골 제국은 활자 기술과 도자기 제조, 비단 산업 등 동아시아의 기술을 서구의 끝으로 전파시켜 세계사를 다시 쓰도록 촉진시킨 중요한 의미가 있다.

몽골은 민족의 기원과 제국, 두 가지로 나눌 필요가 있다. 민족의 기원은 서양 중세를 열었던 훈족과 동아시아의 남북조시대 흉노와 직접 연결된다. 몽골 제국은 1206년 칭기스칸에 의하여 민족을 통일하고 제국을 건설하여, 명에 의하여 대도를 함락 당한 후에도 적어도 20년 동안 1388년까지 계속된 원제국과 같다.

몽골 문자는 국가가 확립된 다음, 전성기에 제작되었다. 몽골 역사는 소그드 문자를 개량한 몽골 문자와, 동아시아의 다른 민족처럼 황하 유역에서 사용한 한자에 수록된 기록과, 서아시아 아랍 문자로 기록된 자료, 후대에 서북아시아에서 쓰인 키릴 문자 등 다양하다.[9] 초기에 한자로 기록한 문헌을 몽골족이 남기지 않았고, 대신 몽골족으로부터 위협을 받은 적대세력이 기록을 남겼기 때문에, 발음상 관련이 있더라도 글자의 모양은 악의가 담긴 '험윤'(玁狁)[10]이나 '흉노'(匈奴) 등으로 표기되었다. '몽고'(蒙古)나 '달단'(韃靼)이라는 표현도 좋은 의미는 아닌 듯하다.

국가로서 출발하고 한참 뒤, 쿠빌라이(忽必烈)는 아시아의 대부분과 유럽의 동부까지 차지하여 대제국과 4칸국과 4행성을 거느렸다. 이후에 인명과 국호와 다른 한자 표기에서 이제까지 담겼던 악의가 한동안 사라졌다. 쿠빌라이에 의하여 전성기에 올랐던 원제국이 동남에 있던 최대의 인구를 가진 남송을 정복하기까지는 국가로 출발하고 74년이 지났고, 그동안 여러 민족을 아우르는 다민족을 포함하고 지배하는 정책이 다양하게 변하였다.

크게 나누면, 초토화 작전으로 저항한 주민을 줄여서 민족마저

9) 송기중, 〈동북아세아 역사상 제문자와 한글의 기원〉, 《한국의 문자와 문자연구》(집문당, 2003).

10) 몽골 민족의 형성이나 연계된 용어의 상관성에는 여러 가지 이론이 있지만, 유럽에서 사용하는 훈족(The Huns)이 가장 중립적인 발음에 가까울 가능성이 있다. 험윤(玁狁)이나 흉노(匈奴)는 2절음이란 시사는 있지만 글자의 의미를 발음기호와 악의에 찬 표현임은 틀림이 없다. 《詩經》 采微 "采薇采薇, 薇亦作止. 曰歸曰歸, 歲亦莫止. 靡室靡家, 玁狁之故. 不遑啓居, 玁狁之故.

없어진 경우, 국가만 소멸시키고 종교는 보호하거나, 국가와 종교의 자치권을 인정한 경우 등 다원화하였다. 이를 구분하여 정리하면 다음과 같다.11)

표 1. 정복한 국가와 민족의 처리 방향

| 정복한 국가 | 민족 처리 방향 | 통치상의 특징 |
|---|---|---|
| 금(여진) | 소멸 민족 잔존 | 직할지로 편입 |
| 거란족 | 민족 소멸 | 직할지로 편입 |
| 위구르족 | 민족 보호 | 직할지로 편입 |
| 티베트(서번) | 자치권 유지 | 종교의 우대, 문화의 우대 |
| 고려 | 국가 유지 | 결혼동맹의 가족국가, 문화와 종교 유지 |
| 아바스왕조 | 국가 소멸 | 일한국으로 위성국가, 종교 유지 |
| 송(남송: 주로 한족) | 국가 소멸 | 직할지로 편입, 종교 유지 |

몽골 제국의 민족정책은 정복한 시기와 과정에서 차이가 있었다. 처음부터 원한 관계이거나 끝까지 저항한 국가와 민족에 대해서는 자치마저 인정하지 않았다. 이 때문에 영토와 인구가 많은 민족으로 구성된 국가일수록 왕족의 근거를 없앴다. 소수민족이 다수의 민족으로 구성된 국가를 정복하기 위하여 불가피한 속성이었다.

동아시아의 북부는 몽골족의 기원지이고 몽골 제국의 출발지였다. 금과 거란족, 위구르족을 포함하여 터전을 다진 다음, 동아시아의 대부분을 석권하기 전에 먼저 중앙아시아와 유럽으로 향하였다.

11) 다음 저술을 토대로 정리한 결과이다. Herbert Franke and Denis Twitchett ed., *Alien regimes and border states 907-1368*, *The Cambridge History of China*, vol. 6, Cambridge UP., 1994.

칭키스칸의 서역 정벌이 어느 정도 마무리되자, 계승자들은 몽골의 발원지인 동아시아로 관심이 쏠렸으나, 이를 포기한 칸의 후예들이 주둔지에 남아 4한국의 기반을 마련하였다.

동아시아는 몽골 제국의 중심부로, 쿠빌라이가 제국을 완성하기까지 장기간의 참을성이 요구되었다. 윈난성에도 서남의 나시족(納西族)과 티베트족은 몽골에 협력하여 자치권을 유지하였고, 끝까지 저항한 대리국(大理國)의 백족(白族)은 1253년 시가지가 초토화되었다.[12] 고려는 몽골과 협력과 갈등이 교차하였으나 협력으로 국가를 유지하였다. 최대의 인구와 면적을 기반으로, 양자강 이남에서 1279년까지 버티었던 남송은 가장 큰 타격을 받았다. 몽골 제국이 완성되는 데는 오랜 기간이 소요되었고, 방향도 여러 번 수정되었다.

| | | |
|---|---|---|
| 1. 확장 시대 | 항복과 정벌의 두 가지 형태 | 금과 거란족과 여진족의 직할지 편입 |
| 2. 정돈과 경영 시대 | 소수민족 우대와 다수민족 견제의 이원지배정책 | 티베트족과 나시족은 우대, 한족과 백족은 초토화 |
| 3. 생존과 유지 시대 | 한족을 통합한 명에 대한 소수민족 연합정책 | 윈난과 티베트, 고려에 대한 기대. 한국 연합의 부족으로 실패 |

몽골 제국은 고려와 티베트를 가장 우대하였다. 그리고 중앙아시아와 간쑤성에 있던 위구르족과 회족을 위시한 소수민족은, 국가가 없었지만 몽골인 다음으로 우대하여 우군으로 삼았다. 다수민족을 견

12) 胡昭曦 主編,《宋蒙(元)關係史》, 四川大學出版社, 1992.

제하기 위하여 소수민족을 연합하였다고 하겠다. 몽골 제국은 티베트의 라마교를 궁중의 종교로 받아들이는 한편, 다른 종교의 포교를 보장하였다.

### 2.2. 거리와 인구를 감안한 다원적 민족정책

몽골 제국의 민족정책은 다원적인 원리가 작용하였다. 그 가운데 가장 큰 민족정책은 다음 네 가지로 분류가 가능하다.

1) 먼저 복속된 민족의 우대
2) 소수민족의 우대
3) 먼 지역의 봉건지배
4) 종교의 보편적 존중

몽골은 먼저 복속된 민족을 나중에 복속된 민족보다 우대하였다. 금의 백성을 한인(漢人), 남송의 백성을 남인(南人)이라 하였고, 한인을 남인보다 우대하였다. 금이 남송보다 먼저 복속되었기 때문이다. 다음으로 다수민족보다 소수민족을 우대하였다. 중앙아시아의 소수민족인 위구르족은 색목인(色目人)이라 하여 우대하였고, 이들은 몽골 제국에 가장 우호적인 협력자였다. 소수민족이 다수민족을 지배하기 위하여 불가피한 민족연합의 속성이 있었다고 하겠다. 소수민족이 다수민족을 지배하는 경우에 나타나는 일반적인 현상이었다.

몽골 제국은 소수민족이 세웠으므로 혈연으로 연결된 귀족을 총관으로 파견하였고, 서양 중세의 영주와 상통하였으나 임기를 가진

관료의 속성도 절충하였다. 나중에 여진족이 세운 청(淸)도 몽골 제국과 같은 원리로 복속민족을 지배하였다. 동아시아에서 가장 전형적인 주(周)의 봉건제도도 소수민족이 다수의 피정복민을 다스리는 방법으로 원리가 상통한다. 몽골 제국에서 서방의 4한국은 봉건제도로 시작되었고, 봉건제도로 몽골 제국이 망한 다음에는 국가로 발전하였다는 설명이 가능하다.

몽골 제국은 정복한 지역의 종교에 대하여 관대하였고, 이를 존중하였다. 가장 늦게 정복된 남송의 정치세력은 철저히 제거하였으나, 종교에 대해서는 존중하였다. 세계종교였던 불교도 간화선으로 대혜종고(大慧宗杲) 이래 화이사상(華夷思想)을 강조하면서 민족과 국가를 수호하려는 호전적 경향이 강하였다. 북송을 거쳐 남송의 주희(朱熹)에 의하여 완성된 성리학(性理學) 역시 보편성보다 국수적이고 호전성이 강하였다.

몽골 제국은 과거제도를 시행하면서 주자의 《사서집주》(四書集註)를 교본으로 채택하였고, 임제종의 간화선에 대하여 탄압하지 않았다. 다만 민란과 결탁된 백련교에 대해서만 탄압하였을 정도로 통치에 지장을 주지 않으면 방임하고 관대하였으며, 오히려 보호하였다. 몽골 제국에서는 오늘날 어느 국가보다 많은 종교가 대도에서 선교(宣敎)를 위한 선의의 경쟁을 벌였다.[13] 몽골 제국의 황실이 라마교에 호의를 가졌다 하여 다른 종교에 불리한 압력을 주지 않았다. 이는 후대의 여진이 세운 청과도 상통하였으나, 그보다 훨씬 더

13) 陳桓, 《陳桓學術論文集》, 中華書局. 1980.

포용력이 강하였다.

몽골 제국은 고려를 혼인동맹을 통하여 가까운 민족으로 간주하였다. 4행성의 하나이면서도, 국가체제를 유지하고 통치의 독자성을 유지하였다. 남송 국가도서관의 장서를 고려로 옮기고, 흉년에는 양자강 유역의 식량을 옮겨서 구휼하였다. 고려의 도자기를 비롯한 생활용품과 이동식 그림 부처와 염색한 종이에 금은으로 그린 불경(佛經)을 수입하고 제작하기 위하여 고려의 예술가를 초청하여 비용을 지불하였으므로, 고려의 예술이 높은 수준에 이를 수 있도록 자극을 주었다.

### 2.3. 몽골 제국의 세계 경영과 고려의 참여

몽골은 세계를 경영한 두드러진 국가의 하나였다. 팍스 브리타니카와 팍스 아메리카는 군사력을 바탕으로 교통이 발달한 사실은 몽골 제국과 크게 다름이 없다. 다만 산업혁명을 통하여 공산품을 대량생산하고 소비지에 원료 생산을 촉진하는 식민지의 산업구조를 통하여 수탈하였다. 몽골 제국은 전쟁기간에 인구를 소모시켰지만, 전쟁이 끝나면 대체로 유목민족의 세율이 낮았으므로 인구 증가가 현저하였던 것으로 파악되었다.

몽골의 세계 경영에서 가장 큰 특징은 종교정책이었다. 황실은 티베트의 고승을 제사로 삼고, 라마교를 원찰로 삼아 지원한 경향이 있었다. 그러나 다른 종교를 가진 민족에게 라마교를 강요하거나 종교를 바꾸도록 압력을 가하지 않았다. 이는 모든 지역과 민족에 통용된 정책이었다. 종교와 문화권은 현대에도 여전히 강하게 존재하고, 세계 곳곳에서 충돌하였다. 종교는 문화권의 핵심을 이루면서 충돌한다는 이론뿐 아니라,[14] 공존한다는 상반된 이론이 있다.[15] 공존의 이론이 인류의 미래를 밝게 만들려는 호감을 주지만, 이보다 제국주의적 충돌을 예견한 견해는 섬뜩한 느낌마저 준다.

## 3. 원주변씨의 기원과 몽골 제국의 관계

고려의 개경에서 몽골의 대도(大都)와 상도(上都)에 이르는 길에는 고려인으로 구성된 역참이 있었다. 몽골은 당시 가장 발달한 역참을 설치하여 신속하고도 정확하게 곳곳의 정치와 군사의 정보를 확보하였다. 《고려사》에는 이리간(伊里干)이라는 용어가 나온다.[16] 고려인으로 몽골과 항전기간에 포로로 잡힌 자들도 있었지만, 이후 혼인동맹을 맺은 시기에 고려의 부호장(副戶長)이나 별장(別將)을 이주시켜 역참으로 이룩한 마을이었다. 몽골어로 이리간은 자연촌락을 의미한다고 한다.

고려의 영토를 벗어나 대도에 이르는 길에 네 개의 이리간을 설

14) 사무엘 헌팅턴/이희재 역, 《문명의 충돌》(김영사, 1987).

15) 하랄트 뮐러/이영희 역, 《문명의 공존》(푸른숲, 2000).

16) 《고려사》 권29, 충렬왕 5년 4월 신축 "遣中郎將 鄭公·宋賢如元,請置伊里干". '이리간'은 몽골어로 '부락'이라는 의미라고 한다.

치하였는데, 고려의 지원으로 만들어진 역참이었다. 원주변씨의 기원에 대해서는 두 가지 견해가 있다. 하나는, 중원의 성씨로서 송에서 귀화하였다는 황주변씨 족보의 기록이다. 다른 하나는, 신라에서 기원하였고, 고려 초에도 황주를 중심으로 서해도와 서북면에 퍼져 살았다는 필자의 관점인데, 이에 대해서는 변씨의 인물이 신라와 고려 초기에 등장하는 사례를 통해서 송에서 귀화한 것보다 앞선다는 사실을 증명하겠다.

원주변씨의 직접적인 기원으로는, 몽골의 심양에 이주하였다가 귀국한 변안열이 원주원씨와 결혼하여 그곳을 본관으로 삼았다는 설에 모두 일치한다. 다만 몽골로 이주한 시기와 동기에 대해서는 뚜렷한 설명이 없다. 이들이 이리간으로 심양으로 이주하였다가 공민왕의 호위장군으로 귀국하였다는 것은 필자의 견해이다. 이보다 후에 변안열이 공민왕비인 노국대장공주를 수행하여 귀국하였다는 사실에 근거를 두고, 심양에서 살았다고 한다.

변씨의 가장 오랜 본관은 황주이고, 황해도에 속한다. 같은 중부권에서 '북한산군주'가 신라 진평왕대에 보인다.[17] 고려 초에 황주변씨의 사례가 균여의 가계에 보이므로, 황해도에 속하는 송으로부터 귀화하였다는 황주변씨의 족보는 그대로 믿기 어렵다. 연안이씨의 경우, 당으로부터 귀화설이 있지만 본래 신라에서 기원하였을 가

17) 〈표 4〉 참조.. 邊品, 618(진평왕 40년), 北漢山軍主 백제의 椵岑城 회복.(《삼국사기》 신라본기); 邊山, 672(문무왕 12년), 평양에 머문 당군을 외교로 막음.(《삼국사기》 신라본기); 邊爔成, 신라말 고려초 황주의 遁帶葉村에 살았고 均如대사(923-973)의 父(赫連挺의 《均如傳》)

능성이 있고, 고구려 남부지역으로 이주하여 그 영향이 크다는 사실은 조선 전기까지도 묘비에 삼족오를 조각으로 남길 정도로 고구려의 계승이 강하다.[18] 원주원씨의 경우도 변안열묘표의 비두(碑頭)에서 뚜렷하므로, 씨족의 기원도 상통한다고 하겠다.

### 3.1. 변씨의 분포로 본 원주변씨의 기원

성씨의 기원은 전설시대와 세계(世系)를 나타내는 두 가지가 있다. 전설시대는 대체로 삼국시대로 거슬러 올라가며, 대륙을 비롯한 외국인 경우가 많다. 최근에는 가장 뿌리 깊은 성씨인 경주김씨조차 흉노 김일제(金日磾)의 후손이라는 자료까지 등장하였다. 이는 고대에도 민족이동이 심했다는 근거일 가능성이 크다.[19]

한국 성씨의 공식적인 기록은 금석문에서 비롯되지만, 총괄적인 성씨를 기록해 놓은 것은 《세종실록지리지》와 《증보문헌비고》 제계고이다. 두 서적은 한국 성씨를 본관과 함께 방대한 소재지와 변동을 반영하였다. 《세종실록지리지》가 평면적인 분포를 주로 밝혔다면, 《증보문헌비고》는 시조와 그의 출자와 후대의 인물을 연결하여 수록하였다.

근래에는 《세종실록지리지》가 색인으로 출간되었고,[20] 이를 토

18) 허흥식 외, 《삼족오》(학연문화사, 2007).

19) 이종호, 〈흉노의 휴도왕(休屠王) 태자 김일제(金日磾; 金日)에 관한 연구〉, 《백산학보》 88, 2010; 박기현, 《우리 역사를 바꾼 귀화 성씨—우리 땅을 선택한 귀화인들의 발자취》(역사의아침, 2007).

20) 세종대왕기념사업회, 《세종장헌대왕실록(지리지) 색인》(광명인쇄소, 1975).

대로 《증보문헌비고》의 기록을 성씨별로 정리한 저술이 나와 간편하게 이용된다.[21] 원주변씨는 다른 본관을 가진 변씨와 상관성이 있느냐의 여부가 우선 중요하다. 변씨의 본관은 《세종실록지리지》에 이들이 세거하였거나 없어지거나 이동한 사례를 단편적으로 수록하고 있다.

성씨는 《세종실록지리지》에 스물한 가지로 구분되어 있지만, 이동이 적은 성씨는 토성이다. 토성도 지역별 결자와 더불어 주, 군, 현, 속현, 향, 역, 부곡, 촌 등으로 다시 나누어야 하며, 이를 반영하면 더 많은 구분이 가능하다. 이들 가운데 토성에만 집중하여 유명인물과 연결시킨 연구가 있다.[22]

《세종실록지리지》과 《증보문헌비고》를 종합하여 변씨의 조선조 분포상황과 성씨 구분을 정리하면 다음 쪽의 〈표 2〉와 같다.

이상과 같이 《세종실록지리지》에는 변씨의 본관과 이동상황이 개략이나마 수록되어 있다. 토성은 고려 전기에는 지방의 호장층을 이루는 유력한 집단이고, 후기에는 이들이 과거와 군공으로 사족으로 상승되기도 하였다. 변씨의 본관은 경기도와 황해도에 많으며, 전라도와 경상도에는 적으나마 분포하였다.

《세종실록지리지》의 성씨 구분은 《팔도지리지》의 정리 지침인 사목에 따랐던 흔적이 《경상도지리지》에 유일하게 남아 있다. 지역에 따라 이동이 심하고, 이를 정리하는 기준이 반드시 일치하였다고

21) 박홍구, 《족보회상사십년사》(회상사, 1994).

22) 이수건, 《한국중세사회사연구》(일조각, 1984).

표 2. 《세종실록지리지》에 실린 변씨의 본관과 성씨 구분

| | |
|---|---|
| 土姓 | 京畿道 果川縣 高陽郡(富原縣) 陽川縣<br>全羅道 珍山<br>黃海道 長淵縣 江陰縣<br>江原道 洪川縣 伊川縣 |
| 村落姓 | 黃海道 黃州牧 |
| 村姓 | 慶尙道 密陽 |
| 姓 | 全羅道 寶城郡의 南陽縣, 寶城郡의 紵川部曲<br>慶尙道 聞慶郡의 加恩縣<br>江原道 江陵 羽溪 |
| 續姓 | 慶尙道 慶州府 慈仁縣(加恩)<br>平安道 成川都護府(鄕吏)<br>來姓 咸吉道 鍾城<br>唐來姓 慶尙道 慶州府 安康縣 |
| 亡姓 | 黃海道 瑞興都護府, 新恩縣의 俠溪縣<br>江原道 寧越郡 |
| 亡入姓 | 咸吉道 文川郡(堤川) |
| 入鎭姓 | 平安道(洞州) 价川縣(鹽州) 德川郡(伊川) 陽德縣 樹德(洞州)<br>龍川縣(廣州) 郭山郡(黃州) 泰川郡(古阜) |

보기는 어렵다. 다만 지방 단위의 지역적 특성이나 위상에 따른 표현, 현재 살고 있는지 여부와 관련된 성, 지방제도의 개편에 따라 소속이 변한 성씨, 없어진 성씨, 이동한 성씨 등으로 구분이 가능하다. 변씨의 본관 가운데 이와 관련된 구분이 가능하다.

내성(來姓)이나 입진성(入鎭姓)은 영토의 변화나 사민정책과 관련이 있는 서북면과 동북면에 많았다. 경상도와 전라도는 내란을 제외한 외적의 침입이 적은 지역이었지만, 전란을 피하여 대륙에서 귀화

한 성씨가 많았다. 함길도에는 향화(鄕化)한 여진 성이 있었지만, 이들을 남쪽으로 옮겨 동화를 촉진시킨 경우도 있었다. 변씨는 경주의 안강현에 당래성이 있고, 이런 경우 당말의 혼란기에 귀화하였을 가능성이 크다. 함길도의 변씨는 내성(來姓)이고, 원말에 만주 지역에서 옮겼을 가능성이 크다.

위와 같이, 지리지에 확인되는 내성이나 당래성은 변씨의 주된 거주지가 아니다. 변씨의 족보에 기재된 시조가 기록된 성씨는 황해도 토성이 장연과 원주이다. 원주변씨는 변안열을 시조로 그 기원을 소급하기도 하지만 고려 말에 기원하고, 《세종실록지리지》에도 실리지 않았다. 《증보문헌비고》는 《세종실록》의 공간적 성씨의 분포를 바탕으로 삼고, 배출된 중요 인물을 수록하는 입체적 노력을 보였다. 이를 토대로 변씨의 중요 인물과 본관의 관계를 정리하면 다음과 같다.

표 3. 《증보문헌비고》에 실린 변씨의 중요 본관과 배출한 인물

| 본관 지명 | 중요 인물(관직) |
|---|---|
| 황해도 黃州 | 邊呂(泰川伯) 邊允(西海道 按察使) |
| 황해도 長淵縣 | 邊永仁(判典儀司) |
| 강원도 原州 | 邊順(中國 柔遠人 瀋陽路 千戶)<br>黃州와 같은 기원에서 분관 |
| 경상도 加恩縣 | 邊立(中郎將) |

이상과 같이 변씨의 여러 본관은 조선 후기에 이르면 네 개의 대본관으로 정리되었고, 이들 사이의 상관관계에 대한 논의가 족보 서문에 나타나 있다. 고려에서 본관이 나누어지는 분관 현상은 조선에

서 중지되고, 대본관으로 결집되는 지연에서 혈연의 유대를 확대하는 변화가 있었다. 조선 초까지 없었던 원주변씨가 뚜렷하고, 특히 원의 심양인이라는 귀화성을 강조하는 단계에 이르렀다.

《증보문헌비고》 제계고는 조선의 명에 대한 존중관과 청일전쟁에 앞서 청의 문물에 대한 흠모가 반영되어, 성씨를 소급하여 대륙에 기원시키려는 경향이 있었다. 특히 공민왕비 노국대장공주의 호위대장으로 왔던 변안열의 경우, 이를 더욱 강조한 경향이 짙다.

### 3.2. 인물 배출로 본 원주변씨의 기원

변씨의 기원은 찾는 데는 사서에 등장하는 인물과 족보에 실린 내용의 차이점을 밝히는 작업이 필요하다. 다음 〈표 4〉는 고려 말까지 등장한 인물을 전거를 밝히면서 시대별로 열거한 것이다.

이상과 같이 변씨는 신라에서 2인이 실렸고, 오랜 이름으로는 신라 말 고려 초에 1인이 있으나 현존하는 변씨 족보에 포함되지 않았다. 7세기의 인물인 변품과 변산은《삼국사기》에 실릴 정도로 국방과 외교에서 중요한 역할을 하였다. 군주(軍主)란 새로 확장된 변방의 군사권과 행정권을 장악한 직책이므로 진골이 아니고는 임용될 수 없었고,[23] 외교를 담당한 변산의 직책은 알기 어려우나 역시 군주의 역할과 상통한다고 하겠다.

23) 최길성〈신라 군주(軍主) 설치 기년에 대하여〉《역사과학》, 1962.; 신형식, 〈신라 군주고〉, 《백산학보》 19, 백산학회, 1975; 전덕재, 〈신라 중고기 주(州)의 변화와 군주(軍主)〉, 《역사와 현실》 40, 한국역사연구회, 2001.

표 4. 고려 말까지 등장하는 변씨 인물

| 인물 | 활동시기 | 행적 | 전거 |
| --- | --- | --- | --- |
| 邊品 | 618(진평왕 40년) | 北漢山軍主 백제의 椵岑城 회복. | 삼국사기 신라본기 |
| 邊山 | (문무왕 12년) | 평양에 머문 당군을 외교로 막음. | 삼국사기 신라본기 |
| 邊爔成 | 신라말 고려초 | 황주 遁帶葉村에 살았고, 균여대사의 父 | 赫連挺의 均如大師傳 |
| 邊柔 | 1033(덕종 2년) | 거란을 물리쳐 校尉에서 中郎將진급 | 고려사 열전 柳韶 |
| 邊鶴 | 1091(선종 8년) | 女眞을 물리쳐 隊正에서 職賞 받음 | 고려사 세가 |
| 邊有寧* | (고려 인종) | 宋人으로 황주변씨의 시조가 됨 | 황주변씨족보 本源錄 |
| 邊玄* | 1196(명종 26년) | 邊有寧의 증손. 葉字譜에는 長淵과 原州 시조 | |
| 邊孟 | | 조위총난에서 관군 | 고려사 열전>현덕수 |
| 邊宥* | 1199~1268 | 正義大夫 工部議郎 | 원주변씨족보 엽자보 |
| 邊呂 | 1232(고종 19년) | 泰川郡 鄕戶로 몽골군에 저항, 上將軍을 받음 | 세종실록지리지 |
| 邊軾 | 고종 45년 | 최의의 측근, 장군 | 고려사 열전 최의 |
| 邊保 | 원종 8년 9월 | 충청도 안찰사. 김준 부탁 거절 귀양 | 고려사 세가 |
| 邊亮 | 원종 11년 5월 | 서해도 안찰사 | 고려사 세가 |
| 邊亮 | 원종 12년 5월 | 장군으로 진도 삼별초 토벌에 참가 | 고려사 세가 |
| 邊胤 | 원종 11년 9월 | 김방경의 錦城 삼별초 토벌에 소극적. 탄핵을 받아 삭직됨 | 고려사 세가 |
| 邊氏 | 원종 11년 | 鄭文鑑이 삼별초의 핍박으로 자살. 처(서해도 알찰사 邊胤의 딸)도 자살 | 고려사 열전 정문감 |
| 邊胤 | 충렬왕즉위년 | 知門下成事에 오름 | 고려사 세가 |
| 邊信 | 충렬왕 22년 | 낭장으로 원나라 성절사로 감 | 고려사 세가 |
| 邊制* | 고종~충렬왕 | 邊允의 子, 光祿大夫 參知政事 | 황주변씨족보 |
| 邊訥* | 고종~충렬왕 | 邊制의 子, 판전객시사 참지정사 判侍中 | 황주변씨족보 |
| 邊光秀 | 공민왕 13년 | 전라도 병마사 | 고려사 세가 열전 |
| 邊安烈 | (?~1290) | 공민왕·우왕 때의 무장 | 고려사 세가와 열전 |
| 邊伐介 | 우왕 12년 | 畜馬別監 | 고려사 열전 |

신라의 인물은 성씨를 제외하고 쓰는 경우도 있으므로, 변품과 변산을 성과 이름을 갖춘 것으로 단언하기에 문제가 있지만, 신라의 이름에 두 글자인 경우 앞 글자를 성으로 사용한 경우도 없지 않다. 변품과 변산이 활동한 지역은 황주와 가깝고, 이들의 후예가 경주로 복귀하여 왕성으로 계속하지 못하고, 신라의 서북 변방에서 토착화하였을 가능성이 많다.

서북 지역에서 무장이나 대외관계에 관련하였다는 특징이 있다. 고려에서 황주나 장연은 같은 서북 지역이고, 고려 전기의 변유와 변학도 본관이 확인되지 않지만 무장이란 공통점을 가진다. 이는 서북 지역에서 변방의 외적을 막아낸 공통점을 가지며, 이들의 본관도 균여의 아버지와 같은 황주였을 가능성이 가장 높고, 다음으로 장연이라고 하겠다. 변씨의 분리는 신라의 왕성인 김씨의 분파였을 가능성이 높다.

변씨가 본래 귀화인이었다는 주장은 황주변씨에서 송인으로 귀화한 변유(邊宥; 1199~1268)에서 비롯되었다. 그에 관한 족보를 제외한 다른 자료가 없고, 그보다 앞선 시기에 같은 지역에서 변씨가 확인되므로, 후에 송의 귀화인으로 소급하여 정리하였을 가능성이 높다. 문제는 변씨가 신라에서 기원하고 경주에서 고구려의 남부 지역으로 이동하였을 가능성이 있다. 다른 하나는 본래 황해도 지역에서 기원하였던 고구려 계통이었을 가능성도 있으나, 변품이 진평왕시기에 활동하였으므로 신라로 편입된 한강 유역의 고구려 계통이었을 가능성이 높다.

무신집권이 끝나던 무렵에 가장 높은 관직인 재상의 지위에 오른 인물은 변윤(邊胤)이고, 《고려사》와 《고려사절요》에 그의 행적과 관직이 자주 보인다. 그는 황주변씨 엽자보에 시조인 변려의 아들이고 '胤'과 통하는 '允'으로 표기되었다. 이와 달리 《황주변씨족보》에는 시조 변려로부터 몇 대인지 미상하다고 하였으므로 차이가 있다.

변씨의 인물과 본관에는 두 가지 특징이 있다. 하나는 신라에서 기원하여 고려 초기를 거쳐 고려 후기로 이어진다는 개연성이 크다. 한국의 성씨는 대륙의 상고에서 기원하였다는 견해도 있지만, 신라의 왕도에서 지방관으로 나가서 한강 유역에서 정착하였을 가능성도 있다. 변씨는 신라에서 이미 지방관이나 무장으로 복수로 실릴 정도였고, 주로 한산주를 비롯한 신라의 서북 변방에서 활동하였음이 확실하다. 다만 이들의 기원지에 대한 신라의 기록이 없지만, 적어도 신라 말 고려 초에는 황주에 본관을 가진 균여대사의 아버지가 살았던 사실이 확인되었다.

변씨의 삼국시대 기원에 대해서는 대륙귀화설과 신라기원설의 두 가지가 가능하다. 서북 지역에서 기원한 성씨는 대부분 대륙기원설을 가진 경우가 많다. 특히 고려의 서북에서 무반으로 활동한 인물의 성씨는 대륙과의 관련을 주장하였다. 왕실인 개성왕씨도 당의 왕실과의 관련을 제시한 세계가 있고, 연안이씨와 연안김씨도 대륙에서 귀화하였다는 기원설이 족보에 실려 있다.

신라의 서북 지역은 본래 고구려 땅이었고, 신라와 당이 연합하여 백제와 고구려를 멸망시키고 신라가 획득한 땅이므로, 이 지역의 고구려 지배층을 당에 종군한 무장으로 분식하였을 가능성이 크다. 고구려나 백제의 후예가 족보에 뚜렷하게 명시된 사례가 없으므로 발해와 대치한 후기신라에서 당의 기원을 강조하였을 가능성이 있다. 변씨는 신라에서 서북 지역에서 국방에 종사하던 지방관이 정착하여 고려 초에 본관을 확보한 황주변씨가 근간을 이룬다고 하겠다.

고려 전기에는 변학이나 변유야말로 변씨의 전통을 계승하여 서북 지역의 국방에서 혁혁한 활동을 보였다고 하겠다. 무신집권기간에 거란에 복속된 여진인과 몽골의 침략이 빈번하면서 서북 지역에서 변씨 후예의 역할이 계속되고, 태천으로 이주한 변려의 행적이 《세종실록지리지》와 《신증동국여지승람》에 올랐으나, 황주변씨에서 분관한 새로운 본관이었음이 거의 확실하다.

태천 지역은 이 직역을 들어서 최단(崔旦)이 몽골에 복속하였고 한동안 몽골의 영토가 되었다. 원주변씨 족보에 따르면, 변안열의 조부인 변순(邊順)이 심주(瀋州; 지금의 瀋陽)로 이주하였다고 한다. 변순은 사서에 실리지 않은 인물이다. 그가 언제 어떤 동기로 심주에 이주하였는지에 대해서는 설명이 없다. 변순의 씨족 집단이 심주로 이주한 시기는 몽고와의 항전기간에 포로로 잡혀갔을 가능성은 낮아 보인다. 포로는 대체로 노예로 사용되었는데, 노예는 신분상승이 매우 어렵다. 신분상승이 이루어진 것은 황실에서 정변에 참여하였기 때문일 것이고, 이는 원의 수도인 대도(大都)나 상도(上都)에 살았기에 가능하였을 것이다.

변순은 태천보다 남쪽에 있던 지역 토착세력의 후손으로 심양 지역의 이리간으로 참여하였을 가능성이 크다. 고려에서 충렬왕 6년에 고려의 수도와 몽골의 수도를 연결하는, 사신의 왕래를 돕는 역참 설치를 건의하였다.[24] 몽골 제국의 허가를 받아 2개월 뒤에 고려에서도 심주와 요양에 이리간 설치를 확인하였다.[25] 이에 대해서는 《고려사》 병지에 자세한 내용이 있다.[26] 이에 따르면, 고려는 심주와 요양 두 곳과, 압록강 내에도 2곳을 설치하여 모두 4곳이 되었다. 고려에서 주민으로 부호장과 별장을 선발하여 이주시켜 두목으로 삼았고, 이들은 부호(富戶)였다고 한다. 몽골과 고려의 왕실과 사신의 이동에 도움을 주었고, 그 규모는 200호였다. 충렬왕 때에 응방을 관장한 윤수(尹秀)는 국내에도 응방을 관리하는 이리간을 설치한 적이 있었다.[27]

변안열의 조부인 변순은 이리간의 수장으로 황주에서 이주한 고

24) 《고려사》 권29, 충렬왕 5년 4월 신축 "遣中郎將 鄭公·宋賢如元,請置伊里干"

25) 《고려사》 권29, 충렬왕 5년 6월 "都評議使據聖旨 請於瀋州·遼陽間 置伊里干 徙諸道富民二百戶居之 又於鴨綠江內 置伊里干二所 所各一百戶 以供朝聘役使, 從之"

26) 《고려사》 권82, 병지 2, 站驛 (忠烈王)五年六月 都評議使言,"今年正月 正月 帝令於朝聘路次 置伊里干 以供役使 尋遣塔伯海等 就瀋州 遼陽之間 撥與土田 摽定四至 其鴨綠江內 令本國 自置兩所 今請於所賜之地 名營城伊里干者 刷各道富民二百戶 徙居之 擇副戶長·別將等 爲頭目 各管五十人 五年而遞 所徙民 父母兄弟之留鄕者 復之 頭目之有功者 賞之 其所徙二百戶 戶給銀一斤·七綜布五十匹 爲屋舍之費 白苧布三匹 七綜布十五匹 爲農器之直 白苧布二匹 七綜布十五匹 爲口粮 又給紬四匹 緜四斤 六七綜布十五匹 毛衣冠·皮鞋各二 爐臼一 食器二 農牛二頭 牸牛三頭 馱駝鞍一 油單草席各五 又給兩界亡丁·投化丁田各四結 令更者遞受 擇能蒙·漢語者各二人 押去管領 其管領人 人賜銀一斤 白苧布一匹 廣苧廣布各十五匹 紬五匹 緜三斤 米十五石 馬三匹 歲資其家 紬苧布各三匹 米十石 鴨綠江內 伊里干二所 各一百戶 戶給苧二匹 六七綜布五匹 爲農器 苧二匹 六七綜布七匹 爲口粮 又給紬二匹 緜二斤 六七綜布五匹 毛衣冠·皮鞋各二 爐臼一 馬一匹 牛三頭 馱駝鞍一 油單草席各三 押領官二人 人賜苧布五匹 紬三匹 緜二斤 廣苧廣布各五匹 米七石 傔者各一人 人苧一匹·米二石" 從之.

27) 《고려사》 권124, 열전 尹秀 "初秀等分管諸道鷹坊, 招集逋民, 稱爲伊里干, 伊里干華言聚落也. 按察及州郡牧守, 小忤其意, 必譖而罪之故, 伊里干人肆毒良民, 無敢誰何"

려인이었을 가능성이 크다. 경제적 지원을 고려 정부가 부담하였고, 변씨 씨족의 기반을 키웠다. 마침내 공민왕이 노국대장공주와 귀국하여 즉위하는 기회에 호위무장으로 귀국하여 국가의 간성이 되었다고 하겠다.

변윤은 변안열 다음으로 《고려사》에 자주 등장한 인물이다. 그는 족보에는 '윤'(允)으로 수록되었고, 족보와 《고려사》의 기록에 차이가 적지 않다. 이를 밝히기 위하여 가능한 모든 자료를 동원하여 정리하면 다음과 같다.

표 5. 변윤(邊胤)과 변윤(邊允)의 행적

| 이름 | 생존연대 | 혈연관계와 행적 | 전거 |
|---|---|---|---|
| 允 | | 변려의 아들. 字는 允之 西海先生 | 황주변씨 엽자보 |
| 允 | | 변려와 세손. 미상 | 원주변씨족보 세기 |
| 允 | 1172(명종 2년) | 출생 | 황주변시 본원록 |
| 允 | 1182(명종 12년) | 출생 | 황주변씨 엽자보 |
| 允 | 1197(명종 27년) | 진사 | 황주변씨 엽자보 |
| 允 | 원종 때 | 서해도 안찰사 | 황주변씨족보 |
| 胤 | 원종 11년 | 鄭文鑑 妻의 父 | 고려사 열전 |
| 胤 | 원종 13년 10월 | 樞密院副使 | 고려사 세가 |
| 胤 | 원종 14년 1월 | 追討使 김방경과 탐라삼별초 정벌 | 고려사 세가 |
| 允 | 충렬왕 원년 | 知門下 | 황주변씨족보 |
| 胤 | 충렬왕 즉위년 윤6월 | 判樞密 | 고려사 세가 |
| 胤 | 충렬왕 6년 3월 경술(9) | 치사한 재추가 新殿의 연회에 참석 | 고려사 세가 |
| 允 | 충렬왕 6년 3월 정묘(26) | 졸함 | 엽자보 |

이상과 같이 《엽자보》나 《황주변씨족보》에 근거하여 변윤(邊允)이 출생한 시기와 죽은 시기를 《고려사》의 변윤(邊胤)과 일치시키기에는 무리하다. 《고려사》의 기록을 무시하고 가문에서 전래한 자료를 기반으로 정리한 족보나 엽자보의 자료는 앞으로 깊은 연구가 필요하다.

원주변씨는 변안열을 시조로 본관을 원주로 삼았다. 변안열은 고려 말에 활동한 인물이고, 변씨로는 가장 많은 기록이 관찬사서에 수록되었다. 그의 선대는 황주변씨에서 갈라진 지파이고, 지파의 하나인 태천에서 심양으로 이주하였던 황주변씨의 후예가 원주변씨로 새로운 본관을 출발시켰다고 하겠다.

원주변씨는 변씨의 본관 가운데 가장 자주 등장한 인물을 시조로 삼았지만, 본관이 시작된 시기는 가장 늦었다. 그러나 본관의 기원과 시조로부터 계승에 대한 기록은 가장 확실하다. 변안열의 선대는 태천에 이주하였던 변려를 기원으로 삼으며, 다음과 같은 세계를 보여준다.

邊呂 ···> 允 ···> 宥 ···> 制 ···> 訥 ···> 碩(황주변씨)

順 ···> 諒 ···> 安伯

···> 安烈

···> 安緒

《황주변씨족보》에는 변윤(邊允)을 《고려사》에 실린 변윤(邊胤)과 같은 인물이라고 하였으나, 출생연대가 지나치게 올라가므로 앞으로 더 많은 자료를 토대로 검증이 필요하다. 변유(邊宥)를 《고려사》의 변보(邊保)와 같은 인물이라 하였다. 변안열의 조부인 변순은 심양으로 이주하여 그곳에서 지배층으로 기반을 유지하였다고 하지만 황주족보의 기록이고, 국가의 사서나 고문헌에서 확인되지 않으므로 더욱 많은 자료가 요구된다.

심양은 나중에 요양(遼陽) 또는 봉천(奉天)이라고도 불린 지역이고, 이 지역에는 고려의 서북 지역 포로와 이주민이 많았으므로 황주에서 태천으로, 그리고 심양으로 이주한 황주변씨가 이곳에서 지배층으로 세력을 키웠다고 보겠다. 심양은 충선왕이 심양왕(瀋陽王)으로 봉해지고 고려왕을 겸하였고, 그 이후에는 충선왕의 조카 연안군(延安君) 고(暠)가 세습하여 심왕(瀋王)으로 책봉되어 고려를 견제하는 형세인 시기도 있었다.[28]

변안열은 공민왕이 즉위하기 위하여 원에서 귀국한 시기에 노국공주를 호위하였다. 그는 심양에서 3대를 살았던 경력을 기반으로 조카인 변숙(邊肅)과 함께 공민왕의 측근 세력이 되었다. 고려의 군사기반은 경군과 주현군이 있었지만, 고려 말에는 휘하의 군사를 무장별로 사병으로 변화하는 경향도 있었다. 홍건적과 왜구를 막으면서 관군을 동원하기보다, 지방의 주현군으로 응급대응하고, 취약한 상황에 중앙의 경군을 지원하는 체제를 유지하였다.

지리지에 원주의 성씨로 변씨가 실리지 않았으나 문집에는 확인

28) 김혜원, 《고려후기 심왕(瀋王) 연구》, 이화여대(사학과) 박사논문, 1999; 리익주, 〈14세기 전반 고려와 원 관계와 정치세력 동향—충숙왕대의 심왕옹립운동을 중심으로〉, 《한국중세사연구》 9, 한국중세사학회, 2000.

된다. 공민왕 7년에 판추밀원사로 졸한 원의(元顗)가[29] 바로 변안열의 빙부이고, 그가 원주원씨였으므로 본관을 원주로 삼게 되었다고 밝혔다.[30] 변안열이 고려로 입국한 것은 원말 혼란을 피하여 왔다고 밝혔지만,[31] 공민왕이 즉위하기 위하여 환국하면서 대동한 핵심의 측근 호위대장이였다고 하겠다. 그가 재상의 딸과 결혼한 사실도 이를 반증한다.

이러한 사실은 변안열묘와 가까이 있던 풍양조씨들이 시조 조맹(趙孟)의 무덤을 확인하는 과정에서 밝혀졌다. 임진왜란 때 실전(失傳)된 무덤과 족보를 추적하면서 변안열 묘표의 이면을 확인한 조익의 문집에서 이를 다시 확인하고, 원주변씨의 후손에 대해서도 풍부한 자료를 전하였다.[32]

---

29) 《고려사절요》 권27, 공민왕 7년 2월, "判樞密院事元顗卒"

30) 朴承任, 《嘯皐文集》 권4, 高麗國推忠亮節宣威翊贊補祚功臣壁上三韓三重大匡領三司事原川府院君邊公墓表 "東方之邊. 皆祖於原. 原之有邊氏. 自領三司公始. 公本中土北地人. 生于遼瀋. 稟幽燕勁氣. 值胡元運訖. 德穢寇澒. 爰謀避地. 至正辛卯. 隨恭愍徂東. 王乃妻以戚里判樞密女. 元本籍原. 故公亦因賜原爲鄕焉"

31) 위와 같음.

32) 趙翼, 《浦渚集》 권3. 請復始祖墳疏,"平時譜牒具在. 亂後散失 幸而存者亦不全其外裔之蕃無從而考而獨臣等所有譜載趙季鴿子炎暉炎暉女壻元顗顗女壻邊安烈臣等求得元氏, 邊氏族譜 蓋三譜相符 而趙炎暉 正順大夫, 右副代言兼左常侍 元顗 銀青光祿大夫, 判樞密院, 上護軍 邊安烈 三重大匡, 門下贊成事, 領三司事, 原川府院君云 而邊安烈墓亦在豐壤 平時子孫爲立碑 內外孫備錄於其陰記."

## 4. 몽골 제국의 위기와 위화도 회군

몽골 제국은 전성기를 지나 여러 차례 위기가 있었다(1368~1388). 제국의 왕위계승은 순조롭지 못하고, 대부분 정변을 동반하였다. 몽골족 상층부의 재정비라고도 보겠지만, 국력의 누수가 적지 않았다. 이러한 분위기를 감지한 다수민족인 한족은 황하 유역에서 떨어진 양자강 유역이 중심지였고, 종교결사에서 농민반란의 형태로 발전하였다.

민란 세력은 다원적이었고 원인도 복잡하였지만, 중앙정부에 반기를 공언하거나 겉으로는 복속하면서도 불씨를 꺼지지 않고 다시 일어나는 경우도 있었다. 순제는 장기간 집권하여 제국의 힘은 크게 손실은 없었으나, 민란을 토벌하던 관군이나 의병의 우두머리 사이에 세력이 증대하여, 이들도 군벌로 등장하여 실세를 노리는 갈등으로 변화하였다.

### 4.1. 몽골 제국의 북천과 황하 유역의 상실

14세기 중반에 접어들어 피지배지역 수탈과 종족차별정책으로 인한 반원(反元) 감정이 날로 높아갔다. 그 결과, 토곤테무르 재위 중(1333~1370)에 농민반란이 전국적으로 일어나기 시작하였다. 한인반란군(漢人叛亂軍)을 한인군웅(漢人群雄)이라고 하며, 강력한 몇몇 군웅으로 통합되어 갔다. 그 가운데에서 강남(江南)의 바다를 장악하고 염상(鹽商)을 기반으로 1348년 가장 먼저 반란을 일으킨 방국진(方國珍), 1351년 안휘성(安徽省) 영주(潁州)에서 봉기를 일으킨 한산동(韓山童)과 유복통(劉福通), 같은 해 호북(湖北)에서 반란을 일으킨 서수휘(徐壽輝)와, 후대에 그로부터 자립한 명옥진(明玉珍), 진우량(陳友諒), 다음해 안휘성 호주(濠洲)에서 일어난 곽자흥(郭子興), 1353년 강소성(江蘇省)의 염정(鹽丁)을 규합하여 일어난 장사성(張士誠) 등이 있었다. 이들 군웅들은 방국진과 장사성을 제외하면 나머지는 다 홍건적 출신이었다.

이처럼 정권 분열 및 한족 농민반란으로 인해 원 제국이 양자강 유역의 통제력을 잃고 국력이 기울기 시작하였다. 다원화된 한족 세력은 후에 명을 건국한 주원장(朱元璋)에 의하여 단순화되었다. 주원장은 처음에는 곽자흥 휘하의 병사에 지나지 않았지만, 곽자흥이 죽은 뒤에 자립하고, 1356년에 양자강 하류를 평정하였다. 그 뒤 그는 서쪽 강주(江州)의 진우량과 동쪽 소주(蘇州)의 장사성을 격파함으로써, 1367년에 화중(華中) 일대를 제압하여 양자강 중하류의 경제적 거점을 모두 차지하였다. 원은 양자강 유역 지배력을 거의 잃게 되었지만, 이 지역에 주둔했던 원나라 군대가 운남성(雲南省) 일대에 모여서 1382년까지 버틸 수 있었다.

주원장은 1368년 1월 남경에서 황제로 즉위하여, 국호를 대명(大明)이라 하고, 연호를 홍무(洪武)라 하였다. 그 다음 북벌(北伐)을 시작하여 같은 해 8월 원의 수도인 대도(大都; 北京)를 함락시켰다. 토곤테무르칸은 대도가 함락되기 전인 7월에 대도를 떠나 여름 별장인 상도(上都)로 가 있다가, 다시 응창(應昌)까지 쫓겨 갔다. 명은 토곤테무르칸을 몽골 본토로 몰아냈으나 운남, 요동, 산서, 사천, 그리고 감숙 일부를 제외한 중원을 장악하는 정도였다.

주원장에 의한 한족 세력 일원화의 산물인 명나라가 세워지자 원(몽골)의 군벌은 결속하였다. 원 군벌들은 권력을 위하여 서로 다투기도 하였지만, 명나라와 같은 외부세력의 위협이 닥치자 결집하기 시작하였다. 한족 세력의 일원화가 이루어지면서 원(몽골) 세력도 그에 맞서기 위해서는 내란을 뒤로 미루고 서로 손을 잡는 것 말고는 다른 선택이 없었다.

1368년 원 황제 토곤테무르가 명나라 군대에 밀려 몽골의 고토(故土)로 돌아왔다. 이때부터 북원시대(北元時代)가 시작된다. 대부분의 학자들은 원이 수도인 대도를 잃은 1368년을 원의 멸망연대로 보는 경향이 있다. 한족 왕조인 명이 건국되고 원이 북쪽으로 밀려났음은 사실이지만, 그렇다고 해서 원이 멸망했다고 보기는 어렵다. 1368년 이후 약 20년 동안 북쪽의 원제국과 남쪽의 명은 황하 북쪽을 겨냥하고 '남북조'(南北朝) 형태를 유지하였다.

고려에서 보냈던 외교문서에 '북원'(北元)을 '대원'(大元)으로 기록하였다는 사실도, 당시 고려 사람들은 '북원'이라고 부르지 않았음을 증명한다. '북원'이란 국호는 당시 원나라의 공식 명칭이 아니었고, 여전히 '대원'이라 불렸다고 추정된다. '북원'이란 칭호를 고려가 처음으로 만들었으며, 당시에 고려에서만 사용했다는 추측이 가능하다.

현재 학계에서는 '북원'이란 용어에도 차이가 있다. 원이 북쪽으로 물러난 1368년부터 투구스테무르가 명나라 군에게 대패한 1388년까지 시기를 가리킨다는 견해가 있다.33) 다음은 1368년부터 1634년까지, 즉, 고려사의 마지막 대칸인 릭단(林丹)이 후금에게 패하여 내고려사가 후금에 복속될 때까지를 포함한다는 다른 견해도 있다.34) 이 견해는 1990년대에 들어와서 중국 역사학자들이 처음으로 사용하였다.

전자는 지금까지 주로 고려사, 일본, 한국 등의 학자들에 의해 사용되는 반면에, 후자는 중국학계에서 널리 사용된다. 이 두 가지 견해에 대해 아직까지 논쟁이 많다. 첫째 견해를 주장하는 학자들은 다음과 같은 두 가지를 근거로 삼았다.

1. 투구스테무르 패망 후 고려사 문헌에는 대원(大元) 국호를 사용하지 않는다.
2. 투구스테무르 패망 후 원나라 때 사용했던 제호(帝號), 시호, 연호가 사용되지 않았다.(也先칸과 다얀칸 시기 제외)

그러나 1388년 이후의 고려사칸들은 한어인 '황제'(皇帝)를 지속적으로 자칭하지는 않았지만 자기를 '황제'라 칭하고 연호를 사용하였음은 위에 언급한 사례 이외에도 확인된다.35) 몽골은 칸(汗)이란

33) 蔡美彪,〈明代蒙古與大元國號〉,《南開學報》1992年 第1期.

34) Dai Qung I(戴鴻義), Buyan(鮑音), Umaradu Yuan-u teüke(北元史), Öber mongɣol-un soyul-un keblel-ün qoriy-a, Qayilar, 1991.

35)《세종실록》권96, 세종 24년 5월 9일《고려사》황제의 칙서에 대한 기사에서 "太祖成吉思皇帝統馭八方, 祖薛禪皇帝卽位時分, 天下莫不順命. 內中高麗國交

칭호를 황제와 같은 말로 이해하였으며, 자기 나라를 명나라와 대등한 황제국으로 인식하였다. 이러한 인식은 몽골이 청나라 지배를 받을 때까지 지속되었다. '대원'이란 국호도 몽골 사료에서 때때로 보이지만, 1400년대 이후 국호로서 사용되었다고 할 만한 충분한 증거가 아직 없다. 특히 귀리치 칸(1403~1408)이 즉위하면서 국호, 즉, '원'이라는 이름을 취소하고 '달단'(韃靼)이라 칭하였다[36]는 기록은 이를 뒷받침해준다. 그러나 이때는 '달단'이라 칭하지 않고, 원래 명칭인 '몽골'로 칭했을 것이다.

공민왕대 고려의 외교노선에 대해서는 학자들은 친명이며, 북원을 철저히 배척하는 정책이었고,[37] 그 정책은 공민왕대에는 한결같았다고 하면서, 공민왕 18년 11월에 북원 황제의 조서를 가지고 온 사신과 그 일행을 전부 살해하고, 이어서 원이 국왕을 책봉할 때 보내온 금인(金印)을 명으로 보낸 사건과 공민왕 22년(1373) 북원에서 파견한 사신을 공민왕이 살해하려고 한 사건을 그 예로 언급하였다.[38] 이어서 이 사신에 대해서 '북원은 대도에서 상도로 쫓겨난 이후 고려에 사신을 파견할 겨를이 없었는데, 4년이 지난 공민왕 22년 2월에야 비로소 다시 사신을 파견할 수 있었다'는 주장은 사실에 부

---

好, 倍於他國, 親若兄弟, 世衰遭亂, 棄城依北, 已累年矣. 今我承祖宗之運, 卽位今已十年. 若不使人交通, 是忘祖宗之信意也. 今後若送海青及賀表, 則朕厚賞厚待.〉 季後年號則未得理會, 年月日則十年二月初五日, 紙則黃色薄紙, 印信則不是大印, 其方周尺五分許"라고 기록되어 있다.

36) 《明史》 권327, 열전 215, 外國 8, 韃靼: "有鬼力赤者簒立, 稱可汗, 去國號, 遂稱韃靼云."

37) 김순자, 《한국중세 한중관계사》, 혜안, 2007, 50쪽.

38) 위의 책, 48쪽.

합하지 않는다. 공민왕대의 북원・고려 간 사신 내왕은 다음 표와 같다.

표 6. 공민왕대 북원・고려 간 사신 내왕(1368.10~1374)

| | 연 월 | 사 신 | 비 고 |
|---|---|---|---|
| 1 | 1368. 10.(공민왕 17) | 고려 사신(文天式) | 황태자의 생신을 축하케 하였는데 요양까지 가서 길이 막혀 돌아왔으므로 다시 보냄. |
| 2 | 1368. 11.(공민왕 17) | 고려 사신(張子溫) | 吳王을 예방함. |
| 3 | 1368. 11.(공민왕 17) | 북원 사신(欒子罕) | 여러 장수들에게 명령하여 실지 회복을 도모하라는 조서를 전함. |
| 4 | 1368. 11.(공민왕 17) | 고려 사신(李成瑞) | 신년을 축하함. |
| 5 | 1369. 1.(공민왕 18) | 나가추와 홍보보 사신 | 예방함 |
| 6 | 1369. 2.(공민왕 18) | 북원 사신(豆利罕) | 고려왕에게 옷과 술을 줌 |
| 7 | 1369. 3.(공민왕 18) | 북원 사신 | 고려왕을 우승상으로 진급시킴 |
| 8 | 1369. 3.(공민왕 18) | 고려 사신(王重貴) | 원 황제의 생신 축하, 謝恩表 보냄(길이 막혀서 가지 못하고 돌아왔음) |
| 9 | 1369. 4.(공민왕 18) | 고려 사신(禹磾) | 淮王을 예방하였다 |
| 10 | 1369. 8.(공민왕 18) | 북원 사신 | 북원의 중서성과 太尉丞相 奇平章이 사절을 파견하여 예방함 |
| 11 | 1369. 9.(공민왕 18) | 吳王, 淮王, 雙哈達王의 사신 | 북원의 오왕, 회왕, 쌍합달왕이 모두 사절을 파견하여 예방함. 말 40여 필을 바침 |
| 12 | 1369. 9.(공민왕 18) | 고려 사신(禹磾) | 오왕, 회왕, 쌍합달왕의 예방에 대해 답례 사신<br>오왕은 고려에 대하여 請婚하였고 회왕은 자기 딸을 고려에 시집보낸다고 함 |

| | | | |
|---|---|---|---|
| 13 | 1369. 10.(공민왕 18) | 고려 사신<br>(崔伯, 柳雲) | 시중 김일봉의 딸을 오왕에게 보내고 회왕의 딸을 맞이하여 오려고 함. (최백이 도중에서 죽었으며 회왕은 자기의 딸을 보내지 않았음.) |
| 14 | 1369. 11.(공민왕 18) | 나가추 사신 | 말을 바침 |
| 15 | 1369. 11.(공민왕 18) | 북원 사신<br>(瑞原君 盧놀) | 서원군 노은이 원 황제의 조서를 가지고 黃州까지 왔음. 왕이 사람을 파견하여 그를 죽임. |
| 16 | 1370. 2.(공민왕 19) | 나가추 사신 | 방물을 바치고 벼슬을 구함. 왕이 三重大匡 司徒의 벼슬을 줌 |
| 17 | 1370. 3.(공민왕 19) | 달단 왕 하라바투(哈剌八禿)와 에센부카(也先不花)의 사신 | 예방함 |
| 18 | 1370. 3.(공민왕 19) | 오왕과 회왕의 사신 | 방물 바침 |
| 19 | 1370. 9.(공민왕 19) | 북원 사신 | 원 승상 후흐테무르(廓擴帖木兒)가 사산을 보내 옴 |
| 20 | 1370. 12.(공민왕 19) | 나가추 사신 | 내조함 |
| 21 | 1371. 5.(공민왕 20) | 오왕 사신 | 고려를 예방함 |
| 22 | 1371. 7.(공민왕 20) | 高家奴와 王右丞 사신 | 고려를 예방함 |
| 23 | 1371. 8.(공민왕 20) | 東平王 사신 | |
| 24 | 1372. 4.(공민왕 21) | 나가추 사신 | 토산물 헌납 |
| 25 | 1373. 2.(공민왕 22) | 북원 사신 바투테무르(波都帖木兒)와 에센부카(於山不花) | 천하를 다시 바로잡는 일에 조력하기를 요청한 조서 보냄. |
| 26 | 1373. 2.(공민왕 22) | 나가추 사신<br>(문하라부카) | |

〈표 6〉에 따르면, 공민왕 18년 11월에 북원 황제의 조서를 가지고 온 사신이 살해된 이후에도 북원 사신이 계속 왔다. 예를 들어, 공민왕 19년(1370) 9월에 원나라 승상 후흐테무르가 보낸 사신이 왔으며, 1370년 2월부터 공민왕이 피살될 때까지 북원 중앙정부는 두 차례, 나가추는 네 차례, 달단 왕 하라바투와 에센부하는 한 차례, 고가노와 왕우승, 그리고 동평왕은 한 차례, 오왕은 회왕과 함께 한 차례, 독자적으로 또 한 차례, 모두 11회에 걸쳐 사신을 보냈다.

그러나 공민왕은 1373년에 온 사신을 제외하면 살해하려고 한 경우가 전혀 없고, 오히려 다 받아들였다. 그뿐만 아니라, 처음에 살해하려고 했던 사신마저 비밀리에 밤중에 만났다. 또한 공민왕 22년(1373) 2월에 나가추가 보내온 사신인 문하라부하의 수행원 10여 명을 강계만호(江界萬戶) 강영(康永)이 죽이고 그 재물을 탈취하였는데, 문하라부하는 기마병 몇 명을 데리고 도망하였을 때 공민왕이 이 소식을 듣고 사람을 보내 그를 도로 불러오고, 강영을 잡아다 순위부(巡衛府)에 가두기도 하였다. 그리고 문하라부하를 판전객사사(判典客寺事)로 임명하였다.[39] 이것으로 보면, 공민왕은 북원을 철저히 배척하는 정책을 취하였다고 보기가 어렵다.

공민왕은 당시 이미 친명정책을 택하였기 때문에 명과의 관계가 악화될까 걱정이 되어 북원 사신에 대하여 경계는 하였지만, 북원과 완전히 적대적 정책을 취하지는 않고 가능한 우호관계를 유지하려고 노력하였다. 이것은 북원에서 사신이 올 때 받아들이기는 하지만

---

39) 《몽골》 권44, 세가 44, 공민왕 22년 2월, 3월 癸丑.

답례로 사신을 파견하지 않았던 사실로 설명된다. 바꾸어 말하면, 공민왕대 고려의 외교관계는, 명을 사대 대상으로 삼았음에도 북원을 완전히 배척하지 않고 친선관계를 유지하려 한, 양면관계였다고 하겠다.

앞서 언급한 것처럼 공민왕대에는 북원에서 몇 차례 사신을 보내 잃은 땅 회복에 조력하기를 요청하였지만, 동아시아 정세 변화를 짐작한 고려는 기울어져 가는 원을 돕지 않았다. 고려는 조력을 거절했을 뿐만 아니라 원의 영토인 요심 정벌도 단행하였기 때문에, 북원 입장에서 이것은 배반이었다. 공민왕이 죽은 뒤인 1375년 5월에 북원에서 보낸 글에서 '바얀테무르왕[공민왕]이 우리를 배반하고 명나라에 붙었다'고 한 데에서도 공민왕에 대한 북원의 입장을 알 수 있다.

그래서 북원은 공민왕을 폐위시키려고 한 것 같다. 공민왕 23년(1374) 9월경, 심왕의 손자를 고려왕에 임명하였다. 이 소식은 공민왕이 시해되기 3일 전에 고려에 전달되었다. 원이 국왕 책봉을 행사하여 국왕을 교체했다는 소식은 공민왕 시해에 영향을 주었다고 추정된다. 고려 국왕 책봉권을 다시 복원하고, 고려에 친원정권을 세우려는 북원의 시도는 시대의 흐름에 어긋났지만, 고려의 현실정치에 여전히 힘을 발휘하였다.[40)]

40) 김순자, 앞의 책, 51~52쪽.

### 4.2. 북원과 고려의 외교노선과 실상

공민왕이 시해된 뒤 명 사신 살해사건 등으로 인하여 이미 몇 년 전부터 냉각되었던 고려와 명의 관계가 더욱 악화되어 사실상 단절되었다. 그렇게 되면서, 그 동안 공식적인 관계가 끊어졌던 고려와 북원의 관계 재개 문제가 제기되기 시작하였다. 이 문제를 둘러싸고 고려의 고관들이 치열하게 대립하였으며, 이인임 등 고려의 집권자들은 반대세력의 강대한 반발 속에서도 북원과의 관계 재개 정책을 고수하였다.

외교관계를 재개하려는 북원과 고려 양국 통치자들의 꾸준한 노력 결과, 우왕 3년(1377) 2월에 북원이 우왕을 책봉하였다. 이로써 공민왕 18년 이후 단절되었던 책봉-조공관계가 다시 재개되었으며, 고려는 북원을 사대의 대상으로 인정하여 비로소 북원의 연호인 선광을 사용하였다.

고려의 북원과의 관계 재개 목적은, 고려로서는 단순히 새로운 왕 즉위 문제를 둘러싼 북원과의 충돌 회피나 우왕 책봉만이 아니었다. 명을 견제하려는 북원과 고려의 실질적인 필요성에서 비롯된, 당시 동아시아 세력균형을 유지하려는 노력의 결과였다.

공민왕을 계승한 우왕에 이르러 고려와 북원 관계에 큰 변화가 있었다. 공민왕이 시해된 뒤 북원이 심왕 톡토부하를 고려왕으로 임명한 것을 보면, 당시에 퍼졌던 북원이 국왕을 교체했다는 소문이 사실이었을 가능성도 있다. 친명 외교노선을 고수했던 공민왕이 1374년 9월에 시해된 뒤, 공민왕이 주도했던 친명 외교노선은 혼란

에 빠지게 되었다.[41)]

그로부터 한 달 뒤인 12월에는 이인임 정권에서는 판밀직사사 김서(金湑)를 북원에 보내 공민왕의 상사(喪事)를 고함으로써,[42)] 공민왕 시해 사실은 명보다 북원에 먼저 통보되었다. 우왕 즉위 후 이인임 정권에서는 명과 북원 모두를 사대의 대상국으로 인정하고, 우왕 책봉을 요청하였다. 즉, 공민왕 말기의 친명 일변도 외교노선에 변화가 있었다.[43)]

그러나 김서를 북원에 보낸 일은 공민왕의 상사를 고하기 위한 목적이었고, 이는 우왕 책봉과는 무관하였다. 상사를 고함과 왕위계승 승인에 대한 요청은 별도의 일이었다. 따라서 《고려사》의 관련 기사도 다르다.

1374년 11월 기사일(己巳日)에 명나라에 보낸 사절단에 대해서는 "밀직사(密直使) 장자온(張子溫), 전공판서(典工判書) 민백훤(閔伯萱)들을 명나라로 보내 공민왕의 사망을 통지하는 동시에 공민왕의 시호 및 우왕의 왕위계승 승인을 요청하였다"[44)]고 기록하는 동시에, 시호를 청하는 표문과 왕위계승에 관한 표문도 함께 실었다. 반면에 위에서 언급한 북원에 보낸 사신에 대해서는 "판밀직사사 김서를 북원에 보내 공민왕의 상사를 고하였다"[45)]고 기록되어 있다. 또한 그

41) 위의 책, 82쪽.
42) 《고려사》 권133, 열전 46, 신우 1, 12월.
43) 김순자, 앞의 책, 83~84쪽.
44) 《고려사》 권133, 열전 46, 신우 1, 11월. "遣密直使張子溫典工判書閔伯萱如京師告訃請賜諡承襲."
45) 《고려사》 권133, 열전 46, 신우 1년 12월. "遣判密直司事金湑如北元告喪."

다음 해(1375) 정월에 명에 보낸 사신에 대해서도 "판종부시사(判宗簿寺事) 최원(崔源)을 명나라 서울로 보내 상사를 고하고 시호를 청하였으며, 왕위의 계승을 고하였다"46)고 자세하게 기록하였다.

이인임 정권에서 최초로 북원에 사신을 보낸 사실은 우왕 책봉을 위한 목적이 아니었으며, 다만 공민왕 상사를 알리는 동시에 공민왕대까지 계속되었던 친선관계를 유지하려는 의도였다. 그러나 이렇게 선제 사신을 파견한 일을 북원이 역이용하여 우왕 책봉에까지 참여하기 시작하였다. 그 뒤에 벌어진 일들도 이를 뒷받침한다.

우왕 1년(1375) 정월에 나가추가 사자를 고려에 파견하여 정식으로 관여하였다. 즉, 나가추는 "전왕은 아들이 없는데 지금 누가 왕위를 이었는가?"라고 물었다. 나가추의 이 질문은, 이때 북원은 공민왕이 대를 이을 아들이 없으므로 심왕 고(暠)의 손자 톡토부하를 봉하여 고려왕으로 이미 삼았기 때문이었다. 그러나 이인임 등은 비록 명·원 모두에 대한 양면 외교노선을 택하였으나, 왕권 자체를 북원의 요구대로 하는 데는 반대하였다.

그래서 2월에 접어들면서 우왕으로 하여금 교시를 내리게 하였는데, 거기에 "나는 어린 몸으로써 선왕의 기반을 계승하여 신민의 위에 있으면서…… 무릇 내외의 대소 신하들은 각각 자기의 힘과 마음을 다하여 자기의 직무 수행에서 빈 문자만을 일삼지 말고 실효를 거두기에 노력하라"47)고 하였다.

46) 《고려사》 권133, 열전 46, 신우 원년 정월. "遣判宗簿寺事崔源如京師告喪請謚及承襲."

47) 《고려사절요》 권30, 신우 원년 2월.

같은 해 4월, 이인임이 여러 신하를 거느리고 효사관(孝思觀)에 나아가 태조의 혼령께 맹세하기를, "본국의 무뢰배들이 심왕의 손자를 끼고 북쪽 변방에 와서 왕위를 엿보니, 우리 동맹하는 신하들은 힘을 다하여 막아서 새 임금을 돕고 받들겠나이다. 이 맹세에 변함이 있으면, 천지와 종묘와 사직이 반드시 은밀한 주벌을 내린다"[48)]고 하였다. 즉, 이인임 등은 심왕을 고려왕으로 옹립한 사건에 반대하여, 자기들이 추대한 우왕의 지위에는 조금이라도 흔들림이 있어서는 안 된다는 대책이었다.

같은 달에 판사 박사경(朴思敬)이 북원에서 돌아와 명덕태후(明德太后)에게 다음과 같이 아뢰었다.

> 나가추의 말에, '너희 나라 재상이 김의를 보내어, 왕이 죽었는데 후사가 없으니 심왕을 받들어 왕으로 삼기를 원한다고 청하기에, 황제께서 [심왕을] 봉하여 너희 임금으로 삼았다. 만일 전 왕에게 아들이 있다면 조정에서 반드시 심왕을 보내지 않겠다.' 하였습니다.[49)]

이 말을 들은 공민왕의 어머니 명덕태후가 이인임을 불러, "재상이 김의를 원나라에 보냈다는 말은 내가 들은 지 오래다. 경들은 알지 못하는가"[50)]라고 물었다. 여기서 언급되는 박사경을 언제 북원에

48) 《고려사절요》 권30, 신우 원년 4월.
49) 《고려사》 권126, 열전 39, 간신 2, 李仁任. "納哈出謂臣言, 爾國宰相, 遣金義請云, 王薨無嗣, 願奉瀋王爲主故, 帝封爲爾主. 若前王有子, 朝廷必不遣瀋王也."
50) 《고려사절요》 권30, 신우 원년 4월. "太后召仁任曰, 宰相遣金義如元, 予聞此言久矣. 卿等獨不知乎."

보냈느냐에 대한 기록은 없지만, 북원으로 파견된 김서의 부사(副使)로 보는 견해[51]가 있다.

때마침 명의 사신을 죽이고 북원으로 도망간 김의의 부하가 고려에 돌아왔는데, 이때 이인임과 안사기(安師琦)는 그를 후하게 대접하였다. 이를 본 박상충(朴尙衷)은 임금에게 글을 올렸다.

> 김의가 사신을 죽인 죄를 응당 추궁해야 함에도 불구하고, 재상들이 범인의 수행원들을 후하게 대우했음은 안사기가 김의를 사주하여 사신을 죽인 그 증거가 나타났습니다. 곧 그 죄를 밝히지 않으면 나라의 재앙은 지금부터 시작됩니다.[52]

이 상소를 오래 내려 보내지 않았다가 이때에 와서 태후가 그 상소를 도당(都堂)에 내리고, 또 안사기를 옥에 가두게 하였다. 안사기가 남의 집으로 도망하여 들어가서 칼을 뽑아 목을 찔렀고, 이어서 안사기를 베어 죽였다.[53] 이 사실을 지켜보던 이인임은 "김의의 원나라 파견은 찬성사 강순룡(康舜龍), 지밀직 조희고(趙希古), 동지밀직 성대용(成大庸) 등이 한 짓이다" 하여, 그들을 모두 먼 땅으로 귀양 보냈다.[54]

---

51) 池內宏, 〈高麗末における明及北元との關係〉, 《史學雜誌》 29-1, 29-2, 29-3, 29-4, 1917; 《滿鮮史硏究》 中世 第三冊, 1963, 282面.

52) 《고려사》 권112, 열전, 朴尙衷. "尙衷上疎曰: 金義殺使之罪, 在所當問, 宰相待其從者甚厚. 是師琦嗾義殺使, 其迹已見. 今若不正其罪, 社稷之禍, 自此始矣."

53) 《고려사절요》 권30, 신우 원년 4월.

54) 《고려사절요》 권30, 신우 원년 4월.

이어 같은 해 4월, 고려는 판밀직 이자송(李子松)을 서북면 도순문사 겸 평양윤으로, 찬성사 지윤(池奫)을 서북면 도원수로, 문하평리 류연(柳淵)을 동북면 도원수로 임명하고, 각 도의 병정을 징발하여 북원의 침공을 방비케 하였다가 얼마 후에 국경 정세가 평안하다는 정보를 받고 곧 중지하였다.[55]

고려는 다만 대외적으로 압력을 받았을 뿐 아니라 심왕에 협력할 소지를 갖춘 인물들이 고려 국내에도 여전히 존재하였다. 승(僧) 소영(小英)이 자기 수하 몇 명을 북방에 보내 비밀리에 심왕에게 서신을 전하여 "이제 나라의 형편이, 신하가 임금을 죽이고, 또 임금이 신하의 아첨에 넘어가서, 국권이 오로지 권세 있는 신하의 수중에 있으니, 만약 이때 군사를 인솔하고 오면 대사를 성취한다"[56]고 하였다. 또한 우왕 원년(1375) 9월에 이성(泥城) 원수 최공철(崔公哲)의 휘하 200여 명이 반란을 일으켜 군민(軍民)들을 살해하고, 강(압록강)을 건너갔다.[57] 이 사례들은 우왕 즉위 초 친원세력의 활동을 보여준다.

이러한 상황에서 이인임 정권은 어떤 대책을 써서라도 심왕의 고려국왕 옹립을 막아야 하였다. 1375년 4월 이인임은 백관과 함께 연명으로 글을 써서 북원의 중서성에 바치려 하였다. 그 글에 다음과 같이 말하였다.

---

55) 《고려사》 권133, 열전 46, 신우 원년 4월.
56) 《고려사》 권133, 열전 46, 신우 2년 7월. "今國家, 臣弑其君, 主誤臣諂, 國柄專在權臣, 若引兵來, 大事可成."
57) 《고려사》 권133, 열전 46, 신우 원년 9월.

본국은 세조 황제가 왕업(王業)을 이룩할 때 우리나라 충경왕(忠敬王)이 선참으로 입조하여 황제의 은고와 귀 조정의 세습하는 왕들 및 부마들 예에 준하여 왕위를 받았다. 그리고 충렬왕에게 공주를 주어 부마(駙馬)를 삼아서 충선왕을 낳고, 충선왕이 충숙왕을 낳았고, 모두 왕위를 세습하였다. 그런데 영종(英宗) 황제 때에 강양군(江陽君) 왕자(王滋)의 아들 울제이투(完澤禿), 심왕(瀋王) 고(暠)가 있었고, 그는 우리나라 왕실의 지파(支派)로 갈려 내려간 자인데, 왕위를 쟁취하려고 망동하였으나 귀 조정이 판별하여 주어서 실현하지 못하였다.

그리고 선왕(先王) 바얀테무르(伯顔帖木兒)는 바로 충숙왕의 친아들로서 계승하였으며, 그 24년에 유언으로 그의 친아들인 원자(元子) 우(禑)에게 계승을 지시하였다. 삼가 판밀직 김서(金湑)를 보내서 선왕의 부음(訃音)을 전하게 하였더니, 그가 귀 조정에 갔다가 이제 와서 알게 되었는바, 울제이투 심왕의 손자 톡토부하(脫脫不花)는 우리나라로 출가 온 공주의 후손도 아니면서 엉뚱한 야망을 품고 왕위를 쟁취하기 위하여 날뛰고 있다. 이는 세조 황제가 제정한 바와는 크게 위반되는 일이니 금지하여 주기를 바랍니다.[58]

그러나 좌대언 임박(林樸), 전교령 박상충(朴尙衷), 전의부령 정도전(鄭道傳)은, "선왕께서 계책을 결정하여 남쪽의 명나라를 섬겼으

58)《고려사》권126, 열전 39, 李仁任. "本國, 自世祖皇帝龍興之時, 我忠敬王, 首先朝覲, 欽蒙聖恩, 得比聖朝諸王駙馬世襲之例, 授以王爵. 釐降公主, 忠烈王爲駙馬, 生忠宣王, 忠宣王生忠肅王, 皆襲王位. 自英宗皇帝時, 有江陽君滋子完澤禿瀋王暠, 本國支派相別, 妄爭王位, 蒙朝廷區別, 不能爭奪. 先王伯顔帖木兒, 是忠肅王親子, 襲位二十四年, 遺旨令親男元子禑襲位. 謹遣判密直金湑, 申達訃音, 前赴朝廷, 今來乃知, 完澤禿瀋王孫脫脫不花, 實非釐降公主流派, 妄生異心, 欲要爭襲. 甚違世祖皇帝定制, 乞賜禁約."

니, 이제 북쪽의 원나라를 섬긴다면 부당하다" 하고, 서명하지 않았다.[59]

즉, 이인임 정권은 북원의 군사작전에 대비하는 동시에 외교로 타개하였으며, 북원에게 고려왕으로 옹립한 톡토부하를 폐위시키기를 요청하였다. 이 글은 북원에 전달되었는지 여부는 분명하지 않다. 이에 대해서 고려에서 문천식을 북원에 파견하여 이 글을 전달하였다는 추측이 있다.[60] 그러나 북원에서 우왕 2년(1376) 10월 고려에 전달한 후흐테무르(擴廓帖木兒)의 서신에 "바얀테무르(伯顔帖木兒)에게는 아들 모니노가 있었으며, 나라 사람들의 추대를 받아 국사를 하고 있다는 사정을 초르지(抄兒志)로부터 알았다"고 하기 때문에, 위의 글이 북원에 전달하지 않았을 듯하다. 초르지는 우왕 2년 2월에 고려에 왔다간 사람으로, 만약에 문천식이 위의 글을 북원에 전달했다면, 북원이 그 뒤에 온 초르지로부터 고려 사정을 알게 되었다고 말하지 않았을 것이다. 아무래도 당시 이인임 정권에서 취한 톡토부하를 거부한 조치는 정세에 맞았다. 전 임금이 살해되고 새로운 왕이 책봉도 못 받은 마당에, 톡토부하를 왕으로 추대한다면 위험하였고, 무슨 계략을 써서라도 이를 막아야 하였다.

이보다 한 달 뒤인 1375년 5월 북원이 사신을 파견해 왔다. 그는 그 전에(1374년 12월) 김서를 북원에 보내 공민왕의 상사를 알리자 북원에서 보내온 사신이었다. 이 사신이 가져온 글에 말하기를, "바얀테무르왕(공민왕)이 우리를 배반하고 명나라에 붙었기 때문에 너희

59) 《고려사절요》 권30, 신우 원년 4월.
60) 池内宏, 앞의 글, 294面.

나라의 임금을 죽인 죄를 용서한다" 하였다. 이때 이인임과 지윤이 원나라 사신을 맞고자 하니, 삼사좌윤 김구용(金九容), 전리총랑 이숭인(李崇仁), 전의부령 정도전(鄭道傳), 예문응교 권근(權近) 등의 격렬한 반대에 봉착하여 사신은 개경에 들어오지 못하였다. 이인임 등은 찬성사 황상(黃裳)을 서북면 도체찰사로, 좌부대언 성석린(成石璘)을 체찰사로 임명하여 강계(江界)로 파견하여 북원 사신을 위로하여 되돌려 보냈다. 이 결과 이들이 고려에 와서 직접 톡토부하의 왕위 계승 문제를 거론함으로써 나라의 근본을 뒤흔드는 혼란을 예방하였다.[61]

1375년 8월에 이성만호(泥城萬戶)는 "심왕 모자가 반역자 김의(金義)와 진봉사(進奉使) 김서(金湑)의 무리를 거느리고 이미 신주(信州)에 도착하였다"고 보고하였다. 이에 중앙과 지방이 두려워하여 여러 도의 군사를 징발하여 북원의 내침에 대비하였다. 그러나 이 소식은 거짓이었음이 밝혀졌다. 이때 압록강 이북에서 자주 약탈사건이 발생하여 고려에서는 김의가 북원의 군대를 데리고 왔다고 의심하였는데, 심왕의 군대가 아니고 난민임이 확인되었다.[62]

그 후로는 약 반 년 동안 북원과 고려 사이에 사신 교환이 이루어지지 않았다. 고려는 우왕 2년(1376) 2월에 이원실(李原實)을 보내 나가추를 방문하게 하였다. 같은 해 5월, 북원에서 오초르지(吳抄兒志)가 오니 우왕이 이를 후대하였다.[63] 명과의 관계가 단절되고, 북원

61) 노계현, 《고려외교사》, 갑인출판사, 1994, 635쪽.
62) 《고려사》 권114, 열전, 楊伯淵.
63) 《고려사절요》 권30, 신우 2년 5월 경오.

과의 관계에서 가장 중요한 문제인 톡토부하의 고려왕 옹립 문제도 풀리지 않아 우왕 즉위 자체도 불안정함을 느끼자, 이를 해결하기 위해 고려 조정에서 나가추를 통해서 북원과의 관계 재개를 시도하였다. 이때까지 고려는 북원 사신을 받아들이지 않았기 때문에 북원에도 고려에 대한 불신이 있었다.

그러나 나가추에게 사신을 보낸 지 며칠 뒤에 안주(安州) 부원수 왕안덕(王安德)은 심왕이 죽었다고 보고하였다. 이미 심왕 톡토부하가 죽고 우왕에게 직접적으로 위협이 되는 존재가 없어졌음에도 고려가 북원과의 관계 재개를 추진한 사실은, 북원과의 외교관계 재개는 군사적인 충돌을 피하면서 톡토부하의 옹립을 저지하기 위함이었다는 기존의 견해가 타당한지에 대해 의문을 던져준다.

북원과의 외교관계 재개를 둘러싼 고려 관리들의 갈등은 일찍부터 학계의 주목을 받아왔으며, 당시의 정치세력을 친명파, 또는 친원파로 구분하여 설명하는 경향이 일반적이었다. 다만 일부 학자들은 이러한 입장을 비판하면서, 이 갈등은 단순히 외교관계에 대한 견해 차이에서 비롯되지 않고, 고려 국내 정치세력 사이의 정치적 대립의 결과였다고 주장하였다. 그리고 당시 집권세력이었던 무장들이 북원과의 외교관계에 적극적이었던 이유는, 명이 고려에 대해 고압적인 자세를 취함으로써 반명 분위기가 고조되어 있었고, 특히 명 사신 살해사건으로 인해 명과의 외교관계가 수습되기 어려워진 사실과, 북원이 톡토부하를 고려왕에 책봉함으로써 고려를 군사력으로 위협한 상황을 지적하였다. 즉, 북원과의 군사적인 충돌을 피하면서 톡토부하의 옹립을 저지하기 위해 고려는 북원과의 외교관

계를 재개하였다고 주장하였다.[64)]

북원과의 관계 재개는 단순히 군사 충돌을 막거나 우왕 책봉을 받기 위한 행위로 설명하기는 어렵다. 특히 당시 북원에서 고려를 군사적으로 압박한 일은 없었으며 북원의 군사가 고려 영토를 공격하러 왔다는 정보가 거짓이었음이 뒷날 밝혀졌다.

대체로 북원과의 관계 재개는 대내적 및 대외적이란 두 가지 목표 아래 이루어졌다고 하겠다. 대내적으로는 당시 집권자였던 이인임 등이 그들의 집권을 지속하기 위해서 대외적 안정이 필요하였고, 이를 위하여 한편으로는 명에 사신을 보내면서, 또 원과도 관계를 가져 양국의 위협 속에서 자국의 이익을 도모하였다.[65)]

북원과의 관계 재개는 명과의 관계를 끊는다는 의미가 아니었다. 이인임은 명 사신 살해사건과 연결시켜, 원과 연고 있는 찬성 강순룡(康舜龍), 지밀직 조희고(趙希古), 동지밀직 성대용(成大庸) 등을 유배 보내서, 친명세력 비난에 대한 자신의 명분을 세웠다.[66)] 또한 이인임, 지윤(池奫) 등을 명과 관계를 끊고 북원과의 관계를 재개하려고 한다고 그들을 사형에 처하기를 청한 반대세력을 대거 숙청하였다. 이렇게 함으로써 이인임 등은 자기 위치를 확고히 하여 대외정책을 자기 마음대로 시행해 나갔다.

한편 북원과의 관계 재개는 대외적으로 더 중요한 의미를 가졌다

---

64) 김당택, 〈고려 우왕 원년(1375) 원과의 외교관계 재개를 둘러싼 정치세력 간의 갈등〉, 《진단학보》 83, 1997.

65) 고혜령, 〈이인임 정권에 대한 일고찰〉, 《역사학보》 91, 1981, 24, 25쪽.

66) 위의 글, 20쪽.

고 하겠다. 선학들이 지적한 우왕 책봉 등은 완전히 부인하기 어려운 사실이지만, 이보다 더 크고 중요한 목적이 있었다고 하겠다. 사실 우왕 즉위 시점에는 동아시아 국제 정세에 적지 않은 변화가 있었다. 특히 북원에서는 토곤테무르가 대도에서 북쪽으로 피한 혼란기와는 정세가 많이 달라졌다.

북원은 1372년에 명의 대규모 정벌군을 격파하고, 정국도 안정되었다. 요동의 나가추도 1372년 우가장(牛家庄)을 공격하여 요동의 명군에게 큰 타격을 주었다. 운남에 있었던 북원 잔존세력도 그대로 명에 대항하면서 버티고 있었다. 즉, 1374년을 전후한 시기에 북원은 정치·경제·군사적으로 비교적 안정을 되찾았다. 공민왕은 원이 곧 멸망한다고 판단하여 명과 사대관계를 맺었을 가능성이 높은데, 실제 상황은 추측과는 달리 돌아가고 있었다. 북원은 쉽게 무너질 존재가 아니었고, 고려도 이를 실감하게 되었다.

공민왕은 처음 명과 관계를 맺음으로써 명에게 공을 세워 원 이전에 중원 여러 왕조와 수립해온 형식적인 사대관계 수립을 기대하였다. 하물며 명은 원과는 달리 호족(胡族)도 아니고 한족(漢族) 왕조였기에 더 그러하였다. 그러나 명의 고려에 대한 태도는 고려의 기대와는 정반대였다. 명은 고려와의 사대관계가 순조롭게 맺어졌다고 해서 고려를 특별히 대우하거나 특혜를 베풀 생각은 없었고, 오히려 고려 내정에 깊이 간섭하고 지나치게 많은 공물을 요구하는 등, 책봉국의 간섭이 가장 심했던 원대에도 없었던 압력을 보이기 시작하였다. 명과 사대관계를 맺었다고 해서 고려가 따로 얻은 효과는 없었다. 그런 까닭에 공민왕 말년에 공민왕과 그들을 제외한 고려 사회 여러 계층에서는 명에 대한 불만이 고조되었다. 따라서 공민왕이 실시해온 친명적인 외교노선과 정책의 수정을 더욱더 실감하게 되었다.

고려가 국가를 지키는 방법으로, 강대국 사이의 세력균형을 잡는 것보다 효과적인 방도는 없었다. 그러나 공민왕 말기의 고려 대외정책은 강대세력 사이의 균형을 잡지 못한, 바꾸어 말하면, 북원을 배척하고 명으로 치우쳐 있었다. 원을 배척하였을 뿐만 아니라 북원 영토를 몇 차례 정벌하기도 하였다. 그렇다고 해서 고려는 원을 궁지에 몰기에 이용하는 일시적인 방법이었지, 그들의 속셈은 완전히 달랐다.

요동의 북원세력이 무너지면 명의 다음 대상은 고려가 된다. 명은 1371년부터 요동 경영을 시작하면서, 고려를 억압하는 태도를 보이기 시작하였다. 국제 상황의 변화를 고려의 집권자들이 알고 있었다. 특히 북원과 관계 재개를 이끌었던 이인임, 지윤, 최영 등 무장들은 북원과 손을 잡으면서, 날이 거듭될수록 고려에 압박을 가해오는 억압적인 명을 견제하려고 방향을 바꾸었다. 그들은 명의 공격 등 비상사태가 생길 경우, 북원의 군사 원조를 받아 항쟁하는 방법도 고려하였다.

이보다 조금 뒤의 일이지만 지윤은 "명나라의 대군이 정료위에 근거지를 잡은 다음에는 반드시 공격하기 어려워지니, 병력을 돌려서 공격하는 것이 상책이다"[67]고 제의하였다. 이것은 북원과의 관계

---

67) 《고려사》 권125, 열전 38, 간신 1, 池奫; 《고려사절요》 권30, 신우 2년 10월. "奫又托攻遼, 以撓其議曰, 倭賊但擾邊, 不足憂. 脫大軍根據定遼衛後, 必難圖, 莫

재개 시기에 고려 집권자들의 의도를 어느 정도 반영한 표현이라고 하겠다. 말하자면 그들은 요동의 명 세력 견제를 염두에 두고 있었던 것이다.

당시 이인임 등은 억압적인 명보다는 고려를 꾸준히 회유하는 북원 쪽으로 기울어져 있었음은, "공민왕이 죽은 다음 며칠이 못 되어 이인임이 시중(侍中)으로서 현릉이 기르게 하였던 머리를 깎았다. 이때 나라 사람들은 이인임에게 임금을 무시하는 마음이 있고 사대의 뜻이 없음을 알았다"[68]는 기록을 보아 짐작할 수 있다.

고려와 북원의 관계 재개는 명을 견제하려는 북원과 고려의 실질적인 필요성에서 비롯된, 당시 동아시아 세력균형을 유지하려는 노력의 결과였다고 하겠다. 이러한 상황이었기 때문에 이인임 등 고려의 집권자들은 반대세력의 강한 반발 속에서도 북원과의 관계 재개 정책을 고수하였다. 고려는 북원과 연합하여 명을 견제하거나, 적어도 이를 통하여 명을 압박하여 양보하도록 만들고자 하였다.

고려가 북원과 사대관계를 맺자, 명도 고려에 대하여 유화정책을 썼다. 1377년 12월에 명이 그 동안 억류했던 고려인 정언(丁彦) 등 358명을 돌려보냈다. 그러자 고려는 1378년 3월, 판선공시사(判繕工寺事) 유번(柳藩)을 명나라에 보내 황제의 은혜를 사례하고 또 예의판서(禮儀判書) 주의(周誼)를 보내 공민왕의 시호와 왕위계승의 책명을 요청하는 표문을 올렸다.[69]

---

若移師攻遼."

68)《고려사》권126, 열전 39, 간신 2, 李仁任.

명은 같은 해 6월에 고려 사신[行人]인 최원(崔源), 전보(全甫), 이지부(李之富) 등도 석방하여 돌려보냈다. 같은 해 8월에 주의와 유번이 명나라로부터 귀환하였는데, 그들은 명나라 예부상서 주몽염(朱夢炎)이 황제의 교지를 기록하여 고려 사람들에게 보여준 글을 가져왔다. 이 문서에 "[고려] 중신들이 와서 왕전(곧 공민왕)의 시호를 청하였다…… 앞서 자기들의 임금을 죽였으며 또 나의 사신을 속여서 죽인 이 사람들이니 지금 그들이 어찌 법률을 준수하고 문물제도를 굳게 지키는 사람들로 생각하겠는가?" 하고, 이어서 "사신들을 예로 대접하여 돌려보내되 대신들은 그들의 일에 참견하지 말라!"고 하였다. 이것은 명은 고려에 대하여 내정 간섭도 사신의 억류도 하지 않겠다는 의미이지만, 오히려 고려의 명에 대한 자세를 지켜본다는 뜻이 강하기 때문에 고려로 하여금 스스로 충성을 다하도록 하는 일종의 압력이었다.[70]

한편으로는 1378년(우왕 4) 7월에 북원의 사신이 와서 투구스테무르(豆叱仇帖木兒)의 즉위를 보고하려 하니, 우왕은 병을 핑계하고 마중하지 않으려 하였으나 사신이 강요하므로, 왕이 행성(行省)에 나가서 맞이하였다.[71] 같은 해 9월에 고려는 명나라 홍무 연호를 다시 사용하였다. 이것은 한편으로는 북원 황제가 죽고, 새로운 황제가 즉위하였으므로, 지금까지 사용해 온 연호를 계속 쓰기가 어려워지고, 다른 한편으로는 고려에 대한 명나라의 유화정책과 관련이 있었

69) 《고려사》 권133, 열전, 신우 4년 3월.
70) 노계현, 앞의 책, 643쪽.
71) 《고려사》 권133, 열전, 신우 4년 7월.

다. 그러나 고려가 홍무 연호를 사용하여 친명 태도를 보이자 명은 고려에 대한 유화정책을 예전과 같은 압박정책으로 바꾸어 나갔다.

고려는 1378년 10월에 심덕부(沈德符)를 명나라에 보내 새해를 축하하는 동시에 판도판서(版圖判書) 김보생(金寶生)을 보내 최원 등을 돌려보낸 일에 대하여 감사를 표명하였지만, 명의 고려에 대한 자세는 좀처럼 풀리지 않고 오히려 강경노선으로 선회하였다. 1379년 정월, 요동 도지휘사가 진무 임성(任誠)을 파견하여 홍무 3년 11월 고려군이 포로로 삼은 요양 지방의 관민(官民) 남녀 1천여 명 및 고려에 도망해 온 명의 군사들을 반환하라고 요구하였다.[72] 그 이유는 고려가 군사를 보내 북원을 도와준다고 하였기 때문이라고 한다. 이를 통해서 명의 고려에 대한 회의가 아직도 풀리지 않았음을 알 수 있다.

1379년 3월에 심덕부와 김보생은 명 황제가 직접 쓴 조서와 예부상서 주몽염(朱夢炎)이 명 황제의 지시를 기록한 문서를 가지고 명나라로부터 돌아왔다. 명 황제의 조서에는 "집정대신이 와서 조회하고 매년 바치는 공물을 약속대로 하지 않는다면 뒷날에 문책하는 정벌을 면치 못할 것이다"고 위협하였다. 또한 주몽염의 문서에는 "고려의 중국에 대한 태도를 보건대 한나라 때로부터 지금까지 그 나라 임금이나 신하가 흔히는 은공을 생각하지 않고 다만 거짓으로 국교를 선포하여 왔다"고 비판하면서 금년에는 말 천 필을 공납하고 집정 대신이 같이 오고, 내년부터는 금 백 근과 은 만 냥, 양마(良馬) 백

72) 《고려사》 권134, 열전, 신우 5년 정월.

필, 세포(細布) 만 필을 매년 상례(常例)로 바치라고 요구하였다. 또한 고려에 있는 요동 백성을 돌려보내고, 만약에 고려가 험한 지세에 의지하여 명군이 침공하지 못하리라 생각할지 모르니 명군은 고금에 비하기 어려운 강대함을 명심하라고 위협하였다. 그리고 심덕부 등과 함께 사신 두 명을 파견하였는데, 두 사신이 고려가 북원에 사신을 보냈다는 풍설을 듣고 도중에서 돌아갔다.

한편 북원은 거의 1년 만인 1379년 6월에 첨원 보비(甫非)를 파견하여, 교사(郊祀)를 지내고 연호를 천원(天元)으로 개칭하였다고 보고하였다. 또한 나가추도 문하라부하를 고려에 보내왔다. 우왕은 문하라부하가 돌아갈 때 "승상은 돌아가신 아버지와 서로 형제라 칭하였다"고 하면서 저포와 마포 각 150필씩 주어[73] 그들에게 친근감을 나타냈다. 또 고려는 같은 해 7월에 영녕군 왕빈(王彬)을 북원에 파견하여 교사를 지내고 연호를 바꾼 일을 축하하였다. 12월에 나가추가 매(鷹)와 양을 선물로 보내왔다.

이처럼 고려는 명의 홍무 연호를 사용한 뒤에도 북원과 계속 통교하였다. 명과의 관계가 아직도 정상화되지 못하였고, 긴장 상태가 지속되었기 때문에 고려로서는 북원과의 관계를 끊으려고 서두를 필요가 없었다. 다른 한편으로는 고려가 명과 사대관계를 회복하더라도 북원과 관계를 유지하는 양단정책을 고수하기로 결정했을 가능성도 배제하기 어렵다.

우왕 6년(1380) 영녕군 왕빈이 북원의 조서를 가지고 돌아왔으며,

73) 《고려사》 권134, 열전, 신우 5년 6월.

같은 해 2월에 북원은 예부상서 시자문(時剌問), 직성사인(直省舍人) 대도려(大都閭)를 파견하여 우왕을 태위(太尉)로 책봉하니 왕이 백관을 인솔하고 교외에 나가서 그들을 영접하였다. 3월에 고려는 밀직부사 문천식을 북원으로 보내 절일(節日)을 축하하고 책봉에 대하여 사례하였다. 같은 해 7월에 북원은 사신을 파견하여 대사를 반포하였으며, 나가추도 사신을 보냈다.

북원 사신 왕래는 그 이후 크게 줄어들었다. 나가추 사신이 마지막으로 온 것은 우왕 9년(1383) 1월이었으며, 옛날과 같은 우호관계를 가지자고 제의하였다. 북원 조정에서 고려에 파견한 사신은 마지막으로 1384년 10월에 화령부(和寧府)까지 왔다. 고려는 호군 임언충(任彦忠)을 보내 이 사신을 위로하고 타일러 돌려보내게 하였는데, 교통이 두절되어 반년이나 두류하였다가 갔다. 그 후로는 북원과 고려 사이에 사신 왕래가 단절되었다. 그러나 이것은 완전한 단절은 아니고, 필요한 경우에는 언제든지 외교를 재개할 상황에 있었다고 하겠다.

### 4.3. 북원과의 우호관계와 선광 연호의 사용

고려에서 1369년 마지막으로 사신을 파견한 지 5년 만인 1374년에 북원에 고부사(告訃使)를 파견한 것을 보면, 양국 관계를 재개하려는 요청을 고려가 먼저 하였던 것 같다. 일찍부터 고려와 관계 재개를 시도했던 북원 측은 이러한 기회를 잘 이용해 나갔다.

명과 북원 두 나라를 모두 사대의 대상국으로 인정한 관계는 우왕 6년(1380) 3월까지 계속되었다. 그러나 고려가 사대의 주된 대상으로 설정한 나라는 명이었다. 특히 명과의 관계가 재개된 우왕 4년 이후에 고려는, 북원과 관계를 유지하였지만 명과의 관계를 기본으로 삼고 있었다. 우왕 6년까지 북원과의 사신 교환도 북원을 사대의 대상으로 간주했기 때문은 아니었다. 두 나라에 모두 사대 형식을 취하는 것은 당시의 외교적인 문제를 풀어가는 방법이었다. 고려가 북원과 관계를 유지하는 목적은 명의 과도한 공물 요구를 견제하고 신왕(新王)인 우왕 책봉 문제를 해결하는 데에 있었다는[74] 견해가 있다. 그러나 고려의 목적은 이뿐만이 아니고, 훨씬 더 큰 동아시아의 세력균형에 있었다고 하겠다. 즉, 더욱더 강해지는 명의 세력 확대를 북원과 손을 잡음으로써 견제하려고 하였다. 반면 고려와 북원의 우호관계는 고려에만 유익한 것은 아니었다. 북쪽으로 물러나 국제적으로 어려운 상황에 있었던 북원에는 한동안 거의 단절되다시피 한 고려와 관계 재개는 무엇보다도 중요하였다. 고려와 관계가 개선되면, 고려와 연합하여 명을 협공하고 적어도 원 제국에 속했던 국가들이 외면한 당시에는 국가의 국제적 명예와 권위를 회복할 좋은 기회였다. 즉, 군사적 외교적 두 목적이 있었다. 북원에게 고려와의 우호관계가 얼마나 중요했는가는, 북원 시기에 양국 사이에 교환된 사신 횟수의 거의 5분의 1이 북원에서 고려에 파견한 사신이었다는 사실이 보여준다. 즉, 북원은 그만큼 고려와의 관계를 재개하고 유지하기 위하여 힘을 기울였다.

---

74) 김순자, 앞의 책, 87쪽.

그러나 북원의 주목적인 고려와 연합하여 명을 협공하는 작전은 이루어지지 못하였다. 예로부터 중원 패권을 위해 서로 다투는 중원 왕조에 대한 군사적 원조에 너무 신중한 고려였기 때문이다. 송과 요, 요와 금, 송과 금, 원과 금이 전쟁을 벌일 때, 어느 한쪽을 군사적으로 도와준 적이 없다. 따라서 명과 북원과의 다툼에서도 이러한 정책을 실시하면서, 어느 하나를 도와 다른 하나와 충돌하는 일을 회피하였다. 그러나 이 방침은 불변은 아니었다. 외세의 침입 등 고려의 독립에 실질적인 위협이 닥쳐오는 경우, 이 방침이 바뀔지도 모른다는 사실을 1388년에 일어난 요동 정벌 시도가 증명하며, 이에 대해서는 후술하도록 하겠다.

우왕대에 이루어진 북원과 고려의 사신 교환을 정리해 보면 다음 〈표 7〉과 같다. 이 사신 왕래 표에 따르면, 1374년에서 1384년까지 10년 동안 북원과 고려 사이에 36회에 걸친 사신 교환이 있었다. 특히 우왕대인 1375년에서 1380년 사이에 사신 왕래가 빈번하였다.

나가추의 활동을 북원과 분리하는 견해도 있으나 나가추는 어떤 때 독자적인 외교활동을 했지만 대체로 북원 정부 지시를 따랐기 때문에 그의 활동을 북원이라는 큰 범위에서 다루는 관점이 옳을 듯싶다. 나가추는 군벌화되어 비교적 독자적인 세력을 형성했으나 대체로 예전과 같이 북원 중앙정부의 지시를 따라 활동했기 때문이다. 고려도 나가추를 계속 북원의 장군으로 여겼으며, 나가추 군영을 왕래하는 사신을 북원을 왕래한다고 한 기록도 이를 반증한다. 만약 당시 나가추가 북원 장군으로서 협조하지 않았다면 북원이나 고려의 사신도 자유롭게 왕래하기 어려웠기 때문이다.

표 7. 우왕대 북원과 고려의 사신 내왕(1374.11～1388)

| | | | |
|---|---|---|---|
| 1 | 1374. 11.(공민왕 23) | 나가추 사신(문하라부하) | 낙타 두 마리와 말 네 필을 바침. |
| 2 | 1374. 12.(공민왕 23) | 고려 사신(김서) | 공민왕의 상사 고함. |
| 3 | 1375. 1.(우왕 1) | 나가추 사신 | 우왕 계승의 사유를 물어옴 |
| 4 | 1375. 5. | 북원 사신 | 북원 사신을 江界에서 대접 |
| 5 | 1376. 2.(우왕 2) | 고려 사신(李原實) | 나가추 방문 |
| 6 | 1376. 5. | 북원 사신(吳抄兒志) | 우왕이 융숭히 대접함 |
| 7 | 1376. 10. | 북원 사신(부케 테무르) | 후흐테무르의 회유문 전달 |
| 8 | 1376. 10. | 나가추 사신(九住) | 文天式을 돌려보냄 |
| 9 | 1376. 10. | 고려 사신(孫彦) | 북원에 우왕 책봉 要請書를 보냄 |
| 10 | 1376. 10. | 고려 사신(黃淑卿) | 나가추에게 구주 예방에 답례, 우왕 책봉 승인 |
| 11 | 1376. 12. | 나가추 사신 | 銀과 羊을 선물함 |
| 12 | 1377. 1.(우왕 3) | 나가추 사신 | 銀과 羊을 선물함 |
| 13 | 1377. 2. | 북원 사신(볼라드) | 우왕 책봉명령서, 술과 해동청을 선물함 |
| 14 | 1377. 2. | 나가추 사신(문하라부하) | |
| 15 | 1377. 2. | 북원 사신(豆亇達) | 북원의 연호 선광 사용 |
| 16 | 1377. 3. | 고려 사신(李子松) | 우왕 책봉에 대한 답례 |
| 17 | 1377. 3. | 고려 사신(文天式) | 나가추, 翁主, 문하라부하, 두마대 등에게 祿俸布 제공 |
| 18 | 1377. 7. | 북원 사신(체릭 테무르) | 고려에게 정료위 공격을 요청함 |
| 19 | 1377. 8. | 고려 사신(姜仁裕) | |

| | | | |
|---|---|---|---|
| 20 | 1377. 9. | 북원 사신 | 재차 정료위 공격 요청 |
| 21 | 1377. 9. | 고려 사신(文天式) | 기후, 말과 풀 등의 부족으로 출사할 수 없음을 통보 |
| 22 | 1377. 11. | 고려 사신(黃淑卿) | 동지 명절 축하 |
| 23 | 1377. 12. | 고려 사신(순흥군 王昇) | 새해 축하 |
| 24 | 1377. 12. | 나가추 사신 | 羊 160 두와 毛牛 3두 선물 |
| 25 | 1378. 7.(우왕 4) | 북원 사신 | 투구스테무르의 즉위를 알림 |
| 26 | 1379. 6.(우왕 5) | 북원 사신 | 연호를 天元으로 개칭했음을 알림 |
| 27 | 1379. 6. | 나가추 사신(문하라부하) | 우왕은 나가추와의 특별한 우의를 표시하고 저포와 마포 각 150필을 선물로 줌 |
| 28 | 1379. 7. | 고려 사신(王彬) | 郊祀를 지내고 개원을 한 일에 대한 축하. |
| 29 | 1379. 12. | 나가추 사신 | 매와 양을 선물함 |
| 30 | 1380. 1.(우왕 6) | 永寧君 王彬 | 북원의 조서를 가지고 옴 |
| 31 | 1380. 2. | 북원 사신(시레문, 대도려) | 우왕을 太尉에 임명 |
| 32 | 1380. 3. | 고려 사신(文天式) | 節日 축하, 책봉에 대한 사례 |
| 33 | 1380. 7. | 북원 사신 | 대사 반포. |
| 34 | 1380. 7. | 나가추 사신 | |
| 35 | 1383. 1.(우왕 9) | 나가추 사신(문하라부하) | 우호 재개 요청 |
| 36 | 1384. 10 | 북원 사신 | 북원 사신이 和寧府까지 왔으므로 任彦忠을 보내 위로하고 타일러 돌려보내게 함.(교통이 두절되어 반년이나 두류함.) |

〈표 7〉에 따르면, 1374년부터 1384년까지 고려에서 열두 차례에 걸쳐 북원에 사신을 파견하였는가 하면, 나머지 스물네 차례는 북원에서 고려에 파견된 사신들이다. 그 가운데 나가추가 파견한 사신은 열두 차례, 북원 중앙정부에서 파견된 사신은 열두 차례였다.

공민왕대 및 우왕대 북원과 고려의 관계를 비슷한 시기 명과 고려의 관계와 비교하면 다음과 같다. 고려가 명나라와 교섭을 하게 된 1369년 4월 이후로 1384년까지 16년 동안 북원과 고려 간에 총 54회에 걸친 사신교환이 있었는데, 이는 1년에 평균 3.3회 꼴이다. 그 가운데 고려에서 북원에 사신을 파견한 것은 15회로, 양국간 사신교환의 3할에 가깝다. 이것으로 보면 양국 관계 유지는 고려보다 북원에서 더 적극적이었음을 알 수 있다.

반면에 고려와 명의 사신교환을 보면, 고려는 1368년 이후로 24년 동안 95회의 사신을 명에 파견하였으나, 명에서 고려에 파견한 사신은 16회로, 총 111회였다. 즉, 1년에 4.6회로 나타났다. 고려에서 명에 파견한 사신 횟수는 양국간 사신교환의 거의 9할을 차지하며, 이와 같은 고려와 명의 상대적 견사(遣使) 횟수는 양국의 교류가 고려의 일방적인 견사로 이루어졌음을 보여준다.[75] 이에 비하면 북원과 고려의 견사 비율은 72 대 28로 비교적 일방적이지 않았음이 확실하다.

북원과 고려 사이, 그리고 명과 고려 사이의 견사 평균 횟수는 각각 3.3회와 4.6회로 그리 큰 차이가 나지 않는다. 그러나 고려에서

75) 박성주, 〈고려말 여,명간 조공책봉관계의 전개와 그 성격〉, 《경주사학》 23, 2004, 103, 104쪽.

표 8. 몽골 및 내몽골과 동북 지역에서 발견된 선광(宣光) 연호 사용 사례

| | 사용 자료 | 연대 | 발견 위치 | 관련기록 | 비고 |
|---|---|---|---|---|---|
| 1 | 北元太尉之印[76)] | 1371 | 몽골 | 1행: 太尉之印<br>2행: 宣光元年十一月 日<br>3행: 中書禮部造 | 北京故宮博物院 보관 |
| 2 | 戶部主事印[77)] | 1372 | Uvurhangai 아미막 Kharkhorin 솜 (몽골) | 1행: 戶部主事印<br>2행: 宣光二年三月日<br>3행: 中書禮部造 | 2001년 몽골·독일 공동조사단이 몽골 옛 수도 카라코룸 성터를 발굴했을 때 발견되었다. 과학아카데미 고고학연구소(몽골, 울란바토르) 보관. |
| 3 | 北元太尉之印 | 1375 | 中國 | 1행: 太尉之印<br>2행: 宣光五年十二月 日<br>3행: 中書禮部造 | 北京故宮博物院 보관 |
| 4 | 내몽골 黑城出土 北元文物 4件 | 1371 | 내몽골自治區 額濟納旗 (中國) | 宣光元年 낙관. | 1983~1984년 내몽골문물고고연구소가 발굴 조사함. |
| 5 | 宣光二年甘肅等處行中書省亦集乃分省咨文[78)] | 1372 | 내몽골自治區 額濟納旗 (中國) | 宣光二年四月十三日...<br>宣光二年□月廿五日... | 1909년 Kozlov를 단장으로 한 러시아 조사단이 발견한 수천 개의 문서 가운데 하나로, 러시아과학아카데미 동방연구소에 보관되어 있다. |
| 6 | 陝西四川蒙古軍都萬戶府印[79)] | 1372 | 吉林省 (中國) | 右行:陝西四川蒙古軍都萬戶府印<br>左行: 宣光二年五月 日 中書禮部造 | 1974년 吉林省 通楡縣에서 출토되었음. |

북원, 명에 파견한 사신 횟수는 각각 15회, 95회라는 사실로 보면 고려가 사대한 주된 대상은 명이었음이 더욱 분명해진다. 그러나 여·명 관계에서 전형적인 책봉과 조공관계에 있었던 기간은 겨우 3년 3개월이었다. 이를 여·북원 관계의 그것(1377.2~1380.3)과 비교하면 거의 비슷하다.

반명(反明) 투쟁에 고려를 끌어들이려는 북원의 외교정책이 성공한 예로는, 고려가 북원의 연호를 사용하게 된 사실을 들 수 있다. 북원이 우왕을 책봉해 준 뒤부터 고려는 북원 선광(宣光) 연호를 사용하게 된다. 고려에서는 우왕 3년(1377) 2월부터 4년(1378) 9월까지 선광 연호를 사용하였다.

북원 선광 연호 사용의 근거가 지금도 남아 있는데, 앞으로도 발견될 가능성이 있다. 그러한 근거들을 가지고 당시 북원의 대외관계 및 영향 범위를 파악할 수 있으며, 이를 위해 우선 선광 연호 사용 근거에 대한 검토를 시도해 보고자 한다. 지금까지 발견된 근거를 지역별로 정리하면 〈표 8〉, 〈표 9〉, 〈표 10〉과 같다.

〈표 8〉을 보면 현재 몽골국 영토에서 발견된 유물은 2건으로, 둘

---

76) 이 인장은 건륭 35년(1770) 오량해(烏梁海) 액이손특사하(額爾遜特斯河) 부근에서 발견되었다고 하므로, 이 지역은 현재 몽골국 서부 지방을 흘러가는 테스(Tes)하를 가리키는 것으로 추측된다.

77) B. Sumiyabaatar, *Chingisiin altan urgiin ugiin bichig ba geriin uyiin bichmel*(칭기스칸 황금씨족 족보와 가계도), Ulaanbaatar, 2002, 623面.

78) 《俄羅斯科學院東方研究所聖彼得堡分所藏黑水城文獻》(*Heishuicheng manuscripts collected in Russia*), 上海: 古籍出版社, 1996.

79) 李成黃嵐, 〈北元遺物及其相關問題的初步探討与研究〉, 《北方文物》 總第59期, 1999年.

표 9. 중국 운남성 및 서남 지역에서 발견된 선광 연호 사용 사례

| | | | | | |
|---|---|---|---|---|---|
| 1 | 劍川石鍾山 石窟第3窟題記[80] | 1373 | 雲南省 | 宣光三年三月 十五日 | |
| 2 | 劍川沙溪塔 벽돌 | 1373 | 雲南省 | 大元宣光三年癸丑 | |
| 3 | 晉寧觀音洞壁畵題記 | 1374 | 雲南省 | 宣光□□年歲次甲寅暮春九日 | 누락된 두 글자는 '四年'으로 밝혀졌음. |
| 4 | 姚安重修興宝寺續置常住記碑 | 1376 | 雲南省 | 時大元宣光六年丙辰孟秋上旬吉日碑 | 현재 德豊寺에 보관되고 있음. |
| 5 | 金光明經 | 1376 | 雲南省 | 宣光六年菊月十三日 | 雲南省圖書館 보관 |
| 6 | 文殊奴墓幢 | 1375, 1377 | 雲南省 昆明 | 宣光伍年八月十三日亡過宣光七年二月□十日坐□□子妻 | 雲南省博物館 보관 |
| 7 | 通海,普光山智照蘭若記碑 | 1377 | 雲南省 通海, 秀山普光寺 | 時宣光七年歲舍丁巳仲秋桂月望日立石 | 雲南省 通海 秀山普光寺에 있음. |
| 8 | 大理大光明寺住持瑞岩長老智照靈塔銘幷序碑 | 1379 | 雲南省 大理市 | 大元宣光九年[81] 龍集己未三月淸明 | |
| 9 | 祿豊火葬墓墓志 | 1379 | 雲南省 | 大元宣光九年歲次己未十一月十二日追爲亡人李成定神 | 1973년 祿豊城 서북 25km 黑井石龍鎭 뒷산 多座 火葬墓에서 10여 통의 墓志 발견. 그 가운데 선광 연호가 새겨진 것이 있다. |

| | | | | | |
|---|---|---|---|---|---|
| 10 | 鳳儀北湯天法藏寺經卷 | 1380 | 雲南省 | 宣光上彰灘之歲辛巳月上弦日(一冊)<br>宣光十年季春十六日(一冊)<br>宣光十年季春望日(一冊)<br>宣光上章涒灘之年執徐月既望日(一冊)<br>宣光上章涒灘之歲徐月既望日(二冊)<br>宣光庚申重光大荒月上弦日(一冊) | 1956년 발견된 경권 2, 3천 책 중에서 7책 끝에는 선광 연호가 기록되어 있음. |
| 11 | 《雲南通志》卷十三《寺觀志》 | 萬曆年間(1573-1619) | (中國) | '雲南府安國寺 宣光五年建' | |
| 12 | 《滇志》卷三《古迹志》 | 天啓年間(1620-1627) | (中國) | '土主廟在雲南府城中, 有重修碑宣光二年立' | |
| 13 | 《雲南通志》卷十九《寺觀志》 | 康熙年間(1662-1722) | (中國) | 姚安府興宝寺 元宣光中建' | |
| 14 | 《雲南通志》卷十六《古迹志》 | 擁正年間(1723-1735) | (中國) | 歲次縣聖化寺磚瓦上有宣光字 乃順帝皇太子 立于應昌年號也 | |
| 15 | 《重修臨安府萬明寺記》 | | (中國) | 寺始創于前元宣光間 | |

다 인장(印章)이다. 이들은 아유시리다라칸 즉위 초기, 즉 선광 1, 2년에 해당된다. 호부주사인(戶部主事印)이 카라코룸에서 발견되었다는 사실은, 당시 북원은 몽골의 옛 수도를 정치적 중심으로 삼았다는 문헌 기록을 반증하는 중요한 근거이다. 몽골에서 발견된 선광 연호 사용 근거는 아직 적지만, 앞으로 다른 지역보다 많이 발견될

가능성이 높다. 그 이유는 아유시리다라칸 때 현재 몽골 영토, 그 가운데 카라코룸 등 중부 지방이 정치의 중심이었기 때문이다. 몽골에서 발견된 유물은 당시에 실질적으로 사용되었던 1차자료라는 점이 더 주목된다.

중국 내몽골과 동북 지역에서 발견된 선광 연호 사용 자료는 모두 4건으로, 2건은 인장이고, 나머지 2건은 문서기록이다. 연대로 보면 선광 1, 2, 5년에 해당된다. 인장이 발견되었다는 사실은 이들 지역이 당시 북원의 직접적인 관할 아래에 있었음을 보여준다.

다음 〈표 9〉와 같이 운남성에서 발견된 사례는 총 15건으로, 그 가운데 1차자료는 10건, 후대에 씌어진 문헌 기록은 5건이다. 1차자료 연대는 선광 3년(2건), 4년(1건), 5년(1건), 6년(2건), 7년(1건)에 해당한다. 그 외에 선광 9년(2건), 10년(1건)으로 기록된 자료도 있으나, 실제로는 선광 연호가 8년으로 끝났다. 운남성에 있었던 양왕(梁王)의 몽골 세력은 선광 후기에 북원 정부와 연락이 끊어져 아유시리다라칸이 사망한 사실을 몰랐기 때문에 계속해서 선광 9, 10년으로 썼다. 운남성 발견 유물의 특징은 선광 초기의 사례가 없다는 사실이며, 이것은 이때 양왕은 몽골 본토로 복귀한 중앙정부와 연락을 못했기

80) 黃德榮, 〈云南發現的北元宣光紀年文物及相關問題〉(Some Issues Regarding the Yunnan-found Cultural Relics Dated back to Xuanguang's Time of Yuan Dynasty), 《大理學院學報》 第5卷 11期, 2006年 11月, 10~15面. 이하의 운남성 선광 연호 자료는 이 논문에 의거하였다.

81) 선광 연호는 8년으로 끝나는데, 운남에 있었던 원나라 잔여 세력은 북원과 왕래가 단절된 까닭으로 1378년 아유시리다라 황제가 죽고 투구스테무르가 즉위하여 연호를 바꾸었음을 몰랐던 사실로 설명한다.

표 10. 한반도에서 발견된 선광 연호 사용 사례

| | 사용 자료 | 연대 | 발견위치 | 관련 기록 | 비고 |
|---|---|---|---|---|---|
| 1 | 《고려사》 | 1451 | 한국 | 洪武十年(禑王) 三年 二月 北元遣使來行宣光年號(권87, 年表 2) 始行北元宣光年號(권146, 열전 신우) 厚待元使 不用洪武年號 而行宣光七年 無乃速乎(권125, 열전 池奫) | |
| 2 | 《고려사절요》 | 1452 | 한국 | 始行北元宣光年號[82] (권30 신우 1) | |
| 3 | 《禪林寶訓》 卷上.下 | 1378 | 한국 | | 《선림보훈》은 우왕 4년(1378) 충주 淸龍禪寺에서 開版. 경기도 용인(호암미술관) 보관. |
| 4 | 《宣光丁巳進士牓》 國子監試의 同年錄[83] | 1377 | 한국 | 宣光七年丁巳三月日 門生進士□□□ | 소장 가문: 居昌 草溪鄭氏 |
| 5 | 《有明朝鮮國純忠同德輔祚贊化功臣大匡輔國崇祿大夫驪興府院君修文殿大提學謚文度閔公墓誌銘》幷序[84] | 1408(?) | 한국 | 宣光七年拜成均司成 | 《東文選》 129권에 실려 있음. |
| 6 | 《國寶戶籍》 | 1391 | 한국 | 宣光八年七月日 龍潭縣令陳省以准.[85] | 국보 131호, 국립중앙박물관 소장 |
| 7 | 《妙法蓮華經》 | 1377 | 한국 | 宣光七年丁巳十一月日[86] | 호림박물관 보관 |

| | | | | | |
|---|---|---|---|---|---|
| 8 | 《白雲和尙抄錄佛祖 直指心體要節》下 | 1377 | 한국 | 原本刊記: 宣光七年丁巳七月日淸州牧外興德寺鑄字印施 | 원본은 프랑스국립도서관 소장 |
| 9 | 《金剛般若經疏論纂要助顯錄》卷上·下 | 1378 | 한국 | 至元五年宣光八年戊午幻菴比丘無作書于宴晦庵 | 동국대학교도서관 |
| 10 | 浮石寺祖師堂에서 발견된 墨書銘 | 1377 | 한국 | 宣光七年丁巳五月初三日立柱 | 1916년 무량수전과 함께 조사당을 수리할 때 墨書銘이 발견되었다. |
| 11 | 《法華三昧懺助宣講義》 | 1377 | 한국 | 발문 "宣光 七年 丁巳 十月…靈嵓寺住持禪師妙慧謹識 同願 判天台宗師 龍巖寺住持 忍演妙普濟大禪師 了圓" | 기림사 |
| 12 | 檜巖寺址禪覺王師碑 | 1377 | 한국 | 宣光七年六月 日[87) | 회암사 |
| 13 | 지공선사비 | 1378 | 한국 | 宣光八年戊午五月 日立[88) | 회암사 |

때문이라 하겠다.

운남성에서 선광 연호 사용 근거가 많이 발견되었음은 운남성에서는 1380년대 초까지 양왕의 몽골세력이 존재하면서 명과 항쟁하였던 사실과 관련된다. 이 세력은 자기를 북원의 속민으로 보았다는 사실을 선광 연호를 사용한 사례가 증명한다.

한반도에서 발견된 선광 연호 근거는 13건으로 선광 연호 사용 당시 쓰인 자료는 9건, 후대의 자료는 4건이다. 1차자료는 불경, 비문, 동년록, 묵서명 등이 있다. 연대는 전부 다 7년(6건), 8년(3건)이

나오는데, 이것은 고려에서는 선광 7, 8년에 이 연호를 사용했기 때문이다.

위에서 살펴본 선광 연호 자료를 종합 평가하면 다음과 같다. 선광 연호는 동아시아뿐 아니라 운남성 등 동남아시아에서도 널리 사용되었다는 사실이 밝혀지는데, 이 물증을 다음과 같이 크게 두 가지로 분류하였다.

첫째, 선광 연호 사용 당시에 쓰인 1차자료.

둘째, 선광 연호 사용을 당시에 있었던 사건과 관련하여 기록된 시간적으로 조금 후대의 자료.

인장(印章)과 탑(塔)에 쓰인 문장이나 비문, 불경 간기, 묵서명 등은 전자에 속하고, 《고려사》, 《고려사절요》, 지리지, 호적, 진사방목 등은 후자에 속한다. 선광 연호 사용 자료를 시기별로 보면, 선광 7,

---

82) 《국역 고려사절요》 권27~35, 민족문화추진회, 1976, 525쪽.

83) 이 자료에 대해서는 허흥식, 〈《선광정사진사방》(宣光丁巳進士牓) 이면(裏面) 동년록(同年錄)의 자료가치〉, 《고문서연구》 6, 1994, 1~17쪽 참조.

84) 여말선초의 문신인 민제(閔霽; 1339~1408)의 묘지명이다. 민제는 태종의 국구(國舅)이며, 고려 우왕, 창왕, 공양왕에 걸쳐 전공·예의 판서, 개성윤상의밀직사사, 한양부윤 등을 지냈다. 조선 개국 후 태종 때 영례조사·문하우정승이 되었다. 태종 때 국구로서 여흥백에 봉해졌다.

85) 허흥식, 〈국보호적(國寶戶籍)으로 본 고려말의 사회구조〉, 《한국사연구》 16, 한국사연구회, 1977, 51~147쪽 참조.

86) 권희경, 《고려 사경(寫經)의 연구》, 미진사, 1986, 442쪽.

87) 허흥식 편저, 《한국금석전문》(韓國金石全文; 제3책, 중세, 하), 아세아문화사, 1984, 1200쪽.

88) 허흥식, 《고려로 옮긴 인도의 등불—지공선현(指空禪賢)》, 일조각, 1997, 357쪽.

8년에 해당하는 것이 가장 많고(각각 11건, 4건), 나머지는 1년(2건), 2년(4건), 3년(2건), 4년(1건), 5년(3건), 6년(2건)에 해당한다. 7, 8년에 해당하는 경우는 운남성에서 발견된 2건을 제외하면 나머지 13건은 한국에서 발견된 것들이다.

발견된 지역별로 보면, 현재 중국(그 가운데에서 운남 지방 10건, 내몽골 2건, 길림성 1건, 발견지점이 불명한 것이 1건, 그 외 5건)이 가장 많고, 그 다음은 한국(13건), 몽골(2건)이다. 이들은 당시 북원의 영향 아래에 있었던 지역을 보여준다고 할 수 있다.

여기서 선광 연호는 몽골 등 당시 북원 황제 직할 아래에 있었던 지역뿐만 아니라, 예전에 원나라 지배 아래에 있었던 지역과 국가에서 사용되었다는 점이 흥미롭다. 유물이 발견된 지역은 한국을 제외하면 나머지는 북원 세력이 존재했던 지역으로, 그 가운데에서 카라코룸은 북원 아유시리다라칸이 본거지를 두었던 곳이다. 중국 운남성에서 선광 연호 사용 물증이 많이 발견되었음은, 운남성에서는 1380년대 초까지 양왕(梁王)의 몽골 세력이 존재하면서 명과 항쟁하였던 사실과 관련된다. 이 세력은 자기를 북원의 속민으로 보았다는 사실을 선광 연호 사용 사례가 증명한다. 선광 연호 자료들은 당시 북원이 지금의 몽골은 물론 만주, 감숙, 운남 등 광대한 지역을 장악하였다는 문헌기록을 증명하는 중요한 자료라 하겠다.

선광 연호 사용 근거는 그 연호가 사용된 기간에 비하면 한국에 가장 많이 남아 있다. 즉, 한국 발견 1차자료는 선광 연호를 사용한 기간(20개월)에 비하면 연평균 5.3건으로, 다른 지역(몽골 0.25, 중국 1.75)보다 압도적으로 많다. 이것은 당시 고려가 한동안 선광 연호를 사용했다는 사실을 증명하는 동시에, 선광 연호를 사용했던 다른 지역보다 한국은 문화유산을 잘 보존해 왔음을 보여준다.

또한 선광 연호 1차자료, 특히 관인(官印) 등은 관련 문헌기록이 거의 없는 북원의 통치구조를 밝히기 위한 자료로도 활용이 가능하다고 하겠다.

고려에서는 우왕 3년(1377) 2월부터 4년(1378) 9월까지 선광 연호를 사용하였다. 그러나 선광 연호의 사용에 대해서는 신하들의 의견이 달랐다. 화지원(華之元)과 김승득(金承得)이 이열(李悅)의 집에 모여 말하기를, "원나라 사신을 후대하고 홍무(洪武) 연호를 사용하지 않고 선광(宣光) 7년으로 시행하는 것은 너무 빠르지 않을까?"라고 하였다. 이것을 이인임이 탐문하여 듣고 드디어 이열, 화지원, 김승득을 순위부(巡衛府)에 가두었다. 그때 지윤은 순군부만호(巡軍副萬戶)로 있었다. 그러므로 이인임은 조정의 정사를 비방했다는 이유로 혹독하게 그들을 문초하자, "천하가 바야흐로 어지러워서 주씨(朱氏)와 대원(大元)의 전쟁이 아직 종식되지 않았을 때 선왕(先王)이 국가의 방침을 결정하여 주씨의 신하가 되었는데, 이제 선왕의 뜻을 준수치 않고 갑자기 선광 연호를 사용하니 너무 속단이 아닌가? 단지 이렇게 의논했을 뿐이요. 문서를 꾸며서 이 말을 발표하지 않았다"라고 답하였다.[89)]

89) 《고려사》 권125, 열전 38, 간신 1, 지윤(池奫). "會之元・承得, 聚悅家言曰 厚待元使, 不用洪武年號, 而行宣光七年, 無乃速乎? 仁任廉得之, 遂下悅・之元・承得巡衛府. 奫時爲巡軍副萬戶故, 仁任托以誹謗朝政, 痛鞫之, … 對曰, 天下方亂, 朱氏與大元戰爭未息, 先王決策臣事朱氏, 今不遵先志, 遽用宣光紀年, 不已速乎? 但議之耳, 非因文書而發是言也."

이 기록을 보면, 일부 신하들은 선광 연호 사용을 너무 서두른 일로 보았음이 밝혀지며, 그때 고려 정부에서 그들을 진압하는 조치를 취하였다. 1375년에서 1377년 사이에 북원과 고려는 여러 차례 사신을 파견하였다. 그러나 선광 연호를 폐지하고 명나라 홍무 연호를 다시 사용하게 된 것은 다음의 두 사건과 관련이 있었다.

하나는, 우왕 4년(1378) 7월에 북원 사신이 와서 투구스테무르가 즉위하였음을 보고하였다.[90] 그래서 이미 죽은 황제의 연호를 더 이상 사용할 필요가 없게 되었다. 또한 고려와 정상적인 관계가 단절된 지 3년 반 만인 우왕 3년(1377) 12월에 명이 고려인을 방환한 일은 고려와 명 사이에 사신 왕래가 회복되는 계기가 되었다. 고려는 인구 방환에 대한 사은사(우왕 4년 3월)와 우왕 즉위 승인 요청사(同 3월)를 파견하였다. 위에 언급한 이유들 때문에 우왕 4년(1378) 9월부터 명나라 홍무 연호를 다시 사용하였다고 추측한다.

또 하나는, 우왕 5년(1379) 북원에서 첨원(僉院) 보비(甫非)를 파견하여 교사(郊祀)를 지내고, 연호를 천원(天元)으로 개칭하였다고 보고하였지만, 고려는 북원 연호를 사용하지 않았다. 이로부터 거의 10년 지난 1388년 4월에 우왕은 요동 정벌을 위해 진군시킬 시기에 이르러서 명나라 홍무 연호의 사용을 정지하고 나라 사람들에게 몽골 의복을 다시 입게 한 일이 있었다.

---

90) 《고려사》 권133, 열전 46, 신우 4년 7월 정축.

## 5. 고려 말 군벌의 갈등과 위화도 회군

고려의 건국은 대륙의 분열된 5대 10국의 교체가 끝나기 전에 이루어졌다. 고려가 조선으로 왕조가 바뀌는 시기는 명의 중원통일이 달성된 이후였다. 고려에서 조선으로 왕조의 교체는, 명이 대도를 함락하던 1368년에 공민왕이 취한 친명정책은 두 국가 사이의 커다란 외교상의 변화였다.

우왕 3년에 북원의 연호를 사용하면서 1년 반 만에 북원의 연호를 쓰지 않은 시기를 거쳐, 요동 정벌을 내걸었던 1388년까지, 또 하나의 고비를 지났다. 고려 국가는 건국시기보다 왕조가 바뀌는 시기에, 대륙의 새로운 세력이 황하 유역의 중원을 통일하고 외교상 압력을 더하였으므로 시련이 컸다. 공민왕 때는 내외적으로 변화와 동요가 심하였고, 국왕을 보좌한 정치 세력도 여러 차례 변동하고 있었다. 그러나 왕을 중심으로 한 정치적 구심점은 어느 정도 확고하였다.

공민왕의 갑작스런 죽음과 나이 어린 계승자인 우왕의 즉위과정에 중요한 역할을 하였던 친신의 전횡, 몰락과 더불어 정치적 혼란이 가중되었다. 공민왕 때의 전민변정도감(田民辨正都監)의 개혁 실패, 왕실의 토목공사에 의한 재정의 궁핍은 사전의 확장과 군사력의 약화를 불가피하게 했다. 그 가운데서도 장졸(將卒)은 국가의 경제력이 뒷받침하지 못하고 군벌화된 무장에 의하여 유지되고 있었다.

미약한 왕권을 안정시키려 노력한 우왕은, 한편으로 그를 보좌하는 권신들과의 갈등 또한 심하였다. 외적의 침입은 권신을 제거하려는 국왕과 군벌의 결탁을 불가피하게 만들었다. 국왕이 권신을 제거하기 위하여 군벌과 갈등에 휩싸이는 과정에서, 국왕은 군벌의 제거 대상이 되어 왕조의 멸망을 불러오기도 하였다. 군벌은 국왕을 두호하려는 세력도 있었지만, 이를 제거하려는 세력도 있었다. 후자의 예로, 조선을 개국한 동북면 군벌의 등장과정을 살피도록 하겠다.

### 5.1. 군벌의 형성

고려 말기는 군벌과 문벌의 시대였다. 무신집권 후반기에 등장한 향리의 상층이었던 각지의 호장들은, 군공과 과거를 통하여 신진사대부로 성장하였다. 몽골과 혼인동맹으로 안정을 찾자 이들 사대부는 문벌세력으로 성장하였다. 왜구와 북방으로부터 원말의 민란 세력과 몽골의 잔존세력과 결탁한 부원세력이 여러 차례 북방을 위협하였다. 이 틈에 무장들은 출신지를 기반으로 군적을 장악하여 군벌화 하였다. 다음에서 군벌의 우두머리들이 언급되고, 이들은 군적뿐 아니라 군벌간의 호령도 달랐다. 군벌화한 무장으로는 최영(崔瑩), 변안열(邊安烈), 지용수(池龍壽), 우인열(禹仁烈) 등이 있었다. 이들이 거느린 군졸은 사병화하여 공병(公兵)으로서의 일관된 통솔이 이루어지지 않았다. 다음에서 유추할 수 있다.

고려 말에 관(官)에서 병졸(兵卒)을 군적(軍籍)에 올리지 못하고 제장

> (諸將)이 각기 점유하여 군사로 삼았고, 이를 패기(牌記)라 불렀다. 최영(崔瑩), 변안열(邊安烈), 지용수(池龍壽), 우인열(禹仁烈) 등의 대장들은 막료사졸(幕僚士卒)로서 뜻과 같이 따르지 않는 자가 있으면 욕하고 모욕하고, 심지어 매를 때려 죽는 자가 있을 정도였으므로 원망이 많았다. 다만 태조는 성품이 엄격하고 진중하여 단순하면서도 조용했다. 평상시에 조용히 앉아 있어 바라보매 기품이 늠름했고, 사졸을 대하여도 화기(和氣)가 한결같았으므로 모두 경외하면서도 아끼었다. 모든 장수 중에서 오로지 그만이 휘하를 예우하고 꾸짖지 않았으므로 다른 장수의 휘하 군졸도 모두 태조에게 소속되기를 원하였다고 한다.[91]

위의 글에서 최영, 변안열, 지용수, 우인열 등 4인을 대표적 군벌로 들었지만, 이들 가운데 이성계도 들어있음에 틀림없다. 다만 이성계가 군벌로서 가장 군인답게 잘 통솔하였다는 표현일 뿐이지, 그가 군벌이 아니라는 표현은 아니다. 이 자료는 이성계의 군벌이 가장 강력한 군벌로 자랄 수 있도록 군사를 대우하였다는 유대의 강화를 들었다.

패기란 장군이 보유한 군의 호적이고, 사병화된 상태를 지적하였다. 최영, 변안열, 지용수, 우인열 등이 각각 패기를 보유하고 군벌화하였고, 이성계도 군벌의 하나였지만 가장 지휘가 잘 되었고, 가장 강력한 군벌이었다는 내용이다. 패기는 조선 초기까지도 공신들이

---

91) 《太祖實錄》總書. "高麗末 官不籍兵 諸將占爲兵 號曰牌記 大將若崔瑩 邊安烈 池龍壽 禹仁烈等 幕僚士卒 有不如意者 詬詈無所不至 或加榜棰 至有死者 麾下多怨望 太祖性稟 嚴重簡默 平常閑而坐 望之凜然 及至接人 渾是一團和氣 故人皆畏而愛之 其在諸將中 獨禮接揮下 平生無誶語 諸將麾下 皆願屬者."

계속 보유한 사병으로 유지되었다.[92)]

고려 말기의 군졸은 국가의 부병으로 존재하기보다, 패기를 나누어 재상이 장악하고 직접 명령을 하달하였다. 국가의 군사이기보다 재상을 겸직한 군벌의 사병으로 군적이 아닌 패기로 관리되었다고

92) 정종 2년에야 공신인 조영무, 이천우, 조온 등이 비롯한 패기를 거두어 사병을 혁파하는 시도가 추진되면서 패기에 실린 군적을 회수하고 부병으로 바뀌었다. 《정종실록》 권4, 2년 4월 계축 (18일). "流參判三軍府事趙英茂于黃州 初臺諫劾英茂及參贊門下府事趙溫, 知三軍府事李天祐等, 遣吏守其家 交章上言曰: 兵權不可散主, 當有體統, 故頃者, 臣等交章請罷私兵, 殿下兪允施行, 以京外軍馬, 盡屬三軍府, 臣民罔不欣慶 此實慮患防危, 爲宗社萬世之大計也 今趙英茂, 當三軍府收取兵器之時, 不卽輸納, 毆傷三軍府使令, 其軍官牌記, 累日不送, 多匿私件 又於世子以革兵之故, 輕發不遜之言(頡頏)[頡頑]致問, 聚會陰謀, 欲扇禍亂 天祐, 趙溫等, 亦皆不卽輸納牌記, 累日淹延, 擅減軍目, 聚謀不道 右英茂等, 俱爲功臣, 當以國家大體爲慮, 下旨之日, 所有軍目軍器, 卽還公家, 慮不及此, 反懷怏鬱, 不從王旨, 私蓄軍兵, 爲謀不測 若不早圖, 安知有尾大不掉之患哉? 其無君陰詭之罪, 不可不治 伏惟殿下, 深思長慮, 卽賜兪允, 將英茂, 天祐, 溫, 收其告身, 鞫問其罪, 依律施行, 以杜亂源."

《정종실록》 권5, 정종 2년 8월 계사(1일). "是日, 臺諫再上疏曰: 臣等以英茂天祐溫等 革私兵之後 私匿軍兵 聚會陰謀 具疏以聞, 殿下不卽兪允, 臣等不勝隕越 竊以爲君令臣行, 禮之大者 苟無禮焉, 何以爲君臣, 何以爲國家! 殿下以國家大計, 革私兵, 悉屬三軍府 今英茂等, 不思殿下經遠之計, 以失兵權爲憾, 乃懷憤怨之心, 不從王旨, 軍目兵器, 不卽輸納, 擅抶三軍府持牒使令, 聚會陰謀, 其漸難測 況以不遜之言, 抗於世子, 其犯禮陵僭之狀, 亦已明矣 人臣而至於此, 得蒙寬恕, 臣等竊恐堅氷之患將至, 而跋扈之心, 無所懲矣 伏惟殿下, 一依前疏所聞罪狀條件, 斷以大義 上以功臣, 又不從 是日, 臺諫又上疏曰: 臣等以英茂等所犯之事, 關於大體, 請治其罪, 殿下以功臣之故, 不卽兪允, 臣等惶恐隕越, 不能自已, 再瀆天聰 賞罰不明, 則爲善者無所勸, 爲惡者無所懲, 故善爲國者, 必以賞罰爲重 殿下以英茂等, 有功王室, 報以厚賞而富貴之, 賞則大矣, 今恃功陵僭, 遂干不臣之罪, 而罰乃不加 殿下雖以功臣, 可保無他, 至誠相與, 而不虞之變, 每出於功臣之手 若議功輕宥, 則人人益生專恣, 無所畏懼, 不唯不得保全其身, 而國家將亦必有禍亂矣 伏惟殿下, 依前疏所聞, 削職鞫問, 依律論罪, 以杜亂源 上曰: "英茂所犯爲重, 可流外方 天祐, 溫, 其勿復論."

하겠다. 그래서 장군에 따라 군호(軍號)가 다르고, 지휘 나팔도 달랐다고 한다. 이성계가 회군하여 수창궁의 화원에서 최영과 결전을 벌이는 상황에서도 이를 잘 나타내었다.[93] 이보다 앞서 동북면에 침입한 왜군과 싸우는 과정에도 사용하였다.[94] 본래 삼군은 행진이나 군호에 각(角)을 불도록 정해졌고, 라(螺)는 국왕의 어가에만 불었지만, 우왕은 각저를 불고 국왕의 체통을 벗어난 일이 자주 실렸다.[95]

위화도 회군 시기의 군벌을 순서대로 살펴보기로 하겠다. 최영(1316/충숙왕 3～1388/우왕 14)은 철원최씨로 무신집권기에도 가세를 유지한 재상 최유청은 5대조로, 조상대대로 급제한 문신이 배출된 명문의 후손이었다, 사헌규정 원직(元直)의 아들로서 공민왕대의 공적과 관력이 화려하였다. 풍채가 괴걸하고 힘이 뛰어났으며, 처음에 양광도도순문사 휘하에서 왜구를 자주 토벌하여 그 공으로 우달치(于達赤; 司門人)가 되었다. 1352년(공민왕 1)에 안우(安祐), 최원(崔源) 등과 함께 조일신(趙日新)의 난을 평정하여 호군(護軍)이 되었고, 1354년에 대호군이 되었다.

이때 원나라에서 고려에 원병을 청하자 류탁(柳濯), 염제신(廉悌

93) 《太祖實錄》 總序. "時 行兵諸軍皆吹角 獨太祖軍吹螺 都人聞螺聲 皆知爲太祖兵."

94) 《고려사》 권116, 열전 29, 제신(諸臣) 심덕부. "遙聞螺聲, 大驚曰, "此李【太祖舊諱】硨磲螺也. 太祖率上護軍 李豆蘭, 散員 高呂, 判衛尉寺事 趙英珪·安宗儉·韓那海·金天·崔景·李玄景·河石柱·李柔·全世·韓思友·李都景等百餘騎, 按轡徐行, 過其間."

95) 이는 고려가 망하기 전에 이미 체통을 잃었다는 사실을 암시하기 위한 사서 편찬의 취지가 담겨 있다고 하겠다. 사실 이성계가 각보다 라를 불어서 군호를 삼았다는 사실은 군율을 어긴 셈이고, 이미 고려 말기의 혼란상을 이성계가 바로잡을 숙명임을 강조하려는 의도로 보인다.

臣) 등 40여 명의 장수와 함께 군사 2천 명을 거느리고 원나라에 갔는데, 그때 원나라의 승상 탈탈(脫脫) 등을 따라서 고우(高郵) 등지에서 싸우고, 이듬해에는 회안로(淮安路)에서 적을 막았으며, 팔리장(八里庄)에서 싸워 용맹을 떨치고, 1355년에 원나라에서 귀국하였다.

고려에서는 이듬해부터 서북면병마부사로 서북면병마사 인당(印璫)과 함께 원나라에 속했던 압록강 서쪽의 8참(站)을 공격하여 파사부(婆娑府; 九連城) 등 3참을 쳐부수었다. 1357년 동북면체복사를 거쳐 이듬해 양광전라도왜구체복사가 되어 배 400여 척으로 오예포(吾乂浦)에 침입한 왜구를 복병(伏兵)을 이용하여 격파하였다.

1359년 홍건적 4만 명이 침입하여 서경을 함락시키자, 여러 장수와 함께 생양(生陽), 철화(鐵和), 서경, 함종(咸從) 등지에서 적을 무찌르고, 이듬해 평양윤 겸 서북면순문사가 되었다가, 다시 이듬해 서북면도순찰사 좌산기상시(左散騎常侍)가 되었다. 1361년에 홍건적 10만이 다시 침입하여 개성을 함락시키자, 이듬해 안우와 이방실(李芳實) 등과 함께 이를 격퇴하여 개성을 수복하였으며, 그 공으로 훈 1등에 도형벽상공신(圖形壁上功臣)이 되었고, 전리판서(典理判書)에 올랐다. 뒤이어 양광도진변사(楊廣道鎭邊使)를 겸하였다가 도순문사를 겸하였고, 1363년에 김용(金鏞)의 난인 흥왕사(興王寺)의 변을 평정시켜서 그 공으로 훈 1등에 진충분의좌명공신(盡忠奮義佐命功臣)이 되었다. 뒤이어 판밀직사사평리(判密直司事評理)를 거쳐 찬성사에 이르렀다.

1364년 원나라에 있던 최유(崔濡)가 덕흥군(德興君; 충선왕의 3자)을 왕으로 받들고 군사 1만 명으로 압록강을 건너 선주(宣州; 지금의

宣川)에 웅거하자, 서북면도순위사로 이성계 등과 함께 수주(隨州; 지금의 定州)의 달천(獺川)에서 싸워 물리쳤다. 또 동녕로만호(東寧路萬戶) 박백야대(朴伯也大)가 연주(延州; 지금의 雲山郡)에 침입하자, 장수를 보내 물리쳤다.

이듬해 왜구가 교동과 강화에 침입하자 동서강도지휘사(東西江都指揮使)가 되어 동강(東江)에 나가 진수하였다. 이때 신돈의 참소로 계림윤으로 좌천되었다가 귀양 갔으나, 1371년 신돈이 처형되자 곧 소환되어 다시 찬성사가 되었다. 1373년 육도도순찰사(六道都巡察使)가 되었는데, 이때 군호(軍戶)를 편적(編籍)하여 전함(戰艦)을 만들고, 또 나이 70세 이상이 되는 자로부터 쌀을 거두어 군수(軍需)에 보충함으로써 백성들의 원망을 사기도 하였다. 이듬해 경상·전라·양광도도순문사가 되었는데, 이때 육도도순찰사가 되어 6도를 소동하게 하였다는 이유로 대사헌 김속명(金續命) 등의 탄핵을 받았으나, 도리어 김속명이 파면되고 진충분의선위좌명정란공신(盡忠奮義宣威佐命定亂功臣)의 호가 하사되었다.

그 해 명나라가 요구하는 제주도의 말 2천 필에 대하여 제주도의 호목(胡牧)이 300필만 보내옴으로써 제주도를 쳤다. 이때 양광전라경상도도통사가 되어 도병마사 염흥방(廉興邦)과 함께 전함 314척과 군사 2만 5600명으로 제주도를 쳐서 평정하였다.

1375년(우왕 1) 판삼사사(判三司事)가 되었고, 이듬해 왜구가 연산(連山) 개태사(開泰寺)에 침입하여 원수(元帥) 박인계(朴仁桂)가 패배하자, 늙은 몸으로 출정하기를 자원하여 홍산(鴻山; 지금의 扶餘郡)에서 왜구를 크게 무찔러 그 공으로 철원부원군이 되었다. 1377년 도통사가 되어 강화와 통진(通津) 등지에 침입한 왜구를 격퇴하였는데, 이때 왕에게 말하여 교동·강화의 사전(私田)을 혁파하여 군자(軍資)에 충당하게 하였다. 이 무렵 왜구가 침입하여 개성을 위협하므로 도읍을 철원으로 옮기자는 논의가 있었으나, 군사로서 굳게 지킬 것을 주장하고 이를 반대하였다.

1378년 왜구가 승천부(昇天府; 지금의 豊德)에 침입하자, 이성계와 양백연(楊伯淵) 등과 함께 적을 크게 무찌르고 그 공으로 안사공신(安社功臣)이 되었다. 1380년 해도도통사(海道都統使)가 되어 동서강(東西江)에 나가 왜구를 막다가 병에 걸렸는데, 왕이 공을 기록한 철권(鐵券)과 공을 치하하는 교서를 내렸다. 이듬해 수시중(守侍中)이 되었고, 아버지에게는 순충아량렴검보세익찬공신(純忠雅亮廉儉輔世翊贊功臣), 벽상삼한삼중대광(壁上三韓三重大匡), 판문하사(判門下事), 영예문춘추관사(領藝文春秋館事), 상호군(上護軍), 동원부원군(東原府院君)이 증직되고, 어머니 지씨(智氏)는 삼한국대부인(三韓國大夫人)이 되었다. 뒤이어 영삼사사(領三司事)가 되었고, 1384년 문하시중을 거쳐 판문하부사(判門下府事)가 되었다. 1388년 다시 문하시중이 되어 왕의 밀령(密令)으로 부패와 횡포가 심하던 염흥방과 임견미(林堅味)와 그 일당을 숙청하였다. 그 해 그의 딸이 영비(寧妃)가 되었다.

이때 명나라가 철령위를 설치하여 철령 이북과 이서·이동을 요동에 예속시키려 하자, 요동 정벌을 결심하고 팔도도통사가 되어 왕과 함께 평양에 가서 군사를 독려하는 한편, 좌군도통사 조민수, 우군도통사 이성계로 하여금 군사 3만 8800여 명으로 요동을 정벌하러 보냈다. 이성계가 조민수를 달래어 위화도에서 회군함으로써 요동정벌은 실패로 끝나고 말았다.

이렇게 위화도 회군을 단행하는 이성계의 세력을 막으려 하였으나, 막대한 원정군을 지휘하는 그를 막을 수 없어 도성을 점령당하고 말았다. 이것은 고려 말기의 군벌 대립에서 고려왕조를 수호하려는 구파 군벌이 고려왕조를 부정하려는 신진 군벌에게 패배하는 분수령이었다. 그리하여 강용(剛勇)하고 청렴하였던 최영은 이성계에게 잡혀 고향인 고봉현(高峯縣; 지금의 高陽)으로 귀양 갔고, 다시 합포(合浦; 지금의 馬山), 충주로 옮겼다가 공료죄(攻遼罪)로 개성으로 압송되어 순군옥(巡軍獄)에 갇힌 뒤 그 해 12월에 참수(斬首)되었다. 이 소식을 들은 개성 사람들은 저자의 문을 닫고 슬퍼하였으며, 온 백성이 눈물을 흘렸다고 한다.[96)]

최영의 가장 큰 실패 원인은 사병으로 변해 버린 군의 조직을 개편하지 못하였던 점이다. 다음은 2군으로 나누어 선봉을 삼아서 경쟁을 시켰으나, 경쟁이 아니라 공모하여 회군함으로써 속수무책으로 개경까지 밀린 상황에서 배후의 지원군도 없었다는 아쉬움이 있다. 이성계는 새로운 왕조를 세우고 나서 6년 지나서 무민(武愍)이라는 시호를 내려 넋을 위로하였다. 개풍군 덕물산(德物山)에 있는 적분(赤墳)은 바로 그의 무덤으로, 무덤에 풀이 나지 않는다는 것이며, 그 산 위에 장군당이 있어 무당들의 숭배 대상이 되고 있다.

두 번째 군벌로 언급된 변안열(邊安烈; 1334/충숙왕 복위 3~1390/공양왕 2)은 최영보다 18세 아래로, 본래 심양(瀋陽)에서 태어났다. 신라

---

96) 김상기, 《조선명인전》(朝鮮名人傳), '최영'(崔瑩), 조선일보사, 1939; 민병하(閔丙河), 《한국의 인간상》 2, '최영', 신구문화사, 1961.

에서 이미 한강 유역에 속하는 북한산 군주(軍主)와 고려 초의 황주 변씨 등은 한강 북방을 중심으로 주로 서북에서 무장으로 활동하였다. 변안열은 원나라 말기에 병란으로 당시 심양에 있었고, 조카인 변숙(邊肅)과 함께 공민왕을 따라 환국하였고, 원주원씨와 통혼하여 원주(原州)를 본관으로 받았다. 1361년(공민왕 10) 안우(安祐)를 따라 홍건적을 패주시켜 이등공신으로 판소부감사(判小府監事)로 승진하고, 이듬해에 개성을 수복하고 일등공신이 되었다.

예의판서(禮儀判書)가 되어 추성보조공신(推誠輔祚功臣)의 호를 받았고, 판밀직사사(判密直司事)로 최영과 더불어 제주를 정벌하고 지문하부사(知門下府事), 문하평리(門下評理)를 역임하였다. 우왕 때 추충량절선위익찬공신(推忠亮節宣威翊贊功臣)의 호를 받은 다음 양광전라도도지휘사 겸 조전원수로서 나세(羅世), 조사민(趙思敏) 등과 함께 왜구를 크게 물리치고 돌아와 문하찬성사로 승진하였다. 이어 도순찰사 이성계의 부장으로 운봉과 황산에서 왜적을 대파하고 개선한 뒤, 정방제조(政房提調)가 되어 그 세력이 임견미·이인임 등과 겨루게 되었다. 단양과 안동의 왜구를 몰아낸 뒤 원천부원군에 봉해지고 판삼사사, 뒤에 영삼사사가 되었다.

1389년(창왕 1) 대호군 김저(金佇) 등이 이성계의 제지와 우왕의 복위를 모의한 일이 발각되어 이림·우현보·이색 등과 함께 이에 연루되어 한양에 유배되었다가 나중에 사형당하였다. 김천택(金天澤)의 《청구영언》〈언락〉(言樂)에 전해오는 〈불굴가〉(不屈歌)가 그의 시가로 밝혀져, 그의 고려왕조에 대한 충성심을 엿볼 수 있다

세 번째 군별 지용수(池龍壽)는, 충목왕 때 현릉직(顯陵直)으로 시

작하여 공민왕 때에는 안우 등과 함께 홍건적을 격퇴하였으며, 여러 차례 공신에 올랐으며 무공이 많았다. 신돈이 집권할 무렵에도 관직을 잃지 않았고 동녕부 정벌에도 참여하였으나, 이후 우왕 때에는 활동이 없다.[97] 우왕 말에 있었던 요동 정벌에도 참여하지 않았고, 그가 특별히 군벌로 지적될 사항도 없다. 《조선왕조실록》의 총서 편찬에서 '조민수'를 '지용수'로 착각하였다고 짐작된다. 따라서 지용수 대신 조민수를 살피기로 하겠다.

조민수(曺敏修)는 모든 인명사전에서 출생 연대를 미상이라 하였으나 1324년생임이 확실하다. 4년 아래인 이색보다 혈색이 좋은 건강한 무인이었다.[98] 창녕(昌寧)이 본관으로, 1361년(공민왕10) 순주부사(順州府使)로 여러 장군들과 함께 홍건적의 침입을 물리치고 이등 공신에 올랐다. 이듬해 양광도도순문사를 거쳐 전리판서(典理判書), 동지밀직사사(同知密直司事) 등을 역임하였다. 1368년 명나라가 원나라 수도인 연경(燕京)을 포위하자, 좌상시(左常侍)로서 의정주등처안무사(義靜州等處安撫使)가 되어 명나라의 위협에 내비했으며, 충근보리공신(忠勤輔理功臣)의 호를 받았다.

---

97) 《고려사》 권114, 열전, 지용수.

98) 《牧隱詩藁》 권33, 是月二十五日 拜判三司之命 同曺侍中肅拜. 歸而紀行
한 시대의 영웅이 시중에 임명되는 때에 / 一代英雄拜侍中
미천한 이 몸 역시 판삼사를 맡게 됐네 / 判三司命及微躬
무진생 내가 먼저 백발이 된 것이 부끄러워 / 戊辰獨愧頭先白
갑자생 시중은 지금도 뺨이 불그레하건마는 / 甲子方頰尙爾紅
단지 거문고 책과 함께 한가히 날을 보냈는데 / 但與琴書閑送日
낭묘 위에서 가까이 우러러 뵐 줄을 알았으랴 / 豈期廊廟昵趨風
하기야 예로부터 정력의 쇠장을 막론하고 / 古來精力無衰壯
곧잘 큰 공 세워 중흥도 이루곤 했으니까 / 好至中興樹大功

우왕 초 경상도도순문사로 왜구를 물리쳤고, 지문하부사(知門下府事), 서북면도체찰사(西北面都體察使), 1379년(우왕 5) 문하평리(門下評理), 1383년 문하시중(門下侍中)을 역임, 창성부원군(昌城府院君)에 봉해졌다. 이듬해 밀직부사로서 전라도조전원수를 겸임, 1385년 판문하시사로서 사은사가 되어 명나라에 다녀왔다.

1388년(우왕 14) 요동정벌군의 좌군도통사(左軍都統使)로 출정했다가 이성계와 함께 위화도에서 회군, 우왕을 폐하고 창왕을 세우는데 중요 역할을 하여, 충근양절선위동덕안사공신에 양광·전라·경상·서해·교주도도통사가 되었다. 1389년(창왕 1) 이성계 일파의 전제개혁을 반대하다가 조준 등의 탄핵으로 창녕에 유배, 이 해 창왕의 생일날에 특사로 풀려나왔으나, 다시 우왕의 혈통을 에워싼 논쟁으로 이성계 일파에 대항하다가 서인(庶人)으로 강등, 다시 창녕으로 유배되어 이듬해 2월(1390)에 죽었다.

홍건적의 침입과 우왕 초기의 관직은 전라도 남부와 경상도의 군졸을 지휘하였고, 이를 기반으로 군벌로 성장하였다고 짐작된다. 요동정벌군으로 좌군이란 경상도와 전라도의 군졸을 지휘하는 장수로서, 이성계의 동북면과 강원도의 군사를 기반으로 삼은 군사기반과 대조를 이룬다. 그는 전제개혁에 사병화한 군졸의 경제기반을 유지시키려고 반대하였다고 하겠다.

마지막으로 거론된 군벌인 우인열(1337/충숙왕 복위 6~1403/태종 3)의 본관은 단양(丹陽)이었다. 단양우씨는 우탁 이래 우현보에 이르기까지 많은 문신을 배출하였으나 우인열은 무장이었다. 1359년(공민왕 8) 홍건적이 침입하였을 때, 원수 한방신(韓方信) 휘하에서 공을 세워 감찰어사가 되고, 1372년 제주체찰사가 되었다.

이듬해 판선공사사(判繕工寺事)로서 명나라에 가서 말을 바치고 왔으며, 이듬해 다시 하정사(賀正使)가 되어 명나라에 다녀왔다. 1375년(우왕 1)에 응양군상호군(鷹揚軍上護軍)으로서 명사피살사건으로 간관의 탄핵을 받은 이인임에게 아부하여 한리(韓理)와 함께 이를 변호하였다. 이듬해 경상도도순문사를 거쳐 1377년 경상도원수로서 영광과 장사(長沙) 등지에 침입한 왜구를 격파하였고, 다음해 경상양광전라삼도도체찰사가 되어 왜구를 방어하였다.

1379년 지문하사로서 경상도상원수가 되어 청도(淸道)에서 왜구를 격파, 이어 합포(合浦)와 사주(泗州)에서 또 왜구를 대파하고 합포도순문사가 되었다. 1383년 찬성사상의(贊成事商議)로서 청평에 들어온 왜구를 토벌하였고, 1385년 서북면도순문사가 되었다. 1387년 문하평리상의(門下評理商議)로서 홍징(洪徵)과 함께 한양산성의 수축과 전함의 수리를 감독하였으며, 1388년(창왕 즉위)에 문하찬성사로서 정당문학(政堂文學) 설장수(偰長壽)와 함께 명나라에 들어가서 창왕의 습위(襲位)를 알렸다.

1390년(공양왕 2) 계림윤(鷄林尹)이 되었으나, 전년에 있었던 김저의 옥사에 변안열 · 이림 · 우현보 등과 연루되었다는 대간의 탄핵을 받아 청풍군(淸風郡)으로 유배되었다가 곧 풀려났다. 그러나 다시 윤이(尹彛)와 이초(李初)의 무고 때문에 청주옥에 갇혔다가 이듬해 풀려났다. 1392년 조선 개국 후 문하시랑찬성사로서 사은사가 되어 명나라에 갔다가, 이듬해 귀국하여 판개성부사가 되었으며, 개국원종공신에 올랐다.

1395년(태조 4) 개성유후사유후(開城留後司留後)가 되고, 1400년(정종 2) 판승녕부사(判承寧府事)에 이어 판삼사사로서 정조사(正朝使)가 되어 명나라에 갔다가 1401년(태종 1)에 귀국, 이 해 정종의 사위(辭位)와 태종의 습위를 허락한 데 대한 사은사로 명나라에 다녀왔다. 1403년 검교좌정승(檢校左政丞)에 올라 병사하였다. 시호는 정평(靖平)이다.

우인열은 중요한 사건에 거의 관여하였으면서도 목숨을 잃지 않고 개국원종공신에 올랐다. 이로 보면 그는 중요한 사건에 깊이 개입하지 않았으며, 군벌로도 기반이 가장 미약하였을 가능성이 크다. 그는 직책으로나 인간관계에서 독자적인 세력기반이 자랄 만한 기반이 보이지 않았다. 다만 재상으로 군졸을 지휘하였으므로 그때마다 패기(牌記)를 장악하였다고 하겠다.

## 5.2. 동북면 군벌 이성계의 등장

위화도 회군 직전의 군벌로서 가장 뚜렷한 독자 세력을 형성하였던 인물은 이성계였다. 그의 본관은 전주였고, 그의 4대조인 이안사가 전주에서 170여 호의 주민을 이끌고 민란과 몽골의 침입을 피하여 1230년대 전주를 떠나 삼척과 덕원을 거쳐 두만강을 건너 여진지역 몽골의 판도에 들어가서 그곳에서 천호의 벼슬을 얻었다. 남쪽에서 이주민을 바탕으로 여진족이 포함된 세력기반이었다.

이성계의 아버지 이자춘(李子春)에게 1355년(공민왕 4년)에 공민왕을 뵙는 계기가 생겼다. 이때 공민왕은 원이 쇠약해진 정세를 간파하고, 원으로부터 멀리 떨어진 쌍성(雙城) 지역의 회복에 눈을 돌렸다. 공민왕에 맞섰던 기씨(奇氏) 세력은 이 지역의 부원세력(附元勢力)을 후원으로 삼았다.[99] 그러나 기씨 세력은 공민왕에게 제압되고, 쌍성을 둘러싼 고려와 원의 관심은 갑자기 증대되기 시작하였다. 공민왕이 이곳에 관심을 가진 까닭은, 부원세력의 소굴로서 그의 국권 회복에 장애되는 세력이 있을 뿐 아니라, 앞서 동남방의 유리민(流離民)이 이주하였기 때문이다.

원에서도 중서성(中書省), 요양성(遼陽省), 정동행중서성(征東行中書省) 등 3성이 원주민과 이주민을 분간하여 삼성조마(三省照磨) 호계(戶計)를 작성하였다. 삼성호계라 불렸고, 이는 인구조사를 통하여 작성한 호적(戶籍)이란 의미였다.[100] 이 호계의 작성은 원주민을 우대하고 이주자를 쇄원(刷遠)시키려는 의도가 있던 셈이고, 이는 전에도 시도했으나 실현하지 못한 일이 있었다. 이 호적의 작성으로 동남부에서 이주한 자를 차별함으로써 이들 가운데 떠나는 자가 생겼으므로, 이주자를 기반으로 한 이자춘에게 큰 타격이 아닐 수 없었다. 이를 타개하기 위해서 이자춘은 조카인 교주(咬住)를 데리고 공민왕을 뵈었다. 공민왕은 교주를 숙위병(宿衛兵)인 우달치(于達赤)로 삼아 중순대부(中順大夫) 군기윤(軍器尹)에 오르게 하고, 이자춘에게 쌍성의 주민을 진무(振撫)시켜 생업에 안주하도록 당부하였다.[101]

---

99) 《龍飛御天歌》 13장, 357쪽. "時奇王后之族 倚后勢暴橫 后兄大司徒轍 通雙城叛民 結爲黨援助 謀逆."; 《고려사》 권38, 세가, 공민왕 5년 3월.

100) 《太祖實錄》 總書, 공민왕 5년.

101) 《太祖實錄》 總書; 《고려사》 권38, 세가, 공민왕 5년 3월.

이와 같이 이자춘과 공민왕의 만남은 유리민을 기반으로 형성된 세력을 유지하려는 이자춘의 욕망과, 이를 회유하여 원의 세력을 견제하려는 공민왕의 계획이 서로 맞아떨어진 것이었다. 시세에 따라 고려를 배반했던 이씨세력은, 이자춘 때에 이르러 원에 의하여 위협받게 되자 세력기반을 유지하기 위해 다시 고려로 전향하게 되고, 이자춘은 그의 조카를 고려 국가에 인질로 삼게 함으로써 목적을 달성할 수 있었다. 사서(史書)에 이자춘은 교주가 장성하자 그의 직책을 돌려주려 하였다고 하였으나, 그의 본심이 반드시 그와 같았다고 보기는 어려운 점이 있다.[102] 또한 이자춘이 세습에 대한 조씨(趙氏)와의 갈등으로 같은 지역에 기반을 가졌던 그들과의 관계가 원만하지 않았으므로, 조씨는 고려에 전향한 이씨에 대립하여 원을 격동시켜 대립하였고, 삼성호계를 구실로 이주자를 대표하는 이씨를 중심한 원주민으로 원을 등에 업은 조씨와의 대립이 날카로웠다. 원에서 이자춘을 경계할 정도로 그의 야망이 커지고, 그는 고려에 전향함으로써 활로를 찾으려는 모험을 걸었다고 해석된다.

공민왕은 기씨를 제거하고 이들과 연결되어 후원하던 동북면의

102) 교주(咬住; 天柱)는 자춘(子春)이 죽었을 때 자신이 적사(嫡嗣)라 여기고 마음속으로 이성계를 시기하였다고 한다. 그는 이성계가 소유한 노비 가운데 양인(良人)이라 제소한 자가 있었고 교주는 누이 강우(康祐)의 처와 소양자(訴良者)를 연결하여 이성계를 곤경에 빠뜨린 때도 있었다. 《조선왕조실록》의 총서에만 수록된 이 사건은 신돈의 집권기에 설치된 전민변정도감에서 압량노비(壓良奴婢)를 해방시키려던 개혁과 관련 있었다. 이로 보면 교주는 이성계가 동북면의 세력기반을 계승한 불만을 고려정부와 결탁하여 곤혹에 빠뜨리려 하였던 셈이 된다. 교주는 우왕 2년에 관하의 주민을 몰래 처로 삼은 자가 있으므로 그를 구타하여 죽인 죄로 하옥되었고, 앞서 그로부터 모욕당하였던 재상에 의하여 죽음을 당하였다.

원 세력에 타격을 가하기 위하여 이들과 대립된 이자춘에게 관직을 제수하고, 그의 내응을 받아 이 지역을 회복하려 하였다. 이자춘은 관군을 거느리고 이 지역에 출정한 류인우와 협공하여 99년 만에 이 지역을 쉽게 탈환할 수 있었다.[103)]

고려에 배반하고 부원세력이 되어 이자춘의 선계(先系)와 함께 이 지역을 주름잡던 조휘(趙暉)와 탁청(卓青)의 후손인 조소생(趙小生)과 탁도경(卓都卿)은 재빨리 고려에 전향한 이자춘의 공격을 받고 처자를 버려둔 채, 원의 영역인 북쪽으로 달아났다. 결국 이자춘은 공민왕의 반원정책에 가세하여 뿌리 깊게 대립된 세력을 제거할 수 있었던 셈이다. 왕은 그를 승진시켜 대중대부사복경(大中大夫司僕卿)으로 삼고, 개경에 제택(第宅)을 주어 머무르게 하였다.[104)] 고려 정부는 그가 개경에 있으면서 오랫동안 그의 기반이었던 동북면을 떠나 고려의 신민이 되도록 배려하였다고 해석된다.

이자춘은 개경에 머문 지 1년 만에 삭방도만호 겸 병마사(朔方道萬戶兼兵馬使)가 되어 영흥(永興)으로 돌아가게 되었다. 그가 돌아가는 과정에서 찬반의 논의가 있었다. 어사대(御史臺)에서는 그가 동북면 출신이고, 그곳의 천호(千戶)이므로 그를 시켜 그곳을 지키게 해서는 안 된다고 주장했다. 토착기반을 이용하여 독립된 세력을 형성하거나, 다시 고려에 배반할까 염려한 때문이었다. 그러나 왕은 받

103) 《고려사》 권39, 공민왕 5년 6월 정해; 《太祖實錄》 總書; 《고려사》 권111, 열전 조돈(趙暾). 쌍성을 회복하는 과정에 조소생과 같은 조씨이면서 상대적인 태도를 취하고 고려에 협조한 조돈(趙暾), 조인벽(趙仁璧), 조도적(趙都赤) 등의 활약이 매우 자세하게 서술되었다.

104) 《고려사》 권39, 공민왕 5년 9월 기해; 《太祖實錄》 總書.

아들이지 않고 그에게 잔치를 베풀고, 떠나게 했다.[105] 공민왕은 그가 아니고서는 동북면이 안정될 수 없다고 생각했고, 대간(臺諫)에서는 그가 고려에 등을 돌리는 독립세력이 될까 해서였다. 그러나 이들의 염려가 오래 지나기 전에 이자춘이 그곳에서 죽었다는 보고가 날아들어왔다. 그리고 왜구와 홍건적, 부원세력 잔재의 침략이 편안할 날 없이 들이닥쳤다. 이 틈에 이자춘에 대한 염려는 그의 죽음과 함께 사라졌지만, 어수선한 분위기로 돌이켜볼 겨를조차 없었다.

이자춘의 뒤를 이어 아들 이성계는 22세 때 처음으로 벼슬을 하였다. 이때는 그의 아버지가 죽은 해였고, 그는 아버지의 공에 따라 우대되어 입사(入仕)하였을 가능성이 있다.[106] 그의 관직은 공민왕 10년 통의대부(通議大夫) 금오위상장군동북면상만호(金吾衛上將軍東北面上萬戶)였던 점으로 보아,[107] 정3품의 중앙 무반직과 부조(父祖)의 기반인 상만호(上萬戶)라는 두 직책을 띠고 있었음을 알 수 있다. 입사한 지 10년밖에 안 된 그가 이와 같이 높은 직위에 오른 점으로 보아, 고려 국가는 동북면을 회유하는 데 공을 세운 그의 부조의 문음(門蔭)을 인정하여 그 기반과 함께 세습시켰다고 볼 수 있다. 그는 중앙 관직보다 오히려 동북면에 머물러 있었고, 중앙 관직은 실직(實職)이 아니었을 가능성이 크다.

---

105) 《太祖實錄》 總書.

106) 《고려사》 권46, 세가, 공양왕 3년 3월 임인. "於丙申六月 陪先父臣某 受命玄陵 平雙城 復舊疆 憑籍餘力 拓土至靑州 以爲藩鎭 使無東顧之憂 玄陵是嘉其功 拜臣父以榮祿大夫將作監事 仍爲朔方道萬戶 又擢臣以不次 年未三十位至宰輔."

107) 《고려사》 권39, 세가, 공민왕 10년 10월 을미.

이성계의 활동은 아버지의 죽음을 뒤이어 공민왕 10년부터 두드러지게 나타난다. 그가 참가했던 여러 작전이나 전투는 거의 고려 국가에도 중요한 것이었다. 그러나 이를 몇 가지로 나누어 보면, 하나는 동북면과 그 일대에서 원의 잔존 몽골세력, 부원세력, 여진족과의 투쟁이고, 다음으로 서북면에서 침략하는 홍건적, 원과 결탁한 부원세력, 마지막으로 해안을 통하여 침투하는 왜구, 셋으로 나누어진다. 이 세 위협은 시기적으로 중첩되어 나타나기도 하고, 연속적인 예도 있으나, 이성계의 선대가 물려준 동북면의 기반에 가장 직접적인 영향을 주는 사건은 첫 번째 것이었다. 이성계는 세 가지 위협 가운데 나머지에도 참가한 예가 많지만, 동북면의 경우를 좀 더 면밀히 살피면서 그의 기반을 어떻게 활용하였는가라는 측면에서 연결시켜 볼 수 있다.

이성계가 첫 번째로 출병한 곳은 독로강(禿魯江; 江界 지방) 만호(萬戶) 박의(朴儀)의 반란을 진압하기 위해서였다.[108] 독로강은 압록강의 지류로서는 상류에 있으므로 이성계의 본거지인 동북면과는 직접적인 관련은 적을 듯하지만, 산곡(山谷)을 통해서 밀접히 연결된 곳이었다. 앞서 서북면으로 홍건적이 쉴 새 없이 쳐들어왔고, 공민왕 10년에는 개경까지 이들에게 함락되었다. 이보다 동북쪽에 있던 박의는 홍건적의 승세에 부응하여 반란을 일으켰다고 생각된다.

박의가 천호(千戶) 임자부(任子富)와 김천룡(金千龍) 등을 죽이자 고려에서는 형부상서 김진(金璡)을 보내어 토벌하게 하는 한편, 동북

108) 《고려사》 권39, 세가, 공민왕 10년 9월 병자.

면 상만호인 그에게 명하여 김진을 돕게 하였다. 그는 친병(親兵) 1,500명을 이끌고 전투에 나아가 박의를 포주(捕誅)하였다.[109] 여기서 친병이란 동북면에서 양성한 이성계 휘하의 군졸이었다고 해석된다. 그는 그의 선조 때에 따라온 주민으로 자위화한 친병 1,500명이나 전투에 투입할 수 있었던 셈이다.

이성계는 다음으로 개경을 함락한 홍건적을 격퇴하고 탈환하는 전투에 참가하였다. 이때에는 앞서의 전투보다 증가된 친병 2천 명을 투입시켰다.[110] 이 전투는 동북면에 침입한 적과의 대결은 아니지만, 그의 토착기반을 활용한 친병을 개입시킬 수 있었다는 점에서 주목된다.

그의 토착기반과 직접 관련이 있는 사건은 조소생(趙小生), 탁도경(卓都卿) 등이 원의 심양성(瀋陽省) 행성승상(行省丞相) 나하추(納哈出)를 끌어들여 화주(和州)의 동북면으로 침입한 것이었다.[111] 조소생과 탁도경은 조휘(趙暉)와 탁청(卓青)의 후예로서, 공민왕 5년에 이자춘이 고려와 내응하여 이들의 세력을 몰아냈으므로, 이성계와도 원한이 깊었던 인물이었다.

이들은 원이 내란으로 약화된 틈을 타서 심양에서 자립한 나하추를 충동시켜 홍건적의 침입으로 병력이 약화되었으리라 추측하고, 이성계의 본거지를 손아귀에 넣고자 쳐들어왔다. 이때 고려는 홍건적에게 함락되었던 서경을 탈환하였으나, 국왕은 아직 복주(福州)에

109) 《고려사》 권39, 세가, 공민왕 10년 10월 을미. "太祖以親兵一千五百人赴之".
110) 《고려사》 권40, 세가, 공민왕 11년 1월 갑자.
111) 《고려사》 권40, 세가, 공민왕 11년 2월 기묘.

몽진중이었다. 이들은 2월 3일 삼살(三撒)과 급면(急面)에 도착하여 이성계의 본거지인 함흥평야를 휩쓸려고 하였다. 2월 28일에 동북면 지휘사는 나하추와 대결하였으나 패전하였고, 홍건적을 격파하고 개경에 머물던 이성계에게 지원을 청하였다. 이성계는 4월에 상호군으로서 동북면병마사에 임명되었다. 고려 조정은 이성계로 하여금 동북면을 지키는 대권을 다시 맡겼던 셈이다.

이성계와 나하추 등의 회전은 7월에 그들이 먼저 수만의 군사로 홍원(洪原)의 달단동(韃靼洞)에 진치고, 카라만호(哈剌萬戶) 나옌테무르(那延帖木兒), 동첨바얀부카(同僉伯顏甫下)가 1천여 명의 선봉으로 쳐들어오면서 시작되었다. 이들은 덕산동(德山洞)과 달단동에 각각 진치고 서로 진영이 바뀌는 접전도 있었다. 이성계는 정주(定州)에서 군을 정돈하고, 삼군(三軍)으로 나누어 함흥평야에서 회전하여 나하추를 격퇴하였다. 이 전투는 이성계에게 사활이 걸린 위험한 경우도 많아서 사서(史書)의 기록에 자세하게 묘사되어 있다.[112)]

나하추는 심양으로 돌아가 공민왕과 이성계에게 양마(良馬)를 보내어 우호를 요청하였다. 한편 조소생과 탁도경은 여진으로 달아났다가 그곳 다루가치(達魯花赤) 소음산(所音山)과 총관(總管)인 부카(不花)에게 이들과 이들의 휘하 50여 명이 죽음을 당하였다.[113)] 여진인도 이들을 보호함으로써 이성계의 반감을 사기보다는 처단함으로써 우호를 증진시키는 편이 유리하다고 판단했기 때문일 것이다. 이번 전투로 이성계는 기름진 함흥평야 일대를 위협하던 오랜 숙적 조·

112) 《고려사》 권40, 세가, 공민왕 11년 7월; 《太祖實錄》 總書.

113) 《고려사》 권40, 세가, 공민왕 11년 7월 경술.

탁 두 세력을 쓸어버림으로써 평정을 찾게 되었다. 이 지역은 이후에 전국의 다른 곳이 전란이 계속된 점과는 달리 먼저 안정되고 있었다.

이성계가 다음으로 벌인 전투는 함주 지역에서 삼선(三善)과 삼개(三介)와의 격전이었다. 그는 직전에 공민왕 13년 초에 동북면으로부터 정병 1천을 거느리고 부원세력과 최유와 덕흥군을 치기 위하여 서북면 정주에 있었다.[114] 정병이란 이성계가 동북면에서 키운 정예의 군졸이라고 풀이된다. 최유는 기씨의 숙원을 갚는다고 기왕후를 꾀어서 충숙왕의 얼자(孽子) 덕흥군을 왕으로 삼고, 요양성의 병졸을 후원받아 고려로 쳐들어왔다. 원은 고려가 자주적으로 몽골에 속했던 변방을 흡수하여 강대해짐을 보고 이를 견제하려 했다고 할 수 있다.

최유의 침입으로 서북면으로 병력이 집결된 틈을 타서 여진의 삼선과 삼개의 형제는 동북면의 홀면(忽面)과 삼살(三撒)을 거쳐 함주(咸州)와 화주(和州)에서 고려 정부가 보낸 군사를 패배시키고 이를 점령하고 있었다.[115] 삼선과 삼개는 이성계와 정병이 빠진 동북면의 군사력이 약화되었음을 탐지하였음에 틀림없으며, 원의 지령을 받았을 가능성도 배제하기 어렵다.

삼선과 삼개는 삼투양(三渝陽; 吉州)의 다루가치 김방괘(金方卦)의 아들로서, 여진인 김방괘는 이자춘의 딸을 처로 삼아, 이들과 제휴하였던 인물이었다.[116] 따라서 이성계와 이들은 내외종(內外從) 형제

114) 《고려사》 권40, 세가, 공민왕 13년 1월 병인
115) 《고려사》 권40, 세가, 공민왕 13년 1월 정축 .

였으니, 같은 몽골의 지배 아래 있을 때에는 민족이 문제시되지 않았으나, 고려가 자립하고서는 국적도 달라지고 민족적 차이도 크게 느끼던 사이가 된 셈이다.

서북면에서 다른 장군들과 승전한 이성계는 서북면의 적을 18일에 압록강 밖으로 쫓은 뒤에, 동북면의 삼선・삼개를 물리치는 문제에 직면하게 되었다. 2월 25일에야 그는 서북면으로부터 군사를 이끌고 철관(鐵關)에 이르렀다. 그곳에서 한방신(韓方信), 김귀(金貴) 등과 삼면으로 삼선을 공격하여 화주와 함주를 회복하였다. 국가에서는 이성계를 밀직부사로 삼고 단성량절익재공신(端誠亮節翊載功臣)의 호(號)를 주고 한방신, 김귀와 함께 금대(金帶)를 내렸다.[117] 동북면부지휘사인 한방신과 도병마사인 김귀는 16일 뒤에 개경으로 개선하였으나, 이성계는 동북면에 머물러 주민을 안정시키고 있었다.

신돈(辛旽)이 등장한 공민왕 14년 이후 이성계의 활동은 거의 기록되지 않았고, 공민왕 18년 말경인 11월에 동북면원수지문하성사(東北面元帥知門下省事)로 승진하였다.[118] 다만 《조선왕조실록》에는 이보다 앞서 삼선・삼개를 쫓은 후에 원나라 장수인 조무(趙武)를 복속시킨 사실만 추가되었다.[119] 조무는 원이 쇠하자 무리를 거느리고 공주(孔州)에 머물러 있었으며, 이성계는 이를 공격하였으나 무예로서 심복시키고 종신토록 말을 키우며 추종하게 만들었다. 이로 보

116) 《고려사》 권107, 열전 한강(韓康); 《龍飛御天歌》, 500~502쪽.
117) 《고려사》 권40, 세가, 공민왕 13년 2월 임자.
118) 《고려사》 권41, 세가, 공민왕 18년 11월 무오.
119) 《太祖實錄》 總書; 《龍飛御天歌》, 689쪽.

면 이성계는 신돈집권기에 주로 동북면의 머물렀으며, 중앙의 정치 세력의 변동에 휩싸이지 않으면서 동북면의 세력기반을 굳힌 것이 확실시된다.

다음으로, 이성계가 그의 휘하를 증가시킨 계기는 두 차례의 동녕부(東寧府) 정벌을 통해서였다. 동녕부는 앞서 반역자 홍복원(洪福源)과 최탄(崔坦)을 앞잡이로 삼아 서경에 설치하였으나 이 지역을 고려가 회복하자 압록강의 서북 지역, 즉 요양로(遼陽路)의 동방에 원의 유장(遺將)과 고려 유민으로 구성되었다. 원이 망한 후에도 한동안 명과 고려의 완충지역으로 존재하였다. 이 지역에서 기철(奇轍)의 아들인 기사인테무르(奇賽因帖木兒)가 원의 평장사(平章事)였던 직함을 이용하여 원이 망한 후에 분사심양관리(分司瀋陽官吏)인 평장 김백안(金伯顔, 김바얀)과 더불어 원의 유중(遺衆)과 고려 유민을 포섭하고 아버지를 죽인 공민왕에 대한 숙원(宿怨)을 갚으려고 세력을 키우면서 동녕부를 점거하고 있었다.[120] 그는 휘하의 군사력이 증가되자 아버지 기철의 원수를 갚고자 고려의 북쪽 변방의 빈틈을 노려 침략하고자 하였다.

이때 원은 수도인 대도가 명에게 함락되고 북으로 옮겨 회복을 노리고 동녕부에 연락을 취하면서 고려와 명의 접근을 단절시키고 있었다. 고려는 공민왕 18년 12월 이성계를 동북면원수지문하성사로 삼고 지용수와 양백안(楊伯淵, 양바얀)을 서북면원수로 삼고 미묘한 대륙의 정세에 대비하고 있었다.

120) 《고려사》 권42, 세가, 공민왕 19년 1월 갑신; 《太祖實錄》 總書, 5쪽; 《龍飛御天歌》, 503~507쪽.

동녕부 정벌을 위하여 군사를 움직인 시기는 다음 달인 공민왕 19년인 1월이었다. 이성계는 기병(騎兵) 5천과 보병(步兵) 1만을 거느리고 동북면으로부터 황초령(黃草嶺)을 넘어 600리를 지나 설한령(雪寒嶺)에서 다시 700리를 행군하여 압록강에 도착하였다. 동녕부 동지(同知)인 이오로테무르(李吾魯貼木兒)는 이성계의 진군을 대비하여 우라산성(亏羅山城)에 옮겼고, 이성계가 야둔촌(也頓村)에 이르자 나와서 접전하였으나 상대가 되지 못하고 예하의 300여 호를 거느리고 항복하였다. 다만 그곳 추장인 고안위(高安慰)만 성에 의지하여 저항하였으나 적수가 되지 못하고 처자를 버려둔 채 달아났다. 다음 달 두목 20여 명이 백성을 거느리고 나와서 항복하였고, 부근의 많은 산성이 소문을 듣고 투항하였다.

여기서 전과는 매우 커서 호(戶)가 1만 여, 소가 2천여 두, 말이 수백 필이었으나, 모두 그들에게 돌려주었다고 한다. 이는 이 지역의 인심을 회유하여 북진정책의 전진기지로 삼으려는 고려 정부의 웅지가 있었던 것이 아닌가 한다.[121] 동녕부 정벌로 동으로 황성(皇城), 북으로 동녕부, 서로 황해, 남으로 압록강에 이르는 서만주 일대가 고려의 영향권에 속하게 되었으나, 경영에 철저하게 손대지 못하고 말았다.

동녕부 정벌은 이성계의 단독작전이었는지 확실하지 않으나, 그가 거느린 군사는 기병과 보병을 합쳐 1만 5천에 이르는 막대한 세력이고, 이들은 동북면으로부터 출발한 만큼 단독작전이고, 대다수

121) 이는 8월 두 번째 동녕부 정벌에서 "凡遼河以東 本國疆內之民"이라 한 데서 잘 나타난다.

가 동북면에서 구성된 군사였을 가능성을 보인다. 그의 영향 아래 형성된 군사력이 크게 팽창하였다고 해석된다.

다음달 무인일(戊寅日)에 이성계는 동녕부 지역에서 귀순한 원추밀부사(元樞密副使) 바이주(拜住)와 이오로테무르, 이백연(李伯淵), 이장수(李長壽), 이천우(李天祐), 현다사(玄多士), 김아로정(金阿魯丁) 등 300여 호를 이끌고 개선하였다.[122] 이들 가운데 이오로테무르는 본래 고려인이었는데 이원경(李原景)으로 개명하고 신복(臣僕)하여 이성계의 비장(裨長)이 되었다. 바이주는 우라산성에서 얻은 원의 장원급제자로 고려의 이인복과 같은 나이였으며, 그는 한복(韓復)으로 개명하고 이성계를 종신토록 추종한 심복이 되었다. 이성계는 동녕부의 1차 정벌에서 그곳 주민의 인심을 얻고 추종자를 늘리는 데 성공하였던 점으로 보아, 거의 단독작전이었을 가능성이 재확인되는 셈이다.

두 번째 정벌은 같은 해 8월 기사(己巳)에 고려 정부가 서북면 상원수 지용수와 부원수 양백안 및 동북면 상원수 이성계에게 동녕부를 공격하게 명령한 데서 비롯되었다.[123] 이성계는 3개월 지나서 11월 2일에 지용수가 거느린 부대와 만나 의주(義州)에서 부교(浮橋)를 만들어 압록강을 건너고, 이틀 뒤에 요성(遼城)을 급격히 공격하여 함락하였다. 이 사실은 《고려사》에 간단히 수록되었으나 《조선왕조실록》과 〈용비어천가〉에는 매우 자세하다.[124]

122) 《고려사》 권42, 세가, 공민왕 19년 2월 무인.
123) 《고려사》 권42, 세가, 공민왕 19년 8월 기사.
124) 《고려사》 권42, 세가, 공민王 19년 11월 정해, 기축; 《太祖實錄》 總書, 8쪽;

이성계는 2차 동녕부 정벌로 동북면을 떠날 때 친병 1,600명을 인솔하였고, 요성을 공격할 때에는 앞서 귀속된 이원경을 시켜 성을 지키던 처명(處明)을 회유하였다. 처명은 여러 차례의 설득에도 저항하였으나 이성계는 활솜씨로써 그를 심복하여 항복하게 만들었다고 묘사되어 있다. 기사인테무르는 도망하고 김백안, 카라바투(哈剌波豆), 덕좌부카(德左不花), 고달노화대총관(高達魯花大總管)은 사로잡혔다.[125] 이성계 등은 부근의 여러 성에 웅거하였던 동녕부의 연합세력에 대해서 첩문(牒文)을 붙여 항복하도록 친유하였다. 나하추(納哈出), 에센부카(也山不花), 김복주 등에게 망하는 원을 돕지 않고 세력을 확장해 온 기사인테무르와 관계를 끊고 고려에 귀순하도록 회유하였다.

이성계가 두 번째의 동녕부 정벌에서 노획한 인물로서 그를 추종하면서 세력기반이 되었던 자는 처명만 추측된다.[126] 이로 보면 1차로 그의 단독작전이었고, 두 번째는 서북면 상원수와의 연합작전이었기 때문으로 생각된다. 고려에서는 1차 정벌에 그를 단독으로 보냈다면 이른바 변방세력으로써 다른 세력과 대결하게 하여 승패에 상관없이 고려 국가의 이익을 추구하려던 정책이었다. 다만 두 번째 출정에서 그가 거느린 친병 1,600명을 고려의 정부군이 아닌 그의 사병이었다고 해석된다.

---

《龍飛御天歌》, 574~582쪽.

125) 《太祖實錄》 總書; 《龍飛御天歌》, 574~582쪽.

126) 《太祖實錄》 總書. 이원경, 처명과 수렵하면서 이성계는 이들에게 활솜씨를 자랑하고 있다.

공민왕 21년 6월에 왜구가 안변(安邊)과 함주(咸州)를 노략질하였으나, 안변부사 장백안(張伯顔, 장바얀)은 이를 막지 못하고 처벌되었다.[127] 고려는 이성계를 화녕부윤으로서 원수를 겸하게 하고, 이를 막아냈다.[128] 이를 보면 동녕부를 정벌한 후에도 화녕에 돌아와 이를 다스리면서 군사력을 정돈하고 있었던 셈이다. 이때 요성에서 데려온 처명은 이미 늙었으나 이성계를 따라서 수렵하였고, 이성계는 그들에게 활솜씨를 보여준 기록이 있다. 이로 보면 그는 동녕부 정벌에서 항복받은 장수들을 그의 휘하에서 조련하였던 셈이 된다.

이 무렵 이성계에게 여진세력의 일부가 다시 흡수되었다. 《고려사》에 따르면 공민왕 20년 2월 갑술, 여진 천호(千戶)인 이두란테무르(李豆蘭帖木兒)와 백호 보개(甫介)가 100호를 거느리고 고려에 내투하였다고 밝혀져 있다.[129] 이두란이 고려에 투항하기 앞서 이성계에게 포섭되어 그의 충고를 받아들인 것이 아닌가 한다. 이두란이 이성계와 처음 만난 시기는 뚜렷하지 않으나, 그가 고려에 복속한 다음해에 이성계와 함께 수렵한 사실이 밝혀지며, 이로 보면 이성계가 공민왕 20년에 앞서 복속한 여진 두목인 그를 고려 조정에 알렸던 데에 불과하다고 생각된다.

안사로부터 동북면에 정착하여 토대를 쌓은 이성계가의 세력기반은 아버지 이자춘에 이르러 공민왕의 쌍성총관부 회복과 더불어

127) 《고려사》 권43, 세가, 공민왕 21년 6월 을축, 기해.

128) 《고려사》 권43, 세가, 공민왕 21년 6월 임인. "倭又寇咸州北青州萬戶趙仁璧伏兵大破之 斬首七十余級 拜奉翊大夫." 이 무렵 동북면의 왜구를 패퇴시킨 전승은 위의 기록이 유일하다.

129) 《고려사》 권43, 세가, 공민왕 20년 2월 갑술.

동북면에 확고히 자리 잡았다. 이성계는 이를 토대로 공민왕 말까지 동북면 및 만주에 걸쳐 잔존한 부원세력, 그리고 홍건적과 왜구를 격퇴하는 과정에서 크게 확장하였다. 우왕의 즉위로부터 이성계가 참여한 전투와 정변은 고려 국가의 운명과 직결되는 중요한 것이었고, 사서에는 이에 대한 정치사적인 서술에서 빠진 예가 없을 정도이다.

오늘날 함흥평야 일대를 중심으로 한 동북면의 생산기반과 주민은 그의 활동 터전이 되고 있었다. 고려 정부는 그를 개경으로 불러들이고, 동북면 일대를 직접 다스리려고 시도하였으나, 여진과 남방 이주민을 융합시켜 몽골의 잔존세력, 그리고 왜구의 침입 등 장애에 부딪칠 때마다 대응하지 못하고 그를 보내 지배하게 하였다.[130] 그는 이곳 주민을 무장시켜 자위의 군사력을 형성하였다. 고려 국가는 동북면 지역 외에도 전국토를 유린하는 외적을 토벌하기 위하여 동북면의 휘하 주민을 무장시킨 그의 군사력을 여러 차례 지원받고 있었다. 그는 이미 공민왕 때 동북면의 세력기반을 개경 정부에 없어서는 안 될 정도로 확장시켰다.

어린 우왕이 즉위한 직후에 문신 출신의 권신이 갈등을 보였으나, 위화도 회군을 중심으로 군벌의 대결 시대로 상황이 바뀌고 있었다. 우왕 때에 이성계는 중요한 전투에 거의 참여하였고, 그의 군

130) 고려 정부는 이성계에 대해서 아버지 이자춘과 마찬가지로 되도록 개경에 머물게 하고, 세력기반인 동북면에 군사권과 행정권을 주지 않도록 배려하였으나, 이 지역에 임명된 지방관은 대체로 통치와 방어에 실패하였으므로 국가는 이성계를 보내서 해결하지 않을 수 없었다.

벌화된 세력 안에 편장(偏將)이 참여하고 있음을 볼 수 있다. 먼저 우왕 이후 조선 건국 전까지 그가 참여한 전투와 그의 관직, 중요 활동 등을 알아보기 위하여 연대별로 정리하면 다음과 같다.

표 11. 우왕 시대 이성계의 활동

| | |
|---|---|
| 1375년(우왕 1) 8월 | 西海道 助戰元帥 |
| 1380년(우왕 6) 8월 | 楊廣·全羅·慶尙 三道都巡察使, 雲峰戰鬪 |
| 1382년(우왕 8) 7월 | 東北面 都指揮使, 胡拔都의 노략질에 대비 |
| 1383년(우왕 9) 8월 | 胡拔都는 동북면의 여진과 內應, 이성계는 이를 섬멸. 동북면의 군사적 경제적 자립을 요구. |
| 9월 | 安邊府의 韓忠과 金仁贊을 휘하로 삼음 |
| 1385년(우왕 11) 9월 | 왜구 150艘 동북면의 각지를 약탈. 관군 및 여진 만호의 패배. 이성계의 참전으로 승리. |
| 1388년(우왕 14) 1월 | 守門下侍中 |
| 4월 1일 | 요동 정벌로 평양 도착 |
| 5월 경진 | 위화도 도착 |
| 을미 | 회군을 결정함 |
| 무술 | 안주에 이성계 등 회군 도착 |
| 6월 계묘(1일) | 회군이 교외에 도착 표를 올림 |
| 계미 | 최영을 합포로 유배시킴 |
| 정해 | 정비의 명으로 창을 즉위시킴 |

우왕이 즉위한 후, 이성계의 활동은 위화도 회군을 계기로 고려의 군사권을 완전히 장악한 14년을 고비로 전후 두 시기로 나눌 수 있다. 전기에 그는 주로 왜구를 막는 데 동원된 이외에, 여진인 호발

도의 격퇴, 그리고 마지막으로 요동 정벌에까지 참여하였다.

먼저 여진인 호발도와의 대결을 살펴본다. 우왕 8년 2월에 이성계는 동북면 도지휘사로 동북면의 군사와 행정의 전권을 쥐고 고향에 돌아왔다. 앞서 호발도가 동북면의 인민을 노략하여 갔으나, 이 지역에 파견되었던 관인은 이를 막지 못하였기 때문이다. 이성계는 대대로 이 방면의 군무를 관할하였으므로 여진인이 포함된 이 지역의 주민을 포용할 수 있는 알맞은 인물이었다.

호발도와의 대결은 다음해 8월에 상대편에서 다시 노략질해 옴으로써 시작되었다. 이때 여진인인 단주부만호(端州副萬戶) 금동부카(金同不花)가 호발도와 내통하였고, 단주부만호 육려(陸麗), 청주상만호(靑州上萬戶) 황희석(黃希碩) 등이 호발도와 대적하였으나 모두 패배하였다. 이때 이성계의 부하인 이두란은 모상(母喪)을 당하여 청주에 있었으므로, 이성계는 탈상하고 합류하도록 명하였고, 그는 오는 도중에 길주평(吉州平)에서 호발도를 만나 돌아왔다. 이성계는 이두란과 협공하여 호발도를 물리쳤다.131)

호발도와의 전투에서 이성계가 크게 얻은 성과는 없었으나 이를 계기로 그는 국가에 〈안변지책〉(安邊之策)을 올려 이곳의 세력기반을 더욱 안정시키도록 도모하였다. 그는 이곳에 "여진, 몽고, 요심(遼瀋) 등과 인접한 요해지일 뿐 아니라, 그곳 주민들과 교역, 혼인이 이루어져 잡거하므로 그들에게 유인당하기 쉽고, 이들을 앞잡이로 삼아 노략하므로 고려 정부의 입술(唇)과 같고, 이를 잃으면 이(齒; 고

131) 《太祖實錄》 總書; 《고려사》 권134, 열전, 신우 8년 7월, 9년 7월, 8월.

려 정부)가 해를 받는 지리(地利)에 있다"고 그 중요성을 강조하였다. 그는 다음과 같이 요약되는 4조의 안변책을 올렸다.132)

1. 평상시에도 주민을 뽑아 군졸로 훈련시켜 급격한 노략질을 방비할 것.

2. 승려와 도원수의 침탈을 막고 화녕을 포함한 모든 지역에 일정한 수세(收稅)로서 군량을 자급하도록 할 것.

3. 공민왕 5년의 교서에 따라 3가(家)를 1호(戶)로 100호를 통(統)으로 삼아 수영(帥營)에 속하게 하고, 무사시에 번상(番上)하고 유사시에는 가정(家丁)을 모두 징발하여 생민(生民)을 편하게 하고 군호(軍戶)를 정할 것.

4. 권문(權門) 출신의 수령과 장수가 가렴하므로 염근정직(廉勤正直)한 자를 선발하여 다스릴 것.

이와 같은 안변책의 골격은 앞서 이곳을 회복하고 군정일치의 반독립적인 상태를 인정하였던 공민왕 5년을 목표로 삼고 있었다. 이는 동북면을 고려 정부의 간섭을 해제하고 군사권과 행정권을 독립적으로 자위화하려는 이성계의 야망이 잘 나타나 있다고 하겠다.

여진은 이 지역을 조선 건국 초까지 노략질하지 않았다. 이는 외부의 간섭 없이 반자치적인 통치가 여진을 포함한 이곳 주민의 불만을 해소시켰기 때문이었다. 이성계가 즉위하던 해 1월에 오랑캐(兀良哈)와 오도리(斡都里)의 추장들이 귀부하였고, 그 외 부근의 많은 여진 추장을 초유하고 있었다.133) 이는 이성계의 자치적인 동북면의

132) 《고려사》 권134, 열전 신우 9년 8월; 《太祖實錄》 總書.

133) 《고려사》 권46, 세가, 공양왕 3년 7월 8월 을해, 4년 1월 정축, 무자; 《太祖實錄》 總書; 《龍飛御天歌》, 676~684쪽.

통치에 호응하여 그의 후원세력이 되었던 자들이라 하겠다.

우왕 때 있었던 이성계와 왜구의 대결은 6년 8월의 운봉전투와 11년 9월의 동북면 전투를 들 수 있다. 운봉전투는 왜구 500척이 하삼도를 휩쓸다시피 한 규모가 큰 전투였다. 이성계가 삼도도순찰사로서 그가 도착하기 전 장군들은 곳곳에서 왜구에게 패하였으므로 전세는 아군에게 매우 불리하였다. 그럼에도 이성계는 편장(偏長) 이두란과 동녕부 정벌시 올라산성에서 얻은 처명의 분전으로 왜구에게 결정적인 타격을 주어 물리쳤다.[134] 이두란과 처명 이외에 이성계 휘하에 있던 이대중(李大中)과 우신충(禹臣忠) 등도[135] 거의 사병화한 동북면 출신의 무장이라 생각된다. 이성계는 운봉전투에서 그의 세력기반을 적극적으로 활용하여 고려 정부의 위협을 구하고 동북면의 무력을 더욱 정예로 키웠던 셈이다.

운봉전투보다 소규모였지만, 우왕 11년 9월에 150소(艘)로 동북면을 노략질한 왜구와 대결이 있었다. 전투에 참가하기 전 이성계는 개경에 있었다. 이 틈에 왜구는 함주, 홍원, 배청, 합란북(哈蘭北) 등을 침략하여 인민을 죽이고 노략질하였다. 원수인 찬성사 심덕부(沈德符)는 홍징(洪徵), 황희석(黃希碩), 정승가(鄭承可) 등과 협력하여 홍원에서 싸웠으나 패하여 거의 달아나고, 심덕부도 구사일생으로 빠져 나왔다. 이성계는 자신이 왜구를 공격하도록 조정에 청원하고 함

134) 《고려사》 권134, 열전, 신우 6년 9월; 《太祖實錄》 總書. 8월에 승첩(勝捷)한 것으로 정리되었으므로 차이가 있다.

135) 이들의 이름이 정리된 자료는 《태조실록》 총서뿐이다. "使麾下李大中·禹臣忠·李得桓·李天奇·天英守·吳一·徐彦·陳中奇·徐金光·周元義·尹尙俊·安升俊 等挑之."

주에 이르러 거느린 이두란, 고려(高呂), 조영규(趙英珪) 등과 살아남은 적이 없을 정도로 왜구를 격멸하였다.[136] 이는 이긴 틈을 타서 여진군이 왜구를 마구 죽였기 때문에 살아 도망간 왜구가 없을 정도였다.

심덕부, 홍징 등은, 이성계가 안변책을 올린 후에 이 지역을 다스린 자들이므로 본래 동북 출신일 가능성이 크다. 고려 말의 동북면 지역은 다른 지역으로부터 이주한 자들이 위주였기 때문에, 이들의 본관은 하삼도(下三道)일지라도 거주지는 동북면인 예가 확인된다. 특히 이성계가 거느린 이두란과 고려는 이 지역 출신임이 확실하다.

### 5.3. 위화도 회군과 변안열의 제거

1380년까지 빈번했던 북원과 고려 사이의 사신왕래는 그 이후 크게 줄었다. 1378년에 아유시리다라를 계승해 대칸으로 즉위한 투구스테무르(脫古思帖木兒)도 고려와의 우호관계를 유지하려고 끝까지 노력하였다. 나가추 사신을 포함하면 투구스테무르 즉위 기간에는 북원과 고려 사이에 열두 차례에 걸쳐 사신을 교환하였다. 북원이 고려에 파견한 사신은 마지막으로 1384년 10월에 화령부까지 왔다. 그 후로는 북원과 고려 사이에 사신 왕래가 중단되었는데, 그 이유는 1385년에 요동에 대한 명나라 경략의 시작과 관련되었기 때문이

136) 《고려사》 권135, 열전, 신우 9년 8월. "我太祖大破胡都于吉州." 《고려사》는 이와 같이 간략하나 《태조실록》 총서 및 《용비어천가》는 이를 자세히 전하고 있다. 《太祖實錄》 總書; 《龍飛御天歌》, 645~661쪽.

다. 명은 나가추를 공격하기 전인 1384년에 나가추와 고려의 중간지점에 거주했던 여진 부락을 공격하여 나가추와 고려의 연결을 차단시켰기 때문이다. 이로 인하여 나가추 직할 영토를 경유해야만 고려에 왕래할 수 있었던 북원 중앙정부의 사신 왕래도 중단될 수밖에 없게 되었다.

나가추의 투항은 그의 세력에 의지해 북변의 안정을 유지하던 고려에게 막중한 타격을 주었다. 명이 고려 영토까지 침범할지 모른다는 잠재한 위기의식이 완충지대가 없어지자 현실적인 가능성으로 받아들여졌다.[137] 명의 고려에 대한 유화정책은 나가추의 항복과 더불어 막을 내리게 된다. 명은 고려에 대해 기존의 태도를 돌변해 고려의 사신을 입국시키지 말도록 요동도사(遼東都司)에게 명령을 내리는 동시에, 철령위 설치를 통고해서 반명(反明)의 분위기가 팽배해졌던 고려 조정에 충격을 주었다.[138]

우왕 때 명이 고려에 공물로 요구한 수량은 고려에 큰 부담을 줄 정도로 막대하였다. 특히 공물 가운데 말을 많이 요구한 사실은, 북원 정벌을 위한 목적이 아니라 고려의 군사력을 약화시키려는 목적에서 비롯되었다고 하겠다. 그러면서도 고려가 아무리 조공을 바치고 섬겨도 명나라 압박이 줄기는커녕 더욱 더 심해져 갔다. 따라서 조야에서 반명 감정이 차츰 쌓여갔다. 명나라 압박에 군사력으로 대처하려는 인물들도 있었으며, 그 대표인물은 우왕과 최영이었다. 언젠가 명나라와 군사 충돌이 있을 위험을 이미 알아차린 최영은, 고

137) 김순자, 앞의 책(2007), 109쪽.
138) 박원호, 앞의 글(1995), 284쪽.

려군을 정비하고 조련하는 총책임자로 군 육성에 여념이 없었다. 최영은 우왕 3년 3월에 육도도통사가 되어139) 병선 800척을 만들게 하는 등 고려 수군을 재건하였다. 우왕 6년 4월부터는 해도도통사도 겸하였으며, 우왕 8년에는 승려들을 동원하고, 거함 130여 척을 만들어 전국 요충지에 배치하였다.140)

명나라의 압박이 날이 갈수록 심해지면서 조공으로 평화를 사는 화평정책에 대한 회의가 커져가고 있었다. 특히 최영이 이러한 화평정책에 반대하였으며, 우왕도 명에 대한 반감이 일찍부터 쌓여갔다. 이전부터 고려에서는 명이 사방을 평정한 후 고려를 침공할 가능성이 크다고 보는 견해가 적지 않았고,141) 우왕은 이에 동조하여 군사훈련에 열심이었다.

우왕 13년(1387) 6월에 백관들의 관복을 명나라 제도에 의거하여 제정할 때, 우왕과 내시, 그리고 우왕이 총애하는 신하들은 입지 않았다. 또한 이때 이원길(李元吉)이 정료위에서 도망 와서 "정료위에서 군사들을 점호하고 장차 우리나라로 진격하려 한다"고 하였다. 우왕이 이 소식을 듣고 병갑(兵甲)을 가지고 호곶(壺串)으로 갔다. 우

139) 《고려사》 권133, 열전, 신우 3년 3월.

140) 《고려사》 권113, 열전, 최영.

141) 이러한 견해를 우왕 2년 8월에 "정료위에서 가을에 고려를 침공한다"고 보고한 일과 우왕 6년 12월 헌부의 상소에 "근년에는 왜적의 침입이 빈번하여 국가가 다사다난하며 원나라는 북방에 인접해 있고 명나라는 요심(遼瀋) 지방에 군대를 주둔해서 조석으로 우리나라의 사정만 엿보고 있다"는 말 등이 보여준다. 고려의 이러한 추측을 우왕 13년(1387) 5월 설장수가 가져온 명 황제의 교시에서 '[고려가] 명나라 군대가 다른 곳을 모두 평정하였으니 반드시 정벌하러 올 것이라고 생각하였을 것이다'(《고려사》 권136, 열전 49, 신우 13년 5월)는 말이 증명한다.

왕이 호곶에 있을 때 도당에서 지신사(知申事) 권집경(權執經)을 보내 "서울로 돌아와서 서질(徐質; 같은 해 4월 고려에 온 명나라 사신)의 귀국을 전송하라"고 청하였더니, 우왕이 노하여 좌우 시중과 내재추(內宰樞)의 집종을 각각 30명씩 가두었다.[142] 위의 기록들은 당시 명 침공에 대한 공포 및 명에 대한 우왕의 날로 커져갔던 증오감을 보여주는 사례이다.

같은 해 9월 나가추 평정을 축하하러 보냈던 지문하부사 장방평(張方平)이 요동도사의 입국 거절로 11월에 돌아왔다.[143] 우왕 책봉이 허구였음이 분명해졌다. 이때 어떤 이가 요동으로부터 도망해 와서 도당에 말하기를, "명나라 임금이 앞으로 처녀, 수재(秀才) 및 환자(宦者) 각 1천 명과 말, 소 각 1천 필을 요구할 것이다"고 하였다. 도당에서 그것을 우려하니, 최영은 "이렇게 되면 군대를 동원해 공격해야 한다"[144]고 자신의 의견을 내놓았다.

12월에 명 태조는 호부(戶部)에 명하여 고려왕에게 "철령 이북·이동·이서의 땅은 옛날부터 개원(開元)에 속하였으니 요동에서 통치하도록 하고, 철령 남쪽은 옛날부터 고려에 속하였으니 본국(고려)에서 통치하도록 하여, 서로 강경(疆境)을 바르게 정하여 침범하는 일이 없도록 하라"[145]는 자문(咨文)을 보냈다.

명과의 관계가 악화되는 동안에 고려 내정에도 큰 변화가 일어났

142) 《고려사》 권136, 열전 49, 신우 13년 6월.
143) 《고려사》 권136, 열전, 신우 13년 10, 11월.
144) 《고려사》 권113, 열전, 최영.
145) 《明史》, 권320, 열전, 외국 1, 조선.

다. 즉, 우왕 14년(1388) 정월에 이인임을 위시한 임견미, 염흥방 등의 세력이 최영에게 제거되고, 이후 고려 정국이 최영의 주도로 운영되기 시작하였다. 그런 가운데 우왕 14년(1388) 2월경에 요동도사가 파견한 이사경(李思敬)이 압록강을 건너와 철령 이북·이동·이서는 원래 개원의 관할이니, 여기에 속해 있던 군민(軍民), 한인(漢人), 여진(女眞), 달달(達達), 고려는 종전과 같이 요동에 속한다"는 방문을 붙였다. 그러자 최영은 여러 재상들과 함께 요동을 공격하느냐 화친을 청하느냐 가부를 의논하였는데, 모두 화친하자는 견해였다.[146]

이어 설장수(偰長壽)가 남경으로부터 돌아와 구두로 주원장의 교시를 전하였는데, 철령 이북을 요동에 귀속시키겠다는 내용이었다.[147] 그러자 우왕은 5도에 성을 수축하라 명하였고, 여러 원수들을 서북면에 보내어 명의 침략에 대비하였다. 최영이 문무백관을 소집하여 철령 이북 할양 여부를 물으니 모두 불가하다 하였다.[148] 우왕은 최영과 요동 원정을 밀의하고는, 개경의 방리군(坊里軍)을 동원하여 한양에 중흥성(重興城)을 수축하게 하였다.[149]

한편으로 우왕은 철령위 설치 문제의 외교적 해결을 위해 2월 하순 밀직제학 박의중(朴宜中)을 보내어 철령위 설치 철회를 요청하는 표문을 전하게 하였다. 3월 서북면 도안무사 최원지(崔元沚)가 다음과 같이 보고하였다.

146) 《고려사절요》 권33, 신우 14년 2월.
147) 《고려사》 권137, 열전, 신우 14년 2월 경신.
148) 《고려사절요》 권33, 신우 14년 2월.
149) 위와 같음.

> 요동도사(遼東都司)가 지휘 두 사람을 보내어 군사 1천여 명을 거느리고 강계에 이르러 철령에 위(衛)를 세우려 하는데, 명 황제가 이 위를 설치하기 위하여 진무(鎭撫) 등의 무관들을 미리 임명하였고, 그들이 모두 요동에 도착하였다. 앞으로 요동으로부터 철령위까지 70개의 역참(驛站)을 설치하고 역참마다 백호(百戶)를 두려 한다.[150]

이 보고를 들은 우왕은 동강(東江)에서 돌아오면서, 말 위에서 울면서 한탄하기를 "여러 신하들이 나의 요동 공격 계획을 듣지 않더니 이렇게 되고 말았다"고 하였다. 그리고 우왕은 전국 팔도의 정병을 징발하면서 "명일에 서부 지방으로 가고자 하니 신료들은 모두들 원나라의 관과 의복을 입으라"고 명령하였다. 재상들은 곧 올 명의 사신을 기다려 명의 진의를 알아보자고 하여 우왕이 이에 따랐다.[151]

명의 후군도독부(後軍都督府)에서 보낸 요동백호(遼東百戶) 왕득명(王得明)이 개경에 도착하자, 우왕은 나가지 않고 판삼사사 이색이 백관을 영솔하고 맞이하였다. 왕득명은 철령위 설치를 정식 통보하였다. 이색이 돌아가 황제에게 고려의 사정을 잘 전해달라고 부탁하였으나 왕득명은 "천자의 처분에 달린 일로 나의 마음대로 하지 못한다"고 대답하였다. 즉, 철령위 설치 문제를 재고한다는 고려의 기대는 실패하였다.

150) 《고려사절요》 권33, 신우 14년 3월. "西北面都安撫使崔元沚報, 遼東都司遣指揮二人, 以兵千餘來至江界, 將立鐵嶺衛, 自遼東至鐵嶺, 置七十站."

151) 《고려사》 권137, 열전, 신우 14년 3월.

최영은 크게 노하여 왕에게 아뢰어 방문을 가지고 서북면과 동북면에 온 명의 군사를 죽이게 하였다. 명의 군사 21명이 살해되었고, 이사경(李士經) 등 5명은 구금되었다.[152] 명의 사신이 돌아가자 우왕은 국내의 죄수들을 모두 사면하고 문하찬성사 우현보(禹玄寶)에게 명하여 개성을 지키게 하고 원정군을 편성하였다.[153]

우왕은 일찍부터 명에 대해 반감을 갖기 시작하였고, 요동 원정에 대한 의지를 밝혔다. 이보다 3년 전인 1385년 어느 날, 우왕이 정몽주의 집에 베풀어진 연회에서 최영에게 활을 주고 "경과 함께 사방을 평정하고 싶다"고 한 적이 있다.[154] 같은 해 7월 무인일에 지진이 일어나고, 마치 수천의 전마가 일시에 달리는 소리와 같았고, 담장과 집이 무너졌다. 사람들이 모두 나와 피하였고, 송악 서쪽 고개의 바위가 무너졌다. 이때 우왕은 "이 지진은 바로 하늘이 요동을 함몰시키려 함이다"라고 하였다.[155] 이것은 우왕이 요동 원정을 갈망하였음을 잘 드러내는 일화이다.

우왕 14년 4월 1일, 우왕이 봉주(鳳州)에 머물면서 최영과 이성계를 불러 "내가 요양을 치려 하니 경들이 힘을 다하시오"라고 당부하였다. 이 자리에서 이성계는 이른바 4불가론을 내세워 출정을 반대하였다.

152) 《고려사절요》 권33, 신우 14년 3월.
153) 《고려사》 권137, 열전, 신우 14년 3월 경자.
154) 《고려사》 권113, 열전, 최영.
155) 《고려사》 권135, 열전, 신우 11년 7월 무인.

> 지금 출정하라는 명은 네 가지의 불가한 점이 있습니다. 소국으로서 대국을 거역하니 한 가지 불가요, 여름에 군사를 동원하니 두 가지 불가요, 전국의 역량을 기울여서 원정하면 왜적이 빈틈을 탈 우려가 있으니 세 가지 불가요, 지금은 하절 장마 때이므로 활에 먹인 아교가 풀리고 대군이 역질에 걸릴 우려가 있으니 네 가지 불가입니다.156)

이에 앞서서 우왕이 최영만을 상대로 하여 요동을 공략하는 국책을 결정하였으며, 이때 와서 이성계에게 자기들의 의사를 밝힌 것을 보면, 우왕과 최영은 요동 정벌 결정에 대해 철저히 숨겼던 것 같다. 4월 2일에 우왕은 원정 강행 의사를 밝혔다. 이성계는 다시 원정 연기를 권하였다.

> 전하가 꼭 대계를 성공하려거든 서경에 머물러 있으면서 가을을 기다려 출정하기를 바랍니다. 그러면 오곡이 들을 덮으니 대군의 군량이 풍족하여 계속 전진하기가 가능합니다. 그러나 지금은 출정할 시기가 아닙니다. 설사 요동의 한 개 성을 함락시킨다 하여도 곧 장마 비가 내리면 군사들은 전진도 후퇴도 못하게 되고, 사기가 떨어지며 군량이 결핍되어 화를 재촉할 뿐입니다.157)

156) 《고려사》 권137, 열전, 신우 14년 4월 을사. "今者出師, 有四不可. 以小逆大, 一不可. 夏月發兵, 二不可. 擧國遠征, 倭乘其虛, 三不可. 時方暑雨, 弓弩膠解, 大軍疾疫, 四不可."

157) 《고려사》 권137, 열전 50, 신우 14년 4월. "殿下必欲成大計, 宜駐駕西京, 待秋出師. 禾穀被野, 大軍食足, 可鼓行而進矣. 今出師非時, 雖拔遼東一城, 雨水方降, 軍不得前却, 師老糧匱, 祗速禍耳."

그러나 우왕과 최영은 이미 원정을 결심하였다. 이성계의 말도 일리가 있었으며, 이때 남옥(藍玉)이 지휘하는 명의 주력군 15만이 북원 방면으로 출정 중이었다. 이성계는 아마도 그쪽에서 올 소식을 기다리며 지연책을 썼다. 이처럼 요동 정벌을 반대하는 세력이 있었는가 하면, 이를 찬성하는 세력도 있었다. 영토 침범에 관한 명나라의 부당한 요구를 수용하기가 불가능하며, 필요한 경우에 군사동원도 불가피하다는 인식을 지배층 일반은 받아들이고 있었다.[158]

드디어 우왕은 4월 3일, 최영을 팔도도통사로 삼아 원정군을 총지휘하게 하고, 그 아래 좌 · 우군을 편성하였다. 조민수를 좌군도통사로, 이성계를 우군도통사로 임명하였다. 좌군과 우군을 합하여 3만 8830명이었고, 지원 인원이 1만 1634명, 전마가 2만 1682필이었다. 조민수 휘하의 좌군은 서경과 양광도 · 경상도 · 전라도 등지에서 징발한 부대로 편성하였고, 이성계가 거느린 우군은 안주도(安州道)와 동북면, 강원도에서 모병하였다.[159] 좌 · 우군도통사 휘하에는 도원수, 상원수, 조전원수 등 28명의 원수가 각각 휘하 부대를 거느렸다.

4월 18일(壬戌) 좌우군이 평양을 출발하였는데, 십만 대군이라고 불렀다. 19일 최영이 우왕에게 "지금 대군이 길에서 만일 한 달간이나 지체한다면 큰일이 이루어지지 않으니 신이 가서 독려하겠다"고

158) 김순자, 앞의 책 (2007), 119쪽. 김순자는 위화도 회군 후 우왕이 회군 장수들에게 관리들 일반이 군사동원에 찬성했다는 기사(《고려사》 권137, 열전 50, 신우 14년 6월 甲辰)를 근거로, 우왕과 최영만이 군사동원을 주도하여 반대여론을 억압하지 않았고 군사동원에 대한 의견은 찬성과 반대가 비등했다고 판단하였다.
159) 《고려사》 권137, 열전 50, 신우 14년 4월 정미.

아뢰었는데, 우왕은 "경이 가면 누구와 함께 정사를 하겠는가" 하였다. 최영이 굳이 청하니, 우왕이 "그렇다면 나도 가겠다"[160] 하고 허락하지 않고, 군대 총사령관인 최영을 서경에 머무르게 하였다. 이 무렵 정보원이 이성(泥城)으로부터 와서 "요동 군사가 모두 오랑캐(北元)를 치러 가고 성중에는 다만 지휘하는 자 한 명이 있을 뿐이니, 만일 대군이 이르면 싸우지 않고 항복시키겠다"[161]고 보고하였다. 명의 요동 방어가 취약하다고 들은 최영은 대단히 기뻐하여 그에게 후한 상을 주었다.

21일에 홍무 연호의 사용을 중지하고, 나라 사람들에게 몽골 의복을 다시 입게 하였다. 이는 반명 의사를 표현하는 동시에 친원 방침 채택의 표명이었다.

5월 7일 압록강에 다다른 고려 원정군은, 압록강 가운데 있는 섬 위화도에 머물렀다. 이때 최영이 우왕에게 "전하는 서울로 돌아가시고, 저는 여기서 장수들을 지휘하겠다"고 청했는데, 우왕은 "선왕께서 해를 당한 원인은 경이 남정(南征)하였기 때문이다"고 거절하였다.[162] 그 이유는 공민왕이 장수들의 제주도 원정 때에 암살당한 사실이 마음에 걸렸기 때문이었다.

11일 이성 원수 홍인계(洪仁桂)와 강계 원수 이의(李薿)는 압록강을 건너 요동에 들어가 명군을 살육하고 물자를 노략하고 돌아왔다.

160) 《고려사절요》 권33, 신우 14년 4월 계해.

161) 《고려사절요》 권33, 신우 14년 4월. "有人自泥城來曰, 近吾往遼東, 遼東兵, 皆赴伐胡, 城中但有一指揮耳, 若大軍至, 不戰而下."

162) 《고려사절요》 권33, 신우 14년 5월 경진.

우왕은 기뻐하며 이들에게 금정아(金頂兒)와 비단을 주었다.

13일 이성계와 조민수는 회군의 필요성을 역설하는 건의문을 우왕에게 보냈다. 이들이 내세운 이유는 다음과 같다.

> ① 앞으로 요동성까지는 하천이 많고 빗물이 넘쳐 건너기가 어렵다.
> ② 작은 나라가 큰 나라를 섬김이 나라를 보전하는 방법이다.
> ③ 명에 보낸 사신 박의중이 아직 귀국하기도 전에 큰 나라를 침범하기가 사직과 백성을 보호하는 방법이 아니다.
> ④ 지금 무덥고 장마로 인해 활이 풀리고 갑옷이 무거워 군사와 말이 모두 지쳤는데, 이러한 군사를 몰아 견고한 성을 치면 이기기 어렵다.
> ⑤ 만약 군량까지 제대로 공급되지 못한다면 진퇴난곡에 빠질 것이다.[163)]

우왕은 회군을 허락하지 않고 사신을 보내어 진군을 독촉하였다. 5월 22일 다시 조민수, 이성계가 최영에게 회군을 허락하기를 청하였으나 우왕과 최영은 듣지 않았다. 이날 이성계의 설득에 다른 원수들이 동의하여 모든 부대가 위화도에서 압록강을 건너 개경으로 회군하였다.

이리하여 철령위 설치 문제로 인하여 감행된 우왕과 최영의 요동 정벌이 실패로 끝났다. 그러나 요동 정벌을 감행하는 과정에서 최영이 북원에 사신을 보낸 사실이 주목된다. 이에 대해서 다음과 같은 기록이 남아 있다.

---

163) 《고려사절요》 권33, 신우 14년 5월 병술.

① 이때 망한 원나라의 잔당들이 사막으로 도망해 이름뿐인 나라를 세우고 있었는데 최영이 배후(裵厚)[164]를 보내 서로 도와 요동을 협공하기로 약속하였다. 그 생각이 치밀하지 못하고 처사가 망녕됨이 이러하였다.[165]

문장 맥락에서 볼 때 이 사건은 5월 13일 이성계와 조민수가 회군의 필요성을 역설하는 건의문을 우왕에게 보내고, 그것을 우왕이 허락하지 않은 후에 일어난 일처럼 기록되어 있다. 다만《고려사절요》의 기록도 이와 비슷하나, 일의 결말은 위의 기록과 다르다.

② 최영이 오랑캐 군사와 함께 요동을 협공하려고 배후(裵厚)를 원 나라에 보냈다. 그때 망한 원 나라의 남은 종자는 사막으로 도망가 헛 칭호만 일컫고 있었는데, 최영이 그들의 응원을 받으려 하였으니, 그 계책이 소루하기가 이와 같았다.[166]

두 기록을 비교해 보면, ①에서는 북원에게 원조해 요동을 협공

---

164) 배후는 경주배씨 달성파 사람으로, 자(字)는 윤순(允純)이고 고려 평장사(平章事) 달성군(達成君) 운룡(雲龍)의 12세손이며, 이조참의를 지낸 휘(諱) 현우(玄祐)의 아들이다. 배후는 순충적덕보조공신(純忠積德補祚功臣) 숭정대부 의정부 좌찬성에 추증되었다.(裵絳 編,《慶州裵氏大族譜》권1, 11쪽) 그는 조선 태조 2년(1393) 섬라곡국(暹羅斛國; 현재 태국)에 회례사(回禮使)로 파견되었다. 따라서 배후는 고려 말 조선 초 북원과 섬라곡국에 사신으로 파견되었던 외교 무대에서 활약이 컸던 외교가였다고 볼 수 있다.

165)《고려사》권113, 열전 26, 최영. "時亡元餘孽, 遁逃沙漠, 徒立虛號, 瑩遣裵厚, 約與爲援, 夾攻遼東. 其慮事粗略, 擧措狂妄, 類此."

166)《고려사절요》권33, 신우 14년 5월 병술. "瑩欲與胡兵, 夾攻遼東, 使裵厚如胡, 時亡元餘孼, 遁逃沙漠, 徒稱虛號, 瑩欲與之爲援, 其慮事粗略如此."

할 약속을 받았다고 하지만, ②에서는 사신 파견 결과의 대해서 아무 말도 없다. 그러나 문제는 사신 파견 시기이다. 만약에 5월에 보냈다면, 이보다 한 달 전인 1388년 4월 12일 북원 투구스테무르칸이 남옥 휘하의 명군의 기습을 받아 패전하고 몽골 중부 지역인 카라코룸 방면으로 탈출한 후였다. 그렇다면 북원 협조 약속을 받기 어려웠을 것인데, 기록 ②에서는 약속을 못 받았다는 말이 없는 사실로 미루어 보면 ①의 기록이 맞다. 이렇게 보면 사신 파견 시기를 잘못 기록했을 가능성이 높다. 최영은 이미 1387년 12월부터 요동 정벌에 대한 준비를 하기 시작하였으며, 북원에 사신을 파견한 시기는 1387년 12월 이후 1388년 4월 이전 어느 시기였다고 추정된다.

사가(史家)들은 북원과 협공을 약속한 최영의 행위를 "계책이 소루하기가 이와 같다"고 비난하였다. 이는 요동 정벌 자체에 대한 비난이 아니라, 이미 '망한 나라'와의 협공 약속에 해당된다. 이로 미루어 보면, 요동 정벌에 북원과의 협공 약속이 작용하였음이 분명해진다.

명나라와 고려 사이에 나가추가 했던 완충지대 역할에 대해 앞에서 이미 언급하였다. 나가추 세력이 무너진 직후에 고려에 대한 압박이 이전보다 더 강경해지고, 아울러 영토 문제로 이어져 간 사실로 보면, 고려에 대한 명의 차후 침략적인 태도가 더 분명해졌다.

더군다나 나가추가 명나라에 투항하기는 했지만 북원이 아직도 존재하던 시기에, 이러한 정책을 펼치는 명은 북원이 멸망하면 취할 정책을 예상하였다. 즉, 이는 명의 압박이 더 강경해진다는 경고였다. 고려 입장에서는 명나라의 침략적인 정책을 미연에 견제할 필요가 절실히 요구되었다. 1368년 이후 20년 동안 고려, 북원, 그리고 명나라 사이에 이루어진 삼각관계가 유지되어야 고려의 독자성도 보장받는다는 사실을 고려 통치자들은 인식하고 있었다. 원나라 때처럼 일원적 관계가 성립된다면 고려의 독립성에 위험이 될 가능성을 원과 고려의 관계가 정확히 보여주었기 때문이다.

고려의 통치자 대부분은 명나라와의 문제를 평화적으로 해결해 나가려고 하였다. 다만 우왕과 최영 등은 명나라의 요구를 아무리 받아들여도 소용이 없고, 명나라가 만족하지 않는다는 사실을 10여 년 동안의 관계에서 실감하였다. 명나라를 견제할 가장 좋은 방법은 무력 대처라고 판단하고 요동 정벌을 준비하기 시작하였다. 그러나 군사력은 명에 비하면 고려가 열세라는 사실이 분명하였으며, 제3자와 연합해야 승산이 있었다.

선택은 하나밖에 없었다. 바로 예부터 고려와 동맹을 원했던 북원이었다. 우왕과 최영은 명군이 북원을 토벌하러 갔다는 사실을 이미 알고 있었고, 그래서 공동작전을 서둘러야 하였다. 만약 북원마저 명나라에 복속된다면 고려로서는 최악의 상황을 맞게 된다. 이때 와서 10여 년 전 북원 승상 후흐테무르가 말했던 "주원장은 당신 나라를 집어삼키고야 만다. 당신이 아무리 대국을 섬기는 예를 극진히 하더라도 그놈들이 당신들에게 친절히 하고 위안하는 것이 당신네의 기대와 같지는 않다"[167]는 말이 정말이었음을 실감하게 되었다.

북원과 동맹을 맺으려고 배후를 사신으로 파견한 사실이 《고려

167) 《고려사》 권133, 열전 46, 신우 2년 10월.

사》 우왕전에 기록되지 않은 것을 보면, 그가 북원에 비밀리에 파견된 듯하다. 우왕과 최영은 철령위 문제가 거론되기 시작할 때부터 요동 정벌에 대해 둘이 비밀리에 의논했을 때, 즉, 4월 이전에 배후를 북원에 파견하였으며, 그는 북원 본토에 가서 중앙정부와 협공 약속을 하였다. 따라서 배후는 북원과 고려 사이의 마지막 사신교환 사례가 되었다. 고려의 요동 정벌은 북원과 타협하면서 진행되었다고 하겠다.

명나라와 같은 당시 동아시아에서 위세를 떨쳤던 강대국에 대해 방어전도 아니고 선제공격을 하기는 당시로서는 위험하고 불가능하였다. 중원에 있는 강대국에 대한 선제공격은 고려사뿐만 아니라 한국사에도 보기 드문 현상이며, 꼭 다른 세력의 도움이 있어야 감행할 수 있는 일이었다. 그래서 고려가 북원에 사신을 보내어 서로 원조하며 요동을 협공한다고 약속하였다.

그러나 이때 명군이 북원 주 세력을 토벌하러 이미 진군했고, 최영과 우왕도 요동 정벌 준비 때문에 다소 늦게 정벌에 나섰다. 이미 투구스테무르가 이끈 북원 주 세력이 명군에게 크게 패한 뒤에 고려군이 정벌에 나섰다. 최영과 우왕은 북원이 그리 쉽게 패할 줄 몰랐기 때문에 진군을 독촉하였다. 이것은 한편으로는 요동 방어가 쇠약할 때를 놓치지 않고 승리를 거두려고 서둘렀기 때문이었을지도 모르겠지만, 다른 한편으로는 북원과 약속한 대로 빨리 진군하여 명군의 군사력을 분산시키려는 의도에서 나왔다고 하겠다.

요동 정벌을 가능하게 한 또 한 가지 요소는 우왕의 개인적인 입장이었다고 하겠다. 그는 요구를 받아들일수록 더욱 더 압박을 가해

가는 명보다는, 자기를 고려왕으로 처음 책봉하고 고려와 우호관계를 가지려고 노력하는 북원 쪽으로 마음이 돌아가고 있었다. 우왕은 말타기와 활쏘기를 좋아하였으며, 매양 놀러 나갈 때는 꼭 몽골 음악을 연주하였다. 1378년에 명나라 홍무 연호를 다시 사용한 이후에도 늘 사냥을 즐기면서 "활과 화살을 차고 팔에는 매를 앉히고 나갔으며, 내시[宦官]와 소수(小竪)들을 시켜서 몽골 노래와 호적(胡笛)을 불고, 거문고를 타고 북을 치며 따르라 하였고",[168] 1387년 6월에는 백관들의 관과 의복을 명나라의 제도에 의거하여 제정하였으면서도 우왕과 환관 및 총애 받는 신하들만 입지 않았는가 하면,[169] 같은 해 9월 "금후로는 명나라의 의관을 사용하고 성심껏 섬기라!"고 지시하였는데도, 그 자신은 몽골복을 입고 말 타고 길거리에서 달린 적이 있다.[170]

이는 철령위 설치 문제가 제기되기 이전의 일로, 지문하부사 장방평을 명나라로 파견하여 나가추를 항복시킨 일에 대하여 축하한 직후였으며, 여기서 우왕의 마음을 알 수 있다. 위의 사례들은 요동 정벌이 결정되기 이전에 해당하며, 요동 정벌이 강행된 이후에는 몽골 노래를 부르고 몽골 음악을 연주하는 횟수가 더 많아지면서 우왕은 스스로 호적을 불고 몽골 춤을 추기까지 하였다.[171]

한편 우왕이 명에 대해 반감을 품은 사례는 다음과 같다. 우왕 11

168) 《고려사》 권134, 열전 47, 신우 6년 8월.

169) 《고려사》 권136, 열전 49, 신우 13년 6월; 《고려사절요》 권32, 신우 13년 6월.

170) 《고려사》 권136, 열전 49, 신우 13년 9월. "遣宦者李匡諭都堂曰 自今服 大明衣冠宜誠心事之 左右侍中皆稱賀 禑尋以胡服馳騁於路."

171) 《고려사》 권137, 열전 50, 신우 14년 4월 신미.

년(1385) 9월에 명나라 조서사(詔書使) 장부(張溥)와 주탁(周倬), 단우(段祐) 등이 와서 우를 국왕으로 삼는다는 조서를 전하였을 때, 우왕이 "말타기에만 힘쓰고 예법에는 관심이 없기 때문에 신하들이 우려하였더니, 이때에는 행동이 조금 절도에 맞게 하였으므로 모두 기뻐하였다"172)고 한다.

이 사실은 우왕이 예법에 관심이 없어서가 아니라, 명에 대한 반감을 품었기 때문에 신하들이 우려했다는 사실을 반영한다고 하겠다. 다만 예법에 관심이 없었다고 하더라도 자신이 그토록 원했던 국왕 책봉을 받으려고 하는 왕은 책봉 받는 짧은 기간에 예의 없이 굴 리가 없었을 터인데, 사람들이 많이 우려했다는 말로 보면, 예법을 모른다는 우려보다는 무언가 명에 대한 반심을 드러낼까 보아 걱정을 했기 때문으로 설명해야 타당하다고 하겠다.

위에서 보았듯이, 고려의 요동 정벌 감행은 북원과의 타협으로 이루어졌다. 협공 약속을 지키기 위해 우왕과 최영은 진군을 독촉하였다. 정벌군이 평양을 출발하려고 할 때 최영은 "이제 대군이 행군 도중에서 만일 열흘이나 한 달을 끌게 되면 큰일을 성취하지 못하니, 청컨대 제가 가서 단속하겠다"고 한 사실에서도 정벌이 매우 급했음이 확인된다.

그러나 이성계에게는 요동 정벌을 지연시킬 이유가 있었다. 그는 정보원을 보내거나 몽골과 접하는 여진인들을 통하여 북원과 명군과의 전투 결과에 대한 소식을 얻으려고 노력하면서, 요동 정벌을

---

172) 《고려사》 권135, 열전 48, 신우 11년 9월.

가을로 미루자는 제안을 제출하였다. 정벌군이 위화도에 도착했을 때나 그 전후 시기에, 이성계가 이미 북원 패전에 대한 확실한 정보를 얻었고, 고려의 요동 정벌도 승산이 없다고 확신하였다. 따라서 결국 그는 위화도에서 회군을 감행하여 개경으로 돌아왔다. 이성계는 이후에 최영을 유배 보내고 우왕을 폐위하였으며, 우왕의 아들 창을 옹립한 뒤 고려 정국의 주도권을 장악하였다.

한편 나가추의 투항으로 몽골 전체가 동요되었던 상황에서 1388년 4월에 남옥 휘하의 명나라 군대는 북원의 정치 중심이었던 훌룬부이르(Külünbuyir) 지역을 급습해서 투구스테무르의 전군을 궤멸시켰다. 이 전쟁에서 명군은 투구스테무르의 황후와 둘째아들 지보노(地保奴) 이하 10만 명을 포로로 잡았고, 말 1만 7천 필, 낙타 4,080필과 소·양 11만 2451두 등을 노획하였다.[173] 결국 투구스테무르는 태자와 함께 탈출했으나, 카라코룸 근처에서 예전에 황위를 위해 쿠빌라이와 다투었던 그 동생 아릭부케의 후손 예수데르에게 피살되었다. 투구스테무르의 패배와 사망으로 명과 대치해 남북조 정권을 형성했던 북원 세력이 크게 약해졌다.

이리하여 한편으로는 1387년 고려와 북원 사이에 연결하는 역할을 했던 나가추가 명에 항복하고, 북원 투구스테무르칸이 피살되어, 다른 한편으로는 친명정책을 철저히 취하는 1388년 위화도 회군을 틈탄 이성계가 고려 정국의 주도권을 장악했으므로, 고려와 북원 관계는 사실상 막을 내렸다.

---

173) 《明史》 권3, 太祖本紀, 4월 병진. "藍玉襲破元嗣君於捕魚兒海, 獲其次子地保奴及妃主王公以下數萬人而還.."

동북면을 기반으로 대대로 세력을 길러온 이성계는, 공민왕대에 들어와서 군사적 경제적으로 확고하게 자립하였으며, 이는 원 말기에 나타난 군벌화와 같은 현상이었다. 그는 일찍부터 새로운 왕조를 세울 속셈을 가지기 시작하였으며, 조선 건국 2년 전인 1390년 이미 '화령부왕'(和寧府王)으로 지칭된 사실이[174] 이를 반증한다. 다만 그에게는 계기만 필요하였는데, 1388년 요동 정벌은 그 계기가 되어 주었다.

최영과 우왕이 주도한 요동 정벌은 북원과의 타협에서 이루어졌으며, 명나라를 견제하려는 고려와 북원의 최후의 공동작전이었다고 하겠다. 비록 이 정벌은 이성계의 회군으로 실패로 끝났지만, 이후의 동아시아 국제질서에 미친 영향이 크다. 무엇보다도 이성계는 위화도 회군을 명분으로 새로운 왕조를 세울 대외적 기초를 닦았다. 주원장이 조선 건국을 순순히 승인한 일은, 이성계가 요동 정벌에 반대하여 회군한 공로 때문이었다.

이성계가 참여한 마지막 전투는 우왕 14년의 요동 정벌이었다. 이때 각 부대의 원수는 징발된 군사의 출신지와 일치시켜 편제되었다. 우군도통사였던 이성계는 오늘날의 평안도, 강원도, 함경도 지역의 군사를 맡은 장군을 거느리고 있었고, 좌군도통사 조민수는 오늘날의 하삼도와 경기도의 군사를 거느렸다.[175] 이러한 부대 편성은

174) 허흥식, 앞의 글(1984), 235쪽. 저자에 따르면 국보 131호의 고려 말 호적에 이성계가 '화령부왕'(和寧府王)으로 지칭되었고, 또한 일본에 있는 고려 말의 사경(寫經)에도 같은 표현이 있다고 한다.

175) 《고려사》 권137, 우왕 14년 4월 을사; 박천식, 〈무진(戊辰)회군공신의 책봉전말과 그 성격〉, 《전배사학》 3(1972), 71~76쪽. 이 논문에서 우왕대의 군사통제가 전

당시의 군사가 지방에서 급히 동원됨으로써 중앙군으로 정예화하지 못하고 지역별로 군벌로 지휘된 상황을 보여주었다.

당시 군사의 구성은 부대의 편제에서뿐 아니라 위화도에서 진군을 멈추고 회군하려던 시기의 이성계와 그 주변의 움직임에서 유추될 수 있다. 당시 군중에는 "이성계가 휘하의 친병을 거느리고 동북면을 향해서 이미 말 위에 앉아 있다"[176]는 와언(訛言)이 퍼지고 있었다. 친병이란 사병이고 그가 동북면을 향해서 떠나리라는 추측은 그가 동북면 본거지의 주민 가운데에서 선발한 사병이 기반이 되고 있음을 더욱 확고하게 뒷받침한다. 또한 우왕은 이성계의 아들 방과(芳果)와 방우(芳雨), 그리고 이두란의 아들 화상(和尙)을 자기의 처소에 두었는데—이들은 우가 호위라는 명목으로 인질로 삼았을 것이다—밤을 타서 몰래 탈출하여 이성계에게 돌아갔다.[177]

또한 동북면 주민이 어느 정도 철저하게 이성계의 뒷받침이 되고 있었는가는 그를 따라 종군한 자들 외에 "동북면의 인민과 여진인으로 종군하지 않았던 자들은 이성계가 회군하였다는 소식을 듣고 다투어 모여서 밤낮으로 달려왔고, 도착한 자가 천여 인이었다"[178]는 사실로서 알 수 있다. 이성계는 동북면의 주민을 군사로서 무장

국적으로 사병화된 지역편제의 경향을 띠고 있음을 밝히고 있다. 그러나 동북면에서는 훨씬 앞서 나타났던 점은 간과되고 있다.

176) 《고려사》 권137, 우왕 14년 5월 을미; 《태조실록》 총서.

177) 《태조실록》 총서; 《고려사》 권137, 우왕 14년 5월 정유. "是夜我恭靖王 與兄芳雨及李豆蘭子和尙 上護軍柳 龍生崔高時貼木兒 自成州禑所 奔于軍前"이라고 더욱 자세히 실려 있다.

178) 《고려사》 권137, 열전 신우 14년 5월 갑진.

시켜 출전하였을 뿐 아니라, 남은 주민도 유사시에 무장할 수 있도록 철저히 대비시켰다고 할 수 있다. 앞서 그의 안변책은 이때 충분한 효력을 발휘하고 있었던 셈이다.

이방원은 당시 전리정랑(典理正郎)으로서 개경에서 정변의 소식을 듣고 집에 들르지 않은 채 포천(抱川) 재벽동(滓甓洞) 전장(田莊)에 있던 모(母) 한씨(韓氏)와 포천 철현(鐵峴) 전장에 있던 강씨(康氏), 그리고 그 권속을 인도하여 동북면을 향하여 떠났다. 이보다 직전에 최영은 회군한 장군들의 가족을 인질로 삼도록 했으나, 일이 너무 급하여 잡지 못하고, 이들은 철원관(鐵原關)을 빠져나와, 이천(伊川)에 있던 한충(韓忠)의 집에 도착하여 부근의 장정(壯丁) 100여 명을 모아 부대를 편성하고 유사시에 대비하였다.[179]

이로 보면 이성계는 그가 벼슬살이하고 있던 개경으로부터 화령에 이르는 중간지점 곳곳에 거점을 확보한 셈이다. 포천에 두 곳의 장원이 있고, 이천에는 유사시에 100여 명을 무장할 만한 세력이 그의 부하로서 기반을 가지고 있었다. 이와 같이 그는 화령을 중심으로 한 동북면에 반독립적인 막강한 세력을 형성하여 군사력을 갖추었을 뿐 아니라, 개경에 이르는 요소에는 그의 충실한 사병을 배치시켜 유사시에 대비하고 있었던 셈이다.

위화도 회군의 성공은, 주지하는 바와 같이 이성계가 정치세력의 주도권을 잡는 분기점이 되어 주었다. 창왕은 즉위한 즉시 그에게 군사의 총지휘권을 인정하였다. 뒤이어 왕은 그가 대전에 오를 때는

179) 《太祖實錄》 總書, 112쪽.

신을 신고 칼을 차도록 하였고, 이름을 부르지 않았다.

표 12. 창왕 이후 개국까지 이성계의 활동

| | | |
|---|---|---|
| 1388년(창왕 즉위) | | 東北面 朔方道都統使, 忠勤亮節宣威同德安社功臣을 下賜. |
| | 8월 | 都總中外諸軍事가 되어 군사권을 장악함. |
| | 10월 | 兼判尙瑞司事가 되어 私田을 혁파함. |
| 1389년(창왕 1) | | 이성계에게 劒을 차고 신을 신고 大殿에 오를 수 있게 하고, 贊拜에 이름을 부르지 않음. |
| | 11월 | 侍中으로 임명되었으나 沈德符에게 사양함. |
| | 12월 | 舊忠定難匡復燮理佐命功臣爵和寧郡開國忠義伯食邑一千戶食實封三百戶 田二百結奴婢二十口 |
| 1390년(공양왕 2) | 1월 | 領經筵事 |
| 1391년(공양왕 3) | 1월 | 都摠制使가 되어 군사권을 장악함. |
| 1392년(공양왕 4) | 3월 | 鄭夢周를 살해함. |
| | 7월 17일 | 즉위함. |

그의 아들과 동북면 출신의 장상(將相)이 조정에 포진(布陳)하였고, 그의 비위에 거슬리는 반대파의 움직임이 있을 때마다 관직에서 벗어나 동북면에 돌아가 쉴 것을 주청하였다. 그는 이미 스스로 나서서 정치적 야심을 나타낼 필요가 없었음을 보여주며, 동북면을 기반으로 길러온 막강한 세력 기반은[180] 고려 조정에 그의 반석을 이

180) 필자는 국보 131호의 고려 말 호적의 첫째 장에 이성계가 건국 2년 전인 1390년 '화령부왕'으로 지칭되었으므로 놀라움을 금하기 어려웠다. 혹시 '화령부주'가 아닌가 의문을 갖고 있었다. 그런데 최근 일본에 있는 고려 말의 사경에서 같은 표현을 목격하고 확신을 가질 수 있었다.

루고 있었다.

요동 정벌은 우왕과 최영에게 위험을 내포한 거사였다. 이를 반대한 이성계의 4불가론은 이미 여러 차례 검증되었다.[181] 명 태조는 우왕의 계승을 인정하지 않으려 지연시켰고, 북원과의 관계에 대한 끊임없는 의심을 표시하면서, 금과 말 등 재정과 군사력에 필요한 조공품을 과다하게 요구하였다. 그러면서도 고려가 자주 사신을 보내는 이와 함께 지금까지 언급되지 못한 북원의 상황과 고려 내부의 갈등을 철령위 설치라는 위협을 강조하여 관심을 돌리려는 목적이 있었다고 하겠다.

우왕은 왜구의 위협에 위기를 느끼고 무술을 익히고 사냥을 통하여 군사를 조련하였다. 왜구와 북방으로부터 기씨의 잔존세력과 결탁한 외적의 침입, 명의 조공 등으로 재정이 궁핍하였다. 그리고 지윤(池奫), 이인임(李仁任), 염흥방(廉興邦) 등 확대한 사전을 혁파하였으나 군비는 항상 모자랐다. 4월에 최영의 딸을 영비로 삼고, 왕흥의 딸을 선비로 삼았다. 우왕은 이림(李琳; 본관 固城)과 안숙로(본관 順興)와 최영(본관 鐵圓) 등의 딸을 비로 삼았으나, 나머지 비는 천인 출신을 신분상승 시켰고, 특히 그들이 재정을 탕진하였다고 비난을 받았다. 우왕이 비빈을 삼은 시기와 그들의 가계를 정리하면 다음 〈표 13〉과 같다.

---

181) 김당택, 〈이성계의 위화도회군과 제도개혁〉, 《전남사학》 24, 2005; 김당택 〈《고려사》 열전의 편찬을 통해 본 조선의 건국〉, 《한국중세사연구》 23, 2007; 조민, 〈이성계 세력과 명과의 관계〉, 《동북아연구》 24, 조선대학교 동북아연구소, 2007.

표 13. 우왕의 비(妃)와 천인 출신의 빈(嬪; 翁主)

| 비빈 | 부계 / 모계 | 책봉시기 | 특기사항 |
|---|---|---|---|
| 謹妃 | 판개성부사 李琳 | 1379년 3월 | |
| 毅妃 | 대호군 盧英壽 | 1382년 2월 | 본래 근비의 궁인 釋妃 |
| 淑妃 | 밀직사 崔天儉 | 1384년 11월 | 1386년 8월 유배. 통제원의 여종 龍德[184] |
| 安妃 | 姜仁裕[182] | 1385년 12월 | 사위를 맞이하려 하자 우가 빼앗아 비로 만듦. |
| 德妃 | 趙英吉 | 1386년 11월 | 이인임의 婢 사이에 봉가이 숙비 |
| 賢妃 | 安叔老[183] | 1388년 1월 | |
| 寧妃 | 崔瑩 | 1388년 3월 | |
| 善妃 | 王興 | 1388년 3월 | 변안열의 자부로 성혼 단계에 있었다. |
| 正妃 | 申雅 | 1388년 3월 | |
| 和順翁主 | 小梅香 | 1388년 1월 | (1388년 3월) |
| 明順翁主 | 燕雙飛 | 1388년 1월 | (1388년 3월) |
| 寧善翁主 | 七點仙 | 1385년 12월 | (1388년 3월) |
| 肅寧翁主 | 鳳加伊 | 1385년 12월 | |

우왕에게 많은 비빈이 있게 마련이었지만, 우왕은 구성상 특징이 있었다. 하나는 천인인 원비나 궁인에서 상승시킨 의비와 숙비, 그리고 빈에 해당하는 옹주로 화순(和順), 명순(明順), 영선(寧善) 등의 옹주였다. 이들은 기녀 출신이었다. 특히 숙령옹주는 봉가이(鳳加伊)였고, 빈인 옹주에서 다시 덕비로 승격되었다. 신분상 결점이 많았던 덕비와 의비가 재정을 탕진하였고, 원비(院婢) 출신인 숙비가 의

182) 《고려사절요》 권35, 공양왕 2년 5월 허응소.

183) 《태조실록》 권6, 3년 7월 경자(3일). "前知密直司事安叔老卒. 叔老, 順興人, 竹城君克仁之子. 性端謹, 稍讀書, 有志於事功, 以病卒. 子望之, 敬之."

184) 우왕이 봉가이를 사랑하자 질투함.

비에 대한 질투가 심하였다고 한다.

우왕의 또 다른 특징은 결혼 직전의 관인의 딸을 강제로 비로 삼은 일이었다. 왕흥의 딸과 강인유의 딸이 그런 사례였다. 이 때문일 가능성이 크지만 강인유는 조선의 개국원종공신에 올랐고, 결혼 직전에 약탈한 왕흥의 딸을 며느리로 삼으려 했다가 파혼당한 변안열은 결국 요동 정벌에서 이성계와 행동을 같이 하여 회군하였고, 안정복은 이를 잘 지적하였다.

요동 정벌의 가장 큰 약점은 북원의 협공이 실현되지 못한 점이었다. 이보다 앞서 북원과 고려의 외교를 중계하던 요동의 중요한 세력 나하추는 이미 명에 항복한 뒤였고, 북원의 정예가 명군 남옥(藍玉)의 출정으로 4월에 붕괴되었다. 최영과 우왕은 서둘러 출정하여 명군을 협공하기 위한 작전이었으나 지윤과 이인임, 임견미를 제거하기에 늦어졌을 가능성이 있다.

우왕과 최영이 요동으로 출병한 다음에 남쪽에는 왜구가 쳐들어와 수군을 보내어 군사를 분산시켜야 하였다. 윤소종은 이성계에게 〈곽광전〉(霍光傳)을 바치면서 국왕을 갈아치우는 혁신을 요구하였으나, 조민수는 회군 후에 이인임과 외형제인 이림의 딸 근비의 아들 창을 세웠다.[185] 조민수는 결국 이인임과 이색을 연합하여 대세를 뒤엎으려 하였고, 이에 사전혁파와 함께 이성계를 제거하려는 방향

185) 《고려사절요》 권33, 6월 신해. "曹敏修, 以定妃教, 立禑子昌, 太祖, 於回軍之時, 與敏修, 議復立王後, 敏修, 亦以爲然, 及是日, 太祖, 欲擇立王氏, 敏修, 念仁任薦拔之恩, 謀立仁任外兄弟李琳之女 謹妃之子昌, 恐諸將違己意立王氏, 以韓山君李穡, 爲時名儒, 欲藉其言, 密問於穡 穡亦欲立昌."; 《고려사》 권126, 간신, 조민수.

을 세웠다고 하겠다.

## 6. 조선 개국 과정에서 무장의 제거와 신원伸冤

회군과 더불어 첫번째 제거대상은 최영이었고, 다음은 우왕의 강화 추방이었다. 그 다음은 무장들을 차례로 제거하는 작업이었다. 여기에 사전의 개혁과 우창비왕설을 강화하여 창왕을 옹립한 세력을 제거하였다. 마지막으로 여주로 우왕을 옮기고, 이들과 연결된 변안열을 비롯한 무장들이 제거되었다.

무장의 제거는 재기 불능한 수준으로 신속하고도 철저하게 진행되었다. 《고려사》와 《조선왕조실록》 총서에는 조선 개국의 정변을 정몽주의 타살에서 출발한 느낌이 있다. 그러나 이보다 앞서 위화도 회군에서 여주로 옮긴 우왕과 연결된 무장들의 제거야말로 조선을 건국하기 위한 동북면 군벌 이성계의 기반을 다지는 정변이었다. 이에 대해서는 국내의 여러 연구에서 자세히 언급되었다. 이어서 문신을 제거하는 과정과, 이에 앞서 고려에 순국한 무장들의 명예회복이 사병 혁파와 맞물려 진행되었음을 살피고자 한다.

### 6.1. 문신 제거와 사병 혁파

조선의 개국은 승리자인 공신과 이들과 대립한 역신으로 갈라놓았다. 개국 직후인 1392년 7월 28일에 반포된 즉위교서에는 개국의 경위와 당위성에 대한 전문과 개혁세칙 17조가 실려 있다.[186] 제3조에는 과거제의 폐단과 개혁의 필요성을 강조하였고, 마지막 제17조에는 개국에 걸림돌이었던 56명 도당의 이름과 이들의 처벌에 대해서도 뚜렷하게 제시하였다.

시폐를 지적하고 개혁의 하나로 과거제도의 방향이 언급되고, 무엇보다 좌주와 문생의 유대가 역기능으로 작용하였음을 지적하였다. 마지막 조목에 명시된 56명의 도당은 우현보와 이색, 설장수로 대표되는 문신이었다. 도당이란 혈연이나 지연, 또는 관직에서 유대가 일반적으로 매개되지만, 이러한 보편적 요인과 더불어 바로 좌주와 문생으로 맺어진 집단이고 개국을 제지하려던 세력이었다.

즉위교서에서 제시하면서 과거제도를 개혁하려던 의도는, 개혁을 이용하여 형성되는 집단세력을 미리 차단하려는 예방적인 제도 장치였다면, 56명의 도당 처벌은 이미 형성된 세력을 도려내려는 현실적인 처방이었으므로 상관성이 크다고 하겠다. 조선 개국은 다양한 정치세력의 충돌로 빚어진 정변의 산물이고, 소규모의 정변과는 다른 중대하고도 다양한 모순을 극복한다는 당위성이 제시되었다. 그 가운데 과거제로 맺어진 좌주와 문생, 또는 은문(恩門)과 문인(門人)으로도 불리는 집단끼리의 충돌이 중요하게 작용하였다는 선명

186) 이 조서의 작성자는 정도전이었다고 교서의 끝에 적었다. 실록의 편찬자는 도당으로 장살 당한 인물의 졸기를 장황하게 서술하고, 이와 같은 책임을 정도전에게 전가시키는 기술법을 사용하였다. 《태조실록》 편찬자들의 이러한 의도는 심도 있게 행간을 읽을 필요가 있다.

한 표현이라 하겠다.

공민왕 치세의 후반기에 시도된 과거제도의 개혁에는 좌주와 문생의 집단을 약화시키려는 목적에서 고시관을 다수와 비공개로 실시 직전에 선정하였으나, 우왕 때에 복고적 방향으로 반전되었다. 조선 개국까지 과거제도의 개혁과 복고가 반복되었다. 개국과 더불어 즉위교서로서 56명의 좌주와 문생으로 뭉쳐진 도당을 제거하고, 이를 분수령으로 과거를 통한 집단 형성을 제도적으로 예방하려는 조처였다고 하겠다.

고려 말의 급제자는 조선 개국 전까지 보충과 감소를 거듭하였으며, 공민왕 초의 급제자는 소수가 남았다. 생존자는 상반된 몇 가지 부류로 분류된다. 하나는 개국에 찬반을 뚜렷하게 나타낸 세력이 있었고, 이들은 결집력이 강하였으나 분명하지 않은 태도를 나타낸 인물로서, 결집된 세력을 형성하기 어려웠다. 불분명한 태도를 보인 세력은 기능적 관료로 시종하면서 보신하였으며, 이들은 개국의 본 공신에는 포함되지 않았으나, 후에 개국원종공신으로 우대를 받았던 사례도 많다.

우왕 후반기의 급제자들은 중견관료에 오르지 못하였으므로 공신이나 도당을 배출하지 못하였다. 이들 가운데에도 새로운 왕조에서 관직을 그만둔 인물이 적지 않았다. 개국에 반대한 자들을 모은 후대의 여러 기록에 뒤섞여 포함된 사례가 있다. 소극적 태도를 보였던 급제자들도 결국 이분법적 관점에 의하여 후대로 갈수록 선명하게 구분되는 경향이 있었으나 결집된 세력이라고 보기는 어려울 정도로 산만하고 미약하므로, 이번 연구에서는 제외하도록 하겠다.

개국에 반대한 세력으로 지적된 대표적인 집단은 대간이거나 동료를 사주하여 이성계를 중심한 개국의 핵심들을 제거하려던 56명 도당이었다. 이들은 개국과 더불어 역신으로 처벌받았으나, 이들에 대한 학계의 관심은 급제한 공신에 비하여 매우 적었다. 이들 집단이 구성된 과정과 특성, 개국 후의 수난과 생존자의 향방은, 개국공신이 손바닥이라면 이들은 반대편의 손등과도 같다. 즉위교서에는 도당 56명을 5등급으로 차등 있게 처벌하도록 열거하였으며, 다음 〈표 14〉와 같이 분류하였다.

56명의 도당은 위와 같이 이름이 나열되었으므로 이들의 범위는 뚜렷하다. 개국공신은 본래 49명이었으나 개국할 당시 생존하지 않았거나 다시 추가한 인물을 포함하여 52명으로 증가시켰다. 개국을 반대한 도당 56명은 좀더 선명하게 공신보다 앞서 명시되었다고 하겠다. 이들 56명이란 개국공신보다도 많은 수효이고, 이들이 도당으로 형성되기까지는 정치집단이나 사회적으로 원심력으로 작용한 요인이 과거제도였다고 생각된다.

56명의 도당은 공양왕 4년 3월 이성계의 우익인 조준과 정도전을 탄핵한 대간의 활동과 깊은 관련이 있었다. 당시 이성계는 해주에서 낙마하였고, 대간을 움직였던 주도자는 우현보, 이색, 설장수 등이었지만, 진두지휘한 인물은 수시중(守侍中) 정몽주였다. 통치제도를 움직여 도전하는 이들의 움직임으로 벼랑에 몰렸던 개국의 핵심세력들로서 정면 돌파가 어렵다고 판단한 방우와 방원은 정몽주의 타살이란 폭력을 사용하지 않을 수 없었다.

56명의 도당이란 정몽주의 타살로부터 개국의 즉위교서를 발표

표 14. 56명 도당과 적용된 형벌

| 등급 | 인수 | 인 명 | 적용 형벌 |
|---|---|---|---|
| 1급 | 3인 | 禹玄寶, 李穡, 偰長壽 | 직첩을 회수하고 폐하여 서인으로 삼아 해상으로 옮겨서 평생 같은 계급에 끼이지 못하게 함. |
| 2급 | 8인 | 禹洪壽, 姜淮伯, 李崇仁, 趙瑚, 金震陽, 李擴, 李種學, 禹洪得 | 직첩을 회수하고 장(杖) 100대를 집행하여 멀리 귀양 보냄. |
| 3급 | 25인 | 崔乙義, 朴興澤, 金履, 李來, 金畝, 李種善, 禹洪康, 徐甄, 禹洪命, 金瞻, 許膺, 柳珣, 李作, 李申, 安魯生, 權弘, 崔咸, 李敢, 崔關, 李士穎, 柳沂, 李詹, 禹洪富, 康餘, 金允壽 | 직첩을 회수하고 장 70대를 집행하여 멀리 귀양 보냄. |
| 4급 | 12인 | 金南得, 姜蓍, 李乙珍, 柳廷顯, 鄭寓, 鄭過, 鄭蹈, 姜仁甫, 安俊, 李堂, 李室 | 직첩을 회수하고 먼 지방에 방치(放置)함. |
| 5급 | 9인 | 成石璘, 李允紘, 柳惠孫, 安瑗, 姜淮中, 申允弼, 成石瑢, 全五倫, 鄭熙 | 본향(本鄕)에 안치함. |

하기에 이르기까지, 처벌이 논의되거나 그 사이에 타살 당한 인물과도 관계가 깊었다. 다만 타살 당한 인물은 즉위교서에 열거된 56명의 도당에는 제외되었다. 이미 이들은 걸림돌이었지만 뿌리가 뽑혔기 때문이었다. 다음은 56명에 포함 여부를 막론하고 정몽주의 타살로부터 이성계 즉위 직전까지 타살되거나 처벌받은 개국의 핵심 반대자를 《고려사》 세가(世家)에서 정리한 결과이다.

표 15. 개국을 반대한 문신이 처벌된 시기와 내용

( *는 56명의 도당에 포함되지 않은 인물)

| 처벌 시기 | 인명 | 처벌(타살) 내용 |
| --- | --- | --- |
| 4월 4일(을묘) | 鄭夢周 | 李芳遠, 趙英珪 등이 타살 |
| | 金震陽, 李擴, 李來, 李敢, 權弘, 鄭熙, 金遇, 徐甄, 李作, 李申, 李崇仁, 李種學, 趙瑚.<br>[金震陽, 李擴, 李來, 李敢, 鄭熙, 金畝, 徐甄, 趙瑚, 李種善, 鄭遇, 鄭過, 鄭蹈, 李堂] | 19인을 유배[187] |
| 7일(무오) | 右副代言 李士衡(潁?) | 南原으로 유배 |
| 14일(갑자) | 李穡 | 韓州로 추방 |
| 15일(을축) | 李崇仁, 趙瑚, 李種學<br>李種善, 金震陽, 李擴 | 6인을 서인으로 만듦 |
| 5월 18일(정유) | 偰長壽, 李茂, 李彬,<br>金履, 安魯生, 崔關, 金瞻 | 7인을 파면시키고 유배[188] |
| 19일(무술) | 姜淮伯, 柳沂 | 2인 유배 |
| 20일(기해) | 金震陽 禹洪富 禹洪壽 | 3인 삭직 원유 |
| 21일(경자) | 崔咸 | 설장수의 인척이므로 파면 |
| 6월 9일(기미) | 禹玄寶, 南平君, 姜仁富[189] | 3인을 먼 곳에 유배 |
| | 安翊*(門下贊成事)<br>金南得(判開城府使)<br>崔乙義(密直使)<br>王承貴*(前淸州節制使)<br>都興*(前密直副使)<br>安瑗(知申事)<br>柳廷顯(左代言)<br>許應(右代言) | |

| | | |
|---|---|---|
| | 朴興澤(判事) | |
| | 安俊(前延安府使) | |
| | 申元弼(內府令) | |
| | 崔咸(兵曹正郎) | |
| | 姜仁富(宦官) | |
| 10일(경진) | 柳蔓殊* | 유배 |
| | 偰長壽, 金履 | 철직시켜 유배 |
| 7월 12일(신묘) | 禹成範, 姜淮季 | 회빈문 밖에서 2인을 목 벰 |
| | 李元紘, 姜蓍, 韓蕆*, 成石瑢 | 4인을 유배 |
| 14일(계사) | 柳惠孫, 姜淮中, 柳珣, 金允壽, 姜餘 | 5인을 유배 |

이상과 같이 56명의 도당이 거의 열거되었다. 즉위교서와는 약간

187) 이때 유배된 인물은 즉위교서에 명시된 56명의 도당에 포함되었지만,《고려사》 세가와《고려사》권117 열전 김진양에도 자세한 내용이 실려 있으나 내용상 후자가 좀 더 자세하다. 세가에는 김진양(金震陽), 이확(李擴), 이래(李來), 이감(李敢), 권홍(權弘), 정희(鄭熙), 김우(金遇), 서견(徐甄), 이작(李作), 이신(李申), 이숭인(李崇仁), 이종학(李種學), 조호(趙瑚) 등 13명의 이름만 실려 있으나 열전에는 김우가 빠진 대신 김무(金畝), 이종선(李種善), 정우(鄭遇), 정과(鄭過), 정도(鄭蹈), 이당(李堂) 등 6명이 추가되었다. 또한 인명에서 세가에는 '원'(元) 자가 포함된 인명을 '윤'(允) 자로 쓰인 예가 많으며, 이는 주원장(朱元章)의 이름을 피한 때문이라 하겠다. 이는《고려사》편찬에서 세가와 열전의 담당자가 일치하지 않았고 충분하게 협력이 반영되지 못한 때문이라 생각된다.《고려사》에는 국가의 중대사를 열전에 포함시키거나 중복된 부분이 많으므로 철저한 재편집이 필요하다.

188) 대사헌 민개가 정몽주와 좌의 7명의 행적을 비판하고 직첩을 회수하고 국문하거나 유배시키도록 건의하였으나, 설장수와 김이는 직첩을 회수하고 고향으로 보내고 나머지는 유배시켰다.

189) 이 부분의 인명은《고려사》세가에 3명만 실려 있으나, 권115 열전 우현보에는 이들 3명 외에 우현보의 당여로 다음과 같은 많은 관인과 종실의 이름이 구체적으로 실려 있다.(南平君 和, 壽延君 珪, 寧原君 琦, 益山君 敍, 福原君 諮, 順寧君 聘, 保寧君 福)

달리 표기된 인물이 있고, 56명의 도당에 실려 있으나 빠진 인물과 추가된 인물이 있다.[190] 공민왕 17년부터 시행된 과거제도의 개혁은 급제자의 유대를 약화시키면서 이들의 세력을 분열시켰으나 개국을 반대한 도당들은 유대를 유지하였다. 최영, 변안열, 조민수 등의 무장이 제거되면서 이성계를 중심으로 무인 출신들이 단일한 세력으로 굳어진 다음에도 도당들은 의리를 내세워 조선의 개국 직전까지 이를 저지하려고 맞섰다. 이들의 투쟁은 무력을 보유하지 못하였으므로 통치제도를 이용하여 주로 사헌부와 어사대 등 대간의 언론을 통한 저지였으므로 합법적이고도 점진적으로 진행되었다.

정몽주의 타살이란 폭력을 기폭제로 가해자와 피해자가 바뀐 개국세력의 행동은 개국까지 112일 동안 계속되었다. 즉위교서에 공표된 56명의 도당이란 개국의 걸림돌로서 이미 타살되거나 참살당한 정몽주, 강회계, 우성범 등은 제외되었다. 죽음을 당한 자는 거론할 필요가 없었고, 남은 자에 대한 협박과 포섭만이 남은 과제였다. 56명의 도당은 즉위교서를 작성할 당시를 기점으로, 적어도 정몽주의

190) 56명의 도당에 빠졌으나 즉위 전에 처벌된 인물을 정리하여 이들에 대한 행적을 조사하면 다음과 같다.

| 직위 | 인명 | 행적과 처벌 근거 | 사면시기 | 최종관직 | 시기와 전거 |
|---|---|---|---|---|---|
| 守侍中 | 鄭夢周 | 타살 | | | |
| 右副代言 | 李士衡 | 유배 | 미상 | | |
| | 李彬 | 유배 | 태조 2년 9월 13일 | 경기우도관찰출척사 | (태조4-을묘) |
| | 姜仁富 | 원지유배 | | 宦者 | (태조 13-7-3-7갑인) |
| | 柳蔓殊 | 유배 | 태조 13년 3월 7일 | 개국원종공신 | |
| | 韓蔵 | 유배 | | 판개성부사, 개국원종공신 | |

타살로 거슬러 올라가지만, 이들은 이미 여러 차례 처벌이 논의되었고 처벌도 다양하였다.

56명은 대규모이고 종합적인 요소로 형성되었다. 이들은 대간을 이루면서 정몽주가 타살되던 같은 날 유배되었던 17명이었고, 즉위 전에 처벌된 규모로는 가장 많았다. 첫번째 대상은 정몽주가 포용하여 개국세력에 도전하였던 부류였다. 이들은 1차로 숙청된 정몽주와 밀착된 세력이지만 이색의 아들인 이종학이 포함되었고, 김진양과 이숭인은 이색이 아끼던 문생이었고, 조준과 정도전이 미워한 대상이었다. 이보다 앞서 정몽주와 이색은 반드시 같은 행동을 취하지 않았으나, 이 무렵 양대 세력이 결합되었다고 하겠다.

4월 14일과 다음날에는 1차 숙청에 포함되지 않았던 이색이 유배당하고, 이색의 아들인 이종선을 비롯하여 1차 숙청에서 포함된 이종학, 이숭인, 김진양, 조호, 이확 등이 서인으로 신분을 떨어뜨렸으므로, 이들은 이색에게 강한 유대를 보였던 인물이라 하겠다. 이를 2차 숙청이라 한다면, 이는 이색과 밀착된 세력에 표적을 두었고, 이 가운데는 1차 숙청에 참여한 인물을 포함하여 강도 있게 다시 처벌한 셈이다.

5월 18일부터 설장수를 위시하여 이무, 이빈, 김이, 안로생, 최관, 김첨 등이 철직하거나 유배당하였다. 이들은 이무와 이빈을 제외하고 나중에 발표된 즉위교서에 실린 56명의 도당에 포함되었다. 앞선 두 차례의 숙청에서 제외된 인물이므로 새로운 부류의 세력이라고 할 수 있다. 같은 달 21일에 설장수의 처남이고 56명의 도당에 포함된 최함의 유배를 마지막으로 설장수의 세력을 제거하려는 추가조치가 있었다. 이들을 합쳐 3차 숙청이라 하겠으며, 정몽주와 이색과는 밀착성이 적었던 개국의 반대세력이었다고 하겠다. 이들은 설장수를 핵심으로 형성된 반대세력이라고 짐작되지만, 앞으로 이들의 인간관계는 확인되지 못하므로 더욱 세밀한 추적이 필요하다.

6월 9일에는 우현보를 포함한 22명을 처벌하였다. 이를 4차 숙청이라 한다면, 수효나 구성원도 가장 복잡하고 대규모였다. 이보다 10일 앞서 우현보의 아들 우홍수와 우홍부를 파직시켜 먼 곳으로 유배시켰으므로, 이는 우현보 등 22명을 숙청하기 위한 예고였다고 하겠다. 이들은 앞서 숙청에서 제외되었으므로 정몽주와 이색이나 설장수와는 긴밀성을 감추었던 반대세력이었다고 하겠으나, 해당하는 수효나 인물의 구성이 앞선 숙청보다 다양하고 대규모였다. 이들은 우현보와 그의 아들 등 3명이고, 다음으로 대간을 비롯한 다양한 전현직 관인이 13명이나 포함되었고, 다음으로 7명의 종실과 환관 1명이었다.

4차 숙청은 우현보를 핵심으로 밀착된 세력을 표적으로 삼았다고 하겠다. 우현보의 세력은 앞선 어느 소집단보다 다양하고도 광범위한 특징이 있었다. 특히 종실과 환관은 왕실의 측근이며, 실제로 우현보의 손자 우성범은 공양왕의 둘째 부마였으므로 개국세력이 왕실의 손발을 자르기 위한 작업이었다고 하겠다. 관인도 대언을 비롯한 대간을 포함하여 다양한 관직을 보유하였으며, 이들 13명 가운데 56명의 도당으로 지목된 인물은 왕승귀와 안익, 도흥을 제외하고 10명이었다.

이성계가 즉위하기 5일 전인 7월 12일에는, 공양왕의 부마이고 우현보의 손자인 우성범과 강회백의 막내 동생인 강회계를 참살하였다. 이어서 2일 뒤에는 강시(姜蓍)와 강회중을 비롯한 9명을 유배시켰다. 이를 5차 숙청이라 하겠으며, 처벌의 표적은 강시와 그의 아들 강회백과 강회중과 강회계를 비롯한 4부자와 이들과 긴밀하였던 7명이었다고 짐작되지만, 이들의 관계는 앞으로 좀 더 깊이 구명될 필요가 있다. 강시는 56명의 도당에서 비중이 낮은 39위로 지목되었으며, 위에서 처벌 대상에 들지 않은 그의 맏아들 강회백이 5위에 올라있는 대신, 한천(韓蕆)은 포함되지 않았다.

이상과 같이 급제자로 형성된 개국의 반대세력은 정몽주, 이색, 설장수, 우현보, 강회백을 구심점으로 적어도 다섯 집단이 형성되었다. 정몽주는 대간을 움직여 가장 합법적이고 조직적으로 대항하였으며, 다수의 호응을 받아 효과적으로 선봉에 섰던 관료세력이라면, 우현보는 가장 최후까지 가장 다양한 세력과 손잡고 온건하게 대응하였으며, 이색은 오랜 기간 형성된 좌주로서 그를 지원하는 문생이 많았던 반면, 반대하는 문생도 있었다. 설장수와 강회백은 앞의 3명에 비하여 온건한 편이었으며, 추종한 세력도 적었으나, 자신과 직계의 추종자가 급제하였던 점에서 나머지 세력의 핵심과 상통하였다.

반대세력의 핵심은 다섯 소집단으로 급제자이고, 지공거를 역임하였을 뿐 아니라 다소의 직계나 형제까지도 급제자를 배출하여 협력을 받은 명문이었다. 이성계를 핵심으로 개국의 핵심세력은 이들을 동시에 제거하지 못하고, 세력별로 1392년 4월 4일부터 7월 17일 즉위 직전까지 다섯 차례 숙청하였다. 즉위교서를 발표한 7월 28일 지적한 처벌자 56명의 도당은 숙청과정에서 죽음을 당한 인물과 회유한 소수를 제외하고 처벌에서 제외된 핵심세력의 직계를 포함하였다.

다섯 소집단으로 형성된 세력의 핵심과 구성원은 서로의 유대를 가지면서 다른 집단에도 협력하거나 함께 처벌당한 상관성을 가진 인물도 적지 않았다. 이들을 가려내기 위하여 집단별로 인간관계와 중복된 인물을 포함하여 정리하면 다음과 같다.

표 16. 개국을 저지한 집단세력의 핵심과 추종 인물과의 관계

| 핵심인물 | 친족 또는 門生 혹은 추종인물 * | 다른 집단에 포함된 인물 |
|---|---|---|
| 鄭夢周 | 鄭過(弟), 鄭蹈(弟) | 鄭過,鄭蹈 |
| | 李敢,李堂,鄭遇,金震陽,李擴,權弘,鄭熙,金畝,徐甄, | 李堂,鄭遇,金震陽,金畝 |
| | 李作,李申,李崇仁,李種學,趙瑚,李來,李種善,權弘, | 徐甄,李作,李申,李崇仁 |
| | 鄭熙.(이상 추종자) | 李種學,趙瑚,李種善 |
| 李穡 | 李種學, 李種善(이상 子) | 李種學,李崇仁,金震陽 |
| | 李崇仁(門), 金震陽(門) | 李作,李申,趙瑚,鄭遇 |
| | 李作,李申,趙瑚,鄭遇,鄭過,鄭蹈,李堂,朴興澤 | 鄭過,鄭蹈,李堂 |
| 偰長壽 | 崔咸(妻男) | 崔咸 |
| | 金履,安魯生,崔關,金瞻,李茂*,李彬*(이상 추종자) | |
| 禹玄寶[191] | 禹洪富,禹洪康,禹洪得,禹洪命,禹洪壽(이상 子) | |
| | 禹成範*(孫:공양왕 駙馬) | |
| | 南平君 和, 壽延君 珪, 寧原君 琦, 益山君 敍, | |
| | 福源君 諮, 順寧君 聃, 保寧君 福(이상 종실) | |
| | 安翊*,金南得,崔乙義,王承貴*,都興*,安瑗,柳廷顯, | |
| | 許應,朴興澤,安俊,申元弼,崔咸(이상 추종자) | 朴興澤,崔咸 |
| | 姜仁富(宦者) | |
| 姜淮伯 | 姜淮季*(弟:공양왕의 駙馬),姜淮仲(弟) | |
| | 李元紘,姜蓍,韓蕆*,成石瑢,柳惠孫,柳珦,金允壽, | |
| | 姜餘(이상 추종자) | |

이상과 같이 다섯 집단 가운데서 설장수와 강회백은 비교적 소규모였고, 나머지 정몽주와 이색, 우현보는 우열을 가리기가 어렵다. 다만 정몽주는 혈연이나 은문의 기반이 적고 대간을 중심한 관료를 강하게 결속시킨 특성이 있었다.[192] 정몽주의 동생도 두각을 나타내지 않았으나 도당에 포함시켜 유배시킴으로써 만일에 대비한 느낌이 있다.

우현보는 가장 다양한 세력과 막강하게 연결되었으면서도 늦게 처벌되었고, 그의 직계가 다수였음에도 앞서 심하게 지탄의 대상이 아니었다. 이는 그가 개국에 미온적이었다기보다 공양왕의 측근세력이었기 때문으로 짐작된다. 이래(李來)는 우현보의 문생이었고 유대가 깊었으며, 첫번째 숙청당한 정몽주의 집단에 속하였으므로 개국세력이 우현보와의 연결을 짐작하지 못하였을 까닭이 없다. 우현보의 장손이며 국왕의 부마였던 우성범을 참살하고서 그의 세력을 제거하였고, 동시에 국왕의 형제를 포함한 종실을 가해하기 시작하였던 사실로도 짐작된다. 강시와 그의 가문도 부마인 강회계가 참살당하고 그마저 곧바로 제거시켜버림으로써 우현보와 같은 길을 걸었다.

다섯 집단의 개국 반대세력은 핵심들끼리의 유대도 깊었다. 이색과 정몽주는 사전개혁과 공양왕의 옹립에는 차이가 있었지만, 공민왕 때 성균관의 학관으로 밀접하였다. 이색의 좌주인 홍언박은 동시

191) 《고려사》 권115, 열전 우현보.

192) 이는 이미 다음 논문에서 지적되었다. 이형우, 〈정몽주의 정치활동에 대한 일고찰〉, 《사학연구》 41, 1990.

에 이숭인의 좌주였으므로 이색이 후배인 이숭인을 특히 아꼈고, 이 때문에 이숭인과 동갑인 정도전은 더욱 소외감을 느끼고 이색과 그의 자식을 미워했다고 전한다.193) 김진양은 이색의 문생이고, 이숭인과 함께 정몽주를 도와 개국세력을 제거하는 대간의 활동에 앞장섰다고 하겠다.

56명의 도당은 다섯 핵심세력에 거의 포함되고, 특히 겹겹으로 유대를 가진 이종학, 조호, 이숭인, 김진양, 최함 등이 돋보인다. 이들은 개국을 반대한 세력의 핵심들을 연결시키는 중요한 역할을 하였으리라 짐작된다. 다만 조호는 조준의 사촌이었으나 다른 길을 걸었고, 최함이나 강회계와 우성범 등의 사례에서 보듯이, 사촌보다는 통혼으로 연결된 인척의 유대의식이 컸다. 56명의 도당은 거의 이색과 우현보 등 다섯 핵심세력의 거두와 유대를 맺었다.

56명의 도당은 그보다 많은 반대세력이지만, 이미 죽음을 당한 정몽주와 이종덕 등이 제외되었다. 56명의 도당으로서 위의 표에서 정리되지 않은 인물은 이첨(李詹)과 이을진(李乙珍), 이사영(李士穎)과 전오륜(全五倫), 그리고 강인보 등 5명이다. 이사영은 이사형으로 짐작되고, 강인보는 강인부와 같은 인물로 환자(宦者)였다고 하겠다. 이들은 개국 후에 다음 〈표 17〉과 같이 사면되거나 원종공신으로 책봉되었다.

56명의 도당으로 지목되었으나 정몽주 타살 이후 즉위교서로서 처벌이 처음으로 언급된 인물은 17명이고, 나머지는 이보다 앞서 죽

193) 《태조실록》.

표 17. 56명의 도당으로 포함되었으나 개국 후에 사면된 인물

| 인명 | 사면시기 | 최종관직 |
|---|---|---|
| 李詹 | 태조 3년 10월 11일 | 유배를 풀고 직첩을 돌려줌 |
| 禹洪富 | 태조 7년5월 28일 | 직첩을 돌려받음 |
| 柳廷顯 | 태조 2년 5월 3일 | (태조실록 권3) 직첩을 돌려줌 |
| 鄭寓 | 미상 | |
| 鄭過 | 태종 13년 7월 12일(기축) | (태종실록 권26) 외방에서 도내로 |
| 李堂 | 태종 7년 5월 14일(정묘) | (태종시록 권13, 종부부령 |
| 安瑗 | 정종 2년 9월 1일(임술) | (정종실록 권3) 정종이 그의 집에 머묾 |

음을 당하거나 처벌이 논의되거나 유배를 당하였다. 17명은 즉위교서에 5등급으로 처벌이 논의된 가운데, 가장 가벼운 제4와 제5 등급에 속하였고, 도당을 주도하거나 사주한 인물도 아니므로 추종자였다고 하겠다.

17명은 직첩을 회수당하고 먼 지방으로 유배되거나 본향으로 추방되었다. 이들 가운데 이후 실록에서, 직첩을 돌려받고 유배에서 풀리거나 다시 관직을 가졌던 경력이 밝혀진 인물은 7명이다. 이로 보아 나머지 인물들도 사면되었으나 벼슬을 사양하였던 인물이라 추측된다.

개국 전에 타살을 당한 정몽주와 유배 중에 장살을 당한 이종선과 참살을 당한 우성범, 강회백은 56명의 도당에 포함되지 않았다. 이들은 56명의 도당보다 개국에 위험한 반대자이고 걸림돌이었다는 해석도 가능하다. 특히 타살되거나 목을 베인 3명은 현행범일 가능성이 있었던 무장도 아니었으면서도 법의 집행 절차를 따르지 않고

처형당하였다. 죽음을 당한 이들을 제외하고 유배를 당한 5명 가운데서 이사형과 종실이었던 남평군을 제외하고, 이빈, 유만수, 한천은 모두 사면되었을 뿐 아니라 복직하였고, 환자인 강인부를 제외하고, 개국원종공신으로 책봉되었다.

사면된 이들은 능력도 많았지만 개국의 정변에서 죽음과 영광의 극단을 오갔다고 하겠다. 죽음을 당한 인물은 56명의 도당에 포함될 충분한 조건을 갖추었으나, 즉위교서를 발표할 당시에 존재하지 않았으므로 숫자에 포함되지 않았다. 환자인 강인부와 종실인 남평군, 그리고 미상인 이사형을 제외하고, 모두 과거에 급제하였으며, 무장은 포함되지 않았다.

공양왕 4년 4월 4일 정몽주가 타살되고, 같은 해 7월 28일 즉위교서로서 생존한 반대세력 56명을 일괄하여 처벌하였다. 4개월에 가까운 112일 동안 정몽주를 추종했던 성헌(省憲; 대간, 상서성의 낭사와 어사대)의 중견관료로부터 시작된 반대세력의 제거가 꼬리를 물었다. 56명의 도당은 실제로 과거를 통하여 형성된 좌주와 문생, 그리고 혈연을 같이하는 몇 개의 소집단으로 나누어지고, 이들은 연속적인 정변에 시달렸으나 살아남은 자를 일괄하여 지목함으로써 즉위와 더불어 매듭을 지으려는 조치였다. 무력이 없는 급제한 문신들이란 이들의 세력 형성과정과도 마찬가지로 단시일에 뿌리가 뽑히지도 않았다.

조선의 개국은 고려 말의 연속된 정국의 변화에서 두드러진 정변의 하나였고, 지배층의 분열과 숙청에도 연속성이 강하였다. 연속성의 중요한 매개는 과거제도와 관료제였다. 정변은 정책에 대한 견해의 차이와 인간관계가 얽히고, 때로는 폭력까지 동원된 복잡성을 띠었다. 정책과 정변은 친원 외교, 위화도 회군, 창왕 옹립, 사전개혁, 우왕복위운동(김저 사건), 이초 옥사, 이성계 세력 제거 기도, 개국을 향한 공신과 도당의 분리, 제1차 왕자의 난, 제2차 왕자의 난으로 이어진 정변에서 52명의 개국공신과 56명의 도당은 연관되었다.

연속된 정치수행이나 정변이나 사건이 발생하고 동시에 논의되거나 처벌된 사건도 있었지만, 이보다 훨씬 뒤에 사안이 논의된 경우도 많았다. 예를 들면, 우왕과 창왕의 옹립은 김저의 사건이 불거지면서, 이른바 우창비왕설(禑昌非王說)과 맞물려 소급하여 처벌되었으므로, 심지어 15년의 시차가 생겼다. 여기에 북원과의 외교를 둘러싼 찬반론은 이후 두드러진 정변이었던 위화도 회군과 상관성이 있으므로, 합쳐서 관련자를 분류하면서 연관성을 살필 필요가 있다.

개국 후의 정변은 공신의 일부가 몰락하고 도당의 일부가 등장하는 계기가 되었으므로, 이를 살피기 위하여 정몽주 타살 이후 즉위교서가 발표되기까지 갈등과, 개국공신의 책봉을 제외하고 갈등을 일으킨 중요한 계기를 열거하고 상반된 세력의 참여를 정리하면 다음 〈표 18〉과 같다.

정몽주의 타살 이후 개국 직후까지 연속된 정변에서 제거된 도당은 이를 전후한 27년간의 사건과도 관계가 있었다. 56명의 도당과 52명의 개국공신은 중견 관인으로 오랜 경력을 지녔으므로, 개국과 직접 관계가 적더라도 이들이 상관된 세력으로 형성되기까지 전후의 사건에도 적지 않게 관여하게 마련이었다. 북원과의 외교에서 정

표 18. 우왕 초부터 태종 즉위까지 중요 사건과 관련 집단(1375-1400)

| 갈등의 계기 | 발생시기/처리시기 | 도당과 관련된 집단/개국공신과 관련된 집단 |
|---|---|---|
| 북원외교[194] | 우왕 1년/4월-7월 | (반대) 林樸 朴尙衷 鄭道傳 金九容 李崇仁 權近 李詹 全伯英 鄭夢周 朴尙衷 李詹 田祿生 方順 閔中行 朴尙眞 林孝先 廉廷秀 廉興邦 朴形 鄭思道 李成林 尹虎 崔乙義 趙文信<br>(친원) 李仁任 池奫 慶復興 |
| 위화도 회군 | 1390.4[195] | (결행) 이성계 조민수 邊安烈 등 45인<br>(저지) 崔瑩, 禹玄寶, 李光甫 宋光美 安沼 禹洪壽 金若采 |
| 창왕옹립 | | (옹립) 曺敏修, 李穡[196](憲司) |
| 사전개혁 | | (반대) 李穡 李琳 禹玄寶 邊安烈 權近 柳伯儒 曺敏修<br>(주장) 趙浚 鄭道傳 尹紹宗[197] |
| (김저 사건) | 1389.11 | (관련) 鄭得厚 趙方興 李琳 李貴生<br>(탄핵 심문) 趙璞 吳思忠 柳璞 盧龜山 李懃 權湛 南在 咸傅霖<br>(謀議) 鄭地 李居仁 柳惠孫 李惟仁 柳蕃 趙瑚 安住(등 27인)[198]<br>邊安烈 洪永通 禹玄寶 禹仁烈 禹洪壽 王安德 鄭熙啓 李乙珍 金伯興 元庠 李庚道 |
| 공양왕옹립 | 1389.11 | (옹립) 李成桂 沈德符 池湧奇 鄭夢周 偰長壽 成石璘 趙浚 朴威 鄭道傳[199] |
| 金宗衍謀議 | | 朴可興 池湧奇 李茂 鄭熙啓 李彬 尹師德 陳乙瑞 朴威 李沃 李仲華 陳元瑞 金軾 李龜哲[200] |
| 우왕복위운동 | 1389.12～ | (朴爲生 申孝昌) 邊安烈 李乙珍 李庚道 元庠 李貴生[201] 鄭地 禹玄寶 禹洪壽 王安德 禹仁烈 李穡[202] 李琳 金佇 鄭得厚[203] |

| | | |
|---|---|---|
| | | (탄핵) 吳思忠 李詹 南誾 |
| | 1390.1 | 邊安烈 李穡 李種德 李崇仁 河崙 成石璘 尹紹宗 全伯興 |
| | | 李芬 文達漢 權近 |
| 이초옥사 | 1290.5 | 邊安烈 金宗衍 李琳 曺敏修 禹仁烈 鄭地 李崇仁 權近 |
| | | 李貴生 禹玄寶 權仲華 張夏 李種學 慶補(승복) |
| | | 李穡 陳乙瑞 李仁敏 韓俊 鄭龍 仇天富 李大卿 (홍인계공사) |
| | | 崔公哲 崔七夕 安住 公義 郭宣 鄭丹鳳 曺彦 王承貴 張忠立 趙卿(승복)[204] |
| | | (尹虎) 李穡 陳乙瑞 李仁敏 韓俊 鄭龍 仇天富 李大卿 |
| | | 洪仁桂 尹有隣 崔公哲 崔七夕 安柱 公義 郭宣 鄭丹鳳 曺彦 |
| | | 王承貴 張忠立 趙卿[205] |
| | | 沈德符 池湧奇 鄭熙啓 朴威 尹師德 李彬 李茂 陳乙瑞 李沃 李仲和 |
| | | 曺彦 金兆府 郭璇 魏种 張翼 趙裕 |
| | | 陳義貴 鄭習仁 등 9인을 유배)[206] |
| 1차왕자난 | | (공신) 李芳義 李芳幹 李芳遠 李茂 李居易 河崙 |
| | | (역신) 鄭道傳 南誾 沈孝生 李懃 張至和 黃居正 孫興宗 |
| 2차왕자난 | | (공신) 河崙 李茂 李來 成石璘 柳沂 權近 |
| | | (역신) 芳幹, 朴苞 |

194) 《고려사절요》 권30, 우왕 1년 을묘 4월, 5월, 6월, 7월.

195) 《고려사》 권45, 공양왕 2년 4월 임인.

196) 《고려사절요》 권34, 공양왕 2년 정월.

197) 《고려사》 권118, 열전 조준.

198) 《고려사절요》 권34, 공양왕 원년 11월.

몽주와 이숭인 등 개국의 반대세력이 포함되었을 뿐 아니라, 정도전과 윤호 등 개국공신도 포함되었으므로 외교노선에는 큰 차이가 없었다고 하겠다. 다만 당시의 북원외교 반대자는 급제자가 많았고, 이들은 북원외교의 주장자보다 국제 변화에 밝았다고 생각된다.

정몽주의 타살 이후 개국 직후까지 연속된 정변에서 제거된 도당은 이를 전후한 27년간의 사건과도 관계가 있었다. 56명의 도당과 52명의 개국공신은 중견 관인으로 오랜 경력을 지녔으므로, 개국과 직접 관계가 적더라도 이들이 상관된 세력으로 형성되기까지 전후의 사건에도 적지 않게 관여하게 마련이었다. 북원과의 외교에서 정몽주와 이숭인 등 개국의 반대세력이 포함되었을 뿐 아니라, 정도전과 윤호 등 개국공신도 포함되었으므로 외교노선에는 큰 차이가 없었다고 하겠다. 다만 당시의 북원외교 반대자는 급제자가 많았고, 이들은 북원외교의 주장자보다 국제 변화에 밝았다고 생각된다.

북원외교보다 13년 뒤에 일어난 위화도 회군에서 나중에 책봉된 56명의 회군공신에는, 출전했던 무장이 다수 참여하였으나 문신도 적지 않고, 이들 가운데 배극렴, 남은, 심덕부, 윤소종 등 개국공신이

---

199) 《고려사》 권45, 공양왕 2년 1월 임오; 《고려사절요》 권34, 공양왕 1년 11월.
200) 《고려사》 권117, 열전, 정몽주.
201) 《고려사절요》 권34, 공양왕 2년 1월.
202) 《고려사》 권117, 열전, 정몽주.
203) 《고려사절요》 권34, 공양왕 1년 10월.
204) 이상의 이름은 《고려사》 권117, 열전, 정몽주에서 정리하였고, 시기는 《고려사》 세가와 《고려사절요》를 참조하였다.
205) 《고려사절요》 권34, 공양왕 2년 11, 12월.
206) 《고려사절요》 권34, 공양왕 3년 3월.

있고, 도당으로는 유만수만 포함되었다. 출전했던 31명의 원수(元帥)에는 도당인 이을진(李乙珍)도 포함되었으나, 이들 회군공신은 개국 직전과 직후에 개국의 주도세력에 의하여 책봉되었으므로[207] 개국의 반대세력은 제외시켰다고 하겠다. 회군공신은 개국공신에 의하여 그들의 정당성을 강화하려는 후속작업이었으며, 이성계를 도와 개국을 성공시킨 분수령임을 확인한 의미는 있으나,[208] 회군 당시의 사실성과는 거리가 있다.

창왕 옹립과 우왕복위운동과 관련된 김저와 김종연 사건, 그리고 이초 옥사 등은 사건은 조사과정에서 폭력과 의혹이 심하여 이성계의 사전개혁과 행동을 같이하였던 정몽주, 권근, 하륜, 김진양, 이첨, 허응 등도 등을 돌리게 되었고, 개국의 정당성마저 의심스럽게 하였다. 국왕의 옹립과 반대라는 시기가 지난 다음의 정국이 변하여 대세가 결정된 다음에 밝혀지게 마련이다.

이성계를 추대하려는 움직임과 개국의 기점은 상관성이 있다. 개국을 앞당긴 뚜렷한 분기점은 위화도 회군이지만, 열전이나 〈용비어

---

207) 회군공신이 실제로 책봉된 시기는 개국 후였다. 유만수는 도당이지만 유일하게 책봉되었으므로 그는 이미 등용되었음을 알 수 있다. 회군공신의 책봉 시기와 대상자에 대해서는 박천식, 앞의 글(1979)이 참조된다.

208) 회군 당시에 남은(南誾)이 위화도에서 조인옥(趙仁沃)과 이성계의 즉위를 획책하였다거나 윤소종(尹紹宗)이 〈곽광전〉(霍光傳)을 이성계에게 주면서 우왕의 아들이 아닌 종실의 추대를 암시하였다는 이들의 열전에 실린 내용은, 개국의 기점을 설정하는 과정에 중요한 대상이 된다.(《고려사》 권116, 열전 남은; 《고려사》 권120, 열전, 윤소종) 《고려사》에는 국가의 중대사가 열전에 기록된 경우가 많고, 특히 고려 말의 사실에는 《고려사절요》와 차이 있는 부분이 적지 않다. 이는 《고려사》의 편찬이 분담자와 감수자의 충분한 검토가 이루어지지 않은 부분도 있다는 증거라고 하겠다.

천가〉와 야사 등에는 적지 않게 떠돌았던 말(流言)이 이를 전후하여 돌출하였지만 사실성의 정도를 분간하기는 쉽지 않다. 개국을 반대한 도당들도 이를 감지한 시기가 같지 않을 수 있고, 반드시 개국을 염두에 두고 이들의 행동이 노출되었으므로 반대하였다는 근거도 없다. 개국은 고사하고 국왕의 옹립에 대해서도 직설적인 표현이란 항상 목숨과 관련되는 기민한 사항이므로, 사서(史書)에서 이를 가려내기는 매우 어렵다.

개국 이후에 도당에 속했던 인물을 하나둘 사면을 통하여 점진적으로 처벌을 가볍게 하거나 시급한 외교관계를 개선하기 위하여 유능한 도당을 등용하였다. 죽음을 당한 자들은 돌이키기 어려웠지만, 도당의 주도자급인 우현보와 이색과 설장수는 먼 유배지에서 가까운 곳으로, 다시 고향으로, 다시 서울로, 금고를 해제하였다. 아버지가 위구르 출신이었던 설장수는 외교관으로 중용되었다. 설장수, 성석용, 정희는 관직을 받고 뒤이어 개국원종공신으로 우대되었다.

개국 후 두 차례 왕자의 난으로 책봉된 정사공신과 좌명공신은 도당과 개국공신으로 갈라졌던 상반된 급제자의 처지가 역전되는 분기점이 되었다. 같은 급제자로 도당을 유배 도중 장살시켰던 핵심인물 정도전과 그의 추종자가 제거됨으로써 급제자 출신 공신의 기반이 약화되었다. 비록 조준이 버티고 있었으나, 우왕복위운동에 혐의를 받았던 하륜이 공신으로 등장하였다. 좌명공신은 좌주였던 우현보와 문생인 이래, 동갑인 이방원의 즉위를 앞당긴 사건으로, 하륜과 권근이 공신으로 책봉되고, 도당에 속했던 유기와 성석린이 포함되었다.

두 번째 왕자의 난은 첫번째 난과는 다른 두 가지 특징이 있다. 하나는 첫번째 난이 동북면 출신이 기반인 이성계의 군사력에 대항하여[209] 이방원의 사병과 이숙번이 지원한 경기 시위군의 합작품이고, 급제자로 정도전과 그의 추종자가 제거되었다. 두 번째 난은 이저가 거느린 경상도 시위군이 주력이었고, 우현보와 그의 문생이 중요하게 참여함으로써 개국에 반대한 급제자의 등장이 활발하여, 과거 출신으로는 개국의 참여자와 반전된 분위기였다.

권근은 도당에는 포함되지 않았으나 이색의 문생으로 태종이 즉위하자, 정몽주를 충신으로 포상하도록 건의하였다.[210] 개국에 반대하면서 타살 당했던 정몽주를 내세움으로써 개국을 반대한 세력에 대한 평가가 역신에서 충신으로 반전되기 시작하였다. 이는 정국의 급전을 요구하는 개국보다 수성이 필요한 시대적 요건을 급제한 관료에서 찾으려는 태종의 정치 방향과도 상통성이 있다고 하겠다.

개국의 반대세력이었던 이색과 정몽주에 대한 평가는 태조 때에는 현격하게 달랐다. 이행은 공양왕 말에 지신사로 이성계가 우왕과 창왕, 그리고 변안열을 죽였다고 썼으며, 그는 이색과 정몽주의 도

209) 태조는 방원에게 가별치 500을 주었으나, 그가 전라도절제사로 떠나면서 이들을 방석에게 양도하였다. 또한 태조가 태상왕으로 물러난 시기에 동북면으로 돌아갔고, 조사의(趙思義)가 가별초를 동원하여 난을 일으킨 사건도 같은 맥락으로 간주된다. 동북면 출신의 군사력은 실전 경험이 많고 신임하는 군사력으로, 실제로 개국 과정이나 이후에도 그곳 출신의 군사력은 왕실시위의 핵심이었다고 짐작된다.

210) 《태종실록》 권1, 태종 1년 1월 갑술. 이는 그 해에 시행되었다.(《태종실록》 권2, 1년 11월 7일 신묘) 또한 세종 때에는 〈삼강행실도〉인 설순(偰循)이 편찬한 《충신도》에 올랐다.(《세종실록》 권54, 세종 13년 11월 11일 임신)

당으로 지탄을 받았다.[211] 이후에는 정몽주가 우왕과 최영의 전철을 답습하여 공양왕과 요동을 정벌하려는 계획을 세웠으므로, 국인의 반대에 부딪쳐 왕은 사저로 돌아가고 정몽주는 참형을 당하였다고 명에 보고하였다.[212] 공양왕이나 정몽주가 요동을 공격하려는 계획은 없었으므로, 이들을 제거하고 조선을 개국한 사실에 동감을 얻기 위한 터무니없는 거짓이었다.

조선 초의 3공신으로 대다수는 세종 때에도 정몽주와 이색에 대한 관점이 태조 때와 다름이 없었다. 이들은 정몽주를 충신으로 추증하기 위해 앞장선 권근과 그를 밀어주는 하륜이 공신으로 말석에 참석하였지만 곱지 않게 보고, 권근과 하륜이 모두 이색의 문인이고 정몽주에게 붙어서 조준, 정도전, 남은을 꺼렸다고 지탄하였다.[213] 이들은 태조 때에 형성된 전형적인 개국 반대세력을 대표하는 이색과 정몽주에 대한 개국공신들의 통념을 반영하였다고 하겠다.

정몽주와 이색을 비롯한 개국 반대세력에 대한 평가의 반전은 왕자의 난을 마무리한 태종 이후에 정착되었다. 개국공신이 반대하였음에도 태종은 정몽주를 위시한 개국의 반대세력에 대한 권근의 충절론을 받아들여 이를 정착시켰고, 세종 때에는 〈충신도〉를 간행하여 이를 더욱 굳혔다. 도당에 포함되었던 이색과 우현보는 포함되지 못했으나, 도당과 같은 행동을 보였던 정몽주와 은둔한 길재를 높게

211) 《태조실록》 권3, 태조 2년 1월 12일 무오.

212) 《태조실록》 권3, 태조 2년 6월 1일 을해; 《태조실록》 권5, 태조 3년 2월 19일 기축.

213) 《세종실록》 권22, 세종 5년 12월 29일 임신.

평가하였고, 이를 주도한 인물은 권근과 하륜이었다. 도당을 옹호한 충절이 언급되고 개국을 주도하면서, 가해자로서 개국공신이었던 정도전이나 조준보다 도당과 행동을 같이한 이들의 후손이 우대되는 역전의 시기가 도래하였다.

### 6.2. 고려에 순국한 무장과 명예회복

위화도 회군의 가장 큰 피해자는 최영이었다. 그는 딸을 우왕의 영비(寧妃)로 보내고 다음 달 요동 정벌에 나섰으므로, 우왕을 지탱한 가장 원로이자 최고 지위의 무장이라고 할 수 있다. 그가 지윤과 이인임, 임견미를 제거한 실질적인 주도세력이었고, 요동 정벌에 동원된 무장들은 그를 지지하였던 셈이다. 최영이 제거한 3인과 그들의 추종자는 생존을 위하여 이성계의 개국 반대세력을 제거하는 과정에 힘을 보태었다.

이성계는 새 왕조를 세우고 나서 5년 지나 최영에게 무민(武愍)이라는 시호를 내려 넋을 위로하였다.[214] 세종은 최영의 자손을 등용하도록 논의하였고, 세조 때의 양성지는 국가를 외적으로부터 지킨 무장으로 고구려의 을지문덕과 고려의 강감찬과 같은 반열에 놓고 평가하였다. 개풍군(開豐郡) 덕물산(德物山)에 있는 그의 무덤은 풀이 나지 않는다 하여 적분(赤墳)으로 불린다. 그 산 위에는 장군당(將軍

---

214) 《태조실록》 권10, 태조 5년 10월 임인(18일). "命奉常寺, 諡前朝侍中崔瑩"; 《세종실록》 권148, 지리지 경기도 철원도호부 人物, 門下侍中鐵原府院君 武愍公崔瑩【仕於高麗之季】.

堂)이 있어, 무속에서 숭상의 대상으로 삼을 정도로 민심에 깊이 각인되었다. 최영의 강직함과 충성심을 배제하면 조선왕조를 장구하게 지탱하기 어려웠다는 반증이었다고 하겠다.

조선 초의 사관인 이행은 이성계가 우왕과 창왕, 그리고 변안열을 죽였다고 직서하였다.[215] 이행은 이색과 정몽주의 학통을 따른 인물로 비판되었지만, 직서의 필법을 숨기기 어려웠다. 태조 2년 회군에 참여하였던 조민수와 변안열을 공신으로 책봉하였다.[216] 회군이란 고려왕조에 반역한 행동에 앞장섰던 이성계가 이를 무시하고

215) 《태조실록》 권3, 태조 2년 1월 무오(12일). "司憲府上言: '前藝文春秋館學士李行, 嘗爲恭讓知申事, 職兼史官修撰, 乃阿李穡, 鄭夢周, 誣書我主上殿下殺辛禑, 辛昌及邊安烈. 請收職牒, 鞫問論罪.' 上允之. 先是, 侍中趙浚坐春秋館, 見前朝史草, 至行所記, 有曰: "尹紹宗忌李崇仁才, 告於趙浚, 欲害崇仁. 浚指日誓之曰: '所聽紹宗之言, 欲害崇仁者, 有如白日.' 進告上. 上命進戊辰已後史草, 遂親見行所記, 以誅安烈及禑, 昌父子等事."

216) 《태조실록》 권4, 태조 2년 7월 을축(22일). "教曰: 前朝之季, 僞主辛禑, 頑凶狂悖, 乃與其臣崔瑩, 謀犯遼陽, 督責諸將, 將渡鴨綠江. 時予爲右軍都統使, 諭諸將以爲: '以小國犯天子之境, 於義不順, 況得罪天朝, 則東方之民, 殆無類矣.' 諸將實能明曉逆順. 當時師若渡江, 東民安得按堵至今? 惟爾諸將, 聽寡人之言, 仗義還師, 以安東方, 肆予寡躬, 得有今日. 若論其功, 宜在旌賞. 青城伯沈德符, 義安伯和, 判開城府事柳蔓殊, 門下侍郎贊成事崔永沚, 參贊門下府事李之蘭等十三人, 可爲一等功臣; 前判慈惠府事慶補, 參贊門下府事慶儀, 三司右僕射尹思德, 商議門下府事鄭曜, 同知中樞院事朴永忠等十五人, 亦知大義, 參謀與議, 可爲二等功臣; 前判慈惠府事崔鄲, 前雞林府尹王賓, 前密直副使金天莊, 前開城尹南成理, 前漢陽尹李至, 工曹典書張子忠, 僉節制使崔允壽, 前晋州牧使黃順常等十人, 亦識利害, 從順無違, 可爲三等功臣. 中樞院學士南在, 兵曹典書尹紹宗等, 雖不與行師, 其於還京, 社稷大計擬議之際, 援古贊計, 可爲三等功臣崔鄲之例; 卒侍中曹敏修·裵克廉, 判三司事尹虎等, 一等功臣沈德符之例; 卒檢校侍中邊安烈, 判三司事王安德·池湧奇, 三司左使趙仁壁, 完山君元桂, 門下評理鄭地, 忠州節制使崔公哲等九人, 二等功臣慶補之例; 卒判慈惠府事安慶, 晋州牧使金賞, 開城尹李伯等, 三等功臣崔鄲之例, 褒賞之典, 有司舉行."

건국의 정당성을 확보하기는 어려웠고, 늦게나마 이를 현창할 필요가 절실하였다.

무장의 제거는 문신으로 대표되는 정몽주, 이색, 우현보, 설장수보다 앞선 시기에 있었다. 조민수의 제거는 사전의 혁파에 반대하였거나 우왕과 창왕을 세웠다는 죄목이었다. 변안열은 공양왕을 세운 다음에도 강화에서 여주로 옮김 우왕을 옹립하는 음모를 세웠다는 혐의였다. 여주에 옮긴 동기도 그들의 정통성을 인정하기 위해서라기보다, 연결된 세력을 소탕하려는 음모였을 가능성도 있다. 개국과 같은 정변에는 투명한 정의보다 폭력이 등장하므로 이를 논리로 풀기가 어렵다.

폭력은 정변을 동반하고 승리의 열매를 공신이란 훈장으로 장식한다. 패배자에게는 역신이란 불명예가 따르지만, 개국한 다음 해에 역신을 공신으로 책봉하고, 5년에는 최영에게 시호까지 내린 사실을 보면, 군벌과 개국을 위한 거사가 폭력이었음을 스스로 인정하였다. 조민수와 변안열에게는 시호가 없었다. 우인열은 모든 정변에 관여되었지만 제거 대상에서 항상 막판에 빠졌을 정도로 미약한 세력이었을 가능성이 크고, 조선 개국에 협력하고 원종공신에 포함되어 순탄한 일생을 마쳤다.

조민수는 고향에 유배되었으므로 서인으로 처형되지 않고 죽음을 맞이한 듯하다. 이성계는 회군공신을 책봉한 다음 해인 태조 3년에 조민수의 자손에게 벼슬길을 열어주는 금고(禁錮)에서 풀고,[217] 7

217) 《태조실록》 권6, 태조 3년 10월 정축(11일). "上以誕晨, 講《法華經》于殿內, 宥中外罪囚. 特宥李行・李詹流罪, 李仁任・曺敏修禁錮, 皆還職貼."

년에는 재산을 돌려주었다.218) 그의 후손은 벼슬하고 사족으로 유지하였다. 이로 보면, 개국의 주도자들에게 회군이란 정의보다 당시의 현실에서 불가피하였다는 공감이 형성되었고, 그러한 분위기가 민심이었고, 이를 인정하는 방향으로 변화하였다고 하겠다.

### 6.3. 변안열에 대한 《고려사》의 문제점

변안열은 무장으로 전장에 동원되었고, 무공에 대한 약간의 기록이 전한다. 품성이나 역임한 관직과 경세에 대한 의견이 크게 반영되지 않았으므로, 그의 행적을 통하여 몇 가지 추정이 가능하다. 그는 위화도 회군의 뒤 얼마 지나지 않아서 처형되었으므로, 이전에 그와 관련된 인물들과 서열이나 관직의 비교가 중요하다.

공민왕과 노국대장공주의 진전사원이었던 광통보제선사비에는 우왕 7년(1377) 고급 관직자가 직위순서로 거의 망라되었고, 그들의 지위와 서열이 자세할 정도로 정리되었다. 이를 정리하면 다음 〈표 19〉와 같다.

표에서와 같이 이인임이 가장 서열이 높았지만, 11년 후에 우왕의 장인으로 등장한 최영에게 기습적으로 제거되었다. 더구나 하극상의 정변이었다. 이성계와 조민수는 서열의 차이가 적지 않았지만, 요동 정벌에는 각각 좌우도통사로 동격이었고, 변안열은 이 비문에는 조민수보다 지위가 높고 이성계에 접근하였지만, 그 사이에 전공

---

218) 《태조실록》 권13, 태조 7년 4월 기해(23일). "命都堂, 給還故侍中曺敏修財穀."

표 19. 위화도 회군 11년 전 관련 인물의 서열과 역할

| 직위순서 | 직위 | 역할 |
|---|---|---|
| 3 | 守門下侍中廣平府院君臣 李仁任 | 최영에 의하여 2월에 유배됨 |
| 4 | 判三司鐵原府院君臣 崔瑩 | 팔도도통사 |
| 9 | 贊成事判典工司事臣 李成桂 | 좌군도통사 |
| 11 | 評理臣 邊安烈 | |
| 15 | 評理臣 曺敏脩 | 우군도통사 |
| 22 | 商議臣 禹仁烈 | 32원수 |
| 35 | 商議臣 禹玄寶 | 우왕을 보좌 |
| 36 | 副使臣 裵克廉 | 이성계를 보좌 |

에 차이가 생겼을 가능성이 있다. 변안열의 관직이 돋보이게 정리된 자료로 주목된다.

위화도 회군 3년 전인 1385년 건립된 묘향산 안심사 지공나옹 사리석종기에 관직 순서로 열거되어 있다. 이를 정리하면 다음 쪽의 〈표 20〉과 같다.

이 표에서 이성계와 변안열의 위계는 8년 전에 비해 큰 변화가 없으나 조민수가 약진하였음이 돋보인다. 변안열은 회군에는 이성계와 함께 하였으나 이후에는 항상 걸림돌이었다. 다음에 이성계와 약속을 어기고 창왕을 세웠다는 죄목을 들었다. 윤소종이 이성계에게 〈곽광전〉(霍光傳)을 올렸고, 우왕의 아들이 아닌 종실을 세우기로 작정하였다.

우왕을 옹립할 당시에도 명덕태후와 경복흥은 종실을 옹립하기로 염두에 두었던 일이 있으므로, 조민수와 이색이 창왕을 세운 일

표 20. 1385년 안심사 지공나옹 사리석종비의 단월 순서

| 직위순서 | 공신명과 직위와 이름 |
|---|---|
| 1. | 純忠翊戴同德輔理贊化功臣壁上三韓三重大匡領三司事上護軍 廣平府院君 李仁任 |
| 2. | 純忠勁節同德協贊輔理功臣壁上三韓三重大匡南陽府院君 洪永通 |
| 3. | 忠勤佐命翊戴輔理贊化功臣壁上三韓三重大匡門下侍中判典理司事上護軍 領孝思觀事昌城府院君 曹敏修 |
| 4. | 忠勤亮節翊戴贊化輔理功臣壁上三韓三重大匡守門下侍中判軍簿司事上護軍 領景靈殿事平原府院君 林堅味 |
| 5. | 誠亮節翊戴輔理定遠功臣三重大匡完山府院君 李成桂 |
| 6. | 忠勤佐命同德輔理功臣三重大匡判三司事上護軍月城君 李成林 |
| 7. | 推忠亮節宣威翊贊補祚功臣重大匡門下贊成事判版圖司事上護軍兼 判典農寺事 邊安烈 |
| 8. | 推忠翊戴輔理功臣重大匡門下贊成事判圖司事上護軍兼判典農寺事 禹仁烈 |
| 9. | 忠勤翊戴燮理贊化功臣重大匡門下贊成事判禮儀司事兼成均大司成藝文館 大提學知春秋館事上護軍 廉興邦 |
| 10. | 眞誠同德輔理功臣重大匡琅城君信菴閑閑居士 李邦直 |
| 11. | 純忠亮節輔理功臣大匡門下評〉理兼判典農寺事上護軍 都吉敷 |
| 12. | 推忠翊戴功臣大匡密山君 朴成亮 |
| (이하 생략) | |

은 이성계의 반발 구실이 되었다. 회군한 다음에 사전의 개혁에도 반대한 사실은 군벌 사이의 갈등이 회군 다음에 이성계에게 집중되었을 가능성이 있다. 이에 대하여 윤소종이 우창비왕설을 내세우면서 목숨을 걸고 투쟁하였을 가능성이 크다.

강화에서 여주로 옮긴 우왕과 창왕을 복위시키려고 음모를 꾸몄다는 주장과 함께, 우창비왕설은 공양왕과 회군에 참여한 군벌을 왕

실과 분리시켜 약화시키려는 동북면 군벌을 감싸던 문신들의 계략일 가능성도 있다. 변안열은 조민수와 우인열과는 달리 유배지에서 처형되었다. 그만큼 왕실의 최영에 가까운 중부권의 군사를 기반으로 삼은 군벌로, 위협이 되었을 가능성이 크다.

위화도 회군을 전후한 시기에 변안열의 무장으로서 활동은 《고려사》와 《고려사절요》에 어느 정도 실려 있고, 이에 대한 정리는 필자의 과제가 아니므로 생략한다. 다만 금석문과 고문서에 약간의 자세한 자료가 전하므로 이를 정리한다. 한국학중앙연구원에는 왕실에서 보관한 낱장의 문서가 있고, 이 가운데 변안열의 죽음에 관한 기록이 다음과 같이 더욱 자세하다.

> 공양왕 1년 경오 원천부원군 변안열을 주살하다.
>
> 변안열을 유배한 곳에서 주살하였다. 앞서 김저의 옥사에 연관되어 한양에 유배되어 있었는데, 강도가 국왕의 문으로 들어온 자가 있었으므로 낭사 윤소종이 오원제가 무원현을 죽인 일을 인용하여(판례로 삼아) 도적이 변안열과 연결되었으므로 국왕의 명을 받아서 한양윤 김백홍에게 주살하게 하였다. 윤소종은 또한 김백홍이 문초를 남기지 않고 주살하여 그들 무리의 악행을 감춘 죄를 처벌하자고 요청하였다. 어사대 신하를 보내어 변안열의 당여를 분리시켜, 이을진, 이림, 정지 등을 개경 밖에서 국문하였다. 고문이 심하여 김백홍이 옥중에서 죽었다.[219]

219) 《野乘》 권1. “恭讓王元年 殺原川府院君邊安烈于流所 初金佇之獄辭連 安烈流漢陽 時有强盜劫人 國門外者 郎舍尹紹宗等引吳元濟殺武元衡事 以爲劫盜由安烈 發王下其疏就 貶所令漢陽尹金伯興誅之 紹宗等 又論伯興不問而誅 請懲黨惡掩覆之罪 乃遣臺臣分鞫 安烈黨與李乙珎李琳鄭地等京外 拷掠甚酷 伯興死獄中.”

위와 같이 야승에는 처형된 경위에 윤소종이 대간으로 깊이 관여하였고, 한양윤 김백홍이 담당하였다고 전한다. 김백홍은 이성계 일파에 의하여 심한 고문으로 죽음을 당하였듯이, 변안열과 같은 당여로 간주되었다. 김백홍은 개국세력이 주도한 정변에 앞세워 이용하고 처형된 셈이었다.

변안열의 딸은 이성계의 아들인 방번과 결혼하였으나[220] 그 시기는 정확하지 않다. 또한 손자는 정종의 딸과 결혼하였다. 변안열의 아들 변이(邊/頤)는 태종을 섬겨 원종공신이 되었고, 세종 때에 좌군의 통솔하였고, 자식은 모두 7형제였다.[221] 이들 가운데 변상복(邊尙服)은 정종의 부마였다.[222] 또한 변현(邊顯)도 변안열의 아들로 확인되는 인물이다.[223]

이덕무는 조선 초에 2인의 왕실 부마를 배출한 가문으로 유일한

220) 《연려실기술》 권1, 태조기사본말. “정양대군(定陽大君) 왕우(王瑀)는 딸이 무안대군(撫安大君) 방번(芳蕃)의 부인이 된 까닭으로, 혁명 후 사면을 받고 귀의군(歸義君)으로 봉해졌다. 〈무안대군비〉 ○ 그에게 숭의전(崇義殿)의 제사를 받들게 했다.”고 그 이유를 밝혔다.

221) 《세종실록》 권87, 세종 21년 12월 병술(12일). “左軍摠制邊/頤卒. /頤, 安烈之子, 事太宗爲元從功臣. 子次喜, 尙覲, 尙會, 尙同, 尙朝, 尙聘, 尙服.”

222) 朴承任, 《嘯皐文集》 권4, “高麗國推忠亮節宣威翊贊補祚功臣壁上三韓三重大匡領三司事原川府院君邊公墓表.”; 李德懋, 《청장관전서》 권49. “삼촌과 조카가 공주에게 장가든 사람이 있으니, 정종조에 덕천군주(德川郡主)의 부마는 부사(府使) 변상복(邊尙服)인데 조카 유천위(柔川尉) 효순(孝順)이 태종의 소선옹주(昭善翁主) 부마였다.”고 차이가 있으나 그 이유를 밝히지 않았다.

223) 《세종실록》 권54, 세종 13년 10월 기유(18일). “以爲順成君, 朴賡妻李氏爲咸陽郡主, 邊尙服妻李氏爲德川郡主, 李寬植妻李氏爲仁川郡主, 金澣妻李氏爲高城郡主, 趙孝山妻李氏爲祥原郡主, 李希宗妻李氏爲安城郡主, 李恒信妻李氏爲咸安郡主, 李叔畝妻李氏爲韓山郡主, 金閑妻李氏爲茂珍郡主, 李孜妻李氏爲載寧郡主.”

변안열의 후손을 들고, 변안열의 손자인 변상복이 정종의 덕천군주(德川郡主)의 부마이고,[224] 그의 조카 효순(孝順)이 태종의 소선옹주의 부마였다고 지적하였다. 《조선왕조실록》에는 이들을 봉한 기록이 확인된다. 변상복은 무장으로 출전한 기록이 확인되고, 최종 관직은 강릉부사였다.[225] 효순은 태종의 부마였고 변상복의 조카였다.[226]

군벌 가운데 조민수와 변안열은 시호를 받지 못하였지만, 그의 아들과 손자는 정종과 태종의 부마가 되었다. 조선 초에 대대로 왕실의 부마가 된 사례는 드물었으므로, 이덕무는 이를 특기하였다. 그의 후손이 통혼을 통하여 사족이 유지되고 있음이 여러 문헌에서 확인된다.[227] 변안열의 후손이 금고에서 풀리고 재산을 돌려받은 사

224) 《세종실록》 권54, 세종 13년 10월 기유(18일).

225) 《세조실록》 권1, 세조 1년 7월 을유(12일). “傳旨戶曹曰: “江陵府使邊尙服在官身死, 可賻米豆各十石, 紙六十卷, 幷給棺槨.”

226) 《세조실록》 권7, 세조 3년 3월 병술(23일). “柔川尉邊孝順卒. 孝順, 高麗贊成安烈之後, 尙太宗女昭信翁主, 封柔川尉. 性溫雅, 行己恭孫, 平生有三大拙, 處心拙, 治家拙, 待人接物又拙. 諡曰康夷, 信柔好樂康, 安心好靜夷.”

227) 《鶴峯先生文集》 권7, 成均生員邊公墓碣銘丁亥. “嗚呼. 吾尙忍銘君之墓乎. 余於君. 其居同. 其齒又同. 少而同業. 晩而有同老之約. 中年出處雖異. 而平昔相好之情. 未嘗替也. 君歿之三年. 余還自錦城. 園廬不改. 笑談如昨. 而笛怨山陽. 草宿南阡矣. 嗚呼君乎. 而至此耶. 年未至艾. 病未至痼. 老母在堂. 孤兒弱妻在室. 君何忍舍此長往耶. 死而有知. 知君之目. 不瞑於泉下也. 君諱慶長. 字善源. 原州人. 高麗三重大匡, 門下贊成事, 府院君安烈. 其八代祖也. 院君之後. 世有達官. 高祖諱寧. 舒川郡守. 曾祖諱希乂. 祖諱廣. 成均生員. 考諱永淸. 登嘉靖己酉文科. 官至尙衣院正. 娶高麗鐵城府院君李嵒之裔孫縣監之女. 生君. 君少習擧子業. 中隆慶庚午司馬. 又能通念經書. 人謂取大科不難. 而竟未也. 命也. 世業素厚. 奉親施人. 有可稱者. 質又醇固. 與物少崖檗. 得鄕里歡心焉. 君生于嘉靖十八年己亥. 卒于萬曆十三年乙酉. 享年四十七. 葬于府西佳蔭洞震坐兌向之原. 從先壟也. 其配商山金氏. 內資寺正沖之女. 無後. 側室有子曰喜一, 仲一, 又

실은 조민수와 달리 실록에 수록되지 않았으나, 조민수와 같거나 앞설 가능성도 있다.

윤근수(尹根壽; 1537~1616)는 조민수와 변안열이 죽을 때까지 간사한 행동을 보이지 않았는데 간신전에 들어 있음을 지적하고, 《송사》 열전의 간신에 비교하면서 쓴웃음이 나온다고 실토하였다.[228) 이보다 나중인 안정복(安鼎福)도 스승인 이익(李瀷)에게, 조민수와 함께 변안열이 《고려사》 간신전에 실린 사실에 의문을 품고 "공정한 판단으로 편찬된 책이 아니"라고 지적하고 의견을 물었다.[229) 안정복은 《동사강목》을 저술하면서, 《고려사》의 잘못을 여러 곳에서 지적하였고, 조민수와 변안열이 간신전에 들어 있는 문제점을 제시하였다.

《고려사》는 본래 정도전이 개국공신을 대변하여 개국의 정당성을 선전하려고 《원사》처럼 졸속하게 편년체의 《고려국사》로 편찬되었으나, 여러 잘못된 서술이 많아서 배포된 다음 곧 회수하여 다시 편찬하였다. 그러나 계속된 문제점이 지적되고, 세종은 기전체로 바꾸어서 엄정하게 편찬하라고 지시하였으나[230) 제대로 지켜지지

一, 惟一. 皆幼. 女壻曰轅. 漢陽尹慶宗孼子也. 銘曰. 已乎善源. 壽也夭也. 其誰尸之. 太空茫茫. 脩短同歸. 而又何悲."

228) 《月汀集》 권4, 漫錄. "至於高麗史姦臣傳中所載曺敏修, 邊安烈事行始終. 未見其有姦邪之狀. 敏修則只聽李穡當立前王之子之言而擁立昌. 安烈則只私謁驪興王而已. 以此成罪而置之姦臣之列. 焉足以服後世之人心. 而亦豈直筆可信之史乎. 且當立前王之子. 乃穡之言. 探本而指而爲罪. 則穡將不免爲罪首. 史臣以穡名儒. 不敢加以姦臣之名. 而只加於敏修而已. 可發一笑."

229) 《順菴先生文集》 권10, 東史問答 上星湖先生書[庚辰]. "曹敏修, 邊安烈皆入奸臣傳. 似非公筆."

230) 변태섭, 《고려사의 연구》, 삼영사, 1982.

않았다.

《고려사》가 객관적인 서술로 사료집의 가치가 크다는 평가도 있다. 세종 때 각 지(志)의 편찬에도 지나치게 유교를 강조하여 고려에서 실제로 중요하게 시행되지 않은 유교식 의례를 강조하였다. 실제로 중요하고 국왕이 참석하였던 국가의례에 대해서도 매우 불충실한 사서로, 보충해야 할 필요성이 큰 부분이 많다.

## 7. 맺음말-조선 건국을 바라보는 새로운 시각

몽골 제국과 고려는 동맹에서 항쟁으로, 다시 결혼동맹으로 전환되었다. 몽골 제국은 항전기간에 고려 서북민을 심양으로 이주시키고 이들을 이리간으로 이루었으며, 이곳에다 몽골과 고려는 대도와 개경을 연결하는 사이의 역참을 설치하였다.

원주변씨의 시조는 심양으로 이주한 고려 서북민의 후예였다. 원주변씨의 시조는 신라 말기에 북한산주와 고려 초의 해주에서 활동한 기록이 있으며, 더 북쪽인 태천으로 이주한 집단도 있었다. 원주변씨의 시조는 이들 가운데 역참을 구성한 이리간으로 차출된 서북면의 부호였을 가능성이 크다. 심양으로 이주한 고려인이었고, 무장으로 공민왕과 노국공주가 귀국하는 호위무사로 고려로 돌아왔고, 원주원씨 원의의 딸과 결혼하여 본관을 원주로 삼았다고 전한다.

원주변씨의 기원은 신라에 복속한 신라의 서북 지역에서 기원하였고, 신라의 북한산군주였던 변품의 후예였을 가능성이 크다. 고려 초기 황주 지역을 중심으로 더 북쪽인 태천으로도 이주하여 분관이 있었다. 고려와 몽골 제국은 혼인동맹을 통하여 우호관계를 유지하였고, 세계 경영에도 동맹관계를 활용하였다. 변씨는 서북 지역에 오랜 기간 토착하여 변안열의 묘표에는 삼족오가 조각될 정도였고, 연안이씨와 상통할 정도로 고구려의 신화와 문화전통도 계승하였다고 짐작된다.[231)]

고려는 원 말기에 일어난 각지의 민란의 하나인 홍건적의 침입으로 직접 타격을 받았다. 또한 왜구는 전국의 해안에 출몰하였고, 때로는 정규군과 다름없는 대규모의 침입도 잦았다. 몽골족이 옛 지역으로 돌아간 다음에도 여진족을 지배하던 원의 잔존세력이 끊임없이 침범하므로, 이를 대비한 고려의 관군은 점차 군벌화되었다.

군벌은 패기(牌記)라 불리는 군적을 각각 장악하였다. 그 가운데 동북면 출신의 이성계는 여진의 부족을 흡수한 가별초란 친병을 거느리고 중요한 전투에 투입되었다. 그러나 북원은 나하추가 이미 명에 항복하였고, 명을 협공할 움직임도 없었다. 다만 명의 수도는 고려에서 멀리 떨어진 금릉에 있었고, 명이 윈난에 있던 원의 잔존세력을 원정하기 위하여 떠난 시기를 노렸을 가능성도 있다. 철령위의 설치를 선포한 명의 작전은 반대 방향의 윈난에 웅거한 몽골 제국의 잔존세력을 평정하기 위한 엄포였는가. 고려의 단독작전이 승산이 있었다는 논의는 앞으로도 진행될 필요가 있다.

---

231) 허흥식, 〈삼족오의 동아시아 기원과 사상의 계승〉, 《삼족오》, 학연문화사, 2007.

요동 정벌은 최영의 딸이 우왕의 영비로 납비된 다음 달이었고, 영비는 변안열의 아들과 결혼 직전에 파혼된 그 여인일 가능성도 있다. 요동 정벌 실패는 내부의 준비와 외부의 여건이 성숙되지 못한 상태에서 성공이 더욱 어려웠을 가능성도 있다. 최영은 최대의 세력이었던 이인임과 임견미, 염흥방, 지윤을 제거하고 내부를 다지지도 못한 상태였다.

요동 정벌은 북원의 호응도 없고, 내부의 단결된 요소도 없는 매우 취약한 모험이었다. 이에 조민수와 변안열, 우인열도 이성계의 회군을 저지하기 어려웠을 가능성이 크다. 윤소종이 이미 우왕과 창왕의 정통성을 부정하고, 이성계에게 공민왕의 직계가 아닌 종실을 세우려는 시도가 있었다. 이색과 조민수가 이인임과 인척인 이림의 딸 소생 창왕을 세웠으므로 충돌이 불가피하였다. 경복흥과 명덕태후는 공민왕 사후에 이미 종실을 세우려 하였으므로, 10세였던 창을 세운 의도는 어린 왕을 세우고 권신으로 발호하려 한 것으로 비추어졌을 가능성이 크다.

공민왕의 죽음 이후 조선 건국에 이르는 16년 동안, 권신과 군벌의 발호가 심하였고, 연속적인 내부의 정변은 내부의 결속을 어렵게 만들었다. 이를 외부로 돌려 타개하려는 최영과 우왕의 요동 정벌은 취약점을 면하기 어려웠다. 이성계가 주도한 위화도 회군과, 우왕과 최영을 제외하고 출전한 장군들이 동의한 회군은, 국외의 불리한 조건과 유리한 조건의 양면성이 보이지만, 내부의 불리한 조건이 오히려 더 컸다고 하겠다.

회군공신들도 결국 어린 왕을 세우고 실권을 장악하려는 암투로 발전하였고, 우창비왕설을 내세운 동북면 군벌의 종실 옹립의 당위성에 대응하기 어려웠다. 여기에 반독립적인 세력으로 자라난 동북면 군벌을 제지하려는 정몽주와 대간의 협력은, 폭력을 동반한 정변과 가장 큰 정변의 하나인 조선 개국으로 나타났다. 공민왕이 죽은 다음 점점 가속화된 폭력을 도안한 정변의 연속에서, 조선 개국을 기점으로 정변의 발생은 점차 뜸해지면서 지난 정변의 희생자에 대한 새로운 평가가 가능해졌다.

이 글은 고려와 원의 관계 변화 초점을 두고 조선 개국을 살폈다. 여기에 원에서 공민왕의 즉위를 계기로 함께 귀국한 변안열과, 그의 가문의 기원과, 무장으로서 개국에 앞서 참여하였던 정변에서의 역할과 처형, 그리고 이후의 평가와 가문의 존속을 살폈다. 우왕과 최영이 관련된 왕실의 통혼과 정변은 변안열과 직접 관련되었다. 조선 개국을 군벌과 권력의 실권자가 왕권을 무력화시키면서 일어난 정변의 갈등으로 파악하고, 지금까지의 개국과는 다른 각도로 파악하였다.

성리학과 불교의 사상적 차이, 개혁과 수구의 이해의 대립, 신진사대부와 벌열의 대립으로 보고 이원적으로 파악하려는 시도가 개국의 원인으로 제시되는 경향이 학계의 주류를 이루었다. 정변이란 이원적인 갈등이 치열하지만, 전반적으로 살피면 언제나 이원적인 대립으로 존재하였다고 보기는 어렵다. 오히려 왕권을 제약하는 다원적인 군벌과 다원적인 벌열, 다원적인 국제관계의 변화에 내부의 무장들이 다원적으로 참여하고 있었다.

각각 정변의 원인은 이원적이지만, 오랜 정변은 다원적인 요소가 폭력을 동반하여 가속도를 가지거나 반대의 경우가 있었다. 조선 개국까지는 가속도가 있었으나 이후에는 점차 속도가 떨어지고, 군벌이 해체되고 국왕을 중심으로 제도화된 다원성이 존재하여 폭력을 억제하였다. 최영, 조민수, 변안열 등은 다원적인 군벌이었고, 이들은 가속화된 정변에서 희생되었다.

폭력을 동반한 정변은 타당성을 잃었고, 뒤에 이를 재평가하여 바로잡으면서 반역에서 벗어나 금고를 해제하고 재산을 복구하였다. 그러나 폭력을 동반한 정변보다 정의를 동반한 명예의 회복과 정변에서 발생한 희생자에 대한 신원(伸寃)이 조선을 개국한 다음에 안정된 국가를 유지하기 위하여 요구되었고, 변안열의 경우에도 같은 과정으로 명예가 회복되었다. 그러나 간신으로 정리된 사관의 평가가 다시 논의되기는 더 오랜 세월이 지나 윤두수와 안정복에 의하여 제기되었다.

제4주제

# 위화도 회군 이후 변안열과 사대부의 관계

고 혜 령

고려사이버대학교 외래교수

## 1. 머리말 _《고려사》 열전의 변안열

대은(大隱) 변안열(邊安烈)은 고려 말의 무장으로, 이성계와 함께 여러 격전지에서 어깨를 나란히 하며 전공을 세운 인물이다. 이성계가 조선 건국의 시조가 된 반면, 함께 활동하던 변안열은 조선이 건국되기 전에 죽임을 당하고, 《고려사》(高麗史) 간신전에 입전되어 있다.

관찬사서인 《고려사》는 기전체(紀傳體)의 역사책이다. 기전체란 중국 사마천의 《사기》에서 시작된 역사 편찬 방식인데, 이는 본기, 열전, 지 등의 체제로 역사를 편찬하는 것이며, 열전에서는 인물에 대한 포폄(褒貶)을 하고 있다. 《고려사》 열전에는 후비(后妃)와 종실(宗室) 공주(公主) 외에 양리(良吏), 충의(忠義), 효우(孝友), 열녀(烈女), 방기(方技), 환자(宦者) 등 다양한 인물들을 분류하였다. 그리고 신료들에 대해서는 일반 관료 외에, 양리, 충의, 폐행(嬖幸), 간신(姦臣), 반역(叛逆) 등으로 나누었다.

이 가운데 '양리'는 청렴하고 근신하게 처신하였거나 혹은 어질고 후하게 백성을 대하여 모두 백성의 송덕을 받는 사람들을 칭송하는 것이고,[1] 충의는 한번 변고를 당하면 비록 펄펄 끓는 가마솥이 앞에 있고, 칼과 톱이 뒤에 있어도 회피하지 않는 사람들이다. 이들은 생명보다 더 중요한 것, 대의와 절개를 위하여 희생된 사람들[2]이다. 반면에 '폐행'은 아첨과 간사로 임금이 좋아하는 것을 엿보아 비위를 맞추어 주고 자기의 목적을 추구한 소인들이며,[3] '간신'은 술책을 부려 정권을 농간하여 백성을 좀먹고 나라를 위태롭게 한 신하이다.[4] '반역'은 난신적자(亂臣賊子)와 반란을 일으킨 자를 말하는 것이니, 이들은 극형을 당하고 그 일족은 전멸된 사람들이다.[5]

이들에 대한 분류는 물론 사서(史書)를 편찬하는 당대 사람들의 역사적 입장을 반영하는 것이다. 《고려사》는 고려가 멸망한 후 조선 초기에 씌어진 사서(史書)이다. 따라서 국가가 멸망한 지 반세기가 지나지 않은 시기에 전(前) 왕조의 역사를 기록하는 일에 공정한 사실(史實)의 기록이 이루어지기를 바라는 것은 무리라고 할 수 있다. 더구나 조선은 이성계와 그 일파가 고려 왕실을 엎고 세운 나라가 아닌가? 그런 의미에서 조선 초에 씌어진 고려의 역사, 특히 고려

1) 《고려사》 권121, 열전 良吏.
2) 《고려사》 권121, 열전 忠義.
3) 《고려사》 권123, 열전 嬖幸.
4) 《고려사》 권125, 열전 姦臣.
5) 《고려사》 권127, 열전 叛逆.

멸망 과정에 대한 역사가 과연 얼마나 객관적으로 기술되었을지 의심이 들 수밖에 없다. 정치적으로 비판받는 대상인 폐행과 반역은, 그들의 행적 가운데서 왕의 측근에 있으면서 불법적인 방법으로 온갖 횡포를 자행하고 일신의 영화를 위하여 국정을 어지럽힌 행동을 하거나, 왕에 대해 반란을 일으킨 분명한 반역 행위를 한 사람들로서 재론이 필요 없는 경우가 대부분이다. 반면, 간신전에 입전된 사람들에 대해서는 재검토의 여지가 있을 수 있다. 그 가운데 대표적인 인물이 변안열이 아닐까 한다.

순암(順菴) 안정복(安鼎福)은 성호(星湖) 이익(李瀷)의 제자로서 많은 가르침을 받았고, 실학자로서 《동사강목》(東史綱目)이라는 사서를 편찬하였다. 이 사서는 강목체(綱目體)로서, 이전의 기전체나 편년체와는 달리 주제별로 기술한 사서이다. 그는 성호 선생께 올린 편지에서 이렇게 질문하였다.

> 동사강목에 대한 작업은 거의 마쳤습니다...... 다시 가르침을 주시면 매우 다행이겠습니다. 이인임(李仁任)은 과연 어떤 사람입니까? 우현보(禹玄寶)가 꼭 죽이려고 했던 것은 정도전(鄭道傳)의 뜻을 거슬러서 그런 것입니까? 조민수(曺敏修)와 변안열(邊安烈)을 다 간신전(奸臣傳)에 넣은 것은 공정한 필법이 아닌 것 같습니다...... 여말의 실록은 대부분 윤소종(尹紹宗)의 손에서 나오고, 《고려사》는 또 정도전과 정총(鄭摠)에게서 이루어졌는데, 나라의 악을 드러내고 실사를 숨긴 것은 모두 자신들의 악을 은폐하려는 의도에서였습니다. 후인들은 그것을 그대로 믿어, 도리어 윤소종과 정도전 무리에게 희롱당한 바가 되니, 어찌 통탄하지 않겠습니까. 경진년.[6]

변안열에 관한 자료는 아주 드물다. 《고려사》와 《고려사절요》(高麗史節要)에 있는 그에 관한 기술은 무장으로서 활동한 공민왕대에서 우왕대까지의 활약상이 간략하게 기술되었고, 우왕 14년 '김저의 옥' 이후 그가 살해되기까지의 상황에 대한 약간의 기술이 있을 뿐이다. 간신전에 입전된 그의 기록도, 오히려 이성계의 무공을 중심으로 기록되어 있는 기이한 모습을 띠고 있다. 게다가 변안열은 무장이기 때문에, 자신의 문집이나 기록도 거의 없다. 따라서 변안열의 활동과 업적을 재구성하는 일은 지난(至難)하고, 특히 무장인 그가 고려 말의 사대부와 어떤 연결을 가졌는가를 추정하는 일은 쉽지 않다. 이 글에서는 위화도 회군 이후의 변안열의 행적을 통해서, 과연 그가 《고려사》 간신전에 입전되기에 적합한 인물이었는가를 알아보고, 그가 교유한 사대부들을 추적함으로써 고려 말 역사에서 변안열의 위상을 고찰하고자 한다.

정사류와 문집 자료 외에 변안열의 업적을 보완해 줄 만한 자료로 후손들이 편찬한 〈대은선생연보〉(大隱先生年譜)와 《대은선생실기》(大隱先生實記)[7])가 있는데, 이 글에서는 이 자료를 참조하였음을

---

6) 《순암선생문집》 제10권 〈東史問答〉 "성호(星湖)선생에게 올린 편지. 경진년". 번역문의 출처는 한국고전번역원의 한국고전종합DB임.

7) 신석호 편저, 《대은실기》(大隱實記; 한일문화인쇄사, 1977). 《대은실기》에는 신석호의 정치(精緻)한 연구와 〈대은선생연보〉, 《대은선생실기》가 원문과 함께 실려 있고, 《원주변씨세보》(原州邊氏世譜)의 서문이 몇 건 첨부되어 있다. 〈대은선생연보〉는 1950년에 권상규(權相圭)가 서(序)를 썼고, 〈대은선생실기〉는 1925년 풍산인 김세락(金世洛)의 서문을 썼다. 권상규는 조선 말기에 태어난 인물로 인암문집(忍庵文集) 24권이 있다. 여러 문집의 서문을 썼다. 1950년의 문소인(聞昭人) 김병구(金秉矩)의 서(序)가 있고 19세손 변호원(邊鎬元)의 지(識)와 17세손 석인(錫仁)이 간행경위에 대해서 쓴 지(識)가 있다. 〈대은선생실기〉는 기축년(1949)

밝혀둔다.

## 2. 위화도 회군과 변안열

(4월) 병진일에 최영을 팔도도통사로 임명하고, 창성부원군(昌城府院君) 조민수(曹敏修)를 좌군도통사로 삼아 서경도원수 심덕부와 부원수 이무(李茂), 양광도 도원수 왕안덕, 부원수 이승원(李承源), 경상도 상원수 박위(朴葳), 전라도 부원수 최운해(崔雲海), 계림(雞林)원수 경의(慶儀), 안동(安東)원수 최단(崔鄲), 조전원수 최공철(崔公哲), 팔도도통사조전원수 조희고(趙希古), 안경(安慶), 왕빈(王賓)을 예속시켰다. 우리 태조를 우군도통사로 삼아서 안주도 도원수 정지(鄭地)와 상원수 지용기(池湧奇), 부원수 황보림(皇甫琳), 동북면 부원수 이빈(李彬), 강원도 부원수 구성노(具成老), 조전원수 윤호(尹虎), 배극렴(裵克廉), 박영충, 이화(李和), 이두란(李豆蘭), 김상(金賞), 윤사덕(尹師德), 경보(慶補)와 팔도도통사 조전원수 이원계(李元桂), 이을진(李乙珍), 김천장(金天莊)을 예속시켰다. 좌우군이 모두 38,830명이고, 심부름꾼이 11,600명이었다. 임술일에 조민수는 좌군을 거느리고, 우리 태조는 우군을 거느리고 평양을 출발하면서 군사를 10만이라 군호(軍號)하였다.[8)]

---

에 변종기(邊宗基) 발의로 시작되었다고 하였다.

8) 《고려사절요》 33, 辛禑 4 우왕 14년 4월. 이하 《고려사절요》의 번역문 출처는 한국고전번역원 한국고전종합DB임.

1388년 4월 병진일(12일)에 최영을 팔도도통사로 삼고 조민수를 좌군도통사, 이성계를 우군도통사로 삼아서 평양을 출발하여 요동 정벌을 시작하였다. 5월 을미일(22일)에 이성계가 압록강에서 군사를 돌이켰다. 조민수와 이성계의 회군 소식을 들은 우왕은, 6월 초하루 계묘일에 최영을 문하좌시중으로, 우현보를 우시중으로 삼고, 송광미를 찬성사로, 안소를 평리로, 우홍수를 대사헌으로, 정승가를 응양군 상호군으로, 조규(趙珪)를 밀직부사로, 김약채(金若采)를 지신사로 삼아서 거리에 방을 붙이기를, "민수 등 여러 장수를 잡는 자는 관가나 사가의 노예를 불문하고 크게 벼슬과 상을 주겠다" 하였다.

6월 을사일(3일)에 이성계는 숭인문(崇仁門) 밖 산대암(山臺巖)에 둔을 치고, 유만수(柳曼殊)를 보내어 숭인문으로 들어가게 하고, 좌군은 선의문(宣義門)으로 들어가게 하였는데, 최영이 막아 싸워 모두 물리쳤다. 그러나 결국 최영은 고봉현(高峰縣)에 귀양 가고 이성계의 승리로 돌아갔다. 다시 홍무(洪武) 연호를 시행하고, 명나라 의복을 입고 호복(胡服)을 금하며, 우현보(禹玄寶)를 파면하고, 조민수를 좌시중으로, 이성계를 우시중으로, 조준을 첨서밀직삼사 겸 대사헌으로 삼았다.

그런데 요동 정벌과 관계되는 기사에서 변안열의 이름을 찾을 수 없다. 또 이성계와 함께 회군한 명단에서도 찾을 수 없다. 변안열은 요동 정벌군에 참여하지 않은 것일까?

그런데 다음의 기록을 보자

> (6월) 무신일(6일)에 우(禑)가 환자 80여 명과 함께 갑옷을 입고 우리

태조와 조민수·변안열의 집에 달려갔으나 모두 문 밖에 군사를 주둔시키고 집에 있지 않으므로 해치지 못하고 돌아왔다.9)

이미 최영의 군대가 회군세력에 밀려 패한 뒤에도 우왕은 이성계 일당을 기습적으로 반격하기 위해서 환자(宦者) 80여 명을 거느리고 그들의 집을 습격했다. 그러나 그날 이성계·조민수·변안열은 성문 밖에서 주둔하고 있어 화를 면할 수 있었다.

○기유일(7일)에 제장들이 숭인문에서 회의하고, 이화(李和), 조인벽(趙仁璧), 심덕부, 왕안덕을 시켜 대궐에 나아가 궁중의 병기와 안장 달린 말을 모조리 내어 놓기를 청하였다.

○경술일(8일)에 우를 강화로 추방하였다.

○신해일(9일)에 조민수가 정비의 전교로 우의 아들 창(昌)을 세웠다. 창왕을 옹립한 것은 조민수가 이색의 의견을 물어서 행한 것이라고 한다.10)

요동 정벌에서 대군 진영에 포함되지 않았던 변안열은, 이성계·조민수와 같은 입장에 서서 행동하였던 것으로 보인다. 변안열은 사실상 황산전투 이후 기록에 나타나지 않는다. 약 5년 동안 변안열의 활동이 기록에는 보이지 않으며, 요동 정벌 때에도 어떤 직책을 맡고 어떠한 임무를 수행했는지 알 수가 없다.11) 《대은실기》에 따르

9) 《고려사》 권137, 열전 50, 신우 14년 6월. 이하 《고려사》 번역문의 출처는 www.krpia.co.kr.

10) 《고려사》 권137, 열전 50, 신우 14년 6월.

면, 변안열은 이성계를 따라 요동 정벌에 나섰고, 위화도 회군에 참여하였으며, 우왕이 강화에 추방되자 변안열은 문을 닫고 며칠 동안 곡(哭)하였다고 한다.12)

그러면 변안열은 요동 정벌군, 즉, 위화도 회군에 참여하지 않고 이성계의 개경 입성에만 가담하였을까? 이 점도 논증하기 어렵기는 마찬가지다. 그러나 변안열이 사형을 당한 후 뒤늦게 회군공신에 그의 이름이 올라 있고, 다른 기록들에서 그가 회군에 참여한 공적을 칭송하는 것을 보면, 요동 정벌군에는 참여하였다는 것은 틀림없어 보인다.

변안열은 이미 운봉전투(雲峰戰鬪)에서 왜구를 토벌하는 데 이성계와 나란히 공(功)을 이루었고, 이제 이성계와 함께 위화도 회군에 가담했다. 이는 조선 개국 후, 이미 변안열 사후(死後)에 이루어진 개국공신 책록에서, "고(故) 시중(侍中) 조민수, 배극렴(裵克廉), 판삼사사 윤호(尹虎) 등은 일등공신 심덕부(沈德符)의 예(例)가 될 만하며, 고(故) 검교시중(檢校侍中) 변안열과 판삼사사 왕안덕(王安德), 지용기(池湧奇), 삼사좌사 조인벽(趙仁璧), 완산군 이원계(李元桂), 문하평리 정지(鄭地), 충주절제사(忠州節制使) 최공철(崔公哲) 등 9인은 이등공신 경보(慶補)의 예(例)가 될 만하며……"라 한 것에서도 알 수 있다.13) 또 수많은 전투에서 왜구를 물리친 이성계와 변안열은 친분관

11) 신석호 편저, 앞의 책, 141쪽.

12) 위의 책, 521쪽.

13) 《조선왕조실록》 태조 2년 계유(1393, 홍무 26) 7월 22일(을축). "개국공신을 책록토록 교지를 내리다." 또 귀정선생유고 위화도회군록에 의하면, 변안열이 고검교시중(故檢校侍中)이 아니고 영삼사사(領三司事)였다는 것을 밝히고 있다.(《龜亭

계도 매우 두터웠는데, 정종 때 이성계가 변안열의 옛집에 가서 그를 생각하는 기사가 《조선왕조실록》에 실려 있어서,[14] 변안열에 대한 이성계의 깊은 정과 그의 공로를 잊지 못하는 모습을 볼 수 있다. 즉, 변안열은 위화도 회군 전후에 이미 이성계와 동조한 신흥 무장 세력의 한 사람이었음을 알 수 있다.

창왕이 옹립된 후, 조민수를 양광전라경상서해교주도 도통사로, 이성계를 동북면삭방강릉도 도통사로 삼았고, 또 이들에게 충근양절선위동덕안사공신호(忠勤良節宣衛同德安嗣功臣號)를 주었다. 즉위한 다음 달에 대사헌 조준(趙浚)은 사전개혁에 관한 장문의 상서를 올렸다.[15] 이에 대하여 변안열은, 조민수를 비롯하여 이림(李琳), 우현보, 권근(權近), 이색(李穡) 등과 함께 사전개혁을 반대하였다.[16] 조준의 전제개혁론은 당시 개혁론자들의 논의 가운데 가장 치밀하고 구체적으로 고려의 전제문란과 모순의 원인을 파헤치고, 이에 대한 적극적인 대책을 제시한 것이었다.

창왕 옹립을 주도한 조민수는 사전개혁에 반대 입장을 취하여 이성계와 신진 사대부들과 대립되었다. 이성계 측은 조민수가 탐학하다는 이유로 탄핵하여 서민으로 강등시키고 창령으로 유배시켰다.[17] 그러고는 8월에 이색을 문하시중으로 이성계를 수문하시중으

---

先生遺稿》上 年譜 丙子 四月九日 壬寅 錄威化島回軍功)

14) 《조선왕조실록》 정종 1년 기묘(1399, 건문 1) 3월 9일(경진).

15) 《고려사》 권78, 지 32 식화 1, 전제 녹과전. 신우 14년 7월. 대사헌 조준(趙浚) 등 상소.

16) 신석호 편저, 앞의 책, 521쪽.

17) 《고려사》 권137, 렬전 50, 창왕 즉위년 7월 "流曹敏修于昌寧."

로 임명하였으며, 서연(書筵)을 열고 이색을 영서연사(領書筵事)로, 문하평리 정몽주를 지서연사로, 좌대언 권근, 좌부대언 유담(柳琰), 성균대사성 정도전 등을 모두 서연시독(書筵侍讀)으로 임명하였다.[18] 이색은 문관으로서 최고의 지위에 있었지만, 이성계가 도총중외제군사(都摠中外諸軍事)로서 실제 군사권을 쥐었으므로,[19] 이제 고려 정국은 이성계 전권(全權) 시대가 도래한 것으로 보인다.

강화에 있던 우왕은 9월에 다시 여흥으로 옮겨졌다.[20] 10월에 시중 이색과 첨서밀직사사 이숭인이 중국 남경에 사신으로 가서 신정을 하례하고, 자제를 입학시켜달라고 청하였다. 공민왕 승하 후에 명(明)은 집정대신을 불러 입조(入朝)하라 하였으나, 모두 두려워하여 가지 못하였는데, 이색이 정승이 되니 자청하여 조회하였다. 당시 이성계의 위세가 너무 커지므로, 이색은 변고가 일어날 것을 두려워하여 이성계의 아들 이방원을 서장관(書狀官)으로 삼아 데리고 갔다. 창왕이 즉위한 뒤 공양왕이 옹립되기까지 1년 반의 기간은, 이성계 세력과 구세력의 극심한 갈등기라고 할 수 있다.

18) 《고려사》 권137, 열전 50, 창왕 즉위년 8월.

19) 《고려사》 권137, 열전 50, 창왕 즉위년 8월. "以我太祖 都摠中外諸軍事 以陸麗爲東北面元帥 鄭曜爲都巡問使兼和寧尹."

20) 《고려사》 권137, 열전 50, 창왕 즉위년 9월.

## 3. 우왕복위운동과 변안열

정치적으로 권력을 잡은 이성계 세력은 이제 본격적인 전제개혁을 논의하였다. 고려의 전제는 전시과(田柴科) 체제로서 고려 전기이래 내려왔으나, 후기에 들어와서 이어지는 전란과 귀족들의 겸병이 심해져, 이미 대토지 소유자의 농장이 확대되고, 일반 백성들은 경작지를 빼앗기고 남의 농장에 소속되는 자가 대부분이었고, 토지를 잃고 유망하는 자들이 많아 민생이 크게 어지러웠다. 특히 몽고족의 침입 이후 밖으로는 끝없는 외적의 침입에 시달리고, 안으로는 귀족들의 토지겸병과 전횡에 시달린 농민들은 전호로 전락하고 유망하여 민생의 안정이라는 국가 기반이 무너지고 있었다. 나라의 안녕을 위해서 가장 근본이 되는 것은 민생의 안정이며, 국방도 안정된 국민의 토대 위에서 가능한 것이다.

창왕이 어린 나이에 즉위하고, 정치는 이성계를 중심으로 신진사대부가 집권한 상황에서, 그들은 당시 구세력의 재정기반을 혁파하여 그를 통한 사회개혁을 추진하려 하였다. 이성계 세력이 정권을 안정적으로 장악하기 위한 기본적인 문제 해결이 전제개혁이라는 것은 자명한 논리이다. 전제개혁의 필요는 창왕 즉위 이후, 조준을 비롯하여 간관들이 끊임없이 제기해 온 문제였다.[21] 이에 대하여 이

21) 《고려사》 권78, 지 32, 식화 1, 전제, 녹과전. 신우 14년 6월 昌敎曰; 신우 14년 7월 대사헌 趙浚 등 상소; 신우 14년 7월 典法判書 趙仁沃 등 상소; 신우 14년

미 변안열, 조민수, 이림, 우현보, 권근, 이색 등이 개혁을 반대하였다.[22)]

> 도평의사사에서 전제(田制)를 의논하였다. 이때 전제가 크게 문란하여 겸병하는 집들이 토지를 빼앗아 산과 들을 차지하였으니, 독해가 날로 깊어 백성들이 서로 원망하였다. 우리 태조가 대사헌 조준과 더불어 사전을 개혁하고자 하였는데, 이색이 옛 법을 경솔하게 고쳐서는 안 된다 하며 그 의논을 고집하여 따르지 않았고, 이림·우현보·변안열도 모두 개혁하려 하지 않았다. 이색을 유종(儒宗)으로 여기고 그 말을 빌려 여러 사람의 귀를 현혹시켰으므로, 개혁하여 사전을 공전으로 회복하려는 의논이 결정되지 못하였다. 예문관제학 정도전과 대사성 윤소종은 조준의 의논에 찬동하고, 후덕부윤(厚德府尹) 권근과 판내부시사(判內府寺事) 유백유(柳伯濡)는 이색의 의논에 찬동하고, 찬성사 정몽주는 두 사이에서 어름어름하고 있었다. 이에 각 관사(官司)로 하여금 사전을 개혁하여 공전으로 회복하는 이해(利害)를 의논하게 하니, 의논한 자 53명 중에 개혁하고자 하는 자가 10에 8, 9명이었는데, 개혁하지 않으려는 자는 모두 대가(大家)의 자제였다.[23)]

창왕 원년의 전제개혁 논의에 대해서 구세력은 역시 반대 입장을 보이는데, 여기에 유백유가 찬동하고, 예문관제학 정도전과 대사성 윤소종은 조준의 의견에 따랐고, 정몽주는 특별한 입장을 나타내지

---

9월 右常侍 許應 등 상소.

22) 신석호 편저, 앞의 책, 521쪽.

23) 《고려사절요》 34, 공양왕 원년(1389) 4월. 실제로는 창왕 원년(1389) 4월이다.

않았다는 것이다. 당시 여론은, 의논한 자 가운데 개혁하고자 하는 자가 10에 8, 9명이었으며, 개혁을 원하지 않는 자는 모두 세신대가의 자제였다고 한다.

개혁에 찬성하는 자가 10의 8, 9명이 될 정도라 하고, 또 전체 논의에 참가한 자가 53명이라고 하면, 40여 명 이상이 개혁에 찬동하였다는 말이 되는데, 대가(大家)의 입김 때문에 개혁을 이루지 못한 것이 된다. 그만큼 이색, 이림, 우현보, 변안열 등의 입장이 아직 유력한 상황이었던 것이 아닐까? 우왕을 추방하면서 다음의 왕으로 창왕을 세워야 한다고 주장한 이색과 조민수의 입김이 아직 유효한 상황에서, 신진세력의 과감한 개혁은 벽에 부딪힐 수밖에 없었다. 이미 창왕 즉위 직후부터 제기되어 온 전제개혁의 논의는, 8월에 일부 준비가 이루어졌다.[24]

창왕 원년(1389) 6월 인사에서는 심덕부(沈德符)를 판삼사사로, 안종원(安宗源)을 문하찬성사로, 정몽주를 예문관 대제학으로, 정영손(丁令孫)과 이서원(李舒源)을 밀직부사로 삼았다.[25] 이들은 모두 이성계에게 동조한 인물이다. 안종원은 청렴근직한 인물로서 이색과의 교유도 매우 깊었던 인물이다.[26] 문하찬성사로 기용하여 관리의 인

24) 《고려사》 권137, 열전 50, 창왕 즉위년 8월; 《고려사》 권78, 志 32, 食貨 1, 田制 經理. "(우왕 14年 8月) 令六道觀察使 各擧副使·判官 改量土田."

25) 《고려사》 권137, 열전 50, 창왕 원년(1389) 6월. "以沈德符 判三司事 安宗源 門下贊成事 鄭夢周 藝文館大提學 丁令孫·李舒源並密直副使."

26) 안종원(安宗源; 1325~1394)은 순흥인으로 자는 사청(嗣淸), 호는 쌍청당(雙淸堂)이다. 첨의찬성사 안축(安軸)의 아들이며, 1341년(충혜왕 2) 과거에 급제, 충목왕 때 사한(史翰)으로 선임되었다. 신돈에게 아부하지 않아 강릉부사로 좌천되었다가 신돈이 주살된 후 사헌시사(司憲侍史)를 거쳐 우사의대부(右司議大夫)에 이르

사권을 맡겼으나 곧 사임하였다. 안종원의 부 안축이 근검한 인물이었고 원나라 제과에 급제한 인물이었던 점은, 이색의 부 이곡이 원 제과 급제자인 점과도 같다. 이 때문에 두 사람의 입지나 성향이 비슷한 면이 있었음을 추측할 수 있다.

이어 7월에는 이색이 판문하부사, 이림이 문하시중, 홍영통(洪永通)이 영삼사사가 되면서, 이성계의 권력 구도에 차질이 오는 것처럼 보인다.[27] 그러나 이 해 9월의 기록을 보면, "이색·이림과 이성계는 칼을 차고 신을 신은 채로 왕의 전상에 오르게 하고, 찬배(贊拜)하고 이름을 칭하지 말게 하였다"[28]라 하였으니, 이성계의 독무대가 되지는 못한다 하더라도 그의 위세가 조금도 줄어든 것은 아니라고 보인다. 이런 조처는 정몽주의 권유에 따른 것이었다. 이러한 일련의 과정에서 변안열의 실제 행적은 보이지 않으나, 우왕을 복위시키려는 모종의 움직임이 변안열을 중심으로 일어나고 있었지 않나 추측할 수 있다.

변안열은 그 동안 왜구 격퇴의 공적을 쌓으면서 군사적 활약을

---

렸다. 성균관대사성·우상시(右常侍)를 거쳐 대사헌에 승진했다가 판숭경부사(判崇敬府事)가 된 뒤, 홍녕군(興寧君)에 피봉되었다. 전법정랑(典法正郎)으로 임명되었을 때 그가 공정한 판결을 지어 주었으므로 사람들은 그의 명철함을 칭송하였다. 환관의 폐해를 비판하여 국정의 문란을 막아야 한다고 소를 올렸으며, 명나라에 가는 사신들이 금·은·말 또는 포목들을 밀반출해 장사하는 것을 엄금하도록 건의하였다. 1382년(우왕 8) 순흥군(順興君)으로 개봉(改封)되고 다시 공신호를 받았으며 정당문학(政堂文學)이 되었다.

27) 《고려사》 권137, 열전 50, 창왕 원년 7월. "以李穡 判門下府事 李琳 門下侍中 洪永通 領三司事."

28) 《고려사》 권137, 열전 50, 창왕 원년 9월. "命李穡·李琳及我太祖, 劒履上殿, 贊拜不名, 各賜銀五十兩, 彩段十匹·馬一匹, 從鄭夢周之請也."

계속하여, 1382년에 단양에 침입한 왜구를 격퇴하고 원천부원군이 되고, 이어 판삼사사로 임명되었다. 위화도 회군 이후 이성계 편에 섰음에도 이렇다 할 지위를 부여받지 못한 변안열은, 전제개혁을 반대하는 입장에 섬으로써 이성계와 틈이 벌어지고, 그의 독단적인 권력 천단에 대한 불만을 갖게 되었을 것이다.

11월에 김저(金佇)와 정득후(鄭得厚)에 의해 일어난 '우왕복위 모의사건'을 계기로, 이성계는 반대파 제거에 칼을 빼기 시작하였다.

(11월) 갑술일에 지진이 있었다. 전 대호군 김저(金佇)와 전 부령(副令) 정득후(鄭得厚)가 몰래 황려(黃驪; 여주)에 가서 우(禑)를 알현하였다. 김저는 최영의 생질인데 최영을 따른 지 오래되어 자못 권세를 부렸으며, 정득후도 역시 최영의 먼 인척이었다. 우가 울면서 말하기를, "답답하게 이곳에 있으면서 손을 묶고 앉아 죽음을 받을 수는 없다. 역사(力士) 한 사람만 얻어 이시중(李侍中; 이성계)만 해친다면 내 뜻은 성취할 수 있다. 내가 평소에 예의판서(禮儀判書) 곽충보(郭忠輔)를 좋아하였으니 네가 가서 보고 이 일을 도모하라." 하고는 칼 한 자루를 충보에게 전해 주게 하면서, "일이 이루어지면 비(妃)의 동생을 처로 삼고 부귀를 함께 누릴 것이다. 이번 팔관일에 일을 일으키라." 하였다. 김저가 충보에게 알리니 충보가 겉으로 승낙하고는 달려와서 우리 태조에게 알렸다. 김저와 정득후는 밤에 태조의 사저로 갔다가 문객에게 잡혔는데, 정득후는 스스로 목을 찔러 죽었다.

정축일(13일)에 김저를 순군옥에 가두고 대간과 더불어 번갈아 문초하니, 진술한 말이 전 판서 조방흥(趙方興)에게 관련되므로 모두 옥에 가두었다. 김저가 말하기를, "변안열, 이림, 우현보, 우인열(禹仁烈), 왕안덕, 우홍수(禹洪壽)가 공모하여 여흥왕(驪興王)을 맞이하는 데 내응하

려고 하였습니다." 하였다.[29)]

이른바 '김저의 옥'이라고 불리는 이 사건은 김저와 정득후가 여주에 있는 우왕을 방문한 이후에 드러난 일이다. 이 사건은 변안열을 죽음에 이르기까지 한 사건으로, 그 내용은 우왕복위운동이라 할 수 있다. 김저와 정득후는 모두 최영과 관련되어 관직을 누려왔으나, 이 무렵에는 실세에서 모두 쫓겨난 인물로서 특히 김저는 최영의 생질이다. 이들은 11월 갑술일(10일) 또는 을해일(11일)에 우왕을 알현하려 여흥에 갔다.[30)] 아직 창왕이 재위하고 있는 동안에는 우왕의 생일(1389년 7월)을 기념하여 죄수를 사면하고, 이성계 · 심덕부 · 배극렴 · 정지 등이 우왕의 생일을 축하하는 잔치를 베풀어 주기도 하

29) 《고려사절요》 34, 공양왕 1 기사 원년(1389) 11월.

30) 김저 등이 우왕을 찾아간 날에 대해 《고려사절요》에는 갑술일(10일)이라 되어 있고, 《고려사》에는 을해일(11일)이라 되어 있어 하루의 차이가 난다. 《고려사절요》에 의하면, 11월 갑술일(10일)에 김저가 우왕을 만나러 가서 팔관회 날에 거사를 하도록 우왕복위 모의를 했으며, 정축일(13일)에 김저가 순군옥에 잡혀 문초를 받은 것으로 되어 있다. 그리고 무인일(14일)에 우왕을 강릉으로 보내고 홍국사에 9인이 모여 공양왕을 추대하기로 결정하고 기묘일(15일)에 공양왕이 즉위하였다고 하였다. 이에 반해 《고려사》 창왕전에는 을해일(11일)에 김저가 우왕을 만나서 공모하고 이를 곽충보가 이성계에게 보고했으며, 무인일(14일)에 이성계가 팔관소회에 불참하고, 이날 밤에 정득후와 김저가 이성계의 집을 습격하다가 붙잡힌 것으로 되어 있다. 또 이날 우왕을 강릉으로 창왕을 강화로 보내었다고 한다. 또 《고려사》 공양왕 원년에는 11월 기묘일(15일)에 즉위하였다고 한다. 즉 《고려사절요》에는 김저가 10일에 우왕을 찾아갔고, 13일에 김저가 잡힌 것으로 되어 있고, 《고려사》에는 11일에 김저가 우왕을 찾아갔고, 14일에 김저가 잡혔다고 되어 있다. 그리고 14일에 우왕을 강릉으로 보내고, 15일에 공양왕이 즉위한 것은 같다. 따라서 14일에 김저가 잡히고, 우왕을 강릉으로 보내고, 홍국사에 9인이 모여 공양왕을 추대하고 하는 일들이 하루 동안에 이루어지기는 무리라고 보이므로 《고려사절요》의 기록이 더 신빙성 있는 것으로 생각된다.

였다.[31] 그러므로 여흥으로 우왕을 찾아간 것까지는 그리 문제될 것이 없었다. 그런데 이곳에서 우왕은 억울함을 호소하면서 죽음을 당하기 전에 재기의 시도를 한 것이다.

이들은 곧 다가올 팔관회 날에 전 관인이 한자리에 모일 때 이성계도 그 자리에 참석하므로, 그 기회를 이용하여 그를 제거하려 하였던 것이다. 그러나 우왕이 믿었던 곽충보는 이미 이성계에게로 돌아선 인물이었다. 곽충보는 곧바로 이 일을 이성계에게 알려, 이성계는 팔관회 날에 나가지 않았고, 일이 탄로 나자 정득후는 스스로 자결하고, 김저는 붙잡혀 순군옥에서 문초를 받고 자복하게 되었다.

위의 사료에서 보는 바와 같이, 이성계 암살 계획은 곽충보에 의해서 실패로 돌아갔다. 당사자인 정득후가 죽고, 김저는 순군옥에서 문초를 받아 전 판서 조방흥과 변안열・이림・우현보・우인열・왕안덕・우홍수가 관련되었다고 자복하게 되었다. 이는 뒤집어 보면, 이성계에게 반대하는 세력으로서 제거할 대상이 조방흥, 변안열, 이림, 우현보, 우인열, 왕안덕, 우홍수 등이었다고 할 수 있다.

이 일을 기화로 이성계는 창왕을 폐위시키고, 그가 마음대로 좌지우지할 수 있는 새 왕을 세웠다.

> 무인일(14일)에 우(禑)를 강릉부(江陵府)로 옮겼다. 우리 태조가 판삼사사 심덕부(沈德符), 찬성사 지용기・정몽주, 정당문학 설장수(偰長壽),

31) 《고려사》 권137, 열전 50, 창왕 원년(1389) 7월 계유(7일). "以禑生日 放輕繫 我太祖與判三司事 沈德符, 判開城府事 裴克廉, 門下評理 鄭地等, 享禑于黃驪府."

평리 성석린(成石璘), 지문하부사 조준, 판자혜부사(判慈惠府事) 박위(朴葳), 밀직부사 정도전 등과 흥국사(興國寺)에 모여서 삼엄한 군사의 호위 속에서 의논하기를, "우(禑)와 창(昌)은 본래 왕씨가 아니니 종사(宗祀)를 받들게 할 수 없으며, 또 천자의 명도 있으니 마땅히 가왕(假王)을 폐위시키고 진왕(眞王)을 세워야 될 것이다. 정창군(定昌君) 요(瑤)는 신왕(神王 神宗)의 7세손으로 그 족속이 가장 가까우니 왕으로 세워야 할 것이다." 하니, 조준이 말하기를, "정창군은 부귀한 집에서 나고 자라서 자기의 재산을 다스릴 줄만 알고 나라를 다스릴 줄은 알지 못하므로 왕으로 세울 수 없다." 하였으며, 성석린은 말하기를, "임금을 세우는 데는 마땅히 어진 이를 가려야 될 것이고, 그 족속이 가까운지 먼지는 논할 필요가 없다." 하였다. 이에 종실의 몇 사람의 이름을 써서 심덕부·성석린·조준을 보내어 계명전(啓明殿)에 가서 태조에게 고하고 제비를 뽑았더니 정창군의 이름이 뽑혔다.[32)]

이성계는 새 왕을 뽑기 위해 이른바 9공신, 즉, 심덕부·지용기·정몽주·설장수·성석린·조준·박위·정도전 등과 함께 흥국사에 모였다. 이날의 논의에서 조준은 정창군 요(定昌君瑤)가 왕으로서의 자질을 갖지 못하였다는 이유로 극력 반대하였다. 그러나 '폐가입진'(廢家立眞)이라는 명분에는 아무도 이의를 제기하지 않았다. 김저의 옥을 핑계로 우왕을 강릉으로 옮기는 동시에, 곧 창왕에게까지 책임을 물어 창왕을 폐위하고, 왕씨 후손이라는 명분으로 정창군 요를 공양왕(恭讓王)으로 즉위시키게 된 것이다.

32) 《고려사절요》 34, 창왕 원년(1389) 11월 무인(14일); 《고려사》 권137, 열전 50, 창왕 원년 11월 무인.

기묘일(15일)에 우리 태조가 심덕부 등 8명과 공민왕의 정비(定妃) 궁에 나아가서 군사로 호위하게 하였는데, 종친과 백관이 모두 이에 따랐다. 비의 교지를 받들어 창(昌)을 강화로 추방하고, 정창부원군(定昌府院君)을 맞이하여 왕으로 세웠다.[33)]

그리고 교지를 내려 우왕과 창왕을 서인으로 삼고, 이림과 그 아들 이귀생(李貴生), 사위 유염(柳琰)과 최염(崔濂), 외손녀사위 노귀산(盧龜山), 조카 이근(李懃) 등을 먼 지방으로 귀양 보냈다. 이들은 우왕의 인족(姻族)이다. 이어서 새 인사 발령이 났다.

(경진) 이색을 판문하부사로, 변안열을 영삼사사(領三司事)로, 심덕부를 문하시중으로, 태조(이성계)를 수문하시중으로, 왕안덕을 판삼사사로 정몽주와 지용기를 문하찬성사로, 조인벽(趙仁壁)을 판의덕부사(判懿德府事)로, 설장수를 정당문학으로, 성석린을 문하평리로, 조준을 지문하부사 겸 사헌부대사헌으로, 박위를 판자혜부사(判慈惠府事)로, 정도전을 삼사우사로, 이고(李皐)를 사헌집의(司憲執義)로, 송문중(宋文中)을 상호군 겸 사헌집의로 각각 임명하였다."[34)]

이 일은 즉위한 바로 다음 날인 경진일(16일)의 일이다. 이 날의 인사에서는 공양왕을 옹립하는 회의에 참석했던 9공신을 중심으로 승진이 이루어지는데, 변안열은 이색과 함께 영삼사사의 지위에 올랐다. 이 날의 인사에서 이색·변안열·왕안덕·지용기·조인벽·

33) 《고려사절요》 34, 공양왕 원년(1389) 11월 기묘(15일).
34) 《고려사》 권45, 공양왕 원년 11월 경진(16일).

이고 · 송문중은 9공신에 들지 않는 인물이다. 이들 가운데 송문중은 일찍이 나주목사 때 청렴하지 못하다는 말이 있었으므로, 그 임명장에 서명을 받지 못해 제외되었다. 공양왕의 즉위로 국면을 전환시킨 이성계는 이색 · 변안열 등 원로들을 완전히 제거하지는 못하였지만, 공양왕을 즉위시킨 9공신의 우두머리로서 '폐가입진'의 명분으로 정국을 완전히 장악하게 되었다.

당시 공양왕은 왕위에 즉위하였으나, 왕으로서의 각오나 자신감은 전혀 없이 극심하게 불안하고 초조한 상태에 있었던 것 같다.35)

> 왕이 수창궁(壽昌宮)에서 즉위하고…… 근심 걱정으로 인하여 야밤이 되도록 잠을 이루지 못하고 측근자들에게 말하기를 '나는 일평생 입을 것 먹을 것과 시중할 사람이 모두 풍족하다. 그런데 지금 와서 이렇게 중대한 책임을 지게 되니 어떻게 할 바를 모르겠다'라 하고 드디어 눈물을 흘리었다.

장단에 물러가 있던 이색은 대궐에 와서 왕에게 하례하였다. 왕은 이색을 내전으로 불러들여 말하기를, "나는 평생을 한가로이 놀고 있었는데 오늘날에 이 자리를 얻을 줄은 생각하지 못하였다. 경은 나를 도와 달라" 하였다.36) 이는 국왕이라는 지극한 위치에 대한 불안이 아니라 이성계의 권력 앞에서의 불안에 가깝다. 그리고 모든 실권은 이성계에게 있었음을 볼 수 있다. 이번 인사에서 변안열은 이색 다음으로 높은 서열에 있었지만, 실제 판문하부사나 영삼사사

---

35) 《고려사》 권45, 공양왕 원년 11월 기묘(15일).
36) 《고려사절요》 34, 공양왕 원년 11월 경진.

는 실권을 행사하지 않는 한발짝 물러난 자리이므로, 이성계는 이들을 예우하는 선에서 정리한 것으로 보인다.

그러나 여기에서 이상한 것은, 김저의 자복에 의해 이색·변안열이 연루되었다고 밝혔음에도 이런 인사가 이루어진 것이다. 이는 상식적으로 이해되기 어려운 일이다. 김저가 우왕을 만나 복위를 도모했다고 하는 사실이 밝혀진 것은, 김저가 곽충보에게 이 사실을 알리니, 곽충보가 거짓으로 허락하고, 곧 이성계에게 이를 고발하였기 때문이다. 이는 갑술일(10일)과 정축일(13일) 사이에 있었던 일이다. 김저는 이 일을 성사시키기 위해 이성계의 집에 침입하여 그를 암살하려 하였으나, 이미 곽충보에 의해 모의 사실을 알고 있는 이성계에 의해 잡혀 옥에 갇혀 조사를 받게 된 것이다. 김저는 이 일에 조방흥이 연루되었음을 자복하였다. 그리고 이어 "변안열·이림·우현보·우인열·왕안덕·우홍수가 공모하고, 여흥에서 상왕을 영접하는 데 내응하는 임무를 분담하였다"라고 고백하였다. 이런 자복이 나오게 되기까지 김저는 형관에게 심하게 국문을 받아 발바닥을 칼로 찢는 고문을 받은 뒤에야 드디어 자복하였다고 한다.[37] 이렇게 변안열·이림 등이 연루되었다는 자복이 나왔는데도 아무 문제없이 그들을 승진시키는 경진일(16일)의 인사 발령이 나왔다는 것은 앞뒤가 맞지 않는다. 그러기 위해서는 김저에 대한 심한 고문과 자복은 공양왕 즉위와 인사 발령 이후에 있었던 것이 되어야 할 것이다. 김저의 반역음모는 조작되었다는 기존의 논고에서도 지적하고 있는

37) 《고려사》 권126, 열전 39, 邊安烈. "問佇不服, 以刀裂足掌數寸許, 熨以火, 隨問皆服, 遂成獄詞."

바와 같이,[38] 위에서 보듯이 역모의 누명을 쓴 변안열을 영삼사사로 발령하였다는 사서의 기록도 모순되고, 음모의 방식도 허술하며, 곽충보는 이미 위화도 회군 때부터 이성계 편에 선 인물인데, 우왕이 그에게 일을 맡기라고 했다는 것도 수긍하기 어렵다. 결국 김저의 사건은 어디까지가 진실이고 어디부터가 허위인지 가리기 어렵지만, 많은 부분에 조작이 있음을 부인할 수 없다.

한편 이성계는 사건이 나자, 다음 날(14일, 무인) 곧바로 우왕을 강릉으로 보내고, 심덕부 등 9공신과 새 왕에 대한 의논을 정했으며, 15일(기묘)에는 공양왕을 즉위시켰다. 그리고 16일(경진)에는 새 인사를 발표한 것이다.

공양왕이 즉위하고 며칠 뒤 병술일(22일)에, 순군옥에 갇혀 있던 김저가 갑자기 사망하였다. 사인(死因)은 알 수 없으나, 이를 기화로 문하평리 정지(鄭地), 이거인(李居仁),[39] 전판후덕부사(前判厚德府事) 유혜손(柳惠孫)[40]과 이을진(李乙珍),[41] 전밀직 이유인(李惟仁)과 유번

38) 신석호 편저, 앞의 책, 179~182쪽.

39) 이거인(李居仁; ?~1402). 본관은 청주(淸州) 호는 난파(蘭坡). 아버지는 문간공 정(文簡公 挺)이다. 우왕 초에 밀직부사를 지내고, 우왕 8년 경상도도순문사로 왜구를 소탕하였다. 1388년에 지문하(知門下)로 상만호가 되어 임견미 사건을 맡았다. 김저(金佇)의 옥사에 연루, 유배되었다가 경상도도관찰사로 다시 등용되었다. 조선이 건국되자 삼사좌사(三司左使)로 진위사(陳慰使)가 되어 명나라에 다녀오고 뒤에 청천백(淸川伯; 淸城伯이라고도 함)에 봉해졌다. 태조 3년 판개성부사로 있었고, 정종 2년 판삼사사로 치사(致仕)하였다.

40) 유혜손은 이종덕을 사위로 삼아 이색과 사돈간이 된다.

41) 이을진(李乙珍)은 무장으로서 일찍이 통산군(通山君)에 봉해졌으며, 우왕 5년 충주단양도병마사에 임명되었다. 1383년 지문하사에서 강능도원수가 되어 왜구를 물리치는 등 공을 세웠다. 요동 정벌 때 팔도도통사 최영, 좌군도통사 조민수, 우군도통사 이성계 등과 함께 팔도도통사 조전원수로서 출전하였다. 태조 즉위년 7

(柳蕃), 조호(趙瑚) 및 안주(安柱) 등 27명을 공모자라는 이유로 유배시켰고, 기축일(25일)에 조방흥(趙方興)을 목 베었다.[42] 이들 가운데 문하평리 정지는 홍건적의 침입과 왜구 토벌에 공이 많은 당대 명장 가운데 한 사람이다. 이로써 김저의 옥과 연결이 되었던 무장 관료 제거작업이 완료된 것처럼 보인다.

## 4. 변안열의 죽음과 구세력의 몰락

공양왕이 즉위하고 반 달쯤 지난 12월 초하루(을미일)에 반(反)이성계 세력에 대한 본격적인 제거 과정이 시작되었다. 이색과 그 아들 이종학(李種學)의 관직을 박탈하였으며, 조민수의 관작을 빼앗고 그를 서민으로 만들었다. 이에 대해서 《고려사절요》에 좌사의 오사충, 문하사인 조박 등의 상소가 자세히 실려 있다. 좀 길지만 인용하기로 한다.

> 12월에 좌사의(左司議) 오사충(吳思忠), 문하사인 조박(趙璞) 등이 소를 올리기를, 판문하부사 이색이 우리 현릉(玄陵 공민왕)을 섬겨 벼슬이 보상(輔相)에 이르렀는데, 현릉이 홍하고 후사가 없으므로, 많은 신하들이 의논하여 종실의 어진 이를 왕으로 세우려고 하니, 권신 이인임이 스스로 권세를 마음대로 부리고자 하여 위주(僞主)를 기어이 세우려고 하

월 고려의 대신 56인을 폄출할 때 장(杖)을 받고 유배되었다

42) 《고려사》 권45, 공양왕 원년 11월.

니, 이색이 의논을 도와 우(禑)를 왕으로 세웠습니다. 무진년에 여러 장수들이 위화도에서 회군하여 왕씨를 세우려고 의논할 무렵에, 인임의 친척인 대장 조민수가 우의 아들 창(昌)을 세워 그 간사한 꾀를 계승하고자 하여 계책을 이색에게 물었는데, 이색도 역시 일찍이 창에게 마음을 두고 있었으므로 드디어 의논을 정하여 창을 세웠습니다. 그 아들 이종학이 외척에게 선언하기를, '많은 신하들이 의논하여 종실을 세우려고 하였는데, 마침내 세자(世子, 昌)를 세우게 된 것은 우리 아버지의 힘이다.'고 하였습니다. 후에 천자께서 명하시기를, '이성(異姓)을 왕씨라 꾸며서 왕으로 삼았으니, 이는 삼한을 대대로 지킬 계책이 아니다'고 하였습니다. 이에 충신과 의사들이 왕씨를 회복시켜 천자의 명에 따르려고 하였는데, 적신 변안열이 특별한 공을 세워 부귀를 얻으려고 이색과 우(禑)의 외숙 이림과 김저·정득후 등과 더불어 신우를 맞이하여 왕씨를 다시 세우려는 의논을 저지하려고 하였습니다. 더구나 이색은 대대로 왕씨에게 봉직하여 공민왕의 더할 수 없는 은혜를 받았는데, 이인임에게 붙어서 신우를 세우고 왕씨의 종사를 끊으며, 장수들이 왕씨를 세우려고 하자 조민수에게 붙어서 우를 내쫓고 창(昌)을 세웠으며, 충신과 의사가 왕씨를 회복하려고 하자 변안열에게 붙어서 창을 내쫓고 우를 맞이하여, 다시 왕씨의 종사를 끊으려 하였으니, 우와 창에 있어서도 모반하는 신하가 된 것입니다. 그러나 이것은 족히 논할 것도 못 됩니다. 대대로 왕씨의 신하이면서도 적신에게 아첨하여 왕씨의 종사를 영원히 끊어지게 하였으니, 그의 죄악은 천지·종사(宗社)가 용납할 수 없는 것입니다.' 하였다.…… 또 말하기를…… '맡은 관사(官司)에 내리어 이색의 부자와 조민수의 죄를 다스려서 후세의 신하가 되어 불충한 자를 경계하소서. 이인임의 죄도 전하께서 친히 본 바이오니 헌사에 맡겨서 관(棺)을 베고, 집을 헐어 못을 파서 그 죄를 드러내소서.' 하였다.[43]

이 상서에서는 주로 이색에 대한 논죄를 집중적으로 하였다. 이제 이색·조민수·변안열 등 원로에 대한 거세작업이 시작된 것이다. 이들의 탄핵에 따르면, 변안열이 이색과 우(禑)의 외숙 이림과 김저·정득후 등과 더불어 신우를 맞이하려 하였다는 것이다. 더구나 이색은 공민왕의 더할 수 없는 은혜를 받았는데, 이인임에게 붙어서 신우를 세우고 왕씨의 종사를 끊으며, 조민수에게 붙어서 우왕을 내쫓고 창왕을 세웠으며, 왕씨를 회복하려고 하자 변안열에게 붙어서 창을 내쫓고 우를 맞이하여 다시 왕씨의 종사를 끊으려 하였으니, 우왕과 창왕에게도 모반하는 신하가 된다는 것이다. 즉, 변안열·이림·조민수 등을 제거하면서도 가장 핵심에는 이색이 있었다.

이색 부자의 파면이나 조민수의 폐서인 등의 처분은, 당시 신진개혁파의 뜻을 따르기는 했으나, 그들에 대한 탄핵이 무리라는 것은 자명한 이치이므로, 왕은 이들에 대한 논죄를 최소한으로 하고자 하였다. 이에 이색의 부자를 파면하고, 조민수를 폐하여 서인으로 삼았다.[44] 곧 이어 권근도 명나라 예부의 자문(咨文)을 몰래 열어본 죄로 논핵하여 귀양 보냈다.

신진개혁파의 구세력에 대한 반격은 끈질기게 지속되고 점점 그 탄핵의 수위를 높여갔다. 12월 기해일(5일)에 대간은 번갈아 소를 올려 신우와 신창을 죽이기를 청하고, 또 이색과 이인임 등의 죄를 논하였다. 이인임을 참관(斬棺) 저택(瀦宅)할 것을 주장하고, 이어 이색

43) 《고려사절요》 34, 공양왕 원년 12월 1일.

44) 《고려사》 권45, 공양왕 원년 12월. "乙未朔 罷李穡及子種學職, 廢曹敏修爲庶人."

과 이종학 부자의 죄, 이들과 연관된 이숭인과 하륜, 환관 이분(李芬)과 이림, 권근, 이림의 친척인 전 한양윤(漢陽尹) 문달한(文達漢)[45]에게로 논죄의 대상을 확대시켜 갔다.[46]

무신일(14일)에 사재부령(司宰副令) 윤회종(尹會宗)이 다시 신우와 신창을 죽일 것을 청하였다. 왕이 여러 재상에게 차례로 물었으나 모두 입을 닫고 말하지 않았다. 당시 이성계가 이의를 제기했으나, 이는 단지 요식행위에 지나지 않았을 것으로 보이며, 드디어 지신사 이행(李行)에게 명하여 교서를 내리고, 정당문학 서균형(徐鈞衡)을 강릉으로 보내어 우를 죽이고, 예문관 대제학 유구(柳玽)를 강화로 보내어 창을 죽이도록 하였다.[47]

이러한 일련의 과정을 거친 뒤 공양왕은 이성계를 비롯한 9공신에게 녹권을 내려 주었는데, 이성계를 분충정난광복섭리좌명공신 화령군개국충의백(奮忠定難匡復燮理佐命功臣 和寧郡開國忠義伯)으로 삼고, 식읍 1천 호 식실봉(食實封) 300호, 전 200결, 노비 20구(口)를 주었으며, 심덕부를 청성군충의백(青城郡忠義伯)으로 삼고, 전 150결, 노비 15구를 주었으며, 정몽주·설장수 등 7명은 모두 충의군으로

---

45) 문달한은 이림의 매제이다.

46)《고려사》권45, 공양왕 원년 12월. "己亥 諫官請誅禑·昌. 又論李穡·李仁任等罪, 瀦仁任宅, 流穡父子及李崇仁·河崙·宦官李芬, 徙曹敏修于三陟, 權近于金海, 收文達漢職牒."

47)《고려사》권45, 공양왕 원년 12월 무신(14일). "戊申 司宰副令 尹會宗上疏, 請誅禑·昌. 王歷問諸宰相皆默然, 我太祖獨曰, '此事不易. 既以安置江陵, 聞于朝廷, 不可中變. 且臣等在, 禑雖欲爲亂何憂哉' 王曰, '禑多殺無辜, 宜其自及.' 命知申事 李行下旨, 遣政堂文學 徐鈞衡于江陵, 誅禑, 藝文館大提學 柳玽于江華, 誅昌."

삼고, 각기 전 100결, 노비 10구를 주었다.[48)]

12월 초하루부터 시작되어 이성계 세력에 협조하지 않는 일련의 인물들에 대한 제거작업과, 우왕과 창왕을 죽이고,[49)] 이 사실을 명에 통보하는 일 등, 대내외적인 정지작업이 12월 한 달 동안 거의 마무리되었다.

그러면 변안열에 대한 탄핵의 소리를 보자.

> 이에 충신과 의사들이 왕씨를 회복시켜 천자의 명에 따르려고 하였는데, 적신 변안열이 특별한 공을 세워 부귀를 얻으려고 이색과 우(禑)의 외숙 이림과 김저·정득후 등과 더불어 신우를 맞이하여 왕씨를 다시 세우려는 의논을 저지하려고 하였습니다. 더구나 이색은 대대로 왕씨에게 봉직하여 공민왕의 더할 수 없는 은혜를 받았는데, 이인임에게 붙어서 신우를 세우고 왕씨의 종사를 끊으며, 장수들이 왕씨를 세우려고 하자 조민수에게 붙어서 우를 내쫓고 창(昌)을 세웠으며, 충신과 의사가 왕씨를 회복하려고 하자 변안열에게 붙어서 창을 내쫓고 우를 맞이하여, 다시 왕씨의 종사를 끊으려 하였으니, 우와 창에 있어서도 모반하는 신하가 된 것입니다. 그러나 이것은 족히 논할 것도 못 됩니다.[50)]

이를 보면 변안열은 이색과 우의 외숙 이림과 김저, 정득후 등과 더불어 신우를 다시 맞이하려는 의논에 참여한 것으로 인식된다. 특히 이 자리에 변안열은 특별한 공을 세워 부귀를 얻으려고 우왕 회

48) 《고려사》 권45, 공양왕 원년 12월 임자(18일).
49) 《고려사》 권45, 공양왕 원년 12월.
50) 《고려사절요》 34, 공양왕 원년 12월 1일.

복 모의에 참여한 것이라고 하였다.

그럼 변안열의 당시 입지는 어떤 것이었을까? 이성계 집권의 계기가 된 사건, 즉, 요동 정벌에서 변안열은 지휘체계에 있지 않은 것으로 보인다. 그러나 위화도 회군 이후 이성계 군대가 성문 밖에 주둔하고 있을 때 우왕의 타도 대상이 이성계·조민수·변안열이었다. 즉, 변안열은 이때 이성계 세력에 참여하고 있었던 것이다. 과연 변안열의 역할은 무엇이었을까? 여기에서 정사(正史)에 미처 기록되지 않은 부분에 대해 비록 후대 기록이지만, 《대은실기》를 인용하기로 하자.

〈대은선생연보〉에 따르면 변안열은 이성계를 따라 요동공벌에 참여했고, 위화도 회군에 참여하였다.[51] 우왕을 강화에 추방한 후 창왕을 옹립할 때 이색이 창왕 옹립을 주장했고, 이성계는 묵연하였으며, 변안열은 다른 재상들과 함께 이색의 의논을 따랐다고 하였다.[52] 그렇다면 창왕 옹립 때에는 이성계와 다른 입장을 취했음을 알 수 있다. 창왕이 즉위한 직후 8월에 전제개혁을 위한 논의가 시작되어, 각 도의 안렴사를 도관찰출척사(都觀察黜陟使)로 개칭하고 대간(臺諫)의 추천에 의해 출척사를 각 도에 내보내, 토지를 다시 측량하게 하였다.[53] 이 논의에 대해 변안열은 이림·우현보·권근·

51) 우왕이 요동 공벌을 명할 당시 장수들의 맡은 바 직책이 명시되었으나, 변안열이 장수로서 이름이 나오지 않는 것은 그 원인을 찾을 수 없다. 혹시 다른 곳에서 왜구 방어 중이었는지 알 수 없으나, 일단 《대은실기》의 기록에 따르기로 한다.

52) 신석호 편저, 앞의 책, 521쪽.

53) 《고려사》 권137, 열전 50, 창왕 즉위년 8월. "都評議使司, 議定田制. 改諸道按廉使, 爲都觀察黜陟使, 楊廣道 政堂文學 成石璘, 慶尙道前平壤尹 張夏, 全羅道

이색 등과 함께 개혁의 불편함을 주장하였다.[54] 이어 9월에 변안열은 여흥에 있는 우왕을 면담하였다. 이때 이색과 함께 우왕을 복위시킬 모의를 했다고 한다[55]. 다음 해 11월에 일어난 김저의 옥은 앞에서 보아온 과정을 거쳐 일어난 일이다. 그러므로 이림 · 김저 · 정득후 · 이색 · 조민수 · 변안열이 같은 입장이 되어 있었다.

변안열에 대한 본격적인 탄핵은 공양왕 2년(경오년, 1390)[56]에 시작되는 것으로 보인다. 공양왕 2년 정월에 낭사 윤소종(尹紹宗)과 이첨(李詹) 등이 소를 올리기를, "변안열이 신우(辛禑)를 맞이하여 왕으로 세워 왕씨의 종사를 영원히 끊으려고 한 것은 실로 김저가 명백하게 말한 바이오며, 나라 사람들이 모두 아는 바이오니, 청컨대, 헌사에 내려 형벌을 밝게 적용하고 가산을 적몰하소서"[57] 하였다.

탄핵의 요지는 이색이 창왕을 세우려 할 적에 변안열이 그에 부화했다는 것에서부터 시작하며 다시 우왕을 맞이하려 모의하였다는 것이다. 이 일을 자복한 김저는 발바닥을 찢는 국문에 의해 억지로

---

前密直副使 崔有慶, 交州 江陵道前密直商議 金士衡, 西海道 密直提學 趙云仡, 皆用臺諫之薦. 令各擧副使 判官, 改量土田."

54) 신석호 편저, 앞의 책, 521쪽.

55) 위의 책, 522쪽.

56) 《고려사》 및 《고려사절요》에는 우왕 14년(1388)은 창왕 즉위년과 같으며, 기사년(1389)은 창왕 원년에 해당되는데, 11월에 공양왕이 즉위한 후에는 공양왕 원년으로 표기하였다. 이는 창왕을 왕으로 인정하지 않는다는 의미에서인 듯하다. 그러나 《고려사》에서 왕이 즉위한 해는 '즉위년'으로 하고 그 다음 해부터 '원년'이라고 사용하는 유년법(踰年法)을 썼음에도 공양왕의 경우는 즉위한 해(1389)를 원년으로 삼고, 다음 해(1390)는 2년으로 삼아 혼선이 빚어진다. 그러나 《대은실기》에는 경오년(1390)을 공양왕 원년이라고 표기하였다.

57) 《고려사절요》 34, 공양왕 2년(1390) 정월.

자복하여 변안열이 공모했다고 하였다.[58] 공양왕은 그의 공적에 비추어 관용을 베풀어 파직에 그쳤다. 그러나 다음 날 윤소종 등이 다시 상소하여 변안열을 죽일 것을 요청하자 결국 그를 한양에 유배하였다.[59] 그 과정을 상세히 보기로 하자.

○ 1390년 정월. 대사헌 성석린과 좌상시 윤소종 등이 변안열을 베기를 청하였다.…… 물러가서 소를 올리기를, "전에 안열의 대역(大逆)에 대해 다섯 번이나 소를 올려 죄를 다스리기를 청하였으나, 전하께서 관대히 용서하여 한양에 안치하기만 하니, 나라 사람들이 실망하였습니다. 신우를 강릉으로 옮기니, 탄식하기를, '안열 때문에 죽게 되었다'고 하였으며, 더구나 안열은 조종에게 죄를 지었으니, 전하께서 사사로이 할 수 있는 것이 아닙니다. 헌사로 하여금 그 죄를 밝게 다스려 난적을 징계하게 하소서." 하였다.

○ 왕이 그 소를 헌부에 내리며 말하기를, '귀향간 곳에 가서 다시 국문하지 말고 목 베라.' 하였다. 헌부에서 즉시 한양부윤 김백흥(金伯興)에게 통첩하여 안열을 목 베게 하였다. 도평의사사에서 아뢰기를, '대신을 어찌 이유도 묻지 않고 곧바로 극형에 처해서야 되겠습니까.' 하므로, 왕이 좌사의 오사충(吳思忠)과 집의 남재(南在)를 보내어 가서 국문하게 하였는데, 사충 등이 길을 떠나 벽제역에 이르니 안열이 죽은 뒤였다.

○ 안열이 사형에 임하여 탄식하기를, '신우를 맞아 오려고 의논한 것이 어찌 나 혼자일 뿐이랴.' 하면서 말을 하고자 하였으나, 백흥이 묻지 않았다.[60]

---

58) 《고려사》 권126, 열전 39, 邊安烈.

59) 《고려사절요》 34, 공양왕 2년(1390) 정월. "王乃以事在赦前 但罷其職 疏又上只令削職流于漢陽."

결국 변안열은 공양왕 2년(1390) 정월 16일에 유배소에서 죽임을 당하였다.[61] 변안열이 사형에 이르게 된 사정을 보면, 그를 한양에 안치하기만 한 것에 불만을 품고 그 동안 대간에서 다섯 번이나 소를 올려 변안열을 탄핵하였으므로, 왕은 할 수 없이 그를 처형하도록 허락한 것이다. 그러나 한편으로 도평의사사에서는 대신을 국문도 하지 않고 죽일 수는 없다고 이에 반대하여, 좌사의 오사충과 집의 남재를 보내 다시 국문하게 하였는데, 그들이 한양에 도착하기도 전에 이미 변안열을 사형에 처한 이후였다. 사형의 사명을 맡은 김백흥은 곧바로 형을 집행했고, 그러므로 변안열은 죄에 대한 심문도 없이 급하게  처형된 것이다. 마지막에 그가 탄식하였다는 말도 실제 어떤 상황이었는지 확실한 것이 아니니, 우왕을 맞아 복위시키려 했다는 근거도 없이 정황적인 판결로 죽임을 당한 것이라고 볼 수 있다. 변안열에 대한 사형 집행의 원인은 어이없게도 요망한 여우가 도성 안에 출몰하였다거나, 동대문 밖에서 강도가 나타나 사람을 겁탈한 사건들이 일어난 것을 빌미로, 이 책임을 변안열에게 씌웠으니, 처형의 명분조차 황당하기 짝이 없다 할 수 있다. 변안열에 대한 탄핵이 시작된지 불과 반달만에 처형된 것이다.

변안열이 죽은 뒤에도 관련자에 대한 탄핵은 계속되었다.

○ 낭사에서 소를 올리기를, '남양부원군(南陽府院君) 홍영통(洪永

60) 《고려사절요》 34, 공양왕 2년 정월.

61) 《고려사》 권45, 세가, 공양왕 2년 정월. "庚辰 誅邊安烈" 《고려사》에는 변안열의 논죄에 대한 언급 없이 처형 기사만 나온다.

通), 단양부원군 우현보, 판삼사사 왕안덕, 찬성사 우인열, 판자혜부사 정희계 등은 실상 안열의 역모에 참여하였으니, 왕씨의 신하들과는 이 세상에서 같이 살 수 없는 원수입니다. 안열과 함께 헌사에 내려 이들을 극형에 처하소서.' 하였는데, 답이 없었다.62)

이번에는 변안열의 무리로 홍영통, 우현보, 왕안덕, 우인열, 정희계 등이 연루자가 되었다. 이들에 대한 자세한 죄상은 홍영통은 이인임에게 편당하여 아부하였고, 우현보는 벼슬이 최고에 올랐으나 간사하고 아첨하였으며, 왕안덕은 장수로서 패배를 거듭하여 공적을 이루지 못했으며, 우인열은 서리로 시작해서 권세가와의 연줄로 출세하여 모두 이미 죄가 있는데, 이들이 변안열의 모의에 참여하여 우왕을 추대하고자 하였다는 것이다. 그러나 이 상소에 대해서 왕은 쉽게 받아들이려 하지 않았다. 실상 이들 홍영통, 우현보, 정희계 등이 김저의 진술에 나오지 않았다는 것이다.63) 결국 이들에 대해서는 파직만 하고 끝냈다.

김저의 옥에 의해서 파직되고 귀양 간 사람들은 많지만, 죽음에 이른 사람은 우왕과 창왕을 비롯하여 정득후와 김저, 조흥방, 그리고 변안열뿐이다. 이 가운데 정득후는 자살하였고, 김저의 죽음도 석연치 않으며, 사형에 처해진 것은 조흥방과 변안열이다. 변안열의 처형에 이르기까지의 정황도 의문투성이이다. 변안열은 공양왕 즉

62) 《고려사절요》 34, 공양왕 2년 정월.

63) 《고려사절요》 34, 공양왕 2년 정월. "乃下旨曰 安烈已削職流之 永通玄寶熙啓等 於金佇辭證竝不相干 安德當回軍之際 協謀定策 仁烈與偰長壽入朝 奏禑狂悖之狀 其於佇謀必不與焉 只罷其職."

위 초에 영삼사사의 직에 올랐다. 김저의 옥사에 이름이 언급되었음에도 오사충의 상소 이후 여러 차례 간관의 상소가 이어지는데도, 왕은 그가 이룬 공적을 참작해서 이를 받아들이지 않으려 했다. 이는 변안열의 죄상이 명확하지 않았기 때문이기도 하지만, 공양왕의 입장에서 볼 때 이성계가 전권을 쥐고 있는 상태에서, 그와 대적할 만한 무장인 변안열을 옆에 둠으로써 마음의 안정을 삼고자 했던 것이 아닐까 추측해 볼 수 있지 않을까? 변안열이 우왕을 복위시키고자 하는 생각은 있었겠지만, 그보다는 고려조에 충성이 남보다 더 지극하였음을 왕이 알고 있었기 때문일 것이다.

결국 변안열에 대한 논죄가 시작된 것은 공양왕 2년 정월 윤소종과 이첨의 상소에 의해서인데, 곧바로 파면과 유배와 사형으로 이어지고 있다. 더구나 지체하지 않고 변안열의 사형 명령을 받아 집행을 한 김백홍은 그 일로 옥에 갇혔고, 이어 처단되었다. 김저의 옥, 즉, 우왕 복위 계획과 관련된 자들은 자결하거나, 의문의 죽음을 하거나, 갑작스럽게 사형에 처해졌다.

이어서 변안열과 연루하여 마지막으로 조민수와 이색을 비롯한 관료들에 대한 탄핵이 이루어졌다. 조민수와 이색에 대한 탄핵은 창왕 옹립의 책임으로 이미 공양왕 원년(1389) 12월부터 시작되어, 이색을 파직하고 조민수와 함께 변방에 귀양 보내었다.[64]

64) 《고려사》 권45, 세가, 공양왕 원년 12월. "乙未朔 罷李穡及子種學職, 廢曹敏修爲庶人 ○ 己亥 諫官請誅禑·昌. 又論李穡·李仁任等罪, 瀦仁任宅, 流穡父子及李崇仁·河崙·宦官李芬, 徙曹敏修于三陟, 權近于金海, 收文達漢職牒."

○ 4월. 대간이 번갈아 소를 올려 다시 조민수·이색·권근을 논핵하고, 또 이림·이귀생·이을진·정지·우인열·이경도·왕안덕·우홍수·원상에게 죄주기를 청하니, 왕이 우리 태조와 심덕부에게 이르기를, '대간이 논핵한 민수·권근은 이미 죄를 주었으니, 경등은 마땅히 대간을 타일러서 다시는 논핵을 고집하지 못하게 하라.' 하였다.65)

이로 인해 이색을 함창(咸昌)으로, 정지를 횡천(橫川)으로, 이림을 철원(鐵原)으로, 이귀생을 고성(固城)으로, 우인열을 청풍(淸風)으로 귀양 보냈다. 이을진과 이경도는 곤장을 치게 하였으며, 왕안덕과 우홍수는 공이 있고, 원상은 다만 변안열의 말만 들었다 하여 그들은 모두 용서하였다. 이렇게 해서 1389년 11월부터 시작된 김저의 옥은 1390년 4월에 일단락되었다. 이런 사실들을 미루어 볼 때, 김저의 옥은 우왕과 창왕의 축출과 정적들을 제거하기 위해 조작된 사건이었을 가능성을 배제할 수 없다.

이성계는 그의 반대세력을 제거함에, 대개 3차에 걸쳐 행하였다. 1차는 위화도 회군 뒤에, 2차는 창왕을 방출할 때, 3차는 윤이·이초의 옥 때이다.66) 이 가운데 2차 창왕의 방출은 바로 '김저의 옥'에서 비롯되었다. 이 사건에서 죽임을 당한 가장 고위의 관료는 바로 변안열이었고, 핵심은 그에게 대적할 무장 세력의 제거였던 것이라 할 수 있다.

창왕 원년에 이방원(조선 태종)이 재상들을 불러 연회를 베풀며 시

65) 《고려사절요》 34, 공양왕 2년 4월.
66) 김상기, 《신편 고려시대사》(서울대출판부, 1985), 674쪽.

를 한 수 지어 불렀다. 그것이 〈하여가〉(何如歌)이다. "이런들 어떠하리 저런들 어떠하리, 만수산 드렁칡이 얽혀진들 어떠하리, 우리도 이같이 얽혀 죽지않고 살아가리". 이때 자리에 함께 한 정몽주는 〈단심가〉(丹心歌)를 불렀다. 이에 변안열은 〈불굴가〉(不屈歌)를 불러 답하였다고 한다.[67] 이로 볼 때, 변안열이 우왕 복위 계획에 어떤 형태로 연결되어 있었든 간에 이성계가 제거할 대상으로 가장 큰 인물이었고, 문관 쪽에서는 이색이었다고 할 수 있다.

이성계는 조선 건국 후 그해 4월, 다시 위화도 회군의 훈공을 논공할 때 변안열은 이미 죽었지만 회군의 공적을 잊을 수가 없다 하여 그를 훈공하였다.

> ○ 회군한 공신을 녹(錄)하는 교서를 내리기를, "…… 수시중 이성계가 조민수와 더불어 제일 먼저 대의를 주창하여 장수들을 타일러 계책을 정하고 회군하여 사직을 안전하게 하였다. 그 마음을 같이하고 힘을 함께 한 심덕부 등 45명에게 모두 공신의 칭호를 내려 준다. 고 영삼사사(故 領三司事) 변안열은 비록 몸은 이미 죽었으나 공을 잊을 수 없으며, 예조판서 윤소종과 판전교시사 남재(南在) 등은 사직의 큰 계책을 고사(故事)를 증거로 인용하여 계책을 도왔으니, 역시 칭찬할 만하다. 유사(有司)는 포상의 은전을 거행하라" 하였다.[68]

그러나 다음 해(신미, 공양왕 3년, 1391)에 윤이(尹彝)와 이초(李初)의

67) 신석호 편저, 앞의 책, 522~523쪽.
68) 《고려사》 권45, 세가, 공양왕 2년(1390) 4월 壬寅(9일). "錄回軍諸臣功 下敎."

옥에 연루되어 다시 훈공을 삭제 당하였다.

이성계의 3차 방출의 사건인 윤이와 이초의 옥사는 마지막 남은 이색과 그 세력에 연결되는 인물들을 모두 제거한 사건이다. 이 사건 이후 이성계의 왕조 전복(顚覆)의 의지를 간파한 정몽주는, 마지막으로 이성계와 대립하다가 선죽교에서의 피살됨으로써 고려왕조를 부지하려는 세력은 구심점을 잃고 더 이상 버틸 수 없게 되었다.

## 5. 변안열과 사대부

변안열은 무장으로서 출장입상하며, 공민왕대 전시기와 우왕대 전시기 거의 40년 동안 고려왕조를 위하여 충성하였다. 그의 교유관계를 찾아보려면, 자신의 문집이나 타인의 문집에 남겨진 글을 찾아보는 것이 가장 확실하겠지만, 무장인 변안열의 글은 남아 있는 것이 거의 없다. 따라서 그의 교유관계를 살피려면, 그와 함께 전장에서 활동한 신료들이 어떤 인물들이었나를 추적해 보는 것이 가장 좋은 방법이나, 요동 정벌 이후 정세가 시시각각으로 변하는 혼란의 시기에 누가 같은 입장을 취한 인물이었는지 명확하게 가려낼 수가 없다. 다만 그가 논죄의 대상이 되었을 때, 그와 함께 탄핵 대상이 되었던 인물들이 대체로 그와 같은 입장을 취한 인물이라고 보면 크게 무리가 없겠다. 그러나 그런 인물들 대부분이 무장이었기 때문에, 특별히 고려 말 사대부들과 어떤 관계를 가졌는지를 추적하기는 더욱 어렵다. 이런 난점이 있지만, 사료에서 드러나는 그의 관력을 통해 주변 인물들의 면면을 살펴봄으로써 사대부와의 관련을 추적하여 보고자 한다.

변안열은 우왕 초기(1376, 우왕 2)에 문하평리가 되어, 수시중 이인임, 찬성사 목인길(睦仁吉), 정당문학 홍중선(洪重宣), 판밀직 왕안덕, 밀직부사 우인열 등과 함께 당시의 권력자 지윤(池奫)이 전민(田民)을 탐내어 홍륜과 최만생의 유족을 모두 베려 하자, 이에 반대하여 지윤의 권력 확대를 막아낸 일이 있었다.69) 이때 그와 동조한 인물들의 면면을 보기로 하자.

이인임은 문음(門蔭)으로 진출하여 1358년(공민왕 7)에는 좌부승선(左副承宣)이 되었다. 홍건적이 침입 때 서경존무사(西京存撫使)가 되어 활약하였고, 삼사우사·도첨의찬성사·좌시중을 지내고, 순성동덕보리공신(純誠同德輔理功臣)의 칭호를 받았다. 공민왕이 피살되자 우왕을 즉위시키는 데 참여하고, 다시 친원정책을 취해서 삼사좌윤(三司左尹) 김구용(金九容), 전리총랑(典理摠郎) 이숭인(李崇仁), 전의부령(典儀副令) 정도전, 삼사판관(三司判官) 권근 등 신진 사대부들의 반발을 샀다. 당시 수시중으로서 권력을 잡고 있던 인물이다.70)

목인길은 공민왕이 원에 숙위할 때 중랑장으로써 시종하였고, 왕이 즉위하자 일등공신으로 되었다. 기철을 제거하는 데 앞장서 일등공을 받고 여러 번 옮겨 병부상서가 되었으며, 홍건적 침입으로 공

69) 《고려사절요》 30, 우왕 1 병진 12월; 신석호 편저, 앞의 책, 122~123쪽.

70) 《고려사》 권126, 열전 39, 이인임; 고혜령, 〈이인임 정권에 대한 일고찰〉, 《력사학보》 91, 1981.

민왕이 남행할 때 종행하여 지밀직사사가 되었다. 신돈 집정시에 그를 제거하기로 모의하다가 청주로 장류되고 관노가 되기도 하였던 인물이다. 무장으로서 군공이 많았으며, 1374년(공민왕 23) 제주 토벌을 위한 전라도상원수(全羅道上元帥)로 발탁되었다. 이때 양광도원수로서 출정한 변안열과 함께 참여하였다. 우왕 즉위 후 찬성사가 되었고, 지윤과 더불어 이인임, 경복흥(慶福興), 최영 등을 제거하기로 모의하였다가 도리어 이인임에게 밀고해 지윤의 족당을 모두 붙잡히게 한 인물이다. 그러므로 공민왕 즉위 후에 등장한 신흥 무장의 일원으로 분류할 수 있다.71)

홍중선(?~1379)은 충혜왕 때 과거에 급제하여, 여러 벼슬을 거쳐 내부부령(內府副令)이 되고, 1354년(공민왕 3) 전법판서를 거쳐 1356년 한양부윤으로 재직중 충혜왕의 서자(庶子) 석기(釋器)의 모반사건에 연루되었다 하여 파직 당하였다. 1371년 총부상서(摠部尙書)에 임명되어 명나라에 천추사(千秋使)로 파견되었으며, 판개성부사를 거쳐 1376년(우왕 2)에는 정당문학으로 지공거가 되어 과거를 주관하였고, 이듬해 문하찬성사 상의(商議)에 올라 우왕이 서연(書筵)을 개최하자 권중화(權仲和)와 함께 그 사부(師傅)가 되었다.72)

왕안덕(?~1392)은 1363년(공민왕 12)에 안우(安祐) 등과 함께 홍건적을 평정한 공으로 이등공신이 되었으며, 이어 밀직부사가 되었다. 1374년(우왕 즉위년)에 공민왕이 죽자 이인임 등을 도와 우왕의 옹립을 주장하여 등극하게 하였다. 이어 판삼사사를 거쳐 문하평리에

71) 《고려사》 권114, 열전 27, 목인길.
72) 《고려사》 권111, 열전 24, 홍중선.

전임되었다. 1377년 양광도도원수가 되어 왜구와 싸웠으나 패전하였고, 1383년에 양광도조전원수(楊廣道助戰元帥), 1385년에 다시 양광도도원수가 되어 왜구를 토벌하였다. 이 공으로 찬성사에 오르고, 1388년 요동 정벌을 할 때 좌군도통사 조민수의 휘하에서 양광도도원수로 참전하였다.[73] 이를 보면 왕안덕은 변안열과 상당히 가까운 위치에서 활동하였을 것으로 보인다. 안우와 함께 군사활동을 하였다거나, 양광도의 군사 지휘관으로서 계속 활동해 온 것들이 변안열과 함께 할 기회가 자주 있었음을 추정할 수 있다. 이들 가운데 문신은 홍중선으로서 변안열과 입장을 같이 한 것으로 보이나, 그는 매우 일찍 사망하였으므로 특별한 관계를 갖지 못하였다고 할 수 있다.

다음으로 문신들과 함께 활동한 기록은 창왕 원년에 나타난다. 도평의사사에서 전제를 의논할 때, 이색이 옛 법을 경솔하게 고쳐서는 안 된다고 하며 반대하자, 이림, 우현보, 변안열, 권근이 이색의 입장을 따랐다는 것이다.[74]

이림(李琳)은 고성(固城) 출신으로 우왕의 장인이며, 창왕의 외조부이다. 또한 이인임의 고종사촌이기도 하다.[75] 홍건적의 침입으로 왕이 피난할 때 장군으로 호종했으며, 여러 관직을 거쳐 밀직부사가 되었다. 판개성부사로 있을 때 그의 딸이 우왕의 비(妃)로 책봉되면

---

73) 《고려사》 권126, 열전 39, 왕안덕.

74) 《고려사절요》 34, 창왕 원년 4월.

75) 李兆年 ┌ 李褒 — 李仁任
　　　　　└ 女, 李嶠 — 李琳 — 女, 禑王 —昌王

서 철성부원군(鐵城府院君)에 봉해졌다.[76]

우현보(禹玄寶; 1333~1400)는 본관은 단양, 자는 원공(原功)으로 아버지는 적성군(赤城君) 우길생(禹吉生)이며, 역동 우탁의 후손이다. 1355년(공민왕 4) 문과에 급제하고 춘추관검열이 되었다. 이어 사헌부집의 · 좌사의대부를 역임하였다. 우왕이 즉위하자 밀직사 대언(代言)이 되고, 곧이어 제학으로 승진하였다. 그 뒤 대사헌을 거쳐 정당문학을 오래 역임하면서 정사를 주관하고 문하찬성사에 올랐으며, 순충익대좌리공신(純忠翊戴佐理功臣)에 봉해졌다. 이성계가 위화도에서 회군하자 우왕의 명령에 따라 좌시중에 임명되어 방어하려 하였으나 실패하였다. 이색 · 이숭인 · 정몽주 등과 교분이 두터워 이초(彝初; 尹彝와 李初)의 옥사에도 연루되어 외방으로 유배되었다. 그 뒤 공양왕이 즉위하자 인척인 관계로 단양부원군에 봉해졌다. 1390년(공양왕 2) 판삼사사가 되었으나, 이듬해 대간의 탄핵을 받아 다시 철원으로 유배되고, 곧 풀려나 단산부원군으로 다시 봉해졌다. 1392년 이방원 일파에 의해 정몽주가 살해되자, 그의 시체를 거둬 장례를 치렀다.[77] 위의 인물들 가운데 이림은 무장이지만 이색, 우현보 등과 호의적인 관계를 가졌고, 정치적 입장을 같이하였을 것으로 보인다.

권근(權近; 1352~1409)의 본관은 안동, 초명은 진(晉)으로 자는 가원(可遠), 사숙(思叔)이며, 호는 양촌(陽村)이다. 주자학을 일찍부터 전파한 권보(權溥)의 증손으로, 권문세가 출신이다. 1368년(공민왕 17)

---

76) 《고려사》 권116, 열전 29, 이림.

77) 《고려사》 권115, 열전 28, 우현보.

성균시에 합격하고, 이듬해 급제해 춘추관검열·성균관직강·예문관응교 등을 역임했다. 공민왕이 죽자 정몽주와 정도전 등과 함께 위험을 무릅쓰고 배원친명(排元親明)을 주장했으며, 좌사의대부·성균관대사성·지신사 등을 거쳐, 첨서밀직사사가 되어 명나라에 다녀왔다. 그러나 명나라 예부자문(禮部咨文)을 도당(都堂)에 올리기 전에 몰래 뜯어본 죄로 우봉(牛峯)에 유배되었다. 조선 건국 후에는 새 왕조에 출사(出仕)하여 예문관대학사·중추원사 등을 지냈다. 명에 사신으로 가서 외교적 사명을 완수하였을 뿐 아니라, 명나라 학자들과 교유하면서 경사(經史)를 강론하고, 명 태조의 명을 받아 응제시(應製詩) 24편을 지어 중국에까지 문명을 크게 떨쳤다. 그는 성리학자로서 경학과 문학을 아울러 연마했다. 이색을 스승으로 모시고, 정몽주, 김구용, 박상충(朴尙衷), 이숭인, 정도전 등 당대 석학들과 교유하면서 성리학 연구에 정진해 고려 말의 학풍을 일신하였다.[78] 여기에 신진 사대부와 입장을 같이하는 권근은 전제 논의에서는 세가(世家)의 입장에 서고 있음은 그의 출신과 무관하지 않음을 보여준다.

다음, 변안열을 죽음에 이르게 한 김저의 옥에 의해 주변 인물들이 모두 거론된다. 그들 가운데 문신을 중심으로 살펴보도록 하겠다.

우선, 1389년 11월 김저의 옥에 관련된 사람들은 김저와 정득후를 비롯하여 조방홍이 직접 관련되었고, 그 배후에 변안열·이림·우현보·우인열·왕안덕·우홍수가 있었던 것으로 알려졌다. 김저

78) 《고려사》 권10, 열전 20, 권단 附 권근.

와 정득후는 최영과 인척으로 연결된 인물이고, 판서 조방홍은 출신을 잘 알 수 없다. 이림 · 우현보 · 왕안덕 등은 위에서 이미 관련됨을 보았다. 우인열(禹仁烈; 1337~1403)[79]과 우홍수는 모두 우현보의 족친으로서, 우인열은 1359년(공민왕 8) 홍건적이 침입했을 때 원수 한방신(韓方信)의 휘하에서 공을 세워 감찰어사가 되고, 1372년에는 제주체찰사가 되었다. 경상도도순문사를 거쳐 1377년 경상도원수로서 영광, 장사(長沙) 등지에 침입한 왜구를 격파했고, 다음해 경상 · 양광 · 전라 삼도도체찰사(三道都體察使)가 되어 왜구를 방어하였다. 우왕대 경상도상원수로서 주로 합포, 사주(泗州)에서 왜구를 대파하였다. 1390년(공양왕 2) 계림윤이 되었으나, 김저의 옥사에 연루되었다는 대간의 탄핵을 받아 청풍군(清風郡)으로 유배되었다가, 다시 윤이(尹彝)와 이초(李初)의 무고로 청주옥에 갇혔다가 이듬해 풀려났다. 조선 개국 후 문하시랑찬성사로서 사은사가 되어 명나라에 갔다가 이듬해 귀국해 판개성부사가 되었으며, 개국원종공신(開國原從功臣)에 올랐다.

우홍수는 우현보의 아들이며, 부마(駙馬) 우성범(禹成範)의 아버지이다. 우왕 때 문과에 급제하여 낭장으로 성균박사를 겸하였으며, 지신사 · 대사헌을 거쳐, 창왕 때 첨서밀직사사가 되었다. 김저의 옥사에 관련되어 인주(지금의 인천)에 유배되었으나 다시 기용되어 동지밀직사사가 되었다. 1392년 정도전의 모함을 받아 정몽주 일파로 몰려 순천에 유배되었다가 장살 당하였으나 곧 신원(伸寃)되었다. 계

79) 《고려사》 권114, 열전 27, 우인열.

속되는 논핵 속에서도 우현보와 왕안덕, 우인열 등은 새로운 관직에 임명되고 있다.[80]

공양왕이 즉위한 다음, 이색이 판문하부사, 변안열이 영삼사사에 올랐으나, 이들은 12월에 오사충·조박 등의 상소에 의해서 탄핵된다. 주된 탄핵의 내용은 이색을 논죄하는 것으로, 이색 부자와 조민수를 처벌하자는 것이다. 이색이 조민수와 변안열, 이림에게 붙어 우왕을 세우고, 다시 창왕을 세웠다는 것이 죄목이다.

이에 따라 1390년 4월에 이색을 함창으로, 정지를 횡천으로, 이림을 철원으로, 이귀생을 고성으로 귀양 보내고, 또 우인열을 청풍으로 귀양 보냈으며, 이을진(李乙珍)과 이경도(李庚道)에게는 장벌(杖罰)을 가하여 유배 보내고, 왕안덕을 풍주(豊州)로, 우홍수를 인주로, 원상(元庠)을 광주로 귀양 보내었다. 이을진과 이경도는 군졸 출신으로 변안열의 심복으로서 처벌 대상이 되었고, 이림과 그의 아들 이귀생, 정지(鄭地), 이경도, 원상이 추가되어 변안열의 당으로 처벌되었다.[81] 이귀생은 이미 앞에서 언급한 이림의 아들이고, 이경도는 정주목사이고, 원상은 변안열의 처족이다. 이상에 소개한 인물 가운데 우홍수·권근 등 문신은 고려 말 신진 사대부 계열로 볼 수 있다.

1390년 5월 '이초(彝初) 옥(獄)'이 일어났다. '이초의 옥'은 명에 사신으로 갔던 조반이 복명하면서 보고하기를, 파평군 윤이(尹彝)와 중

80) 《고려사》 권45, 세가, 공양왕 2년(1390) 3월 7일. "庚午 以洪永通 領三司事, 禹玄寶 判三司事, 王安德爲江原君, 禹仁烈爲雞林尹, 李懃·鄭洪爲左右常侍, 李滉爲門下舍人, 金若恒起復, 爲司憲掌令, 全賓爲左正言."

81) 《고려사절요》 34, 공양왕 2년(1390) 4월.

랑장 이초(李初)란 자가 명나라에 가서 이성계 일파가 이색을 비롯한 관료들을 살해하고 정권을 잡았는데, 밀려난 사람들이 몰래 자기들을 왕께 보내어 이 사실을 알리도록 하고, 명에서 고려에 원정 와 주기를 바란다는 무고를 했다는 내용이었다.

> 공양왕이 세워진 이후 이색, 조민수, 이림, 변안열, 권중화(權仲和), 장하(張夏), 이숭인, 권근, 이종학, 이귀생 등을 살해하고, 우현보, 우인열, 정지, 김종연(金宗衍), 윤유린(尹有麟), 홍인계(洪仁桂), 진을서(陳乙瑞), 경보(慶輔), 이인민(李仁敏) 등을 멀리 귀양 보냈는데, 귀양 가 있는 재상들이 몰래 우리들을 보내어 천자에게 고하고, 이내 친왕(親王)이 천하의 군사를 거느리고 와서 토벌하여 주기를 청합니다.[82]

위와 같은 내용의 윤이·이초의 거짓 보고에 대해서, 명나라 예부에서 이를 왕방과 조반에게 알려주자, 이 사실을 고려에 돌아와서 조정에 보고하게 된 것이다. 이 일이 알려지자 곧 관련자를 옥에 가두고 심문하게 되었는데, 여기에 연루된 인물은, 이색을 중심으로 우왕을 옹립하고 고려 구체제를 지키려는 파로 구성되어 있었다. 여기에는 이제까지 변안열 당으로 지목된 사람들 말고도 권중화·장하·이숭인·이종학·김종연·윤유린·홍인계·진을서·경보·이인민의 이름이 등장한다. 이들이 모두 변안열과 같은 입장에 있었다고 할 수는 없으나, 이성계 측에서 볼 때 제거해야 할 대상 인물이 된다고 할 수 있다.[83]

---

82) 《고려사절요》 34, 공양왕 2년 5월 경오.

사건을 처리하면서 우현보·권중화·경보·장하·홍인계·윤유린을 순군옥에 가두었다. 이들을 국문하여 다시 최공철(崔公哲), 최칠석(崔七夕), 조언(曹彦), 조경(趙瓊), 공의(公義) 한성(韓成), 김충(金忠) 등을 관련자로 색출하여 모두 옥에 가두고, 이색·이림·우인열·이인민·정지·이숭인·권근·이종학·이귀생 등을 청주옥(淸州獄)에 가두었다. 얼마 안 가서 윤유린·최공철·홍인계가 옥중에서 죽으니, 저자에 목을 매어 달았다.

윤이·이초의 옥사로 청주옥에 갇혔던 사람들을 국문하던 중 갑자기 큰비가 내려, 이들이 모두 사면된 이야기는 유명하다.[84] 갑자기 벼락이 치고 비가 많이 와서 냇물이 범람하여 성의 남문을 부수고 바로 북문에 부딪쳐 성안의 물 깊이가 한 길이 넘어서 관사와 민가를 거의 모두 떠내려 보냈다. 옥관(獄官)은 허둥지둥 나무를 휘어잡고 올라가서 죽음을 면하였다. 노인들이, "고을이 생긴 이후로 수재가 이같이 심한 적은 없었다"고 하였다. 이렇게 되자 우현보·권중화·경보·장하 등을 먼 지방으로 귀양 보냈다. 청주옥에 갇혔던 인물 가운데 우인열, 장하, 이인민, 정희계, 이숭인, 하륜, 권근, 윤사덕(尹師德), 유염(柳琰), 이빈(李彬), 노빈(盧贇), 이행(李行), 원상(元庠) 등은 공양왕 3년에 사면 받고 모두 서울 밖에서 편한 대로 거주하게 되었다.[85] 또 1391년 11월 기해일에 이색·이숭인·이종학을 소환

83) 권중화(權仲和)와 정지(鄭地)는 1391년(공양왕 3)에 다시 소환되어 복직되었다(《고려사절요》 35, 공양왕 3년 11월 무자)

84) 《고려사절요》 34, 공양왕 2년(1390) 5월 을사.

85) 《고려사절요》 35, 공양왕 3년(1391) 정월.

하고,[86] 다시 12월 병자일에 이색을 한산부원군영예문춘추관사로, 우현보를 단산부원군으로 우홍수를 동지밀직사사로 임명하였다.[87]

사실 윤이·이초의 옥은 실체가 없이 그 해 가을에 일단락 지어진 사건이었다. 왕은 정몽주 등과 의논하여 이색의 죄는 가볍게 처리하고, 조민수와 변안열의 가산은 몰수하고, 이을진은 법대로 죄를 처단하고, 지용기와 박가흥(朴可興)은 그 전 대로 있게 하고, 우인열·왕안덕·박위는 지방에서 편한 대로 살게 하고, 나머지는 모두 서울이나 지방에서 편한 대로 살게 하였다. 그리고 앞으로 다시 이 일을 논핵하는 자가 있으면 무고죄로 논할 것이라고 결단하였다.[88]

그러면 이들 인물의 성격에 대해 알아보자.

권중화(權仲和; 1322~1408)는 도첨의정승(都僉議政丞) 권한공(權漢功)의 아들로서 이색의 처삼촌이 되며, 이색과 꽤 친밀한 사이였다. 1353년(공민왕 2) 문과에 을과로 급제해 우·좌부대언(右左副代言)을 거쳐 지신사(知申事)가 되었다. 1377년(우왕 3)에는 정당문학으로 동지공거(同知貢擧)가 되어 과거시험을 주관했으며, 문하에서 이름난 선비가 많이 배출되었다. 그 뒤 삼사좌사(三司左使) 문하찬성사 등을 역임하였다. 1390년(공양왕 2) 윤이·이초의 옥사에 연루되어 유배되었으나 곧 풀려 나와 삼사좌사로 다시 등용되고, 이어 문하찬성사상의·찬성사를 역임하였다. 1392년 고려의 사신으로 명나라에 보은사로 갔다가 왕조가 바뀐 직후 돌아왔다.

86) 《고려사절요》 35, 공양왕 3년(1391) 11월 기해.
87) 《고려사절요》 35, 공양왕 3년 12월 병자.
88) 《고려사절요》 35, 공양왕 3년 9월.

장하(張夏)는 결성인(結城人)으로 홍건적이 침입하였을 때 개경을 수복한 공으로 1363년(공민왕 12) 전의주부(典儀注簿)로서 이등공신에 올랐다. 1372년 신돈이 제거된 뒤 이보림(李寶林) 등과 함께 간관으로 있으면서 신돈의 일당인 김문현(金文鉉)을 탄핵하였으나 뜻을 이루지 못하였다. 1383년 한양부윤으로 있으면서 의성에서 왜구를 쳐부수기도 하였고, 몰래 숨어 들어온 왜구의 간첩 3명을 체포하는 공을 세우기도 하였다. 평양윤으로서 창왕 때는 전라도 도관찰출척사로 활동하기도 하고 문하평리에 올랐다.

이숭인(1347~1392)은 성주이씨로 공민왕 때 문과에 급제하여 숙옹부승(肅雍府丞)이 되고, 그 뒤 장흥고사 겸 진덕박사(長興庫使兼進德博士)가 되었다. 명나라 과거에 응시하는 시험에 수석으로 뽑혔으나, 25세가 못 되었으므로 가지 못했다. 우왕 때 전리총랑이 되어 김구용·정도전 등과 함께 북원(北元)의 사신을 맞이하는 것을 반대하여 귀양을 가기도 하였다. 그 뒤 밀직제학이 되어 정당문학 정몽주와 더불어 실록을 편수하고, 동지사사로 전임하였다.

문장력이 뛰어나 예문관제학이 되었고, 이색의 뒤를 이어 외교문서 작성에 능력을 발휘하였다. 이색이 칭찬하기를 "이 사람의 문장은 중국에서 구할지라도 많이 얻지 못할 것이다" 하였으며, 명 태조도 일찍이 그가 찬한 표문(表文)을 보고 이를 가상히 여겨, "표의 문사가 참으로 절실하다"고 하였다. 이색·정몽주 등과의 교유가 특별하였으며, 이색·정몽주의 당으로 분류되어 유배지에서 죽었다.

이종학(李種學; 1361~1392)은 이색의 둘째아들로, 16세에 문과에 급제하여 일찍부터 두각을 나타내었다. 1376년(우왕 2) 문과에 동진사로 급제하여 장흥고사(長興庫使)에 제수되었다. 그 뒤 관직이 밀직사 지신사에 이르렀다. 창왕이 즉위한 직후에는 성균시를 관장하기도 하였으며, 승진하여 첨서밀직사사가 되었다. 공양왕 즉위 후 이색이 탄핵을 받자, 함께 파직되었다. 윤이·이초의 옥사에 연루되어 부자가 모두 청주의 옥에 갇혔다가 마침 홍수가 나서 사면되었으나 다음해 다시 원지로 유배되었다. 그 뒤 다시 소환되었으나 1392년 정몽주가 살해된 뒤 이숭인 등과 함께 탄핵을 받아 함창으로 유배되었다. 후에 장사현(長沙縣)으로 옮기는 도중 무촌역(茂村驛)에서 살해되었다.

김종연(金宗衍; ?~1390)은 광산(光山)을 본관으로 하고, 아버지는 밀직부사를 지낸 김정(金精)이다. 부 김정이 신돈을 죽이려고 모의하다가 발각되어 살해당하자 피신하였다가, 신돈이 주살된 뒤에 나와서 왜구와의 싸움에 참가하였다. 1388년(우왕 14) 7월 전라도부원수로서 광주(光州)에 침입한 왜구를 격퇴시킨 것을 비롯하여, 전라도도절제사·전라도원수 등으로서 왜구와의 싸움에 나아가 구례 등지에서 크게 승리하였다. 그러나 윤이·이초의 옥사에 연루되어 봉주(鳳州)에 숨어 있다가 붙잡히고, 다시 도망하여 피신하는 등 우여곡절 끝에 잡혀 죽었다.

윤유린(尹有麟; ?~1390)은 문신으로 공민왕 때 사재령(司宰令)이 되었다가 홍건적의 난이 진압된 뒤, 1363년(공민왕 12) 을해격주홍적이등공신(乙亥擊走紅賊二等功臣)에 녹훈되었다. 1384년 동지밀직으로 전라도도순문사가 되어, 여러 차례 왜구를 격파하여 큰 공을 세웠다. 1390년(공양왕 2) 윤이·이초의 옥에 윤이가 그의 사촌동생이었기 때문에 연좌되어 옥에 갇혔다가 효수되었다.

홍인계(洪仁桂; ?~1390)는 무신으로서 판사로 재직 중 1365년(공민왕 14) 6월 신돈이 사부(師傅)가 되어 국정을 장악하고, 최영 등 구세력을 축출할 때 순흥(順興)에 귀양 갔다. 1370년 요성(遼城)을 공략할 때 원수 지용수의 비장(裨將)으로서 최공철 등과 함께 기병 3천 명으로 출정하였다. 1376년(우왕 2) 10월 양광도도순문사가 되어 진포(鎭浦)의 왜구를 격퇴하고, 다음해 2월에도 신평현(新平縣)에 쳐들어온 왜적들을 물리쳤다. 1380년 8월에는 500척의 왜선이 진포에 정박하여 하삼도를 침략하므로, 상의로서 원수가 되어 삼도도순찰사 이성계의 지휘를 받아 운봉현(雲峯縣) 황산에서 적을 궤멸시켰다. 그는 위화도 회군 이후 이성계 세력에 동조하지 않은 무장으로 보인다.

진을서(陳乙瑞; ?~1412)는 1388년(우왕 14) 전주원수로 왜구를 격파하였고, 1389년(공양왕 1) 전라도절제사가 되었다가 이듬해 5월에 윤이 · 이초의 옥사에 연루되어 귀양 갔다. 그러나 진을서는 조선이 개국되자 개국원종공신에 책록되고, 전결과 노비가 하사되었다.

경보(慶輔)는 요동 정벌 때 이성계의 우군에 16원수 가운데 한 사람으로 참여하였고,[89] 지용기 · 윤사덕 · 이을진도 이성계가 지휘하는 우군에 속하여 있었으며, 최공철(崔公哲)은 조민수 휘하의 좌군에 소속되어 있었다.

이인민(李仁敏)은 우왕 초기의 재상이었던 이인임의 동생으로 정당문학 이조년(李兆年)의 손자이며, 도첨의평리(都僉議評理) 이포(李

89) 《동사강목》 16하 무진년 전폐왕 우 14년(1388).

褒)의 아들이다. 그의 일문은 고려 공민왕에서 우왕에 이르는 기간에 최고의 권문세가를 이룩하였다. 1360년(공민왕 9) 문과에 급제한 뒤 관력은 밝혀지지 않고 있다. 1383년(우왕 9) 정당문학으로 동지공거가 되어 과거를 관장하였으며, 문하평리 겸 대제학에 올랐다. 1388년 최영·이성계에 의하여 이인임이 숙청당하자, 이에 연루되어 계림부에 유배되었다. 공양왕이 즉위하자 관작이 복구되었으나, 1390년(공양왕 2) 윤이·이초의 옥에 연루되어 청주옥에 갇혔다가 다시 멀리 유배되고, 나중에 기용되어 겸 밀직사사 판개성부사를 역임하였다.

최공철( ?~1390)은 1363년(공민왕 12) 11월 판전의시사로 홍건적을 방어한 공이 있어 이등공신이 되었고, 1370년 지용수·이성계 등이 동녕부를 정벌할 때 그 비장으로 선발대가 되어 공을 세웠다. 1374년 판서로 강릉도만호(江陵道萬戶)가 되어 왜구를 격파하였으며, 1375년(우왕 1)에는 밀직부사로 이성상원수(泥城上元帥)가 되었다. 이듬해 7월 왜구가 연산 개태사(開泰寺)에 침입하여 노략질을 하자, 양광도도순문사로 최영과 함께 홍산(鴻山)에서 왜구를 크게 격파하였다. 1377년 4월에는 서성군(瑞城君)으로 강릉도원수(江陵道元帥)가 되었고, 그해 8월에는 삼사우사로 의주원수(義州元帥), 이듬해 5월에는 평리상의로 양광도도원수가 되어 여러 차례에 걸쳐 왜구를 격파하였다. 1388년 요동 정벌 때 조전원수로 좌군도통사 조민수의 휘하에서 종군하였다가 회군하여 공신이 되었다.

최칠석(崔七夕; ?~1394)은 문신으로 본관은 전주, 완산부원군 희평(希平)의 증손으로, 할아버지는 문숙공(文肅公) 최유이며, 아버지는 상산부원군(尙山府院君) 선능(善能)이다. 1380년(우왕 6) 비장(裨將)으로 나세(羅世), 심덕부(沈德符), 최무선(崔茂宣) 등과 더불어 신주·안악·봉주 등지에 침입한 왜구를 격퇴시키고, 이듬해 해도만호(海道萬戶)가 되었다. 뒤에 대마도를 정벌한 공으로 왕으로부터 칠석(七夕)이라는 이름을 하사받았다. 기골이 장대하고 남달리 키가 컸으며, 임금의 명을 받아 기선(騎船)을 만들었고, 특히 왜구를 방어하는 데 공이 많았다.

조언(曹彦)은 우왕 초기에 개성윤이 되었고, 1385년(우왕 11) 해도부원수(海道副元帥)로서 왜구를 여주도(汝走島)에서 격파하고 배 한 척을 노획하여 이 공으로 백금 50량이 하사되었다. 1388년 왜구가 크게 창궐하자 자혜부윤(慈惠府尹)으로 있으면서 밀직부사 최칠석과 함께 남도(南道)에 나가 방어하였으며, 공양왕 즉위 후 밀직부사가 되었다.

조경(趙瓊), 공의(公義), 한성(韓成), 김충(金忠) 등에 대해서는 별다른 기록을 찾기 어렵다.

박가흥(朴可興)의 본관은 순천(順天), 평원부원군(平原府院君) 박천상(朴天祥)의 아들이며, 이인임의 생질이 된다. 우왕 때 밀직부사를 지냈으나 1388년(우왕 14) 이인임이 숙청당하여 경산부에 유배되자 그에 연루되어 순천으로 귀양 갔다.

이상에서 본, 김저의 옥과 윤이·이초의 옥을 당하여 변안열과 연결된 인물들을 분류하면, 이색을 비롯하여 홍중선·권중화·우현보·우홍수·최칠석·이숭인·이종학·이승인 등이 문신이고, 목인길·왕안덕·이림·우인열·홍인계·경보·최공철 등이 무신이다. 이들 가운데 많은 수가 신흥 사대부 또는 신흥 무장의 입장에 있다. 변안열은 공민왕 이후에 등장한 신흥 무장으로서, 위화도 회군에서 이성계와 손잡았고, 개혁의 필요를 인정하는 사대부 그룹과 정치적 입지를 같이 하여 왔다고 하겠다.

## 6. 사대부의 시 · 문을 통해 본 변안열

다음으로 뚜렷한 교유의 증거를 남긴 이색과의 관계를 보자. 이색은 방대한 《목은시고》를 남겨, 변안열과 관계되는 몇 수의 시를 찾을 수 있다.

승리 결단한 조정의 계책이 훌륭한지라 / 決勝廟堂籌策長
교외의 전송에 군율 또한 정강해졌으니 / 餞郊軍律已精强
서로 의지함은 흡사 수레와 덧방나무요 / 相依恰似車將輔
문란치 않음은 진정 그물과 벼릿줄 같네 / 不紊眞如網與綱
여러 장수의 용맹은 다 기가 넘치거니와 / 諸將爪牙皆有氣
두 원수의 지휘권은 유별히 광채가 나네 / 兩公旄鉞別生光
알건대 남은 종자 없이 다 섬멸할 테니 / 遙知禽獮無遺類
망할까 하여 다시 뽕나무에 매주었으면 / 願把其亡更繫桑[90]

90)《牧隱詩藁》25 詩. 竊聞有旨留判三司事. 而李商議, 邊四宰諸元師啓行. 穡病作. 未果拜送. 悵然用前韻. 번역문 출처는 한국고전번역원의 고전DB.

이색은 왜구가 극렬하여 이를 격퇴하려 이성계와 변안열 등 여러 원수들이 출정한다는 소식을 듣고, 시를 지어 격려하였다. 호남의 왜구를 격퇴한 격전이었던 운봉전투를 위해 출격하던 때로 보인다. "이상의(李商議), 변사재(邊四宰) 등 여러 원수들만 길을 떠난다고 하는데, 나는 병이 나서 친히 배송(拜送)하지 못하고 한스러운 마음에 다시 앞의 운(韻)을 사용하여 짓다"라는 제목에서 보듯이, 이색은 당시에 상의 이성계, 사재 변안열을 친히 배송하지 못한 것을 한스러워 하고 있다. 이어서 이들을 격려하는 〈행삼군가〉(行三軍歌)[91]를 또 지었다. 삼군가는 공자의 제자 자로가 공자에게 좋은 장군의 조건을 묻는 물음에 대한 대답에 "일을 당하면 두려워하고, 좋은 계책을 내어 성공하는 자라야 할 것이다.[必也臨事而懼 好謀而成者也]"라고 한 말을 인용하여, 이성계와 변안열의 용맹과 지혜, 그리고 의리를 칭송한 시이다.

천지가 폐장하면 의당 봄이 돌아오고 / 天地之閉回其春
용사의 칩복은 제 몸 보존키 위함인데 / 龍蛇之蟄存其身
힘을 기르되 때로 숨겨서 겁내지 않고 / 遵養時晦不爲慴
널리 밝아서 갑옷 쓴 이는 성인이었네 / 純熙大介稱聖人
혈기의 용맹은 고작 일당백에 그치지만 / 血氣有勇一當百
의리가 지극하면 천하의 신하가 된다오 / 義理作至天下臣
양 몰아 범을 침은 상대가 안 되고말고 / 驅羊格虎勢非匹

91)《牧隱詩藁》25 詩. 行三軍歌 子路問子行三軍則誰與. 子曰. 暴虎憑河. 吾不與也. 必也臨事而懼. 好謀而成者也. 十載之下. 聖訓之垂. 粲如日星. 作行三軍歌一篇. 蓋有所感也.

군사 착함은 율로 내는 데 있을 뿐이네 / 師臧只在出以律
이공과 변군은 용맹 지혜 다 갖춘 데다 / 李公邊君勇智俱
의리는 하늘 닿아라 어이 그리 우뚝한고 / 高義薄天何硉屼
일 당해 두려워하고 계책 내서 성공하니 / 臨事而懼好謀成
유독 군법에만 모두 정명한 게 아니로다 / 不獨軍法皆精明
상산은 지대가 낮고 큰 고개는 험준한데 / 商山地低大嶺峻
고기들이 솥 안에서 살려고 버둥대거니 / 羣魚在鼎方偸生
붕궤되는 형세가 반드시 급격할 테지만 / 橫流奔潰勢必激
함정만 있고 견고한 성 없음이 한스럽네 / 陷穽只恨無堅城
가을바람 썰렁해지면 몸은 움츠러들지만 / 秋風漸冷筋骨緊
가을밤 점차 길어지면 꿈은 맑아지리니 / 秋夜漸長魂夢淸
원컨대 우리 주장이 높은 공렬을 세워서 / 願我主將樹功烈
일거에 요기의 뿌리를 모두 절멸시키고 / 一擧畢使祅氛絶
백만의 창생이 다 안정을 되찾게 하여 / 百萬蒼生皆按堵
다시 여생에 풍월을 즐기게 해주었으면 / 更向殘年弄風月

여기에서도 이공과 변군은 바로 이성계와 변안열을 말한다. 이 시기는 왜구가 극심하던 1380년 이성계가 양광・전라・경상도삼도 도순찰사가 되고, 변안열이 양광・전라・경상도삼도 도체찰사가 되어 왜구와 치열한 전투를 벌이게 되었을 때이다. 이성계와 변안열은 운봉(雲峰)전투에서 왜를 물리치고 크게 공을 이루었다. 이들이 돌아오는 10월에는 개선 소식을 듣고 역시 시를 부쳤다.[92] 시 제목에 "이상의와 변사재가 여러 원수들과 함께 개선한다는 말을 듣고도

92) 《牧隱詩藁》 26 詩. 聞李商議, 邊四宰與諸元帥凱旋. 病不能郊迓. 吟成 一首.

나는 병 때문에 교외에 나가 맞이할 수 없으므로, 한 수를 읊어 이루다"라 하여 그들이 장도에 오를 때도 병들어 배웅하지 못했는데, 이번에 개선할 때도 직접 나가서 환영하지 못함을 안타깝게 생각하며 시를 지었다.

이색은 이성계와 변안열과 매우 가까운 사이로, 그들의 집을 방문하여 서로 시를 읊고 노래하는 사이었던 것 같다. "어제 이상의를 방문했더니, 술상을 내왔으나 병 때문에 극력 사양하고, 다음으로 변사재 댁을 갔더니, 마침 손이 있어 이미 석 잔 술을 넘어서 거나하였다. 또 이어서 이오성(李奮城), 염서성(廉瑞城)이 왔는데, 석양에 이르러 손이 떠나고 나자, 주인이 우리들을 익랑(翌廊)으로 맞아들여서 등촉을 밝히고 주연(酒宴)을 베풀었다. 나는 밤중이 거의 다 된 때에 도망쳐 나와 버렸다. 명일에 한 수를 읊어 이루다"[93]라는 제목의 시에서도 알 수 있듯이, 이성계, 변안열, 염서성[國寶],[94] 이오성(李奮城; 이름은 미상) 등과 자주 어울리는 사이였음을 알 수 있다.

> 두 분의 용맹과 지혜는 국가의 간성이라 / 二公勇智是干城
> 모월 가지고 원정으로부터 막 돌아오니 / 旄鉞初回自遠征
> 당 가득한 빈객들은 즐거운 뜻 흡족하고 / 賓客滿堂歡意洽
> 술 따르는 아들은 몸가짐도 청아했었지 / 郎君行酒動容淸

93)《牧隱詩藁》26 詩. 昨訪李商議設酌. 以病力辭. 次至邊四宰宅. 會有客已過三爵. 李奮城, 廉瑞城繼至. 至晩客去. 主人又邀僕等入翌廊. 張燈燭. 夜將半逃出. 明日吟成 一首.

94) 염서성은 염국보(廉國寶)로서, 곡성부원군 염제신(廉悌臣)의 장자이며 예문관 대제학(藝文館大提學)으로 서성군(瑞城君)을 받았다.

좌중을 비춘 미인은 노랫소리 절묘하고 / 紅顔照座歌筝妙
백발노인은 갓끈 날리며 □□□ / 白髮飄纓□□□
너무 즐거워 한밤중이 지난 것도 모른 채 / 樂甚不知過夜半
태평을 그려낼 필력 없는 것만 걱정했었네 / 只愁無筆畫昇平

이색은 염흥방・한수 등 문신들과의 교유가 주를 이루었지만, 이성계・변안열・임견미・왕안덕 등 무장들과도 자주 교유를 나눈 것으로 보인다.

정월 10일에 염동정(廉東亭; 염흥방)이 나와 한유항(韓柳巷; 한수)을 불러서 함께 현릉(玄陵; 공민왕릉)을 참배하였다. 그곳에 이르니 이이상(李二相; 이성계), 변삼재(邊三宰; 변안열), 임상의(林商議; 임견미), 왕상의(王商議; 왕안덕), 도우사(都右使; 도길부), 유판추(柳判樞), 김숭경(金崇敬)이 와 있었다. 행사를 마치고는 들어가서 당두(堂頭)를 뵈니, 차를 내왔다. 돌아오는 길에 국청사에 이르니, 주찬(酒饌)을 매우 성대히 차려 내왔다. 도성에 들어와 임공(林公) 댁에서 베푼 주연에 이르러서는 몹시 취하였다. 명일에 두 수를 읊어서 기록하는 바이다.[95]

이처럼 이색의 주변에는 많은 문신들과 무신들이 왕래하며 교유를 즐기고 있었음을 그의 시문을 통해서 볼 수 있고, 변안열과는 특별히 함께 공민왕을 모시기 시작하면서 우의가 더욱 깊었던 것으로

95) 《牧隱詩藁》27 詩. 正月初十日. 廉東亭招僕與韓柳巷. 拜玄陵. 至則李二相, 邊三宰, 林商議, 王商議, 都右使, 柳判樞, 金崇敬. 行事已畢. 入謁堂頭. 設茶. 回至國淸寺. 酒饌甚盛. 入城至林公宅設酌. 則大醉矣. 明日. 吟成 二首 以志.

보인다.

다음으로 정몽주와의 관계를 알아보자.

이색은 거의 대부분의 글이 《목은집》에 남아 있어서, 그의 교유 관계를 추적할 수 있지만, 정몽주의 경우 작품이 별로 남아 있지 않아 변안열과의 관계를 보여주는 시문은 찾기 어렵다.

변안열의 행적을 모은 책으로 가장 최근 집성된 것은 1949년 기축년에 양주성요회에서 간행된 목판본인 《고려원천부원군대은선생실기》(高麗原川府院君大隱先生實記)이다.[96] 변안열 관계의 대부분의 자료는 거의 이 실기(實記)에 집성되어 있다. 이 자료에 대해서는 실기에 기재된 포은(圃隱) 등 당대 인물의 제문을 그들 자신의 문집에서 찾아볼 수 없어 신빙성에 문제가 있음을 인정하지 않을 수 없다.[97] 그러나 자료의 객관성 문제는 이 실기 후미에 있는 편집자인 19세손 변호원(邊鎬元)의 지(識)에서도 엿볼 수 있다. 즉, 당시 편집자들은 변안열에 관하여 전하는 바가 거의 없지만, 그런대로 출간하려 하였는데, 다행히도 예천(醴泉) 집안사람의 집에서 소책자 하나를 얻

96) 《대은선생실기》는 2권으로 되어 있는데, 1권에 대부분의 사적(事蹟)이 있다. 〈대은선생연보서〉는 권상규(權相圭)가 썼고(1950), 〈대은선생실기서〉는 1925년(을축년) 김세락(金世洛)이 쓴 것과 1950년(경인년) 김병구(金秉矩)가 쓴 것이 붙어있다. 부록으로 제문은 포은 정몽주, 목은 이색, 야은 길재, 도은 이숭인, 무안대군 이방번이 쓴 것이 있다. 전은 임신년 봄에 정몽주가 찬하였다고 되어 있고, 유사는 야은이 쓴 것이다. 행장은 이색의 찬이고, 묘표는 박승임 찬이다. 묘표후지(墓表後識)는 만력 8년 경진(1580) 4월에 7세손 광릉참봉 순(循)이 썼다. 신도비명은 만력 19년 신묘(1591) 11월에 정경세가 찬하였다. 그 뒤에 목재(木齋) 홍여하(洪汝河)가 찬한 《휘찬여사》(彙纂麗史) 명신전(名臣傳) 변안열전이 있고 김면주(金冕周)가 찬한 송곡서원 상량문과 봉안문이 있다.

97) 신석호 편저, 앞의 책, '역사적 평가', 208~209쪽.

어 제문(祭文), 전(傳), 행장(行狀), 묘표(墓表), 신도비명(神道碑銘)을 첨가하게 되었다고 하여, 그 자료를 함부로 어찌 못하였음을 암시하고 있다.[98] 그러나 다른 자료가 없으므로 《대은실기》의 자료에 의거하기로 한다.

《대은실기》에 함께 실려 있는 〈대은선생연보〉에는 변안열의 전(傳), 행장, 그리고 정몽주·이색·길재·이숭인·이방번의 제문이 함께 실려 있다. 전(傳)은 임신년 봄에 정몽주가 지었다고 되어 있고, 행장은 이색이 찬술하였다고 되어 있다. 묘표는 1572년(선조 5)에 외6세손이 되는 황해도관찰사 박승임이 지었다. 신도비명은 만력 19년(신묘) 11월에 유명한 학자 우복(愚伏) 정경세(鄭經世)가 찬술하였고,[99] 홍여하의 《휘찬여사》(彙纂麗史)에는 명신전(名臣傳)에 올라 있다.[100] 《휘찬여사》에는 왕안덕도 최영과 같이 명신전에 올라 있다.

98) 위의 책, 208~210쪽.

99) 정경세(1563~1633)의 본관은 진주(晉州). 자는 경임(景任), 호는 우복(愚伏)이다. 류성룡의 문인으로 1586년 알성문과에 급제한 뒤 승문원부정자·검열·봉교를 거쳐 사가독서를 했다. 임진왜란 때에는 의병장으로 공을 세웠고, 경상감사로 재임할 때 임진왜란 이후 피폐한 도민들에게 양곡을 적시에 잘 공급해 주었고, 풍속 교화에 힘썼다. 당쟁으로 시끄러운 시기에 관직을 사양하고 고향에 돌아와 학문 연구에 전념하였다. 존애원(存愛院)을 설치하여 사람들의 병을 치료해 주었고, 도남서원(道南書院)을 세워 정몽주·이황·김굉필·정여창·이언적 등 5현을 종사(從祀)했다. 1623년 인조반정 뒤 부제학·전라도관찰사·대사헌·이조판서 등을 역임하고, 1630년 겸 지춘추관사로 《광해군일기》 편찬을 담당했다. 그는 예학에 밝았으며, 시문과 글씨에도 뛰어났다. 상주 도남서원(道南書院), 대구 연경서원(研經書院), 경산 고산서원(孤山書院), 강릉 퇴곡서원(退谷書院), 개령 덕림서원(德林書院) 등에 제향되었다. 시호는 문장(文莊)이다.

100) 홍여하(洪汝河; 1621~1678)의 《휘찬여사》(彙纂麗史)는 《고려사》를 대본으로 하되 부분적으로 그 내용을 재구성하였다. 《고려사》에서는 우왕 창왕을 반역전에 수록하고 있는 데 반해, 이 책에서는 신서인전(辛庶人傳)을 따로 설정, 수록하

〈대은선생연보〉에 따르면 변안열이 죽은 지 2년, 즉, 대상(大祥)이 되는 해, 제사에 참석하여 그를 애도하는 제문을 지은 사람은 정몽주, 이색, 길재, 이숭인, 그리고 이성계의 아들 이방번이다.

정몽주는,

임신년 정월 기망일은 고인 대은공이 순절하신 두 번째 해입니다. 진실한 벗이며 시중의 직책을 맡고 있는 영일인 정몽주는 술잔을 부어 공의 묘에서 아뢰닙니다. 늠름하기가 추상같음은 공의 충열이요, 열렬하기가 백일(白日) 같음은 공의 의절(義絶)이었습니다. 이 밤을 소리 내어 크게 울건대 어느 날이든 감히 잊겠습니까? 받드리는 제수(祭需)는 비록 박하오나, 마음으로 통하는 우정은 두터우니 혼령께서는 바라건대 오셔서 드시옵소서. 아! 원통하도다.[101]

라고 제문을 지었다. 정몽주는 진실한 벗이며, 잊을 수 없는 벗이라 하고 마음으로 통하는 우정이 두터움을 표현하였다. 짧은 제문에서 그는, 변안열의 충직하고 열렬한 절의를 다 표현하고, 그와의 두터운 우정을 생각하며 그의 죽음을 원통해 하였다. 실제로 공양왕 때 헌사들이 지속적으로 윤이・이초의 옥사에 연루된 자들을 죄주기를

---

고 있다. 그리고 《고려사》에서는 외국열전을 두지 않은 데 비해, 이 책에서는 외이부록을 두어서 거란전・일본전 등을 지었다. 저자는 조선 후기의 성리학자로 철저한 유교사관에 입각해 이 책을 쓰고 있으면서도, 한편으로는 우리나라 역사의 주체성을 의식하고 이를 살펴보고자 하였다. 이 책 이후 조선 후기의 학자들이 강목체로 역사를 서술하기 시작했으며, 이것이 안정복(安鼎福)의 《동사강목》으로 대성되었음은 주지의 사실이다.

101) 신석호 편저, 앞의 책, 279쪽.

청할 때, 정몽주는 공양왕과 의논하여 일을 일단락 짓고 더 이상 거론하지 말도록 건의하였다. 그는 어쩌면 이 사건의 허점을 알고 있지 않았을까?

정몽주는 전(傳)에서, 변안열은 지조가 맑고 높았으며 기국(器局)과 도량(度量)이 넓고 컸으며, 문장에 능통하였고 무에 뛰어났다고 하였다. 이성계와 함께 위화도 회군에 참여하였으나, 우왕의 강화 추방에 상심하여 문을 닫아걸고, 호를 대은(大隱)이라 하였다 한다. 이색과 의논하여 창왕을 옹립하는 데 참여하였고, 우왕 퇴출 후에 사사로이 여흥에 가서 우왕을 알현하고, 그를 다시 영립할 것을 꾀하였다고 기술하였다.

이성계는 권세가 커지자 아들 이방원으로 하여금 재상들을 불러 모아 연회를 베풀고, 시를 지어 정국에 대한 뜻을 물었다. 이방원이 "이런들 어떠하리……"를 부르자, 변안열이 화답하기를 "가슴에 구멍뚫어 동아줄로 마주 꿰어 앞뒤로 끌고 당겨 갈켜지고 쓸릴망정, 임향한 굳은 뜻을 내 뉘라고 굽히랴"[102]라고 〈불굴가〉(不屈歌)를 불렀다. 정몽주는 이 자리에서 〈단심가〉(丹心歌)를 불러 화답한 일은 유명하다. 정몽주는 또 변안열이 김저의 옥에 연루되어 억울하게 죽임을 당한 것을 간략하게 기록하였다. "옛부터 국가의 말기에는 하늘이 반드시 충신과 열사를 내어, 혹 힘을 다하여 외적을 방어하기도 하고, 혹은 절조를 다하다 나라를 위하여 죽기도 한다. 만세에 이르도록 남의 신하된 자로서 모범의 극치가 될 만한 이는 없는 바 아

102) "穴吾之胸洞如斗 貫以藁索長又長 前牽後引磨且戛 任汝之爲吾不辭 有欲奪吾主 此事吾不屈."

니나, 한 사람의 몸으로 이 두 가지를 겸비한 사람은 고금에서 구하여도 안열 같은 이는 드물다…… 고려의 신하로서 고려의 옛 임금을 맞이하려고 꾀함이 어찌 족히 누가 되겠는가"[103]라고 하면서, 그 억울함을 슬퍼하고 그 충성에 감격하여 이를 후세에 알리고자 전을 짓는다 하였다. 정몽주는 변안열의 무장으로서의 용맹과 임금에 대한 충성을 함께 추앙하면서 그의 죽음을 애통해 한 것이다.

다음 이색의 제문도 역시 변안열이 신하로서 충렬을 지킨 것을 찬탄하며, 억울한 죽음을 원통해 하고 있다. 또 변안열의 행장을 지었고, 이미 앞에서 보았듯이 그의 장도를 격려하고 개선을 축하하는 시구를 여러 수 지은 것으로, 두 사람의 교유관계를 충분히 알 수 있다.

길재(吉再; 1353~1419)는 제문과 유사(遺事)를 지었다. 길재의 호는 야은(冶隱) 또는 금오산인(金烏山人)이라 한다. 아버지는 지금주사(知錦州事) 길원진(吉元進)이며, 어머니는 판도판서에 추증된 김희적(金希迪)의 딸이다. 11세에 처음으로 냉산(冷山) 도리사(桃李寺)에서 글을 배웠고, 18세에 상산사록(商山司錄) 박분(朴賁)의 아문에 나아가서 《논어》와 《맹자》 등을 읽고 성리학을 접하였다. 개경에 가서 이색·정몽주·권근 등 여러 선생의 문하에 종유(從遊)하며 비로소 학문의 지론(至論)을 듣게 되었다. 1374년(공민왕 23)에 국자감에 들어가 생원시에 합격하고, 1383년(우왕 9)에는 사마감시에 합격, 1386년 진사시에 6위로 급제해 그 해 가을에 청주목 사록에 임명되었으나 부

103) 신석호 편저, 앞의 책, 284쪽.

임하지 않았다. 이때 이방원과 한마을에 살면서 서로 오가며 강마(講磨)해 정의가 매우 두터웠다.

1387년에 성균학정이 되고, 순유박사를 거쳐 성균박사로 승진되었다. 그 당시 공직에 있을 때에는 태학(太學)의 생도들이, 집에서는 양반자제들이 모두 그에게 모여들어 배우기를 청하였다. 1389년(창왕 1)에 문하주서(門下注書)가 되었으나, 나라가 장차 망할 것을 알고서 이듬해 봄에 늙은 어머니를 모셔야 한다는 핑계로 벼슬을 버리고 고향인 선산으로 돌아왔다. 우왕의 부고를 듣고 채과(菜果)와 혜장(醯醬) 따위를 먹지 않고 3년상을 행하였다. 1400년(정종 2) 가을에 세자 방원이 그를 불러 태상박사(太常博士)에 임명했으나, 글을 올려 두 임금을 섬기지 않는다는 뜻을 펴니, 왕은 그 절의를 갸륵하게 여겨 예를 다해 대접해 보내주고, 그 집안의 세금과 부역을 면제해 주었다. 그를 흠모하는 학자들이 사방에서 모여들어 항상 그들과 경전을 토론하고 성리학을 강해하였다. 오직 도학(道學)을 밝히고 이단을 물리치는 것으로 일을 삼으며 후학의 교육에만 힘썼다. 그의 문하에서는 김숙자(金叔滋) 등 많은 학자가 배출되어, 김종직(金宗直), 김굉필(金宏弼), 정여창(鄭汝昌), 조광조(趙光祖)로 그 학통이 이어졌다.

길재는 제문에서 변안열이 순절하였다고 표현하였고, 그는 충렬이 지극하고 정성이 간절하며 의리는 웅대하고 공로가 위대하였다고 하였다. 또 유사(遺事)에서는 이색의 의견을 좇아 조민수와 더불어 창왕을 옹립하였고, 또 우왕을 다시 영립할 것을 도모하였다고 하였다. 그를 충신이라고 표현하였다.

이숭인은 변안열의 〈불굴가〉를 높이 찬양하며 모든 것이 천리(天

그림 1. 우복 정경세가 쓴 변안열 신도비와 비각

理)라고 하였다. 이숭인은 이색, 정몽주, 김구용 등과 친밀한 교유를 하면서, 이색을 중심으로 여말 유학을 이끌어가던 중진이었다. 선죽교에서 이방원의 사주에 의해 죽음을 당한 정몽주를 비롯하여, 윤이·이초의 옥으로 유배 중 죽임을 당한 이숭인과, 여말 문하주서의 관직을 갖고 있다가 이를 버리고 고향에 돌아간 길재 등, 모두 조선 역성혁명에 참여하지 않은 사람들이다.

한편 이방번은 이성계의 일곱째아들로서, 변안열의 충절을 칭송하고 그의 성품이 어질다고 하였다. 이방번은 변안열의 사위이므로 변안열과 이성계는 사실상 사돈간의 친밀한 관계이었음을 확인할 수 있다.104)

104) 이색이 찬한 〈대은변안열행장〉에 기재되어 있다. 이방번(李芳蕃; 撫安大君

한편 변안열의 신도비명은 우복 정경세가 썼는데, 이성계를 따라 위화도에서 회군한 것과, 우왕의 강화 추방에 상심하여 문을 닫아걸고 호를 대은이라 하였다는 사실, 〈불굴가〉, 김저의 옥사에 연루, 처형 과정 등을 상세히 다루고 있다. 또 정몽주가 찬한 전이나, 이색의 제문, 길재의 제문 등을 인용하고 있으며, 특히 변안열의 충절을 정몽주에게 비겼다.[105] 정경세가 여말 사대부들의 제문과 각종 찬을 인용한 것을 보면, 이 자료에 대한 신빙성이 더욱 높아진다.

> 공의 뛰어난 행적과 목숨을 바친 절조는 세월이 오래되어 상세한 바가 없으나 바로 이 삼은(三隱)의 몇 마디 말씀이 처음부터 대략을 갖추었다. 다시 감히 덧붙일 것이 없다.

라고 하면서 〈불굴가〉 및 포은의 전(傳), 그리고 포은과 목은의 제문을 인용하면서, 그 충절이 포은에 비길 것임을 논하였다. 또 《고려사》에 임견미와 염흥방과 더불어 간신전에 순열되었음의 부당함을 논박하였다.[106] 신도비명에는,

> 추상(秋霜)과 백일(白日)은 그 충성의 늠름함이고 열렬함이며 유수와 청산은 그 절개의 다하지 않음과 없어지지 않음이고, 피하지 않고 굴복

---

1381~1398)은 이성계의 일곱째아들로서 어머니는 신덕왕후강씨이다. 태조 원년 8월 무안군에 책봉되었으나, 조준·정도전·배극렴 등 대신들의 반대로 세자위가 동모제(同母弟)인 방석에게 돌아갔다. 그 뒤 1398년 8월 1차 왕자의 난 때 방석과 함께 살해당하였다.

105) 정경세, 신도비, 1591; 신석호 편저, 앞의 책, 585~597쪽.

106) 신석호 편저, 위의 책, 350쪽.

> 하지 않음은 임금이 있음을 알고 다른 것이 있음을 알지 않는 것이다. 나는 그 명문을 지어 그의 원(冤)을 풀고 잘못 전해져 오는 사실을 판별한다.

라고 썼다. 한편 이들과 입장을 달리하여 이성계와 손잡은 정도전은 김저의 옥과 윤이·이초 사건에 연루된 신료들의 논죄 처형에 형평성이 없었다고 그 사정을 왕께 상소하였다.[107)]

> 상이란 것은 공이 있는 자를 권장하는 것이요, 형벌이란 것은 죄가 있는 자를 징계하는 것입니다. 상을 '천명'(天命)이라 하고 형벌을 '천토'(天討)라 하는 것은, 하늘이 상주고 형벌하는 권병을 왕에게 맡겼으니, 왕이 된 이는 하늘을 대신하여 이를 행할 뿐임을 말하는 것입니다. 상주고 형벌하는 것이 비록 왕에게서 결정된다고 하지마는, 진실로 왕이 사사로이 이를 가감할 수 없는 것입니다. 전하께서 왕위에 오른 이후로 상을 받고 형벌을 받은 사람 중에는, 일은 같은 데도 받은 것은 다른 것이 있으니, 김저의 말은 한 가지인데 극형에 처한 자도 있고, 뽑아 등용한 자도 있으며, 김종연이 옥에 있다가 도망한 것은 한가지인데 그 지키는 관리를 한 사람은 목 베고 한 사람은 임용하였으며, 도망하여 난을 모의한 것은 한가지인데, 모의를 같이 하고 가까이 하여 교제한 사람이 살기도 하고 죽기도 하였으니, 신의 어리석은 생각으로는 형벌을 받아 죽은 자가 죄가 있었다면, 뽑혀 등용되어 산 자는 홀로 무슨 다행이며, 뽑혀 등용되어 산 자가 죄가 없다면 형벌을 받고 죽은 자는 홀로 무슨 죄인지 알지 못하겠습니다.

107) 《고려사절요》 35, 공양왕 3년 4월; 정도전, 《삼봉집》 3, 上恭讓王疏, 신미 4월.

우와 창이 우리 왕씨의 왕위를 도적질하였으니, 실로 조종의 죄인이며 왕씨의 자손과 신민들의 공동의 원수입니다. 그 족인(族人)과 무리의 목을 베지 않는다면, 먼 변방으로 내쫓아야만 사람과 신의 마음이 만족하게 될 것입니다.

정도전이 지적한 바와 같이 여말의 급변하는 정국에서 이성계와 왕의 생각이 같지 않고, 또 신진 사대부와 신흥 무장세력이 손잡으면서도 집권 여하에 따라서 입장을 달리하는 상황에서 이렇게 이해하기 어려운 인사 처리가 이루어진 것으로 볼 수 있다. 물론 정도전은 우왕 창왕의 자손이나, 그 신서(臣庶)라면 다 원수로 여겨야 할 판이므로 이들 모두를 처형해야 한다는 입장이지만, 여기에서도 변안열이 극형에 처해진 것은 그만큼 이성계와 대등한 위치에 있었음을 암시해 준다.

## 7. 맺음말

이 글은 위화도 회군 이후의 변안열의 행적을 더듬어 그의 정치적 위치를 확인하고, 그가 여말 사대부들과는 어떠한 관련을 가졌는가를 논구하기 위해 작성되었다. 따라서 먼저 위화도 회군 때의 변안열의 위치가 어떠했나를 살펴보았으나, 이렇다 할 확실한 논증을 하기 어려웠다. 왜냐하면, 그는 요동 정벌의 대군의 지휘관 명단에 들어 있지 않았는데, 그 이유가 어디에 있는지가 밝혀지지 않았기 때문이다. 따라서 그는 요동 정벌군에 참여하지 않았을지도 모른다는 추측을 해 볼 수도 있지만, 그가 회군공신 명단에 들어가 있고, 또 우왕이 마지막으로 반격하기 위해 군사를 데리고 출동한 대상에 변안열도 포함되어 있었던 것으로 보아서는 위화도 회군에 참여한 것으로 보는 것이 타당할 것이다. 위화도 회군 이후의 논공행상에서 변안열은 뚜렷하게 부상되는 모습을 보기 어렵다. 오히려 우왕의 폐위를 부당하게 생각하는 입장을 취하면서, 이색과 조민수 등과 입장을 같이하여 이성계 세력과 적대관계를 만들어 나간 것으로 보인다.

변안열은 이성계의 다음 단계 제거대상이 되어 '김저의 옥' 즉, '우왕복위운동'을 뒤에서 주도한 인물로 지목되어 죽임을 당하였다. 그의 처형과정에서 매우 급하게 일이 처리되었다는 점 등 의문시되는 점들이 많아, '김저의 옥'이라는 반역 모의 자체도 조작된 사건일 가능성이 매우 커 보인다. 마지막으로 변안열과 연루된 사람들에 대한 제거작업이 마무리되면서, 이성계가 조선 건국의 순서를 밟아가는 모습을 볼 수 있었다.[108)]

이 글에서 특별히 조명하려 한 무장 변안열과 사대부와의 관계는, 관련 사료의 부족으로 매우 추상적으로 접근할 수밖에 없어 논증 면에서 치밀하지 못한 점이 있다. 따라서 당시 변안열을 둘러싼 인물들의 대략적인 분위기를 파악하는 것으로 만족할 수밖에 없다. 다만 당시 유학계의 종장(宗匠)이라 불리는 이색이 남긴 시 몇 편과

108) 전 예문춘추관학사 이행(李行)이 사관(史官)으로 있을 때 기록한 사초(史草)에, "변안열과 신우·신창 부자를 목벤 일들을 이성계가 꾸민 일"로 허위로 기재한 일에 대해서 국문하였다.[《조선왕조실록》 태조 2년(1393) 1월 12일]

《대은선생실기》에 실린 정몽주·길재·이숭인·이방번 등의 제문, 전, 등의 글을 통해서 대표적인 유학자 사대부와의 관련을 찾을 수 있었다. 《대은선생실기》가 오랜 세월이 지난 후에 편찬된 책이므로 자료에 대한 검증이 필요한 부분이지만, 변안열의 신도비명을 조선 중기 유명한 유학자 우복(愚伏) 정경세(鄭經世)가 썼고, 신도비명 속에 이들 여말 사대부들의 기록을 인정하는 내용이 있음을 볼 때 일단 의심을 접어도 될 것으로 생각된다.

이에 따르면, 변안열은 공민왕대부터 무장으로서, 특히 끊임없는 전장에 출입하면서 공을 세워, 고려 말 이성계와 어깨를 나란히 할 수 있을 정도로 성장한 신흥 무장의 한 사람이었다고 그 위상을 정리할 수 있다. 사대부들 가운데에는 이색, 정몽주, 길재, 이숭인 등과 긴밀한 교유를 가졌다고 할 수 있으며, 그런 점에서 개혁파 신진 사대부들과 맥을 같이하였다고 할 수 있다. 또한 고려 말 전제개혁에는 반대하였으며. 이 점에서는 전제개혁을 반대한 이색·조민수 등과 입장을 같이하였으며, 끝까지 고려왕조를 지키려다 억울하게 처형된 점에서, 정몽주와 같은 처지였다고 할 수 있다.

이미 앞에서도 제기했지만, 《고려사》 간신전에 실린 조민수와 변안열에 대해, 조선 중기 윤근수(尹根壽)[109]는 그의 책 《월정만필》(月

109) 윤근수(尹根壽; 1537~1616). 본관은 해평(海平). 자는 자고(子固), 호는 월정(月汀). 영의정 윤두수(尹斗壽)의 동생이며 이황(李滉)의 문인이다. 1558년(명종 13) 별시문과에 급제하여 1566년 교리로 《명종실록》 편찬에 참여했다. 1567년 사가독서(賜暇讀書)한 뒤 사인·집의·응교·동부승지·대사성 등을 지냈다. 이황·조식(曺植)으로부터 학문을 배우고 성혼(成渾)과 이이(李珥) 등과 사귀면서 주자의 학문을 깊이 연구했으며, 문장과 글씨에 뛰어나 당대의 거장으로 손꼽혔다.

汀漫筆)에서, “그들의 일과 행동에서 처음부터 끝까지 간사스러운 점이 있음을 보지 못하였다. 조민수는 다만 선왕(先王)의 아들을 세워야 한다는 이색(李穡)의 말만 듣고 창왕(昌王)을 옹립하였을 뿐이며, 변안열은 여흥왕(驪興王)을 개인적으로 찾아가 뵈었을 뿐이다. 이것을 가지고 죄를 만들어서 간신의 열에 넣어 두었으니 어찌 후세의 인심을 복종시킬 수 있으며, 또한 사실을 바른 대로 쓴 믿을 만한 역사가 될 수 있겠는가?”라고 하였음을 다시 한 번 상기할 필요가 있다.

제5주제

# 고려 말 정치사의 전개와 변안열

박 종 기

국민대 국사학과 교수

## 1. 머리말

변안열(邊安烈)은 1389년(창왕 1) 11월에 일어난 김저(金佇)의 옥사(獄事)을 계기로 드러난 우왕 복위 사건의 주모자로 몰려, 이듬해 1월 지금의 서울인 한양으로 유배를 당한 후, 곧 죽임을 당한다. 변안열은 위화도 회군 후 이성계를 비롯한 개혁파 세력이 단행한 사전개혁(私田改革)에 반대하여 그것을 저지하기 위해 우왕을 영입하려 했다. 1389년(공양왕 1) 12월 명나라 황제가 고려에서 이성(異姓)을 왕으로 세운 사실을 문제로 삼은 문서인 예부 자문(咨文)이 고려에 알려진다. 예부 자문 사건은 한 달 전 변안열이 주도한 우왕 복위 사건과 맞물려 고려 정국을 큰 소용돌이에 휩싸이게 했다. 전왕인 우왕과 창왕은 최후를 맞이하고, 공양왕이 즉위한다. 개혁파에 의해 옹립된 공양왕은 개혁파의 기대와 달리 사전개혁에 반대하고 우왕 복위 사건에 연루된 이른바 구신세가(舊臣世家) 세력을 옹호하여, 두 세력의 견제와 균형을 통해 왕권을 행사하려 했다. 개혁파 세력은 1391년(공양왕 3) 5월 윤이(尹彝)와 이초(李初) 사건을 빌미로 반대세력에 대한 탄압을 통해 정치적 실권을 장악한다. 사망한 변안열도 이 사건에 연루되어, 위화도 회군 공신에서 제외된다. 《고려사》 편찬자는 우왕 복위 사건에서 윤이·이초 사건에 이르는 약 2년 동안의 행적을 문제 삼아 변안열을 간신전(姦臣傳)에 수록한다.

변안열이 연루된 사전개혁, 우왕복위사건, 윤이·이초 사건은 고려 말 정국을 뒤흔든 중요한 정변(政變)이었다. 위화도 회군 이후 실권을 장악한 이성계를 비롯한 개혁파 세력은 이러한 정변을 이용하여 반대세력을 제거하여 정치권력을 강화해 나갔다. 변안열이 연루된 일련의 정변은 구신세가 세력을 제거하여 새 왕조 건국으로 나아가려는 개혁파의 집권 프로그램의 하나였다. 그러한 프로그램의 전형적인 피해자가 변안열이다. 이 글은 이런 사실을 밝히면서, 고려 말 정치사를 새롭게 이해하고자 한다.

## 2. 변안열 열전 검토

변안열의 행적을 종합적으로 정리한 자료는 《고려사》 권126 변안열 열전이다. 그의 열전은 간신전에 실려 있다. 열전은 후비(后妃), 종실(宗室), 공주(公主), 제신(諸臣), 양리(良吏), 충의(忠義), 효우(孝友),

열녀(烈女), 방기(方技), 환자(宦者), 혹리(酷吏), 폐행(嬖幸), 간신(姦臣), 반역(叛逆)전으로 구성되어 있다. 이 가운데 열전에서 가장 많은 분량은 일반 신하들의 행적을 담은 제신전(諸臣傳)이다. 변안열은 간신전에 실려 있어 주목을 끈다. 변안열은 왜 간신전에 실려 있을까? 궁금하지 않을 수 없다. 간신전 서문에 따르면, 군주가 현명하여 정사를 밝게 살펴 그 도를 얻게 되면 술수가 작용을 할 수 없다. 그러나 군주가 밝지 못해 그 술수에 빠지면 위태하여 망하게 된다. 고려는 인종 이후 간신이 나타나 권력을 농단하여 나라와 백성을 그르친 경우가 있다. 그러한 일들은 후세에 경계로 삼을 만하여 간신전을 짓는다고 했다.[1)]

즉, 간신은 권력을 농단하는 술수를 부려 국왕을 나쁜 길로 인도하여 나라와 백성을 그르치게 한 인물이다. 이런 인물들의 행적을 정리하여 역사의 교훈을 삼으려는 목적에서 편찬된 것이 간신전이다. 변안열의 열전을 검토하여, 그가 간신전에 실린 이유를 먼저 살펴보고자 있다. 변안열 열전은 내용상 크게 세 부분으로 구성되어 있다.

첫 번째 부분은 다음과 같다. 그는 중국 심양인(瀋陽人)으로 원나라 말년에 병란으로 인해 공민왕을 따라와 공민왕으로부터 원주(原州)를 본관으로 하사받는다. 그는 공민왕 때 홍건적 침입을 물리치고 개경을 수복한 공로로 공신에 책봉된다. 우왕 초기 왜구가 부령

1) 《고려사》 권145, 奸臣傳 序文. "世未嘗無姦臣也 惟人主 明以照之 而馭之得其道 故不得騁其術, 苟人主, 一陷其術, 則鮮不至於危亡, 高麗, 自仁宗以後, 姦臣相繼而出, 竊弄權柄, 民敗國, 其事, 皆足以爲後世戒, 作姦臣傳."

(扶寧)에 침입하자 그곳 행안산(幸安山)에서 왜구를 대파하는 등 홍건적과 왜구를 격파하여 공을 세운 내용이 주로 기록되어 있다.

두 번째 부분은 황산(荒山)전투에 관한 기록이다. 이 전투는 왜구와의 전투에서 최대의 전과를 올린 전투이며, 이 전투를 계기로 왜구의 기세는 크게 약화된다. 1380년(우왕 6) 지금의 금강 하구 진포(鎭浦)전투에서 패하여 퇴로가 차단된 왜구는 내륙 지역으로 진출한다. 왜구는 지금의 상주와 성주를 노략질 한 후 남원을 거쳐 일본으로 귀환하기 위해, 지금의 임실 부근인 황산에 집결한다. 여기서 이성계가 이끈 고려군은 왜구전 사상 최대의 격전을 치루어 왜구를 격퇴한다. 황산전투의 전모는 변안열 열전에 실려 있다. 황산전투에서의 영웅적인 활동으로 이성계는 고려 말 정계의 핵심인물이 되었고, 결국 새 왕조 조선의 국왕이 된다.

그런데 이 부분은 오히려 '이성계 열전'에 들어가야 자연스러울 정도로, 내용의 대부분은 이성계가 왜구를 격파하는 내용으로 채워져 있다. 《조선왕조실록》의 경우 《태조실록》 총서에 이성계의 활약상을 싣고 있으나, 국왕이 된 그의 활약상을 《고려사》 열전에 실을 수 없기 때문에 변안열 열전을 빌려 서술한 것이다. 당시 변안열은 양광·전라·경상도의 도체찰사(都體察使)로서 황산전투의 최고 사령관인 이성계를 보좌하는 부사령관이기 때문에,[2] 변안열 열전에

2) 변안열 열전에 따르면, 우왕은 황산전투를 위해 이성계를 양광·전라·경상도 도순찰사(都巡察使)로 삼고 변안열을 도체찰사(都體察使)로 삼아 이성계를 보좌하게 했다. 또한 왕복명(王福命), 우인열(禹仁烈), 도길부(都吉敷), 박임종(朴林宗), 홍인계(洪仁桂), 임성미(林成味) 및 이성계의 서형(庶兄) 이원계(李元桂)를 원수(元帥)로 삼아 모두 이성계의 절도(節度)를 받게 하여, 출병시켰다.(禑, 以我

싣게 된 것이다. 또한 조선왕조 건국자 이성계의 활약을 강조하기 위한 것이지만, 황산전투의 전모가 변안열 열전에 실린 것은 변안열의 공적이 그만큼 대단했음을 역설적으로 알려주는 것이라 생각된다. 이상과 같이 열전의 첫 번째와 두 번째 내용으로 미루어 보아, 변안열이 간신전에 실려야 할 이유는 찾을 수 없다.

세 번째 부분은 변안열이 우왕복위사건에 연루된 사실이 기록되어 있다. 간신전에 실린 이유는 이 때문이다. 고려 말 정치사에서 변안열이 주목받은 이유 또한 여기에 있다. 우왕복위사건의 주모자로 지목된 변안열을 오늘 우리들이 어떻게 이해해하고 평가해야 할 것인가 하는 문제는 바로 이 세 번째 부분의 내용에서 찾아야 한다. 이에 대해 자세한 검토가 필요하다. 변안열 열전에 기록된 우왕복위사건과 관련 사실들을 순서에 따라 정리하면 다음과 같다.

1. 열전에 따르면 공양왕 초에 김저(金佇)의 옥사가 일어났다고 한다. 즉, 변안열은 이림(李琳), 우현보(禹玄寶), 우인열(禹仁烈), 왕안덕(王安德), 우홍수(禹洪壽)와 공모하여 여흥왕(驪興王; *우왕. 지금의 驪州인 驪興郡에 유배되어 있어 그렇게 불렀음)을 맞이하는 데 가담했다고 한다.[3] 그러나 《고려사절요》에 따르면, 이 사건이 처음 드러난 것은 공양왕 초가 아니라 창왕 원년(1389) 11월이다. 변안열이 이 사

太祖, 爲楊廣全羅慶尙道都巡察使, 安烈, 爲都體察使, 以副之, 王福命·禹仁烈·都吉敷·朴林宗·洪仁桂·林成味及太祖庶兄元桂, 爲元帥, 皆受太祖節度, 各賜馬二匹, 師出)

3) 《고려사》 권126, 邊安烈 열전.(이하 '열전'으로 줄인다); "恭讓初, 領三司事金佇獄起, 佇言, 與安烈·李琳·禹玄寶·禹仁烈·王安德·禹洪壽, 共謀, 迎驪興王爲內應."

건에 연루된 것은 김저의 옥사로 우왕이 다시 강릉으로 이배(移配)될 때이다. 이때 우왕은, '나를 그르치게 한 자는 변안열이다'라고 실토한다. 이를 계기로 다시 김저를 고문한 결과, 변안열의 연루 사실이 밝혀진다.4)

2. 낭사(郎舍) 윤소종(尹紹宗), 이첨(李詹), 오사충(吳思忠)은 변안열은 우왕을 영립(迎立)하여 왕씨(王氏)의 제사를 끊으려 한 사실은 천하가 다 아는 일이니, 헌사(憲司)에게 죄를 물어 그의 가산을 적몰(籍沒)할 것을 상소한다. 그러나 국왕은 그의 관직만 빼앗는다. 다음날 다시 상소하자 그를 한양으로 유배한다.5) 《고려사절요》에 따르면 1390년(공양왕 2) 1월의 일이다.

3. 이로 인해 우왕복위사건의 연루자가 늘어난다. 윤소종 등은 홍영통(洪永通), 우현보, 왕안덕, 우인열, 정희계(鄭熙啓) 등도 변안열과 함께 역모에 가담했다고 하여 처벌을 요구했으나, 국왕은 허락하지 않는다.6) 윤소종 등은 다시 이들의 국문을 요구했으나, 국왕은 역시 허락하지 않는다. 간관들은 궁궐에 엎드려 물러나지 않자, 국왕은 이성계와 심덕부와 이 문제를 논의한다. 그 결과 국왕은 '변안열은 이미 관직을 삭탈하고 유배를 보냈다. 그러나 홍영통, 우현보, 정희

---

4) 열전; "初禑, 歸江陵, 謂人曰, 誤我者, 安烈, 問佇不服, 以刀裂足掌數寸許, 以火, 隨問皆服, 遂成獄詞, 安烈, 亦坐罪."

5) 열전; "郎舍尹紹宗, 李詹·吳思忠等, 上曰, 安烈, 欲迎立辛禑, 永絶王氏之祀, 實金佇之所明言, 國人之所共知, 請下憲司, 明正典刑, 籍沒家產, 王, 乃以事在赦前, 但罷其職, 翌日, 又上, 只削職流漢陽."

6) 열전; "紹宗等又言, 洪永通·禹玄寶·王安德·禹仁烈·鄭熙啓等, 實與安烈逆謀, 王氏臣子, 不共戴天之, 願置安烈·永通·玄寶·仁烈·安德等極刑, 不報."

계는 김저의 신문에서 죄상이 드러나지 않았다. 왕안덕은 위화도 회군에 참여했고, 우인열은 설장수와 명나라에 가서 우왕의 죄상을 말했기 때문에, 둘은 우왕복위 모의에 참여하지 않았다'고 하면서, 변안열을 제외한 나머지 사람들은 파면했다.[7)]

4. 윤소종과 성석린 등은 다시 다섯 차례의 상소를 올려 한양의 별장에 안치된 변안열의 목을 벨 것을 요청했다. 국왕은 헌사에 명령을 내려, 변안열을 국문하지 말고 목만 베라고 했다. 헌사는 녹사 손원식(孫元湜)을 한양부윤(漢陽府尹) 김백흥(金伯興)에게 첩을 보내 변안열의 목을 베게 했다. 《고려사절요》에 따르면 1390년(공양왕 2) 1월의 일이다. 도평의사사는 대신(大臣)을 까닭도 묻지 않고 극형에 처할 수 없다며 상소를 올려, 변안열의 국문을 요구한다. 국왕은 다시 오사충(吳思忠)과 남재(南在)를 보내 직접 국문하게 한다. 그러나 이들이 벽제역(碧蹄驛)에 이르렀을 때, 손원식을 만나 이미 변안열의 죽음을 알고 돌아온다.[8)]

5. 변안열은 사형에 임해 '우왕을 영립(迎立)하는 모의에 자신 혼자만 하지 않았다'고 했다. 그러나 김백흥은 이를 묻지 않고, 관리들에게 명하여 목을 베었다. 윤소종은 다시 상소를 올려, 변안열의 진

---

7) 열전; "王, 乃召德符及我太祖, 議之, 下旨曰, 安烈, 已削職流之, 永通·玄寶·熙啓等, 於佇辭證, 不相干, 安德, 當回軍時, 謀定策, 仁烈, 嘗與長壽入朝, 奏禑狂悖之狀, 於佇謀, 必不與焉, 只罷其職."

8) 《고려사절요》 권34, 공양왕 2년조; "王, 下其憲司曰, 就貶所, 勿更鞫誅之, 憲司, 夜遣錄事孫元湜, 移牒漢陽府尹金伯興, 誅安烈, 都評議使司奏曰, 大臣, 不可不問其故, 便置極刑, 王, 命左司議吳思忠·執義南在, 往鞫之, 思忠等, 行至碧蹄驛, 遇元湜, 已誅安烈而還."

술을 묻지 않고 그를 바로 죽인 김백흥과 모의에 가담한 변안열의 복심(腹心)이자 그의 부장(部將)인 이을진(李乙珍)을 국문할 것을 요구하자, 국왕은 김백흥을 파직시킨다.[9)]

6. 국왕은 박위생(朴爲生)과 신효창(申孝昌)을 청주에 보내 이을진을 국문하게 한다. 그 결과 우왕의 장인인 이림(李琳)과 아들 이귀생(李貴生), 이경도(李庚道), 정지(鄭地), 원상(元庠)이 연루된 사실을 밝혀낸다. 국왕은 대간에게 명하여 변안열의 처족(妻族)인 원상은 순군부(巡軍府)에서 국문하게 했다. 원상은 사전개혁에 불만을 품어, 우왕을 영입하여 사전개혁을 저지하려 했다고 했다. 다시 오사충과 권담(權湛)을 보내 안주(安州)에서 이경도, 함부림(咸傅霖)을 보내 전주(全州)에서 이림, 계림(鷄林)에서 정지와 이귀생을 각각 국문하게 한다. 또한 대간에게 명하여 김백흥과 원상을 순군부에서 국문하게 한다. 김백흥이 옥중에서 사망하자 국왕은 옥관(獄官)이 혹형(酷刑)을 하여 사망한 것이 아닌가 의심하여, 변안열의 처족은 죄를 면한다고 하면서 원상을 석방한다.[10)]

7. 국왕은 변안열을 위화도 회군의 공신으로 책봉한다. 《고려사

9) 열전; "安烈, 臨刑歎曰, 謀迎辛禑, 豈獨我歟, 欲有所言, 伯興不問, 命吏出外斬之, 紹宗等言, 自古亂臣賊子, 未有無黨而敢爲惡者, 竊聞逆臣安烈, 臨刑自言, 臣死固當, 同謀者衆, 獨臣死耶, 漢陽府尹金伯興, 不問而誅之, 安烈腹心部將通山君李乙珍, 必與其謀, 不可不鞫, 伯興, 黨逆掩覆之罪, 不可不懲. 乃罷伯興職."

10) 열전; "遣司平提控朴爲生・司憲糾正申孝昌, 鞫乙珍于淸州, 拷掠甚酷, 辭連李琳及子貴生及定州牧使李庚道・鄭地・元庠, 庠, 安烈之妻族, 命臺諫, 同巡軍鞫庠, 庠曰, 但怨革私田, 欲迎立辛禑, 以沮其事耳, 乃遣思忠及掌令權湛, 鞫庚道于安州, 在及左獻納咸傅霖, 鞫琳于全州, 地及貴生于鷄林, 又命臺諫, 同巡軍, 鞫問伯興・庠, 伯興, 死獄中, 王, 疑獄官酷刑致死, 乃曰, 罪不及妻, 宜免安烈妻族, 遂釋庠."

절요》에 따르면 1390년 4월로 그가 사망한 지 3개월 뒤이다. 그러나 변안열은 1391년(공양왕 3) 5월에 일어난 윤이 · 이초 사건에 연루되었다는 이유로서 위화도 회군 공신에서 제외되고, 가산이 적몰(籍沒)된다.[11] 1391년(공양왕 3) 8월의 일이다.

이상과 같이 1389년(창왕 1) 11월 우왕복위사건을 계기로 창왕이 폐위되고, 우왕은 강릉으로 유배된다. 변안열은 이 사건의 주모자로서 1390년(공양왕 2) 1월 한양으로 유배되었다가, 같은 달 죽임을 당한다. 그러나 1390년 4월 이미 사망한 변안열은 위화도 회군 공신으로 책봉되었으나, 1391년(공양왕 3) 5월 윤이 · 이초 사건에 연루되어, 이해 8월 공신녹권에서 삭제된다. 변안열이 《고려사》 간신전에 수록된 이유는 우왕복위사건에서 윤이 · 이초 사건에 이르는 약 2년 동안에 걸친 일련의 사건, 즉, '변안열 사건' 때문이다.

약 2년 동안 변안열을 둘러싼 일련의 사건은, 고려 말 정국의 흐름을 가름할 중요한 사건과 밀접하게 연결되어 있다. 앞에서 언급했듯이, 우왕복위사건에 연루된 변안열의 처족 원상은 우왕복위사건은 변안열이 사전개혁을 저지하기 위해 일으킨 것이라고 진술했다. 따라서 '변안열' 사건은 위화도 회군 이후 개혁파 세력이 국왕 우왕을 폐위시키고 최고 권력자 최영을 제거한 쿠데타의 명분을 정당화하고, 관료집단과 민심의 지지를 얻기 위해 단행한 사전개혁과 연결되어 있다. 또한 변안열은 그의 사후에 일어난 윤이 · 이초 사건에도 연루되었다. 사전개혁, 우왕복위사건과 윤이 · 이초의 사건은 모두

11) 열전; "尋下教錄安烈回軍功, 尋以辭連 · 初, 削功臣, 籍沒家產."

위화도 회군 이후 실권을 장악한 이성계를 비롯한 이른바 개혁파에 의해 주도되었다. 이들 사건에 연루되어 피해를 입은 인물들은 개혁파 세력과 정치적 입장을 달리한 이른바 구신 세가 그룹에 속한 사람들이다. 변안열 역시 이러한 그룹에 속한 인물이다.

변안열 열전에서 서술된 약 2년에 걸친 일련의 사건, 즉, '변안열 사건'의 전개 과정은 고려 말 정치사 전개의 큰 흐름과 맥을 같이 하며, 그 속에는 고려 말 정치세력 간의 긴박한 대립과 갈등이 내포되어 있다. 따라서 '변안열 사건'을 전후한 일련의 정치사에 대한 검토는 복잡다단한 고려 말 정치사를 체계적으로 이해하는 기회가 될 것이다.

한편 1389년 11월 시작된 '변안열 사건'은 거슬러 올라가면 1388년 위화도 회군과 연결되며, 궁극적으로 1392년 조선왕조 건국이라는 개혁파 세력의 집권 프로그램의 완성으로 가는 길목의 한가운데에 자리 잡고 있다. 회군에서 건국에 이르는 4년 동안의 고려 말 정치사는, 이성계 세력이 집권을 위해 반대파를 제거하는 과정의 역사이며, 그 과정은 크게 위화도 회군, 창왕 폐위, 윤이·이초의 사건 등 세 차례의 과정을 거친다고 했다.12) 이 지적은 고려 말 정치사의 전개 과정을 체계적으로 접근할 수 있는 설명의 고리를 제공한 점에서 커다란 의미가 있다. 그러나 '변안열 사건'을 재평가하기 위해 필자는 사전개혁, 예부자문사건, 윤이·이초 사건의 3단계 과정을 중심으로 고려 말 정치사의 흐름을 정리하고자 한다.

---

12) 김상기, 《신편 고려시대사》(서울대출판부, 1986), 647쪽.

## 3. 위화도 회군과 사전개혁

1387년(우왕 13) 12월 전 밀직부사 조반(趙胖)이 당시 권력자 염흥방(廉興邦)의 종 이광(李光)의 목을 베었다. 염흥방은 이를 듣고, 조반의 어머니와 아내를 잡아 순군옥에 가두었다. 이듬해 1388년 1월 염흥방은 조반이 반란을 꾀한다고 국왕에게 무고하고, 그를 체포하여 신문했다. 우왕은 이 사건을 최고 권력자 최영과 의논하여, 도리어 염흥방을 순군옥에 가두고 조반과 그의 어머니와 처를 석방한다. 우왕은 최영과 이성계에게 명하여, 영삼사사 임견미(林堅味)와 찬성사 도길부(都吉敷)를 체포하게 했다. 또한 우시중 이성림(李成林), 대사헌 염정수(廉廷秀), 복해(福海) 등을 체포하게 했다.[13] 곧이어 체포된 사람과 그 족당인 찬성사 김용휘(金用輝), 삼사우사 이존성(李存性), 판개성(判開城) 임제미(林齊味), 밀직 홍징(洪徵) 등을 처형했다. 또한 여러 도에 찰방(察訪)을 파견하여 이들이 탈점한 토지와 노비를 조사하여 주인에게 돌려주었다. 이어서 최영은 문하시중, 이성계는 수문하시중에, 이색은 판삼사사에 각각 임명된다. 또한 전민변정도감

13) 《고려사절요》 권33, 우왕 14년 1월. "壬午 禑, 命釋胖及其母妻, 又賜醫藥與衾, 下令曰, 宰相旣富, 可停頒祿, 其先頒隊伍之無食者, 遂下興邦于巡軍, 國人皆喜曰, 吾君明矣. 癸未, 禑, 命崔瑩及我太祖, 陳兵宿衛, 下領三司事林堅味, 贊成事都吉敷于獄." 이하 전거를 밝히지 않은 채 서술한 일반적인 사실은 《고려사절요》 및 《고려사》 세가의 해당 연기(年紀)에 따른 것이며, 구체적인 내용은 위의 역사서 해당 연기편을 참고할 것.

(田民辨正都監)을 설치하여 임견미의 무리가 빼앗아 점유하였던 토지와 노비를 조사하고, 안무사를 여러 도에 나누어 보내어 임견미 등의 가신과 종 천여 명의 목을 베고, 재산도 모두 몰수하였다.14) 또한 광평부원군(廣平府院君) 이인임(李仁任)을 경산부(京山府)에 안치하여, 사실상 그의 정치활동을 금지시켰다.

이같이 1388년(우왕 14) 1월을 계기로 공민왕 사후 우왕을 옹립하여 권력을 천단한 이인임과 그 일파인 염흥방, 임견미, 이성림 등이 제거되는 등, 정치권의 대대적인 개편이 이루어졌다. 임견미와 염흥방을 비롯한 이인임 일파의 몰락은 그들이 자행한 불법적인 토지 탈점, 그로 인한 민심의 외면에 따른 국가 재정의 위기를 극복하기 위한 불가피한 조치이기도 했다. 임견미를 처단하고 전민변정도감을 설치한 사실은 당시 권세가들의 토지 탈점이 국가의 재정위기를 초래했음을 뒷받침한다. 그러한 사정은 다음의 사실에서 잘 나타나 있다.

> 이인임이 오랫동안 권력을 잡자, 그 무리들이 그에 의지했다. 임견미는 이인임의 복심(腹心)으로 문신을 미워하여 많은 문신들을 추방했다. 염흥방도 그때 쫓겨났다. 뒤에 임견미는 염흥방이 세가대족(世家大族)인 까닭에 혼인을 청했다. 염흥방 역시 지난날 유배된 일을 경계하고 자신을 지키기 위해, 이인임과 임견미의 말은 모두 따랐다. 또한 임견미는 염흥방의 이부형(異父兄)인 이성림을 시중으로 삼았다. 간사한 권세가

14) 《고려사절요》 권33, 우왕 14년 1월. "置田民辨正都監, 考覈堅味等奪占田民, 分遣安撫使于諸道, 收捕堅味等家臣惡奴誅之, 凡千餘人, 並沒財產."

와 그의 친당(親黨)이 중외의 요직을 독점하고 관직을 매매하고 권력을 마음대로 휘둘렀다. 또한 다른 사람들의 토지를 빼앗은 것이 산야에 가득했으며, 노비를 빼앗은 것이 천백이나 되어 무리를 이루었다. 심지어 능침(陵寢), 창고, 주현과 진역(津驛)의 토지까지 차지했다. 주인을 배반한 노비가 숲을 이룰 정도로 모여들어, 안렴사와 수령이 이들을 징발하지 못했다. 이로 인해 백성은 도망하고 도적이 활개를 쳐서, 공사의 재물이 없어져 모든 사람들이 이를 갈았다. 최영과 태조 이성계가 그들의 행동을 분하게 여겨, 우왕을 달래어 이들을 제거했다. 나라사람들이 크게 기뻐하여 춤을 추었다.[15)]

당시 권력자 이인임의 복심 임견미가 토지와 노비를 탈점한 사실이 위의 글에 생생하게 잘 표현되어 있다. 임견미뿐만 아니라, 당시 권세가들은 이러한 방식으로 토지와 노비를 탈점했으며, 이로 인해 국가 재정과 민생의 위기로 나타났던 것이다. 이러한 사회경제적인 위기는 6개월 뒤에 단행된 위화도 회군 후 이성계를 비롯한 개혁파 세력이 사전(私田)을 개혁하는 계기가 되었다. 이에 대해서는 뒤에서 언급하기로 한다.

위의 사실에서 또 하나 주목되는 사실은, 최영과 이성계가 이인

15) 《고려사》 권126, 林堅味 열전. "仁任, 久竊國柄, 支黨根據, 堅味, 爲其腹心, 疾惡文臣, 放逐甚衆, 興邦, 亦在逐中, 後堅味, 以興邦世家大族, 請與昏姻, 興邦, 亦懲前日流貶, 欲保其身, 惟仁任·堅味言是從, 於是, 以興邦異父兄成林, 爲侍中, 權奸親黨, 布列兩府, 中外要職, 無非私人, 專權自恣, 賣官爵, 奪人土田, 籠山絡野, 奪人奴婢, 千百爲群, 以至陵寢宮庫州縣津驛之田, 靡不據占, 背主之隸, 逃賦之民, 聚如淵藪, 廉使, 守令, 莫敢徵發, 由是, 民散寇熾, 公私竭, 中外切齒, 瑩及太祖, 憤其所爲, 同心力, 導禑除之, 國人大悅, 道路歌舞."

임, 임견미, 염흥방, 이성림 등을 제거하고 새로운 권력자로 등장하게 되는 것이다. 두 사람은 공민왕 때 홍건적 격퇴, 우왕 때 이후 극심해진 왜구 침입을 물리친 무장세력의 대표적인 인물로서, 이들의 실권 장악은 정국을 새로운 방향으로 변화시킨다.

1388년 2월, 명나라는 요동에 철령위를 설치할 계획을 고려 사신 설장수(偰長壽)를 통해 '철령(鐵嶺; *현재의 강원도 회양과 함경도 안변 지역) 이북 지역은 원래 원나라에 속했기 때문에 요동 지역에 귀속시킨다'는 명나라 황제의 명령을 구두로 전했다.16) 이 지역은 원래 원나라 개원로(開元路)에 속했기 때문에 해당 지역의 군민(軍民)을 요동에 속하게 한다는 것이다. 철령위 설치는 고려의 영토와 백성을 빼앗는 조치로 고려로서는 수용할 수 없는 일이었다. 고려는 즉시 박의중(朴宜中)을 명나라에 보내 그 부당성을 지적했다.

박의중이 명나라에 보낸 표문(表文)에서 고려 정부는 다음과 같은 이유로 원나라의 주장을 반박하고 있다. 즉, 동북 지역의 문・고・화・정・함주(文·高·和·定·咸州)에서 공험진(公嶮鎭)에 이르는 철령 이북의 고려 영토는 원래 1107년(예종 2) 고려가 동여진의 난을 진압하여 얻은 땅이다. 1258년(고종 45) 몽골이 여진 지역을 예속할 때 고려 정주(定州)의 반민(叛民) 탁청(卓青)과 용진현(龍津縣)인 조휘(趙暉)가 원나라에 투항함으로써 쌍성총관부가 설치되어 원나라의 관할을 받았다. 그러나 1356년(공민 5) 쌍성총관부를 혁파하고, 고려의 영토가 되었기 때문에 이 지역은 고려의 영토라고 했다.17) 그러나 이 해

16) 《고려사》 권137, 우왕 14년 2월 庚申. "(偰)長壽, 還自京師, 口宣聖旨曰… 鐵嶺北, 元屬元朝, 令歸之遼東."

3월 명나라는 고려의 요구를 묵살하고 철령위 설치를 고려에 일방적으로 통고했다.[18]

1388년 4월, 고려는 명나라의 조치에 반발하여 마침내 요동 정벌을 결정한다. 우왕과 최영이 이 결정을 주도한다. 그러나 이성계는 반대한다. 그는 요동 정벌은 작은 나라가 큰 나라를 거역하는 일이며, 여름에 군사를 출동시키는 일, 정벌로 인해 왜적이 빈틈을 타서 침입하는 일, 무덥고 비가 오는 시기라서 활에 아교가 녹아 풀어지고 대군이 전염병에 걸린다는 네 가지 이유를 들어 반대한다. 우왕이 다시 설득하자, 이성계는 대군의 양식을 충족할 수 있는 가을을

17) 《고려사》 권137, 우왕 14년 2월. "大明, 欲建鐵嶺, 禑遣密直提學朴宜中, 表請曰… 切照鐵嶺迆北, 歷文・高・和・定・咸等諸州, 以至公嶮鎭, 自來係是本國之地, 至遼乾統七年, 有東女眞等作亂, 奪據咸州北之地, 睿王, 告遼請討, 遣兵克復, 就築咸州, 及公嶮鎭等城, 及至元初戊午年間, 蒙古散吉大王・普只官人等, 領兵收附女眞之時, 有本國定州叛民卓靑・龍津縣人趙暉, 以和州迆北之地, 迎降, 聞知金朝遼東咸州路附近瀋州, 有雙城縣, 因本國咸州近處和州, 有舊築小城二坐, 朦朧奏請, 遂將和州, 冒稱雙城, 以趙暉, 爲雙摠管, 卓靑, 爲千戶, 管轄人民, 至至正十六年間, 申達元朝, 將上項摠管千戶等職革罷, 以和州迆北, 還屬本國, 至今除授州縣官員, 管轄人民, 由叛賊而侵削, 控大邦以復歸, 今欽見奉鐵嶺迆北迆東迆西, 元屬開元, 所管軍民, 仍屬遼東."

18) 참고로, 1388년 2월 철령위를 설치하여 고려 영토를 편입하려는 계획에 반대한 고려의 입장을 전하러 갔던 박의중은, 위화도 회군 직후인 6월에 귀국한다. 명나라는 귀국하는 박의중에게 '철령의 인호(人戶)에 대한 일은 조종(祖宗) 이래로 문주, 화주, 고주, 정주 등은 원래 고려에 속해야 한다는 고려 국왕의 말대로 그 땅이 고려에 예속되어야 마땅하나, 지난날 원나라에서 통치했으니 요동에 속하여야 한다'는 뜻을 전하면서, 이 문제에 대해 좀 더 지켜보자는 답변을 보낸다. 또한 철령위 설치를 중단한다는 사실을 고려에 통보한다. 고려가 위화도 회군으로 요동 정벌이 중단되자, 명나라는 그에 대한 보답으로 이러한 결정을 내린 것으로 판단된다. 이후 요동 철령위에 고려 영토를 편입하는 문제는 두 나라 사이에 더 이상 거론되지 않는다.

기다려 출병할 것을 건의했다. 그러나 우왕은 건의를 받아들이지 않고, 요동 정벌을 단행하기로 결정한다.

1388년 6월, 요동 정벌을 위해 압록강 위화도까지 진출한 조민수(曺敏修)와 이성계는, 마침내 회군하여 개경을 점령한다. 최영을 체포하여 합포에 유배를 보낸다. 우왕이 측근 무장을 데리고 이성계, 조민수, 변안열을 공격하려 했으나 실패한다. 우왕 역시 강화로 추방되고, 그 아들 창왕이 즉위한다. 이로써 정국은 이성계가 주도하게 된다. 이성계를 뒷받침한 정치세력은 조준, 정도전, 윤소종 등 개혁파 사대부 세력이다. 최영을 제거하고, 우왕을 폐위시킨 이성계 일파의 쿠데타는 왕정(王政)체제의 근간을 무너뜨리는 것으로서, 이성계를 비롯한 개혁파에게 적지 않은 정치적인 부담감을 안겨다 주었다. 따라서 위화도 회군의 명분과 정당성을 확립하는 일은 이성계 일파가 정국을 주도하고 권력을 유지하기 위해 반드시 필요한 일이었다. 이를 위해 이성계를 비롯한 개혁파들이 내세운 첫 번째 정책이 사전개혁(私田改革)이다.

1388년 6월 국왕으로 즉위한 창왕은 전제개혁을 요청하는 다음과 같은 교서를 내린다.

> 근래에 세력 있는 자들이 토지를 겸병하여 전법(田法)이 크게 무너졌다. 그 폐단을 제거할 방법을 도평의사사, 사헌부, 판도사(版圖司)로 하여금 의논하여 보고하게 하고, 요물고(料物庫)에 속한 360개의 장처전(庄處田)으로 선대에 사원에 시납한 것은 모두 요물고에 돌려주도록 하라. 그리고 동북면, 서북면은 본래 사전(私田)이 없는데 만일 사전이라 칭하면서 함부로 차지하는 자가 있으면 도순문사로 하여금 엄하게 금지

하여 다스리게 하고, 가지고 있는 토지문서는 관에서 몰수하라.[19)]

창왕은 즉위하자 가장 먼저 토지제도의 문란을 바로 잡을 방안을 도평의사사 등 세 기관에서 논의하여 보고하도록 한 내용이다. 물론 이 교서는 창왕의 판단이기보다는 개혁파 세력의 권유에 따른 것이다.[20)] 창왕은 사전의 폐단을 방지하기 위한 방안을 도평의사사, 사헌부, 판도사의 세 기관이 논의하여 그 방안을 보고하라고 했는데, 실제로 그 방안은 《고려사》 식화지에 이들 기관에 속한 관원이 올린 사전개혁 상소문에 실려 있다. 구체적으로 도평의사사는 우상시(右常侍) 허응(許應), 사헌부는 대사헌 조준(趙浚; 세 차례)과 간관(諫官) 이행(李行)이, 판도사(版圖司)는 판서(判書) 황순상(黃順常)이 상소를 올렸다. 이 밖에 전법판서(典法判書) 조인옥(趙仁沃)의 상소가 있다.[21)]

---

19) 《고려사》 권78, 식화1 祿科田. "辛禑十四年六月, 昌, 教曰, 近來, 豪强兼幷, 田法大壞, 其救弊之法, 仰都評議使司・司憲府・版圖司, 擬議申聞, 其料物庫屬三百六十莊處之田, 先代, 施納寺院者, 悉還其庫, 東北面・西北面, 本無私田, 如有稱爲私田濫執者, 仰都巡問使, 痛行禁理, 其所執文契, 沒官."

20) 허응(許應)의 사전개혁 상소문(《고려사》 권78, 식화1 녹과전)에 따르면, '신들이 근래 사헌부 판도사 전법사와 번갈아 글을 올려 선왕의 균전제도를 복구하기를 청하였는데, 전하께서 허락하시어 사방에서 듣고 기뻐하지 않는 자가 없었습니다'라고 한 사실에서 확인할 수 있다. 창왕은 개혁파에 의해 추대되어 9세에 즉위했다. 즉, 스스로 판단하여 사전개혁을 시행할 처지는 아니었다.

21) 《고려사》 식화지(권78, 식화1 녹과전)에 실린 사전개혁 상소를 정리하면 다음과 같다.

* 우왕 14년(1388) 창왕즉위년 7월; 大司憲 趙浚(1차). 諫官 李行. 版圖判書 黃順常. 典法判書 趙仁沃.
* 우왕 14년(1388) 창왕 즉위년 9월; 右常侍 許應
* 창왕 1년(1389) 8월; 大司憲 趙浚(2차)

사전개혁은 1388년 6월 창왕의 교서에 따라 착수되기 시작한다.[22] 이 해 7월부터 사전개혁을 촉구하는 상소가 처음 제기되어, 이듬해인 1389년(공양왕 1) 12월까지 약 1년 5개월에 걸쳐 개혁을 촉구하는 상소가 올려진다. 사전개혁은 이성계 일파가 집권의 명분과 정당성을 얻기 위해 취할 수 있는 가장 시의적절한 조치였다.

이들 상소문은 사전개혁의 방향과 목표, 사전에서 나타난 폐단과 그 주체 등이 잘 나타나 있어, 당시 사전개혁의 의미와 성격을 살펴볼 수 있다.

먼저, 사전개혁의 방향과 목표에 대해 살펴보면 다음과 같다.

> 무릇 인정(仁政)은 반드시 경계(經界)로부터 시작합니다. 전제(田制)를 바르게 하여 국용(國用)을 풍족하게 하고 민생을 넉넉하게 하는 것은 지금 급히 하여야 할 일입니다. 나라 운명의 길고 짧은 것은 민생의 고락에서 나오고, 민생의 고락은 전제를 고르게 하는가에 달려 있습니다...... 국용을 풍족하게 하고 민생을 넉넉하게 하며, 조신(朝臣)을 우대하고 군사를 넉넉하게 대우하십시오. 그리하면 나라는 부유해지고 군사는 강해지며, 예의가 일어나고 염치가 행해지며, 인륜이 밝아지고 사송(詞訟)이 그치게 될 것입니다.[23](趙浚 1차 상소)

---

* 공양왕 1년(1389) 12월; 大司憲 趙浚(3차)
이하 위 상소문을 인용할 경우, 구체적인 전거를 생략하고 해당 인물의 상소문만 표기하기로 한다.

22) 이보다 앞서 이 해 1월, 이인임, 염흥방, 임견미 등을 제거하면서 전민변정도감을 설치하여 각 도에 찰방(察訪)을 파견하여, 염흥방과 임견미 등이 불법적으로 탈점한 토지를 바로 잡자, 민심의 호응과 지지를 크게 받았던 경험도 사전개혁에 착수한 원인이었다.

23) 《고려사》 권78, 食貨1 祿科田, 창왕 즉위년(1388) 7월. "大司憲趙浚等, 上書曰,

조준은 위의 글에서 훌륭한 정치는 토지제도를 바르게 하는 것이며, 그 효과는 나라의 쓰임새, 즉, 국용을 풍족하게 하고[足國用], 민생을 넉넉하게 하고[厚民生], 조신, 즉, 관료를 우대하고[優朝臣], 군사를 넉넉하게 하는 것[贍軍士]이라고 했다. 사전개혁의 목표를 위와 같이 네 가지로 제시했다.[24]

사전개혁을 시행하게 된 배경의 하나는 대외적인 위기의식이다. 즉, 왜구의 침입으로 지방사회가 황폐화 하여 조세를 거두어들일 수 없어, 민생 파탄과 국가 재정 위기로 나타났다. 또한 철령위 설치 등으로 고려의 영토를 침해한 명나라의 위협에 대비하기 위해 국가의 재정을 넉넉하게 비축할 필요가 있었다. 다음의 사실이 그러하다.

> 전라도, 경상도, 양광도의 3도는 나라의 중심지인데, 왜구가 깊이 들어와서 우리 인민을 노략질하고 우리의 창고를 불태워 없애니 천리가 적막하게 되었으며, 또한 서북의 근심은 예측할 수 없는 형세에 놓여 있습니다. 병사의 양식은 없어지고 인민이 피곤하고 병드니 지금이야말로 나라의 존망이 달린 위급한 때입니다.[25](조인옥 상소문)

---

夫仁政, 必自經界始, 正田制, 而足國用, 厚民生, 此當今之急務也.… 臣等, 願遵聖祖至公分授之法, 革後人私授兼幷之弊, 非士非軍, 非執國役者, 毋得授田, 令終其身, 不得私相授受, 嚴立禁限, 與民更始, 以足國用, 以厚民生, 以優朝臣, 以贍軍士, 則國富而兵强, 禮義興而廉恥行, 人倫明而詞訟息."

24) 황순상(黃順常) 또한 사전개혁 상소문에서, '오늘을 위한 계책은 사전(私田)을 모두 개혁하여 풍속을 바르게 하고, 민생을 두텁게 하여 축적을 많이 하여 국용을 넉넉하게 하는 것이니, 이를 실시한다면 다행이겠습니다.'라고 하여, 사전개혁의 취지를 민생과 국용을 넉넉하게 하여 풍속을 바르게 하는 것이라 했다. 조준이 제시한 사전개혁의 목표와 같은 입장임을 잘 보여준다.

25) 《고려사》 권78, 食貨1, 창왕 즉위년(1388) 7월. "祿科田典法判書趙仁沃等, 亦上

중국(*명나라)이 요동에 위를 세워 우리 강토를 엿보고 있는지 여러 해이고, 또 바다의 도적(*왜구)이 깊이 들어와 어지럽히지 않은 곳이 없으니 지금이야말로 진실로 두려워할 때입니다. 이를 내버려두고 염려하지 않은 채 국가의 공전을 공로가 없이 앉아서 먹기만 하는 자에게 주는 것은 마땅한 계책이 아닙니다.[26](허응 상소)

대외적인 위기의식과 함께 당시 권세가의 토지 탈점으로 나타난 폐단을 제거하는 것이 사전개혁을 시행한 또 다른 원인이었다. 다음의 기록에서 알 수 있다.

근년에 이르러 겸병이 더욱 심해져서 간사하고 흉악한 무리가 주에 걸치고 군을 포괄하는 규모로 겸병하고 산천으로 표식을 삼아 모두 조업전(祖業田; *조상으로부터 물려받은 토지)이라 하면서 서로 빼앗으니, 조그만 땅의 주인이 5, 6명을 넘고, 일 년에 조세를 8, 9차례나 거두게 되었습니다. 위로는 왕실 토지에서 관료전은 물론 대대로 심은 뽕나무와 집까지 모두 빼앗아 가졌습니다. 불쌍하게도 우리 무고한 민들은 사방으로 유리하여 구렁텅이에 빠지고 말았습니다. 나라에서 토지를 나누어 준 것은 신민(臣民)을 넉넉하게 하고자 함이었는데 오히려 신민을 해치고 있습니다. 이러므로 사전이 혼란의 으뜸인 것입니다.[27](조준 1차

---

䟽曰… 全羅・慶尙・楊廣三道, 國家之腹心, 倭奴深入, 虜掠我人民, 焚蕩我府庫, 千里蕭然, 而又西北之虞, 在於不測, 兵食竭, 人民困, 此誠危急存亡之時也."

26)《고려사》권78, 食貨1, 창왕 즉위년(1388) 9월. "右常侍許應等, 上䟽曰… 上國立衛遼東, 窺我疆者, 有年, 又海寇, 深入作耗, 無所不至, 是誠畏首畏尾之時也, 捨此不慮, 乃以國家之公田, 以與無功坐食之人, 非計之得也, 伏惟殿下, 任衆口之煩, 復均田之舊制, 使軍國之須, 皆有餘, 士大夫, 無不受田, 則國家幸甚, 昌, 遂寢私田半收之令."

상소)

호강들이 겸병하여 국용이 결핍되고, 조세가 곱절이나 가혹해져서 백성들이 피폐하고, 강한 자와 약한 자가 서로 빼앗으려고 싸워서 송사를 다툼이 많아지며, 혈육 친척 사이에 서로 시기하여 풍속이 허물어지니 이것은 사전의 폐단들입니다.[28](이행 상소)

위의 글에서 알 수 있듯이, 당시 개혁파들은 권세가들이 규정보다 많은 조세를 징수하고 권력으로 남의 토지를 탈점한 것이 국가재정의 위기와 민생의 어려움으로 나타난 것으로 인식하고 있었다. 이러한 사전의 폐단을 개혁하지 않으면 국가의 존립이 위태롭다고 판단한 것이다.

개혁파는 사전개혁을 위해 두 가지 방안을 제시한다. 첫째, 사전의 폐단을 막기 위해 경기 지역 토지는 관료들의 과전지(科田地)로 삼고, 외방에는 과전 지급을 금지하고 군전(軍田)과 국용(國用)을 위한 토지만 지급한다는 방안이다. 둘째, 당장의 군수비용과 관료들의 녹봉을 위해 3년 동안 한시적으로 공전과 사전의 조세를 국가가 거

27) 《고려사》 권78, 食貨1 祿科田, 창왕 즉위년(1388) 7월. "大司憲趙浚等, 上書曰… 至於近年, 兼幷尤甚, 奸兇之黨, 跨州包郡, 山川爲標, 皆指爲祖業之田, 相攘相奪, 一畝之主, 過於五六, 一年之租, 收至八九, 上自御分, 至于宗室·功臣·侍朝文武之田, 以及外役津驛院館之田, 凡人累世所植之桑, 所築之室, 皆奪而有之, 哀我無辜, 流離四散, 塡于溝壑, 祖宗分田, 所以厚臣民者, 適足以害臣民也, 此以私田, 爲亂之首也."

28) 《고려사》 권78, 食貨1, 창왕 즉위년(1388) 7월. "諫官李行等, 又上曰, 豪强兼幷, 國用乏竭, 租稅苛倍, 生民凋悴, 强弱相呑, 爭訟繁多, 骨肉相猜, 風俗壞敗, 此, 私田之弊也."

두어들이는 방안이다.

먼저, 첫 번째 방안에 대해 살펴보기로 한다.

마땅히 경기의 토지는 사대부로서 왕실을 보위하는 자의 땅으로 삼아 그 생활을 돕고 생업을 두터이 하며, 나머지는 모두 없앰으로써 공상(供上)과 제사의 용도에 충당하고 녹봉과 군수의 비용을 넉넉하게 하십시오. 그리하여 겸병의 문을 막아 쟁송이 일어나는 길을 끊음으로써, 만대 무강의 아름다운 법을 정하십시오.[29](조준 2차 상소)

무릇 개경에 있는 자는 다만 경기 안에 있는 토지(*畿內田)만을 지급하며 외방에서 지급하는 것을 허락하지 마시고 그것을 법령으로 정하여 민과 더불어 다시 시작함으로써 국용을 풍족하게 하고 民生을 후하게 하며 조사(朝士)를 우대하고 군사들의 식량을 넉넉하게 하시기를 바랍니다.[30](조준 3차 상소)

조준은 경기의 토지는 과전으로 묶어 사대부, 즉, 관료들의 수조지만 지급하고 외방에 과전 지급을 금지하여 겸병을 막고자 했다. 다만, 외방의 토지는 공상과 제사 비용, 녹봉과 군수의 비용을 충당할 토지로 책정하자는 것이다. 이렇게 하는 것이 국용을 풍족하게

---

29) 《고려사》 권78, 食貨1 祿科田, 창왕 원년(1399) 8월. "大司憲趙浚等, 上䟽曰… 竊謂, 當以京畿之地, 爲士大夫衛王室者之田, 以資其生, 以厚其業, 餘皆革去, 以充供上祭祀之用, 以足祿俸軍需之費, 杜兼幷之門, 絶爭訟之路, 以定無疆之令典."

30) 《고려사》 권78, 食貨1 祿科田, 공양왕 원년(1390) 12월. "恭讓王卽位, 大司憲趙浚等, 又上䟽, 論田制曰… 願殿下, 凡居京者, 只給畿內田, 不許外方給之, 定爲成憲, 與民更始, 以足國用, 以厚民生, 以優朝士, 以贍軍食."

하고 민생을 후하게 하며 조사(朝士)를 우대하고 군사들의 식량을 넉넉하게 하는 방안이라 했다.

다음, 두 번째 방안은 공전과 사전의 조세를 3년 동안 한시적으로 국가가 거두어 당장에 필요한 녹봉과 군수의 비용을 마련하자는 것이다. 그 내용은 다음과 같다.

> 옛 사람이 말하기를, '나라에 3년의 저축이 없으면 나라가 나라답지 못하다'고 했습니다. 근래 서북 지역으로 군대를 보낸 것(*요동 정벌)이 겨우 수개월 간인데도, 오히려 공사가 비용을 마련하지 못하고 상하가 곤궁해졌습니다. 만약 2, 3년의 수災나 한재가 있으면 무엇으로 이를 진휼할 것이며, 많은 군량 비용을 무엇으로써 감당하겠습니까?…… 지금 양전하는 때를 만나 액수를 정하여 토지를 지급하기에 앞서 3년을 기한으로 임시로 나라에서 거두어들이면 군국의 비용을 충당하고 관원의 녹봉을 지급할 수 있을 것입니다.31)(조준 1차 상소)

> 전하께서 기회를 놓치지 말고 올해부터 공전 사전의 조를 임시로 거두어 군량을 비축하고, 그런 뒤에 선왕들의 토지 분급제도를 복구하여 사민(士民)을 대우하시기 바랍니다.32)(조인옥 상소문)

---

31) 《고려사》 권78, 食貨1 祿科田, 창왕 즉위년(1388) 7월. "大司憲趙浚等, 上書曰… 古人有言曰, 國無三年之蓄, 國非其國, 近者, 西北之行, 數月耳, 尙且公私不支, 上下俱困, 脫有二三年水旱之, 其何以賑之, 千萬軍, 饋餉之費, 其何以應之… 今當量田之時, 定數給田之前, 限三年, 權行公收, 可以充軍, 國之需, 可以給在官之俸."

32) 《고려사》 권78, 食貨1, 창왕 즉위년(1388) 7월. "祿科田典法判書趙仁沃等, 亦上䟽曰… 願殿下, 毋失事機, 自今年, 權收公私田租, 以備軍食."

당시 사전개혁을 주도한 조준은 위 기록과 같이 사전개혁 후 3년 동안 한시적으로 공전과 사전의 조세를 국가가 거두어, 그것을 재원으로 군국(軍國)의 비용과 관원의 녹봉으로 삼자는 제안을 했다. 조인옥 역시 같은 제안을 했다.

이 조치는 재정 위기 극복이라는 명분을 내세우지만, 당장에 왜구 격퇴와 요동 정벌 등 각종 전투에 동원되어 고통을 받는 군사들과 규정액의 토지와 녹봉을 받지 못해 경제적으로 고통을 받는 일반 관료들을 위로하여, 이들의 지지를 받으려는 정치적인 목적이 없지 않은 것이다.

조준은 위의 글에서 지금 양전(量田)하는 때를 맞이하여, 3년간 한시적으로 공·사전의 조세를 거두자고 제안했다. 전국 토지에 대한 전면적 조사, 즉, 양전을 통해 공전과 사전을 구분한 후, 특히 사전의 규모와 소유주를 가려 불법적으로 탈점한 토지를 원래의 소유주에게 돌려주고, 거기에서 나오는 조세를 재원으로 군사비용과 관료의 녹봉을 지급하려 했다. 이를 위해 3년 동안 한시적으로 국가가 공·사전의 조세를 거두어들여 그 재원을 마련하겠다는 것이다. 실제로 창왕 즉위년(1388) 8월, 창왕은 6도 관찰사들에게 명령을 내려, 각각 부사(副使)와 판관(判官) 등을 뽑아서 토전(土田)을 다시 양전하게 하는 조치를 내렸다.[33] 개혁파들의 의도대로 양전 사업이 이루어졌음을 확인할 수 있다.

공전은 국가가 수조하는 토지이기 때문에 문제가 될 것이 없다.

---

33) 《고려사》 권78, 食貨1 經理, 우왕 14년 8월. "昌, 令六道觀察使, 各擧副使·判官, 改量土田."

결국 3년 동안 국가가 거두어들일 조세의 대상은 사전이다. 따라서 사전 소유주의 반발은 불가피한 것이라 할 수 있다. 다음의 기록이 그러하다.

> 거신세실(巨臣世室)은 오히려 나쁜 풍습을 답습하면서 '본조성법(本朝成法)은 갑자기 모두 개혁할 수 없다.'고 합니다. 만약 개혁하면 사군자들의 살아가는 궁리가 날로 어려워져서 반드시 공상(工商)의 처지에 떨어져 그들과 함께 될 것이라고 하면서, 거짓말로 인심을 선동하여 뭇사람들을 미혹시키고 사전을 복구하여 부귀를 보전코자 하니, 그것은 한 가계를 위한다고 할 수 있으나 나라와 백성들에게는 어떠하겠습니까?"[34](조준 2차 상소)

> 거가세족(巨家世族)의 겸병자들만이 (사전개혁을) 불편하게 여겨 두려워하면서 말을 많이 하여 뭇사람의 귀를 어지럽히니 당시 사대부로서 토지를 가진 자들도 한 목소리로써 응하였습니다. 이윽고 종묘전, 사직전, 도전전(道殿田), 신사전(神祠田), 공신전, 등과전(登科田)의 조를 거두지 말라는 의논이 있었습니다. 신들은 여기에는 주창하여 법을 무너뜨리는 단서를 일으키는 자가 있을 것이라고 생각하였더니, 며칠 지나지 않아 과연 반만 거두어들이라는 명령이 있었습니다.[35](허응 상소)

34)《고려사》권78, 食貨1 祿科田, 창왕 원년(1399) 8월. "大司憲趙浚等, 上疏曰… 世臣巨室, 猶踵弊風, 以爲本朝成法, 不可一朝遽革, 苟革之, 則士君子, 生理日蹙, 必趨工商, 相與胥動浮言, 以惑衆聽, 欲復私田, 以保富貴, 其爲一家之計, 則得矣, 其如社稷生民何."

35)《고려사》권78, 食貨1 祿科田, 창왕 즉위년(1388) 9월. "右常侍許應等, 上疏曰… 惟巨家世族之兼幷者, 獨以爲不便, 多言, 變亂衆聽, 一時士大夫有田者, 同聲應之, 尋有不收宗廟·社稷·道殿·神祠·功臣·登科田之議, 臣等以爲, 此必有

위의 글에서 사전개혁에 반대한 세력을 '거신세실'(巨臣世室), '거가세족'(巨家世族)이라 표현했다. 이들은 이미 정해진 법은 갑자기 바꿀 수 없다거나, 이 조치로 사군자(士君子)의 삶이 어렵게 된다는 이유로, 사전개혁 자체를 반대하였다. 특히 허응의 상소문에 따르면, 국가가 거두어들일 사전 가운데 종묘전, 사직전, 도전전(道殿田), 신사전(神祠田), 공신전, 등과전(登科田) 등을 제외하자고 했다.

개혁파는 사전개혁을 통해 국가의 재정을 확보하고 민생을 안정시키는 한편으로, 사전의 폐단을 일으킨 권세가들을 제거하려는 정치적인 의도도 있었다. 때문에 위의 글에서 나타난 바와 같이 사전개혁에 반발하는 논리도 만만치 않았던 것이다. 사전개혁이 개혁파들의 생각대로 진행될 수 없음을 예고하고 있다. 그러한 조짐은 1388년(창왕 즉위년) 7월, 개혁파가 제안한 공사(公私) 전조(田租)를 3년 동안 국가가 거두어들인다는 개혁파의 정책(앞에서 인용한 조준 1차 상소와 조인옥 상소 참고)에 대해, 이 해 8월 창왕이 사전의 조세 가운데 반만 거두어들이라는 명령에서 나타난다.[36] 이에 대해 허응은, 거가세족의 겸병자들과 사대부로서 토지를 가진 자들이 창왕을 부추긴 것이라고 비난했다.(앞에서 인용한 허응 상소 참고) 결국 창왕은 이 명령을 거두어 들였지만, 사전개혁에 대한 거가세족의 반발이 거세었음을 알려준다.

이 문제는 전체 관료들의 의견을 묻는 방식으로 전개된다. 1389

唱之, 以起廢法之端者, 不日, 果有半收之命."

36) 《고려사》 권78, 食貨1 祿科田, 창왕 즉위년(1388) 8월. "昌教, 私田之租, 一皆公收, 則朝臣, 必患艱食, 姑令半收其租, 以充國用."

년(창왕 1) 4월, 도평의사사에서 이 문제에 대해 논의했다. 이색은 구법(舊法)을 가볍게 고치는 일은 옳지 않다고 했다. 조준은 이색의 의견에 반대했다. 이림(李琳), 우현보, 변안열, 권근(權近), 류백유(柳伯濡)는 이색의 의견에 따랐다. 정도전과 윤소종은 조준의 의견을 따랐다. 정몽주는 두 의견 사이에 결정을 하지 않았다. 다시 백관들에게 의견을 물었다. 모두 53명이었는데, 사전개혁에 찬성한 사람이 10명 가운데 8, 9명이나 되었다. 반대한 자는 모두 거실(巨室)의 자제들이었다. 이성계는 마침내 조준의 의견을 따라 사전개혁을 단행하기로 결정했다. 세신거실(世臣巨室)들이 헛된 말을 퍼뜨려 사전개혁을 반대했다. 조준은 다시 상소를 올려 논박했다. 간관 오사충(吳思忠), 이서(李舒), 이준(李竴) 등도 반대하는 글을 올려 논박했다.[37]

위화도 회군을 단행하여 우왕을 폐위하고 최고 권력자 최영을 제거한 이성계 일파가 민심을 얻고 정치기반을 확보하기 위해 내세운 시책의 하나가 사전개혁이다. 당시 주요한 관료 대부분이 전제개혁에 찬성함으로써, 이성계 일파는 개혁의 정당성을 확보한 반면에, 개혁에 반대한 이색, 창왕의 외척인 이림, 변안열, 권근 등 창왕을 옹위한 세력은 이후 개혁파와 정치적 갈등과 대립 끝에 정국에서 배제되거나 제거되는 운명에 몰리게 된다.

주목되는 사실은 1389년(창왕 1) 4월 사전개혁을 하기로 결정하고,

37) 《고려사》 권118, 趙浚 열전. "都堂, 議利害, 侍中李穡, 以爲不可輕改舊法, 持其議不從, 李琳·禹玄寶·邊安烈及權近·柳伯濡, 附穡議, 道傳·紹宗, 附浚議, 鄭夢周, 依違兩間, 又令百官議, 議者五十三人, 欲革者十八九, 其不欲者, 皆巨室子弟也, 太祖, 卒用浚議, 革之, 未幾, 世臣巨室, 動浮言, 欲復之, 浚, 又上疏論之, 諫官吳思忠·李舒·李竴等, 亦以爲不可, 復上書固爭, 從之."

또한 사전을 경기 지역에만 지급하기로 한 큰 원칙이 정해진 1389년 8월 이후, 김저의 옥사를 계기로 우왕과 창왕이 실세(失勢)하고, 변안열과 이색 등 사전개혁에 반대한 세력에 대한 정치공세가 시작되었다는 사실이다. 따라서 우왕 복위 운동을 계기로 창왕이 폐위되고, 이어서 '변안열 사건'이 일어난 것은, 사전개혁을 둘러싼 정치적 갈등과 무관하지 않은 것이다. 따라서 사전개혁은 '변안열 사건'을 일으킨 원인을 제공했다. 이러한 일련의 사건을 계기로 고려 말 정치사는 또 다른 모습으로 전개된다.

## 4. 예부 자문 사건과 반대파의 제거

사전개혁이 착수된 직후인 1388년(창왕 즉위년) 7월, 요동 정벌의 최고 사령관 조민수가 창녕(昌寧)으로 유배된다. 이 해 1월 노비와 토지를 탈점한 임견미와 염흥방이 복주(伏誅)되자, 조민수는 화가 자신에게도 미칠 것을 두려워하여 탈점한 노비와 토지를 주인에게 돌려주었다. 그러나 위화도 회군 후 권력자가 된 그는 다시 노비와 토지를 빼앗고, 사전개혁을 반대했다. 이로 인해 그는 조준의 탄핵을 받아 유배된 것이다.[38)]

---

38) 《고려사》 권126, 曺敏修 열전. "林 · 廉誅, 敏修, 恐禍及已, 所嘗攘奪田民, 悉還其主, 至是, 稍稍復奪, 肆其貪婪, 又沮革私田之議, 踵仁任所爲, 趙浚, 上疏劾之, 流于昌寧."

사전개혁 반대 세력에 대한 본격적인 정치공세는 김저의 옥 사건이다. 1389년(창왕 1) 11월 최영의 생질인 전 대호군(大護軍) 김저와 최영의 족당(族黨)인 전 부령(副令) 정득후(鄭得厚)가 몰래 황려(黃驪; *경기 여주)에 가서 우왕을 만났다. 우왕은 '내가 예의판서(禮儀判書) 곽충보(郭忠輔)와 잘 지내니, 그를 시켜 팔관회가 열리는 날 이성계를 제거하라'는 부탁을 한다. 김저가 곽충보에게 이 사실을 알리자, 곽충보는 다시 이를 이성계에게 알린다. 팔관회가 열리는 날 이성계가 참석하지 않자, 김저와 정득후가 직접 이성계를 해치려 그의 집으로 갔다가 문객에게 잡힌다. 정득후는 자결을 하나, 김저는 체포된다. 이로 인해 우왕은 강릉으로 이배(移配)되고, 창왕은 폐위되어 강화로 유배되어, 서인(庶人)이 된다.[39] 이 사건을 계기로 공양왕이 즉위한다. 또한 우왕과 창왕은 다음 달인 12월 죽임을 당한다.[40]

1389년 12월 변안열이 이 사건에 연루된 사실이 밝혀진다. 이림, 우현보, 우인열, 왕안덕, 우홍수도 또 다른 연루자로 밝혀진다. 그런데 이들 가운데 이림, 우현보, 변안열은 1389년 4월 도평의사사에서 사전개혁을 논의할 때 사전개혁에 반대한 인물들이다. 앞 장에서 언

39) 《고려사》 권137, 창왕 원년 11월. "乙亥 雷. 前太護軍金佇・前副令鄭得厚, 往黃驪, 謁見禑, 佇, 崔瑩甥也, 隨瑩日久, 頗用事, 得厚, 亦瑩族黨, 禑, 泣謂曰, 不堪鬱鬱居此, 斂手就死, 但得一力士, 害李侍中, 吾志可濟也, 吾素善禮儀判書郭忠輔, 汝往見圖之, 仍遺一劒于忠輔曰, 今八關日, 可擧事, 事成, 妻以妃妹, 富貴共之, 佇, 來告忠輔, 忠輔陽諾, 奔告太祖. 戊寅, 八關小會, 太祖在邸, 不與會, 佇・得厚, 夜詣太祖邸, 爲門客所執, 得厚, 自刎死, 囚佇巡軍獄, 與臺諫雜治, 辭連前判書趙方興, 幷下獄, 佇曰, 邊安烈・李琳・禹玄寶・禹仁烈・王安德・禹洪壽, 共謀迎驪興王, 爲內應, 於是, 遷禑于江陵, 放昌于江華, 廢爲庶人."

40) 《고려사》 권137, 창왕 원년 12월. "恭讓王遣政堂文學 徐鈞衡, 誅禑, 藝文館大提學 柳珣, 誅昌."

급했듯이, 변안열의 처족인 원상(元庠)은 국문 과정에서 변안열이 사전개혁에 불만을 품어, 우왕을 영입하여 사전개혁을 저지하려 했다고 진술했다. 우왕 복위 사건은 사전개혁에 반대한 인물들에 대한 정치공세의 측면이 없지 않았던 것임을 확인하게 된다.

또 다른 기록에 따르면, 변안열은 사전개혁에 불만을 품고 있다가 예부의 자문(咨文)을 보고 왕씨를 모두 죽이고 신씨(辛氏; *우왕과 창왕)의 지위를 굳히기 위해 이림, 우인열, 왕안덕, 우홍수, 이귀생 등과 함께 이을진, 이경도를 자객을 삼아 모반하려 했다고 한다.[41] 우왕복위사건의 주모자인 변안열이 예부 자문 사건에도 연루되어 있음을 확인하게 된다. 명나라가 고려에 보낸 예부 자문은 우왕복위사건보다 두 달 앞선 1389년 9월 권근이 귀국하면서 알려지게 된다.

1389년(창왕 1) 9월 명나라에 사신으로 간 윤승순(尹承順)과 권근(權近)이 명나라 예부에서 고려의 도평의사사에 보낸 자문을 갖고 고려에 온다. 그 자문에는 우왕과 창왕의 즉위에 대한 명나라 황제의 뜻이 담겨 있다. 그에 따르면, '왕씨(*공민왕)가 시해되어 후사가 끊어진 이후, 비록 왕씨라 가탁하여 이성(異姓)을 왕으로 삼았으나, 이것은 삼한을 지키는 올바른 계책은 아니다'라고 했다. 권근은 이 자문을 몰래 읽은 후, 귀국하여 먼저 창왕의 외조부이자 당시 권력자 이림에게 보인 후 도당(都堂; *도평의사사)에 보고한다.[42] 그러나

41) 《고려사》 권115, 李琳 열전. "臺諫復交章曰, 向者, 邊安烈, 畜憤於革私田, 及至禮部咨文之來, 欲盡滅王氏, 以固辛氏, 乃與李琳·禹仁烈·王安德·禹洪壽·李貴生等, 謀不軌, 以李乙珍·李庚道, 爲刺客, 欲害忠良, 以謀亂國家, 若其計得行, 則王氏之中興, 其可望乎, 今反加逆黨以官職, 而寵異之, 是勸萬世大逆不軌之黨也."

권근의 이 행위는 3개월이 지난 이 해 12월에야 정치적인 문제로 비화된다.

그에 앞서 1389년(창왕 1) 10월 오사충은 이색을 따라 중국에 사신으로 간 이숭인이 가서 무역에 종사한 이유 등으로, 그를 탄핵하는 상소를 올린다. 국왕은 헌부(憲府)에 상소문을 보내 이숭인을 신문하게 한다. 그 결과 이숭인은 경산부로 유배된다. 이숭인과 함께 중국에서 물건을 매매한 박돈지도 유배된다.[43] 이색은 부사(副使)로서 자신과 함께 중국에 간 이숭인이 탄핵을 받아 유배되자, 사직을 요청하나 허락을 받지 못한다.[44] 이때 권근은 이숭인을 옹호하는 상소를 올린다.[45] 간관 오사충 등은 권근이 이숭인과 당을 이루어 상소를 올렸다고 권근을 탄핵하는 상소를 올린다. 이로 인해 권근 역시 우봉현으로 유배된다. 이숭인과 권근이 유배되자, 이 해 10월 이색은 장단의 별장으로 돌아간다.

권근은 사전개혁에 반대한 인물이다. 이숭인은 당시 개혁파로부

---

42) 《고려사절요》 권34, 창왕 1년 9월조. "權近, 還自京師, 禮部奉聖旨, 移咨都評議使司曰, 高麗, 國中多事, 爲陪臣者, 忠逆混淆, 所爲皆非良謀, 君位. 自王氏, 被弑絶嗣, 後雖假王氏, 以異姓爲之, 亦非三韓世守之良謀… 近, 中路, 私自開見, 旣還, 先示李琳私第, 然後乃付都堂."

43) 《고려사절요》 권34, 창왕 1년 10월. "昌, 下其疏于憲府, 究問其罪, 崇仁又逃, 索獲之, 流京山府, 憲府, 又劾朴惇之, 嘗烝妻母, 今又從穡入朝, 親自買賣, 流于遠州, 惇之, 與崇仁素善故及."

44) 《고려사절요》 권34, 창왕 1년 10월. "前門下府事李穡, 乞退, 不允, 穡又上箋曰, 臣於去歲, 正京師, 副使崇仁, 今被彈劾流竄, 臣不敢自安, 乞辭職事, 不允, 下教, 賜酒慰諭. ○諫官吳思忠等, 上疏論權近黨附崇仁之罪, 流牛峯縣, 又徙寧海府. ○李穡, 歸長湍別業, 昌, 遣知申事李行, 賜酒慰諭, 令視事, 穡不起."

45) 이숭인의 잘못한 탄핵한 구체적인 사실과 그에 대한 권근의 반박 상소는《고려사》 권115, 이숭인 열전에 자세하게 기록되어 있다. 이를 참고할 것.

터 이인임의 심복이었다가 이색의 문인으로 창왕을 중국에 조회하게 하고, 우왕을 복위시키려 한 혐의를 받았다.[46] 이숭인의 이같은 정치적 입장으로 보아, 그 역시 사전개혁에 호의적이지 않았을 것으로 판단된다. 반면에 이들을 탄핵한 간관 오사충은 조준, 윤소종 등과 함께 개혁파의 대표적인 인물의 한 사람이다. 따라서 이숭인과 권근에 대한 오사충의 탄핵은 사전개혁에 반대한 인물에 대한 정치 공세로 보아야 한다. 이로 인해 사전개혁 반대자들은 정치적 운신이 좁아질 수밖에 없었다. 사전개혁에 앞장서 반대한 이색은 두 사람이 유배되자 정치적인 한계를 느꼈고, 국왕의 만류 속에서도 스스로 관직에 물러난 것도 바로 이 때문이다.

1390년 12월, 좌사의 오사충과 조박은 다시 이색을 탄핵하는 상소를 올린다. 죄목은 이색이 공민왕 사후 우왕을, 위화도 회군 후 창왕을 각각 세우는 데 도움을 주었다는 것이다. 즉, 왕씨가 아닌 신(辛)씨인 두 국왕을 옹립하는 데 협조함으로써 고려의 왕통을 끊는, 용납할 수 없는 죄악을 저질렀다는 것이다. 또한 이색은 사전개혁에 앞장서서 반대했으며, 그 아들 이종학에게 말을 퍼뜨려 거가대족(巨家大族)이 사전개혁을 원망하고 비방하는 단서를 열었다. 그는 외척 이림과 교분을 맺어 정치적 입지를 유지하려 한 혐의를 받았다.[47]

46) 《고려사절요》 권34, 공양왕 1년 12월. "臺諫, 交章上疏曰… 李崇仁, 河崙, 前爲仁任腹心, 後徇穡姦計, 以督辛昌朝見, 而欲立辛禑, 以永絶列聖之血食, 罪不容誅者也."

47) 《고려사》 권115, 이색 열전. "國家以私田, 瘠公家而害民生, 興辭訟而毁風俗, 議欲革之, 以正田法, 而穡爲上相, 固執不可, 使其子種學, 揚言於人, 以倡巨室怨謗之端, 李琳貪墨孱劣, 國人所知, 穡又欲納交外戚, 以圖保全, 薦琳自代."

결국 이색은 파면되고, 창녕에 유배된 조민수는 서인이 된다.

이색에 대한 탄핵은 우왕과 창왕의 두 국왕을 폐위한 이성계를 비롯한 개혁파의 정치적인 부담을 줄이기 위한 것으로 판단된다. 김저의 옥사 및 우왕복위사건을 계기로 사전개혁의 정당성을 찾으려 했다면, 이색에 대한 탄핵을 통해 우왕과 창왕이 왕씨가 아닌 신씨라는 혈통의 비정통성을 내세워 사전개혁 반대 세력에 대해 정치공세를 펼친 것이다. 이른바 신돈의 자식인 우왕과 창왕을 폐위시키고 왕씨를 왕으로 세운다는, 이른바 '폐가입진'(廢假立眞)의 명분으로 그들의 집권을 정당화하려 했다.

이색을 탄핵한 직후인 1389년(공양왕 1) 12월, 사헌부는 다시 권근을 탄핵하는 상소를 올린다.

> 사헌부는 권근이 예부 자문을 몰래 열어본 죄상에 대해, '이 자문은 우리나라 사직의 존망과 관련된 것으로 바로 도당에 보내 재상들이 함께 검토해야 할 것이다. 그런데 권근은 며칠 동안 (명나라 예부의) 자문을 개인적으로 보관하고 몰래 열어 보고 은밀하게 모의를 하여 천기를 누설했다. 그의 음모는 예측할 수 없으며, 불충함이 심하다. 법에 따라 정죄하여 뒷사람에게 경계하여야 합니다.'라고 했다. 국왕은 이를 묻지 않고 권근을 원지에 유배 보냈다.[48]

48) 《고려사절요》 권34, 공양왕 1년 12월.. "司憲府上疏論權近私坼咨文之罪曰, 此咨, 本國宗社存亡所關, 宜直付都堂, 會宰相開坼, 近, 乃累日私藏, 私自開坼, 隱密謀議, 漏洩天機, 陰謀難測, 不忠莫甚, 請追身究問, 依律決罪, 以戒後人, 王命勿問, 流遠地."

> 대간은 번갈아 상소를 올렸다…… '권근은 성지(聖旨)를 몰래 열어보고, 이를 먼저 이림(李琳)에게 보이고 다시 이색에게 보였다. 그 마음은 왕씨에 있지 않은 것이 분명하다. 이미 그는 이숭인의 일로 탄핵을 받았으니, 그 간의 일은 알 필요도 없다. 원방에 유배만 보내고, 그 죄를 묻지 않는다면 뒷날 불충(不忠)한 사람을 어찌 징계할 수 있겠는가?'라고 했다.[49]

1389년(공양왕 1) 9월, 명나라에서 귀국한 권근이 명나라가 보낸 예부 자문을 미리 보았다는 것인데, 석 달이 지난 이 해 12월 비로소 이를 위 기록과 같이 정치문제화 한 것이다. 권근이 갖고 온 예부 자문에서 문제가 된 내용은 다음과 같다. 즉, '고려에는 일이 많아서 배신(陪臣)은 충신과 역적이 뒤섞여 있어, 하는 일들이 모두 올바른 것은 아니다. 왕씨(*공민왕)가 시해되어 후사가 끊어진 이후, 비록 왕씨라 가탁하여 이성(異姓)을 왕으로 삼았으나, 이것은 삼한을 지키는 올바른 계책은 아니다'라고 했다.[50] 앞에서 인용한 대간의 상소문에 따르면, 권근은 이 자문을 몰래 뜯어본 후 이림의 집에 가서 먼저 보이고, 다시 이색에게 보인 후, 도당(도평의사사)에게 보고했다는 것이다. 우왕과 창왕은 왕씨가 아닌 이성으로 왕위에 오른 잘못을 지적

49) 《고려사절요》 권34, 공양왕 1년 12월. "臺諫, 交章上疏曰… 權近, 私坼聖旨, 先示李琳, 又示李穡, 其心不在王氏明矣, 旣而, 托以崇仁事, 上書被劾, 其間亦未可知, 止流遠方, 不正其罪, 則何以懲後世不忠之臣乎."

50) 《고려사》 권137, 창왕 1년 9월. "尹承順・權近, 還自京師, 禮部奉聖旨, 移咨都評議使司曰, 洪武二十二年八月初八日, 本部尚書李原明等官, 於奉天門, 欽奉聖旨, 高麗國中多事, 爲陪臣者, 忠逆混淆, 所爲皆非良謀, 君位, 自王氏被弑絶嗣, 後雖假王氏, 以異姓爲之, 亦非三韓世守之良法."

한 것이 명나라 황제가 보낸 예부 자문의 내용이라는 것이다. 이성계 일파는 이를 근거로 창왕을 폐위시키고, 공양왕을 즉위시킨다.

김저의 옥사를 계기로 두 국왕을 폐위한 개혁파는 우왕복위사건과 다른 갈래에서 사전개혁에 반대한 세력에 대해 정치 공세를 시작한 것이다. 문제가 된 권근의 예부 자문 사탁(私坼; *개인이 몰래 자문을 본 것) 사건으로 우왕의 장인이자 창왕의 외조부인 이림과 함께 이색까지 연루되었다. 두 사람은 이미 우왕 복위 사건에도 연루된 바 있다. 즉, 우왕 복위와 예부 자문 사건은 별개의 사건이 아니라, 개혁파에 반대한 정치세력에 대한 정치 공세의 일부임을 알려준다. 권근은 이 해 12월 영해(寧海)로 유배되며, 이후 계속된 탄핵으로 권근은 경주 흥해(興海), 김해(金海), 청주 등지로 유배지를 전전한다.[51] 공민왕의 정비(定妃)는 공양왕의 즉위를 알리는 교서에서 공양왕 즉위 명분의 하나로, 다음과 같이 우왕과 창왕은 왕씨가 아니라는 명나라의 예부 자문을 내세웠다.

> 우왕은 죄 없는 사람을 많이 죽여 나라사람들의 원망을 샀다. 군사를 일으켜 중국을 쳐 천자에게 죄를 얻었다. 이때야말로 왕씨의 제사를 회복할 때였다. 대장 조민수는 이인임의 친척으로 재상이 되어, 이인임의 나쁜 꾀를 이어받아 우왕의 아들 창을 왕으로 세웠다. 악이 악을 이어서

---

51) 《양촌집》 연보에 따르면 1389년(창왕 1) 10월 언사(言事), 즉, 이숭인을 옹호한 상소문제로 우봉(牛峯)으로 유배된다. 이 해 12월 예부 자문 사건으로 다시 영해로 유배된다. 1390년(공양왕 2) 2월 경주로 옮겨져 옥에 갇혔다가, 흥해로 이배된다. 4월 김해로 양이(量移)된다. 5월 청주옥에 갇혔으나, 홍수로 사면되어 한양으로 돌아온다. 7월 다시 익주로 귀양 갔다가, 11월 종편(從便)된다.

> 권력이 한 곳에 집중되어, 좀체 제거할 수 없었다. 홍무 22년(1389) 9월 문하평리 윤승순 등이 경사(京師)에서 명나라 황제의 성지를 받아왔는데, 그에 따르면, '고려의 왕위는 왕씨(*공민왕)가 시해되고 후사가 끊어진 후부터 왕씨에 가탁하여 이성(異姓)이 왕이 되었다. 이는 삼한을 대대로 지키는 좋은 계책은 아니다. 현명하고 지혜로운 배신(陪臣)이 그 자리에 있어 군신의 분수를 정하게 되면 비록 수십 세대 동안 중국에 조회를 하지 않은들 무엇을 걱정하겠는가?' 하였다. 이 성지(聖旨)에 대해 국론을 물었다. 종척과 모든 관원들이 '종친 정창(定昌)부원군 왕요(王瑤)는 신종의 7대손으로 가장 가까운 친족이므로 공민왕의 뒤를 이어야 한다.'고 했다. 이에 왕요에게 명하여 왕위에 올라 우와 창을 서인으로 삼는다.[52]

우왕과 창왕은 왕씨가 아니라는 명나라 황제의 조서가 당시 공양왕 즉위의 정당성과 함께 우왕과 창왕이 폐위되는 근거가 되었던 것이다. 또한 1390년(공양왕 2) 4월 이성계가 병으로 사직을 하자, 국왕은 측근 신하를 보내 위로하면서 사직을 취소하는 교서를 내린다. 공양왕은 이 교서에서 예부 자문이 자신이 즉위하는 데 명분이 되었

---

52) 《고려사》 권45, 공양왕 총서. "我太祖, 與德符等八人, 詣恭愍王定妃宮, 以兵仗, 宗親 · 百官, 皆從之, 奉妃教, 放昌于江華, 迎立王, 王, 驚懼而辭, 妃, 手授以印, 其教曰… 禑, 乃多殺無辜, 取怨國人, 擧兵猾夏, 得罪天子, 此正王氏復祀之秋, 而大將曹敏修, 以仁任之親, 爲上相, 繼仁任之邪謀, 立禑子昌, 以惡繼惡, 權柄所歸, 勢難卒去, 於洪武二十二年九月間, 門下評理尹承順等, 回自京師, 欽奉聖旨, 節該高麗君位, 自王氏被弒絶嗣, 後雖假王氏, 以異性爲之, 非三韓世守之良謀, 果有賢智陪臣在位, 定君臣之分, 則雖數十歲不朝, 亦何患哉, 欽此, 詢諸國論, 宗戚大小臣僚, 僉曰, 宗親定昌府院君瑤, 乃太祖正派, 神王七代孫, 族屬最近, 宜爲恭愍王後, 命瑤王位, 以奉宗廟社稷, 其禑及昌, 廢爲庶人."

음을 다음과 같이 밝히고 있다.

> (성지를 보낸 명나라) 천자는 (대륙에서) 천하가 정해지지 않았을 때 공민왕이 솔선하여 신하가 됨으로써 천하 사람들에게 천명이 돌아갈 곳을 알게 하여, 명나라 건국에 크게 공을 세운 사실을 생각했다. 그 까닭에 (공민왕의) 후사가 끊어지자 왕씨가 다시 일어날 것을 바라는 마음이 절실했다. 그러나 창왕의 외조인 이림은 수상의 지위에 있으면서, 황제의 성지를 감추고 발표하지 않았다. 흉악한 꾀를 예측할 수 없고 신씨(우와 창)의 변란이 임박하여, 왕씨는 가마솥의 고기와 같은 운명에 놓여 있었다. 그런데 경(*이성계)은 죽음을 무릅쓰고 대의로써 우리 왕씨를 위해 큰 계책을 세웠다. 심덕부 등 여덟 장수가 그대를 좇았다. 이 해(*1389) 11월 15일 천자의 성지를 공민왕비인 정비(定妃)의 뜰에서 선포하고 나를 맞아 공민왕의 뒤를 잇게 했다.[53]

공양왕이 즉위한 계기와 근거가 된 것은 윤승순과 권근이 귀국하면서 가져온 예부 자문임이었다. 이같이 예부 자문은 위화도 회군 이후 실권을 장악한 이성계를 중심으로 한 개혁파의 이른바 '폐가입진'의 논리를 정당화시켜, 개혁에 소극적인 창왕을 폐위시키고 공양왕을 옹립함으로써 당시 정국을 단숨에 바꾸어 놓는 데 결정적인 영

53) 《고려사》 권45, 공양왕 2년 4월 갑오. "此聖天子, 念玄陵當四海未定之際, 率先稱臣, 使天下, 知天命之有歸, 大有功於佐運, 故憫其絶嗣, 而望復興於王氏臣子者, 切矣, 昌外祖李琳, 以冢宰, 秘聖旨而不發, 兇謀不測, 辛氏之變, 不朝則夕, 王氏, 已爲鼎中之魚, 存亡, 在於呼吸, 而卿, 不顧萬死, 躬秉大義, 爲我王氏, 定萬世策, 德符·夢周·湧奇·長壽·石璘·浚·葳·道傳八將相, 從而贊之, 十一月十五日, 宣天子旨于玄陵定妃之庭, 迎予宗邸, 俾後玄陵."

향을 준 문서이다.

한편 예부 자문 기록의 신빙성을 부정하는 연구도 있다. 그 근거는 명나라 황제가 당시 예부상서(禮部尙書) 이원명(李原名)에게 전한 말이 담긴 명나라 실록의 다음 기록이다.

> 고려라는 나라는 사고가 많고 배신(陪臣)들은 충성스러운 자와 역적이 섞여 있어, 하는 것이 모두 좋은 계책이 아니고 왕의 폐립(廢立)을 자유로 하니 어찌 삼한을 대대로 지키는 길이겠는가? 저희가 이미 그 임금을 가두어 놓고 어린 아들(*童子; 창왕)의 입조를 와서 말하니 반드시 숨은 꾀가 있으니, 믿을 것이 못 된다.[54]

라고 기록되어 있다. 이 기록에 따르면 《고려사》에서 언급된 예부 자문의 내용과 달리 고려의 신하들이 왕의 폐립(廢立)을 마음대로 한 사실만 책망하고 있다. 《고려사》 기록과 같이 이성을 왕으로 삼았다는 기록은 없다. 아마도 이성계의 심복이 권근 등의 눈을 속여 자문이 도당에 회부되기 전에 그와 같은 내용으로 고친 후, 도리어 자문을 몰래 열어본 죄를 권근에게 돌려 씌어 권근에게 유찬(流竄)의 죄를 가한 것으로 추정하였다.[55]

우왕과 창왕이 신돈의 자식이 아니라는 주장은 고려의 기록에서도 확인할 수 있다. 1388년(창왕 즉위) 7월, 고려는 우인열과 설장수

54) 위의 기록은 《태조고황제실록》(太祖高皇帝實錄) 권286, 홍무 22년 8월 계묘(癸卯)조에 실린 것으로, 김상기, 앞의 책, 661쪽에서 재인용한 것이다.

55) 김상기, 위의 책, 660~665쪽.

를 시켜, 우왕이 창왕에게 왕위를 물려준 사정을 알리는 표문을 명나라에 보낸다. 이에 따르면, 우왕은 공민왕의 아들인 사실을 분명하게 밝힌다. 그런데 권신 임견미를 주살(誅殺)한 최영이 문하시중이 되어 군사를 일으켜 요동을 정벌한 죄를 지었다. 최영의 죄는 우왕 자신의 잘못이기도 하기 때문에 왕위를 물러나게 되었다고 한다. 또한 아들 창에게 왕위를 물려준 것은 과거 자신의 고조 충렬왕, 증조 충선왕, 조(祖) 충숙왕 3대가 물러나면서 각각 그 아들에게 왕위를 물려준 예에 따른 것이라 했다.[56] 당시 표문은 회군에 성공한 군신들의 총의에 따라 작성되어 명나라에 올린 표문이기 때문에 조선 초기 《고려사》 편찬 당시 이 표문은 함부로 고칠 수 없었다. 따라서 위의 표문 내용으로 미루어 보아, 공민왕 사후 우왕의 즉위와 이어서 창왕의 즉위 당시까지 이성(異姓)이 왕이 되었다는 문제는 전혀 제기되지 않았던 것이다.

1389년(공양왕 1) 12월 이색의 아들 이종학(李種學)은 '우왕은 이미 공민왕 때 세자인 강령군(江寧君)으로 봉해져 세자부(世子府)가 설치되었고, 또한 천자가 우왕이 즉위한 후 작명(爵名)을 내렸다. 이성계

56) 《고려사》 권137, 창왕 즉위년 7월. "遣門下成事禹仁烈・政堂文學長壽, 如京師, 告禑遜位, 請昌襲封, 兼奏崔瑩興師攻遼之罪, 禑表曰, 臣在蒙幼, 先臣恭愍王薨逝, 惟祖母洪氏訓誨, 又不幸而祖母亡, 有兵馬都統使崔瑩, 進鷹犬, 導田獵, 罷去書筵, 臣, 由是, 無所聞知, 近, 瑩, 因誅權臣林堅味等, 遂爲門下侍中, 擅執軍國之柄, 恣行誅殺, 從臾興師, 將攻遼陽, 諸將, 皆以爲不可, 臣竊自念, 瑩之至此, 實由臣致, 懼殞越, 無所逃罪, 臣, 素疾病, 國事且繁, 情願閑居養, 謹依臣高祖忠烈王・曾祖忠宣王・祖忠肅王纛三代, 退位於子故事, 於洪武二十一年六月初八日, 令臣男昌, 權行勾當, 伏望陛下, 恕臣妄作, 諒臣愚衷, 臣男昌, 獲霑恩命, 襲臣名爵, 不勝幸甚. 長壽, 帶領崔瑩所拘李恩敬等, 以行. 流曹敏修于昌寧."

가 어찌 공민왕의 명령을 어기고 우왕을 폐하겠는가?'라고 했다. 물론 당시 대간은 이종학의 이 말을 근거로 이색 부자가 우왕을 옹립했다고 하여 처벌을 주장했지만,[57] 이종학의 말은 왕의 혈통에 대해 개혁파와는 다른 견해가 당시 정가에 존재했음을 알려주는 근거가 된다.

한편 예부 자문의 내용이 조작된 또 다른 근거는 권근과 이색이 사신으로 명나라에 가서, 황제의 뜻을 담은 예부 자문을 작성하여 고려에 보낸 예부의 최고 책임자 이원명과의 대화 내용이다.

먼저, 이 사건의 당사자인 권근과 이원명의 대화 내용을 살펴보기로 한다. 이 내용은 권근이 조선 태종에게 올린 상소문에 언급되어 있다. 그 내용은 다음과 같다.

> 창왕이 먼저 즉위하고 뒤에 황제에게 그 사실을 알려 떳떳한 도를 잃었습니다. 그러나 우왕은 교만과 악함이 하늘에 찼고, 또 군사를 일으켜 요동을 공격한 허물이 있었습니다. 그러나 태상왕(太上王; *이성계)이 정의로서 회군하여 중국을 도운 충성이 크게 드러나, 창왕의 즉위에 대해 잘못을 묻지 않았습니다. 그때 저는 문하평리 윤승순과 함께 창왕의 명령을 받아 중국에 갔습니다. 예부상서 이원명은 저희들을 다음과 같이 책망했습니다. '그대들은 국왕의 명으로 재상이 되었다. 그런데 국왕에게 알리지 않고 너희들이 받은 벼슬을 다른 사람에게 함부로 주고, 그

57) 《고려사절요》 권34, 공양왕 1년 12월. "臺諫, 交章上疏曰… 李種學, 獨倡言於人曰, 玄陵, 旣以禑封江寧君而立府矣 而又天子爵命禑矣, 李 太祖舊諱 何人, 敢違玄陵之命, 廢我驪興王乎, 今殿下, 不正禑父子之罪, 以告大廟, 以定民志, 又不正穡父子附禑父子之罪, 以絶群小之陰謀, 則殿下亦不可一日安天位也."

> 사람은 왕명이 없이 멋대로 너희들로부터 벼슬을 받으면 국왕은 그들에게 죄를 주지 않겠는가? 그대 나라 국왕은 황제의 명령을 받아 왕위를 이었는데, 지금 황제에게 청하지도 않고 멋대로 그 아들에게 왕위를 주었다. 이것이 무슨 예인가?'라고 했습니다. '저희들은 화변(禍變)이 급박해서 황제께 보고하지 못했습니다.'라고 답변을 했습니다. 그러나 명나라가 고려에 보낸 자문에 따르면, 이성(異姓)을 왕위로 세웠고, 배신으로 현명하고 지혜로운 사람이 없다.'는 말이 있었습니다. 창왕의 부자는 이 때문에 왕위를 잃었던 것입니다. 이때 우리 태상왕께서 회군을 한 충의가 없었다면 우리나라 사람들이 입었을 화는 말로 다할 수 없었을 것입니다.[58]

위의 기록에서 주목되는 사실은, 예부 자문의 내용과 같이 창왕이 왕씨가 아닌 이성이기 때문에 문제가 된 것이 아니라, 창왕의 즉위 사실을 원나라에 알리지 않고 당시 배신(陪臣)들이 일방적으로 즉위시킨 사실을 문제로 삼은 것이다. 이원명은 이를 마치 국왕이 임명한 관직을 허락 없이 함부로 다른 사람에게 주는 행위에 비유하면서, 창왕의 즉위에 불만을 표시했다. 권근은 뒷날 명나라가 보낸 자문에는 이성을 왕씨로 가탁해서 왕위를 세운 사실을 책망한 내용

58) 《양촌집》 권32 上書. "昌之際 乃敢先立而後奏 失於常經 然禑之驕惡滔天 又有擧兵攻遼之隙 而我大上王擧義回軍 翊戴中國 忠誠克著 帝心嘉賞 故置而不問 然在其時 臣近偕門下評理臣尹承順等 奉昌之命 請親朝覲于京師 禮部尙書李原名詰責臣等 爾受國王之命而爲宰相 爾不告王而以爾爵私與於人 其人亦無王命而私受之於爾 則國王其不罪之乎 爾國之主 受帝之命 以承王爵 今不奏請 私與其子 是何禮耶 臣以禍變甚迫 不及聞天對之 然其回咨 有立異姓爲王 陪臣無賢智者之語 昌之父子 由是失國 當是之時 非我太上回軍忠義之烈 則我一國生靈之禍 豈可勝言也哉."

으로 바뀌었다고 했다.

권근의 진술로 미루어 보아 당시 명나라가 문제를 삼은 것은 중국의 사전 승인을 받지 않고 창왕이 즉위한 것이며, 이성이 왕씨가 된 사실은 문제가 되지 않았음을 알 수 있다. 창왕 폐위와 공양왕 즉위의 명분과 정당성을 제공한 예부 자문의 내용과 당시 원나라가 문제를 삼은 내용 사이에 커다란 차이가 있음을 알 수 있다.

권근보다 먼저 사신을 갔던 이색 역시 이원명을 만나 나눈 대화에서 창왕의 즉위 문제가 언급되어 있다. 이원명과의 대화 내용은 다음과 같다.[59]

> 지난 해 명나라에 갔을 때 예부상서 이원명이. '고려는 아비를 쫓고 아들을 왕으로 세웠다. 천하에 이런 이치가 있는가? 왕과 최영을 구속한 것은 무슨 까닭인가?'라고 했다. 나는, '최영이 왕을 사주하여 요동을 공격하려 하자, 장군 조민수와 이성계가 반대했다. 의주까지 갔다가 군사를 출발시키지 않자, 최영이 여러 번 독촉했다. 어쩔 수 없이 회군하여 최영을 구속했다. 이에 왕이 여러 장수를 살해하려 하자, 태후가 우왕을 폐위시켜 강화도에 보냈다. 강화도는 개경에서 20리 정도 거리의 옛 수도의 승지(勝地)로 편안하게 마음을 다스리기에 좋은 곳이다. 또한 재상

59) 위의 기록은 다음과 같은 배경에서 작성된 것이다. 변안열이 처형된 1390년(공양왕 2) 1월 헌부가 이색과 조민수가 창왕을 즉위시키고 우왕을 영입한 죄를 다스릴 것을 요청한다. 이 해 2월 국왕은 오사충(吳思忠), 이고(李皐), 전시(田時)를 이색이 머문 장단에 보내 이색을 국문한다. 국문 과정에서 이색은 창왕 즉위 문제에 대해 언급하면서, 자신이 명나라에 사신으로 가서 예부상서 이원명을 만나 나눈 대화를 밝히면서 자신의 입장을 변명하면서 위의 본문과 같은 사실을 밝힌 것이다. 결국 이 일로 인해 국왕은 이색의 관직을 삭탈하고 조민수를 변방으로 귀양을 보낸다.

> 들이 각종 기물과 물품을 갖추어 국왕을 받들고 있어 평시와 다름없다. 국왕을 추방한 것은 아니다.'라고 답변했다. 또한 귀국하여 이성계에게 이원명의 말은 귀로 듣기는 하지만, 입으로 말할 수 없다. 지금 우왕이 유배된 여흥(驪興)은 먼 곳이니 가까운 곳으로 맞이하여 옮기는 것이 국왕을 추방했다는 허물을 벗을 수 있지 않느냐'고 했을 뿐이며, 진실로 우왕을 영입하는 논의를 하지 않았다고 했다.[60]

위에서 이색에 대한 신문은, 그가 창왕의 즉위와 우왕의 영입을 주도했는가에 초점을 두고 진행되었다. 그 가운데 이색은 우왕을 영입하지 않았다는 이유로 그가 원나라에서 예부상서 이원명을 만나 우왕이 최영과 함께 요동 정벌을 했기 때문에 폐위되었다고 답변했다. 한편 이색과의 대화에서, 이원명은 고려가 아비를 쫓고 아들을 왕으로 세우고 최영을 구금한 사실을 문제로 삼았지, 예부 자문의 내용과 같이 이성이 국왕으로 즉위한 사실은 문제로 삼지 않았음을 알 수 있다. 또한 그는 귀국 후 이성계를 만나 원나라의 의심을 풀기 위해 우왕을 여흥에서 가까운 곳으로 옮기자고 했을 뿐, 우왕을 영입하려는 논의는 하지 않았다고 해명하고 있다.

---

60)《고려사》권115, 이색 열전. "穡曰, 回軍議立之際, 敏修問穡, 宗親與子昌孰當, 時, 敏修以主將, 領兵回還, 且與昌之外祖李琳, 聯族同心, 穡不敢違, 以禑立已久, 當立子昌爲對, 無首勸擅立之語, 去年朝京師, 到禮部, 尙書李原明曰, 汝家逐父立子, 天下安有是理, 王與崔瑩, 皆被拘囚, 是何義耶, 予應之曰, 崔瑩教王, 謀犯遼陽, 將軍曺敏修, 與李(太祖舊諱) 以爲不可, 到義州, 不敢發, 瑩, 數趣之, 不獲已回兵, 繫瑩於獄, 於是, 王怒, 欲害諸將 故太后廢王, 置于江華, 去開京二十餘里, 舊都勝地, 怡養情性, 無如此地, 且宰相侍, 儀仗器物, 朝夕膳奉, 皆如平日, 何放之有, 及還, 謂侍中李曰, 原明之言, 耳可得聞, 口不可道, 驪興遠地, 迎置近地, 可免放君之名, 如何, 但此語而已, 固無迎立之議."

다른 기록에 따르면, 이색은 전제개혁 논의에 반대한 후 우왕을 황려부(*지금의 여주)에 가서 만났고, 얼마 지나지 않아 사직을 하고 이림을 천거했다.[61] 이림을 천거한 때는 1389년(창왕 1) 7월이다. 이색이 중국에서 귀국한 때는 1389년 4월이다. 귀국 직후 같은 달 도평의사사에서 전제를 논의하고, 이어 각 관청의 관원들에게 개혁의 찬반 여부에 대한 논의가 있었다. 한편 오상충 등이 이색을 탄핵한 상소문에 따르면, 이색이 사신으로 중국에 갔다 귀국한 직후 함께 갔던 이숭인, 김사안(金士安)과 우왕을 만나러 가기로 약속을 했는데, 약속한 날짜보다 먼저 이색이 혼자 우왕을 만났다고 한다. 간관은 이때 이색이 우왕과 만나 나눈 대화에 대해 의문을 제기하였다.[62] 이때 우왕과의 만남이 우왕 복위와 관련된 것으로 의심했기 때문이다. 따라서 이색은 전제개혁 논의에 반대한 뒤인 1389년 4월에서 7월 사이에 우왕을 만났던 것이 분명하다. 그는 우왕과 만나 창왕 즉위에 대한 명나라의 입장과 전제개혁 논의 등, 국내 정국 동향을 언급한 것으로 판단된다. 이로 인해 그는 우왕복위운동의 혐의를 받아, 개혁파에 의해 탄핵을 받게 된다.

한편 위화도 회군 후 창왕이 즉위했지만, 조민수, 이색, 이림 등 창왕을 옹립한 세력은 창왕 즉위의 정당성과 왕권의 확립을 위해 창왕의 명나라 친조(親朝)를 줄기차게 추진한다. 이러한 노력도 개혁파

61) 《고려사》 권115, 이색 열전. "時田制大壞, 我太祖, 與大司憲趙浚, 欲革私田, 都評議使司議田制, 穡以爲不可輕改舊法, 持其議不從, 穡謁禑于黃驪府, 未幾, 乞解職, 擧李琳自代, 昌以穡爲判門下府事."

62) 《고려사》 권115, 이색 열전. "穡之回自京師也, 與李崇仁·金士安等, 相期, 謁禑於驪興, 而穡先期獨見, 其獨見之際所言, 公歟私歟, 是未可知也."

와 충돌한 또 다른 계기가 되었다. 참고로 우왕은 즉위한 지 10년이 지난 1385년(우왕 11) 9월에야 명나라로부터 책봉을 받고 전왕인 공민왕의 시호를 받는다. 이러한 경험 때문에 창왕은 즉위 직후인 1388년 10월 이색과 이숭인을 명나라에 보내 명나라의 감국(監國)을 요청하고 창왕의 친조를 요구한 후, 이듬해 4월 이들은 귀국한다. 이색의 귀국 한 달 전 3월 강회백이 명나라의 예부 자문을 갖고 귀국하는데, 그 자문에 따르면 고려는 신하가 아비를 쫓고 아들을 왕으로 세우고, 중국에 조회하기는 요청하나 이를 거부한다는 내용이 적혀 있다. 이색보다 한 달 먼저 귀국한 것으로 보아, 그보다 먼저 강회백을 명나라에 사신으로 보냈음을 알 수 있다. 이색이 귀국한 지 2개월 뒤인 1389년 6월, 다시 윤승순과 권근이 명나라에 사신을 가서 창왕의 친조를 요청한다.

창왕은 위화도 회군 이후 조민수와 이색에 의해 왕위에 올랐지만, 공민왕 시해 후 왕위에 오른 우왕 때보다도 왕위를 유지하는 데 더 급박한 상황에 처해 있었다. 명나라에 간 세 차례의 사신이 모두 창왕의 친조를 요구한 것은 그런 사정이 반영된 것이다. 창왕의 친조 요구는 고려가 공민왕 시해 후 우왕의 즉위와 폐위 등 일련의 잦은 국왕 교체에 따른 명나라의 의구심을 해소하려는 측면도 있었지만, 위화도 회군 후 사실상 실권을 장악한 이성계를 비롯한 개혁파의 압력으로 왕권을 행사하는 데 커다란 장애가 되었기 때문이다.

한편으로 개혁파는 창왕의 친조 행위를 우왕의 복위 문제와 연결시킬 정도로 구신 세가세력에 대해 의심했다. 당시 대간은 창왕의 친조를 위해 명나라에 갔던 이숭인과 하륜(河崙)은 이인임의 복심이었고, 이색의 간계(姦計)를 좇아 창왕의 친조를 독려하여 우왕을 세우려 했다는 이유로 탄핵상소를 올린다.[63] 개혁파는 이같이 창왕의 친조 행위를 위해 노력했던 인물들을 우왕의 복위와 연결시켜 의심했던 것이다.

1389년 12월 예부 자문 사건은 개혁파와 그에 반대한 구신세가 사이의 정치적인 대립과 갈등이 본격화 되는 계기가 되었다. 이 해 12월, 이색과 조민수, 권근이 유배되고, 이미 죽은 이인임의 집은 허물어져 못이 되었다. 개혁파는 이 해 12월 우왕과 창왕의 목을 벤다. 또한 1390년(공양왕 2) 1월, 변안열은 우왕복위사건과 사전개혁을 저지하기 위해 우왕을 복위하려 한 혐의로 죽임을 당했다. 같은 달 급전도감(給田都監)은 새로 확정된 과전법에 따라 관료들에게 관품(官品)에 따라 전적(田籍), 즉, 과전지를 지급한다. 또한 권근은 예부 자문 사건으로 흥해로 이배(移配)되며, 이 해 2월 이색은 앞에서 언급했듯이 우왕과 창왕을 옹립했다는 이유로 관직을 삭탈 당한다.

## 5. 윤이 · 이초 사건과 고려 말 정국

1390년(공양왕 2) 3월, 헌부는 상소를 올려 변안열의 모의에 참여

63) 《고려사절요》 권34, 공양왕 1년 12월. "臺諫 交章上疏曰… 李崇仁 河崙, 前爲仁任腹心, 後徇穡姦計, 以督辛昌朝見, 而欲立辛禑, 以永絶列聖之血食, 罪不容誅者也, 亦令攸司論罪."

한 우인열, 왕안덕, 우홍수 등을 국문하기를 청했으나, 국왕이 듣지 않았다. 오히려 국왕은 우현보를 판삼사사로, 왕안덕을 강원군(江原君)으로, 우인열을 계림윤(鷄林尹)으로 삼고, 이들의 탄핵을 주장한 윤소종과 오사충을 다른 관직으로 옮겼다. 대간은 다시 이인임, 조민수, 이색의 죄를 논박하고, 이림, 이귀생, 정지, 우인열, 왕인덕, 우홍수, 원상, 이을진, 이경도 등의 죄를 다스릴 것을 주장했다. 그러나 국왕은 오히려 탄핵을 주도한 윤소종을 금주(錦州)로 추방한다. 이때 이성계는 공양왕의 처사에 불만을 품고 병을 이유로 사직한다. 비록 이성계 일파에 의해 추대되었지만, 공양왕은 이색, 조민수, 이림 등 변안열과 연루된 정치세력을 옹호한 것으로 보아, 정치적으로 개혁파와 다른 입장이었다.

이 해 4월, 대간이 번갈아 소를 올려 다시 조민수·이색·권근을 논핵하고, 또 이림·이귀생·이을진·정지·우인열·이경도·왕안덕·우홍수·원상에게 죄주기를 청했다. 공양왕은 이성계와 심덕부와 의논하여 대간이 지나치게 논핵(論劾)하는 일을 못하게 하고 이색은 함창(咸昌)으로, 정지는 횡천(橫川)으로, 이림은 철원(鐵原)으로, 이귀생은 고성(固城)으로, 우인열은 청풍(淸風)으로 각각 유배시킨다. 이을진과 이경도에게 장형(杖刑)을 가하고, 왕안덕과 우홍수는 공이 있고, 원상은 다만 변안열의 말만 들었다 하여 모두 용서하였다. 개혁파를 무마하면서 구신세가 세력의 일부를 처벌하는 일종의 타협책으로 사태를 무마하려 했다. 그러나 대간이 번갈아 소를 올려 다시 변안열의 당(黨)을 논핵하여, 이을진과 이경도를 먼 지방으로, 왕안덕은 풍주(豐州)로, 우홍수는 인주(仁州)로, 원상은 광주로 각각 유배시킨다.

이 해 윤4월 국왕은 이행을 탄핵한 상소를 올린 조인옥을 파면시킨다. 이에 불만을 품은 공신들이 사직을 청하자, 이행을 유배시키는 무마책으로 이들을 정무에 복귀시킨다. 우왕복위사건과 예부 자문 사건을 통해 구신세가 세력이 상당한 타격을 입었지만, 개혁파의 의도대로 정국이 움직여지지 않았던 것이다. 이 사건을 통해 공양왕의 비호를 받은 구신세가 세력은 건재했으며, 개혁파와 정치적인 대립각을 세우고 있었다. 개혁파의 추대로 국왕이 되었지만, 공양왕은 두 세력을 공존시키면서 왕권을 행사는 정치력을 발휘하였다.

같은 달 4월, 공양왕은 위화도 회군 공신을 책봉한다. 회군 후 약 2년 만에 공신을 책봉한 것은, 이성계를 비롯한 개혁파 세력을 무마하려는 정치적 고려와 계산이 없지 않았다. 주목되는 것은, 이때 이미 죽은 변안열이 공신으로 책봉된 것이다. 책봉 교서에서 변안열, 조인벽, 이원계, 박충, 안경, 김상, 김백홍 등은 비록 몸은 죽었으나, 공은 잊을 수 없다는 취지로 공신으로 책봉한다. 이 가운데 변안열을 죽인 김백홍도 포함되어 있다. 개혁파 역시 이에 대해 문제를 제기하지 않았다. 그러나 1391년(공양왕 3) 8월, 변안열은 윤이·이초 사건에 연루되었다 해서 공신 책봉에서 삭제된다. 따라서 '변안열 사건'은 당시 두 정치세력 사이의 정치적인 대립과 갈등의 산물이며, 변안열은 그 희생양이었다.

1391년(공양왕 3) 5월 윤이·이초 사건을 계기로, 정국은 다시 새로운 국면으로 접어든다. 명나라에 사신을 간 왕방(王昉), 조반(趙胖)이 이때 귀국하면서 사건이 알려지게 된다. 윤이(尹彛)와 이초(李初)

사건의 전말은 다음과 같다.

명나라 예부가 조반 등을 불러 '너희 나라 사람 파평군 윤이와 중랑장 이초가 황제에게 이시중(李侍中; *이성계)이 왕요(王瑤)를 세워 임금을 삼았다. 왕요는 종실이 아니라 이성계의 인친(姻親)이며, 그가 이 시중과 군사를 일으켜 중국을 침략하려 했다. 재상 이색이 불가하다고 하자, 이색, 조민수, 이림, 변안열, 권중화(權仲和), 장하(張夏), 이숭인, 권근, 이종학, 이귀생 등을 살해하고, 우현보, 우인열, 정지, 김종연(金宗衍), 윤유린(尹有麟), 홍인계(洪仁桂), 진을서(陳乙瑞), 경보(慶補), 이인민(李仁敏)을 잡아 멀리 유배했다. 유배 중인 재상들이 윤이와 이초를 보내 천자에게 아뢰어, 친왕(親王)으로 군사를 일으켜 토벌하도록 했다는 사실을 알렸다. 조반 등은 윤이 등과 대질하여 무고임을 확인했다.

이에 명나라는 조반 등에게, 귀국하여 이 사실을 보고하여 관련자들을 국문하고, 그 결과를 명나라에 보고하도록 했다. 이 사실이 알려지자 대간 등은 윤이·이초의 당을 국문할 것을 상소했으나, 국왕은 이를 보류하고 문제를 삼지 않았다. 그런데 이 사건의 연루자인 김종연이 도망한다. 이를 계기로 다시 우현보, 권중화, 경보, 장하, 홍인계, 윤유린을 체포하여 신문을 하고, 다시 최공철(崔公哲), 최칠석(崔七夕), 조언(曹彦), 조경(趙瓊), 공의(公義), 한성(韓成), 김충(金忠), 안주(安柱), 곽선(郭璇), 정단봉(鄭丹鳳), 박의룡(朴義龍) 등이 연루되어 체포된다. 이어서 이색, 이림, 우인열, 이인민, 정지, 이숭인, 권근, 이종학, 이귀생 등이 청주옥에 갇혀 신문을 받는다. 그러나 이때 청주에서 홍수가 일어나 국문이 중단되었다.[64]

윤이와 이초가 명나라 황제에게 알린 사실, 즉, 이성계가 군사를 일으켜 명나라를 공격하려 했으며, 이색, 조민수, 이림, 변안열, 권중화(權仲和), 장하(張夏), 이숭인, 권근, 이종학, 이귀생 등을 살해하고, 우현보, 우인열, 정지 등을 유배했다는 사실이나, 이 사건에 연루된 재상들이 윤이를 시켜 중국에 알리고, 명나라 친왕(親王; *명나라 태조의 아들)에게 고려를 공격하기 위해 군사를 요청한 사실은, 당시 고려 국내외 정세로 미루어 보아 믿을 수 없다. 이 사실이 알려지자 대간은 사건의 연루자, 즉, 이초지당(彛初之黨)을 국문할 것을 요청하자, 공양왕이 이를 외면한 것도 그러한 이유 때문이다.

그러나 이 사건은 앞에서 언급했듯이, 이 사건의 유배자 명단에

---

64) 《고려사》 권115, 이색 열전. "王昉 · 趙胖 還自京師 白王曰 禮部召臣等曰 爾國人有坡平君尹彛 · 中郎將李初者 來訴于帝 言高麗李侍中 立王瑤爲主 瑤非宗室乃 李侍中姻親也 瑤與李侍中 謀動兵 將犯上國 宰相李穡等 以爲不可 將李穡 · 曹敏修 · 李琳 · 邊安烈 · 權仲和 · 張夏 · 李崇仁 · 權近 · 李種學 · 李貴生等 殺害 將禹玄寶 · 禹仁烈 · 鄭地 · 金宗衍 · 尹有麟 · 洪仁桂 · 陳乙瑞 · 慶補 · 李仁敏等 遠流 其在貶宰相等 遣我等 來告天子 仍請親王 動天下兵 來討 乃出彛 · 初所記穡 · 敏修等姓名以示之 與彛等 對辨曰 本國事大以誠 安有是乎 因問彛曰 爾位至封君 頗知我乎 彛愕然失色 禮部官曰 天子聖明 亦知其誣矣 爾速還國語王及宰相 將彛書內人等 鞫問來報 於是 臺諫相繼上 請鞫彛 · 初之黨 留中不下 會宗衍逃 遂下玄寶 · 仲和 · 補 · 夏 · 仁桂 · 有麟于巡軍 大獄遽起 令臺省刑曹 雜治之 先鞫有麟峻急 辭連崔公哲 · 崔七夕 · 曹彦 · 趙瓊 · 公義 · 韓成 · 金忠 · 安柱 · 郭璇 · 鄭丹鳳 · 朴義龍等 幷下獄 初有麟從弟思康 素無行 嘗爲僧犯贓 亡入上國 改名彛 有麟家臣丁夫介 從赴京師 知而不言 及還 先往有麟家 言其狀 有麟在獄 憂憤不食而死 梟首于市 籍其家 囚夫介 逮繫穡 · 琳 · 仁烈 · 仁敏 · 地 · 崇仁 · 近 · 種學 · 貴生等于淸州獄 遣門下評理尹虎 · 密直副使朴經 · 右司議李擴 · 刑曹佐郎申孝昌 · 田時 與楊廣道都觀察使柳 鞫之 虎等在淸州 鞫諸囚 皆不服 忽雷雨大作 前川暴漲 毁城南門 直衝北門 城中水深丈餘 漂沒官舍民居殆盡 獄官蒼黃 攀樹木以免 故老謂自有州以來 未有水如此其甚者 王以水下敎釋之."

들어 있던 김종연(金宗衍)이 도망을 하다 체포되었는데, 그는 다시 서경으로 도망한다. 이를 계기로 윤이·이초 사건은 새로운 국면으로 전환한다. 이때 서경 천호(千戶) 양백지(楊百之)를 통해 김종연과 조유(趙裕)가 이성계를 제거하려는 음모가 알려지면서, 이 사건은 다시 정치문제화 된다. 공양왕 옹립 공신인 심덕부도 이성계 제거에 가담했다는 혐의로 신문을 받는다. 이 사건에 연루된 사실을 알려 김종연을 도망하게 한 지용기를 비롯해, 박위, 정희계, 윤사덕, 이빈, 진원서, 조안 등이 유배된다. 김종연과 조유는 죽임을 당한다.[65] 또한 윤이의 종형(從兄)인 윤유린, 최공철, 홍인계는 옥사하여 효수된다. 나머지 연루자들은 청주옥에서 신문을 받다가 홍수로 인해 석방된다.

이 사건을 통해 당시 고려의 정치 정세는 개혁파와 구신세가 세력 사이에 정치적인 대립과 갈등이 심각했음을 알 수 있으며, 윤이·이초 사건을 계기로 구신세가 세력은 정치적인 기반을 거의 상실하게 된다. 변안열 역시 사후에 위화도 회군 공신으로 책봉되어 우왕복위사건의 주모자로서의 혐의에서 벗어나 명예회복의 기회를

65) 《고려사》 권104, 金宗衍 열전. "西京千戶尹龜澤與千戶楊百之飮酒, 酒語之曰, 爾得無作宰相意乎, 百之曰, 孰無此心, 但爲之難耳, 龜澤曰, 金宗衍與趙裕同謀, 欲害李侍中, 爾若率精兵, 與吾等同心, 宰相可得也, 沈侍中亦知此謀矣, 百之佯應, 龜澤恐謀洩, 至南京, 告我太祖曰, 金宗衍逃至西京, 約與我擧兵, 謀害侍中, 宗衍已潛入松京, 與侍中德符·判三司池湧奇·前判慈惠府事鄭熙啓·門下評理朴葳·同知密直尹師德, 漢陽府尹李彬·羅州道節制使李茂·全州道節制使陳乙瑞·江陵道節制使李沃·前密直副使陳原瑞·及李仲和等, 謀作亂, 趙裕又謂予曰, 沈侍中, 令其鎭撫曹彥·金兆府·郭琁·魏种·張翼, 與裕等, 勒麾下兵, 將攻李侍中, 太祖以其言, 告德符, 德符與太祖, 議下裕獄, 遣千戶鄭乙邦于松京, 囚宗衍妻及妻父宋壺山奴波豆于巡軍, 并收其族朴天祥·朴可興, 鞫之."

얻었지만, 다시 윤이・이초 사건에 연루되면서 위화도 회군 공신 명단에서 삭제된다.

## 6. '변안열 사건'에 대한 평가 문제

지금까지 설명했듯이, 변안열은 위화도 회군 후 일어난 사전개혁, 우왕 복위 사건과 예부 자문 사건, 윤이・이초 사건 등에 모두 연루되어 있다. 따라서 이러한 사건에 대한 올바른 이해와 평가는 이른바 '변안열 사건'을 평가하는 일과 직결된다.

사전개혁에서 윤이・이초 사건에 이르는 일련의 사건은, 이성계를 비롯한 개혁파 세력이 위화도 회군 이후 실권을 장악한 후 새로운 왕조 건국을 위한 치밀한 정치적인 프로그램을 실현하는 과정에서 빚어진 사건이라는 공통점을 지닌다. 또한 이러한 프로그램이 작동하는 과정에서 피해를 입은 세력은 변안열, 이색을 비롯하여 사전개혁에 반대하는 세력들이었다. 각 사건의 연루자들을, 이미 밝힌 바 있지만, 다시 정리하면 다음과 같다.

이색, 이림, 우현보, 변안열, 권근, 류백유 등은 사전개혁에 반대한 인물이다. 김저의 옥사를 계기로 촉발된 우왕복위사건에 연루된 인물은 김저, 정득후, 변안열, 이색, 이림, 우현보, 우인열, 왕안덕, 우홍수, 홍영통, 정희계, 이을진, 이귀생, 이경도, 정지, 원상 등이다. 예부 자문 사건에 연루된 인물은 권근, 이색, 이림, 변안열 등이다. 윤이·이초 사건에는 이색, 조민수, 이림, 변안열, 권중화, 장하, 이숭인, 권근, 이종학, 이귀생, 우현보, 우인열, 정지, 김종연(金宗衍), 윤유린(尹有麟), 홍인계(洪仁桂), 진을서(陳乙瑞), 경보(慶補), 이인민(李仁敏), 최공철(崔公哲), 최칠석(崔七夕), 조언(曹彦), 조경(趙瓊), 공의 한성, 김충(金忠), 안주(安柱), 곽선(郭璇), 정단봉(鄭丹鳳), 박의룡(朴義龍) 등이 연루되었다.

위의 인물들은 대부분 최소한 두 사건 이상에 연루되어 있다. 네 사건에 모두 연루된 인물은 변안열, 이색, 이림이다. 변안열은 이성계와 함께 황산대첩에 큰 공을 세웠으며, 홍건적과 왜구를 격파한 무장의 대표적인 인물이다. 이색은 당시 유종(儒宗)으로 일컬을 정도로 문신의 대표적인 인물이자 정계 원로이다. 이림은 우왕의 장인이자 창왕의 외조부가 된다. 위화도 회군 직후 제거된 조민수와 이인임도 이들과 정치적인 성향을 같이했으며, 우왕과 창왕을 각각 옹립한 인물이다. 이들은 위의 모든 사건에 연루되어, 정치적 곤경에 처한 구신세가를 대표하는 인물이다. 세 사건에 연루된 인물은 우현보, 우인열, 권근, 왕안덕, 이귀생(이림의 아들) 등이다. 이들은 모두 우왕과 창왕을 옹립하는 데 협조했으며, 두 국왕의 정치를 지지한 성향의 인물이다. 특히 이숭인과 권근은 이색의 대표적인 문인이자, 이색과 정치적인 입장을 같이한 인물이다. 이숭인은 이색과 함께 명나라에 가서 개혁파 세력을 견제하고 왕권을 강화하기 위해 창왕의 친조를 요청했다. 이숭인 탄핵을 받자 권근은 그를 옹호하다, 유배를 당한다. 또한 그는 예부 자문 사탁(私坼) 사건에 연루되어 정치적인 곤경을 치른다. 김저는 위화도 회군으로 처형된 최영의 생질이며,

정득후 역시 최영의 먼 친척이다.

이같이 위의 인물들은 사전개혁파 세력들에게 이른바 '거가세족'(巨家世族), '거신세실'(巨臣世室), '세가대족'(世家大族)으로 불렸던 '구신세가'(舊臣世家) 계열의 인물이며, 이성계를 비롯한 개혁파와 정치적으로 반대 입장에 있었다. 이들이 개혁파 세력의 정치 공세를 받은 근본 원인은 사전개혁에 반대했기 때문이다.

1388년(우왕 14) 6월, 위화도 회군은 이성계를 중심으로 한 개혁파가 요동 정벌을 주도한 우왕과 최영을 중심으로 정치세력을 제거하고 정치적 실권을 장악하게 된다. 또한 위화도 회군은 요동 정벌에 반대한 이성계의 개혁파 세력이, 당시 철령위(鐵嶺衛) 설치 문제로 긴장 관계를 유지해 왔던 중원의 신흥 강국 명나라와의 긴장 관계를 해소하게 된다. 대외적인 긴장 관계의 해소는 개혁파 세력이 국왕 폐위에 따른 정치적 위험 부담을 해소하고, 집권의 정당성을 확립하기 위한 본격적인 개혁을 하는 안전판 역할을 하였다. 개혁의 첫 신호는 사전개혁이었다. 당시 권세가들의 불법적인 토지 탈점은 민심의 외면은 물론 관료들의 경제 기반, 나아가 국가의 재정을 위태롭게 하는 심각한 문제였다.

사전개혁은 토지 탈점으로 경작지를 잃은 하층농민과 과전을 제때 지급받지 못한 하급 관료층과 군인들의 절대적인 지지를 받았다. 또한 개혁파 세력은 사전개혁을 통해 위화도 회군이라는 쿠데타의 명분과 정당성을 획득하려는 정치적 목적도 달성하려 했던 것이다. 따라서 사전개혁에 대한 반대는 당시 사회경제 문제에 대한 정책의 찬반 문제가 아니었다. 그에 대한 반대는 위화도 회군을 주도한 이성계 일파에 대한 정치적 반대운동이자, 궁극적으로 조선왕조 건국에 반대한 정치행위였다.

1389년(창왕 1) 4월, 도평의사사는 53명의 관료를 대상으로 사전개혁에 대한 의견을 물었다. 거신세가의 자제를 제외한 대부분의 관료가 사전개혁에 찬성한다. 이성계는 이러한 다수 의견을 수용하여 사전개혁을 단행한다. 이를 계기로 개혁파 세력은 사전개혁 반대론자에 대한 정치 공세를 강화한다.

이 해 11월, 우왕의 지시를 받은 김저와 정득후가 이성계를 제거하려다 실패하자, 김저를 옥에 가두고 그 배후를 가리는 이른바 '김저의 옥사' 사건을 계기로 변안열, 이색, 이림 등 사전개혁에 반대한 주요 인물을 우왕 복위를 꾀한 죄목으로 탄핵을 한다. 그러나 이 사건에 가담한 인물에 대한 탄핵이 개혁파의 의도대로 순조롭게 이루어지지 않자, 이 해 12월, 명나라 황제의 뜻을 담은 예부 자문을 몰래 열어본 이른바 예부 자문 사탁 사건을 계기로 다시 사전 반대론자들에 대한 정치적 공세를 가한다. 예부 자문 사건은 결국 우왕과 창왕이 왕씨가 아닌 이성이 왕위에 올라 고려 왕실의 혈통을 끊었다는 이른바 '폐가입진'(廢假立眞)의 논리를 제공한다. 이에 따라 이성계 일파는 공양왕을 옹립하여 그들의 의도대로 정국을 운영하는 기반을 확보한다. 물론 명나라 황제가 이성이 왕위에 올랐다고 비난한 예부 자문의 내용을 사실 그대로 받아들이기에는 여러 가지 문제가 있음은 앞에서 지적한 바 있다.

예부 자문 사건을 계기로 창왕이 폐위되고, 끝내 우왕과 함께 죽임을 당하고 공양왕이 즉위하게 된다. 변안열 또한 우왕 복위 사건과 예부 자문 사건을 계기로, 1390년 1월에 죽임을 당한다. 사전개혁에 반대한 이색과, 예부 자문의 사탁사건에 연루된 권근 또한 유배된다. 같은 달 사전개혁을 전담한 급전도감은 과전법을 공포하고, 관료들에게 관품에 따라 과전을 지급한다. 과전법의 공포와 함께 사전개혁에 반대한 인물들이 우왕 복위와 예부 자문 사건으로 죽거나 유배를 받은 것은 우연한 것은 아니었다. 두 사건은 각각 경제와 정치 문제에서 파생한 별개의 사건이 아니라, 사전개혁에 반대한 인물을 제거하여 정치적인 입지를 강화하기 위한 개혁파 세력의 정치적 공세였다.

과전법의 반포와 예부 자문 사건으로 구신세가 세력의 정치적인 입지는 약화되었지만, 개혁파 세력의 의도대로 정국은 움직이지 않았다. 공양왕은 비록 개혁파의 추대로 왕위에 올랐지만, 구신세가와 개혁파 세력의 세력균형을 유지시켜 왕권을 행사하려 했다. 구신세가에 대한 탄핵을 주도한 개혁파 세력을 견제하는 한편으로, 구신세가의 대표인 이색을 다시 정계에 등용시키는 등 양면정책을 구사했다.

1390년(공양왕 2) 4월, 위화도 회군공신 책봉은 두 세력을 동시에 회유 무마하는 양면정책의 전형적인 모습이었다. 회군공신 가운데 이미 개혁파에 의해 제거된 구신세가 세력이 다수 포함되어 있다. 그 속에 변안열이 포함되어 있으며, 비록 사망했지만 그는 공신에 책봉됨으로써 명예를 회복하게 된다. 이같이 공양왕의 공신책봉이 회군을 주도한 개혁파 세력의 입지를 강화시켜 준 측면이 있지만, 회군 이후 개혁파 세력과 정치노선을 달리 했던 변안열과 같은 구신파 세력들이 다시 복권되는 측면도 있었다. 공양왕의 양면정책을 상징하는 회군공신 책봉은 구신세가 세력이 여전히 일정한 정치적 입지를 상실하지 않았음을 역설적으로 보여주었다.

그로부터 약 1년이 지난 1391년(공양왕 3) 5월, 윤이・이초 사건은 공양왕의 양면정책에 족쇄를 채우고 구신세가 세력에 대한 정치적인 타격을 가했다. 변안열은 이 사건에 다시 연루되어 회군공신에서 제외된다. 이 사건은 구신세가 세력에 대한 개혁파의 마지막 정치공세였으며, 이로써 구신세가 세력은 정계에서 거의 발을 붙이지 못하게 된다.

## 7. 맺음말

우왕 복위 사건과 예부 자문 사건으로 창왕이 폐위되고 공양왕이 즉위하는 계기가 된다. 이는 우왕과 창왕의 15년 정치를 부정하는, 이른바 '폐가입진'(廢假立眞)의 논리에 의해 뒷받침된다. 이를 통해 우왕과 창왕을 지지하고 사전개혁에 반대한 구신세가 세력이 정치적으로 실세한다. 윤이・이초 사건 역시 이성계를 제거하려는 구신세가에게 최후의 타격을 가한 사건이다. 이 세 사건은 각각 별개의 사건이 아니라, 그 속에는 이성계를 중심으로 한 개혁파가 그 반대 세력을 제거하려는 일련의 정치 프로그램의 틀이 관철되고 있었다.

이 글에서 다룬 '변안열 사건'은 《고려사》와 《고려사절요》를 토대로 정리한 것인데, 이들 역사서는 조선 초기 왕조 건국의 주역인 개혁파가 주도하여 편찬된 역사서라는 한계가 있다.

변안열은 왜구와의 전투에서 사상 최대의 전과를 올린 황산대첩의 부사령관이자 위화도 회군을 주도한 이성계의 충실한 동반자였다. 그러나 위화도 회군 후 개혁파가 단행한 사전개혁에 반대했다. 이로 인해 우왕 복위 사건과 예부 자문 사건, 윤이·이초 사건 등, 이성계 일파가 놓은 정치적인 덫에 걸려 희생되었다. 변안열이《고려사》열전 간신전에 실린 이유는, 그가 고려 말 정국에서 조선을 건국한 개혁파 세력과 정치적으로 다른 길을 걸었기 때문이다. 개혁파 세력은《고려사》를 편찬하면서 그들과 정치적으로 반대의 입장에 있던 변안열을 호의적으로 평가할 리 없었다. 간신전에 수록된 변안열 열전의 내용을 그대로 믿을 수 없지만, 역설적으로 그를 통해 고려 말 정국을 객관적으로 볼 수 있었다.

개혁파는 고려 말 사회가 안고 있는 사회경제적 모순을 분명하게 인식하고 있었다. 또한 사회경제적 모순을 일으킨 주체인 우왕과 창왕을 지지한 구신세가 세력의 정치적 일탈과 그로부터 나타난 모순된 정치와 경제를 개혁한다는 비전을 갖고 있었다. 이러한 비전은 정치적 일탈과 사회경제적 모순으로부터 고통을 받은 하층민의 지지를 받아, 새로운 왕조를 건국하는 정치 프로그램을 성공적으로 실현할 수 있었다. 사전개혁은 당시 정치와 사회, 경제 개혁의 방향을 정확하게 제시한 점에서 적절하였다. 또한 개혁파 세력이 위화도 회군 이후 국왕 우왕을 폐위시키고, 최고 권력자 최영을 제거한 쿠데타의 명분을 정당화 하고, 관료와 민심의 지지를 얻는 동력이 되었다.

반면에 구신세가 세력은 고려의 왕정체제를 고수하려 했던 정치적 노선을 고수했지만, 정치, 사회, 경제의 여러 부면에서 나타난 모순에 적극적으로 대처하지 못해 정국에서 소외되거나 제거된다. 이 같이 약 2년에 걸친 '변안열 사건'의 전개 과정은, 고려 말 정치사 전개의 큰 흐름과 맥을 같이 하는 것이며, 그 속에는 고려 말 정치세력 간의 긴박한 대립과 갈등이 내포되어 있다.

제6주제

# 고려 말 신흥무장 변안열의 성장과 그 배경

박 홍 갑

국사편찬위원회 편사부장

## 1. 머리말

변안열은 심양 출신으로, 그곳에서 공민왕을 숙위하다 고려에 따라온 인물이었다. 고려에 정착한 그는, 당대의 최고 무장세력이던 안우 휘하에서 홍건적 격퇴로 이등공신에 봉해졌고, 판소부감사로 승진되었다. 홍건적이 2차로 침입했을 때 다시 안우와 함께 경성을 수복한 공으로 일등공신이 되어, 예의판서에 제수됨과 아울러 추성보조공신(推誠輔祚功臣) 칭호를 받았다. 밀직부사, 지밀직사사를 역임하였고, 판밀직사사로 있을 때 최영과 함께 탐라를 정벌한 뒤, 지문하부사를 거쳐 평리로 전임되었다. 우왕 초기에 추충양절선위익찬공신(推忠亮節宣威翊贊功臣) 칭호를 받았고, 양광·전라도 도지휘사 겸 조전원수로 임명되었다. 우왕 재위 동안 왜구의 노략질이 극심해지자 이를 격퇴하는 데 여러 차례 공을 세웠는데, 특히 황산대첩에서 왜적을 크게 무찔러 이성계와 함께 금 50량을 하사받았다. 요동 정벌 당시 이성계 · 조민수와 함께 위화도 회군에 참여하였으나, 우왕 복위를 도모했다는 김저의 옥사로 이림 · 우현보 등과 함께 이성계 일파에게 죽음을 당하였다.

위의 변안열에 관한 행적은 《고려사》 열전 반역조에 실린 내용을 축약한 것으로, 그는 홍건적 침입 당시 안우의 막하에서 무장으로 성장하여 재상의 반열에 올랐으며, 이후 최영 · 이성계와 함께 탐라의 목호와 왜구 토벌 과정에서 혁혁한 전공을 세워 무장세력으로서의 지분을 확보한 뒤 위화도 회군에 동참하였지만, 끝내 조선 건국 세력에 의해 제거당하고 만 인물이었다. 이렇듯 심양 출신이었던 변안열이 고려에 건너와 자신의 노력으로 재상의 반열에 올랐다는 점에서 본다면 매우 흥미로운 것이 사실이다. 따라서 이 글에서는 변안열이 고려에서 정착하고 성장해 갔던 상황들을 중심으로 살펴보고자 하는데, 이는 고려 말이라는 특수한 시대적 배경 아래에서 각기 성장해 갔던 무장세력들에 대한 하나의 사례 연구이기도 하다.

잘 알려진 바와 같이, 고려는 몽고 간섭 아래에서 줄곧 파행적인 정치 상황들이 펼쳐졌고, 이와 아울러 북방의 홍건적과 남쪽의 왜구 침입이 이어지고 있었다. 이러한 시대적 분위기는 곧 일군의 무장세력들을 역사의 전면에 등장하게끔 하였는데, 여기에는 고려를 지키려던 최영을 정점으로 한 세력과, 신왕조를 개창하려는 이성계를 정점으로 한 세력으로 크게 나누어진다 하겠다. 그럼에도 이들과 노선을 달리했던 독자적인 무장세력들 또한 존재했던 것으로 보이는데, 변안열 같은 이가 대표적이다. 따라서 이런 점들을 통해 고려 말의 정치 상황을 좀 더 다양하게 볼 수 있는 계기가 되었으면 한다.

## 2. 공민왕의 등장과 무장세력의 성장

원나라가 재위 중인 14세의 어린 왕을 강제로 퇴위시키고 공민왕을 옹립한 것은, 충정왕을 지원했던 부원배 세력과 외척의 알력 때문이었다. 이로 인한 정치적 불안감이 지속되자 원나라의 불신이 가중되어 갔고, 또 그 무렵부터 고려 해안에 왜구의 침입이 본격화됨에 따라, 원에서는 고려의 대응 능력을 검토하지 않을 수 없었다.[1)]

공민왕이 원나라에 질자(質子)로 입조할 때 약 30명의 수종자들이 따라갔다. 거기에는 고위 관리를 비롯하여 신예의 문신과 하급 무인, 환관 등 다양한 출신들이 포함되어 있었지만, 그들은 대개 훗날 공민왕이 즉위한 후 그 공로를 인정받아 크게 활약한 사람들이었다. 그 가운데에는 학자로 명망 있던 박인간·유숙·김득배 같은 이도 포함되어 있어, 공민왕이 제왕으로서의 재질을 다듬는 데 힘을 보태기도 했거니와, 특히 그의 외사촌형 홍언박이 일찍이 과거에 합격하여 밀직제학을 역임한 뒤 원나라 연경에 들어가 활약하고 있었던 점이 눈에 띈다. 홍언박은 사환을 목적으로 원나라 연경에 머물렀지만, 즉위 전에 공민왕이 고려의 현실과 그 자신의 정치적 운명을 고민하

1) 민현구, 〈고려 공민왕의 즉위배경〉, 《한우근정년기념 사학논총》, 1981, 798쪽.

게 되었을 때, 가장 믿고 의지할 수 있었던 상대가 되어 주었기 때문이다.

아무튼 우여곡절을 겪은 채 22세에 고려에 돌아와 왕위에 오른 공민왕은, 호복과 변발을 금지하고, 정방을 혁파하는 등의[2] 조치를 취한 후, 개혁성을 강하게 지닌 즉위교서를 반포하였고, 이어 전민변정도감을 가동하였다.[3] 이렇듯 반원적인 개혁을 시도하기 위해서는 그를 지지하는 세력이 절대적으로 필요했기에, 새로이 보좌할 인물들을 선정하는 동시에, 연경에 머물 때부터 보좌했던 37명에 이르는 수종자(隨從者)들을 공신으로 봉했다.[4] 이때 학식과 덕망을 갖춘 이제현을 수상인 도첨의정승으로, 연저수종공신을 대표하는 조일신을 참리로 중용하는 한편, 연경에서 시학(侍學)으로 모셨던 유숙과 김득배[5]를 대언에 임명하는 등 새로운 진용을 갖추어 갔다.[6] 따라

2) 《고려사절요》 권26, 공민왕 원년 정월, 2월.

3) 《고려사》 권77, 백관지 2, 諸司都監各色 田民辨正都監.

4) 《고려사》 권38, 세가 38, 공민왕 원년(1352) 6월 임인. "연저수종공신(燕邸隨從功臣)으로는 찬성사 조일신, 첨의평리 김보, 판밀직사사 김일봉, 전 대언 류숙, 상호군 정환, 환자(宦者)인 대호군 신소봉을 1등 上으로 하고, 평해 부원군 손기, 판삼사사 이몽가, 전 찬성사 조익청, 지밀직사사 정오, 전 동지밀직사사 홍유도, 판개성부사 한가귀, 전 평양윤 홍원철, 밀직부사 강천유, 밀직제학 이제, 판도관서 이종전・보문, 지신사 최덕림, 응양군 상호군 김용, 판사복시사 차포온, 대호군 정세운, 중랑장 목인길, 낭장 김서・전이도 등을 1등으로 하고, 상호군 이야선테무친(李也先帖木兒), 강중경, 대호군 손습, 친종 이양, 중랑장 정진, 시승 왕석, 별장 임석・임용 등을 2등으로 하고, 판사 김원, 호군 현근, 감찰장령 허유, 중랑장 정선, 소부주부 신렴 등을 3등으로 하는 동시에 그들에게 다 토지와 노비를 주었다."

5) 《고려사》 권113, 열전 26, 안우, 김득배 첨부기사.

6) 《고려사》 권38, 세가 38, 공민왕 즉위년(1351) 11월 을해.

서 이들은 공민왕에게 충성을 다하는 든든한 세력기반인 셈이었다.

공민왕이 즉위하여 정치적 기반을 삼을 수 있는 세력은 크게 세 부류로 나누어지는데, 첫째는 공민왕의 왕위 추대를 주장했던 사람들이다. 특히 충목왕이 별세한 다음, 이제현을 비롯한 권준·이곡 등이 전면에 나서 적극적으로 즉위운동을 벌렸다. 그런 가운데 그들의 의지와는 다르게 충정왕이 즉위하자, 개중에는 정치적 보복을 당한 사람들도 있었다.[7] 이들은 대개 유교적 소양을 바탕으로 상당한 정치적 식견을 지닌 인물들이었고, 충목왕 때 정치도감의 개혁 활동에도 연관된 존재들이기도 했다. 둘째는 공민왕이 연경에서 10년 동안 머무를 때 시종했던 연저수종공신들이었다. 여기에는 권문세족 출신의 조일신 같은 이가 있는가 하면, 과거 합격자로서 하급 관직을 지녔던 유숙 같은 이도 있었고, 하급 무관과 환관들도 포함하는 매우 다양한 분포를 보였는데, 어려웠던 시절 공민왕과 함께 했다는 점에서 충성심은 높은 편이었다. 셋째는 공민왕과 혈연관계에 있던 외척세력으로 왕의 모후 명덕태후 홍씨 일족들이 있었는데, 태후의 조카였던 홍언박을 비롯한 홍씨 일가 및 홍씨와는 인척관계에 있던 사람들이었다.

공민왕 초기의 개혁정치는 난관의 연속이었다. 원나라 승상 탈탈(脫脫)이 사신을 보내 '섬인'(憸人)으로 지목한 유숙과 김득배가 파직되었는가 하면, 권문세족들의 반발 또한 만만치가 않았다. 이런 가운데 연저수종공신 가운데에도 수장격인 조일신이 난을 일으키다

7) 민현구, 앞의 글(1981), 799쪽.

주살되는 사건도 벌어졌다. 이는 공민왕대 초기의 정세 변화에 중요한 계기가 되었다. 정치적 야심이 컸던 조일신은 공민왕의 배원자주적 개혁정치에 편승하여 기씨 일족과 그 족당들을 제거함으로써 왕의 뜻에 부응하는 동시에 독자적 정치 기반을 확립하고자 했지만, 결국 실패로 끝나고 말았다. 이 난은 공민왕이 개혁정치를 추진하는 선상에서 발생했고, 특히 공민왕의 애매한 태도 때문에 수습된 다음 공민왕의 입지가 약화되지 않을 수 없었다. 일체의 개혁적 시책을 중단한 것은 물론, 원에 대한 충성의 표시를 극진히 하기 위해 기황후의 모친 이씨를 높게 예우함으로써 원으로부터 깊은 신임을 받고자 하였다. 이러한 상황이 지속되는 한 부원세력은 더욱 강화되어 갈 수밖에 없었다.[8]

한편, 공민왕의 개혁정치를 뒷받침하던 세 부류는 서로의 유대감을 더욱 공고히 하면서 부원세력에 대응하는 자세를 견지하였고, 원 지배 아래에 있던 중국 대륙에서는 각처에서 반란이 일어나고 있었다. 특히 공민왕 3년(1354) 원의 요청에 따라 고려 군대를 파견하였는데, 고우를 함락시킨 장사성 토벌을 위해 출정한 원나라 승상 탈탈을 돕기 위함이었다. 이때 40여 명의 무장과 2천의 병졸로 구성되었는데,[9] 고우 전투에서 6명의 무장을 잃고 공민왕 4년 5월에 귀국하였다. 이를 통해 원나라 실상들이 고려에 전해졌고, 원의 최고 실권

8) 민현구, 〈고려 공민왕의 반원적 개혁정치에 대한 일고찰〉, 《진단학보》 68, 1989, 65쪽.

9) 김당택, 〈고려 공민왕초의 무장세력—공민왕 3년(1354) 원에 파견된 무장을 중심으로〉, 《한국사연구》 93, 1996, 33쪽.

자였던 탈탈이 참소를 입어 실각하게 되었다.[10)]

그리하여 공민왕은 새로운 변화를 모색할 수 있었다. 당시 공민왕이 반원정책을 단행하는 데 커다란 활력소가 될 수 있었던 것은, 쌍성총관부의 친원적이던 지배세력 분열과 이탈이었다. 즉, 고려를 배반하고 대대로 총관 직임을 수행하던 조휘의 후손들 사이에 분열이 생겼고, 이안사의 손자인 이춘(이성계의 조부)이 죽은 다음 천호직 세습을 둘러싼 분쟁 끝에 쌍성총관부를 이탈한 세력들이 고려에 귀부해 왔기 때문이다. 이런 변화 속에서도 기씨 일족의 위세는 여전하였는데, 공민왕은 연회를 베푼다는 명목으로 기철을 비롯한 부원세력들을 주살하여[11)] 순식간에 이들을 제압하였다. 공민왕 5년에 일어난 일이었다. 후에 책봉한 주기철공신(誅奇轍功臣)은 1등 8명, 2등 11명, 사망 추념자 1명 등 모두 20명이었는데, 그 가운데 가장 공이 큰 사람은 공민왕의 외사촌형이자 시중이었던 홍언박이었다. 아울러 일등공신 경천흥이나 이등공신 김원명은 외척 세력이었다. 그 밖에 일등공신인 정세운, 유숙, 목인길과 이등공신인 김서는 모두 연저수종공신이었으니, 이들 세력들이 연합하여 기철 일파를 제거하였음을 알 수 있다.

기철 일파 등 부원세력을 제거함과 동시에 원이 고려에 설치한 사법기관이자 친원세력의 본거지였던 정동행성이문소(征東行省理問所)를 혁파하였다.[12)] 이어 원나라 지정(至正) 연호 사용을 정지한 후

10) 《元史》 열전 25, 脫脫傳.

11) 《고려사》 권39, 세가 39, 공민왕 5년(1356) 5월 정유.

12) 위와 같음.

본격적인 관제 개혁을 단행하여 부마국 지위로 격하되었던 관직제도를 문종 이전의 것으로 복구하였다. 이러한 조치들과 함께 약 30항목에 이르는 개혁안을 발표하여, 사회 경제적인 면은 물론이고 군사적인 것까지 새롭게 제시할 수 있었다. 이는 원이 통제력을 점차 잃어 간섭이 느슨한 때문이었다. 그럼에도 공민왕의 반원적 개혁은 정치적 부담을 안고 있었다. 기철을 제거한 지 3년이나 지난 시점에서 주기철공신을 책봉하게 된 것도 그 때문이었다.[13)]

이렇듯 공민왕의 반원정책이 어느 정도 성공을 거두는 분위기였지만, 홍건적의 침입으로 그의 개혁정치는 또 다시 좌절될 수밖에 없었다. 특히 2차 침입은 공민왕이 안동에까지 피난 갈 정도로 위급한 상황이었지만, 안우·김득배·이방실 등 3원수가 크게 활약하여 반격할 수 있었다. 전공을 앞세운 3원수들이 군사지휘권을 이용한 정치적 지위를 키워 갈 무렵, 공민왕은 정세운을 총병관으로 임명하였다. 이에 공민왕 측근의 또 다른 유력자였던 김용이 거짓으로 왕의 교지를 꾸며 3원수로 하여금 정세운을 살해하게 한 사건이 발생했다. 이로 인해 3원수가 처형되고 말았는데, 이는 3원수의 세력 신장을 꺼린 김용이 꾸민 것으로[14)] 기록되어 있다. 이에 대한 진실을 명확히 밝힐 수는 없지만, 공민왕이 내심으로 동조한 측면이 강하다고 보는 관점도 있다.[15)] 이는 전란 속에서 개경이 수복되던 중에 일어난 사건이었고, 결과적으로 공민왕 세력 기반의 한 축이 무너졌음

13) 《고려사》 권39, 세가 39, 공민왕 5년(1356) 6월 정해.
14) 《고려사》 권113, 열전 26, 안우.
15) 민현구, 앞의 글(1998), 291쪽.

을 뜻한다. 김득배는 문과 출신이면서 공민왕이 질자로 연경에 머무를 때부터 받들던 신하였고, 정세운 역시 연저수종공신이었으며, 이들은 안우와 함께 기철 일파를 제거할 때 공신으로 책봉된 인물이었기 때문이다. 이렇듯 3원수 무고사건으로 정세운・안우・이방실・김득배 등과 같은 쟁쟁한 무장들이 처형되거나 살육되었지만, 그들 휘하의 변안열과 같은 무장들에게는 오히려 정치적 입지를 굳혀갈 기회이기도 했다.

한편, 개경으로 환도 중이던 공민왕은 개경 근처의 흥왕사에 행궁을 설치한 채 머물고 있었다. 이를 틈타 국왕을 살해하려는 사건이 벌어졌는데, 환관들의 희생과 노국공주의 기지로 공민왕은 피할 수 있었지만, 우정승 홍언박은 살해당하고 말았다. 이 과정에서 주모자 김용이 처형되어 일단락되었지만, 최영을 비롯한 무장세력들이 적도를 진압함으로써[16] 고려의 권력구조가 이들 중심으로 이동해 가는 계기가 되었다. 이른바 흥왕토적공신(興王討賊功臣)으로 불리는 30여 명의 무장들이 배출되었고, 이어 벌어진 국왕 폐립 기도와 덕흥군 침입에 대응하는 군사들을 동원하는 과정에서 공민왕은 무장들에게 의존할 수밖에 없었다.

이리하여 공민왕은 흥왕토적공신을 비롯하여, 2차 홍건적 침입 때 공을 세운 부시피난공신(扶侍避難功臣), 건의집병정난공신(建議集兵定亂功臣), 신축호종공신(辛丑扈從功臣), 첨병보좌공신(簽兵輔佐功臣), 수복경성공신(收復京城功臣) 등을 봉하였으며, 그로부터 수개월

16) 《고려사》 권40, 세가 40, 공민왕 12년(1363) 윤3월 신미.

뒤에는 홍건적이 1차로 침입했을 때 공을 세웠던 기해격주홍적공신(己亥擊走紅賊功臣)과 첨병제사공신(僉兵濟師功臣)까지 추가하였으니, 이때 무려 347명이나 되는 공신들이 책봉되었다. 중복되는 경우를 제외한 실 인원수만도 약 280명에 이르며, 토지를 200결 이상 받은 공신도 30명 가까이 배출되었다.[17)]

이때부터 급부상하게 된 무장세력들에게는 공신 책봉이나 토지와 노비를 하사하는 정도의 반대급부로는 만족시킬 수 없는 상황이 되어 버렸다. 그리하여 실질적인 고위직으로 일컬어지는 재부와 추부의 구성원 수가 급격하게 늘어갔다. 즉, 《고려사》 백관지에 나타난 문종 재위 당시의 재추 구성은 12개 관직에 17명 정도였고, 공민왕 즉위 당시나 공민왕 5년에 나타난 재추의 관식과 정원 숫자도 그 정도 수준을 유지하고 있었다. 그런데 공민왕 14년 3월에 실시한 대규모 인사행정을 기준으로 보면,[18)] 다음 〈표 1〉과 같이 모두 30명으로 늘어났다.

이들 가운데 안우경, 이금강, 왕중귀, 한공의, 이자송, 최맹손 등 일부를 제외한 나머지는 모두 흥왕사의 변과 홍건적의 침입 과정에서 공신에 책봉된 자들이며, 그것도 중복되어 공신으로 봉록된 자들이었다. 아울러 당시의 재추 구성원 가운데 경천흥, 안우경, 최영, 이구수, 우제, 한휘, 김귀, 박춘, 양백연, 양백익, 변안열 등 10여 명은 뛰어난 지략을 지닌 무장세력들이었는데, 대개 홍건적 침입과 흥왕사 정변을 계기로 두각을 나타낸 인물들이었다.[19)] 따라서 그들은 안

---

17) 《고려사》 권40, 세가 40, 공민왕 12년(1363) 3월 을유; 같은 책, 11월 임신.
18) 《고려사》 권41, 세가 41, 공민왕 14년(1365) 3월 경진.

표 1. 공민왕 14년 3월 인사에 따른 재추 비교표

| 구분 | 관 직 | 정원 | 임용자 |
|---|---|---|---|
| 宰府 | 都僉議侍中 | 1 | 유탁 |
| | 守侍中 | 1 | 경천흥 |
| | 贊成事 | 5 | 이인복, 송경, 안우경, 최영, 이구수 |
| | 僉議評理 | 5 | 우제, 한휘, 김귀, 이금강, 양백익 |
| | 政堂文學 | 1 | 원송수 |
| | 知都僉議 | 1 | 홍순 |
| | 소계 | 14 | |
| 樞府 | 判密直司事 | 1 | 박춘 |
| | 密直司 | 2 | 지용수, 송인적 |
| | 知密直司事 | 2 | 유연, 양백연 |
| | 同知密直司事 | 3 | 왕중귀, 김원명, 조희고 |
| | 簽書密直司事 | 1 | 이색 |
| | 密直副使 | 6 | 변안열, 한공의 이자송, 김유, 염지범, 홍사범 |
| | 密直提學 | 1 | 최맹손 |
| | 소계 | 16 | |

우를 비롯한 3원수 아래에서 활약하던 존재들이기도 했다. 변안열 역시 1차 홍건적 침입 당시의 전공과 2차 침입으로 안동까지 피난갔던 상황에서 경성을 수복할 당시까지 3원수 가운데 최고의 반열에 있던 안우의 막하에서 세웠던 공으로 이등과 일등공신에 각각 책봉된 바가 있다.

19) 이 당시 재추 구성원이 아닌 무장세력들 가운데에는 이성계를 비롯하여 한방신, 지용수, 오인택 등이 크게 활약하고 있었다.

이렇듯 새롭게 형성된 무장세력들은 공민왕 집권 중반기 이후 왜구의 침략과정에서도 활약하여 더 큰 세력으로 형성되어 갔는데, 이들 무장세력들의 가문 배경을 검토하면 매우 다양하다. 최영, 우제, 경천흥, 한방신 등은 뚜렷한 족적을 가진 유력가문 출신이고, 안우경과 지용수는 세계(世系)가 명확하지 않으나 상당한 영향력을 지닌 가문의 후손으로 추정된다. 그리고 양백연과 이성계는 독특한 존재인데, 전자는 원으로부터 이주한 고위 무직자의 자손이요, 이성계는 원에 예속된 쌍성총관부 관하에서 원의 천호직을 세습하다 고려에 귀부한 이자춘의 아들이었다.[20] 변안열 역시 심양 출신으로 공민왕을 따라 고려에 이주해 온 인물이란 점에서 이들과 유사한 출신 배경을 지닌 자였고, 이 밖에도 환관 출신들까지 끼어 있었다.

아무튼 개혁정치를 추구하던 공민왕이 갑작스레 살해당하자, 이인임의 후원을 입은 우왕이 왕위에 올랐고, 한동안은 이인임을 중심으로 한 집권세력들이 권력의 축을 이어갔다. 어린 모니노(우왕)가 왕으로 등극할 수 있었던 것은 이인임 세력과 최영으로 대표되던 무장세력과의 연립정권을 이루었기에 가능하였다.[21] 이와 함께 우왕대에는 끊임없는 내우외환 속에서 왜구들의 침략이 더욱 거세어지자, 이를 토벌하는 과정에서 무장세력들의 활약이 두드러져 갔다. 즉, 당시 무장세력을 이끌던 최영은 구세력을 대표한다고 할 수 있

20) 민현구, 〈고려 공민왕대 중엽의 정치적 변동〉, 《진단학보》 107, 2009, 53쪽.

21) 이형우, 〈고려 우왕대의 정치적 추이와 정치세력 연구〉, 고려대 박사논문, 1999, 49~59쪽 ; 박홍갑, 〈고려말기 고성이씨 도촌 이교 가문의 정치적 위상〉, 《고성이씨 가문의 인물과 활동》, 일지사, 2010, 56쪽.

는데, 우왕대의 전 기간 동안 실권자로 군림하였다. 그리고 이른바 신흥세력을 대표한다고 할 수 있는 이성계는 위화도 회군을 계기로 최영을 제거하고 신왕조를 개창한 인물이었으며, 이 밖에도 많은 무장세력들이 그와 유사한 형태로 정계에 등장하였다. 물론 그들의 공로가 최영이나 이성계에 미치지 못하거나, 혹은 이성계 집권 과정에서 흡수 혹은 도태되었기 때문에 행적들이 자세히 전해지지는 않지만, 변안열을 비롯한 우인열·조민수·정지 등도 독자적인 무장세력의 한 축을 형성하고 있었음이 분명하다. 이정형의 《동각잡기》에 다음과 같이 기록하고 있기 때문이다.[22)]

> 고려 말기에 국가에서 병적을 관리하지 않고 모든 장수들이 각기 점유하여 군사를 삼았는데, 이를 패기(牌記)라고 하였다. 대장 중에 최영·변안열·우인열 등과 같은 사람은 오로지 위엄을 세우려고 하여 그 막료와 사졸이 뜻에 맞지 않은 사람이 있으면 꾸짖어 못하는 짓이 없다가 매를 쳐 죽는 자까지 있으므로, 휘하 장병들이 많이 원망하였다. 태조는 유독 진심으로 휘하들을 예로 접대하여 평소에 꾸짖는 말이 없었으므로, 모든 장수의 휘하들이 다 예속되기를 원하였다.

물론 이는 이정형이 《본조선원실록》(本朝璿源寶錄)을 기록하는 과정이었기에 이성계를 미화하고, 그의 정적이었던 최영과 변안열을 부정적으로 서술하였던 것이 당연하겠지만, 당시 최영과 이성계를 비롯한 무장세력들이 독자적으로 운영하는 사병 집단을 가지고

---

22) 李廷馨,《東閣雜記》上, 本朝璿源寶錄.

있었고, 변안열 또한 개인적으로 막료와 사졸을 거느리는 또 다른 무장세력이었음을 알 수 있겠다.

변안열이 공민왕 7년(1358)에 노복 300구와 말 5천 필을 바쳤다는 것으로 보아,[23] 이 시기에 이미 커다란 사회・경제적 배경을 가지고 있었음이 분명하다. 그리고 이러한 배경은 공민왕의 배려와 지원이 있었기에 가능했다. 즉, 공민왕은 그가 즉위한 이듬해(1363)에 변안열을 자신의 인척이던 판추밀(判樞密) 원의(元顗)의 딸과 혼인시켜 원주를 본관으로 삼게 했고, 동시에 풍양(豊壤)의 전시(田柴)를 식읍으로 하사했다.[24] 그렇다면 변안열은 자신이 이룬 정치・경제적 토대 위에다 원의의 사위가 됨으로써 얻은 배경을 더하였음이 분명하다. 당시에는 균분상속제가 관행이었기 때문에 변안열이 처가로부터 획득한 경제적 부는 자못 컸을 것으로 추정된다. 원주원씨를 살펴보면, 시조 원극유(元克猷)는 왕건을 도운 공으로 삼한공신(三韓功臣) 병부령(兵部令)을 지냈고, 충렬왕 때 원충갑(元冲甲)은 합단적(哈丹賊)의 침입을 물리쳐 추성분용정난광국공신(推誠奮勇定亂匡國功臣)이 되었으며, 충렬왕에서 원종조에 첨의중찬(僉議中贊)을 지낸 원부(元傅), 찬성사 원관(元瓘)과 원충(元忠), 동지밀직사사 원선지(元善之), 공민왕 때 홍건적을 물리친 충근찬화공신(忠勤贊化功臣) 첨서밀직사사(簽書密直司事) 원송수(元松壽) 등을 배출하였다. 특히 원부–원관–원충–원의로 이어지는 세계는[25] 어느 명문가와 견주어도 손색이 없

23) 摭實譜牒《원주변씨참판공파보》卷之上, 回想社, 120쪽.
24) 〈大隱先生年譜〉(신석호 편저,《大隱實記》, 韓一文化印刷社, 1977, 512쪽).
25) 위의 책, 112쪽.

었으니, 이러한 처가의 배경에다 변안열 자신이 또 다시 공신으로 책봉되면서 더 큰 규모의 사병집단을 거느리면서 무장세력의 위세를 키워갔을 것이다.

## 3. 홍건적 및 탐라 토벌과 무장 변안열

변안열이 무장으로 입신하는 과정을 보면, 홍건적 침입이라는 시대적 상황과, 이를 격퇴하는 과정에서 큰 임무를 수행하였던 안우의 든든한 지원이 크게 작용했던 것으로 보인다. 변안열이 공민왕을 따라 심양에서 고려로 귀부했을 때는 약관에도 미치지 못하는 어린 나이였다. 그러나 이미 원나라에서 18세의 나이로 무과에 합격한 직후였고, 이런 그의 무재가 인정되어 안우의 휘하에 들어갈 수 있었다고 보인다. 안우는 공민왕이 즉위할 당시인 1352년에 이미 군부판서로 재직하면서 조일신이 난을 일으키자 최영 등과 함께 평정하였고, 이듬해 응양군상호군으로서 원나라에 보내는 방물과 함께 황후 탄생일을 축하하는 예물을 바치고 돌아왔으며, 이어 전리판서·지추밀원사를 거쳐 지문하성사에 임명될 정도로 고려 조정에서 막강한 권력을 행사하는 무장이었다. 이렇듯 안우는 공민왕이 즉위할 시점에 무반으로서 최고위직을 역임했을 뿐만 아니라, 그 역시 원에서 성장하여 벼슬한 인물로 보이기 때문에 변안열이 무장으로 성장했던 상황과 매우 흡사한 조건을 갖추고 있었다.[26] 따라서 안우에게는 출신 성분상 동질감을 가진 변안열과 같은 신예들에게 관심을 가졌을 것이고, 홍건적이 침입하자 전장의 일선에서 변안열 등을 거느리고 적을 격퇴하여 고려를 지켜냈던 것이다.

공민왕 8년(1359) 12월에 홍건적을 이끌던 모거경(毛居敬)이 4만의 병력을 거느리고 압록강을 건너 의주를 함락시키고, 부사와 주민 1천여 명을 살해하였던 것이 1차 침입의 시작이었다. 이어 정주와 인주까지 함락시킨 적은 파죽지세로 철주까지 쳐들어오게 되었는데, 이때 안우·이방실 등이 휘하의 무장들과 함께 싸워 적을 대파하였다. 안우가 전과를 보고하자 공민왕은 금띠를 하사하였고, 수세에 몰린 홍건적들은 결국 인주와 정주 등지로 퇴각하고 말았다.[27] 그러던 적이 다시 철주에 들어와 인근 현들을 침범하며 약탈을 자행하는 사이 안우가 청강(淸江)에서 적과 조우하여 격파하였으나, 다시 싸워서는 패전하고 정주로 후퇴하고 말았다. 이에 고려 조정에서는 전열을 재정비하여 이암을 서북면 도원수로 임명하였다. 이암이 서경에 도착하자 아직 다른 군대들이 다 집합하지 않았기에 고려군은 황주까지 후퇴하여 주둔할 수밖에 없었다.[28]

이런 상황들이 도성으로 알려지자 인심은 불안하게 돌아갔고, 조정에서는 각 기관의 하급 서리들까지 징용하여 서북면의 전투 인원을 보충하기도 했다. 그러나 결국 서경이 함락되고 말았다. 이에 호

---

26) 김당택, 〈고려 공민왕초의 무장세력〉, 《한국사연구》 93, 1996, 33쪽.

27) 《고려사》 권39, 세가 39, 공민왕 8년(1359) 12월 정묘~무진; 《고려사》 113권, 열전 26, 안우.

28) 《고려사》 권39, 세가 39, 공민왕 8년(1359) 12월 을해.

부상서 주사충을 파견하여 적의 동태와 실상을 탐지하도록 하는 한편, 군사적 능력이 모자란 이암 대신 평장사 이승경을 파견하여 대체하게 하고, 전 첨의찬성사 권적에게 명하여 승병을 거느리고 전방으로 나가게 하였다.[29]

이렇듯 공방전이 벌어지는 동안 해가 바뀌어 지문하성사 정세운을 서북면 도순찰사로 임명하고, 공로가 있는 자에게는 은제품과 솜, 비단, 의복 등을 내려주는 등의 위무책을 강구하였다. 판사 김진은 의주에서 적을 크게 무찔렀고,[30] 새로 형부상서를 제수 받은 김진과 환관 김현 등이 수백 기를 영솔하고 서경으로 달려가는 길에 적 300여 명과 조우하여, 100여 명의 머리를 베는 전과를 올렸다. 한편으로 개경 도성 안에서는 어사대에 명령하여 조정의 관원을 모아 놓고 무기와 그 수종 인원, 말과 양곡 및 마초를 갖추어 경비하게 하였으니, 이런 조치는 창졸지간에 적을 피하여 행차할 경우를 대비한 것이었다. 아울러 왕과 공주는 밤에 후원에 나가 말 타는 연습까지 하였다.[31]

공민왕 9년 1월, 서북면 철화에서 상장군 이방실이 적 100여 명을 베는 전과를 올렸다. 이후 고려군이 생양역에 모여 서경으로 총 진공하였다. 여기에서 고려군 전사자가 천여 명에 이르렀으며, 홍건적 역시 전사자가 무려 수천 명이었다. 사태가 불리해진 홍건적들이 퇴각하여 용강과 함종으로 물러났다.[32] 고려 정부에서는 안우를 안주

29) 《고려사》 권39, 세가 39, 공민왕 8년(1359) 12월 정해~무자.

30) 《고려사》 권39, 세가 39, 공민왕 9년(1360) 1월 기해.

31) 《고려사》 권39, 세가 39, 공민왕 9년(1360) 1월 계묘.

군민만호부 도만호로, 이방실을 상만호로, 김어진을 부만호로 임명하여, 서북면 안주 지역 백성을 위무할 새로운 진용을 갖추는 동시에 퇴각한 적을 완전히 섬멸할 계책을 세우게 되었다. 함종으로 진군하여 적과 싸우던 안우 등이 손실을 당하기도 했지만,[33] 결국 적을 압록강 너머로 격퇴하였다.[34] 3월 초하루에 경천흥·안우·김득배 등은 공민왕에게 글을 올려 승리를 보고한 후, 을미일에 개선하였다.[35]

이상에서 보듯이, 홍건적의 1차 침입은 공민왕 8년(1359) 겨울과 9년 봄을 전후하여 이루어졌기에, 30세 전후였던 변안열은 아직 독자적인 군대를 이끌고 적을 막아낼 상황은 아니었고, 안우 휘하의 무장으로 전투에 참가하는 정도였던 것으로 판단된다. 이 당시 변안열이 안우를 따라 적을 격퇴한 공적과, 그에 따라 판소부감사로 승진되었던 사실은 그의 열전에도 기록으로 남아 있다.[36] 그리고 홍건적과의 전쟁, 흥왕사의 변 등이 마무리되어 가던 공민왕 12년에 대대적인 포상을 할 적에, 홍건적이 1차로 침입했던 공민왕 8년 당시의 공적을 평가하여 변안열을 이등공신으로 책봉하였다. 당시 변안열의 구체적인 전공들이 《고려사》 편년 기사에는 나타나지 않지만, 안우의 휘하에서 적지 않은 전투 경험을 쌓은 동시에 수많은 전공을 쌓았기에 이등공신으로 책봉되었음이 분명하다.[37]

---

32) 《고려사》 권39, 세가 39, 공민왕 9년(1360) 1월 갑진~정미.
33) 《고려사》 권39, 세가 39, 공민왕 경자 9년(1360) 2월 을묘~기미.
34) 《고려사》 권39, 세가 39, 공민왕 경자 9년(1360) 2월 임신~계유.
35) 《고려사》 권39, 세가 39, 공민왕 9년(1360) 3월 무자~을미.
36) 《고려사》 권126, 열전 39, 간신 2, 변안열.

이때 변안열에게는 "부모와 처를 3등을 뛰어서 봉작하고, 그의 아들 1명에게 7품 벼슬을 주며, 아들이 없으면 조카나 생질 또는 사위 가운데 1명에게 8품 벼슬을 주고, 구사 3명과 진배 파령 5명을 주며, 초입사를 주고 자손을 음관으로 서용하며, 토지 50결과 노비 5명을 하사받는" 은전을 입었으니,[38] 공신으로서의 정치적 위상과 함께 경제적으로도 큰 배경을 형성하였을 것으로 판단된다.

그 후 공민왕 9년(1360) 9월경에 원나라가 대대적인 홍건적 토벌 공세를 취하자, 홍건적은 본거지인 장성 이남의 하북 지방으로 이동할 퇴로를 차단당했고, 이리하여 그들은 진로를 고려로 돌려 다시 침입하게 되었다.[39] 공민왕 10년 10월경 20만 군대를 동원한 홍건적들이 압록강을 건너 삭주와 이성에 침입하였던 것이다.[40] 이에 고려

37) 《고려사》 권40, 세가 40, 공민왕 12년(1363) 11월 임신. "기해격주홍적공(己亥擊走紅賊功)을 기록하면서 수첨의 시중 경천홍 등 24명을 1등 공신으로 하고, 밀직부사 변안열, 첨의평리 한휘, 밀직상의 조희고, 전 밀직부사 김란, 개성윤 김한진·박원, 판도판서 나세, 예의판서 이수·장필례, 판 전의시사 최공철, 전 상호군 목충·강영, 판사 김양검·이원계·김천년·왕복명·김체·김진·김장주·왕보문·김광부, 대호군 방천봉·박수경, 전 대호군 왕안덕·공인귀·송희왕·고여의, 전 사재령 장지보, 서운정 장보지, 전 사재령 윤유린, 종부령 김어거, 강화부사 오한신, 종부부령 이익, 전 내부부령 유지철, 소부소윤 한중보, 전호군 고세원·기금우로불화(奇金亐魯不花), 중랑장 이귀영, 환자(宦者) 부원군 김현·방절 등을 2등 공신으로 하였다."

38) 《고려사》 권40, 세가 40, 공민왕 12년(1363) 11월 임신. "2등 공신에게는 부모와 처를 3등을 뛰어서 봉작하고, 그의 아들 1명에게 7품 벼슬을 주며, 아들이 없으면 조카나 생질 또는 사위 중에서 1명에게 8품 벼슬을 주고, 구사 3명과 진배 파령 5명을 주며, 초입사를 주고 자손을 음관으로 서용하며, 토지 50결과 노비 5명을 주었다."

39) 정해은, 《고려시대 군사전략》, 국방부군사편찬연구소, 2006, 290쪽

40) 《고려사》 권39, 세가 39, 공민왕 2, 공민왕 10년(1361) 10월 정유일에는 10여 만으로 기록되어 있다. 그러나 《고려사》 권40, 세가 40, 공민왕 3, 공민왕 11년(1362)

정부에서는 안우를 상원수로, 김득배를 도병마사로, 이방실을 도지휘사로 임명하여 적을 막아내게 하였다.41) 적이 무주(撫州)에 진주하자 이방실은 진격을 중지하고, 인근 백성과 양곡을 절령책으로 옮길 것을 제의하여 왕의 승인을 받았다.42) 동시에 안우와 이방실 등은 휘하의 장수들과 함께 박주·연주 등지에서 큰 전과를 올렸고, 이에 고무된 공민왕은 안우를 도원수로 삼았다.43) 안우는 전군을 영솔하여 안주에 진주한 후 전승 보고를 올려, "정찬, 왕안덕, 김인언, 허자린, 박수년, 김기, 정원보, 유지철, 변안열, 권장수, 조린, 조인벽 등은 모두 용감히 싸워 공을 세웠으니, 상을 주어 사기를 고무하여 주기 바랍니다"라고 주청하였다.44) 여기에서 확인되듯, 홍건적의 2차 침입 때에도 변안열은 안우의 막하에서 적을 격퇴하여 큰 공을 세웠음을 알 수 있겠다.

홍건적은 안주를 습격하여 항복하라는 압박을 가하였다.45) 고려 정부는 밀직제학 정사도 등에게 절령책(岊嶺柵)을 수비하게 하였으나, 안우·김득배 등이 단신으로 겨우 도망쳐 돌아왔다. 군대를 수습하여 금교역에 주둔한 안우는 좌상시 최영과 개경 군대 파견을 요구하자, 사태의 급박함을 짐작한 공민왕이 피난 계획을 세우는 동안

---

정월 갑자조에서는 죽은 자가 10만, 도망간 자가 10만이라 하였고, 《태조실록》 권1, 총서에서도 20만으로 기록하고 있다.

41) 《고려사》 권39, 세가 39, 공민왕 10년(1361) 10월 계묘.
42) 《고려사》 권39, 세가 39, 공민왕 10년(1361) 11월 기유.
43) 《고려사》 권39, 세가 39, 공민왕 10년(1361) 11월 경술.
44) 《고려사》 권113, 열전 26, 안우.
45) 《고려사》 권39, 세가 39, 공민왕 10년(1361) 11월 병진.

적의 선봉은 이미 홍의역까지 밀려왔다.[46] 다급해진 공민왕은 개경을 떠나 임진강을 건너지 않을 수 없었고,[47] 며칠 뒤에는 개경이 점령되고 말았다. 파주 · 광주 · 이천 · 음죽 등을 거쳐 복주로 내려간 공민왕은 정세운을 총병관으로 임명하여 전체 군대를 통솔하게 하였다.[48] 안우를 비롯한 여러 장수들이 이끄는 20만 대군이 개경 인근 천수사(天壽寺) 앞에 집결하였다. 때마침 눈비가 내려 적의 방비가 허술한 틈을 노려 권희가 기병 수십 기로 쳐들어가니 적은 혼겁하였다. 이 기회를 탄 장수들이 사면으로 돌격전을 개시하였고, 이성계도 휘하 군대 2천 명을 이끌고 선두에서 적을 대파하였다. 대략 10만의 군사를 베었고, 나머지 10만의 적들은 압록강을 건너 도망갔다.[49]

전쟁이 끝난 뒤 변안열은 안우 등과 함께 개경을 수복할 때 세운 공으로 일등공신으로 봉록되고,[50] 이어 예의판서에다 추성보조공신

46) 《고려사》 권39, 세가 39, 공민왕 10년(1361) 11월 을축.

47) 《고려사》 권39, 세가 39, 공민왕 10년(1361) 11월 병인.

48) 《고려사》 권39, 세가 39, 공민왕 10년(1361) 12월 임진.

49) 《고려사》 권113, 열전 26, 안우; 《고려사》 권40, 세가 40, 공민왕 11년(1361) 1월 갑자.

50) 《고려사》 권40, 세가 40, 공민왕 12년(1363) 3월 을유. "수복경성공(收復京城功)을 수록하면서 찬성사 상의 황상, 정당문학 한방신, 지도첨의 안우경, 판밀직사사 이순, 밀직사 최영, 지밀직사사 이구수, 밀직부사 우제 · 유연 · 한휘, 전 밀직부사 허유, 개성윤 양백익, 첨의평리 이인임, 전리판서 오인택 · 김귀, 예의판서 홍선, 전공판서 조희고, 판도판서 김한진, 전 판도판서 김원명, 전 전공판서 김한귀, 전 판각문사 김득재, 좌상시 김횡, 판 사재시사 권장수, 판 내부시사 변안열, 종부시사 이성계, 좌대언 유계조, 응양군 상호군 박춘, 전 응양군 상호군 홍사우, 판 종부시사 지용수, 판 사복시사 박원택, 전 상호군 경보, 판 사재시사 김지서, 대호군 임견미 · 나광만 · 조사민 · 목충, 전 대호군 이원림 · 김양검 · 김아적 · 정윤 · 노

(推誠輔祚功臣) 칭호를 받았다. 그 후 밀직부사라는 고위직으로 승진되었다가 지밀직사사로 전임되는[51] 등 손쉽게 재추의 반열에 올랐으니, 홍건적 침입은 곧 그가 무장으로 입신하여 크게 현달하게 되는 계기가 되었다. 당시 일등공신에게는 벽 위에 초상을 그려 주는 영예와 아울러 부모와 처에게 3등을 뛰어 봉작하고, 아들 한 사람은 7품 벼슬을 주되, 만약 아들이 없으면 조카나 생질이나 또는 사위 가운데에서 한 사람을 8품 구사로 임명하고, 5명에게 파령의 실직을 주고 7명에게 초입사를 허락하며, 자손을 음관으로 채용하게 함과 동시에, 토지 100결과 노비 10명을 하사받는 은전을 입었다.[52] 이렇듯 두 차례의 홍건적 침입 과정에서 무장 변안열은 안우의 휘하에서 큰 공을 세웠고, 이를 바탕으로 공신으로 봉록되면서 신흥 무장으로서의 정치·사회적 지위는 물론 경제적 기반도 다져 나갈 수 있었다.

한편 변안열은 탐라 목호(牧胡) 세력 정벌과 왜구의 토벌 과정에서도 연이은 공을 세워 무장으로서의 정치적 입지를 더욱 굳혀 가게 되었다. 탐라의 목호 세력 토벌은 공민왕 23년 7월에 이루어졌

---

철, 전객령 전보, 호군 김세견·강영·장룡·오육화, 전 호군 유부·조금강, 친종호군 김세덕, 판도총랑 박양길, 전공정랑 하지지, 전 지문주사 박인계, 중랑장 박윤청, 환자(宦者) 연성부원군 김현, 온양부원군 방절을 1등 공신으로 하고……."

51) 《고려사》 권126, 열전 39, 간신 2, 변안열.

52) 《고려사》 권40, 세가 40, 공민왕 12년(1363) 3월 을유. "1등은 벽 위에 초상을 그리고 부모 처에게 3등을 뛰어 봉작하고, 그의 아들 한 사람은 7품 벼슬을 주되, 만약 아들이 없으면 조카나 생질이나 또는 사위 중에서 한 사람을 8품 구사(驅史)로 임명하여, 5명에게 파령(把領)의 실직을 주고 7명에게 초입사를 허하며, 자손을 음관으로 채용하게 하였으며 토지 100결, 노비 10명을 주었다."

다. 최영을 양광・전라・경상도 도통사, 염흥방을 도병마사, 이희필과 변안열을 양광도 원수, 목인길과 임견미를 전라도 원수, 지윤과 나세를 경상도 원수, 김유를 3도조전원수 겸 서해・교주도 도순문사로 임명해, 큰 병선 314척과 사병 2만 5600명을 거느리고 탐라를 토벌하게 하였다.[53] 이들 출정군의 구성을 보면, 수도권과 국경지대를 제외한 총동원령이 내려졌음을 알 수 있고, 규모 또한 당시의 탐라 인구와 맞먹을 정도였다. 아울러 여기에 동원된 도통사 이하 원수들의 면면을 보면, 홍건적의 침입이나 왜구 격퇴 등에서 혁혁한 전공을 세웠던 무장세력들이었을 뿐만 아니라, 재상급 이상의 품계를 지닌 자들로 구성되어 있었다. 특히 "재추들이 모여 전별하자 모든 장수들은 다 울었으나 최영과 변안열만은 태연자약하였다"라고[54] 할 만큼 최영과 변안열은 풍부한 전투 경험과 기개가 있는 무장이었다.

우선 공민왕대에 탐라를 정벌하게 된 연유부터 살펴볼 필요가 있다. 고려 이후 탐라는 번국으로서 독립적인 체제를 유지해 나가다, 숙종 10년(1105)에 탐라군으로, 의종 때는 다시 현으로 격하되어 탐라국 체제는 없어지고, 성주와 왕자의 관직만이 남은 상징적 존재로 유지되었다. 그러다가 삼별초 난을 계기로 반기를 들었으나 원종 14년에 여・원연합군에 의해 평정되었다.[55] 이때 주둔하였던 군대를

53) 《고려사》 권113, 열전 26, 최영. 《고려사》 권44, 세가 44, 공민왕 23년 7월 무자.
54) 《고려사》 권113, 열전 26, 최영.(이하 서술에서 별도의 주가 없는 것은 최영 열전에 근거함)
55) 《고려사》 권27, 세가 27, 원종 14년 4월조.

토대로 원나라는 탐라국초토사(耽羅國招討司)를 두었고,[56] 이것이 탐라총관부로 개편되면서 실질적인 원나라 직할령이 되어 버렸다. 탐라총관부의 설치시기는 분명하지 않으나, 충렬왕 1년(1275) 원나라에서 탐라국다루가치로 손탄(孫攤)을 임명한 예로 보아 그 이전임을 알 수 있다.[57] 이리하여 충렬왕 2년에 목마장을 만든 이후에 약 100년 동안이나 이들이 관할했다.[58]

아무튼 탐라가 원 직할령이 된 이후에도 몇 차례 고려에 반환되어 목사를 파견하는 등 혼란을 거듭하고 있었는데,[59] 탐라 주민에게는 오히려 이중의 수탈을 당하는 꼴이 되었다. 공민왕 즉위 후 취한 반원정책 영향은 탐라에도 미치지 않을 수 없었다. 공민왕 5년에 단행된 윤시우의 제주도순문사 파견도 이런 조치의 일환이었다.[60] 그러자 탐라를 실질적으로 움직이던 목호 세력들이 윤시우를 살해하였다가 다시 고려 조정에 항복하고 방물을 바치는 등[61] 탐라를 관할하는 주도권 향방이 고려 정부와 목호 세력 사이에 몇 차례나 오가게 되었다. 이후 홍건적의 침입 등으로 반원정책이 시들해지자, 공민왕 11년에 탐라의 목호 세력들이 거듭 반기를 들었고,[62] 이에 원나라는 부추(副樞) 문아단불화를 탐라 만호로 임명하면서 탐라 관

56) 《원사》 권208, 열전, 외이 1, 탐라, 지원 10년 6월조.
57) 고창석, 〈여 · 원과 탐라와의 관계〉, 《제주대학논문집》 17, 1984, 384~385쪽.
58) 김일우, 《고려시대 탐라사 연구》, 신서원, 2000, 177~178쪽.
59) 《원사》 권24, 본기, 성종 24년 6월.
60) 《고려사》 권39, 세가 39, 공민왕 5년 5월.
61) 《고려사》 권39, 세가 39, 공민왕 5년 10월과 공민왕 6년 2월.
62) 《고려사》 권40, 세가 40, 공민왕 11년 8월.

할 주도권이 목호 세력에게 돌아갔고, 공민왕 16년에는 탐라를 다시 고려에 돌려주었다.

원이 탐라를 직할령으로 탐낸 것은 말 공급원이었기 때문이다. 당시 목마장을 관리하기 위하여 원나라에서는 합적(哈赤)을 파견하였다. 합적은 몽고인 가운데서도 뛰어난 목축기술로 선발되어 탐라로 왔던 자들이었다. 이들은 가끔 고려 정부가 보낸 관리들을 살해하고 반란을 일으켰다. 공민왕은 관리 파견 등의 권한을 고려에 넘겨주되 말을 길러 원나라에 바치던 것은 이전대로 하겠다고 요청하자, 원나라는 이를 승인하였다. 공민왕 18년에도 원나라의 목자(牧子) 합적이 이곳 관리를 죽이는 사건이 벌어졌다. 목호의 세력 기반은 탐라가 원의 직할령이 된 이후 이곳에 왔던 군인·목호·유배죄수·정치인 등이 와서 장기간 거주하였던 자들과, 여기에 반몽고족화 된 탐라 주민들이 합세하여 이루어졌다.[63] 탐라 주민들 또한 이중 수탈에 시달렸기에 목호 세력에 의지한 측면도 강했다. 이런 과정 속에서 공민왕 19년에 명과의 국교가 수립되었고, 이때 고려에서는 탐라에 관한 지배권을 보장받기 위해 탐라에서 기르던 말을 명에 바칠 것을 약속했다. 그러나 목호들의 비협조로 계획에 차질을 빚었고, 고려 정부는 안팎으로 시달리게 되었다. 이에 강경한 방법을 취해 탐라 정벌을 감행할 수밖에 없었다.[64]

63) 김일우, 앞의 책, 332~333쪽.

64) 《고려사》 권113, 열전 26, 최영. "명 태조가 임밀(林密) 등을 고려에 보내 제주에서 기르던 말 2천 필을 보내라고 요구하였다. 그런데 제주 합적(哈赤) 석질리필사(石迭里必思)와 초고독불화관음보(肖古禿不花觀音保) 등이 3백 필 밖에 보내지 않았으므로 임밀 등이 크게 노하였다. 이에 따라 고려 정부에서는 마침내 제주를

공민왕 23년 8월, 나주에 집결한 군사들이 추자도를 거쳐 제주에 도착한 후 서쪽 명월촌으로부터 어름비, 밝은오름, 검은데기오름(애월읍 유수암리), 새별오름, 연래(서귀포 예래동), 홍로에 이르기까지 주야로 공방전을 치열하게 전개하였다.[65] 결국 최영이 이끄는 정예 부대들이 목호 세력의 우두머리였던 석질리필사와 그 아들들을 함께 베어 죽이고, 초고독불화관음보 머리를 베어 왕에게 바쳤다. 이어 동도(東道)로 들어간 합적 석다시만과 조장홀고손 등은 성 안에서 계속 저항했지만, 최영과 변안열 등이 휘하 장군들을 거느리고 공격하여 평정하였다.[66] 변안열이 최영과 함께 탐라를 정벌하는 동안 개경에서는 공민왕이 살해당하는 비극이 벌어지고 있었다. 토벌군으로 참가할 당시 변안열은 판밀직사사였는데, 탐라를 정벌하고 귀환한 뒤 지문하부사가 되었다가 평리로 전임되었다.[67]

앞에서도 잠시 언급되었지만, 탐라국이 원 지배 아래 들어가 목마장으로 이용되면서 고려의 실질적인 지배에 벗어나 있었는데, 공민왕 5년부터 취해진 반원정책에 따라 고려 정부의 실효적 지배가 늘어나고 있었다. 하지만 여전히 목호 세력들이 탐라의 지배권을 놓고 고려 정부와 줄다리기를 하는 처지에 놓인 채로 있다가, 공민왕 23년에야 대규모 토벌군을 보내 목호 세력을 처단하게 되었다. 물론 이후에도 목호의 잔당들이 부분적인 난동을 벌인 사건들이 있었지

토벌하기로 결정하였다."

65) 김일우, 앞의 책, 384쪽.

66) 《고려사》 권44, 세가 44, 공민왕 23년 8월 신유.

67) 《고려사》 권126, 열전 39, 간신 2, 변안열.

만, 탐라가 본격적으로 고려의 지배 아래에 들어온 것은 최영과 변안열 등의 무장세력들이 크게 활약하였기에 가능하였다. 따라서 홍건적 침입 이후 크게 신장된 무장세력들은 탐라 정벌 과정에서 또다시 전공을 세움으로써 더 큰 정치세력으로 부상하게 되었다.

## 4. 왜구 침략과 무장 변안열

왜적이 우리나라에 침입하기 시작한 것은 삼국시대부터이며, 충렬왕 이전부터 왜구란 용어가 숙어처럼 사용되고 있었다.[68] 일본의 남북조 혼란기를 틈타 고려에 침입한 왜구들은 그 규모가 작을 때는 20척 정도였지만, 공민왕 7년(1358) 오입포(五入浦)에 침입한 배는 400여 척에 이를 정도로 대규모였다. 당시 왜구가 사용한 선박의 크기가 통상 70톤 정도였으며,[69] 각 선박별 탑승인원은 대체로 30명 안팎이었을 것으로 추정된다. 그러하니 "쌀 4만여 석을 강탈해 갔다"거나, "진해현에서 왜적 3천을 대파했다", 혹은 "기병 7백에 보병 2천의 침입이 있었다" 등과 같은 《고려사》의 표현들이 전혀 과장된 것이 아님을 알 수 있겠다.

《고려사》에 왜구가 처음 나타난 고종 10년(1223)부터 공양왕 4년(1392)에 이르기까지 대략적인 왜구 침입 횟수를 살펴보면, 169년 동

68) 나종우, 〈홍건적과 왜구〉, 《한국사》 20, 국사편찬위원회, 1994, 391쪽.
69) 竹越與三郎, 《倭寇記》, 白楊社, 1938, 29쪽.

안 총 519회였다. 물론 기록에 남아 있지 않은 것까지 포함한다면 이보다 훨씬 많았을 것이다. 초기의 상황을 제외하고 본격적인 왜구 창궐 시기로 보이는 충정왕 2년(1350)부터 환산하면 42년 동안 모두 506회로, 연평균 12회를 침입한 것이다. 왜구 창궐이 가장 극심했던 우왕 연간에는 연평균 27회를 나타내고 있다. 물론 연간 50회에 이른 시기도 있었다.[70] 이들의 침입은 주로 삼남 지방에 집중되어 있는데, 지리적으로 가까운 조건이기도 하지만, 특히 전라·충청 지역은 곡창지대와 조운선의 통로라는 점 때문이기도 했다. 그러다가 점차 강으로 거슬러 올라와 정박해 놓은 후 내륙 깊숙한 곳까지 침입하여 분탕질을 일삼았으니, 고려 정부에서도 적극적인 토벌책을 쓰지 않을 수 없었다.

왜구가 본격적으로 창궐하기 시작한 충정왕 2년 2월의 《고려사》 기록을 보면, "왜구가 고성, 죽말, 거제를 침입하니 합포 천호 최선 등이 이를 격파하고 300명을 죽였다. 왜구가 우리나라에 침입한 것은 이때부터 시작되었다"라고 기술하고 있다. 이를 두고 다른 역사서에서도 "경인(庚寅)의 왜구"라 이름 붙이고 있는데, 본격적인 왜구의 시작이었기 때문이다.

왜구가 창궐하던 충정왕 2년(1350)부터 공민왕 22년(1373)까지를 제1기, 공민왕 23년(1374)부터 고려가 멸망하던 공양왕 4년(1392)까지를 제2기로 나눌 수 있다. 제1기에 해당하는 시기를 그 전 시기와 비교해 보면, 침입지역이 경상도 금주(김해) 관내에서 연해 지역으로

70) 나종우, 앞의 글, 395쪽.

확대되었다는 것과, 개경 근해에 자주 출몰하였다는 점을 들 수 있다. 남해의 일부분에서 모든 해안으로 침입이 확대되었다는 것은, 계속되는 내란과 외적의 침입으로 국내 질서가 문란해진 사실과, 한편으로는 원이 약해지는 기회를 이용하여 북방의 국경선에도 함께 관심을 쏟았기 때문이라고도 할 수 있다. 또한 수도 개경 부근에 자주 출몰한 것은, 조운선과 조창을 습격한 것으로 미루어, 전국의 세곡이 집결되는 곳이었기 때문으로 파악된다.[71] 이 시기 왜구들의 침략 사실들을 보면, 충정왕 3년 8월에 배 130척이 남해를 벗어나 인천 앞바다까지 진출하여 민가를 약탈하였고, 뒤 이은 공민왕대에는 왜구가 개경에까지 진입한 사건들이 벌어졌다.[72] 이를 시작으로 공민왕대에는 공민왕 재위기간 동안 두 해 정도만 왜구의 침입이 없었을 뿐이다.

특히 공민왕 12년 4월에는 왜선 213척이 교동에 들어와 정박하였고, 이듬해 3월에는 왜선 200여 척이 갈도(葛島)에 정박하였으며, 양주에 침략하여 200여 호에 불을 질렀다. 또한 공민왕 19년 2월에는 충남 연해지역인 내포에 침구하여 병선 30여 척을 부수고, 왕 21년 6월에는 동계 안변 등지에 침략하여 부녀를 사로잡고, 창고에 있는 곡식 1만여 석을 약탈해 갔다. 이러한 왜구의 침입에 대해 고려 정부에서는 도순문사, 만호, 진변사, 방어사 순문사 등을 파견하여 적을 섬멸하도록 하는 한편, 군대 증강과 훈련도 지속적으로 실시하고 있었다.

71) 위의 글, 403~404쪽.

72) 《고려사》 권38, 세가 38, 공민왕 원년 3월 기미.

이에 따라 무장으로 활약하던 변안열 역시 왜구 토벌에 직접 나서게 되었다. 즉, 공민왕 13년(1364) 6월에 왜적들이 인천 부근의 좁은 해안지대였던 착량(窄梁) 지역에 침입하게 되자, 밀직부사 변안열은 판개성부사 석문성과 함께 군대를 이끌고 가서 방어하였고,[73] 공민왕 22년 7월 말에는 강화 지역의 교동이 왜적에게 함락 당하자, 의용좌군과 의용우군을 설치하였는데, 이때 문하평리 류연과 밀직사 변안열이 각각 통솔권을 맡아 왜적에 대비하였다.[74]

왜구 창궐 제2기에 해당하는 공민왕 23년(1374)부터는 제1기나 그 이전 시기에 비해 급격한 증가세를 보이고 있다. 제1기 23년 동안은 총 134회를 침략한 것에 비해, 제2기 18년 동안은 총 403회로 증가하는데, 이는 연평균 22.5회 정도를 나타내는 수치이다. 우왕 3년에 판전객시사 안길상을 일본에 파견하여 해적 금지를 요청한 서한에서도 "근래 갑인년 이래 해적이 또 다시 창궐하므로"라는[75] 내용에서도 확인되듯이, 갑인년이던 공민왕 23년 4월에는 왜선 350척이 합포에 침구하였던 것이 대표적이다. 이어 우왕이 즉위한 뒤에는 왜구 침략이 더욱 증가세를 보였는데, 매년 10회에서 52회에 이른다. 뿐만 아니라 연해지방을 벗어나 내륙 깊숙한 곳까지 침입하는 양상을 보이고 있었다. 이는 당시 일본에서 남북조 쟁란기의 후반부가 시작되었다는 점 때문이기도 한데, 초기에는 보이지 않던 기병까지 동원된 침략이었다는 점에서 가볍게 넘길 사안이 아니었다. 우리에게 잘

---

73) 《고려사》 권40, 세가 40, 공민왕 13년(1364) 6월 경자.
74) 《고려사》 권44, 세가 44, 공민왕 22년(1373) 7월 갑인, 동 8월 병자.
75) 《고려사》 권133, 열전 46, 신우 3년(1377) 6월 을묘.

알려진 황산대첩에서 노획한 말이 1,600여 필이란 점을 생각하면, 이때의 왜구들은 내륙지방을 목표로 하여 기병을 육성한 것이 틀림없다 하겠다.

공민왕 23년에 최영과 함께 제주도를 정벌한 변안열은,[76] 해안에서 벗어나 내륙 깊숙이 침범한 왜구들을 격퇴하기 위해 동분서주하게 되었다. 즉, 왜적이 경양을 거쳐 안성군으로 침입하였을 때, 왕안덕과 부원수 인해 등은 가천역까지 후퇴하였다가 적이 돌아가는 길목에서 맞받아 싸우려고 하였다. 그러나 사태가 여의치 않아 수원으로부터 양성·안성에 이르는 사이에는 인적을 볼 수 없는 곳이 되어 버렸다. 이에 조정에서는 찬성사 양백연, 평리 변안열, 임견미를 파견하여 전투를 돕게 했는데, 최인철이 조정으로 돌아가 거짓으로 "왜적을 직산현에서 공격하여 50여 명을 죽였고, 적은 궤주하였다"라고 보고하자, 우왕은 최인철에게 말과 은을 내려주고, 변안열과 양백연 등을 소환했던 적이 있었다.[77]

왜적들이 전주를 침공했을 때는 병마사 유실이 방어에 실패했고, 그 뒤 일진일퇴 공방전을 벌이다가 적들이 물러나 귀신사에 주둔하고 있었다. 이때 유실이 공격하자 왜적들이 다시 임피현을 함락시킨 후 다리를 헐고 굳게 지키고 있었다. 유실이 병사들을 몰래 보내 다리를 놓자 도지휘사 변안열은 쉽게 군사를 거느리고 물을 건널 수 있었다. 이에 변안열은 안렴사 이사영으로 하여금 다리 옆에 매복병들을 두도록 명하였고, 이에 왜적이 이것을 바라보고 마주쳐 공격하

76) 《고려사》 권126, 열전 39, 간신 2, 변안열.
77) 《고려사》 권126, 열전 39, 간신 2, 왕안덕.

였으므로 우리 군대가 패배하는 아픔을 겪기도 했다.[78)]

우왕 2년 9월에 변안열은 양광·전라 도지휘사 겸 조전원수로 임명되어 활동하고 있었는데, 우왕 3년 3월에 착량에 침입한 왜구들이 또 강화를 침공하자 개경 도성 안 사람들이 물 끓듯 소란하였다. 왜적을 격퇴하기 위하여 최영을 6도 도통사로 임명하고 삼사좌사 이희필을 동강(東江) 도원수로, 목인길과 임견미 등 11명을 부원수로 임명하여 수성도통사 경복흥의 지휘를 받게 하고, 황상을 서강(西江) 도원수로, 변안열과 이성계, 양백연 등 10명을 부원수로 임명하여, 경기 도통사 이인임의 지휘를 받게 하는 체제로 왜구 격퇴에 노력을 기울였다. 이때 각 도의 중들을 징모하여 전함을 건조하고자 경산(京山; 성주)에서 300명, 양광도에서 1천 명, 교주·서해·평양 등 각 도에서 500명씩 징모하되, 영을 내린 다음 만약 기피하는 중들이 있으면 군법으로 처벌하도록 조치를 내렸다.[79)] 이 해 4월에 서강에 왜적이 침입하자 변안열이 최영과 더불어 격퇴하였고,[80)] 9월에는 왜적이 영광·장사·모평·함풍 등지를 침공하고, 또 해주·평주를 침공하므로 우왕이 최영에게 부월(斧鉞)을 주면서, 변안열을 비롯한 여러 장수들과 함께 적을 격퇴하게 하였다.[81)]

한편으로는 왜선 50여 척이 서해안을 침입해 웅연에 정박하고 적현을 넘어 부여현을 침범한 후 동진교를 파괴해 아군이 진공하지 못

78) 《고려사》 권112, 열전 25, 유숙 附 유실.
79) 《고려사》 권133, 열전 46, 신우 3년(1377) 3월.
80) 《고려사》 권133, 열전 46, 신우 3년(1377) 4월.
81) 《고려사》 권133, 열전 46, 신우 3년(1377) 9월.

하게 하였다. 변안열은 나세, 조사민 등과 함께 밤에 다리를 가설하는 한편, 일부 병력으로 적을 공격하였다. 이에 보병과 기병을 합친 1천여 명의 적들이 행안산으로 올라갔고, 변안열이 이끄는 고려군이 사면으로 공격하자 적의 무리가 패주해 마침내 대파하였다. 첩보를 전하니 우왕이 은 1정, 안장 갖춘 말과 의복을 내려주었고, 개선할 때에는 도당이 천수사까지 나가서 광대놀이를 배설하고 영접을 하였다. 그 후 변안열은 문하찬성사로 승진하였다.[82)]

우왕 6년(1380) 8월에는 진포에 500척의 왜적이 쳐들어왔으나, 최무선이 만든 화포를 사용하여 크게 무찌르니, 탈출한 자는 330여 명 뿐이었다.[83)] 이때 나세, 심덕부, 최무선 등이 포로가 된 고려 백성 234명을 탈환하였는데, 김사혁은 남은 적을 임천에서 추격하여 46명의 머리를 베었다.[84)] 배를 지키던 왜적 가운데 죽음을 면한 자는 충청도 옥주(沃州)로 도망가서 상륙했던 적과 합세하여 이산·영동 고을을 불사르고, 영동 감무를 살해하였다. 또 황간·어모 두 고을도 불살랐다. 이어 중모·화녕·공성·청리 등의 경상도 북부지역 현들을 침범하였으며, 상주 인근을 불사르고 그곳에서 노략질을 일삼았다.

이에 우왕이 이성계를 양광·전라·경상도 도순찰사로 임명하고, 변안열을 도체찰사로 임명하여 보좌하게 하였다. 그때 사근내역(沙斤乃驛; 경남 함양)에 주둔하던 왜적을 배극렴 등이 공격했으나, 전사

82) 《고려사》 권126, 열전 39, 간신 2, 변안열; 《고려사》 권114, 열전 27, 나세.
83) 《고려사》 권126, 열전 39, 간신 2, 변안열.
84) 《고려사》 권134, 열전 47, 신우 6년(1380) 8월.

자만 500여 명 내고 말았다. 왜적은 함양을 도륙한 뒤 남원산성을 공격하다 퇴각하여 운봉현(전북 남원) 인월역에서 주둔하였다. 이성계와 변안열 등은 운봉을 넘어 황산(荒山) 서북편 정산봉 인근에서 왜적을 크게 무찔렀다. 그때 어린 나이에 선봉에 섰던 용감무쌍한 아지발도를 꺾어 대승을 거두었는데, 노획한 마필만도 1,600여 필이었다. 당초에 적의 병력은 10배나 되었는데, 겨우 70여 명만이 지리산으로 도망쳤다.[85] 이성계와 변안열이 개선하니 최영이 백관을 거느리고 나가서 채붕(綵棚)을 가설하고, 각종 유희를 준비하여 천수사 문전에서 대열을 지어 영접하였다. 우왕은 이성계와 변안열에게 금 50량씩, 왕복영 이하 여러 장수들에게는 은 50량씩 상으로 주었다.[86]

이렇듯 황산대첩에서 왜구를 격퇴한 공은 이성계와 함께 변안열이 제일 컸고, 《고려사》에서도 황산대첩에 관한 자세한 내용을 변안열 열전에 싣고 있는 것도 그런 이유 때문이다. 아무튼 황산대첩에 대해서는 《고려사》나 《조선왕조실록》에서 이성계의 활약상만을 부각시켜 후세에 전해지고 있지만, 이는 변안열이 이성계의 정적으로 제거 당했기 때문에 나타난 현상으로 보인다. 이 밖에도 변안열은 우왕 8년 4월에 왜적이 죽령을 넘어 단양군에 침입하자, 한방언 등과 함께 적 80여 명을 죽이고 말 200여 필을 노획했다. 또 한방언 등과 함께 안동에서 왜적을 공격하여 30여 명을 죽이고 말 60필을 노획하는 전공도 세웠다. 이리하여 원천부원군으로 되고, 이어 판삼사사로 임명되었다.[87]

---

85) 《고려사》 권134, 열전 47, 신우 6년(1380) 9월.
86) 《고려사》 권126, 열전 39, 간신 2, 변안열.

이상에서 보듯이, 이 시기 잦은 왜구의 침입은 변안열·이성계·최영 등과 같은 식견 높은 무장들을 길러내는 계기가 되었고, 아울러 무장세력들이 독자적으로 정치세력화 할 수 있는 배경이 되었음은 물론이다. 그리고 요동 정벌에 나선 변안열이 위화도 회군에 동참함으로써 공신으로 책봉되기도 했지만,[88] 끝내 김저의 사건으로 이성계 일파에게 제거되고 말았다. 그러나 공양왕이 심덕부와 이성계에게 "변안열은 일찍이 설장수와 함께 명나라에 가서 신우의 광패(狂悖)한 정상을 황제에게 보고했으니, 김저의 음모에는 가담하지 않았을 것이다"[89]라고 변명해 주었던 사실로 미루어, 김저 사건과는 무관하였을 것이나, 독자적인 무장세력을 형성하였기 때문에 제거된 것이 아닌가 여겨진다. 독자적인 무장세력의 형성에 대해서는 앞에서도 살펴보았듯이, "고려 말기에 국가에서 병적(兵籍)을 관리하지 않고 모든 장수들이 각기 점유하여 군사를 삼았는데, 이를 패기(牌記)라고 하였다"라고 함과 아울러, 그러한 무장 가운데에는 최영·변안열·우인열 등을 우선으로 꼽고 있는 것에서도 확인된다 하겠다.[90]

87) 《고려사》 권134, 열전 47, 신우 8년(1382) 4월; 《고려사》 권126, 열전 39, 간신 2, 변안열.

88) 《고려사》 권46, 세가 46, 공양왕 3년(1391) 8월 기사일.

89) 《고려사》 권126, 열전 39, 간신 2, 변안열.

90) 李廷馨, 《東閣雜記》 上, 本朝璿源寶錄.

## 5. 맺음말

고려 말은 문자 그대로 내우외환을 겪고 있던, 우리 역사에서 시련기였다. 오랜 기간 원나라로부터 간섭을 받아왔던 체제 아래에서 왕위 세습이나 고려 정부 기구의 파행적 운영이 연속으로 이루어지고 있었다. 이는 급기야 반원적 개혁 성향을 보였던 공민왕 시해 사건으로 연결되었고, 밖으로는 홍건적의 침입과, 대규모로 조직된 왜구가 내륙 깊숙이 쳐들어와 노략질을 일삼는 상황으로 이어져 갔다. 이런 배경 속에서 공신 책봉이 남발되었고, 이에 따라 배출된 무장세력들이 정국의 새로운 주도권을 잡아가기 시작했다. 이렇듯 비상시국에 권력의 한 축으로 떠오르게 된 무장세력들이 결국 고려를 멸망시키고 조선을 건국하는 계기가 되었다는 점에서 역사적 의의는 크다.

그런데 무장세력이라 할지라도 모두 뜻을 같이 하는 것은 아니어서, 각기 다른 노선을 걷고 있었다. 그러던 가운데 조선 건국에 방해가 되는 무장세력들은 역사의 뒤안길로 사라져갔으니, 최영이나 변안열의 경우가 대표적인 사례가 될 것이다. 조선 초기 《고려사》를 편찬하면서 변안열을 간신전에 넣은 것은, 당시의 시대적 상황에서는 어쩔 수 없는 편찬 방침이라 하겠다. 그러나 후세의 사가들은 이에 대해 부당함을 꾸준히 지적하고 있는데, 《동사강목》을 저술하던 안정복이 성호 이익에게 편지글로 “변안열이 간신전에 들어갈 상황이 아니었음을" 토로했던 것을 비롯하여,[91] 이긍익의 《연려실기술》이나 윤근수의 《월정만필》에서도 같은 맥락으로 지적하고 있었다.[92]

변안열은 원래 심양 출신으로, 질자로 끌려갔던 공민왕을 호종하여 고려로 이주해 온 인물이다. 그런 그가 공민왕 전반기에 최고의 반열에 있던 무장 안우의 막하에서 많은 전공을 세웠는데, 무엇보다 그가 급성장할 수 있었던 것은, 공민왕 8년부터 10년에 이르는 동안 두 차례에 걸쳐 벌어진 홍건적 침입 때문이었다. 여기에서 변안열은 두 차례의 공신 책봉을 기반으로 재추의 반열에 올라 정치·사회적 배경을 키울 수 있었는데, 더욱이 이후에 연속되는 탐라의 목호 세력 정벌이나 왜구 토벌 과정에서 거듭 혁혁한 공을 세웠던 그는, 공민왕 말기부터는 이미 무장세력을 대표하는 위치에까지 서게 되었다. 특히 우왕 집권기에 왜구 토벌에 앞장서 황산대첩에서 거둔 그의 공적은 이성계보다 적은 것이 아닐 정도였으니, 변안열이 독자적인 무장세력으로 성장할 수 있었던 것이다.

당시 무장세력들의 출신성분을 보면, 뚜렷한 족적을 가진 유력가문 출신을 비롯하여, 세계가 명확하지 않는 부류까지 다양한 분포를 보이는데, 그 가운데에는 공민왕이 연경에 볼모로 있을 때부터 지켰던 연저수종공신이나 원나라에서 귀부한 인물의 후예였던 양백연, 이성계 등과 같은 일군의 부류들도 포함되어 있었다. 변안열 또한 심양 출신으로 공민왕을 따라 고려에 이주해 온 인물이란 점에서 이

91) 《순암선생문집》 권10, 東史問答, 성호 선생에게 올린 편지(경진년).

92) 이긍익, 《연려실기술》 권1, 太祖朝故事本末; 尹根壽, 《月汀漫筆》.

들과 유사한 출신 배경을 지닌 자였다. 그럼에도 위화도 회군 이후 이성계와 노선을 달리 하는 정적이었다는 이유로 살해당하였고, 이후의 역사 평가에서도 부정적으로 서술되고 말았다.

제7주제

# 변안열의 〈불굴가不屈歌〉

**박 한 남**

국사편찬위원회 편사연구관

## 1. 머리말

우리 역사에 관심 있는 사람이 아니더라도 "이 몸이 죽고 죽어 일백 번 고쳐 죽어(此身死了一百番更死了)"로 시작되는 〈단심가〉와, 이에 짝하는 "이런들 어떠하며 저런들 어떠하리(此亦何如 彼亦何如)"의 〈하여가〉를 모르는 사람은 거의 없다. 또한 이 시로 인하여 정몽주(鄭夢周)가 선죽교에서 이방원(李芳遠; 훗날 태종)이 보낸 자객[趙英珪와 高呂]의 철퇴를 맞아 끔찍하게 죽었다는 사실을 웬만한 사람들은 알고 있다. 하지만 다음 시조를 보자.

내 가슴에 구멍 뚫어 새끼줄로 길게 꿰어(穴吾之胸洞如斗 貫以藁索長又長)
앞뒤로 끌고 당겨 갈기고 찢길망정(前牽後引磨且戞 任汝之爲吾不辭)
내 임금 빼앗는 일 나는 굽힐 수 없도다.(有欲奪吾主 此事吾不屈)

이 시조의 작가가 이성계와 함께 왜구를 막아낸 장수 변안열(邊安烈)이라는 사실을 아는 사람은 매우 드물다. 또한 그가 탄핵을 받아 유배되고, 또 처참히 죽었는지에 대해서도 별로 관심이 없다. 그 이유가 무엇일까? 물론 대표적인 이유의 하나로 변안열은 《고려사》 열전의 인물 평가에서 간신(姦臣)으로 범주화된 인물이라는 사실과, 그가 남긴 시문(詩文)이 거의 없어 그의 인물됨에 대해서 그다지 주목하지 않았기 때문이라고 생각된다.

하지만 이미 16세기부터 사림(士林)들은 고려 말에 관한 《고려사》 기록의 신빙성에 대한 의문을 가져왔으며,[1] 17세기 남인학자 목재(木齋) 홍여하(洪汝河)는 변안열을 고려 말 명신(名臣)으로 분류하여 그의 왜구 토벌의 공로를 높이 평가한 바 있다.[2] 18세기 순암(順菴) 안정복(安鼎福)은 변안열이 《고려사》 간신전에 편입된 것은 정도전(鄭道傳), 조준(趙浚), 윤소종(尹紹宗) 등에 의해 고려 말 기사가 왜곡되었기 때문이라며, 스승 성호(星湖) 이익(李瀷)에게 보낸 편지글을 통해 성토할[3] 정도였다. 그런데 그가 지은 〈불굴가〉와 비슷한 내용의 국문 노래가 조선 후기 가사집에는 작자미상의 이별을 노래한 사설시조로서 불리고 있었다. 이에 이 글에서는 고려 말 시조의 양상과, 변안열이 〈불굴가〉를 지었을 시점을 고려 말 정치 상황과 관련해서 살펴보고, 이후 〈불굴가〉가 어떻게 수용되어 왔는지에 대하

---

1) 조선 명종 때 임보신(任輔臣)이 편집한 《병진정사록》(丙振丁巳錄)에 "後世所未能知者 至以辛耦爲眞共愍子也 南士華亦曰 革命時史筆 固不可盡信"이라는 기록이 보인다.

2) 홍여하, 《彙纂麗史》 권33, 名臣 12, 변안열.

3) 안정복, 《東史問答》 경진년 편지.

여도 살펴보기로 하겠다. 하지만 이에 앞서서 그동안 〈불굴가〉에 대한 연구동향을 먼저 살펴보기로 한다.

## 2. 〈불굴가〉에 대한 학계의 논쟁

〈불굴가〉가 학계에 소개된 것은 1968년 황패강의 논문을 통해서이다.[4] 황패강은 《원주변씨세보》(1800)와 《대은선생실기》(1949)에 수록된 변안열의 5세손 변희리(邊希李; 1435~1509)[5]의 《전가록》(傳家錄)[6]에서 전하는 〈불굴가〉에 주목하고, 이 시조는 정몽주가 〈단심가〉를 부를 당시 함께 배석한 변안열이 지은 것이 보았다. 그리고 정몽주와 변안열의 참화는 이 노래에서 비롯되었다는 《대은선생실기》의 기록을[7] 받아들여, 정몽주의 〈단심가〉와 쌍벽을 이룰 만한

4) 황패강, 〈대은 변안열과 불굴가〉, 《논문집》 2, 단국대, 1968.

5) 황패강은 위의 〈대은 변안열과 불굴가〉에서 변희리가 대은의 5세손이기 때문에 시기적으로 고려 말 대은의 사실에 대해 소상히 알고 있을 법하고, 나아가 대은의 〈불굴가〉를 기문(記聞)하여 전할 수 있는 사람으로 보았다. 한편 문중 기록에서 변희리는 1462년(세조 8) 생원시에 합격하고, 1486년(성종 17) 승문원 정자, 사헌부 감찰을 거쳐 형조좌랑을 역임하고, 1498년(연산군 4) 무오사화가 일어나자 예천군 귀래곡에 은거하고 다시 출사하지 않았다고 한다.

6) 《대은선생실기》는 1949년 양주 성요회(省澆會)에서 간행한 것으로 변우룡(邊雨龍) 소장본을 황패강 교수가 입수한 2권 1책의 목판본이다. 이 책의 저자는 변안열의 19세손 변호원(邊鎬元)이 변안열의 행장과 기타 문헌들을 집성하여 편찬한 책인데, 권1에 한역 〈불굴가〉가 수록되어 있기 때문에 황패강이 이를 착안하여 변안열 연구를 시작하게 되었다고 하였다.

7) 《대은선생실기》 권1. "世傳 二先生之禍 萌於此歌之日云."

고려 말 충절의 시라고 보았다. 하지만 〈단심가〉가 고려 말 대표적인 충신으로 평가된 정몽주[8]가 지은 시조이기에 아무 방해나 의심 없이 널리 민중에게 구전 전승될 수 있었으나, 변안열은 원나라 말기 고려에 온 귀화인으로서 현실적인 기반이 약하고, 그의 억울함을 풀어줄 후학이나 학통도 없는 무반(武班)이라는 사실과, 《고려사》 간신전[9]에 수록된 인물이기에, 그의 시는 함부로 조선 사람들의 입에 회자될 수 없었으므로, 작자미상의 시로 구전되어 왔다고 보았다. 그러면서 포은의 〈단심가〉가 '간측절지'(懇惻切至)한 것에 비하여 대은의 〈불굴가〉는 '직절강의'(直截剛毅)하여 가히 범접할 수 없는 무반(武班)의 절개를 보여주는 시라는 평가에 동의하였다. 그리고 포은 정몽주, 목은 이색, 야은 길재, 도은 이숭인 등 고려 말 대표적인 충절지사의 모습과 비교하면서, 대은 변안열은 이들보다 한 단계 높은 불굴의 충신임을 밝힌 바 있다.

이렇게 고려 말 시조 〈불굴가〉의 작가가 변안열이라는 사실을 밝힌 황패강은, 바로 1970년 발표 논문을 통해 작자 불명의 남녀간 이별노래로 이해되어 온 '가슴에 궁글 둥시러케 뚫고'는 변희리의 《전가록》(傳家錄)에 수록된 "穴吾之胸洞如斗"로 시작되는 한자본 〈불굴가〉(혹은 不從歌로도 칭함)의 국문 원 노래라고 보고, 이 둘의 내용이 아래와 같이 일치된다는 사실을 확인하였다.[10]

8) 정몽주는 고려 말에 반역 죄인으로 낙인되어 죽임을 당한 후 다시 효수된 죄인이었으나, 조선 태종 원년 권근의 상소로 정몽주는 영의정에 추증되고, 문충(文忠)이란 시호를 내리고 자손의 벼슬길로 회복되었다.(《고려사》 권11, 열전 30, 정몽주; 《태조실록》 권1 총서; 《태종실록》 권1, 태종 원년 1월 갑술조 참조)

9) 《고려사》 권126, 열전 39, 간신 2, 변안열.

표 1. 〈불굴가〉 국문가사와 한자본 비교

| 국문가사 | 한자본 |
|---|---|
| 가슴에 궁글 둥시러케 뚧고 | 穴吾之胸洞如斗 |
| 왼숫기를 눈길게 너슷너슷 ᄭᅩ와 그궁게 그 숫 너코 | 貫以藁索長又長 |
| 두 놈이 두 곳 마조자바 이리로 훌근 져리로 훌젹 훌 저긔ᄂᆞᆫ | 前牽後引磨且戞 |
| 나남즉 ᄂᆞᆷ대되 그는 아모ᄧᅩ로나 견듸려니와 | 任汝之爲吾不辭 |
| 아마도 님 외오 살라면 그ᄂᆞᆫ 그리 못ᄒᆞ리라 | 有欲奪吾主 此事吾不從 (一作 不屈) |

이상과 같이 황패강이 발표한 〈불굴가〉 관련 2편의 논문은 이후 국문학계에 작은 파장을 몰고 왔다. 파장은 크게 두 방향에서 일어났다. 하나는 작자에 대한 진위 논쟁이고, 다른 하나는 장시조 발생 시기에 대한 논란이었다.

황충기[11]는 "우리나라 장시조의 발생설에 대해서는 크게 셋으로 나누어지고 있다. 고려시대 발생설과 임진·병자 양란 이전과 이후 발생설이 그것이다. 그런데 비슷한 시기에 불러졌다고 할 때, 〈하여가〉나 〈단심가〉는 평시조 형식을 취하고 있으나, 〈불굴가〉는 평시조

10) 황패강, 〈대은의 불굴가 보고(補攷)—국문원가(國文原歌)를 중심으로〉, 《국어국문학》 49·50호 합집(1970), 365쪽의 글을 그대로 옮겨본다. "필자는 〈불굴가〉의 국문 가사가 이미 오래전에 망실되어 전해지지 않는 것으로 속단하고 있었다. 그러나 〈불굴가〉가 국문 시조로 전해고 있다는 사실을 최근에 발견하고 놀라움과 기쁨을 금할 길이 없었다." 이 비교표는 황패강의 논문 366쪽의 내용을 그대로 정리한 것이다.

11) 황충기, 〈장시조(長時調) 발생 고구(考究)〉, 《어문연구》 11-1, 한국어문교육연구회, 1983.

와 전연 다른 형식이라는 점에서 이것이 시조이냐 아니냐가 문제가 될 수도 있으나, 분명한 것은 《진본 청구영언》(珍本靑丘永言)에 수록되어 있다는 점에서 장시조[12]로 볼 수밖에 없으므로, 장시조의 발생 시기를 고려시대로 잡을 수 있다"고 하였다.

이렇듯이 황충기는 〈불굴가〉를 통해 장시조의 발생설을 고려시대로 보는 입장에 있으므로 〈불굴가〉가 언제 만들어졌는지에 주목하였다. 그래서 변안열이 공양왕 2년(1390) 정월 7일에 김저(金佇)의 옥사에 관련되어 삭직 유배되었다가, 같은 달 16일에 한양에서 한양부윤 김백흥에게 피살되었으므로 1390년 이전에 지어진 것으로 보고,[13] 이방원이 베푼 자리에서 정몽주와 함께 불렀다는 주장에는 반대하였다. 하지만, 〈불굴가〉가 조선 건국을 반대한 간신 변안열이 지은 것이기 때문에 사람들에게 회자되지 못하였으며, 오랜 세월이 흐르는 동안 본래 불사이군(不事二君)의 충신의 노래가 아니라, 이별을 앞둔 남녀간의 진한 애정시가로 불리었다는 점에 대해서는 황패강과 같은 입장이었다.[14]

요컨대 황충기는 1388년에서 1390년 무렵에 지은 변안열의 〈불굴가〉를 통해, 장형시조도 단형시조와 거의 같이 고려 말에 시작된 것으로 보았다. 다만, 조선 후기에 와서는 과거와는 다른 창법으로 노래가 불리었다고 하였다.

---

12) 장시조의 명칭에 대해서는 장시조를 시조와 다르게 이름 붙여야 한다거나, 혹은 사설시조, 농락(弄樂), 또는 만횡청(蔓橫淸) 등의 국문학계에 다양한 논의가 있으나 필자가 감히 언급할 분야가 아니므로 이 글에서는 주목하지 않기로 한다.

13) 황충기, 앞의 글, 191쪽.

14) 위의 글, 193쪽.

이상 두 학자의 연구를 통해 조선 후기 작자 미상의 사설시조 〈내 가슴에 구멍뚫고 새끼줄로 길게 꿰어〉는 고려 말 충신인 무장 변안열이 지은 충절가였으나, 조선시대에 작자 미상으로 전해지면서 남녀간의 애정 노래로 변질되어 불려왔다고 할 수 있다. 또한 사설시조(혹은 장시조)의 연원을 고려 말 발생설로 잡을 수 있는 증거로 〈불굴가〉가 주목된 것도 확인할 수 있었다. 하지만 〈불굴가〉를 둘러싼 견해는, 이러한 논지에 반박과 재반박으로 이어지는 뜨거운 논쟁으로 확대되어 갔다.

기존 논의에 대해 가장 강한 반대 의견은 강전섭이 제기하였다. 강전섭은 기존 연구에서 이방원과 정몽주가 〈하여가〉와 〈단심가〉를 부를 당시, 함께 배석해 〈불굴가〉를 지었다고 본 것에 대하여 두 가지 점에서 반박하였다. 즉, 시기상으로 변안열은 이미 죽었기 때문에 참석할 수가 없었고, 또한 〈불굴가〉뿐 아니라 당시 정치 상황은 생사를 건 정치 투쟁의 와중에 있었으므로 한가하게 노래를 부를 수 없었다고 보았다. 물론 〈불굴가〉뿐 아니라 〈하여가〉와 〈단심가〉 작자가 이방원도 정몽주도 아니라고 부정하는 한편,[15] 〈불굴가〉는 "단심가 전설이 상당히 보편화되어 있던 영·정조 시대의 산물로서, 당

15) 강전섭, 〈'단심가'와 '하여가'의 소원적 연구〉, 《동방학지》 35, 2008. 강전섭 교수는 "어느 누구에 의하여 포은 선생의 충절을 돋보이게 하기 위하여 단심가 전설이 꾸며져서 세상에 널리 퍼지자 조상을 위하는 갸륵한 마음에서 대은의 후손들이 선조의 사적을 더욱 빛내기 위하여 '단심가전설'을 다시 각색한 것이 바로 '불굴가 전설'이며, 이것이 담겨진 문헌은 바로 ① 《원주변씨세보》 권1에 수록된 〈전가록〉, ② 《야은선생언행속집》 권3에 수록된 〈변대은안열유사〉, ③ 필사본 〈선조전행장〉, ④ 목판본 《대은선생실기》라고 보았다.

시 널리 불리고 있던 '님외고 살라면 그는 그리 못하리'라는 시조를 변형시켜 부연, 개작된 한역가(漢譯歌)"라고 보았다. 다시 말하면, 〈불굴가〉는 변안열의 작품이 아니며, 이미 존재하던 노랫말에 변안열 관계 기록을 끼워 넣은 것[16]으로 이해하였다.

이처럼 기존 논의를 정면 반박한 강전섭의 논지는 다시 이동영에 의해 비판을 받았다. 즉, 고전작품에 관한 발생은 최초의 기록에서 출발하여야 하는데, 최초의 기록을 부정할 근거가 없으면 그러한 근거가 발견될 때까지 최초의 기록을 신빙하거나 부정은 유보되어야 한다고 지적하고, 변희리의 《전가록》이 근거가 없다는 주장 또한 근거가 없다고 하였다. 그리고 〈불굴가〉를 변안열이 불렀다는 기록은 있어도 아니라는 기록은 없다는 점과, 〈불굴가〉는 음란한 노래가 아니며, 고려시대의 시적 표현법의 하나라는 점 등을 들어 반박하였다.[17]

이러한 〈불굴가〉의 작자와 장시조 발생설에 대한 논쟁 위에, 조규익은 완곡한 입장에서 〈불굴가〉는 변안열이 지어 부른 것으로 보았다. 그러면서도 기왕의 논의를 볼 때 〈불굴가〉를 수록한 사료에 대해, 그 동안 연구에서는 고증을 소홀히 하였고, 또한 다분히 의심할 만한 사항을 비판 없이 당연한 것으로 받아들임으로써 국문학사상 중대한 문제를 오도할 위험성을 초래하였다는 점을 인정하였다.

16) 강전섭, 〈전(傳) 변안열의 불굴가 응작론(贋作論)〉, 《어문연구》 12, 어문연구학회, 1983; 《한국시가문학연구》, 대왕사, 1986, 45~46쪽 및 조규익, 〈장시조의 장르 형성 과정 및 그 성격 (1) — 불굴가의 수용을 중심으로〉, 《민족문화연구》 24, 1991, 고려대, 178쪽에서 재인용함.

17) 이동영, 〈불굴가 응작론의 변정〉, 《한국문학논총》 8·9합집, 한국문학회, 1986.

그러나 “이미 존재하던 국문의 노래를 한문으로 번역한 것이든, 한문으로 전해지던 노래를 국문의 노래로 번역한 것이든, 엄연히 둘의 존재가 문헌 기록으로 남아 있었다는 점에 주목하고, 비록 그 가운데 하나가 조작된 것일지라도, 한문의 기록과 국문의 기록이 함께 존재하는 한, 그러한 노래들이 당대에 불리고 있었다는 사실만으로도 의미가 있다”고 보았다. 나아가 〈불굴가〉가 변안열의 작품이 아니라는 주장을 완벽하게 입증할 수 없다는 점도 지적을 하였다. 하나의 가설로 변안열이 투옥 당시 그 말년에 창작해 놓았던 것을 후손이 엉성하게나마 정몽주와 이방원이 배역으로 등장하는 극적 상황을 설정하여 끼워 넣었을 가능성도 있다고 보았다. 그러면서도 〈불굴가〉는 장시조의 생성 및 정착과정을 입증하는 자료로 가치를 인정할 필요가 있다고 하였다.[18] 그런데 이동영이 〈불굴가〉의 내용을 모티프로 하여 후대에 나타난 우리말 노래인 만횡청류(蔓橫淸類)가 장형화(長型化), 연희화(演戲化) 된 점을 들어, 이 노래의 원전은 한시였다고 본 것과 달리, 변안열이 불렀던 노래는 처음부터 우리말 노래였다고 보았다. 변안열이 잔치마당에서 우리말로 부른 것을 기록하자니, 불완전하나마 한문으로 번역할 수밖에 없었다고 보았다. 그러므로 현재 《진본 청구영언》에 실려 전하는 노래가 액면 그대로 당시 변안열이 불렀던 노래라고 할 수는 없으나 거의 유사한 모습을 띠고, 조선 후기의 가집에 기록될 때까지도 계속 가창되어 왔다고 보았다.[19]

18) 조규익, 앞의 글, 178~181쪽.

19) 조규익, 〈불굴가 보론〉, 《동방학》 2, 한서대학교 동양고전연구소, 1996, 89~90쪽.

이상 장황하지만 1960년대 이후 〈불굴가〉를 둘러싼 학계(국문학계)의 연구 동향을 살펴보았다. 필자는 국문학자도 아니고, 이들 논문을 조목조목 비판할 능력도 없기 때문에, 학계의 연구 성과를 소개하는 정도로 그치고자 한다. 대신 고려 말 조선 초에 고려의 멸망을 안타까운 심정으로 노래한 시가 여러 편 있고, 그들 시에 역사적 의미를 부여하는 것에 대해 부정하는 입장이 없는 것이 현실인 데 비하여, 유독 〈불굴가〉에 대해 그 진위 여부를 부정하는 것은 다소 인색한 태도라 하지 않을 수 없다. 그런데 마침 국문학 개설서로 널리 알려진 《한국문학통사 2》에서 조동일은 "변안열은 원래 만주 쪽에 살았는데 공민왕을 따라와 귀화를 하고 홍건적 토벌에 공을 세웠다. 그런 외래자인데도 그는 정몽주의 〈단심가〉와 상통하는 〈불굴가〉라는 시조를 지었다. 그 노래는 한문 번역만 전하는가 했더니 사설시조로 변모된 것이 남아 있다"라며, 고려 후기 문학사에 당당히 자리매김 하는 시조임을 분명히 밝히고 있었다.

이상 〈불굴가〉에 대한 학계의 입장을 정리하자면, 완전히 일치되는 것은 아니지만 〈불굴가〉의 작자는 변안열이며, 시조 형식면에서 사설시조라는 점에서 우리나라 문학사 내지 시조사에 한 획을 긋는 존재로 주목받고 있다고 하겠다.

이에 이 글에서는, 고려 말 조선 초의 시조를 들여다보고, 무신 변안열이 〈불굴가〉를 지어 불렀을 고려 말 상황과, 조선 후기 사람들에 의해 불리어진 이른바 '국문 〈불굴가〉'의 내용을 살펴보도록 하겠다.

## 3. 고려 말 시조의 유형과 변안열의 〈불굴가〉

### 3.1. 고려 말 시조의 유형과 작가층

고려 말 조선 초에 나타난 시가인 시조[20]는 고려왕조를 회고하거나 죽음으로 절의를 표현하거나, 아니면 새 왕조를 찬양하며 국왕의 성은을 기리는 등으로 당대 사대부들의 정신적인 자세를 표현하며 그 역사적 기능을 하였다. 물론 이런 정치적인 내용 외에도 애정과 탄로(嘆老)를 주제로 한 시조도 전해진다. 우선 탄로, 즉, 늙음을 한

20) 시조(時調) 명칭의 연원과 뜻에 대하여 정병욱은 시조라는 명칭이 역사문헌에 나타나기 시작한 것은 조선 영조 때 신광수(申光洙)의 석북집(石北集) 《관서악부》(關西樂府)에 처음 보인다고 밝히고, 시조의 원래 뜻은 '시절가조'(時節歌調), 즉, '당대 유행하는 가조(歌調)'라는 말이 줄어서 된 것으로, 음악곡조의 명칭이라고 하였다. 그런데 근대에 들어와 서구문학의 영향을 받아 과거에 없던 문학 장르, 즉, 창가, 신체시, 자유시, 산문시 등이 나타났기 때문에, 그것들과 우리의 전통적인 옛 시형(詩形)을 구분하기 위하여 3장 45자 내외의 특정한 형태를 갖춘 시형을 음악상(音樂上)의 명칭인 시조라는 이름으로 부르게 된 것이라고 하였다. 또한 시조라는 이름으로 부르기 이전에는 단가(短歌)라고도 하였고, 어떤 이는 시여(詩餘), 또는 신번(新翻), 장단가(長短歌), 신조(新調)라고도 부른다고 하였다.(정병욱, 〈시조문학의 개관〉, 《시조문학사전》, 신구문화사, 1979 참조) 한편 조동일은 《한국문학통사 2(제2판)》(지식산업사, 1989), 191쪽에서 "시조라는 명칭은 조선 후기에 비로소 널리 쓰이게 되었고, 시절가 또는 새로 유행하는 노래를 뜻한다. 그 전에는 단가(短歌)라고 했는데, 이 말도 고려시대까지 소급될 수 있는지 의문이다. 그러나 처음에는 무어라고 부르며, 그 특징을 어떻게 의식했건, 오늘날 시조라는 이름으로 널리 일컫고 있는 문학 갈래는 고려 후기 또는 말기에 생겨났으리라고 보는 데 의견이 거의 일치하고 있다"고 하여, 시조의 연원에 대해 학자 간의 이견이 있지만 일단은 고려 후, 말기 발생설에 비중을 두고 있다. 한편 이 장에 대한 서술은 《한국문학통사 2》를 참고하였음을 밝힌다.

탄한 우탁(禹倬; 1263~1342)의 시조부터 보자.

春山에 눈 노긴 ᄇᆞ람 거듯 불고 간듸 업다.
잠간 비러다가 불리고쟈 마리우희
귀 밋틔 ᄒᆡ무근 서리를 노겨 볼가 ᄒᆞ노라[21]

ᄒᆞᆫ 손에 가싀를 쥐고 ᄯᅩᄒᆞᆫ손에 매를 들고
늙는 길은 가싀로 막고 온은 白髮은 매로 칠엿ᄐᆞᆫ이
白髮이 눈츼 몬져 알고 줄엄길로 오건야[22]

〈탄로가〉로 불리는 위 시를 지은 우탁은 82세까지 살았던 인물로, 경사(經史)에 해박하고, 특히 '역동선생'으로 불릴 정도로 주역에 밝은 사람이었다. 미신에 대해서 아무리 많은 사람이 믿는다 할지라도 단호히 척결하였으며, 1308년(충선왕 즉위년) 감찰규정이 되었을 때는 충선왕이 부왕의 후궁인 숙창원비(淑昌院妃)를 간통하자 백의(白衣)차림으로 도끼까지 들고 대궐로 들어가 극간을 할 정도로, 불의에 타협할 줄 모르는 강직한 사람이다. 그리고 원나라를 통해 전해진 정주학(程朱學)의 문리를 독학으로 터득해 학생들에게 가르쳐 준[23] 신유학자로서, 매우 이성적인 사람이라 하겠다. 따라서 이성적이고 깐깐하며 강직한 성품의 소유자인 우탁이 늙음을 한탄한 시를 지어 불렀다는 것은 자연스럽지는 않다는 지적이 있다. 그럼에도 이

21) 정병욱, 《시조문학사전》(신구문화사, 1980), no.2060.
22) 위의 책, no.2270.
23) 《고려사》 권22, 열전 109, 우탁.

시조를 수록한 여러 시조집에서는 작자를 무명씨로 표시하는 경우를 빼고는, 우탁이 지었다는 것을 당연시하고 있었다.[24] 요컨대 시조의 발생 시기를 여말선초로 잡을 때, 우탁의 시조는 그보다 앞선 고려 후기 작품이라는 점에서 작가 위작설이 나올 법하다. 하지만 〈탄로가〉의 작자로 우탁이 아닌 다른 사람을 거론한 것이 하나도 없었다.

우탁의 〈탄로가〉를 빼면, 고려 말 시조의 대부분은 정치를 주제로 하고 있다. 고려왕조의 충절을 노래한 시가 있는가 하면, 조선 건국을 당연시하는 시도 있었다. 이런 점에서 당시 정치를 주제로 한 시조를 내용에 따라 ① 충절시 ② 회고시 ③ 각세(覺世)시 ④ 개세시 ⑤ 탄세시로 분류하기도 한다.[25]

그 가운데 우왕의 사부로 고려 말 정국에 유종(儒宗)으로 칭해지는 이색(李穡; 1328~1396)이 지은 "白雪이 ᄌᆞ자진 골에 구루미 머흐레라/ 반가온 梅花ᄂᆞᆫ 어ᄂᆡ 곳에 픠엿ᄂᆞᆫ고/ 夕陽에 홀로 셔 이셔 갈 곳 몰라 ᄒᆞ노라"[26]라는 시는 암울한 고려 말 정국을 회고하는 시조

24) 조동일, 앞의 책, 192쪽.

25) 신영명은 정병욱의 《시조문학사전》에 수록된 고려 말 시조 20편을 골라 ① 충절을 노래한 최영, 정몽주, 원천석, 성여완의 작품을 들고, ② 회고를 노래한 시로서 원천석, 이색, 길재의 시를, ③ 각세는 정도전, 조준, 이방원의 시를, ④ 개세는 공민왕 대 신돈의 횡포를 탄핵하다 단명한 이존오의 작품을, ⑤ 탄세의 시로는 이성계와 의형제를 맺고 생사고락을 함께한 이지란의 시 등 20수를 분석하고, 여말선초는 시기상 경기체가와 악장의 시대에 속하므로 이 시기 작품은 모두 위작으로 보았다. 하지만 이들을 모두 위작으로 본다 할지라도 각 시조의 유형과 작가라고 칭해지는 사람들의 생애와 밀접한 연관 관계를 갖고 있기 때문에, 이들 작품은 17세기 또는 18세기 정치 담론의 결과로 보았다.(신영명, 〈여말선초 시조의 세 가지 국면〉, 《시조학논총》 29, 2008)

로 분류되고 있다. 백설이 자욱하고 구름이 험악하게 잔뜩 낀 골짜기는 이색이 직면한 고려 말 정국을 뜻한다. 이를 타개할 수 있는, 매화로 비유되는 희망은 어디에도 보이지 않는 상태에서, 석양이라는 단어에 함축된 '멸망해 가는 고려왕조' 조정에 홀로 서 있는 시대상황을 읊은 것으로 해석할 수 있겠다. 고려 말 급변하는 정국에서 어떠한 선택을 해야 할지 스스로도 방황하는 모습을 잘 반영한 시라고 할 수 있다. 이 밖에 회고시로는 원천석의 〈興亡이 有數ᄒᆞ니 滿月臺도 秋草로다〉[27]나 길재의 〈五百年 都邑地를 匹馬로 도라드니〉[28] 등이 있다.

이상 살펴본 시조는 모두 《대학본 청구영언》에 간단한 주석으로 작가의 이름이 밝혀져 있는 것들이다. 그리고 이색의 시조는 《진본 청구영언》에 작가를 알 수 있는 고려 말 유명씨(有名氏)의 시조 3수[29]의 하나로도 소개되어 있다.

이색은, 1389년(공양왕 1)에 위화도 회군으로 우왕이 강화로 쫓겨나자 조민수(曺敏修)와 함께 창왕(昌王)을 옹립하여 즉위하게 하였다. 그리고 판문하부사(判門下府事)가 되어 명나라에 사신으로 가서, 창왕의 입조와 명나라의 고려에 대한 감국(監國)을 주청해 혁명세력인 이성계 일파의 세력을 억제하려 노력하였다. 하지만 이 해에 이성계 일파가 세력을 잡자 오사충(吳思忠)의 상소로 장단(長湍)에 유배되었

26) 정병욱, 앞의 책, no.890.

27) 위의 책, no.2371.

28) 위의 책, no.1501.

29) 《진본 청구영언》에는 '여말 시조'로 목은(이색)의 시조 외에, 포은(정몽주)의 〈이 몸이 주거주거〉와 동포(맹사성)의 〈강호에 봄이 드니〉 등 3수를 수록하였다.

다가 2년 뒤 석방되었다. 다시 1392년(공양왕 4) 정몽주가 피살되자 금주(衿州)로 추방되었다가, 여흥(驪興), 장흥(長興) 등지로 유배되기도 하였다. 조선 건국 4년 뒤인 1396년에 69세의 나이로 죽기까지, 이색은 뛰어난 문재와 모나지 않은 태도로 원만한 교유관계[30]를 보이고 있으며, 그의 《목은집》(牧隱集) 55권에는 6천 편[31]에 이를 정도의 방대한 시가 전해지고 있다.[32]

이렇게 고려 말 사대부의 유종(儒宗)으로서 우왕의 사부이며, 창왕을 추대한 중심인물이었으나, 그의 말년은 전제개혁을 계기로 드러난 급진파에 의해 조선 건국의 필연성이 정당화되면서 온건한 입장에 섰던 그의 입지는 점차 약해져 갔다. 이러한 정국에서 석양에 비유되는 고려왕조와 구름에 비유되는 조선 건국세력 사이에 갈등하는 이색의 정치적 입장을 반영하는 시조가 읊어진 것이다. 물론 이방원의 〈하여가〉에서 알 수 있듯이, 고려 말에는 고려왕조에 대한 충절이나 회고를 바라는 시만 읊어진 것은 아니다. 정도전(1342~1398)의 "仙人橋 나린 물이 紫霞洞에 흐르르니/ 半天年 王業이 물ㄹ소릐쑨이로다/ 兒禧야 古國興亡을 무러 무엇ᄒ리요"[33]라든가, 조준(趙浚; 1346~1405)의 "夕陽에 醉興을 계워 나귀 등에 실려시니 十里溪山이 夢裏에 지내여다 어듸셔 數聲漁笛이 좀든 날 ᄭᅵ와다"[34] 등

30) 《고려사》 권25, 열전 115, 이색.

31) 성범중, 〈고려 말 지식인의 중국 체험과 그 형상화 양상〉, 《진단학보》 114, 2012, 244쪽의 주 5) 참조.

32) 이익주, 〈목은시고를 통해 본 고려 말 이색의 일상—1379년(우왕 5)의 사례〉, 《한국사학보》 32, 2008.

33) 정병욱, 앞의 책, no.1146.

이 전한다. 이들은 모두 이성계를 도와 조선 건국에 정치적 경제적 기반을 닦은 인물답게, 시조의 내용에서도 새로운 시대가 도래하고 있음을 각성시키는 입장을 취하고 있다.

그런데 고려 말 조선 초 시조가 모두 유신(儒臣) 사대부들이 부른 시조만 있는 것은 아니었다. 최영이나 이지란과 같은 무신들의 시조도 있다. 무장 최영이 지었다고 하는 다음의 시조는, 유신들의 시조에서 볼 수 없는 무장의 강인한 조국애를 느끼게 한다.

> 綠駬霜蹄 솔지게 먹여 시닉ㄷ물에 싯겨 트고
> 龍泉雪鍔을 들게 갈아 두러메고
> 丈夫의 爲國忠節을 세워볼ㄱ가 ᄒᆞ노라.[35]

녹이상제와 같은 준마를 살찌게 먹여 타고, 용천설악 같은 훌륭한 칼을 어깨에 메고, 고려왕조를 위해 당당하게 싸워 지키겠다는 무장의 기개를 느낄 수 있는 시조라 하겠다.[36]

이상과 같이, 고려 말에 이르면 시조는 사대부 문신만의 전유물이 아니라, 무장들에게까지 작자층이 확대되고 있었음을 알 수 있다. 따라서 고려 말, 무장세력 변안열이 "가슴에 말만한 구멍을 둥그렇게 뚫고(穴吾之胸洞如斗)/그 구멍에 긴 새끼줄을 꿰어(貫以藁索長又

34) 위의 책, no.1134.

35) 위의 책, no.494.

36) 이 밖에도 고려 말 최영이 지은 시조로 "눈 마자 揮엿노라 구분 솔 웃지 마라/ 春風에 픠운 쏫치 매양에 고와쓰랴/ 風飄飄 雪紛紛ᄒᆞᆯ 제 네야 너를 부러ᄒᆞ리라"가 정병욱, 앞의 책, no.516에 보인다.

長)/ 새끼줄을 두 놈이 마주잡아 앞뒤로 끌고 당기는(前牽後引磨且戞) ……" 극단의 고통을 감수하면서까지 지키고자 했던 고려왕조에 대한 충절을 노래한 〈불굴가〉의 작자라는 것은 결코 낯설지 않다고 하겠다.

그런데 앞에서 언급하였듯, 만일 시조의 발생 시기를 고려 말이 아닌, 임진·병자 양란 이전의 15세기로 본다면, 위에서 인용한 우탁 이하 최영에 이르는 고려 말 조선 초의 모든 시조는 위작으로 볼 수밖에 없다. 그리고 이러한 작가에 대한 논란에 〈단심가〉와 〈하여가〉를 지은 정몽주와 이방원의 경우에도 비껴갈 수는 없을 것이다. 설령 시조의 15세기 발생설을 그대로 따라, 〈단심가〉와 〈하여가〉의 작자가 정몽주와 이방원이 아니라고 해도, 현재까지도 이 시의 작자가 정몽주와 이방원으로 불리는 것에 대해 대체로 수긍하고 있다는 점에서, 각 시조들이 갖는 역사성을 주목할 필요가 있다.

정몽주의 〈단심가〉를 소개한 《대학본 청구영언》[37] 주석에는, 〈단심가〉의 배경에 대하여, "《고려사》에 이르기를, 태종 대왕이 연회를 베풀어 정몽주를 초대했다. 술잔이 이르매 태종 대왕이 술잔을 잡고 노래를 불러 정몽주의 의향을 살피려 하자, 공이 노래로서 화

37) 지금까지 전하는 《청구영언》의 이본 가운데 중요한 것은 육당 최남선의 소장본과 오장환 소장본이라 한다. 그래서 《육당본 청구영언》, 《오씨본 청구영언》으로 불리는데, 《오씨본 청구영언》은 현존하는 시조집 가운데 그 연대가 가장 오래인 것이므로 《진본 청구영언》이라고도 한다. 그리고 육당본은 다른 《청구영언》보다 가장 많은 999수의 시조를 수록하고 있으며, 1929년 경성제국대학에서 육당본을 다시 인쇄 간행했기 때문에 《대학본 청구영언》이라고 한다. 그런데 이 글에서 참고한 것은 《대학본 청구영언》을 다시 1957년 청구대학에서 인쇄한 것이다.

답을 하니, 마침내 맘을 바꿀 뜻이 없음을 알았다"[38]고 되어 있다. 하지만, 현전하는 정인지의 《고려사》에는 이러한 내용이 없다. 그런데 현전하는 자료 가운데 〈단심가〉를 제일 먼저 소개한 것은 《청구영언》이 아니라, 17세기 초 심광세(沈光世; 1577～1624)[39]가 편찬한 《해동악부》(海東樂府)의 주석이다.

> 고려 말에 문충공(文忠公) 정몽주(鄭夢周)는 진유(眞儒)이며, 임금을 도와서 큰일을 할 만한 인재로서 나아와 높이 등용되었다. 태조의 알아줌을 가장 두터이 받아, 여러 번 그 막하에 부름을 받았다. 위화도 회군 뒤에는 태조와 함께 승진하여 상(相)이 되었다. 문충공은 김진양(金震陽) 등 여러 공들과 함께, 몸을 잊고 나라에 충성을 다하여 고려의 사직을 붙들려 하였다. 그때 태조의 공업(功業)이 날로 왕성해져서 여러 신하들의 마음이 그에게로 쏠려, 형세가 남의 신하에 그치기는 어렵게 되었으므로, 문충공은 그를 꺾을 계책을 세웠다. 태종이 일찍이 태조에게 아뢰기를, "정몽주가 어찌 우리 집안을 저버리겠습니까." 하니 태조가 말하기를, "우리가 무고한 모함을 받게 되면 몽주는 죽음으로써 우리를 변명해 주겠지만, 만약 나라에 관계되는 일이라면 알 수 없다." 하였다.

38) "麗史 太宗大王設宴邀致鄭夢周至酒闌 太宗大王把盃作觀歌以觀鄭夢周之意 公作觀歌 以和其終不變之意也."(《대학본 청구영언》 8쪽 참조)

39) 심광세는 선조 때의 문신으로 자는 덕현(德顯), 호는 휴옹(休翁), 청송(靑松)심씨 현감 심엄의 맏아들로 경사에 통하고 문필에 능하였다. 그가 시강원설서로 있을 때, 광해군이 동궁 시절 무설(誣說)을 믿은 것에 대해 시강(侍講)으로서 이를 지적하였다가 강화(江華)로 쫓겨나기도 했다. 선조 37년(1604) 성균관 전적이 되었으나, 다시 계축옥사(癸丑獄事)에 걸려 10년 동안 고성(固城)에 유배되었다. 인조반정 때 다시 교리로 불려 들어가 응교가 되었다. 뒤에 고향에 내려가 있다가 이괄(李适)의 난을 듣고 돌아오다 부여(扶餘)에서 객사하였다. 인조 연간에 '시무 12조'와 '안변(安邊) 10책'을 건의한 바 있다.

문충공의 마음과 형적이 더욱 드러나자 태종은 잔치를 베풀어 그를 초청하고, 노래를 지어 술을 권하며, "이런들 어떠하리 저런들 어떠하리/ 성황당 뒷담이 다 무너진들 어떠하리/ 우리도 이같이 하여 아니 죽으면 또 어떠리"라고 읊으니, 문충공도 이에 노래를 지어 술잔을 보내면서, "이 몸이 죽고 죽어 일백번 고쳐 죽어/ 백골이 진토되어 넋이라도 있고 없고/ 임 향한 일편단심이야 가실 줄이 있으랴." 하고 응수하였다. 태종이 문충공의 뜻이 변하지 않을 것을 알고 드디어 제거해 버리기로 마음먹었다.

문충공이 하루는 태조의 집에 병문안을 가서 그 기색을 살피고 돌아오는 길에, 옛날의 술친구네 집 앞을 지나게 되었다. 주인은 외출하고 뜰에는 꽃이 활짝 피어 있었는데, 바로 들어가 술을 청하여 마시고 꽃 사이에서 춤을 추면서, "오늘은 날씨가 몹시 사납구나." 하고, 큰 대접으로 몇 대접의 술을 마시고 나왔다. 그 집 사람이 이상히 여겼더니, 얼마 안 되어 정시중(侍中)이 해를 입었다는 말이 들렸다.

문충공이 태종의 집에서 돌아올 적에 그 앞을 가로질러 지나가는 활을 멘 무부(武夫)가 있었다. 문충공이 따라오는 녹사(錄事)를 돌아보며 말하기를, "너는 뒤에 떨어져라." 했더니, 대답하기를, "소인은 대감을 따르겠습니다. 어찌 다른 데로 가겠습니까." 하니, 재삼 꾸짖어 말렸으나 듣지 않았다. 문충공이 살해를 당할 적에 서로 끌어안고 함께 죽었는데, 그 당시 창졸간에 그의 성명을 기억하는 사람이 없어, 마침내 후세에 전하지 못하였다.[40]

40) 《해동악부》는 광해군 때의 문신 심광세(沈光世)가 지은 역사시집으로, 광해군 9년(1617)에 간행된 인본(印本)이다. 모두 1책으로 되어 있는데, 신라 · 고려 · 조선 초기의 사실(史實)로부터 흥미 있는 것 44편을 뽑아, 그것을 설명하는 해설을 시서(詩序)로 하고, 그 사실을 시로 읊었다. 명나라 이동양(李東陽)의 《서애악부》(西涯樂府)의 악부체를 본떠 아동 교훈을 취지로 만든 것이다. 그의 자서(自序)에,

1392년 4월 을묘일, 정몽주가 선죽교에서 피살되기 직전 〈하여가〉와 〈단심가〉가 지어진 배경을 전하는 이 기록은, 선죽교 사건이 일어난 지 200여 년이 지난 1617년 《해동악부》라는 문헌에 처음 보인다. 이 《해동악부》의 주석에는, 그보다 앞서 이성계가 낙마하여[41) 몸져누워 있을 때, 병문안을 다녀온 후 무엇인가를 결심한 정몽주의 모습과, 이미 포은은 자신이 살해될 것을 예감하고 있었음을 전해주는 이야기도 실려 있었다. 이처럼 〈단심가〉나 〈하여가〉와 같은 조선 왕조의 정통성을 일정 부분 훼손하는 내용을 담은 이러한 노래가 당시 유행하여 채록되고 있다는 것은, 17세기에 이르면 고려 말 정치 상황에 대한 재평가가 이루어져야 한다는 인식의 변화가 나타난 것으로 이해할 수 있다.[42)]

뿐만 아니라 《해동악부》에서는 원천석(元天錫)의 시사(詩史)에 대하여 언급하며, "고려 말의 야사(野史)였는데, 국사와 같지 않은 데가 많았다"는 사실까지 주석으로 달고 있었다. 이처럼 17세기 이르자

---

"서애악부를 읽고, 그 말이 심금(心琴)을 울리고, 그 내용이 사람을 감발분기(感發奮起)하게 하여, 초학(初學)을 돕는 데 매우 크다. 이에 동사(東史)를 읽고 그 중에서 찬영(贊詠) 감계(鑑戒)가 될 만한 것을 골라 가시(歌詩)로 한다" 하였다. (http://db.itkc.co.kr의 《해동악부》 주석풀이 참조)

41) 이성계가 해주에서 사냥하다가 낙마한 때는 이보다 한 달 전인 1392년 3월이다. (《고려사》 권46, 세가46, 공양왕 4년 3월 무술)

42) 신영명은 이러한 인식의 변화는 그냥 주어진 것이 아니라, 전대 사림의 치열한 투쟁의 산물이라고 하였다. 요컨대 17세기 재지사족은 사림의 투쟁적 전통의 일부를 이어받아, 조선 전기까지 금기시되어 왔던 조선 건국의 비판세력에 대한 언급이 가능했다고 보고, 〈하여가〉와 〈단심가〉에서 보이듯이 당시 사림들은 시조를 통해 정몽주의 순결주의를 내세워 이방원의 온정주의를 비판하였다고 보았다.(신영명, 〈여말 선초 시조의 3가지 국면〉, 《시조학논총》 29, 2008, 132~136쪽 참조)

고려 말 조선 초 정치 상황에 대하여 언급하는 것에 대하여 세월이 많이 지났기 때문에 '반드시 혐의스러울 것이 없다'는 생각을 하고 있었다. 물론 실제 원천석의 책을 열어 보니, 그들이 알고 있는 고려 말 역사와는 사뭇 다른 내용이 너무 많았기 때문에, 결국은 화근을 미연에 방지하고자 책을 불살라 버리지 않을 수는 없었다는 점에서, 어느 정도 제한은 있었다고 하겠다.

하지만 조심스럽게 제기되었던 고려 말 정국에 대한 관심은, 급기야 조선 건국의 당위성을 나타내는 명분론이었던 폐가입진(廢假立眞)에 대해서도 반론을 제기하였다. 서거정의 《필원잡기》(筆苑雜記)나, 유희춘(柳希春)의 《미암집》(眉巖集) 등에서 이미 거듭 폐가입진을 부정하는 공론이 확산되었으며,[43] 비슷한 시기 월정 윤근수(尹根壽; 1573~1616)는 《고려사》 열전에 간신으로 부류된 변안열과 조민수에 대한 기록을 비판하며, "그들의 일과 행동에 처음부터 끝까지 간사한 증상이 있음을 알지 못한다…… 변안열은 여흥왕(驪興王; 우왕)을 개인적으로 찾아가 뵈었을 뿐이다. 이것을 가지고 죄를 만들어서 간신의 열에 넣어두었으니, 어찌 후세의 인심을 복종시킬 수 있으며, 또한 사실을 바른 대로 쓴 믿을 만한 역사라고 할 수 있는가? 또 먼저 근본을 따져 죄를 삼는다면, 이색은 장하죄의 우두머리임을 면치 못할 것이다. 그런데 사신(史臣)들이 이색은 명유(名儒)라 하여 감히 간신의 이름을 붙이지 못하고…… 한번 웃음을 터뜨릴 만하다."라 하며 냉소하고 있었다. 따라서 다소 이른 시기이기는 하지만, 변

43) 유영옥, 〈폐가입진에 대한 조선 후기 사대부의 비판적 인식〉, 《역사와 경계》 83, 2012 참조.

안열의 〈불굴가〉를 5세손 귀계공(歸溪公) 변희리(邊希李; 1435~1509)가 《전가록》(傳家錄)을 통해 고려 말 정국에 대한 진실을 밝히려고 했다는 것은, 이러한 시대적 분위기를 반영한 자연스러운 일이라 하겠다.

### 3.2. 고려 말 변안열의 위상과 이성계와의 관계

정종 원년(1399) 3월 9일(음) 새벽, 왕자의 난을 겪으면서 사랑하는 아들을 잃고 개성으로 환도한 그날, 이성계가 제일 먼저 들른 곳은 바로 변안열이 살던 옛집이었다.[44] 고려 말 왜구와 홍건적 침입이라는 국난에 맞서 수많은 전쟁을 승리로 이끌며 많은 세력들을 규합함으로써 500년 고려왕조를 무너뜨리고 조선을 건국한 이성계의 곁에는 수많은 인사들이 있었을 터인데, 굳이 이성계는 변안열의 옛집을 왜 찾아갔을까? 물론 4일 뒤인 13일 새벽에는 시중 윤환의 옛집에 이어하며, "내가 한양(漢陽)에 천도하여 아내와 아들을 잃고 오늘날 환도하였으니, 실로 도성 사람에게 부끄럽다. 그러므로 날이 밝지 않은 때를 골라 외출하여 사람들이 보지 못하게 해야겠다"[45]는 말을 하였듯이, 고려 말에 함께 전쟁터를 누볐던 변안열 등을 죽이면서까지 고려왕을 폐하고 조선을 건국한 이성계는, 이미 자신의 지지세력에 의해 죽임을 당해 이 땅에 없는 사람이지만, 자신의 처지에

---

44) 《정종실록》 권1, 정종 원년 3월 9일(경진). 이하 이 글에서 이용한 실록은 http://sillok.history.go.kr임을 밝힌다.

45) 《정종실록》 권1, 정종 원년 3월 14일(갑사).

대해 가장 솔직하게 알릴 수 있는 사람이 바로 변안열이었기에 택한 발걸음이 아니었을까?[46]

형제끼리 죽고 죽이는 왕자의 난으로 정신적으로 만신창이가 된 자신의 모습을 그대로 드러내고자 이성계는 변안열의 집에 간 것이다. 이성계와 함께 왜구 토벌에 많은 업적을 남긴 맹장 변안열은, 우왕을 맞이하려 했다는 김저의 옥에 주모자로 탄핵을 받고, 유배지에서 급히 처형된 인물이었다.[47] 하지만 《고려사》에서 유일하게 이성계의 운봉전투 활약상을 기록하고 있는 것이 바로 '간신'으로 부류된 '변안열 열전'이라는 사실에서, 변안열은 이성계의 분신과 다름없는 존재였을지도 모르겠다.

《고려사》 열전 첫머리에 기록되어 있듯이, 변안열은 공민왕을 따라 원으로부터 귀화한 인물(심양 사람)이었지만, 위기에 처한 고려왕조를 위해 그는 무장으로서의 탁월한 능력은 아낌없이 쏟아냈다. 그리하여 공민왕 때 안우(安祐)와 함께 홍건적을 격퇴하고 서울을 수복한 공로로 일등공신이 되고 예의판서에 올랐다. 이어 판밀직사사가 되어서는, 당시 무장 세력의 수장이라 할 수 있는 최영과 함께 제주를 평정하는 등으로 많은 공을 세웠다. 더구나 우왕 초에는 양

46) 문중 기록에는 무안대군 이방번을 변안열의 사위로 보고 있어 이성계가 왕자의 난 때 죽임을 당한 아들을 생각하며 변안열의 생가를 찾은 것으로 볼 수도 있겠으나, 《고려사》나 《태조실록》, 《태종실록》 등에는 이방번의 부인으로 공양왕의 딸 왕씨에 대해서만 언급되어 있다.

47) 변안열 등 28명이 이성계를 죽이고 우왕을 옹립하려 하였다는 '김저의 옥'의 조작설은 이미 김당택에 의해 밝혀진 바 있다.(김당택, 〈고려 창왕 원년(1389)의 김저사건〉, 《전남사학》 12, 1998)

광・전라도 도지휘사로 나가 부령(扶寧)에 침입한 왜구를 격파하여 왕으로부터 백금 등의 하사품을 받고, 그가 개선할 때 도당 관료들이 천수사(天水寺)까지 나가 영접할 정도로 비중 있는 인물로 성장하였다.

이후에도 변안열의 왜적 토벌은 계속되었으며, 급기야 1380년(우왕 6)에는 양광・전라・경상도 도순찰사 이성계의 보좌가 되어 왕복명, 우인열, 도길부, 박임종, 홍인계, 임성미, 이원계 등과 함께 운봉전투에서 왜구를 대파함으로써 최영이 백관을 인솔하고 직접 개선을 치하하며 영접할 정도가 되었다. 이후 변안열은 제조로서 인사행정에 관여하며 우왕대 조정에서의 입지를 굳혀갔다. 따라서 당시 이성계의 장도를 축원하며 쓴 이색의 시문을 보면, 매번 이성계와 변안열은 함께 거론될 정도로 변안열의 비중은 이성계 못지않았다. 동시에 변안열은 이성계와 함께 창궐하고 있는 왜적들을 진압하며 전장에서 고락을 함께 하였음을 알 수 있다.

즉, 왜구 토벌을 위해 출정할 때 이색은 "이상의(李商議=이성계)와 변사재(邊四宰[48])=변안열) 등 여러 원수들이 길을 떠난다고 하는데, 나는 병이 발작하여 친히 배송하지 못하고 한스러운 마음에 다시 앞의 운을 사용하여 짓는다"[49])거나, 운봉전투에서 대승하고 개선할 때에도 "이상의와 변사재가 여러 원수들과 함께 개선한다는 말

48) 4재는 도평의사사의 정2품 우참찬을 말한다. 이처럼 변안열에 대해 이색은 호를 쓰지 않고 그의 관직으로 호칭하고 있었다.

49) 《목은시고》 권25, 詩(竊聞有旨留判三司事 而李商議邊四宰諸元師啓行 稽病作未果拜送 悵然用前韻).

을 듣고도 나는 병 때문에 교외에 나가 맞이할 수 없으므로, 한 수를 읊어 이룬다"[50]고 하였다. 그런데 다음 시를 보자.

승리 결단한 조정의 계책이 훌륭한지라　決勝廟堂籌策長
교외의 전송에 군율 또한 정강해졌으니　餞郊軍律已精强
서로 의지함은 흡사 수레와 덧방나무요　相依恰似車將輔
문란치 않음은 진정 그물과 벼릿줄 같네　不紊眞如網與綱
여러 장수의 용맹은 다 기가 넘치거니와　諸將爪牙皆有氣
두 원수의 지휘권은 유별히 광채가 나네　兩公旄鉞別生光
알건대 남은 종자 없이 다 섬멸할 테니　遙知禽獮無遺類
망할까 하여 다시 뽕나무에 매주었으면　願把其亡更繫桑

이 시조에서 이색은 두 원수, 이성계와 변안열의 관계를 수레와 수레 위에 짐이 떨어지지 않도록 세운 덧방나무에 비유하고 있으며, 나아가 그물과 벼릿줄에 비유할 정도로 둘이 서로 뜻을 같이 하여 힘을 합친다면 천하에 이루지 못할 싸움이 없을 것으로 보았다. 나랏일에 혼연일체가 된 이성계와 변안열의 모습을 보며, 이색은 "두 분의 용맹과 지혜는 국가의 간성이라"[51]고 할 정도로, 당시 이성계

50) 《목은시고》 권26, 詩(聞李商議邊四宰與諸元帥凱旋 病不能郊迓 吟成一首).

51) 《목은시고》 권26, 詩(昨訪李商議設酌 以病力辭 次至邊四宰宅 會有客已過三爵 李鼇城 廉瑞城繼至 至晩客去 主人又邀僕等入翌廊 張燈燭 夜將半逃出 明日吟成一首). "두 분의 용맹과 지혜는 바로 나라의 간성이라/ 부월 가지고 원정에서 막 돌아오니/ 당 가득한 빈객들은 즐거운 뜻 흡족하고/ 술 따르는 아들은 몸가짐도 청아했었지/ 좌중을 비춘 미인은 노랫소리 절묘하고/ 백발노인은 갓끈 날리며○○○/ 너무 즐거워 한밤중이 지난 것도 모른 채/ 태평을 그려낼 필력 없는 것만 걱정했었네."(二公勇智是干城 旄鉞初回自遠征 賓客滿堂

와 변안열은 '둘이면서 하나'가 되어 국가의 대들보적인 위치에 있었다. 이렇기 때문에 위화도 회군에서도 변안열은 이성계와 뜻을 같이한 것으로 여겨진다.[52] 하지만, 우왕 14년(1388) 위화도 회군 이듬해인 공양왕 원년(창왕 원년, 1389) 4월에 추진된 전제개혁에 대해서만은 입장이 달랐다. "이때 우리 태조가 대사헌 조준과 더불어 사전(私田)을 혁파하려고 했는데, 이색은 '옛 법을 경솔하게 고칠 수 없다'고 하여 그 의견에 따르지 않았고, 이림·우현보·변안열 등도 모두 혁파하지 않으려 하였다. 이색이 유종(儒宗)으로서 그 입을 빌려서 여러 사람을 현혹하게 하였으므로, 혁파할 것인가, 아니면 복구할 것인가를 결정하지 못하였다. 예문관제학 정도전과 대사성 윤소종은 조준의 논의에 찬동하고, 후덕부윤 권근(權近)과 판내부시사 유백유(柳伯濡)는 이색의 의논에 찬동하고, 찬성사 정몽주는 그 사이에서 어물어물하고 있었다"[53]는 사실에서, 변안열은 고려왕조 체제를 부인하려는 사전개혁을 적극적으로 반대하며 조준·정도전·윤소종 등 이성계 일파와 대립각을 세우기 시작했음을 알 수 있다.

결국 전제개혁에 대한 입장 차이는 그동안 '국가의 간성으로' 하나가 되었던 이성계와 변안열의 운명을 판이하게 갈라놓았다. 이성

---

歡意洽 郎君行酒動容淸 紅顔照座歌箏妙 白髮飄纓○○○ 樂甚不知過夜半 只愁無筆畫昇平)

52) 이것은 위화도 회군 직후 우왕이 환수(宦竪) 80여 명을 무장시켜 이성계와 조민수, 변안열의 집에 들이닥쳐 공격하려다 실패한 사실에서도 변안열은 이성계의 위화도 회군에 뜻을 같이했음을 알 수 있다.(《고려사절요》 권33, 신우 14년 6월 무신 참조)

53) 《고려사절요》 권34, 공양왕 원년 4월.

계가 신진 사대부의 지지를 받았다면, 변안열 주변에는 유종인 이색을 포함한 기성 사대부 세력과 무장세력이 뜻을 같이하고 있었다. 따라서 전제개혁 추진세력이 이들 기성세대를 누를 수 있는 유일한 방법은 사병을 동원한 전쟁이 아니라, 언로(言路) 형식을 빈 간쟁을 통해 반대세력을 제거하는 것이었다. 그것은 바로 1389년(창왕 원년) 11월 '김저의 옥'이라 불리는 '변안열 제거를 위한 음모 사건'이며,[54] 나아가 이 사건을 성공리에 마친 이성계 일파들은 '폐가입진'이라는 조선 건국의 당위성과 명분을 확고히 할 수 있었다.

### 3.3. 변안열의 죽음과 〈불굴가〉

이제 변안열이 〈불굴가〉를 지었을 시점에 대해 살펴보자. 물론 〈불굴가〉를 전하고 있는 《대은선생실기》에서는 태종(이방원)이 대신들을 초대하여 술을 마시며 〈하여가〉를 불러 제공(諸公)의 뜻을 시험하였으나, 정몽주와 변안열이 각각 〈단심가〉와 〈불굴가〉를 불러 흔들리지 않는 고려왕조에 대한 충성심을 피력하였기 때문에 "세상에 전하기를, 두 선생의 화는 이 노래를 부른 날부터 싹트기 시작했다"고 하였다.[55]

하지만 이미 앞선 연구에서도 지적되었듯이, 잔칫상에서 정몽주가 〈단심가〉를 불러 화답하자, 마찬가지로 변안열이 〈불굴가〉를 지

54) 김저 사건의 전말에 대해서는 이미 다른 발표에서 거듭 거론되고 있으므로, 이 글에서는 〈불굴가〉의 내용과 관련되는 변안열 살해에 초점을 맞추어 서술하겠다.
55) 《대은선생실기》 권1, 歌, 不屈歌.

어 이방원의 요청을 거절했다고 하는 상황 설정은 후손들이 끼워 넣었을 가능성이 큰 것[56]으로 보인다. 그보다는 창왕 원년 11월 정축일에 발생한 김저의 이성계 살해계획이 실패함으로써 시작된 '김저의 옥'에 연루되어, 급기야는 다섯 차례에 걸친 대간들의 상소[57]를 통해 우왕 추대 음모 주동자로 체포되고, 온갖 심문을 받는 과정에서 지어졌을 가능성이 높아 보인다. 그런데 '김저의 옥'에 대한 전반적인 논고는 다른 발표에서 자세히 다루고 있으므로, 이 글에서는 변안열이 김저의 옥에 연루되기 시작하여 사건의 주모자로 몰려 죽음에 이르는 과정의 관련 기사만을 주목해 보았다.

① 좌사의 오사충, 문하사인 조박 등이 소를 올리기를, …… 적신 변안열이 특별한 공을 세워 부귀를 얻으려고, 이색과 우의 장인 이림과 김저·정득후 등과 더불어 신우를 맞이하여 왕씨를 다시 세우려는 의논을 저지하였습니다.(《고려사절요》 권34, 공양왕 원년 12월)

② 낭사 윤소종과 이첨 등이 소를 올려 '변안열이 신우를 맞이하여 왕으로 세워 왕씨의 종사를 영원히 끊으려고 한 것은 실로 김저가 명백하게 말한 바이며 나라 사람들이 모두 아는 바입니다. 청컨대 헌사에 내리어 형벌을 밝게 적용하고 가산을 적몰하도록 하십시오.' 하였다. 왕은 일이 사(赦)하기 전에 있었다 하여 그 관직만 파면시켰다. 소가 또 올라가니 관직을 삭탈하고 한양으로 귀양 보내도록 하였다.(《고려사절요》 권34, 공양왕 2년 정월)

③ 대사헌 석성린과 좌상시 윤소종 등이 변안열의 목을 베기를 청하

56) 조규익, 앞의 글(1991), 180쪽.

57) 《고려사절요》 권34, 공양왕 2년 정월.

였다.…… 왕이 그 상소를 헌부에 내리면서 '유배된 곳에 가서 다시 국문을 하지 말고 목 베라'고 하였다. 헌부에서 즉시 한양부윤 김백흥에게 첩을 내려 (변)안열의 목을 베게 하였다. 그러나 도평의사사에서 아뢰기를, "대신을 어찌 이유도 묻지 않고 문득 극형에 처할 수 있습니까" 하므로 왕이 좌사의 오사충과 집의 남재를 보내 가서 국문하게 하였다. 오사충 등이 길을 떠나 벽제역에 이르니 안열은 이미 목을 베이었다.(《고려사절요》 권34, 공양왕 2년 정월)

고려 말 이성계와 힘을 합쳐 수많은 왜적을 물리쳤던 변안열이 위화도 회군 직후 단행된 전제개혁을 반대하자, 이제 변안열은 이성계와 윤소종, 오사충 등 조선 건국세력에 의해 제거되어야 할 중심인물로 지목되기 시작하였다.(①) 그런데 마침 최영의 조카인 김저가 우왕의 뜻을 받들어 팔관회 때 이성계를 제거하려던 계획이 곽충보의 배신으로 일이 사전에 발각되어 김저는 순군옥에 갇혀 심문을 받았으며, 결국 이 사건은 "변안열, 이림, 우현보, 우인열, 왕안덕, 우홍수가 공모하여 여흥에서 상왕을 영접하는 데 내응하는 임무를 분담하였다"[58]는 진술이 있은 뒤, 변안열은 김저사건의 사건의 중심인물로 주목받기 시작한다. 그러고는 공양왕 2년 정월까지 계속된 좌사의 오사충, 문하사인 조박, 낭사 윤소종, 대사헌 성석린 등의 상소를 통해 변안열은 관직이 삭탈되고 한양으로 귀양보내지고(②), 급기야 같은 달 변안열은 한양부윤 김백흥에 의해 죽임을 당하였다(③). 그가 어떠한 고문을 받고, 어떻게 반항했는지에 대하여는 자세한 기록

58) 《고려사》 권137, 열전 50, 창왕 원년 11월 무인.

이 남아 있지 않다. 대신 "김저를 국문했으나 자복하지 않았다. 칼로 발바닥을 째고 불로 달군 인두로 지지자 묻는 대로 모두 자복해서 옥사가 이루어졌는데, 변안열도 그 죄에 연루되었다"는 김저에 대한 가혹한 고문 기록이 변안열 열전에 기록이 되어 있었다는 점에 유의하여, 김저에 대한 가혹한 심문은 바로 변안열에게도 똑같이 가해졌을 것으로 짐작된다.

더욱이 "가슴에 말만한 구멍을 둥그렇게 뚫고(穴吾之胸洞如斗)/ 그 구멍에 긴 새끼줄을 꿰어(貫以藁索長又長)/ 새끼줄을 두 놈이 마주잡아 앞뒤로 끌고 당기는 것을(前牽後引磨且戛)/ 너희들이 그리하겠다면 내가 참을 수는 있지만(任汝之爲吾不辭)/ 만약 나의 님을 빼앗아 간다면(有欲奪吾主)/ 이 일만은 내가 그리 못하리라(此事吾不屈)"라는 〈불굴가〉의 내용은, 당시 심문 과정에서 변안열이 받았을 잔혹함이 어떠하였을지를 상상하게 해주는 구절로 보인다. 또한 고문의 정도가 심해질수록 강하게 솟구쳤을 고려왕조에 대한 불굴의 충절심을 보인 무장 변안열의 모습이 그려질 수 있다는 점에서 그렇다.

더구나 공양왕 2년(1390) 정월에 낭사 윤소종 등이 상서하기를, "예로부터 난신적자는 당이 없이 악한 행동을 하지는 않았습니다. 신 등이 듣건대 역신 변안열이 형(刑)에 임하여 스스로 말하기를 '신이 죽는 것은 진실로 마땅하지만, 같이 모의한 사람이 많은데 홀로 신만 죽는 것인가' 하였으나, 김백흥은 묻지도 않고 이를 목 베었다"라 하며 전한 변안열의 최후 진술은 동료들을 끌어들이는 나약한 변안열의 모습을 전하고 있으나, 사실은 자신의 몸에 가해지는 끔찍한 고통조차 불사하며 이성계 일파에 의해 저질러지고 있는 고려왕조를 없애려는 역모에 대해 불굴의 의지로 항거하였기 때문에, 이성계 일파는 더 이상의 국문이 소용없음을 알고 곧바로 변안열의 목을 베었던 것으로 보인다. 그리고 자신의 죽음을 예견하며 불렀을 이 노래를 가장 가까이에서 들었을, 변안열을 죽인 한양부윤 김백흥마저 바로 죄인으로 옥사됨으로써,[59] 이 노래는 많은 사람들에게 바로 전해지지는 않았던 것 같다.

가슴에 구멍을 뚫는 일은 보통사람으로서는 상상도 할 수 없는 고통으로, 역모죄를 범한 중죄인에게만 가해질 수 있는 형벌이라 할 수 있다. 그런데 거기에다가 또 새끼줄를 넣고 왔다 갔다 하며 잡아당긴다고 했다. 통증을 더욱 가중시키는 행위이다. 그 고통은 차마 말로 형언할 수가 없는 참혹한 고통인 것이다. 하지만 변안열에게는 이것보다 더 참기 어려운 고통이 바로 '님'과 헤어지는 고통인 것이다. 그에게 '님'은 우왕 옹립이라는 김저 사건에 연루되었다는 점에서 우왕으로 볼 수도 있지만, 그보다는 '고려왕조' 그 자체로 보인다. 더구나 귀화한 지 40년 동안 숱한 전쟁을 치르면서 지켜낸 고려왕조야말로 그에게는 유일한 '님'이었던 것이다.

더욱이 무장이기 때문에, 그의 마지막 항거인 〈불굴가〉의 부르짖음은 정몽주의 〈단심가〉나 이색의 시조 등, 여말 사대부들이 지은 낭만적이며 문학적인 단시조로 된 충절가와 비교할 때, 장황한 사설시조로서 감정의 절제가 부족한 듯도 하지만, 이것은 직접 혹독한

59) 《고려사》 권126, 열전 39, 간신, 변안열.

고문과 잔혹한 현실을 겪어보지 않은 사람에게서는 나올 수 없는 비유이며 발상이라 하지 않을 수 없다.[60)]

결론적으로 말하자면, 고려를 위해 충절을 지키다가 처형된 변안열의 〈불굴가〉는, 고려 말 조선 초 격동기에 당시 정치 상황을 비장함과 숭고함으로 읊어낸 충절가의 하나임에 틀림이 없다. 그러나 만약 변안열의 〈불굴가〉를 부정한다면, 고려 말 조선 초에 지어진 것으로 알려진 많은 시조 모두를 — 그것이 우탁이 지은 〈탄로가〉나, 정몽주가 지었다는 〈단심가〉에 이르기까지, 한 가지 예외 없이 — 현전하는 고려 말 시조의 작자는 모두 부정해야 하는 결론에 이를 수밖에 없다.

설령 이들을 모두 부정한다고 할지라도, 고려 말 정치적 격동과 관련해서 창작된 시조에 대하여, 조선 중기에 이르러 역사 기록에 실리는 수많은 시대정신과 시대갈등을 고스란히 담고 있는 것으로 인식되어, 사람들 사이에 회자되어 불리었으며, 급기야 같은 시대 유학자들의 문집이나 역사서를 통해 고려 말 정국과 인물들에 대한 평가를 재해석하려는 분위기가 확산되고 있었음도 확인할 수 있다.[61)]

60) 임종찬, 〈시조문학에 나타난 사랑에 대한 상상력 — 평시조와 사설시조의 비교〉 《인문논총》 22, 부산대, 1982.

61) 조동일, 앞의 책, 197쪽.

## 4. 《청구영언》 등 시가집의 한글본 〈불굴가〉[62]

이제는 공양왕 2년(1390) 정월, 한양부윤 김백흥의 명으로 목이 베이기 전, 형장으로 끌려가며 지었을 것으로 보이는 '혈오지흉동여두'(穴吾之胸洞如斗)로 시작되는 〈불굴가〉가 조선시대 어떻게 불러지고 있었는지에 대해 살펴보고자 한다. 이 글에서는 현전하는 가장 오래된 시집인 영조 4년(1728) 김천택의 《청구영언》(青丘永言)을 중심으로 보기로 하겠다. 물론 이 《청구영언》이 현전하는 가장 오래된 것이지 제일 먼저 만들어진 시조집은 아니다. 《청구영언》이란 명칭을 가진 가집(歌集)의 이본(異本)들이 상당히 많으나,[63] 학계에

62) 이 부분은 필자가 문외한이라 〈불굴가〉를 다룬 기존 연구논문을 그대로 옮겼다.

63) 주) 37에서 언급된 바 있듯이 1728년에 완성된 《청구영언》이지만 이후 여러 판본이 전해지고 있다. ① 최남선(崔南善)본, ② 오장환(吳章煥)본, ③ 이희승(李熙昇)본, ④ 홍재휴(洪在烋)본, ⑤ 이병기(李秉岐)본, ⑥ 이가원(李家源)본, ⑦ 일본인[오구라 신페이(小倉進平), 후지타(藤田亮策)]본 등의 이본(異本)이 있다.

① 육당본(六堂本): 수록 작품은 시조 999수와 가사 16편이다. 25종 곡목(曲目) 해설이 있고, 곡목에 따라 작품을 배열하였다. 1930년 경성제국대학에서 간행한 바 있어 대학본(大學本)이라는 별칭이 있다. 또 1939년에 조선문고본(朝鮮文庫本)으로 간행되었으며, 1946년에 신 문고본으로 간행된 통문관본(通文館本) 등이 있다.

② 오씨본(吳氏本): 수록된 시조는 580수이다. 정윤경(鄭潤卿)이 쓴 서문에서 김천택이 이 가집을 편찬하였다는 말을 하였고, 1728년에 쓴 남파(南坡)의 자서(自序)와 1727년에 마악노초(磨嶽老樵)가 쓴 제(題)가 있어 이 책을 원본(原本)으로 추정한다. 10항목으로 곡목으로 나누어 지명씨(知名氏) 작품을 연대순으로 배열하고, 이어 실명씨(失名氏)의 작품을 수록하였다. 그리고 1948년 조선진서간행회(朝鮮珍書刊行會)에서 간행한 것을 《진본 청구영언》(珍本青丘永言)이라 일컫는다.

③ 이희승본: 《일석본》(一石本)이라고도 한다. 이 책은 제목만 《청구영언》으로

서는 1948년 조선진서간행회(朝鮮珍書刊行會)에서 발행한 것을 원고본(原稿本)으로 보고, 이것을 《진본 청구영언》64)이라고 한다는 점에서 이 책을 주목하기로 하겠다.

《진본 청구영언》에는 유명씨(有名氏)와 무명씨(無名氏)를 합하여 모두 580수의 작품이 수록되어 있었다. 유명씨(작가를 알 수 있는) 작품은 고려 말 목은의 '백설(白雪)이 ᄌᆞ자진 골에'와 포은의 '이몸이 주거주거', 그리고 동포(東浦; 맹사성의 호)의 '강호(江湖)에 봄이 드니'의 세 작품을 비롯하여, 편자인 남파 김천택의 시조까지, 56명의 287수이다. 여기에 '장진주사'를 포함하여 모두 288수가 수록되어 있다. 한편 무명씨 작품은 가집 첫머리의 초중대엽(初中大葉)에서 초삭대엽(初數大葉)의 6수와 이삭대엽(二數大葉) 유명씨 이하 노래번호[歌番] 294부터 580까지 292수이다.

남파 김천택은 자서(自序)에서, "당시 사람들이 좋아해서 입으로 부르고 맘으로 기억해 놓은 것을 널리 모아 후세에 전하고자 이 가

---

되어 있을 뿐이고, 수록 내용으로 보아 《가곡원류》의 이본이다.

④ 홍씨본(洪氏本): 수록된 시조는 310수로서, 6종의 곡목과 해당 작품을 열거하고, 지명씨 작품을 연대순으로 배열한 다음, 실명씨 작품을 실었다.

⑤ 이병기본: 《가람본 청구영언》이라고도 한다. 수록된 작품은 시조 596수와 가사 11편이다. 5종 곡목과 시조 17수, 2삭대엽(二數大葉)부터 태종 등의 어제(御製) 시조 7수를 비롯한 지명씨의 시조를 연대순으로 싣고, 이어 실명씨 노래를 실었다.

⑥ 이가원본: 《연민본》(淵民本)이라고도 한다. 1815년(순조 15) 이한진(李漢鎭)의 자필 편저본으로 다른 《청구영언》과는 전혀 별개의 책이라 할 수 있다. 1961년 한국어문학회 자료총간 2집으로 영인된 일이 있다.

⑦ 오쿠라본[小倉本]은 현재 일본 도쿄대학에 소장되어 있고, 후지타본[藤田本]은 소재 불명이다.

64) 이 글에서는 국립중앙도서관에서 온라인으로 서비스하고 있는 판본(古01590)을 이용하였다.

집을 편찬했다고 하였다.[65] 즉, 가능한 많은 작품을 수집해 후세에 전하고자 한 것이다. 그 가운데 '혈오지흉동여두'(穴吾之胸洞如斗)의 국문가사로 해석되는 '가슴에 궁글 둥시러케 뚤고'는 사설시조를 모아 놓은 만횡청류(蔓橫淸類) 부분에 들어 있다.

《청구영언》에서 김천택은 사설시조를 실으면서 '만횡청류'라 하고, 그 앞에 다음과 같은 서문을 실었다. "만횡청류는 말이 음탕하고 뜻이 한루하여 모범이 되기는 부족하나, 그 유래가 오래되어 일시에 버리기는 불가하기 때문에 특히 아래에서 살핀다"[66]고 하였다. 그런데, '만횡청류'의 '청'(淸)은 한자의 '맑다'는 뜻이 아니라 '목청'의 준말로 보고 있다. 그러므로 '만횡청'은 '만횡의 곡으로 부르는 소리나 노래'라는 뜻이라 한다. 따라서 만횡청류는 '만횡의 곡조로 부르는 소리 또는 노래를 모아놓은 것'이라는 뜻이 된다. 그런데 '만횡'의 뜻을, 문자 그대로 '만'(蔓)은 넝쿨지고 늘어짐을, '횡'(橫)은 '바로 서지 못하고 비스듬한 것'을 나타낸다는 점에서 늘어지고 비스듬한, 좀 기울어져 삐딱한 모습을 나타내는 것으로 보았다. 《진본 청구영언》 만횡청류에 수록된 〈불굴가〉의 국문 형태를 보기로 하자.

> ○ 가슴에 궁글 둥시러케 뚤고, 왼ᄉᆞᆺ기를 눈길게 너슷너슷 ᄯᅩ와, 그 궁게 그ᄉᆞᆺ너코, 두 놈이 두긋 마조자바, 이리로 흘근 저리로 흘적 훌져긔ᄂᆞᆫ, 나남즉 ᄂᆞᆸ대되 그는 아모ᄯᅩ로나 견듸려니와, 아마도 님외오 살라면, 그ᄂᆞᆫ 그리 못ᄒᆞ리라.[67](《진본 청구영언》 no.549, 114쪽)

65) "使黨世之好事者 口誦心惟 手披目覽 以圖廣傳焉."

66) "蔓橫淸類 辭語淫哇 意旨寒陋 不 足爲法 然其流來也已久 不可以一時廢棄 故特顧于下方."

한편, 1929년 육당 최남선이 간행한 《대학본 청구영언》에는 〈언락〉(言樂)에는 아래와 같이 수록되어 있다.

○ 가슴에 궁글에 둥실케 뚤고 완섯끼을 눈길게 느슷느슷 ᄭᅩ아 그 궁게 그삿 너허 두 놈이 마조잡고 흘근흘근 훌나드릴제 그는 아모죠로나 견ᄃᆡ려니와 홀니나 님외오 살나ᄒᆞ면 그는 그리 못ᄒᆞ리라.(《대학본 청구영언》 no.30, 137쪽)

최근 정병욱의 《시조문학사전》에는 다음과 같이 소개되어 있다.

○ 가슴에 궁글 둥시러케 뚤고 왼삿기을 눈 길게 너슷너슷 ᄭᅩ와 그 궁게 그ᄉᆞᆺ 너코 두놈이 두긋 마조 자바 이리로 훌근 져리로 훌젹 훌근훌적 훌져긔ᄂᆞᆫ 나남즉 ᄂᆞᆷ대되 그는 아모ᄧᅩ로나 견듸려니와 아마도 님 외오 살라면 그ᄂᆞᆫ 그리 못ᄒᆞ리라.[68](《시조문학사전》 5)

이 밖에도 이 노래를 수록한 이본(異本)이 여럿이 있다고 하는데, 이들을 비교 정리한 것을 그대로 옮겨보면 다음 표와 같다.[69]

---

67) 《진본 청구영언》에는 띄어쓰기 없이 모두 붙여 있었으나, 이해를 돕기 위해 필자가 임의로 띄어쓰기 하였다. 이하 모두 같다.

68) 한편, 황패강 교수는 “한가슴에 구멍 뚫어 동아줄 꿰어 앞뒤로 끌고 당겨 이 한 몸 가루된들 내님 앗는 일만은 굽힐 줄이 없어라”라고 번역한 바 있다.(〈대은 변안열과 불굴가〉, 《논문집》 2, 단국대, 1968, 67쪽)

69) 정병욱, 《시조문학사전》, 7쪽에는 이본으로 《이희승본 해동가요》를 비롯하여 8종의 시집을 소개하고 있다. 그런데 이 글에서는 강전섭의 〈전변안열의 불굴가 응작론〉(《어문연구》 12, 어문연구학회, 1983, 128~129쪽)의 비교표를 편집하여 전재하였음을 밝힌다.

| 출전 | 가집 편찬 시기 | 한문본 구절 ① 穴吾之胸洞如斗 |
|---|---|---|
| 청구영언(戊申本) no.549 | 영조4년 무신년 (1728) | 가슴에 궁글 둥시러케 ᄯᅮᆲ고 |
| 해동가요(一石本) no.47 | 영조39년 계미년 (1763) | 가슴에 궁글 둥글어케 ᄲᅮᆲ고 |
| 고금가곡(淺見本) no.273 | 영조40년 갑신년 (1764) | 가슴의 궁글 쑤러 |
| 악학습령(瓶窩本) | 정조연간 (1777~1800) | 가슴애 궁글에 둥그러케 ᄯᅮᆲ고 |
| 청구영언(六堂本) no.835 | 순조연간 (1801~1834) | 가슴에 궁글에 둥실케 ᄯᅮᆲ고 |

| 출전 | 한문본 구절 ② 貫以藁索長又長 |
|---|---|
| 청구영언(戊申本) | 왼ᄉᆞᆺ기를 눈길게 너슷너슷 ᄯᅩ와 그 궁게 그 ᄉᆞᆺ 너코 |
| 해동가요(一石本) | 왼삿씨를 눈길게 너슷너슷 ᄯᅩ와내야 그 궁게 그 ᄉᆞᆺ 넉코 |
| 고금가곡(淺見本) | 왼식기 눈길게 느슥느슥 ᄯᅩ와 그 궁긔 그 식기너허 |
| 악학습령(瓶窩本) | 왼ᄉᆞᆺ씨를 눈길게 ᄯᅩ와 그 궁게 그 ᄉᆞᆺ너코 |
| 청구영언(六堂本) | 왼삿기을 눈길게 느슷느슷 ᄯᅩ아 그 궁게 그삿 너허 |

| 출전 | 한문본 구절 ③ 前牽後引磨且戞 |
|---|---|
| 청구영언(戊申本) | 두 놈이 두 긋 마조자바 이리로 흘근 져리로 흘젹 흘근흘젹 ᄒᆞᆯ 저긔는 |
| 해동가요(一石本) | 두 놈이 두 ᄭᅳᆺ 마조잡아 이리로 흘근 졀이로 흘근 흘근흘쩍 ᄒᆞ야도 |
| 고금가곡(淺見本) | 두 놈이 마조잡고 이리로 흘근 져리로 흘근흘근 흘근흘근 흘나드러 그 궁긔 불이 나셔 온몸이 다 타 ᄉᆞ회기는 |
| 악학습령(瓶窩本) | 두 놈이 마조잡아 이리 흘근 져리로 흘근흘젹 흘젹이는 |
| 청구영언(六堂本) | 두 놈이 마조잡고 흘근흘근 흘나드릴 제 |

| 출전 | 한문본 구절 ④ 任汝之爲吾不辭 |
| --- | --- |
| 청구영언<br>(戊申本) | 나남즉 ᄂᆞᆷ대되 그는 아모ᄧᅭ로나 견듸려니와 |
| 해동가요<br>(一石本) | 그는 〔 부듸× 〕 견딜연이와 |
| 고금가곡<br>(淺見本) | 나남즉 ᄂᆞᆷᄃᆡ되 그ᄂᆞᆫ 아모됴로나 견ᄃᆡ여보려니와 |
| 악학습령<br>(瓶窩本) | 나남즉 남大都ㅣ도 그ᄂᆞᆫ 아모ᄯᅭ로나 견듸려니와 |
| 청구영언<br>(六堂本) | 그는 아모죠로나 견ᄃᆡ려니와 |

| 출전 | 한문본 구절 ⑤ 有欲奪吾主 此事吾不屈 |
| --- | --- |
| 청구영언<br>(戊申本) | 아마도 님 외오 살라면 그ᄂᆞᆫ 그리 못ᄒᆞ리라. |
| 해동가요<br>(一石本) | 암아도 님 글여 살라 ᄒᆞ면 그ᄂᆞᆫ ᄎᆞᆷ아 못ᄒᆞ리라. |
| 고금가곡<br>(淺見本) | ᄂᆞᆷ이라 情의님 말라ᄒᆞ면 그ᄂᆞᆫ 그리 못ᄒᆞ리라. |
| 악학습령<br>(瓶窩本) | 아마도 님 외오 살나ᄒᆞ면 그ᄂᆞᆫ 그리 못ᄒᆞ리라. |
| 청구영언<br>(六堂本) | 홀니나 님 외오 살나ᄒᆞ면 그는 그리 못ᄒᆞ리라. |

이 말을 현대어로 옮겨보면, 아래와 같이 해석할 수 있겠다.

가슴에 큰 구멍을 둥글게 뚫고 외로 꼰 새끼를 길게 꼬와 그 구멍에 새끼 넣어 두 놈이 그 끝을 마주잡아 이리로 훌쩍 저리로 훌쩍 할 때는 남이 하는 대로 아무쪼록 견디려니와 아마도 님을 멀리하라 하면 그것은 그리 못하겠노라.(穴吾之胸洞如斗 貫以藁索長又長 前牽後引磨且戛

그림 1. 〈불굴가〉 시비

任汝之爲吾不辭 有欲奪吾主 此事吾不屈)

이상 조선 후기 여러 시가집에 작자 미상으로, 제목도 없이 수록되어 남녀간의 진한 애정시 또는 이별시로 불리던〈불굴가〉는, 시간이 흐르면서 문장이 복잡해지기는 했어도 고려 말 한문본 〈불굴가〉의 기본 줄기는 그대로 유지해왔음을 확인할 수 있으며, 변안열이 혹독한 고문을 당하면서 지은 강렬한 의지의 충절가임을 넉넉히 추정할 수 있다고 하겠다.

## 5. 맺음말

최근 한 편의 수필을 전자우편으로 받았다. 수필의 제목은 〈시는 역사보다 진실하다?〉였다. 제목으로 쓰인 이 말은 서양 고대 철학자 아리스토텔레스가 한 말이라고 하였다. 그러면서 "역사는 기록된 사실을 다루는 과학이고, 시는 인간 삶의 진실한 측면을 형상화한 문학이다"라고 하였다.[70] 《고려사》나 《조선왕조실록》은 말할 것도 없고, 문집에서조차 거론되지 않았던 시가(詩歌), 16세기 변안열의 5세손에 의해 기록되었다고 하는 "穴吾之胸洞 如斗貫以藁索 長又長前牽後引磨且戞 任汝之爲吾不辭 有欲奪吾主 此事吾不屈"이라는, 이른바 한문본 〈불굴가〉는 과연 변안열이 지은 시인가, 언제 지은 것인가, 왜 지었을까, 왜 전해지지 않았을까 등등에 대한 궁금증과 의구심을 가지며 씨름하며 보냈던 시간에 대한 해답이 바로 거기에 들어 있는 듯하였다.

더구나 "역사는 반드시 구체적인 시공간에서 실제로 일어난 사건을 평가와 판단을 가하여 그 전모를 기술한 것이고, 시는 누구에겐가 일어났음직한, 일어날 수도 있는 삶의 한 조각을 도려내어 빚어낸 것이다"라고 한 구절에 이르러서는 시(詩)에 대해 내가 얼마나 무식하고, 몰인정했는지를 반성하게 하였다.

70) 김태완, 〈시는 역사보다 진실하다?〉, 《고전산문 276》, 한국고전번역원 고전산책.

《고려사》에는 변안열에 대한 기록이 그 세가와 열전 곳곳에 들어 있다. 하지만 고려 말 사관에 의해 기록된 사초를 토대로 조선 초 사관들에 의해 편찬된 《고려사》 기록 속에는 변안열의 목소리가 실려 있지 않았다. 고려 말 창궐했던 왜구를 진압하기 위해 동분서주한 무장으로서의 변안열은 그려져 있었다. 물론 이런 현상은 그가 글을 별로 남기지 않는 '무장'이라는 개인적인 신분도 한 원인이기도 할 것이다.

그런 점에서 〈불굴가〉는 변안열의 목소리(마음)를 담고 있는 유일한 기록이라 할 수 있다. 단지 '시'로 남겨진 그의 목소리였기 때문에, 그동안 역사학계에서는 변안열을 주목하지 않았던 것 같다. 하지만 국문학계에서는 이미 오래전부터 〈불굴가〉에 대해 주목하고 여러 편의 글이 발표되고 있었다. 그래서 〈불굴가〉를 주제로 한 국문학계의 연구 성과를 살피는 것을 우선순위로 하여 변안열에 다가가기로 하였다. 그 결과, 국문학계에서는 〈불굴가〉에 대해서 이미 〈단심가〉나 〈하여가〉와 달리 사설시조로 된 것이므로, 장형시조의 발생 시기를 고려 말로 끌어올리는 시조로 주목받았다는 사실도 알게 되었다.

물론 〈불굴가〉의 작자를 변안열로 보느냐 마느냐 하는 문제도 매우 심각한 논쟁거리였음도 알게 되었다. 하지만 국문학계에서는 변안열이 시의 작자라는 데 동의하는 것이 대세였다. 대신 그 저작 시기에 대해 〈하여가〉와 〈단심가〉와 같이 이방원이 마련한 잔칫상에서 불렀다고 보는 견해와, 김저 사건으로 처형되기 즈음에 지어졌다고 보는 견해, 그리고 김저 사건으로 처형되기 즈음에 지어졌으나 후손들에 의해 〈단심가〉와 〈하여가〉를 불렀던 상황에 끼어 넣어졌다고 보는 견해들이 있었다. 이에 대해 필자는 후자의 의견을 지지하는 입장에서, 현재까지 전해지고 있는 고려 말 시조의 유형을 살펴보는 가운데, 고려 말 시조는 문신들만의 전유물이 아니었다는 점을 확인하였다.

그리고 이성계와의 관계를 통해 공민왕대 이후 홍건적의 침입과 왜구의 창궐로 위기에 빠진 나라를 구하기 위해 이성계와 함께 뜻을 같이 하며 분투했던 그가, 김저 사건을 통해 밝혀졌듯이, 이성계 일파에 의해 제거되어야 할 중심인물로 부각되는 과정을 살펴보았다. 그리고 고려 말, 나라와 국가를 위한 충절을 노래한 시조 가운데에도 "가슴에 둥근 구멍을 뚫고"로 시작되는, 살아있는 인간으로서 도저히 감내할 수 없는 육체적 고통을 느끼게 하는 시어를 통해, 이 시는 변안열이 김저 사건에 연루되기 시작하다가 점차 전제개혁을 전복시키려는 의도에서 우왕을 옹립하고자 했던 주모자로 확대되어 가는 과정에서 받았을 혹독한 고문의 정도를 상상하게 한다는 점에서, 〈불굴가〉 저작 시기를 공양왕 원년에서 이듬해 정월 처형될 시점에 지어진 것으로 비정하였다.

하지만 조선 건국을 반대한 중심인물로 자리매김 된 사실에서 변안열은 간신으로 낙인 찍혔으며, 조선 건국의 명분론에 의거해 조선 건국에 반대한 그였기 때문에, 그가 〈불굴가〉의 작자라는 사실은 밝혀질 수 없었다고 하겠다. 하지만 작자 이름은 함부로 밝힐 수는 없다 하여도, 오랜 세월 사람들의 입을 통해 남녀간의 이별을 노래한 애정시가로서 불리어 오늘날까지 전해져 왔던 것이다. 그것은 《진본 청구영언》과 《대학본 청구영언》 등에서 확인되듯이, 조선 영조 때 《청구영언》의 여러 판본에서뿐 아니라, 이후 《해동가요》, 《고금가곡》, 《악학습령》 등 18, 19세기에 편찬된 여러 시가집과 20세기 《시조문학사전》에 이르기까지, 대부분의 시가집에 수록되어 있다는 사실에서 확인될 수 있었다. 물론 이들 가집에서 전하는 국문 가사가 고려 말 변안열이 불렀던 노래라고 할 수는 없으나, 거의 유사한 모습을 띠고 계속 가창되어 왔음을 현전하는 국문 가사를 비교함으로써 확인할 수 있었다.

이상의 논의를 정리하면, 〈불굴가〉는 작자가 변안열이며, 그가 이성계 일파에 의해 추진된 조선 건국을 위협할 수 있는 반이성계 무장세력의 중심인물로 부각됨으로써 김저 사건을 빌미로, 신돈의 아들인 신우를 왕으로 옹립하여 고려 왕씨의 왕통을 끊으려한 주모자로 처형 받을 즈음에 지은, 고려 말 충절가 가운데 대표적인 노래라 하겠다.

옛날에 학문과 재주가 있으면서 세상에 나와서 벼슬길을 구하지 않는 사람을 은사(隱士)라고 하였는데, 그들은 대개 산림(山林) 깊숙한 곳에 살았다고 한다. 그러나 그 가운데 특별한 인물은 하급 관료로 자진하여 일생을 보내기도 했는데, 그것을 조은(朝隱) 또는 관은(官隱)이라고 하였다. 또 어떤 인물은 시장에서 조그만 장사로 일생을 보내기도 하였는데, 그것을 시은(市隱)이라 하였다. 그래서 큰 은사는 조정과 저자에 숨고[大隱隱朝市], 작은 은사는 산이나 수풀에 숨는다[小隱隱陵藪][71]는 고사를 음미하면서, 변안열의 호를 대은이라고 칭한 뜻을 유추해 보았다.

고려 말 '은'(隱)자를 호로 쓰는 사람은 많았다.[72] 그들 가운데에서 목은 이색, 야은 길재, 도은 이숭인, 포은 정몽주 등이 가장 많이 회자되어 왔다. 그렇게 때문에 학계에서는, 어떤 이는 목은 이색, 야은 길재, 포은 정몽주를 3은(隱)으로 칭하고, 또 어떤 이는 야은 길재, 도은 이숭인, 포은 정몽주를 3은으로 칭하였다. 하지만 이미 18세기 순암 안정복은 고려 말 명유(名儒)들의 '절의'를 평가하면서, "목은 이색은 그 덕과 지위가 대단하였음에도 불구하고 죽고 사는 즈음에 구구하였고, 도은 이숭인 역시 그릇이 부족하여 결국에는 불행을 면치 못하였다고 하였다. 그리고 그나마 야은 길재가 가장 중도를 얻었으나 우왕의 조정에 대해 '신조'(辛朝)라는 표현을 쓴 것에서 언행이 일치하지 않는 혐의가 있음"[73]을 지적하며, 《고려사》에서 변안열을 간신전에 수록한 것은, 당시 사관이었던 정도전이나 윤소종 등의 사심에서 나온 역사 왜곡이라고 하며 《고려사》의 기록을 비판하였다.

그러한 지적에 주목하여, 14세기 말 변혁기를 당하여 고려왕조에 대해 초지일관 온전한 충절을 보인 인물이 바로 변안열이라는 점에

71) 정순모, 〈당대(唐代) 사인(士人)의 은거(隱居) 관념과 그 변화〉, 《중국학보》 25, 2002.

72) 물론 조선 말기 이유원(李裕元)의 《임하필기》(林下筆記) 33권, 화동옥삼편(華東玉糝編)에 보면, '고려 말 송은(松隱) 박천익(朴天翊), 포은(圃隱) 정몽주(鄭夢周), 목은(牧隱) 이색(李穡), 야은(冶隱) 길재(吉再), 성은(成隱) 김대윤(金大潤), 동은(桐隱) 이재홍(李在弘), 휴은(休隱) 이석주(李錫周), 만은(晩隱) 홍재(洪載) 등 8은(八隱)'이라고 하지만, 일반적으로 학계에서는 목은, 야은, 도은, 포은에 주목해 오고 있었다.

73) 안정복, 《東史問答》 경진년 편지.

서, 세상을 잘못 만나 조정과 저자에서 제대로 평가받지 못한 큰 인물이었으므로 변안열을 '대은'(大隱)이라 부르게 된 것은 아닌가 생각하며 글을 마치고자 한다.

제8주제

# 변안열 가계의 혼맥과 왕실혼

원 창 애

한국학중앙연구원 책임연구원

## 1. 머리말

변안열은 고려 말에 성장한 신흥 무장 가운데 한 사람이다. 그는 중국 심양에서 나서 자랐으며, 공민왕이 본국으로 돌아올 때 함께 고려로 돌아왔다. 공민왕은 그가 본국에서 자리를 잡을 수 있도록 본관을 정해주고 전시(田柴)를 주었으며, 혼인까지 주선하였다. 변안열은 1363년(공민왕 12) 제1, 2차 홍건적의 침입 당시 공을 세워 두 번의 공신 책봉을 받았다. 이것을 기화로 정3품 밀직부사에 제수되어 국정에 참여하기 시작하였다. 우왕대에는 왜군의 토벌로 명성을 날렸으며, 위화도 회군 뒤에는 회군공신에 책봉되기도 했다.

변안열은 위화도 회군 이후 이성계와 우호적 관계를 맺었으나, 창왕대 개혁 방향이나 공양왕 옹립 등에 대한 변안열의 정치적 입장은 이성계와 완전히 일치하지는 않았다. 급진개혁파 사대부들의 개혁 방향에 대해 반대하였던 변안열은 역적으로 죽임을 당하였다. 그럼에도 변안열의 후손은 조선 건국 후에 무장 가문으로 여러 차례 공신으로 책봉되었으며, 왕실과의 혼인 관계도 지속적으로 이루어졌다.

고려 말 변안열이 심양에서 본국으로 돌아와 여러 차례 공신 책봉을 받으면서 핵심 정치세력으로 성장할 수 있었던 데는, 여러 요인이 있었을 것이다. 그러한 요인 가운데 하나는 변안열 가계의 혼인 관계였을 것으로 생각된다. 신분제 사회에서 지배층의 혼인 관계는 그들의 신분을 유지하고, 그들 사이의 결속을 강화하는 기능이 있다. 이러한 관점에서 필자는 변안열 가계의 혼맥에 주목하게 되었다.

변안열은 원의(元顗)의 딸과 혼인함으로써 원의의 가문이 가지고 있던 사회적 지위와 교류망을 활용하여 그의 정치적 발판을 마련하였을 것이다. 또한 정계에까지 진출한 신흥 무장 변안열은 자녀들의 혼인 관계를 통해서 당대의 세족(勢族) 가문과도 교류의 폭을 넓혀 갔다.

이 글에서는 변안열 가계의 혼인 관계를 살펴봄으로써 고려 말에 떠오른 무장 변안열에 대한 이해의 폭을 좀 더 넓히고자 한다. 또한 조선이 건국된 이후에도 변안열 후손들이 조선 왕실의 종친과 혼인 관계를 지속적으로 맺고 있다. 변안열이 급진개혁파의 정치노선에 반대하다 역적으로 몰려 죽음을 당하고 가산을 몰수당했음에도, 어떻게 그의 후손들이 조선 전기 왕실 종친과 빈번하게 혼인관계를 맺을 수 있었는지를 알아봄으로써, 변안열 가문의 위상을 가늠해 보고자 한다.

## 2. 변안열 가계의 혼맥

변안열은 심양에서 태어나 성장하였으며, 1351년(충정왕 3)에 무과에 급제하여 관직에 나갔다. 급제한 지 1년 만에 형부상서가 되었다. 공민왕이 노국공주와 혼인해서 고려로 돌아올 때, 변안열은 수장으로 함께 들어왔다. 1352년(공민왕 1) 공민왕은 변안열에게 원주를 본관으로 삼게 하고, 풍양의 전시(田柴)를 하사하였다. 뿐만 아니라 판추밀 원의(元顗)의 딸과 혼인하게 하였다.[1] 공민왕의 이러한 조처는 심양에서 태어나 성장하여 고려에 근거가 없는 변안열이 본국에 뿌리를 내릴 수 있는 기반을 마련해 준 것이다.

변안열과 혼인 관계를 맺은 원의의 가문에서는, 고려 후기에 관료를 지속적으로 배출하였다. 원의의 증조부인 원부(元傅)는 1241년(고종 28) 을과 2인으로 과거에 급제하였다.[2] 관직에 나가서는 직사관(直史館)을 거쳐 1269년(원종 10)에는 추밀원부사, 1273년(원종 14)에는 중서시랑평장사에 제수되었다.[3] 충렬왕대인 1277년(충렬왕 3)에

1) 이성무, 〈대은 변안열의 생애와 평가〉, 《대은 변안열 선생 업적의 재조명》, 2012, 18쪽.

2) 《登科錄》(규 古4650-10)

3) 《고려사》 권26, 세가 26, 원종 10년 12월 갑신; 권27, 세가 27, 원종 14년 1월 갑자.

세자보(世子保)를 지냈으며, 1284년(충렬왕 14)에는 감수국사에 제수되어 수국사 허공(許珙)과 함께 《고금록》을 편찬하였고,[4] 찬성사 겸판군부수국사를 겸임하여 유경(柳璥), 김구(金坵)와 함께 《고종실록》을 편찬하였다.[5] 1287년(충렬왕 13)에는 과거시험 지공거가 되어 김황(金滉) 등을 선발하였다.[6] 사후에 문순(文純)이라는 시호를 받았다.

원의의 조부는 원부의 장남인 원관(元瓘)이다. 원관 역시 1266년(원종 7) 과거에 급제하여 관직이 찬성에 이르렀다.[7] 원관은 아들 원충(元忠)과 4녀를 두었다. 네 딸 가운데 둘째딸이 민적(閔頔)에게 시집을 갔는데, 조선 태종의 비인 원경왕후의 증조모가 된다.[8] 셋째딸은 박거실(朴居實)에게 시집을 갔는데, 이제현(李齊賢)의 장모가 된다.[9]

원의의 부친 원충(元忠)은 음직으로 출사하였다. 18세에 충선왕에게 소환되어 연경에 있는 충선왕의 저택에 가서 일을 보면서, 예빈내급사(禮賓內給事)이라는 관직에 임명되었다. 충선왕은 그를 신임하여 우사윤(右司尹)에 제수하였으며, 대언으로까지 승진시키려 했다. 원충은 충선왕에게 지나치게 빠른 승진을 사양하다 충선왕의 눈밖에 났다. 또한 충숙왕이 원나라에 가 있을 때에도 원충은 충성을 다하였다. 충숙왕이 고려로 돌아와 다시 왕위에 오르게 되자, 원충

4) 《고려사》 권29, 세가 29, 충렬왕 10년 1월 병자.
5) 《고려사》 권107, 열전 20, 元傅.
6) 《고려사》 권73, 志 27, 選擧 1.
7) 《登科錄》(규 古4650-10)
8) 閔頔 - 閔忭 - 閔霽 - 元敬王后.
9) 이제현의 첫째부인은 권부(權溥)의 딸, 둘째부인은 박거실(朴居實)의 딸이다.

을 찬성사로 승진시키고 추상좌리공신이란 칭호를 주었다.[10] 원의의 맏형인 원호(元顥)도 찬성사를 역임하였다. 원의의 종형제인 원송수(元松壽)도 과거에 급제하여 춘추관 수찬이 되었다. 공민왕이 고려로 돌아온 후에 원송수를 신임하여 내서사인 겸 좌부대언에 제수하고 기밀 사업을 위임하였다.[11]

공민왕이 변안열을 자신과 인척관계에 있으면서 관료 기반을 가지고 있는 원의의 딸과 혼인을 맺게 한 것은, 변안열에게 본토에서 성장할 수 있는 기반을 만들어 준 것이다. 또한 공민왕은 자신을 지지하는 관료들이 서로 혼인 관계를 맺게 함으로써 자신의 폭넓은 지지 세력을 형성하는 데 도움을 얻었을 것이다.[12] 변안열은 혼인을 통해서 처족인 원주원씨 가문만이 아니라, 원주원씨와 혼인을 맺고 있는 세족가문과도 인척관계가 형성되었다. 예를 든다면, 남양홍씨 가문과 안동권씨 가문이 그러한 경우이다.

남양홍씨는 원의의 부친인 원충의 처족이다. 원충의 처부는 홍규(洪奎)이다. 홍규는 충숙왕의 비(妃)이며, 충혜왕과 공민왕의 어머니

10) 《고려사》 권107, 열전 20, 元傅.

11) 元傅 - 元瓘 - 元忠 - 元顥
元翊
元顗
元卿 - 元善之-元龜壽
元松壽 – 元序
元庠

12) 1365년(공민왕 14) 공민왕이 실시한 대대적인 인사에서 원송수는 재부의 정당문학(政堂文學)에, 변안열은 추부의 밀직부사(密直副使)에 제수되었다.(박홍갑, 〈고려 말 신흥무장 변안열의 성장과 그 배경〉, 《대은 변안열 선생 업적의 재조명》, 〈표 1〉 공민왕 14년 3월 인사에 따른 재추 비교표 참조, 356쪽)

인 명덕태후의 아버지로 남양부원군에 봉작되었다.[13] 홍규의 딸들이 원충과 충선왕에게 시집갔으므로 원충과 충선왕은 동서지간이 되었다. 또한 공민왕의 측근 인물 가운데 한 사람인 홍언박은 홍규의 손자이다. 안동권씨는 원의의 맏형인 원호의 처족이다. 원호의 처부는 복안부원군 권겸(權謙)이다. 권겸은 좌정승 권부(權溥)의 아들이며, 권근의 종조부가 된다. 이러한 관계로 변안열은 공민왕이나 권근과도 먼 인척지간이 되었다.

변안열이 고려로 돌아와서 1, 2차 홍건적의 침입으로 공을 세웠다는 기록이 보이기 전까지의 행적이나 관력을 확인할 자료는 없다. 1359년(공민왕 8) 안우(安祐)를 도와 제1차 홍건적의 침입을 막는 데 공을 세워 판소부감사(判小府監事)가 되었고, 1360년(공민왕 9) 제2차 홍건적 침입 당시 안우와 함께 개경을 수복하여서 예의판서(禮儀判書)가 되었다.[14]

제1, 2차 홍건적 침입 당시 공을 세운 공신 책봉은 전쟁이 끝나고 3년이 지난 1363년(공민왕 12)에 두 차례에 걸쳐 시행되었다. 이 해 윤3월에 변안열은 제2차 홍건적 침입 당시 개경을 수복한 공이 인정되어 일등공신으로 책봉되었다. 일등공신에 대한 특전을 살펴보면 다음과 같다. 첫째, 공신 초상을 그려주었다. 둘째, 부모와 처의 관품을 3품을 올려주고, 아들 가운데 한 사람은 7품에 제수하되, 아들이 없으면 생질이나 사위를 8품에 제수하며 자녀에 대한 초입사직으로 음직 제수를 시행하였다. 셋째, 구사 5명과 진배파령 7명을 하사하

13) 《고려사》 권89, 열전 2, 명덕태후.
14) 《고려사》 권126, 열전 39, 변안열.

였다. 넷째, 토지 100결과 노비 10명을 하사하였다.[15] 이 당시 변안열의 관직은 정3품 판내부시사(判內府寺事)였으며, 부모와 처에게 3품을 높여 봉작하고, 아들은 7품에 제수하고, 초입사직으로 음직에 제수되었다. 변안열이 부릴 수 있는 구사나 진배파령이 주어지고, 경제적으로도 토지와 노비를 상으로 받았다.

이 해 겨울, 다시 제1차 홍건적 침입 때 세운 공으로 변안열은 이등공신에 책봉되었다. 변안열이 다시 공신으로 책봉될 당시에는 관직이 밀직부사에 이르렀다. 변안열은 그동안은 궁궐의 재물을 관리하는 소부감이나 내부시, 그리고 의례를 담당하는 예의사에 소속된 관직에 제수되다가, 이 해에 최고 핵심 관부(官府)인 재추에 들어가게 되었다. 게다가 잇단 공신 책봉으로 다시 부모와 처의 품계는 세 등급 높여서 봉작되고, 아들 1명에게는 7품에 제수되며, 초입사할 자손은 음관으로 서용될 수 있는 특전이 주어졌다. 또한 구사 3명과 진배파령 5명을, 토지 50결과 노비 5명이 주어졌다.[16]

1363년(공민왕 12)의 두 번에 걸친 공친 책봉으로 변안열은 정치 경제적 지위가 더욱 향상되었을 것으로 생각된다. 특히 1363년 두 번의 공신 책봉은 공민왕이 자신의 측근세력을 형성하고 있던 주요 인물들을 제거하고 난 뒤에 이루어진 것이라는 점에서 주목되는 부분이다.[17] 두 번의 공신 책봉을 통해서 공민왕이 자신의 측근세력을 재정비하고, 1365년(공민왕 14) 공신들 중심으로 재추로 형성하였

15) 《고려사》 권40, 세가 40, 공민왕 12년 윤3월 을유.

16) 《고려사》 권40, 세가 40, 공민왕 12년 11월 임신.

17) 이익주, 〈공민왕대 개혁의 추이와 신흥유신의 성장〉, 《역사와 현실》 15, 35쪽.

다.[18] 변안열이 두 번의 공신 책봉과 재추 구성에 들게 된 것으로, 그의 정치적 위상을 가늠할 수 있다.

1365년(공민왕 14) 이후 우왕대에 이르기까지, 변안열은 탐라 정벌을 비롯하여 왜구 토벌에 참여하였다. 그러는 동안 변안열의 관직은 판밀직사사를 거쳐 1375년(우왕 1)에는 종2품 문하평리에 이르렀다. 변안열의 장남 변현(邊顯)도 1382년(우왕 8) 동진사(同進士)로 과거에 합격하였다.[19] 변현이 과거에 합격할 당시 이미 정6품에 해당되는 내알자감(內謁者監)이라는 관직에 있었다. 과거에 급제하기 전에 이미 이와 같은 관직을 지낼 수 있었던 것은 변안열이 공신에 책봉된 결과였다. 변안열은 우왕대에 들어서 신흥 사대부와도 교유의 폭이 더 넓어졌을 것으로 생각된다. 그것은 장남 변현이 과거에 급제하여, 신진 사대부 출신 동방(同榜)들과의 교류가 있었을 것이기 때문이다. 변현의 동방으로 우현보의 아들인 우홍복(禹洪福), 이색의 아들이며 권근의 사위인 이종선(李種善) 등이 있었다.[20] 변안열과 신흥 사대부와의 교유는 변안열 자녀들의 혼인 관계를 통해서도 어느 정도 확인된다.

변안열은 4남 1녀를 두었다. 장남 변현의 부인은 정선전씨로, 전 공판서 진현관 대제학을 지낸 전오륜(全五倫)의 딸로, 처외조부는 밀

---

18) 1365년(공민왕 14) 봄에 있었던 재추 인사에서 재부 14명, 추부 16명이 제수되었다. 재부 14명 가운데 이인복·홍순을 2명과, 추부 16명 가운데 왕중귀·한공의·이자송·염지범·최맹손 등 다섯 명이 1363년(공민왕 12)에 책봉된 공신이 아니다.

19) 《國朝榜目》, 前朝科擧事蹟(영남출판사, 1987), 571쪽.

20) 주 2) 참조.

변안열 = 원의(원주원씨, 외조부 홍규: 본관 남양)의 딸
1남 변현 = 전오륜(정선전씨, 외조부 유번: 본관 진주)의 딸
2남 변이 = 이달존(경주이씨, 이제현 손자, 외조부 백이정: 본관 남포)의 딸
남좌시(의령남씨, 외조부 칠원백 윤환: 본관 칠원)의 딸
이비일의 딸(동성이씨)
3남 변예 = 김보린의 딸(안동김씨)
노형의 딸(교하노씨)
1녀 무안군(전주이씨, 이성계의 7남)

직사 유번(柳蕃)이다.[21] 전오륜은 보문각 대제학 춘추관사를 지낸 전분(全賁)의 아들이며, 이색의 이질(姨姪)이다.[22] 특히 전오륜은 변안열과 함께 정몽주의 친구로 꼽히고 있다.[23] 변안열이 전오륜과의 친분으로 혼인 관계를 맺은 것인지, 아니면 혼인을 함으로써 친분이 형성된 것인지는 확인되지 않는다. 전오륜의 사위가 된 변현은 양녕대군의 장인인 김한로(金漢老)와 동서지간이기도 하다.

무관인 차남 변이(邊/頤)의 첫부인은 경주이씨로 이달존(李達存)의 딸이며 이제현의 손녀이다. 처의 외조부는 상당군(上黨君) 백이정(白

21) 《원주변씨대동보》 권1(원주변씨화수회, 2012), 1쪽.
22) 《採薇軒實記》, 採薇軒全先生本傳(정선전씨채미헌공파종회, 2009), 430~431쪽.
23) 《採薇軒實記》, 圃隱善友(정선전씨채미헌공파종회, 2009), 386쪽. 정몽주는 아홉 명의 좋은 벗이 있는데, 변안열, 조반(趙胖), 이천기(李天驥), 유순(柳珣), 김자수(金自粹), 우현보(禹玄寶), 변숙(邊肅), 김구용(金九容), 전오륜(全五倫) 등이 그들이다.

頤正)이다. 이제현은 변안열의 장인 원의의 고종사촌과 혼인하였는데,[24] 변이가 그의 손녀와 혼인을 하였다. 변안열은 이제현 가문과의 중첩된 인척 관계이며, 이제현의 문인인 이색, 권근 등과도 혼인 관계망이 형성되어 있었다. 특히 이색은 1363년(공민왕 12)에 변안열과 함께 공민왕대 공신으로 책봉되었으며, 1365년(공민왕 14)에 공민왕이 새롭게 재추를 구성할 때에도 변안열과 함께 들어갔다. 공민왕이 측근들을 재편할 때 신흥 무장 변안열이나 신진 유신 이색 등이 포함되어 있었다. 공민왕의 이러한 선택은 변안열과 같은 신흥 무장과 신유학을 공부하고 돌아온 신진 사대부들이 부원세력을 배제하고, 함께 개혁을 추진할 수 있는 부류라고 여긴 것이다. 이러한 정치적 분위기 속에서 변안열과 신진 사대부의 교류가 활발하게 이루어졌을 것으로 추측된다.

변이의 둘째부인은 의령남씨로, 의성군(宜城君) 남좌시(南左時)의 딸이다. 처의 외조부는 다섯 왕대에 걸쳐서 세 번이나 시중(侍中)을 지낸 칠원백(漆源伯) 윤환(尹桓)이다.[25] 윤환은 무관 출신으로, 그가 1380년(우왕 6) 시중에 재임할 당시 변안열은 찬성사에 있었으므로 둘은 서로 잘 알고 있었을 것이다. 남좌시는 문신이었으나, 강릉과 김화의 왜구를 격퇴해서 의성군에 봉작된 인물이었다. 또한 윤환은 변현의 처외조부인 유번의 고모부가 된다.[26] 변이의 셋째부인은 동

24) 이제현의 첫째부인은 원의의 형 원호(元顥)의 처부(妻父)인 권겸(權謙)의 여형제이며, 둘째부인은 원호와 원의의 고종사촌이다.

25) 《고려사》 권114, 열전 29, 윤환.

26) 《진주유씨족보》 地3~4, 佛, 國立博物館(pelliot chinois 3532) 소장 필사본. 이 필사본 족보는 1책이며, 한국학중앙연구원에 소장된 마이크로필름을 참조하였다.

성이씨(東城李氏)로 이비일(李毗一)의 딸이다. 변안열과 변현, 그리고 변이가 각기 다른 가문과 혼인했음에도 서로 중첩된 인척 관계를 형성하게 되어, 변안열의 집안은 인척 가문과 더욱 단단한 유대를 형성할 수 있었을 것이다.

3남 변예(邊預)의 부인은 안동김씨로, 지보주사(知甫州事) 김보린(金寶潾)의 딸이다. 둘째부인은 교하노씨 부인으로 판삼사사 노향(盧珦)이다. 4남 변적(邊頔)의 혼인 관계는 확인되지 않는다.

《원주변씨족보》를 보면, 변안열의 딸은 이성계의 7남 이방번(李芳蕃)과 혼인하였다. 《원주변씨족보》의 이 기사는 《원주원씨족보》

---

이 족보에는 유우(柳玗)의 딸과 혼인한 윤환(尹桓)이 무후(無后)라고 되어 있다. 그러나 윤환에게는 딸이 하나 있었는데, 그는 남좌시에게 시집을 갔다. 이 사실은 《고려사》 윤환의 열전에도 기록되어 있으며, 1565년(명종 20)에 편찬된 《문화유씨세보》 권1(張)에도 기재되어 있다. 《문화유씨세보》에 진주유씨 세계가 실리게 된 것은, 문화유씨인 문산군(文山君) 유성비(柳成庇)의 사위가 유우(柳玗)이기 때문이다.

| | | | | |
|---|---|---|---|---|
| 柳玗 - | 柳之淀 | | | |
| | 柳之潾 | | | |
| | 柳之澤 - | 柳湛 | | |
| | | 柳澐 | | |
| | | 柳藩 - | 柳伯通 | |
| | | | 柳伯達 | |
| | | | 全五倫 - | 金漢老 |
| | | | | 朴習 |
| | | | | 李洽 |
| | | | | 邊顯 |
| | 尹　桓 - | 南佐時 - | 南深 | |
| | | | 南渾 | |
| | | | 邊/頤 | |

에 근거를 둔 것이다. 《원주원씨족보》에는 변안열의 딸이 이방번과 혼인하였다고 기재되어 있다. 그 세주(細註)에 혼인 사실은 1457년(세조 3)에 편찬된 《원주원씨족보》(정축보)와 《유씨원파보》(柳氏源派譜)에 무안대군 이방번과 혼인했다고 되어 있으나, 《선원보략》에는 실려 있지 않아서 자손은 기록하지 않는다고 하였다.[27] 변안열의 딸과 무안군의 혼인 사실이 적혀 있다는 《유씨원파보》는 어떠한 책인지 필자는 확인하지 못하였다.

《원주원씨족보》에서 언급한 《선원보략》은 1679년(숙종 5)에 처음 간행되기 시작한 《선원계보기략》을 말한다. 숙종대에 간행된 《선원계보기략》에는 중종 이후의 왕실 계보만 실려 있었으며, 《태조자손록》이 실리기 시작한 것은 1760년(영조 36) 이후의 일이다. 이보다 일찍 편찬된 왕실보첩으로는 《종친록》(宗親錄), 《유부록》(類附錄), 《선원록》(璿源錄)이 있다. 《선원록》은 1681년(숙종 7)에 《종친록》, 《유부록》을 수정 보완한 왕실보첩이므로, 가장 이른 시기부터 편찬된 왕실보첩은 《종친록》, 《유부록》이다. 이 왕실보첩은 조선 초기 태종대부터 식년마다 선원단자를 받아 편찬되었는데, 실록과 함께 사고(史庫)에 보관되었다. 임진왜란 당시 궁궐과 성주·충주사고의 왕실보첩은 소실되었으나, 전주사고에 보관되었던 왕실보첩은 보존되었다. 1603년(선조 36) 전주사고본 왕실보첩을 다시 등사하여 1606년(선조 39)에 완수하였다. 이때 등사한 왕실보첩은 다시 병자호란으로 왕

27) 《원주원씨족보》 권1, 제2편 대종부편(원주원씨종사위원회, 1989), 24쪽. "按丁丑譜及柳氏源派譜 皆載邊安烈女撫安大君芳蕃 而璿源譜略不載 故姑不錄子孫 而俟後考."

실보첩의 원본과 중초본이 소실되어 1639년(인조 17) 태백산사고에 보관되었던 왕실보첩을 다시 등사하여 종부시와 적성산사고에 보관하였다. 현존하는 왕실보첩으로는 17세기 초반에 등사된 것이 가장 오래된 것이다. 현재 장서각에 소장된 왕실보첩은 종부시와 적성산사고의 자료이므로 1639년에 필사된 것으로 추정된다. 장서각에 소장된 《태조대왕종친록》을 참조하면, 7남 무안군 이방번은 공양왕의 동생인 정양부원군(正陽府院君) 왕우(王瑀)의 딸과 혼인한 사실만 기재되어 있다.[28)]

왕실보첩 이외에 1393년(태조 2)에 권근과 정총(鄭摠)이 찬하여 동북면 함주에 세운 환왕의 정릉비[29)]에도 무안군은 귀의군(歸義君)[30)] 왕우의 딸과 혼인하였다고 기록되어 있다.[31)] 1681년에 편찬된 《종반행적》(宗班行蹟)에도 변안열의 딸에 대한 언급은 없다. 세종은 후사가 없는 무안군의 제사를 지내기 위해서 자신의 아들인 광평대군을 무안군의 계후로 삼아주었다.[32)] 《종반행적》에 실린 광평대군의 신도비명에 따르면, 광평대군이 양모가 된 무안군의 부인 왕씨를 극진히 모셨다. 또한 광평대군이 일찍 사망하여 유복자로 태어난 영순군 이부(李溥)를 왕씨부인이 5세까지 보양했다고 한다.[33)] 무안군의

28) 《태조대왕종친록》(K2-1228)

29) 《태조실록》 권12, 태조 6년 12월 24일(임인).

30) 정양부원군은 왕우의 고려 봉작 칭호이며, 조선 건국 후 이성계가 귀의군으로 고쳐 봉작하였다.[《태조실록》 권1, 태조 1년 7월 28일(정미)]

31) 《태조실록》 권4, 태조 2년 9월 18일(경신).

32) 《세종실록》 권77, 세종 19년 6월 3일(신유).

33) 《宗班行蹟》 권1, 현록대부 영순군 신도비명.

집안 이야기에 변씨부인은 언급되지 않는다.

이처럼 변안열의 딸과 이방번의 혼인 사실은 조선시대에 생산된 왕실 기록에서는 전혀 확인되지 않는다. 그렇다면 과연 변안열 집안과 이성계 집안의 혼인이 이루어졌을까 하는 의문이 든다. 고려 말 당시 상황에서, 두 집안이 혼인 관계를 맺었을 가능성은 있다. 위에서 살펴본 것처럼, 변안열이 공민왕대에 유력한 신흥 무장으로 부상하였다. 게다가 혼맥을 바탕으로 이색·정몽주·권근 등과 같은 신진 사대부와도 관계망을 형성하였다. 무엇보다도 이들은 부원세력을 배척하고, 원과 거리를 두고자 하는 입장에 서있었기 때문에, 이성계의 위화도 회군을 부정적으로 생각하지 않았다. 이성계는 자신과 입장을 같이 하는 변안열과 정략적인 혼인 관계를 맺었을 수도 있다.

그렇다면 이성계의 아들 이방번과 변안열의 딸이 언제쯤 혼인한 것일까? 이방번은 1381년(우왕 8)에 태어났다. 이성계가 위화도 회군을 한 1388년(우왕 14)에는 일곱 살이었는데, 이때는 아직 혼인 전으로 보인다. 그것을 알 수 있는 것은 《태조실록》 총서이다. 요동 공략에 나선 장수들의 가족을 볼모로 하려 한다는 소식을 들은 이방원이, 포천에 있는 가족들을 동북면으로 피신시켰는데, 이때 이방원이 나이 어린 무안군과 소도군을 데려갔다고 한다.[34] 그러므로 이방번과 변안열 딸의 혼인은 위화도 회군 이후에 이루어졌을 것으로 여겨진다. 위화도 회군 이후 1389년(공양왕 1), 변안열이 김저 사건에 연

34) 《태조실록》 권1, 총서.

루되기 전 1년 사이일 것으로 추정된다. 변안열이 김저 사건에 연루되어 역적으로 처형되어서, 이방번의 처 변씨부인에 대하여 기록하지 않았을 가능성을 생각해 볼 수 있다.

조선 건국 후 1393년(태조 2), 이성계는 위화도 회군 공신을 정하면서 변안열을 이등공신의 예로 포상하도록 명하였으며,[35] 변안열의 아들들은 태종대 이후에 출사(出仕)하였다. 이성계는 자신이 변안열의 죽음에 관련이 없다는 것을 밝히기 위해서 고려조 사초를 작성했던 이행(李行)을 사헌부에 내려 국문하기도 했다.[36] 태조가 왕위에서 물러난 후에는 변안열의 옛 집을 방문하기도 하였다.[37] 이러한 분위기 속에서 굳이 왕실보첩에 변씨부인을 무안군의 처로 기재하지 않을 이유는 없다. 그럼에도 변씨부인에 대한 언급이 전혀 보이지 않는 것은, 변씨부인이 혼인 후 일찍 사망하였기 때문일 수도 있다. 위화도 회군 후 혼인은 했으나, 변씨부인이 곧 사망하여 무안군이 공양왕대에 다시 왕우의 딸과 혼인하였다면, 왕실보첩이 편찬될 당시 아이도 없는 변씨부인이 기재되지 않았을 수도 있다고 추측된다.[38]

이렇듯 변안열은 세족으로서의 지위를 가지고 있는 원의의 사위가 되고, 공민왕의 홍건적 침입과 우왕대의 왜구 침입에 대한 전공(戰功)으로 신흥 무장으로서 정치적 사회적 지위를 갖추었다. 그 기

35) 《태조실록》 권4, 태조 2년 7월 22일(을축).
36) 《태조실록》 권3, 태조 2년 1월 12일(무오).
37) 《정종실록》 권1, 정종 1년 3월 9일(경진).
38) 왕실보첩인 《선원록》과 《선원계보기략》을 비교하면, 여러 번 혼인을 한 경우에 자녀를 출산하지 못한 부인은 보첩에 기재되지 않는 사례들이 보인다.

반 위에서 자녀들도 당대에 이름 있는 세족이나 사대부가와 혼인을 시킴으로써 변안열 가문의 위상이 더욱 높아지고, 그 지위를 유지할 수 있었다.

## 3. 변안열 후손과 왕실혼

### 3.1. 변현 계통

조선이 건국된 후 태종은 새로운 국가 기반을 마련하기 위해 비개국파 인사나 그들의 후손을 등용하기 시작하였다. 변안열의 자손도 예외는 아니었다. 고려 말 과거에 급제하였던 변안열의 장남 변현은, 1402년(태종 2) 태상왕인 정종을 시위했다는 기록만 있을 뿐이다.[39] 변현은 아마도 조선 건국 뒤에는 크게 두각을 나타내지 못하였던 것으로 보인다. 그는 변극충을 비롯하여 2남 2녀를 두었다.

변현의 장남 변극충은 1460년(세조 6) 부사과로서 원종삼등공신에 책봉되었다. 그의 맏아들 변처관 역시 세조가 즉위하는 데에 공을 세워 원종삼등공신이 되었다.[40] 둘째아들 변처녕은 무관이면서 성종대에 승지를 지냈다. 승지를 거쳐 정주목사, 전라좌도 수군절제사, 경상좌도 병마절도사, 동지중추부사, 훈련원 도정 등을 역임하였다. 변처관의 딸, 변처령의 아들 변성과 딸은 왕실 종친과 혼인하였다.

39) 《태종실록》 권4, 태종 2년 10월 27일(정축).
40) 《세조실록》 권2, 세조 1년 12월 27일(무진).

변성은 1516년(중종 11) 생원시에 입격하였고, 1522년(중종 17)에 별시에 급제하여 관직에 나갔다. 변성은 문과 급제 전에 이미 선공감 봉사를 지냈으며,[41] 그 이후에는 장악원 정에 이르렀다.[42] 변성의 부인은 세종의 아들인 임영대군의 3남 정양군(正陽君) 이순(李淳)의 딸이다. 정양군은 또한 효령대군의 외증손서가 되기도 한다. 효령대군의 손녀가 강자평(姜子平)에게 시집갔는데, 강자평의 딸이 다시 임영대군의 3남인 정양군과 혼인하였다. 태종의 외손이 세종의 종친과 혼인한 셈이다. 변성의 처제는 연산군의 처남인 신수겸(愼守謙)과 혼인하여, 변성과 신수겸은 동서지간이 되었다.[43] 변성의 여자

변현 – 변극충 - 변처관 – 변수양
　　　　　　　　　　딸 = 부림령 이순(효령대군 증손)
　　　　　변처안
　　　　　변처녕 – 변성 = 정양군의 딸(임영대군의 손녀)
　　　　　　　　　　딸 = 덕양부수 이지손(양녕대군의 손녀)
　　변극민 – 변재중
　　　딸 = 박채(박은의 아들, 본관: 나주)
　　　딸 = 박대생(박시의 아들, 본관: 밀양)

---

41) 《연산군일기》 권5, 연산군 11년 6월 25일(기묘).
42) 《중종실록》 권84, 중종 32년 4월 3일(신해).
43) 《선원록》 권27, 세종대왕종친록, 25쪽.
《선원록》 권15, 태종대왕종친록, 26쪽.

효령대군 – 1남 宜城君 - 1녀 姜子平 - 1녀 定陽君 - 1녀 邊成
　　　　　　　　　　　　　　　　　　　　　2녀 愼守謙

형제 역시 효령대군의 증손인 덕양부수 이지손(李智孫)과 혼인하였다.[44] 변처령의 형인 변처관의 딸 역시 양녕대군의 손자인 부림령 이순(李順)과 혼인하였다.[45]

변안열 가문의 왕실혼은, 변안열의 딸이 무안군과 혼인한 데에서 비롯되었다. 변안열의 장남 변현 계통에서 왕실 가문과 혼인할 수 있었던 것은, 변극충과 변처관이 원종공신으로 책봉된 것이 주요 요인이라고 생각된다. 왕실의 든든한 울타리가 되어 주는 것은 왕실 구성원과 공신이다. 그러므로 국가에서는 공신의 적장손에게 지속적인 예우를 하였다. 공신과의 밀접한 관계를 맺고 있는 왕실에서는, 공신 가문이 종친을 포함한 왕실구성원의 1차 혼인 대상이 될 수 있다. 변현은 조선 건국 후 뚜렷한 자취는 없지만, 양녕대군의 장인인 김한로와 동서지간이며, 박은(朴訔)의 사돈으로서 사회적 지위를 유지할 수 있었을 것으로 여겨진다.[46]

변현이 뚜렷한 행적이 없다고 하더라도, 그의 손자인 변처관과 변처녕의 원종공신 책봉은 변현의 집안이 정치 사회적 지위를 유지할 수 있는 기반이 되었다. 그 기반 위에서 무관임에도 변처령은 승지를 지냈으며, 그의 아들 변성은 문과에 급제하여 집안의 사환이 이어질 수 있을 것이다. 이러한 배경 속에서 종친과의 혼인이 이루어졌을 것으로 판단된다. 변현 가문에서 혼인 관계를 맺은 종친 가문은 태종의 아들인 양녕대군파와 효령대군파이다. 변현이 양녕대

44) 《선원록》 권16, 태종대왕종친록, 27쪽.

45) 위의 책, 24쪽.

46) 변현은 박은의 장남 박규(朴葵)에게 장녀를 시집보냈다.

군의 장인인 김한로와 동서지간이었기 때문에, 주로 태종의 자손들과 혼인이 이루진 것이 아닐까 한다.

### 3.2. 변이 계통

변이는 태종을 섬겨서 원종공신이 되었다.[47] 1411년(태종 11) 각위(各衛)에 절제사를 둘 때 상호군이었던 변이는 호용사(虎勇司) 동첨절제사가 되었으며,[48] 1413년에는 판남원부사를 지냈다.[49] 세종은 1420년(세종 2) 변이에게 전라도 병마도절제사 겸 수군도절제사를 제수하였는데, 그는 왜선 1척을 잡아 9급을 베는 공로를 세웠다.[50] 그 후 세종은 변이에게 충청도 수군도안무처치사, 중군 총제에 제수하였다. 1423년(세종 5) 변이는 하정사(賀正使)의 부사로 명나라에 다녀왔다.[51]

변이는 7남 3녀를 두었다. 변이의 아들은 4남 변상회를 제외하고는 무관이었다. 변이의 자손 가운데에는 세조를 도와 원종공신이 된 이들이 여럿 있다. 1남 변차희의 장남 변정과 차남 변녕, 2남 변상조, 4남 변상회, 그리고 3남 변상근의 아들 변효동 등은 세조가 왕위에 즉위하는 데 공을 세워 원종삼등공신에 책봉되었다.[52] 6남 변상빙

47) 《세종실록》 권87, 세종 21년 12월 12일(병술).
48) 《태종실록》 권21, 태종 11년 1월 12일(계유).
49) 《태종실록》 권26, 태종 13년 9월 22일(무술).
50) 《세종실록》 권9, 세종 2년 9월 19일(갑신).
51) 《세종실록》 권22, 세종 5년 10월 2일(기유).
52) 《세조실록》 권2, 세조 1년 12월 27일(무진).

은 사육신 사건으로 원종삼등공신에 책봉되었다.[53] 변이의 아들들은 문관으로 혹은 무관으로서의 기량을 발휘하였다.

특히 3남 변상근은 최해산(崔海山)와 함께 화포를 다루는 기술을 보유하고 있었다.[54] 이들 두 사람은 군기감 화포를 전담하여 관리하였다. 세종은 변장이나 수령에게 화통을 다루는 기술을 전수하기 위하여 호군 이호성과 전 판관 변상근을 동·서 양계에 감련관으로 파견하기도 하였다.[55] 변상근의 사위인 양성지는 장인이 관장하였던 《총통등록》을 한글로 편찬하여 사고(史庫)에 보관하고, 군기시에서는 그 서책을 제조가 관리하게 만들고, 한문본은 모두 파기하자는 의견을 제시하기도 하였다.[56]

4남 변상회는 1417년(태종 17) 생원진사시에 입격하여 생원이 되었고, 1434년(세종 16) 알성시에서 을과로 문과에 급제하였다. 그는 판관으로 있을 당시 원종삼등공신으로 책봉되었다. 그의 4남 변수는 무관으로 종형제인 변처령과 함께 성종대에 승지를 역임하였다. 1479년(성종 10) 동부승지, 우부승지, 좌부승지, 1480년(성종 11) 우승지에 제수되었다. 이 당시 무관이 승지에 제수된 것에 대해서 물의가 있어 사직을 청하였으나, 성종이 윤허하지 않았다. 1483년(성종 14) 이후로는 형조참의, 병조참지, 호조참의에 제수되었다. 1489년(성종 20)에 충청도 병마절도사에 제수된 것을 기화로 경상우도절도사,

53) 《세조실록》 권8, 세조 3년 8월 12일(계묘).
54) 《세종실록》 권63, 세종 16년 3월 1일(무인).
55) 《세종실록》 권93, 세종 23년 8월 1일(을축).
56) 《성종실록》 권138, 성종 13년 2월 13일(임자).

영안도절도사, 그리고 온성부사에 이르기까지 외관을 역임하였다. 1500년(연산 6)에는 내금위장이 되었다. 1504년(연산군 10) 연산군은 자신의 모후가 폐위될 당시 승지였던 변수를 장 70에 처하고 직첩을 거두었다.[57] 반정으로 중종이 즉위한 이후 변수는 원천군에 봉해졌으며, 명나라 황후 책봉 진하사(進賀使)로 중국에도 다녀왔다.[58]

7남 변상복(邊尙服)은 정종의 3녀와 혼인하였다. 정종은 미처 자기 자녀들에 대한 봉작을 하지 못하였다. 정종의 왕자들이 종친으로 봉작되기 시작한 것은 태종대였다. 정종이 자신의 왕자·왕녀를 봉작하지 못한 것은, 정치적 이유가 가장 컸다. 정종은 1400(정종 2) 2월, 동생인 정안군(태종)을 왕세자로 책봉하였다.[59] 정종이 정안군을 왕세자로 책봉한 것은 정치적으로는 왕자의 난을 성공시켜 주도권을 가진 정안군에게 왕위에 양위하기 위한 합법적인 절차였다. 결국 그해 겨울 왕위를 선위하였다.

당대에도 정종은 태조의 계통을 이은 왕이라 여기지 않았고, '기생지군'(寄生之君)이므로 정종 자녀의 봉작이 태종 자녀의 봉작과 같을 수 없다고 여겼다.[60] 이러한 의식을 가진 당시에 정종의 자녀들이 왕자와 왕녀로서 그에 걸맞은 위차(位次)로 봉작되지 못한 것은 당연한 일이었다. 또한 조선 왕실의 봉작제가 제대로 마련되지도 않았고, 고려의 유습으로는 왕자라고 하더라도 모계의 신분이 천한 경

57) 《연산군일기》 권53, 연산군 10년 윤4월 17일(정축); 윤4월 20일(경진).
58) 《중종실록》 권1, 중종 1년 9월 13일(기축); 중종 1년 11월 4일(기묘).
59) 《종종실록》 권3, 정종 2년 2월 4일(기해).
60) 《세종실록》 권54, 세종 13년 10월 14일(을사).

우에는 소군(小君)이라 하고 봉작하지 않았다. 정종의 왕자와 왕녀는 모두 후궁 소생이므로, 봉작 대상으로 고려되지 못하였다.

그러나 태종이 즉위하여 자신의 소생을 봉작하는 데서도 똑같은 문제에 부딪혔다. 모계가 천한 출신인 자신의 왕자를 봉작할 수 있도록 왕실 봉작법을 정비하면서, 비로소 정종의 아들도 순차적으로 종친으로서 종반직이 수여되었다. 왕자에 대한 봉작법이 태종대부터 정비되기 시작하였으나, 공주에 대한 봉작법은 세종대에 가서야 논의되었다.

변상복과 혼인한 덕천옹주는, 1431년(세종 13)에 가서야 처음으로 덕천군주(德川郡主)로 봉작되었다.[61] 세종은 1431년에, 그때까지 봉작 칭호가 없던 정종의 딸에게 봉작하고자 하였다. 세종은 정종의 딸을 왕녀로 대우하는 것이 아니라, 왕자의 딸 수준에서 대우하기를 원하였다. 고려에는 왕자의 딸에 대한 특별한 호칭이 없었기 때문에, 중국의 고제(古制)를 상고하여 군주(郡主) 또는 현주(縣主)로 하자는 의견이 있었다.[62] 세종은 이 의견을 받아들여서 정종의 딸을 군주로 봉작하였다. 왕자의 딸이라는 위차(位次)로 덕천군주였던 것을, 왕녀로서 덕천옹주가 된 것은 고종대의 일이다. 1872년(고종 9) 왕실보첩인 《선원계보기략》을 대대적으로 수정하면서, 왕녀의 봉작 칭호에 맞지 않는 봉작명을 일률적으로 고쳤다. 이때 덕천군주의 봉작명도 덕천옹주로 승격되었다.

왕녀로서 대우받지 못했던 덕천군주의 남편 변상복 역시 부마로

61) 《세종실록》 권54, 세종 13년 10월 18일(기유).
62) 《세종실록》 권54, 세종 13년 10월 17일(무신).

서의 예우를 받지 못하였다. 세종대에 왕녀의 봉작제가 정해지면서 그에 상응하는 부마의 봉작제도 정해졌다. 부마는 '위'(尉)로 칭해졌으나, 변상복은 일반 관료로 첨지중추원사를 거쳐,[63] 강릉부사로 재직하다 임지에서 사망하였다.[64]

변이의 둘째딸은 이성계의 이복동생 이화(李和)의 아들 이점(李漸)과 혼인하였다. 이화와 그의 자손은 조선이 건국되자 이성계에 의해서 봉군되었다. 그러나 왕권이 안정되지 않아 제1, 2차 왕자의 난을 경험한 태종은 태조의 방계 친족의 왕위 계승 도전을 막고자 하였다. 태종은 종친의 봉군은 태조의 직계자손에게만 적용되도록 하였으며,[65] 왕실보첩 역시 태조의 자손들만 등재될 수 있게 하였다.[66] 태종의 정책에 따라서 태조의 방계친은 종친의 반열에 들 수 없게 되었다. 그 결과, 이화의 아들인 이점은 첨총제, 첨지돈녕부사, 공조참의, 우군동지총제, 좌군총제, 전주 부윤 등 일반 관직에 제수되었다.

변이의 손자 가운데에도 부마가 있었다. 5남 변상동(邊尙同)의 장남 변효순(邊孝順)은 태종의 5녀 소선옹주(昭善翁主)와 혼인하였다. 소선옹주는 태종의 후궁 신녕군주의 딸로, 태종이 몹시 아꼈고, 세종 또한 여동생을 각별하게 생각하였다.[67] 왕녀 봉작제가 확정되기 전에는 변효순이 가선대부 유천군(柔川君)에 제수되었다가,[68] 봉작

---

63) 《단종실록》 권4, 단종 즉위년 12월 11일(기해).
64) 《세조실록》 권1, 세조 1년 7월 12일(을유).
65) 《태종실록》 권23, 태종 12년 5월 3일(병술).
66) 《태종실록》 권24, 태종 12년 10월 26일(무인).
67) 《세종실록》 권77, 세종 19년 6월 16일(갑신).

제가 확정된 다음에는 유천위(柔川尉)에 봉작되었다. 유천위 변효순은 부마로서 풍정 또는 이성계의 어진을 평양에서 서울을 봉영하는 등의 왕실 의례에 참여하였다. 변효순의 조카인 변상(邊祥)도 양녕

변이 - 변차희
변상조
변상근[69]
변상회 - 변우 - 변효공 = 평성군(枰城君) 이위(李褘)의 딸(효령대군 증손)
변오천
변수 - 변사신
변사륜
1녀 두원부정(豆原副正)[70] 이세(李繐; 효령대군의 증손)
3녀 덕흥군 이존숙(성녕대군의 증손)[71]
변상동 - 변효순 = 소선옹주(태종의 5녀)
변덕순 - 변상 = 순성군 이개의 딸(양녕대군의 손녀)
변의순
변만산
변상빙
변상복 = 덕천옹주(정종의 3녀)
1녀 정유길
2녀 이점(이화의 아들)
3녀 이승손

68) 《세종실록》 권42, 세종 10년 10월 19일(정유).

대군의 손녀와 혼인하였다.[72] 변상은 1486년(성종 17) 식년시에서 을과로 문과에 급제하였다. 관직은 정언을 거쳐 세자시강원 보덕을 지냈다.

변이의 집안은 태종대에서 중종대에 이르기까지 관료 배출이 많았고, 세조대 원종공신도 여럿 있다. 이러한 가문의 배경으로 왕실 종친과의 혼인이 있었다. 변이의 집안에는 정종과 태종의 부마가 있으며, 양녕대군과 효령대군 계통의 종친 가문과도 혼인이 많았다. 변이의 딸은 이성계 이복동생 이화의 자부가 되어서 이성계의 직계뿐만 아니라 방계친과도 혼인하여 종실과 폭넓게 혼인 관계를 맺고 있었다.

---

69) 《원주변씨대동보》에는 변상근의 아들과 손녀들도 종친과 혼인하였다고 되어 있다.(《원주변씨대동보》 권1, 12~14쪽) 족보에 따르면, 변상근의 장남 변효동의 2녀가 세조의 손자인 덕진군과 혼인하였다. 변상근의 차남 변효남은 은천정(恩川正) 이가인(李可人)의 딸과 혼인하였으며, 변효남의 장녀가 성종의 6남 봉안군과 혼인하였다. 그러나 조선 왕실에서 편찬한 보첩 《세조대왕종친록》, 《성종대왕종친록》, 《선원록》, 《선원계보기략》 등에서는 확인되지 않는다. 변효동의 2녀와 혼인한 덕진군은 근빈박씨(謹嬪朴氏)에게서 난 세조의 아들 덕원군의 차남이나, 덕원군의 동생 창원군이 후사가 없어 양자로 갔다. 왕실보첩에는 덕진군의 배우자는 평산신씨와 청주한씨로 기록되어 있다. 변효남의 처부는 왕실보첩에서 확인되지 않는다. 변효남의 장녀와 혼인했다는 봉안군의 경우, 왕실보첩에는 봉안군의 배우자로 평양조씨부인만 기재되어 있다.

70) 이세에게 처음으로 제수된 종반직은 두원부정이었다.

71) 성녕대군은 후사가 없었다.

72) 《선원록》 권13, 태종대왕종친록, 16쪽.

### 3.3. 변예 계통

변안열의 3남 변예는 무관으로 조선 건국 후에는 호군을 지냈다는 기록만 있다.[73] 변예는 2남 5녀를 두었다. 변예의 2남 변세청은 처자를 데리고 제주로 들어갔다고 한다. 5녀 가운데 장녀가 이성계의 3남 익안군(益安君)의 손자 원윤 이의(李義)와 혼인하였다.

변예 – 1녀 원윤 이의(익안군의 손자)

변예는 변안열의 아들이며, 변현과 변이의 형제로서 딸을 종친과 혼인시켰다. 그러나 변예의 자손대로 내려가면서 가문의 위상이 유지되지 못하였다. 가문의 위상이 유지되지 못한 데에는 여러 이유가 있을 수 있다. 변예의 집안은 형 변현과 변이 집안처럼 공신이 배출된 것도 아니며, 과거를 통해서 현달한 관료가 배출되지 못하였다. 또한 변예는 다른 형과는 달리 자손도 번성하지 않았다. 더욱이 둘째아들인 변세청은 제주도로 들어감으로써 관료가 될 수 있는 기회가 거의 없었다. 따라서 왕실의 종친 집안과 혼인이 계속 유지될 수 있는 가문의 위상이 유지되지 못하였다.

---

73) 《태종실록》 권16, 태종 8년 7월 26일(임신).

## 4. 맺음말

이상에서 변안열 가계의 혼맥과 그 후손의 왕실혼에 대해서 살펴보았다. 변안열은 공민왕대에 성장하기 시작한 신흥 무장이었다. 그가 정치적으로 성장할 수 있었던 요인 가운데 하나는 세족과의 혼인관계이다. 변안열 자신도 원의(元顗)의 딸과 혼인함으로써 사회적으로 성장할 수 있는 발판을 마련하였다.

원의의 가문은 고려 말 세족으로서 과거를 통해서 사환한 관료가문이었다. 원의의 부친인 원충(元忠)의 처부(妻父)인 홍규(洪奎)는, 충숙왕의 비(妃)이며 충혜왕과 공민왕의 어머니인 명덕태후의 부친이었다. 이러한 인연으로 원의는 공민왕과도 인척 관계에 있었다. 변안열은 원의의 딸과 혼인함으로써 당대 세족 가문과도 인척 관계를 맺는 계기가 되었다.

거기에다가 공민왕대에 있었던 제1, 2차 홍건적의 침입으로 변안열은 두 차례에 걸쳐 공신에 책봉되었고, 재추에도 들어가게 되었다. 변안열은 자신의 자녀들도 당대에 이름 있는 세족이나 신진 사대부가와 혼인시킴으로써 교유의 폭을 넓혀갔다. 장남 변현(邊顯)은 전공판서 진현관 대제학을 지낸 전오륜의 딸과 혼인시켰다. 차남 변이(邊頤)의 첫째부인은 이제현의 손녀이었고, 둘째부인은 남좌시의 딸이었으며, 셋째부인은 이비일의 딸이다. 하나밖에 없는 딸은 이성계의 7자인 무안군과 혼인하였다.

변안열 자녀들이 혼인한 가문들 역시 세족(勢族)이면서 고려 후기에 과거를 통해 관료 가문으로 자리 잡은 가문, 당시 신유학을 공부한 신진 사대부 가문, 그리고 신흥 무장으로 부상하던 가문 등 다양한 가문들과 혼인 관계를 맺었다. 이러한 혼인 관계를 통해서 알 수 있는 변안열의 성향은, 부원세력을 배제하고, 고려 사회를 개혁하려는 의지를 가지고 있었다는 점이다. 변안열이 바라보는 고려 사회의 개혁은 급진개혁파에서 주장하는 사전개혁이나 공민왕의 추대와 같은 것은 아니었다. 변안열은 그와 사돈 관계를 맺은 전오륜, 이색, 정몽주 등과 같이, 고려에 대한 충절을 지키면서 사회를 바꿔어가기를 원하였다.

충절에 대한 대가로 변안열은 역적으로 죽임을 당하고, 가산(家産)은 전부 몰수되었다. 그러나 조선이 건국되고 난 다음 태종대부터는 변안열의 후손들이 다시 관계(官界)에 진출할 수 있게 되었다. 태종대부터 중종대에 이르기까지 변안열의 후손들은 주로 무관으로 사환하면서 왕실 종친과 혼인 관계를 맺었다. 변안열의 후손에서 조선 전기에 지속적으로 왕실 종친과 혼인할 수 있었던 것은, 태종대와 세조대에 원종공신으로 책봉되었기 때문이라고 생각된다. 변안열의 아들 변이를 비롯하여 변안열의 손자와 증손들이 다수 원종공신에 책봉되었다.

변안열 후손은 공신가문으로서 왕실 구성원의 혼인 대상 가문 가운데 하나였던 것으로 여겨진다. 고려 말 무안군과의 혼인만이 아니라, 이성계의 이복동생인 이화의 아들, 이성계의 아들인 의안군의 딸, 정종의 딸과도 혼인 관계를 맺었다. 태종대에는 변안열의 증손에서 태종의 부마가 나왔다. 변안열 가문은 조선 전기 종친과의 혼인 관계에서 주로 태종의 왕자인 양녕대군, 효령대군파가 주류를 이루고 있는 것이 특징이다.

제9주제

# 변안열과 황산대첩

**이 재 범**

경기대 사학과 교수

## 1. 머리말

고려 말 조선 초의 정치상황은 재인식되어야 할 필요가 있다. 정치사적으로 왕조교체라는 중대한 변혁은 역사적 사실이나 관련된 인물 등 많은 부분에서 당시의 시대상에 대한 평가를 바꾸어 놓았다. 기록에 의존하여 역사를 구성하는 문헌사학에서, 고려 말 조선 초에 대한 역사적 평가는 현전하는 기록에 근거하여 이루어질 수밖에 없다. 왕조교체의 직접적인 원인 가운데 하나였던 위화도 회군과, 이와 관련된 인물들의 역사적 평가에 대해서는 더욱 강한 포폄이 가해질 것으로 추정된다. 그러나 이것에 대한 역사적 평가 또한 현전하는 기록에 의존할 수밖에 없을 것이다.

그러나 현전하는 기록이라고 하더라도 비교와 검토 등을 통하여 고의적으로 누락시켰거나 왜곡하여 구성한 역사는 재구성되어야 할 것이다. 이에 이 글은 현전하는 기록을 바탕으로 당시의 사실 및 관련인물들을 재검토하는 것에 목적을 두었다. 특히 외적의 침입이 많았던 고려 말 조선 초의 정치적 상황을 고려했을 때, 이 기록들이 무장들의 공훈이나 행적에 대해서도 마찬가지로 기술되었을 것이라 판단하였다. 그렇기 때문에 이 시기의 기록에 대해서는 전반적인 재검토와 재조명된 역사적 평가가 필요하다.

특히 《고려사》의 반역(叛逆) 열전과 간신(姦臣) 열전은 열전 자체의 검토와 함께, 수록된 인물들에 대한 역사적 재평가가 반드시 필요하다. 반역 열전에는 '우왕'(禑王)이 '신우'(辛禑)로, '창왕'(昌王)이 '신창'(辛昌)으로 바뀌어 실려 있다. 창왕은 그렇다 하더라도 우왕은 공민왕(恭愍王)의 뒤를 이어 정통성을 인정받고 왕위에 올랐던 인물이다. 우왕이 반역 열전에 실린 이유는, 이성계(李成桂)의 조선 건국을 합리화하기 위함이었음은 두말할 나위가 없다. 또한 최충헌·최이와 같은 경우는 정권을 독재하기는 했지만, 왕조를 바꾸어 왕위에 오르려는 반역적 행위는 하지 않았다. 최씨정권을 올바로 평가한다면, 반역 열전보다는 간신 열전이 더 적합하다고 할 것이다.

반역 열전과 마찬가지로 간신 열전에서도 수록 인물들은 간신이라고 할 근거가 희박하다. 간신 열전2에 수록된 인물의 특성은 고려왕인 우왕에게 충성하고자 했던 인물들이다. 바꾸어 말하면, 역성혁명(易姓革命)에 반대한 우왕과 관련이 깊은 인물들이다. 이들은 엄밀한 의미에서 고려의 충신들이며, 외적의 침입이 많았던 고려 말의 상황에서 무장들로 외침에 앞장서 공신의 반열에 올랐던 인물들이다. 그러함에도 조선시대에 편찬된 《고려사》에서는 외침을 격퇴하여 공신으로 책봉된 인물들마저 간신 열전에 수록하였던 것이다.

이 글에서는 《고려사》 반역 열전에 수록된 인물 가운데 하나인 변안열에 관하여, 《고려사》 간신 열전 변안열전을 대상으로 재검토하고자 한다. 물론 변안열전 검토 이전에 간신 열전 전반에 걸친 연구가 선행되어야 마땅하다. 그러나 개인의 열전을 우선 검토 대상으로 삼은 것은, 간신 열전 전체를 대상으로 하면 분량이 너무 많고, 또 시기마다 간신을 설정하는 기준이 다르기 때문에 많은 어려움이 따르기 때문이다. 그리하여 그 사례의 하나로 우선 변안열전을 대상으로 하였다.

변안열전을 우선 선정한 이유는, 왜구토벌사에서 최대의 전과(戰果)로 꼽히는 지리산의 황산대첩이 변안열전에 수록되어 있기 때문이다. 이성계의 최고 전공(戰功)이며, 왜구토벌사에서 가장 큰 승리였다고 알려진 황산대첩이, 하필 간신 열전 변안열전에 수록될 수밖에 없었는지, 그 이유나 의미를 먼저 밝히는 것이 순서라고 판단했기 때문이다. 그리고 다음으로, 변안열전은 어떻게 해석하여야 하며, 변안열전과 간신 열전에 수록된 그 밖의 인물들에게는 어떤 평가를 하여야 합당할 것인가 하는 문제를 제기하여 보았다. 이러한 노력이 변안열전의 재검토를 계기로 하여 《고려사》 반역 열전, 간신 열전 등으로 확대되어, 조선의 개국을 정당화하려고만 하였던 역사 기록물을 좀 더 객관적으로 파악하려는 후속 작업이 이루어지기를 희망한다.

## 2. 변안열전의 구성과 전공戰功

변안열은《고려사》에 따로 개인의 전기가 있다. 그의 전기는《고려사》 권126, 간신 열전2, 변안열전으로 독립되어 수록되어 있다. 그러므로 변안열에 관한 구체적인 내용은 그의 전기를 통해서 확인할 수 있다. 특히 그의 전공과 관련된 내용을 살펴보기 위해서는, 그의 전기를 유형별로 나누어 살펴보는 것이 좋을 것이다.

A-① 변안열은 근본이 심양(瀋陽) 사람이며 원나라 말년 병란으로 인하여 공민왕을 따라서 왔다. 왕이 원주(原州)를 그 본향(本鄉)으로 정하여 주었다.

A-② 안우(安祐)를 따라 홍건적(紅巾賊)을 격퇴하고 그 공이 이등으로 수록되었다. 여러 관직을 거쳐 판소부감사(判小府監事)로 승진되었다. 또 안우 등과 함께 서울을 수복(收復)한 공이 일등이었다. 이내 예의판서(禮儀判書)로 되었으며 추성보조공신(推誠輔祚功臣)의 호(號)를 받았다. 그 다음에 밀직부사(密直副使)로 승진되었다가 다시 지밀직사사(知密直司事)로 전임되었다.

A-③ 어느 날 재추(宰樞)들이 교외에 모여서 연회를 할 때 변안열은 임견미(林堅味), 염흥방(廉興邦) 등과 더불어 박희(搏戲)로 승부를 겨루었다.

A-④ 판밀직사사(判密直司事)로 최영(崔瑩)과 함께 제주를 정벌하고 귀환한 후 지문하부사(知門下府事)로 되었다가 평리(評理)로 전임되었다.

A-⑤ 우왕[1] 초기에 추충양절선위익찬공신(推忠亮節宣威翊贊功臣)호를 받았고, 양광전라도도지휘사 겸 조전원수(助戰元帥)로 임명되었다. 왜적이 부녕(扶寧)에 침입하여 행안산(幸安山)으로 올라갔을 때 변안열이 나세(羅世), 조사민(趙思敏), 유실(柳實) 등과 함께 군대를 지휘하여 진공하여서 크게 격파하여 많이 살상 포로 하였다. 첩보를 전하니 신우가 은 1정(錠), 안장 갖춘 말과 의복을 주었고 개선할 때에는 도당이 천수사(天水寺)까지 나가서 나희(儺戱)를 베풀고 영접하였다. 문하찬성사(門下贊成事)로 승진하였다.

A-⑥ (황산전투) 신우는 이성계와 변안열에게 금 50량씩, 왕복명(王福命) 이하 여러 장수들에게는 은 50량씩을 상 주었으나, 모두 다 사퇴하면서 말하기를 "장수가 적을 격멸하는 것은 그 직책인데 우리가 어찌 그것을 받겠는가?"라고 하였다.

A-⑦ 변안열이 임견미, 이인임(李仁任)과 함께 정방(政房)의 제조(提調)를 하면서 서로 감싸 주었으며, 공장(工匠)도 재산이 많으면 먼저 채용하였다.

1) 《고려사》에서는 우왕을 신돈의 아들이라고 하여 '신우'라고 바꾸어 반역 열전에 수록하였고, 또한 이성계의 호칭에 대해서는 피휘를 해가면서 '태조'라고 기록하고 있다. 그러나 이 글에서는 신우는 '우왕', 조선 태조는 '이성계'로 표기하였다.

A-⑧ 왜구가 단양군에 침입하니 변안열이 한방언(韓邦彦) 등과 함께 이를 격파하고 적 80여 명을 죽이고 말 2백여 필을 노획하였다.

A-⑨ 또 한방언 등과 함께 안동에서 왜구를 공격하여 30여 명을 죽이고 말 60필을 노획하였다. 원천부원군(原川府院君)으로 되고 이어 판삼삼사(判三司使)로 임명되었다.

A-⑩ 김저(金佇)의 옥사(獄事)(우왕복위사건)

A-⑪ 얼마 지난 후에 교서를 내려 변안열의 회군(回軍)의 공(功)을 기록하였으나 그 후 또 얼마 지나지 않아서 이초(彛初)사건에 관련되어 공신 칭호를 박탈하고 가산을 몰수하였다.

A-⑫ 변안열의 아들은 변현(邊顯), 변이(邊頤), 변예(邊預)이다.

변안열전에 수록된 내용을 양적으로 구분하여 살펴보고자 한다. 전기에 수록된 내용을 분량으로 구분하여 살펴보는 것은, 변안열전을 찬술한 인물이 변안열과 관련 있는 중요한 사건들을 어떻게 보고자 하였는가에 대한 하나의 기준이 될 수 있을 것이기 때문이다. 변안열전에 수록된 내용을 구성 순서로 하여 분량별로 구분하여 보면 다음의 〈표 1〉과 같다.[2)]

2) 《북역 고려사》(신서원, 1991)에 따름. 《북역 고려사》를 저본으로 삼은 까닭은 국한(國漢) 대조본으로 번역의 편리함 때문이었다. 크게 대의가 손상되지 않는 경우에만 번역을 다시 하였고, 대체로 저본을 따랐다.

표 1. 변안열전의 내용 구성

| 순서 | 내용 | 분량(줄) |
|---|---|---|
| A-① | 가계 | 3 |
| A-② | 기해홍적(홍건적) 격퇴 2등공신, 경성수복 1등공신, 예의판서, 추성보조공신 칭호, 밀직부사, 지밀직사사. | 6 |
| A-③ | 재추들과 교외에서 연회를 할 때 임견미, 염흥방 등과 박희로 승부를 겨룸(변안열의 기개) | 3 |
| A-④ | 판밀직사사로 최영과 제주 정벌, 지문하부사, 문하평리 | 2 |
| A-⑤ | 추충양절선위익찬공신 칭호, 양광전라도도지휘사 겸 조전원수 임명. 부녕 행안산 전투 승리 | 9 |
| A-⑥ | 황산대첩 승리. | 201 |
| A-⑦ | 인사비리 자행. | 3 |
| A-⑧ | 단양전투 승리. | 3 |
| A-⑨ | 안동전투 승리. | 3 |
| A-⑩ | 김저의 옥사(우왕복위사건) | 137 |
| A-⑪ | 회군공신 칭호 박탈, 가산몰수 | 3 |
| A-⑫ | 변안열의 후손 | 1 |
| 계 | | 374 |

위의 표를 보면 변안열전에서 가장 많은 내용이 황산대첩(201)이며, 다음이 우왕복위사건(137줄) 관련 내용이다. 변안열전의 내용에서 분량으로 본다면 변안열에서 가장 중요한 첫 번째 사건은 황산대첩이며, 그 다음이 우왕복위사건이라고 할 수 있다.

그러나 구체적으로 내용을 검토해 보면 다른 결과가 나온다. 우왕복위사건에 관한 내용은 변안열과 직접적으로 관련된 것들이다.

그러나 황산대첩의 내용은 201줄이나 되는 많은 양 가운데, 변안열과 직접적으로 관련 있는 것은 서너 줄뿐이다.[3] 황산대첩을 내용별로 구분하여 간략히 정리하면 다음의 표와 같다.

표 2. 변안열전에 수록된 황산대첩 내용 구성비

| 순서 | 내용 | 분량 |
|---|---|---|
| 1 | 진포전투 | 14 |
| 2 | 지용기 휘하 배검의 전투 | 13 |
| 3 | 왜구의 경산부 침입 | 11 |
| 4 | 황산대첩 | 〈163〉 |
| | - 이성계, 변안열 중심의 토벌군 편성 | 8 |
| | - 사근내역전투 | 5 |
| | - 남원산성전투 | 5 |
| | - 황산대첩(운봉전투) | 145 |
| 계 | | 201 |

〈표 2〉를 참고하면, 황산대첩은 크게 네 부분으로 구성되었는데, 전체 201줄 가운데 163줄이 황산대첩이며, 그 가운데 145줄이 이성

3) 황산대첩의 내용 가운데 변안열과 관련 있는 부분만 보면 다음과 같다. ① 신우가 이성계를 양광전라경상도도순찰사로 임명하고, 변안열을 도체찰사로 임명하여 보좌하게 하였으며, 왕복명, 우인열, 도길부, 박임종, 홍인계, 임성미, 이성계의 서형 이원계를 원수로 임명하여 모두 이태조의 지휘를 받게 하였으며, 각 인에게 말 2필씩 주었다. ② 신우는 태조와 변안열에게 금 50량씩, 왕복영 이하 여러 장수들에게는 은 50량씩을 상 주었으나, 모두 다 사퇴하면서 "장수가 적을 격멸하는 그 직책인데 우리가 어찌 그것을 받겠는가?"라고 하였다.(《고려사》 권133, 변안열전)

계만이 참가한 운봉전투를 서술하고 있다. 진포전투에서부터 연결된 전투가 운봉전투에서 가장 치열하게 서술되어 있다. 그리고 운봉전투에서는 그 승리의 주역으로 변안열은 전혀 언급되지 않고, 오직 이성계와 이두란, 이대중 등의 활약상만 확인할 수 있다.

변안열전은 제목과는 달리, 변안열과 관련된 내용보다는 이성계와 관련된 내용이 주를 이룬다. 황산대첩에 관련하여 많은 내용을 담고 있지만, 그 가운데 변안열과 직접적으로 관련이 되는 내용은 두 사실밖에 없다. 황산대첩의 지휘부 구성과 관련된 내용과, 마지막으로 황산대첩의 포상관계 기록이다. 그 나머지 부분은 거의 이성계와 관련된 내용인데, 왜 이성계의 무용담이 변안열전의 절반 이상을 차지할 정도로 수록되어야 하는지 이유를 알 수 없다.

어떤 이유에서 변안열전의 절반 이상을 차지하는 내용이 이성계의 활약상을 서술하게 되었는지에 관해서는 뒤에서 다시 살펴보기로 하고, 이 장에서는 변안열전의 내용을 과연 어느 정도 신뢰할 수 있는가에 대하여 좀 더 언급하기로 한다.

《고려사》에서는 변안열을 간신전에 분류해 놓았던 의도로 보아, 그에 대하여 긍정적으로 서술할 리는 없다. 그러므로 그가 이성계를 배반하고 우왕을 복위시키려고 했던 사실을, 전체 분량 374줄에서 137줄에 이르기까지 3분의 1 이상을 기록해 두었다. 그러므로 변안열전에 대한 기록으로서의 객관성 여부에 대한 공정한 판단을 하는 데에서, 수록 분량만 기준으로 한다는 것은 그다지 신뢰를 얻을 수는 없다. 그보다는 오히려 간신 열전에 있는 인물임에도, 그에 대해 긍정적으로 평가한 내용을 검토하는 것은 신뢰의 면에서 설득력이 있다고 하겠다.

그러한 방법의 하나로 변안열의 국가에 대한 전공(戰功)과 관련된 내용을 확인해 보면, 변안열전의 서술 태도에 대한 공정성을 어느 정도 짐작해 볼 수 있지 않을까 한다. 〈표 1〉을 참고하면, 분량으로는 많지 않지만 변안열의 전공에 대한 사실을 몇 차례 전하고 있다. 그 내용을 참고로 하면, 변안열은 그가 생존시에 경험할 수 있었던 전장에는 어디든지 나타났다. 변안열은 전형적인 군인으로, 호국인물이라고 할 수 있는 모범적 사례이다. 그는 홍건적의 침입 때에 이등공신과 일등공신에 올라가는 전공을 세웠으며(A-②), 제주의 목호(牧胡)들이 반란을 일으켰을 때에는 최영과 제주 원정을 다녀왔다(A-④). 또한 왜구의 침입에 대해서도 크고 작은 여러 전투에 두루 참전(A-⑤⑥⑧⑨)한 사실을 확인할 수 있다. 변안열이 참전했던 전투와 관련하여 어떻게 서술하고 있는지에 대하여 더 구체적으로 살펴보도록 하자.

### 2.1. 변안열과 홍건적 토벌

변안열의 홍건적 토벌과 관련이 있는 내용은 A-①②의 변안열이 이등공신과 일등공신의 호를 수여받았다는 사실이다. 변안열은 안우 등과 함께 두 차례에 걸쳐 고려를 습격한 홍건적을 격퇴하여 공신에 봉해졌다. 이에 관해서는 《고려사》 공민왕세가에 다음과 같이 기록되어 있다.

B-① 공민왕 계묘 12년(1363) 겨울 11월 임신일. 기해격주홍적공(己亥擊走紅賊功)을 기록하면서 수첨의시중(守僉議侍中) 경천흥(慶千興), 찬성사(贊成事) 송경(宋卿), 안우경(安遇慶), 전찬성사(前贊成事) 이성서(李成瑞), 판개성부사(判開城府事) 이순(李珣), 삼사좌사(三司左使) 우제(禹磾), 전평리(前評理) 목인길(睦仁吉), 전지도첨의(前知都僉議) 유방계(柳方啓), 밀직사(密直司) 김광조(金光祚), 지밀직사사(知密直司事) 지용수(池龍壽), 검교밀직부사(檢校密直副使) 조돈(趙暾), 판도판서(版圖判書) 허자린(許子麟), 신구(辛珣), 전법판서(典法判書) 유계조(柳繼祖), 김선치(金先致), 전전법판서(前典法判書) 최준(崔準), 전공판서(典工判書) 이선(李善), 호군(護軍) 김두달(金斗達), 전호군(前護軍) 조린(趙璘), 판사(判事) 장신보(張臣輔), 황보림(皇甫琳), 상호군(上護軍) 노철(魯哲), 전상호군(前上護軍) 김손(金孫) …… 일등공신으로 하고 첨의평리(僉議評理) 한휘(韓暉), 밀직부사(密直副使) 변안열(邊安烈), 밀직상의(密直商議) 조희고(趙希古), 전밀직부사(前密直副使) 김란(金蘭), 개성윤(開城尹) 김한진(金漢眞) …… 이등공신으로 하였다.[4)]

이때 여러 장수들의 군공에 대해서는 《고려사》에 간헐적으로 나오지만, 변안열의 전공에 대해서는 전혀 구체적인 언급이 없다. 안우·이성계 등의 활약상에 대해서는 《고려사》의 세가나 열전 등에서 찾아볼 수가 있다. 그러나 변안열과 관련된 내용은 어느 곳에서도 찾아지지 않는다. 변안열만이 아니라 다른 장수들의 전공에 관해서도 언급이 없는 것은 마찬가지다. 그러므로 위의 내용만으로는 의도적으로 변안열의 공을 누락시켰는지에 대해서는 잘 알 수가 없다.

---

4) 《고려사》 권40, 세가, 공민왕 계묘 12년 동11월 임신.

다음은 변안열이 일등공신으로 봉해진 경성수복공신과 관련된 내용이다. 홍건적의 2차 침입 때의 전황과 관련이 있다.

B-② 공민왕 계묘 12년(1363) 3월 을유일, …… 수복경성공을 수록하면서 찬성사상의 황상, 정당문학 한방신, 지도첨의 안우경, 판밀직사사 이순, 밀직사 최영, 지밀직사사 이구수, 밀직부사 우제, 유연, 한휘, 전밀직부사 허유, 개성윤 양백익, 첨의평리 이인임, 전리판서 오인택, 김귀, 예의판서 홍선, 정공판서 조희고, 판도판서 김한진, 전판도판서 김원명, 전전공판서 김한귀, 전판각문사 김득제, 좌상시 김횡, 판사재시사 권장수, 판내부시사 변안열, 판종부시사 이성계, 좌대언 유계조, 응양군 상호군 박춘, 전응양군 상호군 홍사우, 판종부시사 지용수, 판시복시사 박원택 …… 일등공신으로 하고.[5)]

위의 내용은 공민왕이 복주(福州; 안동)로 피난을 가고 개경이 홍건적에게 점령되었을 때, 이를 탈환한 공에 대한 공신책봉이다. 변안열은 여기서 일등공신에 봉해졌다. 그렇지만 그의 공적 내용에 대해서는 알 수가 없다. 변안열뿐만 아니라 다른 일등공신에서도 구체적으로 공적 내용을 알 수 있는 경우는 아주 드물다. 그런데 경성수복전투 상황에 대해서는 비교적 구체적으로 서술한 자료가 있어서, 당시 공신들의 공적을 《고려사》가 어떤 기준에서 서술했는지 짐작할 수 있게 한다.

5) 《고려사》 권40, 세가, 공민왕 계묘 12년 3월 을유.

C-① 홍건적은 수개월간 서울에 주둔하고 있는 동안에 소와 말을 도살하여 그 가죽을 돌려 성으로 삼고 그 위에 물을 부어 얼음판을 만들어 사람이 타고 올라갈 수 없게 하였다. 또 사람을 죽여 구워 먹고, 혹은 아이를 벤 여자의 젖을 도려 구워 먹는 등, 그 잔인성과 포악성을 남김없이 드러내었다.[6]

C-② 왕은 복주에 있으면서 정세운(鄭世雲)을 총병관(總兵官)으로 임명하고, 전체 군대를 통솔하게 하였다. 11년에 안우 · 이방실 · 김득배 · 황상 · 한방신 · 이여경 · 안우경 · 이구수 · 최영이 군대 20만을 거느리고 서울 동쪽 교외 천수사 앞에 집결하였다. 정세운이 진격하기를 촉촉하여 모든 장수들이 경성을 포위하자 정세운은 물러나 도솔원에 주둔하였다. 마침 눈비가 내려 적의 방비가 허술하였다.[7]

C-③ 그때 이여경은 숭인문(崇仁門)을 담당하고 있었는데, 부하 호군 권희가 탐지한 정세를 말하기를 “적의 정예부대가 모두 여기 모였으니 불의에 공격하면 승리할 수 있을 것이다.”라고 하였다. 다음날 새벽에 권희가 기병 수십 기를 거느리고 돌입하여 북을 치고 함성을 올리며 맹렬히 쳐들어가니 적은 놀라 혼겁하였다. 모든 장수들이 이 기회를 타서 사면으로 돌격전을 개시하였다.[8]

C-④ 태조가 휘하 친병 2천인으로 선두에서 싸워 대파하였다.[9]

---

6) 《고려사》 권113, 안우 열전.
7) 위와 같음.
8) 위와 같음.
9) 위와 같음.

C-⑤ 해질 무렵에 적의 괴수 사류(沙劉), 관선생(關先生) 등을 베어 죽였다. 적들은 저희들끼리 밟혀 죽은 시체가 정 안에 가득 찼었고, 목을 베인 것이 대체로 10여 만에 달하였다. 그 밖에 원나라 임금의 옥새 2, 황태자의 금인 1, 옥도장 3, 금・은・동 도장, 금은 기명, 패면 등 물품을 노획하였다. 이윽고 모든 장수들이 말하기를 "궁지에 빠진 적을 씨도 없이 소탕할 것이 아니라"라 하고 곧 숭인・탄현 두 문을 열어주었다. 패잔병 무리 파두반 등 10여 만 명은 도망하여 압록강을 건너 달아나니 적은 마침내 평정되었다.[10]

C-⑥ 성을 공격하던 날 적은 비록 궁박하였으나 보루를 쌓고 고수하였으므로 전체 부대가 포위망을 압축하여 진격하였을 때 태조는 길가 집에 머물러 있었는데, 밤중에 적이 포위망을 뚫고 도주하였으므로 태조는 말을 달려 동문으로 갔다. 이때 거기서 적과 아군간에 성문 쟁탈전이 벌어져 혼잡한 지경이라서 나갈 수 없었는데, 뒤에 온 적이 창으로 태조의 오른쪽 귀 밑을 찔렀으며, 뒤에서 오는 적세가 위급하였다. 이에 태조는 검을 빼어 앞에 있는 적 7, 8명을 찔러 눕히고 말을 몰아 성을 뛰어넘었다. 이때 말이 쓰러지지 않은 것을 모두 신기하게 생각하였다.[11]

위의 내용은 홍건적에게 점령당하였던 개경(경성)을 수복할 당시의 전투 상황이다.[12] 공민왕은 복주에서 정세운에게 총병관을 맡겼

10) 위와 같음.

11) 위와 같음.

12) 안우 열전에 나오는 기록은 《고려사》 권40, 세가, 공민왕 임인 11년(1362) 봄 정월 갑자조에도 수록되어 있다. 그러나 이성계와 관련된 내용은 보이지 않는다. 아

고, 20만의 군사로 이여경과 권희가 선봉장이 되어 전투를 승리로 이끌었다는 사실을 알 수 있다. 실제로 총병관 정세운의 지휘 아래 휘하 장수들의 선전으로 새벽부터 조직적으로 전개된 전투였다. 그리하여 해가 저물 무렵에 완승을 거두었고, 홍건적에게 퇴로를 열어주어 고려군에게도 더 이상의 손실은 입히지 않겠다는 의도로 홍건적의 탈출을 묵인한 전투였다.

그런데 갑자기 이성계라는 인물이 자신의 친병 2천 명을 이끌고 선두에서 싸워 대파하였다는 내용이 삽입된다.(C-④) 이성계의 군공을 드러내기 위한 서술임에 분명하지만, 앞뒤의 연결 없이 불쑥 삽입하여 너무 의도적인 서술로 보인다는 것이다. 더구나 이성계의 전공이 수록된 부분은 안우의 열전이다. 왜 안우 열전에 이 내용을 수록했는지 알 수 없지만, 갑자기 이성계를 등장시켜 그의 전공을 드러내는 것은 너무 의도적이라고 할 수 있다. 한편, 전투의 정황을 본다면 장수들이 성을 포위하여 전투지역을 분담하였던 것으로 추정된다. 이여경은 숭인문을 담당하고 있었고, 다른 장수들도 각각 자신들의 전투지역이 있었을 것이다. 그리고 이날의 선봉은 분명히 권희였다. 그런데 갑자기 선봉장으로 이성계가 등장하는 것은 확대서술로 보인다.

그리고 이러한 서술이 왜 이성계에만 해당되는 것일까? 공신책봉서열을 본다면, 이성계의 활약만 갑자기 여기에 끼워 넣어야 할 뚜렷한 이유가 보이지 않는다. 이성계의 공신책봉서열은 변안열보다

마도 이성계와 관련된 내용은 뒷날 추가 삽입된 것으로 여겨진다.

뒤에 있다. 그러나 변안열이 경성 수복을 할 때 어떠한 공훈을 세워 일등공신에 오르게 되었는지에 대한 기록은 없다. 변안열이 홍건적과의 전투에서 공을 세웠다는 내용은, 오로지 열전과 세가에 공신으로 책봉되었다는 간단한 기록만으로 알 수 있을 뿐이다.

또한 이성계의 전공과 관련된 구체적인 서술(C-⑥)도 검토해 보면, 이성계의 신출귀몰한 활약이 아니라 이성계의 전열 이탈로 받아들여질 소지가 있는 내용이다. 왜냐하면 여러 장수들은 홍건적의 퇴로를 열어주자고 의견의 합치를 보았는데(C-⑤), 이성계만이 퇴각하고 있는 홍건적과 접전을 전개하였던 것이다. 그런데도 이를 안우 열전에서 확대 서술하는 것은, 이성계의 전공을 후대에 침소봉대시켜 수록한 것이라고 하여도 크게 틀리지 않을 것이다.

### 2.2. 변안열과 제주전투

변안열의 제주전투에 관해서는, 공민왕세가와 변안열전에 다음과 같이 간략히 소개되어 있다.

D-① 공민왕 갑인 23년(1374), 8월 신유일 최영이 제군을 인솔하고 탐라에 도착하여 용감하게 싸워 크게 격파하고 적군의 괴수 3인의 목을 베어 서울에 보냈다. 이리하여 제주가 평정되었다.[13]

D-② 판밀직사사로 되어 최영과 함께 제주를 정벌하고 귀환한 후 지

13) 《고려사》 권44, 세가, 공민왕 23년 8월.

문하부사로 되었다가 평리로 전임되었다.14)

제주정벌을 위의 내용으로만 보면 단순한 제주의 민란을 토벌한 사건 같지만, 사실 그 의미나 규모에서 대규모 군사행동이었다. 이에 관한 상세한 전투상황은 최영전에서 살펴볼 수 있다. 제주정벌은, 명태조가 임밀 등을 보내어 제주의 말 2천 필을 보내라고 하였는데, 제주 합적(哈赤; 牧胡), 석질리필사(石迭里必思, 시데리비스), 초고독불화(肖古禿不花), 관음보(觀音保) 등이 300필밖에 보내지 않았으므로, 임밀 등이 화를 내자, 고려에서 제주 토벌을 결정하기에 이르렀던 국제적인 사건이었다.

E-① (공민왕 23년) 7월, 최영을 양광전라경상도도통사, 염흥방을 도병마사, 이희필과 변안열을 양광도원수, 목인길과 임견미를 전라도원수, 지윤과 나세를 경상도원수, 김유를 삼도조전원수 겸 서해교주도도순문사로 임명하여 큰 병선 314척과 사병 2만 5600명을 거느리고 토벌하게 하였다.15)

E-② 이때 교서에 말하기를 "탐라는 본래 우리나라에 속한 나라로 대대로 조공하여 온 지 거의 500년이다. 근래에 목호 석질리필사, 초고독불화, 관음보 등이 우리 사절을 죽이고 우리 백성을 노비로 부리니 그 죄악이 실로 크다. 이제 최영에게 절월을 주어 전권을 위임하니 전선에 가서 전체 군대를 지휘 통제하여 예정 기한에 적을 섬멸할 것이며 상벌

14) 《고려사》 권126, 변안열전.
15) 《고려사》 권113, 최영전.

을 책임지고 직접 실시하되 지위가 높은 자라도 꺼리지 말아라"라고 하였다.[16)]

E-③ 재추들이 모여 전별하자 모든 장수들은 다 울었으나 최영과 함께 변안열 혼자만이 자약(自若)하였다.[17)]

E-④ 8월에 군사가 나주에 도착하였다. 최영이 영산(榮山)에서 열병하고 모든 장군들과 약속하기를 "각도 선박은 서로 혼동하지 말고 각각 돛대 위에 기를 꽂아 표지할 것, 배에는 책임관을 두어 질서 없이 행선하지 말 것, 출발한 후에는 각각 대오를 정돈하며 연료와 음료수를 제때에 보급할 것, 만일 왜구와 만나면 좌우에서 협공할 것, 그것을 포로로 하는 자는 상으로 큰 벼슬을 줄 것이다. 제주에 도착하면 각각 병선을 거느리고 일제히 진군하여 누구나 뒤에 떨어지지 말아야 하며, 부대는 각각 근거지를 가지고 봉화로써 서로 연락할 것, 전체 부대의 행동은 도통사의 호각 소리에 따를 것이며 조금도 위반하지 말 것, 성을 공격함에 있어 주민들 중에 합적에 가담하여 명령을 순종하지 않는 자는 군대를 풀어서 모조리 무찌르고, 항복하는 자는 추궁하지 말 것, 적 괴수의 재산은 모조리 몰수하고, 일체 계약 문건과 금, 은으로 만든 패(牌), 도장 및 말 등록부 역시 모두 몰수할 것인바, 이것을 얻은 자에게 상을 준다. 절(寺), 도전(道殿), 신사(神社)를 수호하는 자는 건드리지 말아야 한다. 재물을 탐내어 전투에 힘껏 싸우지 않는 자는 처벌할 것이며, 재물을 싣고 먼저 도망쳐 돌아가는 자는 군법으로 처단할 것이다"라고 하였다. 또 말하기를, "왕이 나에게 반역자를 토벌할 책임을 맡겼으니만큼, 내 말은 곧 왕

16) 위와 같음.
17) 위와 같음.

의 말씀이다. 내 명령을 순종하면 일이 잘 성취될 것이다"라고 하였다. 모든 장군들이 모자를 벗고 사례하였다.18)

E-⑤ 배가 검산곶(黔山串; 진도 벽파진 추정)에 도착하니, 모든 장졸들이 말하기를 "배가 떠난 지 이미 오래고 바람이 점점 높아지니 속히 행군하는 것이 좋을 것이다"라고 하자, 최영은 말하기를 "오늘 바람이 좋지 못하고 근 백 척이 되는 서해도의 전함도 아직 오직 않았는데 어찌 먼저 떠날 수 있겠는가"라고 하였다. 모든 장군들이 울분하게 여기었는바 보길도에 도착하여 정박하였다. 최영은 또 바람이 없으므로 머무르고자 하였다. 모든 장수들이 말하기를 "군사 행동은 속한 것을 귀중히 여기는바, 행군을 미루다가 만일 후일에 물의가 있으며 그 허물에 대하여 누가 책임을 질 것인가"라고 하였으나 최영이 불응하였다. 염흥방이 말하기를 "여러 장군의 제의를 듣지 않을 수 없을 것이다"라고 하니 최영이 이 말을 접수하였다. 그러나 오시(午時)가 되도록 머무적거리며 출발하지 않으므로 변안열의 휘하 병사들이 먼저 발선하였다. 최영이 크게 노하여 명령 위반자를 돛대 위에 매달았으나, 조금 후에 각 도의 배가 돛을 달고 일제히 출발하므로, 최영은 부득이 출발을 명령하였다. 서해도의 선박도 따라왔다. 중도에서 세찬 바람을 만나서 모든 배가 산산이 흩어졌다. 해가 저물어 추자도에 도착하려 할 무렵에 갑자기 비바람이 크게 닥쳐와서 배들이 낭떠러지 돌에 부딪쳐 밧줄이 끊어지고 노를 잃었다.19)

E-⑥ 다음날에 제주에 도착하였다. 최영은 모든 장군들을 배치하여 4

18) 위와 같음.
19) 위와 같음.

면으로 공격할 태세를 갖추었다. 석질리필사, 초고독불화, 관음보 등은 3천여 기의 병력으로 명월포[20]에서 항거하였다. 최영은 전 제주목사 박윤청을 보내어 포고문을 발포하였다. 그 글에 말하기를 "이제 군대를 동원하여 토벌하는 것은 사실상 부득이한 것이다. 그러므로 적의 괴수를 제외하고 성주(星主)와 왕자, 토관(土官), 군민은 응당 이전과 같이 안도할 것이며, 비록 적당에 가담한 자라도 항복하면 역시 관대한 처분을 받을 것이다. 그러나 만일 거역하는 경우에는 대군이 한번 행동하면 자잘못을 가릴 수 없이 모두 소탕될 것이니, 후회하여도 미치지 못할 것이다"라고 하였다. 최영은 함께 해안에 상륙하였다. 그때 군대들이 주춤거리며 전진하지 않으므로 비장 1명을 베어 군중에 돌려 보이자 대군이 일제히 전진하였다. 이리하여 좌우로 맹렬히 공격하여 적을 대파하고 승리를 이용하여 패주하는 적병을 30리 지점까지 추격하였다. 해가 저물 무렵에 명월포로 돌아와서 해안지역에서 숙영하였다. 적이 안무사 이하 생을 죽였다. 모든 장군들은 한라산 아래에 집결하여 군대를 휴식시켰다. 이때 아군은 적의 말을 다수 획득하여 모두 기병으로 되었다. 적의 괴수 3명이 도전해 왔다가 거짓 패주하였다. 이것은 앞으로 효성(曉星), 오음평야에 유인하여 기병으로 반격할 심산이었다. 최영은 그 모략을 알아차리고 날랜 군사로 급히 추격하니, 적은 도주하여 산 남쪽 호도로 갔다. 이에 최영이 전 부령 정룡을 보내어 빠른 병선 40척으로 포위하게 하고, 자신은 정예부대를 거느리고 뒤따라갔다. 석질리필사가 자기 처자 및 그의 도당 수십 명을 데리고 나왔고, 초고독불화, 관음보는 화를 면할 수 없을 것을 각오하고 산 언덕 밑에 떨어져 죽었다. 최영은 석질리필사를 그 세 아들과 함께 허리를 베어 죽이고, 또 초고독불화, 관음보의 머

20) 한림항. 당시 공격로는 '명월촌 → 어음 → 밝은오름 → 샛별오름 → 홍로 → 범섬'으로 추정.

리를 베어 지병마사 안주를 보내어 왕에게 바쳤다.[21)]

E-⑦ 동도(東道) 합적(哈赤) 석다시만(石多時萬, 시도시멘) 조장홀고손(趙莊忽古孫) 등은 아직 수백 명을 거느리고 성에 의거하여 항복하지 않았다. 최영이 장군들을 거느리고 공격하자 패주하였으므로 계속 추격하여 포로하고 잔당들을 수색하여 모조리 죽이니, 적의 시체가 서로 깔렸다. 또 금패 9, 은패 10, 인신(印信) 30, 말 1천 필을 노획하였다. 인신은 만호·안무사·성주·왕자에게 주고, 말은 여러 고을에 나누어 주었다. 이때 여러 주에서 기르고 있는 말과 소를 잡아먹는 자가 있었으므로, 혹은 목을 베기도 하고, 혹은 팔을 잘라 군사들에게 보이자 공포에 떨며 추호도 범하는 자가 없었다.[22)]

E-⑧ 10월에 최영이 여러 장군과 함께 돌아오니, 왕이 이미 죽었으므로 최영은 시체 앞에서 보고하고 목이 메어 통곡하였다.[23)]

위의 내용은 최영전에 수록된 제주정벌의 전체적인 상황이다. 여기에서 제주정벌군의 지휘부 편성과 전체적인 정벌군의 규모를 소개하고 있다. 제주정벌군의 최고사령관은 최영이며, 변안열은 원수 가운데 1인으로 참전하고 있다. 제주정벌군의 활동은, 규모는 314척에 2만 5600명의 군사가 동원되었으며,[24)] 왕의 교서, 전별식장의 상

21) 《고려사》 권113, 최영전.

22) 위와 같음.

23) 위와 같음.

24) 삼별초 진압에 동원된 군사는 1273년(원종 14) 2월 김방경·흔도·홍다구로 이루어진 대규모의 연합군의 규모가 병선 160척, 수군·육군 1만 명(고려군 6천 명,

황, 지휘관 최영의 전투 때 지켜야 할 사항인 전투수칙의 반포, 제주도까지 행군 과정, 제주도에서의 전투상황 및 전과 확대, 그리고 제주토벌군의 귀환으로 시간을 따라 정리해 볼 수 있다.

제주정벌군의 활동을 살펴보면 흥미로운 점이, 최고지휘관인 최영과 원수인 변안열의 임전태세이다. 제주정벌군은 공민왕세가에 따르면 9인의 지휘부로 구성되어 있는데, 그 가운데 전투와 관련된 전술・전략적인 면에 대한 서술이 있는 인물은 최영・변안열・염흥방 등 3인이다. 먼저 전별식에서 여러 지휘관들의 태도를 살펴보도록 하자.

E-③ 재추들이 모여 전별하자 모든 장수들은 다 울었으나 최영과 함께 변안열 혼자만이 자약(自若)하였다.[25]

위의 내용은, 재추들이 전별을 하자 모든 장수들이 다 울었다고 한다. 단지 최영과 함께 변안열만 자약하였다고 표현하고 있다. 이 내용이 최영전에 실린 것이므로 최영의 기개를 높게 산 것은 당연하

몽고군 2천 명, 한군 2천 명)이었다. 연합군의 협공으로 삼별초의 수령 김통정은 70여 명의 휘하 부장과 함께 산 속으로 피신했다가 자결한 시체로 발견되었으며, 남은 1,300여 명도 포로가 되었다. 한편 여몽연합군의 일본 정벌에 동원된 수는 제1차 때인 1274년 10월 3일, 출정군이 원나라 도원수(都元帥) 흔도(忻都; 忽敦), 부원수(副元帥) 홍다구(洪茶丘), 유복형(劉復亨) 등의 몽한군(蒙漢軍; 한군 漢軍은 주로 수병 水兵) 2만 5천과 도독사(都督使) 김방경(金方慶) 이하 김신(金侁), 김문비(金文庇) 등이 거느린 고려군 8천 및 소공(梢工), 수수(水手) 6,700을 합친 병력이었다.

25) 《고려사》 권113, 최영전.

다고 하겠다. 그러나 간신 열전에 수록된 변안열에 대하여 자약하였다고 한 표현은 어떻게 받아들여야 할까? 더구나 다른 장수들이 다 울고 있는 상황에서 변안열만 자약했다는 것은, 그의 임전태도가 얼마나 확고했던가를 알게 하는 대목이라고 할 수 있다.[26)]

이와 함께 변안열과 최영이 전투에 임했을 때의 전술·전략과 관련된 내용을 살필 수 있는 부분이 있다. 검산곶에서 행군의 속도에 관하여, 여러 장수들이 바람이 거세지기 전에 얼른 출발할 것을 요구했으나, 최영만이 '바람이 좋지 않고 서해도의 전함이 도착하지 않았다'는 이유로 지연을 시켰다. 그리하여 보길도에서도 염흥방이 여러 장군의 제의를 받아 빨리 행군하기를 재촉하였으나, 최영은 다시 미적거렸다.

그런데 이때, 변안열 휘하 병사의 전함이 가장 먼저 출발을 하고 있다. 이에 대하여 최영은 명령을 위반하였다고 하여 위반자를 돛대에 매달았으나, 잠시 후에 전함이 모두 출발하게 되었고, 서해도의 전함들도 이에 추종을 하자, 최영은 출발을 명령할 수밖에 없는 처지가 되었다. 그러나 행군은 순조롭지가 않아서, 추자도에 거의 도착할 무렵 강한 비바람을 만나 약간의 손실을 입었다.

이러한 일련의 전투의 명령단계는 대수롭지 않아 보이지만, 당시의 제주정벌에서 최영과 변안열의 관계가 상당히 심각했음을 보여준다. 최영은 풍랑이 예상되자 지공(遲攻)을 명령하였으나, 변안열은

26) 변안열의 기개에 대해서는 '어느날 재추들이 교외에 모여서 연회를 할 때 변안열은 임견미, 염흥방 등과 더불어 박희(搏戲)로 승부를 겨루었다'(《고려사》 권126, 변안열전)라는 표현이 있다.

속공(速攻)을 주장하였다. 그런데 당시의 여러 장수들은 변안열의 견해를 추종하였던 듯하다. 정박 명령은 최영이 내렸으나, 실질적으로 전함에 전진 명령을 내린 인물은 변안열이며, 나머지 장수들도 자신이 지휘하는 전함들을 전진시켰을 뿐만 아니라, 서해도의 전함들도 변안열의 지휘에 따랐던 것이다. 그 결과 전함들은 순조롭게 추자도를 거쳐 제주도에 이르게 되었고, 효율적인 전술을 구사하여 전투는 승리를 거둘 수 있었다.

만약 변안열이 주장을 굽혔더라면 전투는 승리하지 못했을 것이다. 보길도를 출발하고, 나중에 큰 바람을 맞게 되었고, 추자도에 들어갈 때는 갑자기 큰 비바람이 불어와 낭떠러지 돌에 부딪치기도 하는 기상이변을 만나게 되었다. 변안열의 주장대로 하지 않았다면, 그날의 강풍에 의하여 더 많은 손실을 입었을 것이다. 혹 보길도에서 출발을 할 수 없는 지경에 이르렀다면, 제주정벌은 실패할 수도 있었을 것이다. 방어자에게 많은 시간을 주어 방어시설이 튼튼해질수록 원정군의 피로와 긴장감은 쌓일 수밖에 없었기 때문이다. 결국 제주정벌은 승리로 끝났고, 이를 빌미로 변안열이 귀환 후에 문책을 받은 기록이 보이지 않는 것을 보면, 최영전에 수록된 변안열에 관한 기록은 오히려 변안열의 명령 위반과 실수가 아닌, 많은 장수들의 의견을 수렴한 탁월한 전술로 평가 받아야 할 것이다.

### 2.3. 변안열과 행안산전투

변안열전에는 변안열의 전공이 소개되지 않은 경우가 적지 않음을 알 수가 있다. 그런 한편, 변안열전에는 내용 소개도 소략하다고 했는데, 대표적인 경우가 부녕(부안) 행안산전투이다.

F-① 왜구가 부녕에 침입하여 행안산으로 올라갔을 때 변안열이 나세, 조사민, 유실 등과 함께 군대를 지휘하여 진공하여서 크게 격파하여 많이 살상 포로 하였다. 첩보를 전하니 신우가 은 1정(錠), 안장 갖춘 말과 의복을 주었고, 개선할 때에는 도당이 천수사까지 나가서 나희(儺戱)를 하고 영접하였다. 문하찬성사로 승진하였다.[27)]

위의 내용은 변안열이 승전을 했던 부녕의 행안산전투에 관한 것이다. 변안열전에 수록된 내용만 보면, 변안열이 나세, 조사민, 유실 등과 함께 출전하여 커다란 전과를 올렸음을 알 수 있다. 그러나 행안산전투와 관련된 내용은 다른 곳에서도 보인다. 변안열과 함께 참전했던 나세 열전에는 행안산전투에 관하여 다음과 같이 기록하고 있다.

F-② (나세) 신우 초기에 전라도상원수 겸 도안무사로 되었다. 왜선 50여 척이 침입하여 웅연에 정박하고 적현을 넘어 부여현을 침범하고 동진교를 파괴하여 아군이 진공하지 못하게 하였다. 나세는 변안열, 조사민 등과 함께 밤에 다리를 가설하는 한편, 일부 병력으로 적을 공격하니 적의 보병, 기병 도합 1천여 명이 행안산으로 올라갔으므로, 아군이 사면으로 공격하자 적의 무리가 패주하여 마침내 대파하였다. 이어 판개

27) 《고려사》 권126, 변안열전.

성부사로 되었다.[28)]

나세전을 참고로 하면, 행안산전투의 내용을 변안열전에서 더 구체적으로 알 수 있다. 변안열전의 내용으로만 본다면, 행안산전투에서 단지 커다란 전과를 얻었다고만 되어 있다.(D-①) 그러나 나세 열전의 내용을 보면, 전투가 훨씬 구체적이다. 왜구의 규모가 50여 척에 이르렀으며, 처음 웅연에서 적현과 부여현을 지나 동진교를 파괴하였고, 변안열과 조사민 등이 밤에 왜구가 파괴한 다리를 가설하려고 하자 행안산으로 도주하였다는 것이다. 결국 행안산전투는 고려군의 효율적인 작전으로 쫓겨간 결과로 이루어졌던 것이다.

그런데 이 전투의 실질적인 지휘관이 변안열이라는 점을 고려하면, 행안산전투의 내용이 변안열전에 더 구체적으로 수록되어야 마땅하다고 할 것이다. 변안열이 이 행안산 왜구토벌군의 실질적인 지휘관이라는 사실은 다음의 자료로 알 수 있다.

F-③ (우왕 2) 9월 변안열을 양광전라도도지휘사 겸 조전원수로 임명하였다.[29)]

F-④ 윤9월 나세를 전라도상원수 겸 도안무사로 임명하였다.[30)]

---

28) 《고려사》 권114, 나세 열전.
29) 《고려사》 권133, 신우 열전 2년 9월.
30) 《고려사》 권133, 신우 열전 2년 윤9월.

위의 두 자료는 행안산 왜구토벌군 편성 때의 지휘관 임명과 관련된 것이다. 그러므로 행안산 왜구토벌군의 실질적 지휘관은 양광전라도도지휘사 겸 조전원수인 변안열이며, 다음달에 나세를 전라도상원수 겸 도안무사로 임명하였던 것이다. 이러한 지휘체계 구성은 전투가 끝난 뒤 변안열은 다르다. 대표적인 것이 부녕 행안산전투이다. 변안열과 함께 전투에 참가하였던 나세전에, 부녕 행안산전투에 관해서 더 상세한 내용이 실려 있다.

위의 내용을 보면, 행안산전투에 관하여 나세전은 변안열전보다 상세하게 기록되어 있다. 변안열전에는 행안산전투에만 변안열이 참전하여 공로를 세웠다고 기록하였다. 그러나 나세전에는 행안산전투가 선박 50여 척으로 왜구가 적현과 부여현을 침범하였다가, 변안열이 이끄는 고려군에 의하여 피신한 지역으로 되어 있다. 그러므로 행안산전투는 부여에서부터 연결된 전투였던 것이다. 그러한 사정이 변안열전에는 생략되어 있다.

또한 전투의 상세한 진행과정도 변안열전에는 생략되어 있다. 나세전에는 나세가 변안열, 조사민 등과 밤에 다리를 가설하는 한편, 일부 병력으로 적을 공격하였다는 야간기습공격이라는 전투 형태와, 그 결과로 왜구의 보병, 기병 도합 1천여 명이 행안산으로 도망하였다는 전투의 규모도 밝히고 있다. 이러한 전투 상황은 변안열전에서는 삭제되어 있다.

그리고 행안산전투의 최고지휘자를 나세전에서는 나세로 해석할 수 있도록 기록하고 있다. 그러나 실질적인 지휘관은 변안열이었다. 위의 전투에 참전할 때 변안열은 양광전라도도지휘사 겸 조전원수였는데, 나세는 전라도상원수 겸 도안무사의 위치였다. 변안열은 양광전라도의 도지휘사였는 데 비하여, 나세는 전라도 지역만의 안무사였다. 이러한 위치로 보면 행안산전투의 실질적인 군사지휘관은 변안열이었다. 나세는 도안무사로 백성들을 위무하는 역할을 맡고 있었다. 이러한 변안열과 나세의 서열상의 관계는, 두 인물이 행안산전투에서 승전한 뒤 받았던 논공행상에서 알 수가 있다. 나세가 전투 이후 종이품직인 판개성부사[31]로 되었지만, 변안열은 그보다 위인 정이품직인 문하찬성사[32]가 되었던 것이다. 이러한 현상은 변안열이 군공이 컸기 때문에, 논공행상에서 관직이 단계를 뛰어넘어 승진하였다기보다는, 전투 개시 이전의 관직이 변안열보다 나세가 상대적으로 낮았기 때문이라고 보는 것이 더 타당할 것이다.

---

31) 고려 시대 도성(都城)을 관장하는 개성부(開城府)의 가장 높은 벼슬. 품계는 종2품. 충렬왕 34년(1308)에 개성부에 급전도감(給田都監) 및 5부(五部)를 합쳐 도성 내의 사무를 관장하게 하고 지부사(知府事)를 종2품인 판부윤(判府尹)으로 고쳤다가 다시 공민왕 5년(1356)에 부윤(府尹)으로 고침. 공민왕 11년(1362)에 판부사(判府事)를 부윤 위에 더 두었는데 품계는 윤과 같이 종2품으로 함. 당시 개성부는 부윤 이하의 관직을 두어 도성 안의 행정을 맡게 하고 따로 개성현(開城縣)을 두어 도성 밖의 행정을 관장케 함.(《한국민족문화대백과사전》, 한국정신문화연구원, 1992)

32) 고려 후기에 설치된 문하부(門下府)의 정2품 관직. 고려 전기의 문하평장사(門下平章事) 및 중서평장사(中書平章事)의 후신이다. 1275년(충렬왕 1) 원나라의 요구에 따른 관제개혁에서 평장사가 찬성사로 바뀌었다가, 1356년(공민왕 5) 다시 평장사로 환원되었다. 그 뒤 1360년 평장정사(平章政事)로, 1362년 찬성사로 바뀐 뒤, 1369년 도첨의부(都僉議府)가 문하부로 개편되면서 문하찬성사로 되었다. 조선 건국 직후인 1392년(태조 1) 종1품, 정원 2인으로 정해졌으며, 1414년(태종 14) 문하부가 폐지되고 의정부(議政府)가 설치됨과 동시에 동판의정부사(同判議政府事)로 고쳐졌다가 1437년(세종 19) 의정부의 찬성 및 참찬(參贊)으로 고정되었다. (《한국민족문화대백과사전》, 한국정신문화연구원, 1992)

한편, 변안열전에는 행안산전투와 관련하여 나세전에 없는 내용이 수록되어 있다. 행안산전투를 승전으로 이끌고 개선할 당시의 사정이다. 변안열전에 따르면, 우왕이 '은 1정, 안장 갖춘 말과 의복을 주었고, 개선할 때에는 도당이 천수사까지 나가서 나희(儺戱)를 열고 영접'하였다는 것이다. 그런데 이러한 내용을 나세전에서는 확인할 수 없다. 나세전은 행안산전투에 관하여 변안열전보다 훨씬 상세한 전투 관련 기록을 남겼지만, 지휘관으로서 받아야 하는 포상기록은 없다. 이러한 사실은, 나세는 실제로 포상의 내용이 적거나 받지 못하였기 때문이라고 할 수 있다. 그렇다면 변안열은 행안산전투를 실질적으로 지휘했던 최고군사사령관이었음이 분명해진다. 이처럼 변안열의 전공에 대해서는 《고려사》에서 변안열전에서뿐만 아니라 다른 부분에서도 폄하하고 있다. 바로 행안산전투는 그 실례가 구체적으로 밝혀지는 대표적인 예의 하나라고 할 수 있다.[33)]

이와 같이 변안열전은 변안열의 전기임에도 주인공에 관한 내용은 소략하거나 누락되어 있다. 게다가 때로는 약간의 왜곡도 가해, 지휘관의 위치가 바뀌어 나타나는 등, 변안열의 실상을 파악하는 데 상당한 어려움을 주는 서술체계와 내용으로 구성되어 있음을 알게 되었다.

한편, 이성계와 관련된 서술은 과장이 많거나 전공을 부풀려서 삽입을 한 경우가 많았음도 확인되었다. 앞의 경성수복을 위한 전투

33) 행안산전투는 신우 열전 병진 2년 9월조의 '왜구가 고부·태산·흥덕 등지에 침입하여 관청을 불사르고 또 보안·인의·김제 등 고을에 침입하였다'와 관련이 있는 것으로 보인다.

를 서술할 때 그러한 경우가 있었으나, 그 밖에도 이러한 경우는 적지 않게 찾을 수 있다.

### 2.4. 변안열과 황산대첩

변안열전을 기준으로 했을 때, 황산대첩은 변안열에게 가장 중요한 전투로 나타난다. 지금까지 앞 장에서 변안열전에 수록된 내용의 진정성에 대하여 검토해 보았다. 그 결과, 변안열전의 구성과 내용은 주인공인 변안열과 무관하거나, 오히려 비판적이거나 부정적으로 서술하고 있다는 점을 확인하였다.

그렇다면 변안열전에 수록된 내용에 대해서도 전반적으로 재검토해야 할 것이다. 특히 황산대첩이 변안열이 치렀던 전투 가운데서도 특별히 분량을 많이 할애해야 했던 이유를 설명하기 위해서는, 황산대첩과 다른 전투와의 서술 및 내용을 비교해 보아야 할 것이다. 앞에서 살펴본 바와 같이, 황산대첩을 제외하면 나머지 전투들은 대체로 전투지역과 전과, 그리고 포상내역 정도이다. 그 밖에 상세한 전투 상황은 서술하지 않았다. 그런데 황산대첩에 대해서는 아주 상세한 내용을 소개하고 있다. 황산대첩과 관련된 내용 가운데 운봉전투 부분이 가장 소상하다. 토벌군의 편성 등은 전투의 개황을 알 수 있는 중요한 요소인데, 여기서 특별히 변안열은 도체찰사로 도순찰사 이성계의 지휘를 받는다는 사실만 기록하고 있다. 그리고 사실상 대부분은 운봉전투와 관련된 내용인데, 그 중심인물은 변안열전의 주인공인 변안열이 아니라 이성계(태조)로 되어 있다.

실제로 변안열전에 수록된 황산대첩의 내용 가운데 변안열과 관련된 사항은 다음 두 건밖에 찾을 수 없다.

G-① 신우가 이성계에게 양광전라경상도도순찰사로 임명하고, 변안열을 도체찰사로 임명하여 보좌하게 하였으며 왕복명, 우인열, 도길부, 박임종, 홍인계, 임성미, 이태조의 서형 이원계를 원수로 임명하여 모두 이태조의 지휘를 받게 하였으며, 각 인에게 말 2필씩을 주었다.[34)]

G-② 신우는 태조와 변안열에게 금 50량씩, 왕복영 이하 여러 장수들에게는 은 50량씩 상을 주었으나 모두 다 사퇴하면서 말하기를, "장수가 적을 격멸하는 것은 그 직책인데 우리가 어찌 그것을 받겠는가?"라고 하였다. 태조의 위대한 명성이 더욱 드러났다.[35)]

따라서 변안열전 가운데서 역모사건과 관련된 137줄을 제외한 나머지 236줄의 절반 이상인 145줄이 이성계의 전공 사실로 채워져 있음을 알 수 있다. 이 사실로 미루어 볼 때, 마땅히 《고려사》 변안열전은 변안열전이라고 할 수가 없을 것이며, 오히려 이성계전이라고 하는 편이 마땅할 것이다. 그렇다면 왜 《고려사》 열전의 체계가 이렇게 구성되었어야 했을까? 그 의미는 장을 달리하여 서술하도록 하고, 여기서는 황산대첩으로 미루어 볼 때, 변안열전의 구성은 어떠한 형태로든 재검토가 필요한 부분이며, 다음에서 구체적으로 분석해 보고자 한다.

---

34) 《고려사》 권126, 변안열전.
35) 위와 같음.

### 2.5. 단양전투와 안동전투

변안열이 수행했던 전투 가운데 하나가 단양전투이다. 변안열전에 기록된 내용은 다음과 같다.

> H- ① 왜구가 단양군에 침입하니 변안열이 한방언 등과 함께 이를 격파하고 적 80여 명을 죽이고 말 2백여 필을 노획하였다.

> H-② 또 한방언 등과 함께 안동에서 왜구를 공격하여 30여 명을 죽이고 말 60필을 노획하였다. 원천부원군으로 되고, 이어 판삼사사로 임명되었다.

《고려사》의 다른 내용에서는 위와 같은 전투 내용을 신우 열전에서 찾을 수 있다.

> H-③ (우왕) 임술 8년(1382) 4월, 왜적이 죽령(竹嶺)을 넘어 단양군에 침입하였는데, 원수 변안열과 한방언 등이 적을 격파하였다.[36)]

위의 내용을 비교하여 확인할 수 있고, 보완이 되는 내용은 단양전투의 시기와 전과에 대한 것이다. 안동전투와 관계되는 내용은 다른 곳에서는 잘 보이지 않는다.

단양전투의 경우만 본다면, 변안열전에서 확인되지 않은 단양전

---

36) 《고려사》 권134, 신우 열전 임술 8년.

투의 발발시기와 왜구의 침입경로를 알 수 있기 때문에, 이를 근거로 하여 당시의 사정을 알 수 있다. 단양전투에서 왜구들이 죽령을 넘어왔다는 사실은 경상도 지역에서 내륙으로 침구하였다는 의미일 것이다. 그렇다면 변안열과 한방언은 경성(개경) 지역으로 침투하는 왜구를 저지하였다는 의미가 될 것이다. 그리고 다시 안동 쪽으로 퇴각하는 왜구들을 공격하여 전과를 더욱 확대하고 있다는 사실을 추정할 수 있다.

단양전투는 비록 아주 짧게 기록된 전투이기는 하지만, 전과를 보면 왜구토벌사에서 상당히 큰 규모라 할 수 있다. 단양에서의 왜구 전사자가 80여 명, 노획한 말이 200필 발생하였다. 여기서 노획한 200필이라는 말의 숫자는, 이성계가 거두었다는 황산대첩에서 노획한 1,600필의 8분의 1이며, 단양전투에서 획득한 200필에 안동전투에서 획득한 60필을 더한다면, 그 전과는 절대 작지 않다. 그럼에도 변안열의 전과에 대한 평가는 아주 혹독하다. 신우전이나 변안열전에서 두세 줄로 처리하고 있다.

## 3. 변안열전에 없는 변안열 참전 전투

변안열에 관하여, 변안열전에 없는 참전 사실도 있다. 이를 정리해서 간략히 요약하면 다음의 〈표 3〉과 같다.

표를 보면 《고려사》 변안열전에는 없지만, 《고려사》의 다른 곳

표 3. 변안열전에 없는 변안열 참전 전투

| 순서 | 시기 | 내용 | 변안열전 | 기타 자료 | 분량(줄) |
|---|---|---|---|---|---|
| 1 | 1359 | 기해홍적(홍건적) 격퇴, 이등공신 | 3 | 공민왕세가 | 1 |
| 2 | 1363(?) | 경성수복, 일등공신 | 4 | 공민왕세가 | 1 |
| 3 | 1364 | 6월, 착량의 왜구, 석문성과 함께 격퇴 | x | 공민왕세가 | 1 |
| 4 | 1374<br>(공민23) | 7월, 최영과 함께 제주 정벌 | 3 | 공민왕세가<br>최영전 | 2<br>104 |
| 5 | 1375 | 안성왜구 방어 | × | 왕안덕전 | 38 |
| 5 | 1376<br>(우왕2) | 추충양절선위익찬공신 칭호, 양광전라 도도지휘사 겸 조전원수, 부녕 행안산 전투 승리 | 3 | 신우전<br>나세전 | 1<br>8 |
| 6 | 1377 | 3월, 왜구가 착량·강화 침구하자 서강 부원수 임명. 4월 서강서 최영 함께 왜구 격퇴 | × | 신우전 | 1 |
| 7 | 1377 | 8월, 신주·문화·안악·봉주 일대 왜구, 이성계·임견미 등과 격퇴(변안열·임견미 등 퇴각) … (해주전투) | × | 신우전<br>나세전 | (30)27<br>(3) |
| 8 | 1377 | 9월, 영광·장사·모평·함풍 등지와 해주 평주에 침입한 왜구를 최영 등과 함께 승리. | × | 신우전 | 6 |
| 9 | 1380 | (8월 진포전투), 9월, 황산대첩 승리 | (14)<br>201 | 나세전<br>신우전 | (15)<br>(2)3 |
| 10 | 1382 | 4월, 단양전투 승리 | 3 | 신우전 | 2 |
| 11 | 1382 | 안동전투 승리 | 3 | × | 3 |

에서 발견되는 변안열의 공적을 확인할 수 있다. 변안열전이 아닌 공민왕세가, 신우 열전 등에서 찾을 수 있는 내용들이다. 그런데 홍

미로운 것은, 변안열에 관해서는 이성계의 경우에서처럼 무용담을 소개하거나 전공에 대한 상세한 소개가 없고, 소략한 기록만 남기고 있다는 것이다.

### 3.1. 변안열과 착량 왜구 토벌

1364년 6월의 착량전투는 직접 전투를 하였던 것은 아니지만, 경성(京城, 개경) 바로 앞에까지 침구한 왜구들에 대한 방어였다. 이와 관련된 내용은 다음과 같다.

> I-① 6월 경자일, 왜구가 착량에 침입하였다. 밀직부사 변안열과 판개성부사 석문성(石文成)에게 명령하여 군대를 거느리고 가서 방어하게 하였다.[37)]

위의 내용은 변안열전에서 전혀 찾아볼 수 없고, 다른 곳에서도 유사한 내용이 없다. 비단 변안열에게서만은 아니겠으나, 변안열전에 이러한 내용이 수록되지 않았다는 것은 열전의 신뢰를 떨어뜨리는 자료라고 할 수 있다.

### 3.2. 변안열의 안성 왜구 토벌

이 시기의 왜구가 상당히 극성했음에도 신우 열전에는 그다지 기

37) 《고려사》 권44, 세가, 공민왕 갑진 13년 6월.

록이 없다. 오히려 왕안덕 열전에 잘 소개되고 있다.

J-① 왜적이 강화로부터 양광도 해변 주군을 침공하여 함락되었는데, 최초는 적선이 겨우 22척이었으나 우리나라 병선을 탈취해서 50척에 달하였는데 이것을 아군으로 오인하고 피하지 않다가 살상 당한 자가 헤아릴 수 없이 많았다.[38]

J-② 왜적이 또 경양을 침략하고 드디어 안성군으로 침입하였을 때, 왕안덕은 적세를 바라보고 겁이 나서 진공하지 않고 부원수 인해와 양천원수 홍인계를 불러서 가천역까지 후퇴하여 있다가 적이 돌아가는 길목에서 맞받아 싸우려고 하였다. 적이 이것을 알고 다른 길로 퇴군하여 갔다. 왕안덕이 정예한 군사를 인솔하고 적을 공격하였으나 이기지 못하고 제 몸에도 창상을 입었고 정예한 병사도 4명이나 전사하였으므로 왕안덕은 하늘에 들리도록 통곡했다.[39]

J-③ 적의 간첩을 잡아서 심문하니 그 간첩이 말하기를 "우리들은 만약에 양광도 각 고을에 침입하면 최영이 반드시 군사를 거느리고 내려올 것이니, 그때에 빈틈을 타서 서울을 곧바로 공격하면 성공할 수 있다고 의논했소"라고 하였다.[40]

J-④ 처음 적이 안성에 들어갔을 때 삼밭에 복병한 후 포로 3, 4명을 시켜 밭 언덕에서 들일을 하게 하여 마치 농부처럼 가장케 하는 속임수

38) 《고려사》 권126, 왕안덕전.
39) 위와 같음.
40) 위와 같음.

를 썼다. 그런데 수원부사 박승직이 3원수가 도착했다는 소식을 듣고 자기도 군사를 거느리고 왔는데, 그 들일을 하는 자에게 묻기를 "왜구가 물러갔는가? 3원수가 어디 있는가?"라고 하니, 그자가 대답하기를 "적은 이미 물리쳤으며 3원수는 추격중입니다"라고 하였으므로, 박승직이 이를 곧이듣고 바로 관아로 들어가니, 적의 복병이 나타나서 그를 포위했다. 그래서 박승직은 단신으로 포위를 돌파하고 탈주하였으나, 다수의 사졸들이 살상 포로가 되었다. 사태가 이렇게 되어 수원으로부터 양성, 안성에 이르는 사이는 인적을 볼 수 없는 쓸쓸한 곳으로 되었다.[41]

J-⑤ 왕은 찬성사 양백연, 평리 변안열, 임견미를 파견하여 전투를 방조하게 하였는데, 때마침 최인철이 조정으로 돌아가서 거짓말하기를 "내가 왕안덕, 홍인계, 인해를 독려하여 왜구를 직산현에서 공격하여 50여 명을 죽였고, 적은 궤주하였습니다."라고 하였다. 신우는 그것을 곧이 듣고 최인철에게 궁중의 말과 은을, 왕안덕 등에게도 말과 의복, 술을 주고, 양백연은 소환했다.[42]

위의 내용은 수원부사 박승직이 왜구와 벌인 전투에서 패하자, 양백연과 변안열 등을 보냈다는 것이다. 그러나 우왕이 거짓 보고에 속아서 소환하였다는 내용이다. 그러나 당시 수원부의 전투에서 고려군의 패배가 심각했던 것 같다. '수원으로부터 양성, 안성에 이르는 사이는 인적을 볼 수 없는 쓸쓸한 곳'으로 되었다는 표현이 그것이다. 변안열전에는 이에 관한 언급도 없다.

---

41) 위와 같음.

42) 위와 같음.

대체로 이때는 변안열의 관직이 평리라는 점에서, 최영과 제주정벌을 한 전후의 시기였을 것으로 추정된다. 변안열이 제주정벌을 할 때의 관직이 판밀직사사였다. 그 뒤, 우왕 을묘 원년(1375) 8월의 인사발령을 보면, 변안열은 문하평리로 부원수에 임명되었다. 그러나 이 시기는 왜구보다 이성만호가 급보로 "심왕 모자가 김의와 진봉사 김서를 데리고 이미 신주에 도착하였다"[43]라고 하여 인심이 흉흉해지자, 이에 대한 대비책으로 이루어졌던 것이었다. 그러나 변안열은 어떻든 간에 국가의 대란에는 언제나 참전하여 수습에 나섰던 것이다.

### 3.3. 변안열과 착량·강화 왜구 토벌

1377년의 착량과 강화에 침공한 왜구는 상당히 극심하였다. 그리고 이에 대한 대책도 적극적으로 이루어졌던 사건이었다. 이와 관련한 내용은 다음과 같다.

K-① 왜적이 착량을 침공하였고 또 강화를 침공하니 서울 사람들이 물 끓듯 소란하였다. 왜적을 격퇴하기 위하여 최영을 6도도통사로 임명하고 삼사좌사 이희필을 동강도원수, 목인길·임견미 등 11명을 부원수로 임명하여 수성도통사 경복흥의 지휘를 받게 하고, 의창군 황상을 서강도원수로 임명하고, 이성계·양백연·변안열 등 10명을 임명하여 경기도통사 이인임의 지휘를 받게 하였다. 각 도의 중들을 모집하여 전함

43) 《고려사》 권133, 신우 열전 을묘 원년 8월.

을 건조하는 경산(京山)에서 300명, 양광도에서 1,000명, 교주·서해·평양 등 각 도에서 500명씩 모집하였다. 명령을 내린 다음 만약 기피하는 중들이 있으면 군법으로 처벌한다고 하였다.[44]

K-② 왜적이 서강에 침입하였으므로 최영과 변안열이 출정하여 이를 격퇴하였다.[45]

위의 내용을 보면, 착량·강화에 침구해 온 왜구가 만만치 않았음을 알 수 있다. 그리하여 경성을 수비하기 위하여 대규모 지휘부를 구성하여 방어에 나선 것이다. 게다가 승도들 수천 명을 징병하겠다는 의지를 밝힌 상당히 강력한 대책을 발표하였다.

특히 여기서 관심 있게 보아야 할 내용이, 최영과 변안열이 서강에 출전하여 이를 격퇴하였다는 내용이다. 이 전투는 실제로 변안열의 전투였을 가능성이 높다. 최영은 최고지휘관으로서 어디나 자신의 공적을 함께 삽입하려고 하였을 가능성을 배제할 수 없기 때문이다. 실제로 최영은 고집이 세고 자신의 공적을 밝히지는 않지만, 작전의 결정이나 그 밖의 결정에서도 가혹하고 독선적인 행위가 많았던 것으로 알려져 있다.[46] 왜구가 서강에 침구했을 당시 변안열의 직책은 서강도부원수였으므로 당연한 직책을 수행하였던 것이다. 한편으로는 이성계의 전공이 기록되지 않은 데 대하여 의아해 할 수

44) 《고려사》 권133, 신우 열전 정사 3년 3월.
45) 《고려사》 권133, 신우 열전 정사 3년 4월.
46) 《고려사》 권113, 최영 열전.

도 있다. 아마도 이 전투에서 전투를 성공적으로 이끌었던 인물은 변안열밖에 없었던 듯하다.

### 3.4. 변안열과 해주전투

변안열이 참전하였던 주요 전투 가운데 하나가 해주전투이다. 그런데 변안열전에서는 해주전투 기록을 찾을 수 없다. 변안열이 서북면 일대에서 활약했다는 사실 자체를 찾아보기 어렵다. 그러나 앞에서 살펴본 바와 같이, 변안열은 동북면 방향으로 출정을 하기도 했고, 단양과 안동 일대, 지리산 등 전국을 전장 삼아서 전투를 하였다. 그러나 그의 열전에서는 거의 찾아볼 수가 없다. 이 해주전투는 이성계의 전공을 평가하는 데 상당히 중요한 전투인데, 《고려사》 반역 열전 신우전에 수록되어 있다. 이와 관련된 내용을 살펴보도록 하자.

L-① 왜구가 신주, 문화, 안악, 봉주 등지를 침공하므로 원수 양백익, 나세, 박보로, 도순문사 심덕부 등이 적을 공격하였으나 패전하고 장령을 보내어 도와줄 것을 조정에 요청하여 왔다. 그래서 이성계와 임견미, 변안열, 밀직부사 유만수, 홍징 등을 조전원수로 임명하여 그곳에 출정시켰다.[47)]

L-② 이성계는 전투에 앞서서 투구를 백 수십 보 밖에 놓고 활을 쏘아

47) 《고려사》 권133, 신우 열전 정사 3년 3월.

전투의 승부를 시험하였는데, 드디어 세 번 쏘아 다 관통시킨 다음, "오늘 승리는 가히 알 만하다"라고 하고 해주의 동정자(東亭子)에서 적과 싸웠다.[48]

L-③ 전투가 바야흐로 한창인 때에 한 길이 넘는 진창을 만났는데, 이성계의 말은 단번에 뛰어 지났으나 그 부하들은 모두 건너지 못하였다.[49]

L-④ 이성계는 대우전으로 열일곱 번 쏘아 적 17명을 죽인 다음 군사를 놓아 몰아쳐서 드디어 적을 크게 무찔렀다. 그러나 이성계는 자기의 공을 말하지 않았다. 임견미 등은 자기의 패전을 숨겼을 뿐만 아니라, 이성계의 공을 자기 공으로 내세워서 벼슬과 상을 취하려고 하였다.[50]

L-⑤ 이 전투에서 이성계는 처음에 대우전 20대를 차고 출전하였는데, 전투를 끝내니 화살 세 대가 남았다. 그는 부하들에게 말하기를 "나는 모두 적의 왼편 눈시울을 겨누고 쏘았는데 너희들이 가서 보라."고 하므로 부하들이 가본즉, 과연 말과 같았다.[51]

L-⑥ 남은 적들은 험준한 지점에 섶나무를 쌓아 놓고 수비하고 있는데, 이성계가 말에서 내려 교의에 기대어 앉아서 주악을 들으며 중(僧) 신조(神照)가 드리는 술과 고기 안주를 먹으면서 사졸들을 시켜서 섶나

48) 위와 같음.
49) 위와 같음.
50) 위와 같음.
51) 위와 같음.

무를 불태우니 연기와 불길이 충천하였다. 이때 형세가 궁박하게 된 적은 죽을힘을 다하여 충돌하는데, 적의 화살이 좌석 앞에 놓인 술병에 맞았으나 이성계는 태연히 앉아 움직이지 않았다. 그리고 김사훈, 노현수, 이만중 등을 시켜 적을 반격하여 거의 다 죽였다.[52]

위의 해주전투는 서술의 양이 적지 않고, 내용이 이성계의 무용담이 주를 이루고 있다. 표에서 발견되는 바와 같이, 30줄 이상의 분량을 기록해 두었다는 사실은, 그만큼 중요한 전투였음을 반증한다. 그리고 해주전투에서는 이성계의 전공을 변안열과 임견미 같은 정적과 비교하여 서술해 놓았다.

해주전투는 왜구토벌사에서 전투의 규모나 전투의 의의에서 크게 평가되는 진포전투보다 서술 분량이 많다. 그 까닭은, 이 두 전투에 이성계가 참가하고 있기 때문이다. 그렇다면 실제로 이 전투의 규모는 어느 정도였을까?

해주전투는 왜구가 신주・문화・안악・봉주 등에 쳐들어오자, 나세・양백익・박보로・심덕부 등이 공격하였으나 패전하여 원군으로 참가한 전투이다. 해주전투는 '이성계, 임견미, 변안열, 밀직부사 유만수, 홍징 등을 조전원수로 임명하여 그곳에 출정시켰다. 이때 이성계는 여러 원수들과 함께 해주에서 왜구를 공격하였으나, 변안열・임견미 등은 견디지 못하고 퇴각하여 흩어졌다'는 삽입구를 넣어 이성계의 용맹성과 전공을 돋보이게 하려는 수사를 이용하고 있다. 그것은 그렇다 하고, 과연 이 해주전투는 어느 정도 규모의 전

52) 위와 같음.

투였는지를 확인해 보도록 하자.

이 전투의 장소는 해주의 동쪽 정자 부근이었는데, 해주의 동쪽 정자가 지금 어느 지역을 가리키는지에 대해서는 확실히 알 수 없다. 이 전투와 관련된 내용 대부분은 전투보다는 이성계의 사람 됨됨이와 이성계의 활약상에 대한 것이다. 실제로 내용의 대부분은 이성계의 용맹과 관련된 것이며, 해주전투의 전반적인 전투상황을 알려주지는 못하고 있다. 이성계는 말을 잘 타고 담력이 커서, 부하들은 건너지 못하는 한 길이 넘는 진창을 넘었다든지, 활을 잘 쏘았다는 내용, 그리고 이성계의 담력이 크다는 내용 등이다.

위의 해주전투의 전과(戰果)는 '적을 반격하여 거의 다 죽였다'라고 되어 있다. 그러나 본문의 내용상 실제로 확인된 바는, 이성계가 쏜 17개의 화살에 맞은 17명에 지나지 않는다. 결국 해주전투는 소규모 전투였던 셈이다. 또한 전과에서도 이성계의 공적을 극대화하려는 서술이 보인다. 화살을 17개 쏘아서 17명을 사살하였다면, 정조준하지 않으면 안 된다. 또한 화살을 맞고 그 자리에서 즉사한다는 것은 전투에서 상상하기 어려운 일이다. 그리고 17개의 화살을 정조준하여 발사하려면, 거기에 소요되는 시간이 만만치 않다. 그러나 전과에 대하여 기록된 내용 전부가 이성계가 활로 맞혔다는 적 17명 사살이 전부이다. 물론 17명 사살이라는 전과 자체도 작은 것은 아니지만, 해주전투 자체의 기사가 이성계 중심의 소규모 전투였음을 짐작하게 한다. 즉, 이성계의 활로써 제압할 정도의 작은 규모의 왜구와 조우한 것이었으며, 한편으로는 전면전이라기보다는 기습적인 효과에서 얻을 수 있는 전투였다고 할 수 있다.

이성계의 임전태세를 살펴보면, 그는 술상을 받으면서 적에게 화공을 가하는 상황을 보여준다. 이러한 표현은 이성계의 담력을 알려주는 내용이지만, 실제로는 이 전투가 대군(大軍)이 긴박하게 대치하고 있지 않았다는 표현이 된다. 이 전투의 성격이 일종의 소탕전이거나 전과 확대를 위한 행위였음을 짐작하게 한다. 이성계가 해주전투에서 활약했다고 하는 전과는 아주 국지적인 소규모 전투였음을 알 수 있다.

그러나 해주전투의 전체적인 면모는 대규모의 광범위한 지역이었다. 앞에서도 이미 언급한 바와 같이, 이 무렵 왜구가 침구한 지역은 해주를 비롯한 신주, 문화, 안악, 봉주 등 황해도의 여러 곳이었다. 왜구는 황해도의 광범위한 지역을 침구한 대규모 전투집단이었다. 그리하여 조정에서도 대규모의 토벌군을 보냈으나 실패하였다. 그리하여 다시 변안열 등 네 명의 조전원수를 보냈다. 네 명의 조전원수를 보냈다는 사실은 군대의 규모가 대규모였다는 사실을 짐작하게 한다. 그리고 변안열과 임견미 등 두 조전원수가 퇴각하였다는 사실은, 왜구의 저항이 심하였다는 표현인 동시에, 그 규모도 작지 않았다는 간접적인 시사가 되는 것이다.

이러한 상황에서, 유독 이성계만 17명의 왜구를 화살 하나에 한 명씩 사살하는 전과를 올렸다. 그리고 숫자를 알 수 없는 남은 적을 거의 다 죽였다고 하였다. 또한 전투과정에서 이성계는 풍악을 울리면서 술을 마시는 여유까지 부리고 있었다. 물론 풍악을 울리며 술과 안주를 먹었다는 것이, 전투 중에 일종의 양동작전이라고 생각할 수도 있지만, 그러한 여유 있는 작전을 구사할 수 있었다는 것은 전투 자체의 심각성이 떨어지거나, 소규모 전투였기에 가능했을 것이다. 대규모 전면전인 상황이었다면 그러한 양동작전을 구사할 수는 없었을 것이다.

따라서 이성계의 전과가 극대화로 포장되어 기록된 해주전투는, 황해도 일대에 침구한 왜구의 대부대에서 이탈한 소규모 부대에 대한 기습적 공격이었거나, 그렇지 않다면 대규모 전투 중에 이성계가 담당하였던 지역의 국지전만 서술한 것으로 이해하여야 할 것이다. 따라서 이 전투만으로 해주전투의 전체적인 상황을 추정하는 것은 무리일 수밖에 없다.[53]

## 4. 변안열과 황산대첩 재검토

앞 장에서는 변안열전에 수록된 내용의 진정성에 대하여 검토하여 보았다. 그 결과 변안열전의 구성과 내용은 주인공인 변안열과 무관하거나, 아니면 오히려 비판적이거나 부정적으로 서술하고 있다는 점을 확인하였다.

그렇다면 변안열전에 수록된 내용에 대해서도 전반적으로 재검토해 보아야 할 것이다. 특히 황산대첩이 변안열이 치루었던 전투 가운데서도 특별히 분량을 많이 할애해야 했던 이유를 설명하기 위

53) 변안열전과 임견미전에는 해주전투에 관한 내용이 보이지 않는다.

해서는, 황산대첩과 다른 전투의 서술 및 내용을 비교해 보아야 할 것이다. 앞에서 살펴본 바와 같이, 황산대첩을 제외하면 나머지 전투들은 대체로 전투지역과 전과, 그리고 포상내역 정도이다. 그 밖의 상세한 전투상황은 서술하지 않고 있다. 그런데 황산대첩에 대해서는 아주 상세한 내용이 소개되고 있다.

황산대첩과 관련된 내용 가운데 운봉전투 부분이 가장 소상하다. 토벌군의 편성 등은 전투의 개황을 알 수 있는 중요한 요소인데, 여기서 특별히 변안열은 도체찰사로 도순찰사 이성계의 지휘를 받는다는 사실만 기록하고 있다. 그리고 사실상 대부분의 내용은 운봉전투와 관련된 것인데, 그 중심인물은 변안열전의 주인공인 변안열이 아니라 이성계로 되어 있다. 따라서 변안열전 가운데서 역모사건과 관련된 137줄을 제외한 나머지 236줄의 절반 이상인 145줄이 이성계의 전공 사실로 채워져 있음을 알 수 있다. 그렇다면 변안열전은 《고려사》 변안열전이 아니라 이성계전이라고 해야 마땅할 것이다.

그런데 도대체 왜 이러한 상황이 발생하였을까? 그것은 이성계와 변안열의 관계를 보면 알 수 있다. 이 전투에서 변안열은 이성계와 똑같은 포상을 받았다. 다시 말하면, 공이 같았다는 의미이다. 그런데 왜 변안열전에서 이성계의 전공 사실만 나오는 것일까? 앞에서 살펴본 바로는, 다분히 이성계의 전공이 확대되었을 가능성이 높음을 확인하였다. 변안열전에서 이성계의 전공이 확대되어 서술된 이유는, 《고려사》 자체가 조선왕조의 건국을 합리화하고 이성계의 전공을 확대하기 위하여 의도적으로 만들어졌기 때문일 것이다. 따라서 변안열전을 합당하게 이해하기 위해서는 황산대첩을 군사적으로 바르게 이해하여, 그 전투의 성격을 밝히고, 정당한 이성계의 군공과 이성계의 군공과 똑같은 포상을 받았던 변안열의 군공에 대해서도 검토하지 않으면 안 될 것이다.

### 4.1. 《고려사》 변안열전의 황산대첩 재검토의 개요와 내용

황산대첩의 전체 내용 가운데 변안열과 관련되는 내용은 앞 장에서 언급을 하였다. 여기에서는 황산대첩의 구체적인 전투 수행 과정을 검토하면서, 황산대첩이 어느 정도 규모의 전투이며, 그 전투에서 이성계의 역할은 무엇이고, 그가 수행한 전공은 어느 정도로 평가를 받아야 마땅할 것인가를 먼저 살펴보고자 한다. 그리고 그 평가와 비교하여 변안열의 황산대첩에서의 역할과 전공을 객관적으로 재정의해 보고자 한다.

또한 이러한 분석과 아울러, 왜 《고려사》 편찬자는 《고려사》 변안열전에 이성계의 전공을 가장 많은 분량으로 수록할 수밖에 없었을까 하는 문제를 검토해 볼 것이다. 이성계의 공에 관해서는 공민왕세가나 신우 열전에 소개하기도 했고, 다른 인물들의 열전에 소개하기도 했다. 그런데 황산대첩만은 변안열의 열전에 수록하지 않으면 안 되었을 어떤 필연성이 있는가에 대해서도 다시 검토해 볼 것이다.

변안열전에 수록되어 있는 황산대첩과 관련된 내용이 변안열전의 절반 이상에 해당하는 많은 양이라는 사실은 앞에서 언급하였다. 양도 많을 뿐 아니라 왜구토벌사에서 세가나 개인의 열전만으로 상황을 파악하고자 할 때, 단편적으로 끊어지기 쉬운 전투의 전체적인 상황을 이해하는 데에도 많은 도움을 주는 사료이다. 무엇보다도 나세전이나 신우전만 참고할 때 연결되지 않았던 진포전투와 황산대첩과의 관련성은, 변안열전의 내용을 참고하지 않으면 절대로 연결해서 이해할 수 없게 된다. 따라서 먼저, 장황하기는 하지만, 《고려사》 변안열전에 수록된 황산대첩의 내용을 소개하고자 한다. 황산대첩은 크게 두 부분으로 나누어 분석해야 할 것이다. 이성계가 중심이 되어서 전개되는 운봉전투와, 그 이전의 고려군의 상황을 구분하여 살펴보고자 한다.

### 4.2. 운봉전투 이전의 상황

운봉전투 이전의 상황에 대해서는, 진포전투에서부터 연결되는 전투라는 점을 이해해 두어야 한다. 이와 관련된 내용을 살펴보면 다음과 같다.

> M-① 왜적의 배 500척이 진포 포구에 들어와서 굵은 밧줄로 서로 얽어매어 놓고 일부 병력으로 그것을 수비하면서 드디어 상륙한 후 분산하여 각 주군에 들어가서 방화・약탈하였다. 이때 나세와 심덕부 등이 진포에 이르러 화포로 그 선박을 불사르니, 배를 지키던 적들이 불에 타고 물에 빠져서 거의 전멸되었다. 왜적은 막다른 골목에 빠져서 더욱 발악하여, 납치한 남녀를 모조리 살해해서 시체가 산 같이 쌓였으며, 통과하는 곳마다 피바다를 이루었고, 자력으로 탈출한 자는 330여 명에 불과하였다.54)

M-② 배를 지키던 왜적 중에서 죽음을 면한 자는 옥주로 도망가서 상륙했던 적과 합세하여 이산, 영동 고을을 불사르고 영동 감무를 살해하였으며, 또 황간, 어모 두 고을도 불살랐다. 또 중모, 화령, 공성, 청리 등 현들을 침범하였으며, 상주를 불사르고 그곳에서 7일간 유하면서 술 마시고 있었다.[55]

M-③ 그때 전라도원수 지용기의 휘하에 있던 배검이 자진하여 적진으로 가서 정찰할 것을 청하였으므로, 여러 원수들이 이를 허락하였다. 배검이 적진에 도착하니 왜적들이 그를 죽이려 하였으므로 배검이 말하기를 "하늘 밑에는 사신을 죽이는 나라는 없다. 우리나라 장수들이 정병을 무수히 영솔하고 있으니 싸우면 반드시 승전한다. 그러나 너희들을 모조리 섬멸한들 무슨 이익이 있겠느냐? 너희들은 어느 고을 하나 점령하고 있는 것이 좋겠다"라고 하니, 적이 말하기를 "이것은 우리를 속이는 것이다. 너희 나라에서 정말로 우리를 살려주겠으면 왜 우리 배를 빼앗았는가? 우리도 성숙된 계획을 가지고 있다"라고 하고 배검에게 술을 먹인 후 무장한 기병으로 호송하였다.[56]

M-④ 왜적은 2, 3세 나는 여아를 납치해다가 머리털을 깎고 배를 가른 후 물에 깨끗이 씻어 쌀, 술과 함께 제단에 올려놓고 하늘에 제사하였는데, 좌우 편으로 나누어 서서 풍악을 잡히고 절을 하였다. 그리고 제사가 끝난 후에 그 쌀을 두 손으로 움켜서 나누어 먹고 술을 석 잔씩 마신 다음 그 여아를 불에 태우는데 갑자기 창자루가 부러졌다. 이에 점쟁

54) 《고려사》 권133, 변안열전.
55) 위와 같음.
56) 위와 같음.

이가 말하기를 "우리들이 이곳에 머물러 있으면 반드시 패전하리라" 하였으므로 왜적은 즉시 철병하여 선주(善州)로 달아났다가, 드디어 선주에 불을 놓고 경산부로 침입하였다. 이리하여 3도의 연해주군은 쓸쓸하게 텅 비었으며, 왜적의 우환이 시작된 이래 이같이 심한 적은 없었다.57)

M-⑤ 우왕이 이성계를 양광전라경상도도순찰사로 임명하고, 변안열을 도체찰사로 임명하여 보좌하게 하였으며, 왕복명, 우인열, 도길부, 박임종, 홍인계, 임성미, 이성계의 서형 이원계를 원수로 임명하여 모두 이성계의 지휘를 받게 하였으며, 각 인에게 말 2필씩을 주었다. 군사들이 출발하여 장단에 도착했을 때 흰 무지개가 해를 관통하였는데, 점쟁이는 승전할 징조라고 하였다.58)

M-⑥ 그때 왜적은 사근내역에 주둔하고 있었는데 배극렴, 김명휘, 지용기, 오언, 정지, 박수경, 배언, 도흥, 하을지가 적을 공격하였으나 패전하여 박수경, 배언이 전사하였으며, 사졸의 전사자가 500여 명에 달하였다.59)

M-⑦ 왜적은 드디어 함양을 도륙하였으며, 또 남원산성을 공격하였으나 함락시키지 못하고 퇴각하여 운봉현을 불을 놓고 인월역에서 주둔하면서 "장차 전라도 금성(金城)에서 말을 먹이고 북으로 진공할 것이다" 라고 호언장담하였으므로 전국이 진감하였다.60)

57) 위와 같음.
58) 위와 같음.
59) 위와 같음.
60) 위와 같음.

위의 내용들을 통하여 황산대첩 이전의 왜구의 침구 상황이 어떠했으며, 왜구토벌은 어떤 상황이었는지를 짐작할 수 있다. 먼저 황산대첩의 원인이 진포대첩과 연관이 있음을 알려준다. 위 내용에 나오는 전투는 진포전투이다. 나세 열전에도 더 상세한 기록이 수록되어 있으며,[61] 왜구토벌사에서 처음 화약무기가 사용되었던 최대의 전투로 알려졌다. 진포전투에 관한 내용은, 나세 열전에는 진포전투에 관한 것만 수록되어 단독적인 것으로 오해할 수 있다. 그러나 그 뒤의 왜구의 행태에 관해서는 변안열전에 수록되어 있다.[62]

변안열전에 수록된 진포전투 이후의 왜구 수는 330여 명일 뿐이었다. 그런데 이 330여 명은 왜구의 주력이 아니라 진포의 선박들을 지키고 있었던 왜구 가운데 남은 병력이었다. 실제 왜구의 주력은 옥주에 있었다고 한다.

당시 왜구의 주력들은 옥주를 거쳐 추풍령을 넘어 미리 상주에까지 진출하여 7일 동안 머물면서 즐기고 있었던 때였다. 이러한 정황

61) 진포전투의 내용은 나세전(《고려사》 권114)에는 다음과 같이 기록되어 있다. "심덕부, 최무선 등과 함께 병선 100척을 왜적을 추포하였다. 이때 왜선 500척이 진포 어구에 들어와서 배를 매어 두고 일부 병력으로 수비하면서 상륙하여 분산되어서 각 주, 군으로 들어가 함부로 방화 약탈하였다. 시체가 산과 들을 덮었고 곡식을 그 배로 운반하였는데, 땅에 흩어진 쌀이 한 자 두께가 되었다. 나세 등이 진포로 가서 최무선이 만든 화포를 사용하여 적선을 소각하였다. 연기와 불길이 하늘을 덮었고 배를 지키던 적병은 거의 다 타죽었으며, 바다에 뛰어들어 죽은 자도 역시 많았다. 나세 등이 진무를 보내어 전승을 보고하니 신우가 기뻐하여 진무에게 각기 은 50량을 주었으며, 백관이 축하하였다. 나세 등이 돌아오자 가무를 갖추어 환영하고 나세 등에게는 각기 금 50량을, 비장 정룡, 윤송, 최칠석 등에게도 은 50량씩 주었다. 후에 문하평리로 임명되었다.

62) 《고려사》 권126, 변안열전.

을 보면, 진포전투는 왜구의 주력을 격파한 것이 아니라 주력이 출정을 한 뒤 수비병들만 있었던 기지에 화약무기를 사용하여 공격하였던 것으로 여겨진다.

그리고 왜구의 주력은 상주 일대에서 상당한 세력을 결집하여 고려를 위협하고 있었던 것 같다. 진포에 남아 있던 왜구들은 주력이 아니며, 배를 경비하고 있던 병력이었음도 알게 한다. 300여 명 남은 잔류병들은 주력과 합세하여 상주 일대에서 남원 방향으로 출구를 찾기 위하여 방향을 전환하고 있었다고 한다.

그리고 이 무렵 왜구토벌군의 지휘부를 편성하게 된다. 그런데 여기서 지휘부의 편성에서 맨 먼저 등장하는 인물이 이성계였고, 그의 직책은 도순찰사였다. 이에 비하여 변안열은 순서상 두 번째이며, 도체찰사로 참전하였다. 그런데 이 부분에서는 어떤 착오가 있었던 듯하다. 《고려사》의 기록이 반드시 순서대로 정확히 기재되어 있는 것은 아니지만, 대체로 크게 순서나 서열을 무시하는 경우는 드물다. 그런데 이 부분에서는 도체찰사와 도순찰사의 서열을 바꾸어 놓은 듯하다. 실제로 《고려사》를 편찬할 때는 이성계가 조선의 태조가 되어 있었으므로, 그의 신하가 되었거나 개국의 반역, 간신들 다음으로 이성계의 이름이나 직위를 나열한다는 것은 다소 무리가 있다고 여겼을 것이다.

그러므로 지휘부는, 이성계가 도순찰사, 변안열이 도체찰사, 그리고 7명의 원수직에 있는 장수들로 구성되었다. 여기서 유심히 보아야 할 것이 도순찰사와 도체찰사의 관계이다. 일반적으로 연구성과에 따르면, 도체찰사는 정1품, 도순찰사는 정2품의 직책이었다고 한다.

위의 기록의 순서와 내용으로 보면, 도순찰사인 이성계가 도체찰사인 변안열보다 상위의 직책으로 이해하도록 되어 있고, 실제로 이성계의 지휘를 받게 하였다고 기록되어 있다. 그러나 앞에서 행안산 전투를 예로 살펴본 바와 같이, 《고려사》 편찬자들의 의도에 따라, 또는 전기의 주인공에 따라, 그 순서가 바뀌거나 내용의 분량이 자의적으로 정해진 흔적을 확인하였다. 그런데 그러한 자의적인 행위가 황산대첩 지휘부의 구성에서도 보인다.

고려 후기에 지방에 임시로 파견되었던 사행은 그 명칭이 다양하게 나타나며, 직급에서도 차이가 난다. 예컨대, 도체찰사 · 체찰사 · 도순찰사 · 순찰사 · 도순문사 등의 여러 임시 사행의 명칭이 나타난다. 그런데 그 가운데 품계가 가장 높은 것이, 변안열이 황산대첩 때 참전했던 도체찰사라는 직책이며, 이성계가 맡았던 도순찰사는 체찰사보다 한 등급 아래였다는 것이 현재까지의 연구 성과로 드러난 바 있다.[63] 일시적으로 체찰사[64]를 혁파하고 순찰사로 통합한 적은

63) 고려 말부터 조선에 걸쳐 지방에 임시로 파견되던 사행으로 임명되는 자의 직급에 따라 도체찰사(都體察使)와 체찰사로 구별되었으며, 주로 비상시에 군대를 지휘하거나 기타 군사업무를 맡았다. 고려말 공민왕대 이후 왜구가 격화되는 상황에서 도순찰사(都巡察使), 순찰사, 도찰리사(都察理使), 찰리사 등과 함께 파견되어 군사를 지휘하여 왜구를 막았다. 도체찰사 · 도순찰사 · 도찰리사 등은 2품 이상인 자로 임명되어 대개 원수(元帥)를 겸하였고, 순찰사 · 찰리사 등은 3품관이 임명되었다. 조선 초기, 특히 세종 때는 양계(兩界)에 행성(行城)의 축조를 주획, 감독하도록 도체찰사가 자주 파견되었고, 세조 때는 보법(保法)의 실시에 따른 군적(軍籍)의 개편과 진관체제(鎭管體制)의 정비를 위하여 여러 차례 도체찰사가 파견되었다. 이 시기에는 고려 말과 달리 '출사재상(出使宰相)'의 칭호가 품계에 따라 구분되었다. 1488년(성종 19)에 다시 정1품은 도체찰사, 종1품은 체찰사, 정2

있었으나, 체찰사가 다시 부활한 뒤에는 도순찰사의 상위 직책이었다. 이러한 조선시대의 위서체계는 고려시대 이래로 변함이 없었다.

그렇다면 어떻게 하여 하위직인 도순찰사 이성계에게 도체찰사 변안열이 파견된 단위부대의 지휘권을 줄 수 있었을까? 그 경위에 대해서는 조선 초의 군제 변경과 《태조실록》 및 《고려사》의 편찬과정을 비교 설명함으로써 가능하리라고 본다. 앞에서도 말한 바와 같이 조선 초에 체찰사를 혁파한 적이 있었는데, 이러한 상황에서 《태

품은 도순찰사, 종2품은 순찰사로 규정된 뒤, 추가로 3품은 찰리사로 정해져 《대전속록》에 수록되었다. 1510년(중종 5) 비변사가 설치된 뒤로는 도체찰사가 군령체계(軍令體系)의 정점에 위치하여 재경총지휘관(在京總指揮官)으로 기능하게 되었다. 1592년(선조 25) 임진왜란이 일어나자 4인의 도체찰사가 동시에 임명되어서 군령체계에 혼란이 일어났다. 그러나 결국 남·북도체찰사로 이원화되었다. 이러한 전시 비상체제는 전란이 끝난 뒤에도 해체되지 않고 유지되어, 국내외 정세의 변화에 큰 기능을 못하다가 숙종 때까지 이어졌다.(《한국민족문화대백과사전》, 한국정신문화연구원, 1992)

64) 조선시대 재상으로서 왕명을 받아 군무(軍務)를 통찰하던 사신. 정1품을 도체찰사, 종1품을 체찰사, 정2품을 도순찰사, 종2품을 순찰사라고 하여 직위에 따라 호칭이 달랐다. 1456년(세조 2) 7월에 체찰사를 혁파하고 직질에 관계없이 순찰사로 통일하였는데, 이것은 단종복위사건이 일어나 정치적 긴장이 고조되자 통치체제를 강화하기 위하여 특명사신의 명호를 순찰사로 단일화했던 것 같다. 이 때 만일에 대비하여 제정한 〈도순찰사사목〉(都巡察使事目)을 보면 제포(諸浦)의 병선을 대대적으로 재점검하는 한편, 지중추원사 박강(朴薑)을 경상 · 전라 · 충청의 삼도순찰사, 이조참판 구치관(具致寬)과 경상도관찰사 조효문(曺孝門)을 각각 부사로 임명하여 파견하였다. 그러나 1488년(성종 19) 9월에 명호에 차등이 없는 것은 사리와 체면에 불편하다고 하여 다시 구제로 돌아가 체찰사 · 순찰사의 호를 부활하였다. 1555년(명종 10) 을묘왜변이 일어났을 때에는 전례에 따라 이준경(李浚慶)을 전라도도순찰사로, 조광원(曺光遠)을 경상도도순찰사로 임명하고 그 밑에 좌우방어사(左右防禦使)를 두기도 하였다. 《속대전》에는 약간의 변화가 생겨 의정(議政)을 도체찰사, 1품 이하를 도순찰사, 종2품을 순찰사, 3품을 찰리사(察理使)라고 하였다.(《한국민족문화대백과사전》, 한국정신문화연구원, 1992)

조실록》과 《고려사》가 계속하여 개편 과정을 겪으면서 이성계의 공적을 과장하기 위하여 직제상의 상하관계를 무시해 가며 서술하였다고 볼 수 있다. 실제로 《태조실록》은 태조대에 발간하려고 하였으나, 사료의 문제나 평가 등을 재고하여 현재의 《태조실록》과 같은 내용이 완성되었으며, 《고려사》 변안열전에 수록된 내용은 《태조실록》 총서편에 수록된 것과 같은 내용이다. 다시 말하면, 간신전임에도 이성계와 관련된 부분을 삽입한 내용이 변안열전에 많다고 하는 것은, 실질적으로 황산대첩은 이성계의 공도 크지만, 당시 최고사령관이었던 변안열에 의해 수행된 작전이었다는 점을 입증하는 것으로 보아야 할 것이다.

황산대첩은 왜구토벌사에서 획기적인 승리였던 것이 분명한 대첩이다. 그런데 변안열전에 수록된 황산대첩의 내용은 이성계의 전투상황은 아주 상세히 기록된 데 비하여, 변안열을 비롯한 나머지 지휘부를 구성한 인물들에 관해서는 전혀 기록해 놓지 않았다. 전투가 끝난 뒤 포상과정에서 변안열의 이름이 잠시 내비치는 정도라고 할 수 있다. 그러므로 황산대첩은 이성계 개인의 전공만 기록된 전투라고 할 수 있다. 이성계만이 승리한 전투가 아니라, 후대에 기록된 전투라는 것이다.

따라서 그러한 기록에 의하여 지금까지는 황산대첩의 전체 전투상황을 이성계의 전투가 전부인 것으로 파악하였다. 다른 장수들은 전투를 하지 않고, 오직 이성계만 전투를 한 것처럼 이해하였다. 그렇지 않으면, 다른 장수들은 퇴각을 했다거나 전사를 했어야만 전투에서 이름이 나오지 않을 것이다. 그렇지만 실제로 다른 장수들도 이 황산전투로 말미암아 포상을 크게 받고 있는 것으로 보면, 그들의 전공도 있었을 것이다. 그러나 지금까지 황산대첩에서 전체적인 전투의 규모를 파악하여 이성계의 전공을 논했던 적은 없었던 것 같다. 따라서 이성계와 관련된 전투의 규모와 성격을 구체적으로 살펴보고, 황산대첩의 전체적인 상황과 연결시켜 파악하여야 황산대첩의 성격과 이성계의 전공에 대한 정당한 평가가 될 수 있을 것이다. 지휘부의 구성과 관련하여 변안열이 도체찰사로서 최고의 지휘권을 행사하였을 것으로 추정해 보았다.

다음으로는 토벌군의 규모를 파악해 보아야 할 것이다. 그 규모를 알아야 이성계의 군공에 대하여 정확한 평가를 내릴 수 있을 것이기 때문이다. 규모를 알아보는 데는, 지휘부의 구성이 도움이 될 수 있다. 이 당시에는 많은 장수들이 사병을 거느리고 있었고, 실제 전투에서도 사병을 인솔하여 가는 경우가 많았다.

이성계가 홍건적을 토벌할 때, '자신의 군사 2천 명을 인솔'[65]하였다는 사실을 참고로 하면, 7원수라고 하더라도 대략 1만 5천 명 이상의 대군을 한꺼번에 동원하였다고 보아도 무리가 없어 보인다. 당시의 왜구토벌군과 왜구를 상대 비교할 자료는 있지만, 양적 비교가 아니라 비율에 따른 것으로, 그다지 큰 도움이 되지는 않는다.[66] 황산의 왜구가 고려군의 열 배가 넘는다고 하였는데, 그 규모를 정확히 파악하기는 어려울 것이다.

65) 《고려사》 권113, 안우열전.

66) 처음에 적의 병력은 아군의 10배나 되었는데, 70여 명이 겨우 살아 지리산으로 도망쳤다.(《고려사》 권126, 변안열전)

한편 위의 내용은, 고려군이 무조건 공격만 하는 군대가 아니라 때로는 협상도 하려고 했던 전투 경험이 많은 집단이었음을 알려 준다. 배검의 협상 내용은, 왜구들이 일정한 곳에 거처를 정한다면 상호 전투는 피할 수 있을 것이라는 온건책이었다. 그러나 왜구는 이를 기만이라고 여겨 받아들이지 않고, 배검을 돌려보낸다. 왜구가 배검을 돌려보낸 동기로는, 배검이 말한 바와 같이 고려군의 군세가 만만치 않았기 때문으로 여겨진다. 그러나 왜구들은 배검과 벌인 협상이 결렬되자 상당한 불안감을 느끼고 공격적인 활동을 하였던 것 같다. 다음의 자료로 그러한 정황을 짐작해 볼 수 있다.

배검과 벌인 협상이 결렬된 뒤, 왜구들은 자신들의 방법으로 점을 친 결과 고려군이 공격을 감행할 것으로 예상하였다. 그리하여 왜구들은 7일 이상이나 있었던 근거지를 이동하면서 고려군과 충돌하였고, 선주(선산)로 달아났다가, 경산부를 거치면서 만행을 저질렀다. 그리고 마침내 고려 정규군과 전투를 할 수밖에 없는 처지가 되었던 것으로 파악된다.

왜구와 고려군의 접전은 고려군이 선공을 하였으나 패배하였다. 접전지는 사근내역이었다. 사근내역의 전투에 관해서는 《동국여지승람》[67] 등의 지지(地誌)에 내용이 전한다.

67) 《신증동국여지승람》 31권, 함양조에 있다.

사근역 : 군 동쪽 16리이며, 역승(驛丞)이 있다. 본도에 속역이 14인데, 유린(有麟), 안간(安澗), 임수(臨水), 제한(蹄閑), 정곡(正谷), 신안(新安), 신흥(新興), 정수(正守), 횡포(橫浦), 마전(馬田), 율원(栗元), 벽계(碧溪), 소남(小南), 평사(平沙)이다. 승이 1명이다. 신우 6년에 왜선 500척이 진포에 정박하고, 3도를 침략하였다. 상주 부고를 소각하고, 경산을 경유하여 사근역에 주둔하고 있었다. 삼도원수 배

그러나 이 사근내역전투에서 고려군은 박수경과 배언, 두 장수와 함께 전사자가 500여 명이나 발생하는 참패를 당하였다. 그렇다면 당시 왜구의 규모를 정확히는 알 수 없으나 작은 규모가 아니었음은 분명하다. 그리고 왜구는 그 여세를 몰아 다른 지역을 공격하였다.

왜구의 진출 지역은 함양을 도륙하고 남원산성 공격에는 실패한 뒤 운봉현을 거쳐 인월역으로 향하였던 것이다. 당시 왜구는 금성(담양)에서 말을 먹이고, 북으로 진공한다는 것이었는데, 그 사실의 진위 여부는 잘 알 수 없다. 설령 왜구가 북쪽으로 간다고 했을 때 그 목적이 무엇이었는지 불분명하다.

황산대첩이 발발하기 이전까지의 전황은 대체로 이러하다. 지금까지의 분석을 통하여 대체로 이러한 사실들을 알 수 있다. 고려의 운봉 지역 왜구토벌대의 최고지휘관은 당시의 직제상으로 볼 때 변안열일 가능성이 크다는 사실이다. 그리고 당시 고려의 운봉 왜구

---

극렴 등 아홉 장수가 역 동쪽 3리쯤에서 싸웠으나, 패전하여 박수경, 배언 두 원수가 죽고, 군사도 500명이나 죽어서 냇물이 다 붉었다. 그리하여 지금도 혈계(血溪)라 부른다. 이로 말미암아 왜적의 군세는 더욱 성하여, 군 성을 무찌르고 남원을 향해 인월역(引月驛)에 주둔했다가 우리 태조에게 섬멸되었다. 이첨의 시에 "운봉산 밑에는 가을 바람이 이르고, 햇살이 엷고 하늘 추우니 나뭇잎이 마른다. 이 때에 우리 군사가 섬 오랑캐에게 패하여 피를 함양 언덕 풀에 뿌렸네, 양부(兩府)의 원수가 진(陣) 앞에서 죽었으니 하찮은 군사들이야 신명 보전도 어려웠으리라. 슬픈 피리 두어 곡조에 장부도 눈물 지으며, 늙기 전에 국치(國恥) 없기를 맹세하였네. 남쪽으로 출정한 장수, 누가 군사 없으랴마는, 깃발도 천천히 갔던 길 돌아가도다" 하였다.

함양 성곽조-사근산성 : 군 동쪽 17리 지점, 사근역 북쪽에 있다. 석축이며 둘레는 2천 7백 96척이고, 높이는 9척이다. 성안에 못이 셋이다. 경신년에 감무 장군철이 성을 지키지 못하여 왜구에게 함락 당한 뒤에 폐해 버리고, 수리하지 않았다가 성종조에 다시 수축하였다.

토벌대의 규모가 적어도 1만 5천 명 이상은 될 정도로 많은 병력일 것이며, 고려군은 공격 일변도의 융통성 없는 군대가 아니라, 공격과 협상을 할 줄 아는 융통성 있는 지휘관들이 있었던 군대였음을 살펴보았다.

### 4.3. 왜구 토벌군의 도착과 황산대첩

당시 운봉의 상황은 매우 긴박하였다. 그리하여 여러 지휘관들은 최대한 시간을 단축하여 전장에 도착하였던 것 같다. 그리고 바로 당시의 상황이 전투로 이어졌다. 따라서 황산전투를 분석함으로써 당시 그 전투에서 이성계의 역할이 무엇이었는지, 또 그의 군공이 얼마나 훌륭하였던 것인지를 알 수 있을 것이다.

N-① 태조는 들에 널린 시체들을 보고 밤잠을 이루지 못하였다. 변안열 등과 함께 남원에 도착하니 배극렴 등의 길로 나와 맞으며 기뻐서 어찌할 줄 몰랐다.68)

N-② 태조가 하루 동안 말을 휴식시키고 다음날 전투하려 하니, 모든 장수들이 말하기를 "적들이 험한 지형에 의거하고 있으니 그들이 나오기를 기다려서 싸우는 것이 좋겠습니다"라고 하였으나, 태조가 강개에 넘쳐 말하기를 "군사를 동원하여 놓으니 북받치는 적개심은 적을 만나지 못할까 염려되었는데, 지금 적과 맞닥뜨려서 치지 않을 수 있겠는가"

68) 《고려사》 권126, 변안열전.

라고 하고, 드디어 여러 장수들의 분담을 결정하고 이른 새벽에 결전을 맹세한 다음, 동쪽으로 운봉(雲峰)을 넘기 시작하였다.[69)]

N-③ 왜구와 수십 리 거리에 있는 황산 서북편에 가서 정산봉에 오를 때, 태조가 도로 우측에 험한 오솔길이 있음을 보고 말하기를 "적이 반드시 이 길로 나와서 아군의 배후를 습격할 것이니, 내가 이곳으로 가야겠다"라고 하였다. 그리고 다른 장수들은 모두 다 평탄한 길로 진군하였는데, 바라보니 적세가 매우 정예하였으므로 싸우지 않고 물러났다.[70)]

N-④ 그때 날이 이미 기울었는데, 태조는 이미 험한 지형에 들어서 있었다. 과연 적의 정예한 기병이 돌격하여 나타났다. 태조는 대우전으로 20발 쏘고 계속해서 유엽전으로 50여 발 쏘았는데, 모두 적의 얼굴에 명중하여 활시위 소리와 함께 넘어졌다. 그리고 전후 세 번 적을 만나서 역전 끝에 섬멸했는데, 그 장소가 진흙탕이어서 적군과 아군이 모두 빠져서 서로 겹쳐 넘어졌으나, 나와 보니 죽은 자는 모두 적군이었고, 아군은 한 명도 부상을 당하지 않았다.[71)]

N-⑤ 적은 산에 의거하여 방어를 튼튼히 하였고, 태조는 사졸을 지휘하여 요해 지점들에 의거하면서 휘하의 장수 이대중(李大中) 등 10여 명으로 도전하게 하고 태조가 쳐올라가니 적이 죽을힘을 다하여 돌격하여 나왔으므로, 아군은 북으로 달려 산을 내려갔다. 이때 태조는 돌아보면서 장병들에게 말하기를 "재갈을 틀어잡고 말이 넘어지지 않게 하라"고

69) 위와 같음.
70) 위와 같음.
71) 위와 같음.

하였다.[72]

N-⑥ 그런 후에 태조는 소라를 불게 하고 대오를 정돈하여 개미처럼 붙어 올라가서 적진으로 돌입하였는데, 적장 한 명이 창을 들고 바로 태조의 뒤로 덤벼들어서 사태가 매우 위급하였다. 그때 편장(偏長) 이두란이 말을 달리며 큰 소리로 "대감 뒤를 보오. 대감, 뒤를 보오"라고 외쳤으며, 태조가 미처 보기도 전에 이두란은 활로 쏴서 죽였다.[73]

N-⑦ 태조는 말에 화살이 명중되어 쓰러졌으므로 다른 말을 갈아탔다. 또 명중되어 넘어졌으므로 또다시 갈아탔다. 이번에는 날아온 화살이 태조의 왼쪽 다리에 명중되었으므로 태조는 화살을 뽑고 더욱 씩씩하게 더욱 맹렬하게 싸웠으므로, 군사들은 태조가 부상당한 줄을 몰랐다.[74]

N-⑧ 적들이 태조를 몇 겹으로 포위하였으나, 그는 말을 탄 몇 명과 함께 포위망을 돌파하고 나오니, 적들이 또 다시 태조의 앞으로 돌격하여 왔으므로 태조가 선 자리에서 8명을 죽였더니, 그때는 적들이 감히 앞으로 나오지 못하였다.[75]

N-⑨ 태조는 하늘의 해를 가리키며 좌우를 휘동하면서 맹세하여 말하기를 "비겁한 자는 물러가라. 나는 적을 섬멸하고야 말겠다"라고 하

72) 위와 같음.
73) 위와 같음.
74) 위와 같음.
75) 위와 같음.

니, 장사들이 감동되어 용기백배하고 저마다 결사전을 했으나 적들은 심은 나무처럼 버티고 서서 좀처럼 동요하지 않았다.[76]

N-⑩ 그때에 나이는 겨우 15, 16세 되고 외모가 단아하며 영용무쌍한 적장 1명이 나타나서 백마를 타고 창을 휘두르며 돌격하니 가는 곳마다 삼대처럼 쓰러지며 감히 대전하는 자가 없었다. 아군을 그를 아지발도(阿只拔都)라고 부르며 모두 피해 달아났다. 태조는 그의 용예함을 아끼어 이두란에게 생포하라고 명령하니, 이두란이 말하기를 "죽이지 않으면 반드시 사람을 상하게 할 것이요, 그리고 그는 견고한 갑옷을 입었고 얼굴에는 구리 면(面)을 쓰고 있어서 조금도 틈이 없습니다."라고 하니, 태조는 말하기를 "내가 적장의 투구 위 꼭지를 쏠 테니 투구가 떨어지면 네가 쏘아라" 하고 말을 달려 나가며 쏘니, 바로 그 꼭지에 맞아서 투구 끈이 끊어지며 한쪽으로 기울어졌다. 이에 적장은 급히 투구를 바로 잡아 썼으나, 즉시로 태조가 쏘아서 다시 투구 꼭지에 명중되어 투구가 드디어 떨어졌다. 그 순간에 이두란이 쏴서 그를 죽였다.[77]

N-⑪ 이렇게 되니 적의 사기가 꺾이었고, 태조가 돌진하여 용전하니 적의 정예가 거의 섬멸되었다. 이때 적의 통곡하는 소리가 마치 수천 수만 마리의 소가 우는 듯하였으며, 적들이 말을 버리고 산상으로 올라갔으므로 아군이 승리한 기세를 놓치지 않고, 말을 달려 올라갈 때 북소리와 고함소리가 대지를 뒤흔들어 사면이 무너져 내려앉는 것 같았다.[78]

다소 장황한 감이 없지는 않으나 《고려사》 변안열전에 수록되어

76) 위와 같음.
77) 위와 같음.
78) 위와 같음.

있는 황산대첩과 관련된 이성계의 전투 상황을 살펴보았다. 위의 내용이 황산대첩과 관련하여 알려진 내용의 전부이다. 그렇다면 황산대첩의 전부이기도 하면서 이성계의 전공(戰功)이기도 한 《고려사》 변안열전에 수록된 위의 내용을 전투 상황별로 분석해 보도록 하자. 위의 내용은 몇 개의 단계로 구분하여 살펴볼 수 있다.

1단계 : 토벌군의 남원 도착(①)
2단계 : 작전 방향 결정과 전투지역 분담(②)
3단계 : 전투지역으로 이동(③)
4단계 : 야간전투(④)
5단계 : 공격전(⑤)
6단계 : 이성계의 위기관리(⑥, ⑦, ⑧)
7단계 : 이성계의 결전의지(⑨)
8단계 : 이성계와 이두란의 적장 아지발도 사살(⑩)
9단계 : 고려군의 총공세와 왜구의 지리멸렬(⑪)

《고려사》 변안열전에 수록된 황산대첩의 내용을 정리하면 위와 같은데, 위의 단계별 내용을 전투상황과 연관 지어 부연 설명하면 여러 의문점이 발견된다. 먼저, 전체적으로 의문스러운 점은 변안열전인데도 변안열과 관련된 내용은 전혀 없다는 것이다. 또 전투과정에서도 지휘부를 구성했던 장수들의 이름이 전혀 나오지 않는다. 오직 이성계와 그 휘하 장수의 이름만 보인다. 이러한 서술방식은 이미 앞에서 지적한 홍건적과의 경성수복전투에서도 나타났지만, 《고려사》에서 이성계의 전공을 확대하기 위해 사용한 전형적인 서술

방법이다.

단계별로 내용 분석을 해보도록 하자. 1단계에서 이성계는 다른 장수들과 견해를 크게 달리 했던 것 같다. 이 단계에서 여러 장수들은 상대방의 방어가 강하고, 고려군은 이동하느라 지쳤을 것이니 지구전을 하자고 했다. 그러나 이성계만 강공에 따른 속전속결을 주장하고 있다. 여기에서 다른 장수들과 달리, 이성계만이 행군에 지친 군사들을 바로 다음날 전투에 투입하자는 주장을 하고 있다. 2단계는 각 장수들의 전투지역을 분담하여 운봉을 넘어 공격지점으로 이동하는 단계이다. 이때 이성계에게 분담된 지역은 왜구와 수십 리 떨어진 황산 서북쪽의 정산봉이었다. 3단계는 전투지역으로 이동하는 내용이다. 다른 장수들은 공격지점으로 이동하기 위하여 왜구와의 접촉을 피하면서 행군하였다. 그러나 이성계는 어떤 이유에서인지 모르지만, 왜구와 접촉이 예상되는 험한 길을 택하여 이동하였다.[79] 4단계는 야간전투의 내용이다. 그리고 날이 어두워지자 이성

79) 여기서 고려해 보아야 할 점이 이성계의 전투 관련 기록이다. 이성계의 전투는 한결같이 독자적인 국지전의 형태로 나온다. 군 지휘관으로서 합동작전의 협조자라기보다는 특수임무를 담당한 별동대의 지휘관으로 자주 기술되고 있다. 황산대첩에서의 행동이 그러하며, 앞서 언급한 홍건적 경성수복전투, 해주전투 등이 같은 형태이다. 그의 임전태세를 잘 보여주는 실례가 있다. '이성계가 여러 장군들이 (홍건적으로부터) 퇴각하는 것을 보고 그들이 비겁하여 힘써 싸우지 않는다고 말하였으므로 여러 장군들이 그를 꺼렸다. 이때 적은 이미 수주(隋州), 달천(獺川)에 주둔하였던바, 여러 장군들이 이성계에게 말하기를 "내일 전투는 그대 혼자서 대적하라"고 하였다. 이성계는 여러 장군들이 자기를 꺼리는 줄을 짐작하고 다소 근심하는 기색이 있었다. 다음날 적이 3부대로 나누었으므로 이성계는 자기가 중간에 서고 오래된 부하 장수 2명을 좌우에 배치하여 각각 적의 한 부대씩을 담당하여 맹렬히 공격하였다. 이때 이성계가 탄 말이 진흙탕에 빠져 한때 매우 위태하였으나 말이 뛰어 빠져 나왔으므로 모두들 신기하게 여겼다. 이성계가 적의 장

계는 야간 행군을 하게 되었고, 마침내 왜구의 매복조와 접전을 하게 되었다. 이성계는 대우전 20발, 유엽전 50발로 왜구를 사살하였고, 진흙탕에서 백병전을 하였으나 아군은 하나도 손실을 입지 않았다고 한다. 5단계는 휘하의 장수 이대중 등 10여 명의 병력으로 왜구를 공격, 실패하여 북쪽으로 하산하였다는 내용이다. 6단계는 이성계의 등 뒤에서 왜구 장수가 공격하였으나 이두란의 화살에 사살, 이성계가 다리에 화살을 맞고도 분전, 이성계가 여러 겹 포위되었으나 왜구 8명을 죽이고 뚫고 나는 내용으로 되어 있다. 다음 단계는 이성계의 결전의지로 강공을 퍼부었고, 결국 적장 아지발도를 죽임으로써 전열이 흐트러져 승리를 거두었다는 내용으로 마치고 있다.

위의 내용을 간략히 분석해 보았는데, 다른 장수들의 전공은 전혀 수록되지 않고, 이성계의 무용담만 수록되어 있다는 점이 가장 큰 첫 번째 특징이다. 둘째, 이성계가 활약하였다고 하는 황산대첩에서 이성계의 군사적 활동은 규모가 그다지 크지 않다는 것이다. 이성계의 공격이 시작되자 이대중 등 10여 명이 전투에 참가하는데, 이들은 결사대로서 결국 실패한다. 또한 이성계의 황산대첩에서의 전투는 야간에 치러지거나 비정규전의 형태로 근접전으로 진행되었다. 비록 말을 바꾸어 탄다거나 말의 재갈을 단단히 쥐라고 하는 명령에서 기병전일 수도 있다는 추정을 할 수도 있지만, 기본적으로

---

수 몇 사람을 쏘아 눕히자 적이 패주하였으므로 두 장수가 검을 빼어 들고 마구 공격하였다. 적이 붕괴되어 도망친 뒤 하늘에는 먼지만이 덮여 있었다.'(《고려사》 권113, 안우경전)라는 이성계의 전공도 그의 독선적 전투 형태를 알려주는 한 예라고 할 수 있다.

소규모 비정규전의 형태를 띠고 있다.

이러한 소규모의 비정규전으로는 황산대첩과 같은 말 1,600여 필을 노획할 수 있을 정도의 대규모 전투 전황을 바꿀 수는 없다. 황산대첩은 전면전으로 대규모 전투였다. 그 결과를 확인해 보도록 하자.

O-① 드디어 대승리를 거두었는데 냇물이 발갛게 되어 6, 7일이나 그 색이 변하지 않았으므로, 사람들이 그냥은 마시지 못하고 그릇에 담아서 맑아지기를 오랫동안 기다려서야 마실 수 있었다. 노획한 마필이 1,600여 필이고, 기타 무기는 헤아릴 수 없었다. 지인 김국을 파견하여 승전을 보고했더니, 신우는 기뻐서 밀직사 인원보를 보내어 궁중에서 술을 주어서 위로하고, 김국에게는 낭장 벼슬과 말 1필을 주었다. 처음에 적의 병력이 아군의 10배나 되었는데 70여 명이 겨우 살아 지리산으로 도망쳤다.[80]

황산대첩의 규모는 그 전과로 노획한 말이 1,600여 필이라는 사실만으로도 대규모의 전투였음을 알 수 있다. 더구나 냇물이 피로 물들어 발갛게 되어 6, 7일이나 색이 변하지 않았다는 상징적인 표현으로도 그 전투의 치열했음을 짐작하게 한다. 황산대첩은 왜구토벌사에서 최대의 접전이었음에 틀림없다. 이성계의 소규모 야간 접전만으로 이루어진 승리로만 보아서는 안 된다. 그보다는 이성계의 국지전을 포함한 고려군의 대공세가 성공하였기 때문인 것으로 이해해야 할 것이다.

80) 《고려사》 권126, 변안열전.

또한 아지발도라는 어린 장수 한 사람의 죽음으로 말미암아 강고하던 왜구의 전열이 갑자기 흐트러져, 이성계가 이끄는 소규모 부대의 공격으로 대패 당했을 것으로 이해할 수 없다는 점이다. 아지발도가 중요한 지휘관의 한 사람인 것은 분명하지만, 그의 죽음 하나만으로 궤멸된 것은 아닐 것이다. 지휘관의 상실로 주춤하는 적을 대규모 고려군이 총공세를 펼쳐서 대승을 거둘 수 있었을 것이다. 아지발도는 '적의 여러 두목들이 매양 그자 앞에 나아갈 때에는 반드시 빠른 걸음으로 나가서 무릎을 꿇고 앉았으며, 군중(軍中)의 지휘명령을 모두 장악하고 있었다'라고 한 것으로 보아, 상당한 지휘권을 행사하였던 인물이었음에는 틀림없다고 하겠다. 그렇다면 결국 이성계의 황산대첩에서 가장 큰 전공은 지휘관을 사살한 것으로 추정할 수밖에 없다. 이성계의 아지발도 사살은 바로 전황에 영향을 미쳐, 고려군의 총공세로 이어져 대승을 거둘 수 있는 근본적인 원인이 될 수 있었던 것이다.

그렇다면 황산대첩에서 이성계의 최고 전과는 무엇이었을까? 그것은 바로 아지발도라고 하는 왜구의 최고지휘관 가운데 한 명으로 추정되는 인물을 사살하였다는 사실과 함께, 고려군의 총공세를 지휘하여 마지막 대승을 완수할 수 있었다는 것이다. 그러므로 아지발도를 사살한 이성계와 함께, 전군을 지휘했던 인물이 최고의 논공행상 대상이었을 것이다. 그렇다면 고려군의 정규 지휘를 맡았던 인물은 누구였을까? 바로 변안열이 아니었을까? 이런 의문은 황산대첩이 끝나고 시행된 논공행상에서 추정이 가능하다.

O-② 우왕은 이성계와 변안열에게 금 50량씩, 왕복영 이하 여러 장수들에게는 은 50량씩 상을 주었으나 모두 다 사퇴하면서 말하기를, "장수가 적을 격멸하는 것은 그 직책인데 우리가 어찌 그것을 받겠는가?"라고 하였다. 태조의 위명(威名)이 더욱 드러났다.[81]

황산대첩이 끝나자 우왕이 내린 최고의 포상은 금 50량이었다. 그리고 이 금 50량의 수여자는 이성계와 변안열이었다. 황산대첩의 서술에서는 변안열은 어떠한 전공을 세웠는지 전혀 언급이 없다. 그런데 어떤 연유에서 최고의 논공행상 대상이 되었던 것일까? 그 까닭은 바로 황산대첩을 지휘한 최고의 군사지도자였기 때문에 가능했을 것이다.

그렇다면 황산대첩에 대한 《고려사》의 기록은 재해석되어야 할 것이다. 지금까지는 이 기록에 관하여 이성계 한 사람의 전공과 관련한 것으로 이해하였다면, 이를 고려군 전체와 관련된 기록으로 바꾸어 이해하도록 해야 할 것이다. 따라서 여기에서 장황하게 수록하고 있는 이성계와 관련된 내용은, 이성계의 전투지역에서만 있었던 아주 일부 지역에서의 국지전만 과장하여 기록한 것으로 재해석하여야 한다는 것이다. 그리하여 당시 황산대첩에 참여하였던 여러 장수와 사병들이 동시에 추앙 받을 수 있는 대상이 되어야 할 것이다. 지금까지는 이 전투에서 가장 큰 전공을 획득한 인물이 '이성계'라고 공식처럼 이해하였던 한국사에서 벗어나, 이성계를 포함한 고려 왜구토벌대의 효율적인 합동작전의 결과였다는 것으로 이해의 각도

81) 위와 같음.

를 바꾸어야 할 것이다. 그리고 이 합동작전의 지휘관이 바로 전투 후 최고의 포상을 받은 변안열이었다는 사실도 재인식되어야 할 것으로 판단한다.

### 4.4. 변안열전에 이성계의 전공이 수록된 이유

첫째, 왜 간신 열전에 이성계의 전공을 수록해야 했을까? 그 이유는 《고려사》와 《태조실록》의 편찬과정[82]에서 살펴보아야 할 것이다. 《고려사》와 《태조실록》은 편찬과정에서 여러 차례 내용과 체재를 바꾸었다. 그런데 바뀌었던 내용과 체재가 단순한 형식상의 문제가 아니라 본질적인 면에서 완전히 다른 내용이라고 할 수 있을 만큼 많은 변화가 있었다. 다음의 내용[83]을 참고하여 《고려사》 편찬에 관한 과정을 살펴보도록 하자.

P-① 《고려사》가 편찬된 시기는 1449년(세종 31)에 시작하여 1451년(문종 1)에 완성되었다. 내용 총 139권. 고려시대의 정치 · 경제 · 사회 · 문화 · 인물 등의 내용을 기전체로 정리한 책으로 고려시대 역사 연구의 기본 자료이다.

P-② 편찬의 연원은 고려 말기 이제현(李齊賢), 안축(安軸), 이인복(李仁復) 등이 편찬하고자 시도한 《국사》에까지 올라간다. 그러나 이제현

82) '고려사' 항목.(《한국민족문화대백과사전》, 한국정신문화연구원, 1992)
83) 위와 같음.

이 태조에서 숙종까지의 본기(本紀)만 편찬했을 뿐 완성되지 못했다. 그 본기의 내용은 현전하지 않으나, 다만 각 왕의 본기 말미에 써붙였던 사찬(史贊)이 《익재난고》(益齋亂藁)와 《고려사》, 《고려사절요》 등에 전하고 있다.

P-③ 조선이 건국되자 태조는 1392년(원년) 10월 조준(趙浚), 정도전(鄭道傳), 정총(鄭摠) 등에게 《고려사》의 편찬을 명했다. 이에 따라 1395년(태조 4) 정월에 정도전·정총에 의하여 편년체로 서술된 37권의 《고려국사》가 편찬되었다. 이 책도 현전하지 않으나, 《태조실록》과 《동문선》에 정도전이 쓴 〈진고려국사전〉(進高麗國史箋)과, 정총이 쓴 〈고려국사서〉(高麗國史序)가 수록되어, 그 편찬체재와 편찬시의 기본원칙 등을 살필 수 있다.

P-④ 그러나 《고려국사》는 단시일에 편찬되고, 또 찬자인 개국공신들의 주관이 개입되었다 하여 비판받았고, 태종이 즉위한 뒤, 조선 건국 과정에 대한 기록이 부실하다는 문제점이 제기되었다. 이에 태종은 1414년(태종 14)에 하륜(河崙), 남재(南在), 이숙번(李叔蕃), 변계량(卞季良) 등에게 개수를 명하였다. 그러나 1416년 개수의 책임자인 하륜이 죽음으로써 완성되지 못하였다. 그 뒤 세종은 《고려국사》의 공민왕 이후의 기사 서술에 잘못이 있음을 지적하고, 1419년(세종 1) 9월 유관(柳觀), 변계량(卞季良)에게 개수를 명해, 1421년(세종 3) 정월에 완성을 보게 되었다. 이때에 공민왕 이후의 기사 중 고려 사신(史臣)의 사초와 다른 내용들과, 고려의 왕실 용어로서 중국에서 사용하는 용어와 일치하는 것 중에서 정도전 등이 미처 고치지 못했던 것을 전부 개서하였다.

P-⑤ 그러나 이것도 반포하지 못하고 있다가 다시 개찬하게 되었다. 그 이유는 역시 참칭(僭稱)의 개서 문제에 있었다. 1423년(세종 5) 유관과 윤회(尹淮)에게 제2차 개수작업에서 문제가 되었던 참칭의 용어라도, 실록을 대조하여 당시 썼던 용어를 그대로 직서하도록 하여 세종 6년 8월에 완성을 보게 되었다. 이를 《수교고려사》(讎校高麗史)라 칭하였다. 그러나 참칭한 용어의 직서를 강경히 반대하는 변계량의 주장으로 반포가 중지되었다.

P-⑥ 제4차의 《고려사》 편찬은 1438년(세종 20)에서 1442년 사이에 신개(申槩)와 권제(權踶)에 의해 《고려사전문》(高麗史全文)이 완성되어 왕에게 바쳐졌다. 이때 개수된 내용은 소략한 내용의 보충과 개칭된 용어의 직서에 관한 것이었다. 이 《고려사전문》은 1448년(세종 30) 주자소에서 인출했으나, 교정과정에서 역사기술이 공정하지 못하다는 문제점이 제기되어 반포가 중지되었다. 이 책의 문제점은 권제가 남의 청탁을 받고 고쳐 쓴 점과, 자신의 조상에 대한 기술이 사실과 다르게 기록된 것 등이었다. 《고려사전문》은 편년체의 역사서로서 내용이 크게 보완 시정된 것이었으나, 공정하지 못한 점이 일부 있다고 하여 끝내 반포되지 못하고 폐기되었다.

P-⑦ 그런데 세종은 1446년(세종 28) 10월 《고려사전문》의 고려 말기 기사에서 태조의 선대 도조(度祖), 환조(桓祖)로부터 태조에 이르는 기록에 빠진 내용들을 발견하고, 1449년(세종 31) 정월 우찬성 김종서(金宗瑞), 이조판서 정인지(鄭麟趾), 호조참판 이선제(李先齊) 등에게 개찬을 명하였다. 이때에는 사체(史體)의 문제가 새로이 제기되었다. 이에 세자(문종)와 함께 왕에게 건의해 편년체에서 새로이 기전체로 편찬하기로 허락을 받았다. 이리하여 1451년(문종 1) 8월 김종서 등에 의해 세가 46

권, 지 39권, 연표 2권, 열전 50권, 목록 2권, 총 139권의 《고려사》가 편찬되었다. 이로써, 전왕조사를 정리하려는 노력은 《고려국사》 편찬으로부터 시작해 57년 만에 《고려사》로 마무리되었다. 그러나 곧 인쇄되지 못하고 1454년(단종 2) 10월 정인지의 이름으로 인쇄, 반포되었다.

……

P-⑧ 열전의 범례에서는 열전의 구성 순서와 특별한 업적이 없는 경우에는 부자(父子)를 같은 전(傳)에 합쳐 싣는다고 하였다. 또한 우왕·창왕은 역적인 신돈(辛旽)의 자손이므로 이들의 16년간의 역사는 《한서》 왕망전(王莽傳)의 예에 따라 열전에 써서 역적을 토죄하는 뜻을 밝힌다는 원칙을 제시하였다. 열전은 후비전(后妃傳) 2권, 종실전(宗室傳) 2권, 제신전(諸臣傳) 29권, 양리전(良吏傳) 1권, 충의전, 효우전, 열녀전, 방기전(方技傳), 환자전(宦者傳), 혹리전(酷吏傳) 1권, 폐행전(嬖幸傳) 2권, 간신전 2권, 반역전(叛逆傳) 11권의 총 50권으로서 《고려사》 전체의 3분의 1이 넘는다. 770인이 입전되고, 다시 238인이 곁들여 붙여져 1,008인의 기록이 수록되어 있는 거대한 전기집이다. 실제 열전의 분류방식은 《원사》와 가장 가까우며, 또한 《송사》도 참조하였다. 우왕·창왕을 반역 열전에 넣은 것은 고려 말기 조선 건국자들의 정치적 이해관계와 조선건국의 합리화라는 정치적 목적이 반영된 것이다. 따라서, 역사를 사실대로 기술한다는 원칙이 이 경우에 소홀해진 면이 있다. 열전에도 《고려사》 찬자들이 직접 쓴 서문이 있어 이를 통해 그들의 역사관과 《고려사》에 대한 인식태도를 알 수 있다.

위의 내용을 보면 《고려사》는 여러 차례의 개서를 거쳐 현재에 이르고 있다. 처음 고려의 역사 정리는 《국사》라는 이름으로 고려 말에 편찬을 시도하였으나 중단하였다.(P-②) 그리고 《고려국사》와 《고려사전문》으로 이어졌으나, 결국에는 폐기되었다.(P-⑥) 이 고려의 역사와 관련된 기록들이 폐기된 가장 큰 원인은 공민왕 이후 기사가 잘못되었고, 이성계 선대의 공적이 누락되었으며, 편찬자들이 자신들의 조상에 관한 행적을 공정하게 하지 않았고, 용어의 참칭 등의 이유가 있어서였다. 결국 《고려사》 개서의 이유와 목적은 조선 왕실의 정통성과 그 선조들의 공적을 돋보이게 하기 위한 것이었다. 따라서 조선 왕실의 정통성과 그 선조들의 공적을 훼손하는 사실이나 인물들은 가차 없이 평가절하 하였을 것은 당연한 일이었다.

이와 관련하여 《태조실록》의 편찬과정을 살펴보자.[84]

Q-① 태조가 재위 7년 만에 정종에게 양위한 뒤 상왕(上王), 태상왕(太上王)의 지위에 있다가 1408년(태종 8) 5월에 죽자 이듬해 8월에 태종이 영춘추관사(領春秋館事) 하륜(河崙), 지춘추관사(知春秋館事) 유관(柳觀), 동지춘추관사(同知春秋館事) 정이오(鄭以吾), 변계량(卞季良) 등에게 명해 《태조실록》을 편찬하게 하였다. 이에 춘추관기사관(春秋館記事官) 송포(宋褒) 등이 조선에 있어서 실록 편찬이 처음일 뿐만 아니라 시대가 멀지 않고, 또 당시에 활동했던 인물들이 대부분 살아 있으므로 지금 《태조실록》을 찬수(撰修)하는 것은 시기상조라 하여 후일을 기다리자고 건의하였다.

Q-② 그러나 태종은 찬수의 뜻을 굽히지 않고 태조 원년부터 정종 2

84) '태조실록' 항목.(《한국민족문화대백과사전》, 한국정신문화연구원, 1992)

년까지의 사초(史草)를 제출하도록 각 사관(史官)에게 명하였다. 그러나 서울 거주자 10월 15일, 지방 거주자 11월 1일로 정해진 제출기한이 지나도록 사초가 잘 들어오지 않자, 사초를 제출하지 않은 자에 대해 자손을 금고(禁錮)하고 은 20냥의 벌금을 징수하도록 하는 처벌규정을 만들어 사초 제출을 독려하였다.

Q-③ 그리하여 1410년 정월부터 하륜 · 유관 · 정이오 · 변계량 등이 주축이 되어 춘추관기주관 조말생(趙末生), 권훈(權壎), 윤회(尹淮), 기사관 신장(申檣), 외사관(外史官) 우승범(禹承範), 이심(李審) 등과 함께 《태조실록》 편찬에 착수해 1413년 3월에 완성하였다. 편찬 완료 직후 출판하려 했으나 정부에서 번란중복(繁亂重複)된 기사가 많다 하여 개수(改修)를 주장해 출판하지 않았다.

Q-④ 그 뒤 1438년(세종 20) 변계량이 지은 헌릉(獻陵; 태종의 능) 비문(碑文) 가운데 1398년(태조 7)의 제1차 왕자의 난과 1400년(정종 2)의 제2차 왕자의 난에 대해 사실과 어긋나게 기록한 내용이 있다는 논의가 있자 세종은 이를 개수하도록 하였다. 그리고 이와 관련해 당시 편찬 완료된 《공정왕실록》(정종실록)과 《태종실록》도 아울러 개수하게 하였다. 그리하여 4년 뒤인 1442년 춘추관 감관사 신개(申槩), 지관사 권제(權踶), 동지관사 안지(安止) 및 집현전학사 남수문(南秀文) 등의 주관으로 실록 개수가 이루어졌다. 그 뒤 1448년에 지춘추관사 정인지(鄭麟趾) 등이 다시 증수(增修)하고, 1451년(문종 1) 고려의 폐왕(廢王) 우(禑)를 신우(辛禑)로 고치는 간단한 개수를 거쳐서 현재에 이르고 있다.

위의 내용을 보면 《태조실록》의 편찬과정도 그다지 순탄하지만은 않았다. 사초를 모아 그대로 편찬한 것이 아니라, 여러 차례의 개수를 거쳐 편찬되었던 사실과 과정을 알 수 있다. 그리고 개수 과정에서 왕자의 난과 같은 정치적 사건의 재평가와 '우왕'을 '신우'로 고쳐 편찬했다는 점에 주목하게 된다. 《태조실록》은 결국 문종대에 와서 개수를 한 다음 간행하게 되었던 것이다.

이와 같이 《고려사》와 《태조실록》의 간행은 여러 차례 개수가 되었으며, 그 기간이 50년 이상 지난 다음에 간행되었던 것이다. 그리고 《고려사》와 《태조실록》이 반포된 시기가 1451년(문종 1)으로 동일하다는 점이다. 또한 《고려사》는 여러 차례 개수를 거쳤지만, 결국 1449년에서 1451년, 즉, 2년 만에 개수된 내용이 현재에 이르고 있으며, 여기에는 1451년에 개수된 《태조실록》의 개수방침이 가장 강력하게 반영되었을 것이라는 점을 시사한다.

그렇다면 《태조실록》의 마지막 개수원칙은 무엇이었을까? 그것은 바로 '우왕'을 '신우'로 고치는 것이었다. '우'를 '신우'로 고친다는 것은 단순한 명칭만의 변화를 의미하는 것은 아닐 것이다. '우'라고 했을 때는 우왕을 '공민왕의 친자'로 인정한다는 의미이지만, '신우'라고 한다면 우왕을 '신돈의 아들'로 인정하여 고려왕의 정통성 문제를 시비할 수 있기 때문이다. 그러므로 최종 단계에서 '우'를 '신우'로 바꾸었다는 것은 《태조실록》 편찬에서 최대의 큰 사건이라고 해야 할 것이다. '우'를 '신우'로 바꾸었다면, 이에 따라 우왕복위사건과 관련된 인물에 대한 포폄이 다시 강조되었을 것이다. 이 과정에서 변안열에 대한 기록은 변조되었을 가능성이 농후하다.

《태조실록》에서 '우'를 '신우'로 개수한 사실과 관련하여 《고려사》 편찬에서 사체가 1449년에 편년체에서 기전체로 급변하였다는 사실은 엄청난 변화이다. 편년체에서 기전체로의 변화는 단순한 사체의 변화가 아니라, 기본적인 서술의 방향 변화를 가져오게 된다. 편년체로 서술하게 되면 모든 사실을 시간별로 기록해야 한다. 그러므로 사실성에서 공정성이 기해지는 것이다. 그러나 기전체는 각 편을 구분하여 군왕 중심의 서술을 하게 되므로, 군왕이나 편찬자들에게 불리한 사실의 기록은 열전 등에서 서술을 한다는 이유로 본기(세가)에서는 생략하거나 축소할 수 있다.

그러므로 고려의 역사를 편년체로 서술하면, 군주나 특정인의 입장에 대한 배려가 고려되지 않고, 사건이나 인물 서술에 어느 정도 객관성을 유지할 수 있다. 그러므로 편년체로 《고려사》를 기술하면 사실성에 입각하여야 하므로, '우'를 '신우'로 바꾸었다고 하더라도 단순하게 용어상의 변화만 가져오게 된다. 따라서 갑자기 《고려사》를 기전체로 바꾸었던 것은, 우왕의 사실과 같은 경우를 반역 열전으로 편찬함으로써 본기에서 제외시키고, 우왕과 관련된 인물들 또한 간신이나 반역 열전에 배치할 의도에서 그렇게 하였을 가능성을 배제할 수 없는 것이다.

이러한 추정은 《고려사절요》라고 하는 편년체 사서를 《고려사》 편찬 5개월 후에 《고려사》를 저본으로 하여 발간한 것과도 연관을 갖는다. 만약 고려의 역사에 대한 편년체 역사서가 필요했다면 《고려사》 이전에 있었던 폐기된 편년체 《고려사전문》을 보완하여 간행하여도 무방했을 것이다. 그러나 굳이 기전체 《고려사》 간행 이후에 편년체 《고려사절요》를 간행한 이유는, 바로 내용의 보완만의 문제가 아니라, 사체에 따라 전체적인 방향성이 달라졌기 때문일 것이다.

## 5. 맺음말

《고려사》 간신 열전에 수록된 변안열전을 중심으로 하여, 변안열전이 고려 말 조선 초의 정치적 상황에 커다란 영향을 받아 크게 왜곡되었을 가능성을 검토해 보았다. 그 결과, 변안열전은 공정하게 씌어진 개인의 열전이라고 할 수 없다는 판단을 하였다. 기본적으로 변안열전은 내용 구성비가 지나치게 그의 정치적 입장이 고려된 상황에서 씌어져, 반(反) 이성계파라는 선입견에서 작성되었음을 살펴보았다. 변안열전은 3분의 1 이상이 변안열의 정치성에 대하여 서술하고 있다.

변안열전에서 가장 많은 부분은 변안열과 관련된 전투 부분이다. 그러나 이 전투를 구체적으로 분석해 보면 흥미로운 결과에 이르게 된다. 변안열전에 수록된 전투 관련 기사는 황산대첩에 관한 것이 대부분이다. 그러나 황산대첩의 전황 소개에는 정작 주인공이 되어야 할 변안열에 관한 내용은 전무하다시피하고, 이성계에 관한 내용만 수록되어 있다. 그러므로 변안열전은 크게 왜곡되어 있다는 사실을 알 수 있다. 한편으로는, 변안열이 참전한 전투에서 그의 무용담이 될 만한 사실들은 고의적으로 누락시켰음도 알 수 있었다.

그리하여 변안열전에 수록된 황산대첩의 내용을 재검토한 결과, 황산대첩의 실제 주인공은 변안열일 가능성이 높다는 사실을 밝힐 수 있었다. 그 근거로는, 황산대첩의 결과 가장 큰 포상을 받은 인물은 변안열과 이성계, 두 장수라는 사실이다. 황산대첩은 오직 이성계의 군공만 전하고 있지만, 그러한 이성계와 같은 내용의 포상을 받은 변안열의 군공은 무엇이었을까에 대한 답으로서는, 당시의 전황을 구분하여 사료를 재해석하였다. 그 결과 변안열은 당시 도체찰사라는 최고지휘관으로 참전하여, 고려군의 총지휘를 하였던 공이 컸던 인물로 판단하였다. 한편 이성계는, 자신에게 주어진 전투에서 야간기습으로 적장 한 명을 화살로 사살하여 전열이 흐트러지게 하여, 고려군의 총공세를 지원한 공이 컸던 것으로 해석하였다.

이러한 이성계의 공적이 간신전인 변안열전에 수록된 배경은, 《태조실록》이 완성된 직후 《고려사》 편찬의 사체(史體)가 편년체에서 기전체로 바뀌면서, 우왕을 '신우'로 격하하면서 이루어졌을 것으로 추정하였다. 편년체에서는 제왕과 신하의 구분이 없는 가운데 기록해야 된다면, 기전체는 제왕의 역사인 '본기'에서 제왕과 관련된 내용을 생략이나 보완할 여지가 있으며, 보충되어야 할 부분을 열전에서 취급할 수가 있다. 따라서 우왕을 '신우'로 바꾸어 반역 열전에 수록하면서, 우왕과 관련된 변안열을 간신 열전에 붙여 이성계의 공적을 어느 정도 확대하여 변안열전에 수록하였을 가능성이 크다고 할 수 있다.

이와 같이 변안열전은 고려 말 조선 초라는 정치변혁기와 맞물려 많은 왜곡과 누락이 있었으며, 이에 편승하여 정적이었던 이성계의 공적이 변안열전의 절반 이상을 차지하는 결과를 낳게 되었다. 따라서 변안열의 무장으로서의 면모가 많이 왜곡되었을 뿐만 아니라, 실제로 그가 받은 최고의 포상 내용을 알 수도 없게 되어 버렸다. 이러한 배경에서 변안열의 황산대첩에서의 군공을 추적한 결과, 변안열은 황산대첩 지휘부의 최고지휘관인 도체찰사로 참전하여, 왜구들의 진영이 흐트러진 틈을 타 총공세를 퍼부어 대승을 이루어낸 장수로서의 면모를 찾을 수 있었다.

제10주제

# 고려 말 무장세력의 정치적 변동과 변안열

정 해 은

한국학중앙연구원 선임연구원

## 1. 머리말

현재 조선을 건국한 주요 세력에 대해 신진 사대부와 신흥 무장 세력이 주축이었다는 설명이 널리 받아들여지고 있다. 그런데 이 두 세력 가운데 신흥 무장 세력은 이성계를 제외하고 역사적 의미가 크게 부여된 적이 없다. 이에 비해 신진 사대부는 1960년대 이우성에 의해 그 개념이 제시된 이후로 고려 후기 정치사 연구의 핵심 용어로 자리 잡았다.[1)]

하지만 조선의 건국 주역인 이성계가 무장임을 고려하면 무장세력에 대한 독립적인 이해가 고려 말의 정치 상황은 물론 조선 초기의 정치 상황을 파악할 수 있는 중요한 문제임을 알 수 있다. 그럼에

1) 오종록, 〈정치세력의 변동과 조선건국〉, 연세대학교 국학연구원 편, 《중세사회의 변화와 조선건국》(혜안, 2005), 84쪽.

도 불구하고 고려 말 무장세력의 존재 방식이나 역할에 대해서는 아직까지 큰 관심이 미치지 못하였다.

그나마 지금까지 진행된 고려 말 무장세력에 대한 연구를 살펴보면 공민왕대에 집중된 편이다.[2] 이 시기의 무장세력에 대한 조명이 활발한 이유는 공민왕 시위부대 출신의 정치적 성장 및 두 차례에 걸친 홍건적의 침입, 덕흥군의 침입과 흥왕사의 난을 진압하는 과정에서 무장들이 새롭게 등장했기 때문이다. 하지만 여전히 무장세력에 대한 이해는 신진 사대부와의 연계나 갈등을 주로 강조하는 경향이어서, 14세기 중반 새롭게 대두한 무장세력을 온전히 이해하는 데에 한계를 보이고 있다.

이 글은 고려 말 무장세력의 존재와 정치적 위상을 변안열(邊安烈)을 중심으로 살펴보고자 한다. 변안열은 심양 출신으로 공민왕이 고려로 돌아올 때에 왕을 호종해 입국한 인물이다. 변안열이 무장으로 발돋움한 시기는 공민왕대로서 두 차례에 걸쳐 홍건적의 난을 물리친 후였다.

변안열은 이 공으로 1363년(공민왕 12)에 수복경성공신[收復京城

2) 고려 말 무장 및 무신에 관한 대표적인 연구를 소개하면 다음과 같다. 민현구, 〈신돈의 집권과 그 정치적 성격(상)(하)〉, 《역사학보》 38, 40, 1968; 변태섭, 〈고려 후기의 무반〉, 《고려정치제도사 연구》(일조각, 1971); 김당택, 〈고려 공민왕초의 무장세력—공민왕 3년(1354) 원에 파견된 무장을 중심으로〉, 《한국사연구》 93, 1996; 김당택, 〈고려 창왕 원년(1389)의 김저사건〉, 《전남사학》 12, 1998; 김당택, 〈고려 말 대외관계의 격동과 무장세력의 정치적 지향〉, 《한국사시민강좌》 35(일조각, 2004); 이형우, 〈고려 공민왕대의 정치적 추이와 무장세력〉, 《군사》 39, 국방군사연구소, 1999; 진석우, 〈고려말 무장세력의 군사적 배경〉, 《인문사회과학연구》 8, 호남대, 2001.

功] 1등과 기해격주홍적공신[己亥擊走紅賊功] 2등으로 책록되었다. 이후 정치적으로 성장을 거듭하여 이성계가 주도한 위화도 회군에 적극 가담하며, 재추(宰樞)의 구성원이자 정방(政房)에도 참여하였다. 그러다가 최영과 조민수 등 무장들이 연속으로 숙청된 이후에 이성계에 의해 죽임을 당했으며, 《고려사》 열전에 간신으로 오르게 되었다.

이처럼 변안열이 심양 출신으로서 중앙 정계에 영향력 있는 인물로 성장하고, 그 뒤 이성계에 의해 숙청되는 일련의 과정 속에는, 고려 말 정치 상황이 고스란히 투영되어 있다. 나아가 조선의 건국이 무장세력 부침과 밀접하게 연관되었음을 암시해 준다.

무엇보다도 변안열이 이렇다 할 국내 기반이나 집안 배경이 없는 상황에서 입지전적인 인물로 성장한 배경에는 무공(武功)이라는 특별한 요소가 작용했다고 여겨진다. 이런 측면에서 학계나 일반인에게 다소 생소한 변안열에 대한 관심은 고려 말 정치 상황을 새로운 시각으로 이해하는 데에 큰 도움이 되리라고 생각한다.

이 글은 공민왕대부터 공양왕대까지 무장세력의 성쇠 속에서 변안열의 등장과 숙청과정을 고찰하였다. 먼저 변안열이 공민왕대에 무장으로 부상하여 우왕대에 정치적으로 성장하는 과정, 그리고 창왕 즉위 이후부터 공양왕이 옹립된 직후에 변안열이 내린 정치적 선택과 숙청 과정을 면밀하게 분석하였다.

이를 통해 고려 말 무장세력이 어떤 변화와 부침을 겪으면서 성장 또는 소멸해 나갔으며, 이 속에서 변안열이 무장세력의 중추인 이성계와 어떤 갈등을 겪었는지 주목하였다. 이 글을 통해 고려 말 무장세력에 대한 이해를 높이고 변안열이라는 인물이 새롭게 조명되기를 기대한다.

## 2. 공민왕대 무장세력의 부상과 변안열

### 2.1. 전란과 무장세력의 성장

"임금이 땋은 머리를 풀고 몽골 옷을 벗었다." 이것은 1351년(공민왕 1), 열두 살의 나이로 원(元)에 인질로 갔다가 10년 만에 귀국해 왕위에 오른 공민왕의 첫 행보였다. 원 치하에서 100여 년 동안 강고하게 자리 잡은 풍습을 바꾸려는 이 행동은 소박한 저항처럼 보이지만, 고려의 국정을 좌지우지하던 원의 지시를 정면으로 거부했다는 측면에서 대단히 위험한 행위였다.

공민왕은 충숙왕의 둘째아들로 태어나 우여곡절 끝에 22세 나이로 고려의 국왕이 되었다. 원에서 10여 년을 지내는 동안 공민왕은 원의 쇠퇴를 직접 체험하고 목격하였다. 공민왕은 원이 황족의 분열과 각종 반란으로 휘청거리자 고려 조정이 원에서 벗어날 호기로 판단하였다. 그래서 공민왕은 즉위하자마자 반원(反元)의 기치를 내걸고 이를 현실화하기 위해 개혁을 시도하였다.

먼저 몽골식 변발과 호복(胡服)을 금지해 고려의 생활문화를 회복하였다. 무인집권기에 인사를 좌지우지한 정방(政房)을 혁파해 인사권을 바로잡았다. 친원(親元)세력과 권문세족들의 부조리를 바로 잡기 위해 전민변정도감(田民辨整都監)을 설치해, 권력을 남용해 빼앗은 토지나 불법으로 차지한 일반 주민들을 제자리로 돌려놓았다.[3]

그렇지만 공민왕의 개혁 정책은 친원 세력의 강한 반발에 부딪혀 난항을 거듭했다. 공민왕이 개혁의 돌파구를 다시 마련한 시기는 1356년(공민왕 5) 원에 관한 첩보를 접한 이후였다. 공민왕은 원에 조정군(助征軍)의 임무를 띠고 갔다 온 사람들을 통해 원의 국내 사정이 더 악화되었다는 보고를 받자, 다시 개혁의 고삐를 잡아당겼다.

숙원(宿怨)이던 친원세력의 거두인 기씨(奇氏) 일파를 숙청하고, 노책(盧頙)과 권겸(權謙) 등도 제거하였다.[4] 정동행성을 혁파하고 원 연호인 '지정'(至正)의 사용도 중단하였다. 연호 사용을 중단한 것은 원과 사대관계를 청산하겠다는 의미로서, 강한 반원 의지를 드러낸 조치라 할 수 있다. 무엇보다도 공민왕은 군사력 재건을 위한 노력을 아끼지 않았다. 그 첫 번째가 화기(火器) 개발이었다.

> 2품 이상의 관리들이 숭문관(崇文館)에 모여 서북면의 방어용 무기를 검열하고 남쪽 언덕에서 총통(銃筒)을 발사하니, 그 화살이 순천사(順天寺) 남쪽까지 가서 땅에 떨어져 깊이 박혔다.[5]

위 기사는 공민왕이 1356년(공민왕 5)에 실시한 총통 발사에 대한 기록이다. 공민왕 이전에 이미 화구(火毬)나 화산(火山)에 대한 기록

3) 민현구, 〈고려 공민왕의 반원적(反元的) 개혁정치에 대한 일고찰〉, 《진단학보》 68, 1989 참조.

4) 홍영의, 《고려말 정치사 연구》(혜안, 2005), 86~87쪽.

5) 《고려사》 권81, 志, 병제 공민왕 5년 9월.

이 있으므로, 고려에 화약이 전래된 정황을 엿볼 수 있으나, 위 기사야말로 고려에서 화기가 활발하게 개발되던 상황을 확실히 보여주고 있다.6) 총통 발사 시험이 성공적으로 마무리된 것은 공민왕이 집권 초기부터 군비 증강에 힘을 쏟은 결과라 할 수 있다. 이후 화기는 왜구 토벌에서 큰 성과를 발휘하였다.

다음으로 군사조직의 재건을 꼽을 수 있다. 고려 조정은 고려-몽골전쟁이 끝나고 원종이 집권한 이후로, 원의 감시 때문에 군사조직을 새롭게 정비할 수 없었다. 중앙군은 2군 6위 체제로 유지되었으나, 군사 충원이 제대로 되지 않아 유명무실하였다. 지방군도 주진군(州鎭軍)이나 주현군(州縣軍)이라는 명칭이 이미 기록에서 사라지고, 별초군(別抄軍)이 그 공백을 메우고 있었다.

그러다가 충렬왕대에 원의 영향을 받은 순군만호부(巡軍萬戶府)가 탄생했다. 순군만호부는 수도 개경의 군정과 치안, 사법을 담당하는 중앙군의 역할을 수행하였다. 지방의 경우 경상·전라의 해안지역 방어를 위해 진변만호부(鎭邊萬戶府)를 설치했다. 만호부는 고려가 원의 지배에서 벗어나는 공민왕 초까지 유지되었다.7)

원에 의해 휘둘리던 군사의 운용은 공민왕이 즉위하면서 달라졌다. 반원의 기치를 내건 공민왕이 군사력 재건을 추진한 것은 어찌 보면 당연한 귀결이라 할 수 있다. 공민왕은 먼저 북쪽 지역인 양계(兩界; 지금의 평안도와 함경도)의 방어력을 높이기 위해 서경·안주·의주·이성·강계 등지에도 만호부(萬戶府)를 설치한 뒤, 이를 군익

---

6) 허선도, 《조선시대 화약병기사연구》(일지사, 1994), 9~10쪽.
7) 권영국, 〈고려후기 군사제도 연구〉(서울대 박사학위논문, 1995), 60쪽.

도(軍翼道)로 편성해 익군(翼軍) 체제를 만들었다. 1익(翼)은 1천 명을 단위로 구성된 조직으로, 천호(千戶)－백호(百戶)－통주(統主)의 지휘 계통을 두었다.

또 "백성은 있지만 군인은 없다"는 말처럼, 군병의 만성적인 부족을 해결하기 위해 징집제도와 군졸의 처우 조건을 개선하였다. 군병 중 사천(私賤)을 제외한 사대부나 향리에게는 관직을 부여하고, 관사의 노비는 속량(贖良)을 시키는 등 다양한 방책을 강구하였다. 또 죄수들을 군대에 편입시켜 용병화하는 방식으로 부족한 병력을 확보하였다.[8] 무기 소지도 군졸에게 국한하지 않고 모든 관리에게 확대해 활 1개, 화살 50개, 창[戈] 1개, 검 1개를 보유하게 하는 등 군사력을 강화하기 위한 근본적인 방안을 마련하였다.[9]

어느 정도 군사력에 자신감이 생긴 공민왕은 원을 상대로 군사 행동을 개시하였다. 개혁의 돌파구를 다시 마련한 1356년(공민왕 5) 7월에 고려군을 보내 압록강 건너 요양에 이르는 동팔참(東八站)을 점령하고, 동북면 화주(영흥) 지역의 쌍성총관부를 탈환하였다. 쌍성총관부는 1258년(고종 45)에 원이 차지한 이후로 무려 98년이 지나 되찾은 땅이었다. 흥미로운 사실은, 쌍성총관부를 탈환하기 바로 한 달 전인 6월에 공민왕이 원의 연호를 폐기했다는 점이다. 쌍성총관부를 점령한 공민왕은 여기에 만족하기 않고 마천령을 넘어 두만강 하류까지 개척해 고려의 영토로 만들었다.[10]

---

8) 송인주, 〈공민왕대 군제개혁의 실태와 그 한계〉, 《한국중세사연구》 5, 1998, 253~258쪽.

9) 《고려사》 권81, 병지35, 兵制 五軍 공민왕 1년 윤3월.

이처럼 1356년(공민왕 5) 이후 고려가 '병흥'(兵興)의 시대로 접어들면서 무장들도 정계에 등장하기 시작하였다. 그 첫 신호탄은 1356년 7월에 기철을 제거한 직후 시행한 인사이동으로서, 무장이 대거 포함되었다.

대표적으로 문하시랑평장사에 유탁(柳濯), 중서시랑평장사에 김용(金鏞), 참지정사에 인당(仁瑭), 동지추밀원사에 황상(黃裳)이 등용되었다. 4개월 뒤에는 염제신이 수문하시중이 되었다. 이들은 공민왕의 시위부대 출신이거나, 1354년에 조정군으로 원에 파견된 무장들이었다. 이들은 문신들이 혁파한 정방을 곧 어느 시점에 복구하여, 정방을 장악해 나가면서 권력의 핵심으로 다가갔다.[11)]

이어서 무장들의 도약을 도와주는 사건이 연이어 일어났다. 곧 홍건적의 침입(1359.12~1362.1), 흥왕사의 난(1363.윤3), 덕흥군의 침입(1364.1)이었다. 14세기 중엽에 공민왕은 반원정책을 추진하던 상황에서 홍건적의 침입을 맞게 되었다. 홍건적의 침입은 국지전이 아니었다. 3만여 명에 이르는 고려군이 희생되고, 홍건적도 18만 명의 병력을 잃었을 만큼 전면전 양상을 띠었다. 그래서 고려 정세에 큰 영향을 끼쳤다. 고려는 서북지방에서 개경까지 큰 피해를 입었고, 공

10) 김구진, 〈북방문제〉, 《한국사》 20(국사편찬위원회, 1994), 323~324쪽. 참고로, 공민왕대에 고려의 북방 영토는 강계와 길주까지 북상했다. 1391년에는 두 지역을 연결하기 위한 거점으로 여진이 웅거하던 갑주(甲州, 함남 갑산)에 만호부를 설치했다. 이로서 고려의 북쪽 영역은 압록강 하류에서 시작해 창성·위원을 거쳐 강계에 이르렀고, 다시 갑주·길주를 거쳐 동해안에 이르렀다.(안주섭·이부오·이영화, 《영토 한국사》, 소나무, 2006, 123쪽)

11) 김당택, 〈고려 공민왕 초의 무장세력 — 공민왕 3년(1354) 원에 파견된 무장을 중심으로〉, 《한국사연구》 93, 1996, 39~40, 47~48쪽.

민왕이 안동으로 파천하면서 개혁정치도 차질을 빚었다.

14세기 중엽, 고려에서 공민왕이 즉위할 무렵 중국 대륙의 정세는 크게 요동쳤다. 오랫동안 세계 제국을 형성하던 원이 몰락하고, 중국 대륙 각지에서 농민봉기가 일어났다. 홍건적 역시 원 말기에 하북성 일대에서 한족(漢族)을 주축으로 일어난 농민군으로 붉은 두건을 둘렀다 하여 '홍건적'(紅巾賊) 또는 '홍두적'(紅頭賊)이라 불리었다. 홍건적은 반원의 기치를 내걸고 세력을 확장해 나가다가 관군의 공격을 받아 그 가운데 한 무리가 요동으로 쫓기면서 고려 영토를 두 번이나 침략했던 것이다.

홍건적은 1359년(공민왕 8) 12월부터 1360년 2월까지 4만 병력으로 압록강을 넘어 고려를 침략해 1360년 2월에 70여 일 만에 철수했다. 두 번째 침략은 이듬해인 1361년 10월로, 20여 만이라는 대병력으로 고려를 침략했다가, 3개월 만인 1362년 1월에 한반도에서 물러갔다. 고려군은 한때 공민왕이 안동으로 파천했을 만큼 군사력이 열세였으나, 오랫동안 북방민족과 대처한 경험과 전략을 바탕으로 홍건적을 압록강 밖으로 몰아내는 데에 성공했다.

그런데 홍건적의 침입으로 고려에서는 두 사건이 더 발생하였다. 1363년(공민왕 12) 2월, 공민왕은 개경 탈환 이후에 복주(안동)에서 환도해 개경 부근의 흥왕사(興王寺)를 임시 처소로 삼아 머물렀다. 전란 중에 파손된 궁궐을 수리하기 위해서였다. 이곳에서 공민왕은 무장 김용(金鏞)에게 살해될 뻔하였다. 이른바 '흥왕사의 난'(1363.윤3.1)으로, 김용이 원 세력과 함께 공민왕을 시해하려 했으나, 최영과 우제(禹磾), 양백연(楊伯淵) 등에 의해 진압되었다.[12)]

이 반란에서 공민왕은 살아남았지만, 정치적으로 큰 타격을 입었다. 무엇보다도 외사촌형 홍언박(洪彦博)을 잃었다. 홍언박은 공민왕의 모후 명덕태후[德妃] 홍씨의 조카였다. 공민왕이 즉위하기 이전부터 가까이에 있었고, 공민왕이 반원정책을 단행할 때 중추적인 역할을 수행하였던 인물이다. 그리고 2차 홍건적의 침입이 있자 두 번째로 수상에 취임하여 난국을 헤쳐나간 공민왕 정권의 기둥이었다.[13]

이뿐만이 아니었다. 2차 홍건적의 침입을 격퇴하는 과정에서 정세운과 안우·김득배·이방실 등마저 김용의 음모에 의하여 살해되었다. 이로써 공민왕의 개혁을 이끌던 주도세력이 거의 사라지게 되었다.[14]

또 다른 사건은, 원 조정에서 고려 국왕인 공민왕을 폐위시킨 일이었다. 원은 고려가 홍건적과 대치하고 있던 1362년(공민왕 11) 10월 무렵에 공민왕을 폐위하는 조치를 단행하였다. 그리고 1364년 1월에

12) 흥왕사의 난에 대해서는 《고려사》와 《고려사절요》의 기록에 차이가 있다. 《고려사》에는 김용이 그의 무리 50여 명을 보내 공민왕을 시해하려 한 것으로 되어 있다. 이에 비해 《고려사절요》에는 김수·조련 등 50여 명이 공민왕 시해를 시도한 것으로 되어 있으며, 김용은 흥왕사 난을 진압한 공으로 흥왕공신(興王功臣)에 포함되었다. 또 김용이 제조로서 흥왕사 난을 일으킨 무리들을 국문하는 일을 담당했으나 한 사람도 심문하지 않아 밀성군(密城郡)에 귀양 간 것으로 기록되었다.(《고려사》 권40, 세가40, 공민왕3, 공민왕 12년 윤3월 신미, 을유; 《고려사절요》 권27, 공민왕2, 공민왕 12년 윤달 신미)

13) 민현구, 《고려정치사론—통일국가의 확립과 독립국가의 시련》(고려대학교출판부, 2006, 초판 2쇄), 318쪽. 민현구는 흥왕사 난을 원 조정이 공민왕을 거세하려는 공작으로 파악하였다.

14) 민현구, 〈신돈의 집권과 그 정치적 성격(상)〉, 《역사학보》 38, 1968, 54~60쪽.

충선왕의 서자인 덕흥군(德興君)을 고려 국왕으로 삼아 원의 군사 1만 명을 대동해 고려로 들어가게 하였다. 이 조치는 덕흥군을 내세운 원의 군사 침입이나 다름없었다. 이에 공민왕은 원의 침입군을 격퇴하고, 이 해 10월에 원으로부터 복위 통보를 받았다.15)

이상에서 검토하였듯이, 공민왕의 개혁정치는 두 차례에 걸친 홍건적의 침입, 흥왕사의 난, 덕흥군의 침입 등으로 지속적으로 진행되지 못하였다. 여기에다 홍건적의 침입과 흥왕사의 난을 거치며 공민왕의 세력 기반이 붕괴하자, 왕은 무장세력에 크게 의존하였다. 당시 교서에 "천하가 평안할 때에는 재상에 주목하고, 천하가 위태로운 때에는 장수에 주목한다"16)고 한 말도 이러한 사정을 잘 대변한다.

그 결과 무장 최영(崔瑩)과 오인택(吳仁澤)이 새롭게 성장했으며, 변안열과 이성계 등도 무장세력의 일원으로서 두각을 나타내기 시작하였다. 그러면 이때 무장세력으로서 부상한 인물은 누구였을까? 다음 절에서 이 문제를 자세히 살펴보기로 하겠다.

## 2.2. 공신 책봉과 변안열의 등장

1363년(공민왕 12) 윤3월에 공민왕은 대대적으로 공신 책봉을 실시하였다. 흥왕사의 난을 진압한 지 15일 만이었다. 공신 책봉은 여

15) 《고려사》 권40, 세가40, 공민왕 12년 5월 임진, 공민왕 13년 정월 경인; 《고려사》 권151, 열전44, 崔濡.

16) 《고려사절요》 권27, 공민왕 10년 12월.

섯 분야로 나누어져 실시되었으나, 크게 보면 흥왕사의 난을 진압한 공로와, 제2차 홍건적의 침입을 격퇴한 전공에 대한 보상이었다.

여섯 종류의 공신 칭호는 흥왕토적공(興王討賊功; 흥왕사난 평정), 부시피난공(扶侍避難功; 흥왕사난 때 왕을 모시고 피난한 공), 건의집병정난공(建議集兵定難功; 홍건적 침입 때 전략 마련), 신축호종공(辛丑扈從功; 2차 홍건적 침입 때 안동으로 파천하는 왕을 호종한 공), 첨병보좌공(簽兵輔佐功; 2차 홍건적 침입 때 군사를 모집한 공), 수복경성공(收復京城功; 2차 홍건적 침입 때 서울을 수복한 공)이었다.

〈표 1〉[17]에서 보듯이, 이때의 책봉으로 공신의 반열에 오른 사람은 모두 280명이었다. 공신에게 내린 상도 파격적이었다. 일등공신에게는 토지 100결과 노비 10구를 지급하고, 부모와 부인에게 봉작하고, 아들에게 7품 벼슬을 내리되 아들이 없으면 조카·생질·사위에게 8품직을 내리고 초입사(初入仕)를 허락하였다. 이등공신에게는 토지 50결과 노비 5명을 주었으며, 가족에게 내린 상은 일등공신과 거의 유사하였다.

공신 책봉을 한 지 8개월 정도 지난 1363년 11월에 공민왕은 다시 한 번 공신 책봉을 단행하였다. 이 시점은 원 조정에 의해 고려의 새 국왕으로 지목된 덕흥군이 원의 군사 1만을 이끌고 고려로 진격하기 직전이었다. 당시 공민왕은 경천흥을 서북면 도원수로, 안우경을 도지휘사로 삼아 덕흥군의 침입에 대비하였다.

17) 이 표는《고려사》권40, 세가40, 공민왕3, 공민왕 12년 윤3월 을유조를 근거로 작성했으며, 이형우,〈고려 공민왕대의 정치적 추이와 무장세력〉,《군사》39(국방군사연구소, 1999), 60~65쪽 〈표 2〉부터 〈표 10〉도 참조하였다.

표 1. 1363년(공민왕 12) 윤3월 공신책봉

| 공적 | | 성명 | 계 |
|---|---|---|---|
| 홍왕토적공 | 1등 | 이성서, 안우경. 최영, 우제, 한휘, 양백익, 오인택, 김한진, 김서, 유계조, 양백연, 김유, 김지서, 이춘영, 이분, 이용길 | 16 |
| | 2등 | 최용우, 이양, 권희, 이득림, 전보, 문천기, 박량길, 이송, 공첩목아(孔帖木兒), 조신좌, 최담, 김안수 | 12 |
| 부시피난공 | 1등 | 유숙, 성사달, 김달상, 박춘, 김현, 이강달 | 6 |
| | 2등 | 유실, 최충보, 김문현, 김만 | 4 |
| 건의집병 정난공신 | 1등 | 유탁 | 1 |
| 신축호종공 | 1등 | 홍언박, 정세운, 이암, 김일봉, 홍원철, 경천흥, 황상, 유숙, 정송수, 박유문, 목인길, 허유, 김한진, 송인적, 홍언유, 성사달, 장득안, 차안도, 원송수, 이색, 김달상, 홍사우, 박원택, 김계, 허서, 이량, 이춘영, 황대, 이난수, 이천휘, 서준, 현지묘, 김생려. 정지신, 김용려, 이현, 이성림, 마천린, 이화, 김광, 유백, 양빈, 윤송, 김군정, 조신좌, 남대강, 김원세, 이방영, 현신우, 김천좌, 김양수, 박영우, 이을경, 우연, 김인우, 이광우, 손렴, 손원, 유신, 박자, 신지선, 장성길, 최백안, 김승덕, 김룡, 최공, 박석련, 김현, 신소봉, 김수만, 이강달, 윤충좌, 윤상 | 73 |
| | 2등 | 유연, 홍사범, 박원경, 김속명, 김원명, 김충신, 장천지, 장백안, 경보, 홍심, 송호, 김한룡, 김돈민, 박대양, 김아적, 박보안, 나광만, 김입견,김광을(삼사우윤), 김광을(군기감), 김휘, 전녹생, 권주, 유실, 김세덕, 박린, 조군옥, 김홍조, 정세문, 김사혁, 강복룡, 봉인보, 배길, 이봉우, 설송, 우현, 박사신, 홍사원, 송충, 김귀만, 박수영, 김고도불화(金古都不花), 김천로, 오수, 이존경, 조성, 박백안, 이석축사(李石丑斯),[21] 임우, 나원, 이천, 장룡, 유덕 | 53 |

| | | | |
|---|---|---|---|
| 첨병보좌공 | 1등 | 유탁, 이성서, 이춘부, 이구수, 전이도, 임견미 | 6 |
| | 2등 | 윤해, 목충, 유충 | 3 |
| 수복경성공 | 1등 | 황상, 한방신, 안우경, 이순, 최영, 이구수, 우제, 유연, 한휘, 허유, 양백익, 이인임, 오인택, 김귀, 홍선, 조희고, 김한진, 김원명, 김한귀, 김득재, 김횡, 권장수, 변안열, 이성계, 유계조, 박춘, 홍사우, 지용수, 박원택, 경보, 김지서, 임견미, 나광만, 조사민, 목충, 이원림, 김양검, 김아적, 노철, 전보, 김세견, 강영, 장룡, 오육화, 유부, 조금강,김세덕, 박양길, 하지지, 박인계, 박윤청, 김현, 방절 | 53 |
| | 2등 | 송경, 김광조, 윤척, 우길생, 장백안, 염홍방, 송양우, 최안소, 이방, 민후, 전이도, 전유, 이선, 정문우, 임완, 석말천영(石抹天英),[22] 신렴, 이용장, 이득림, 이화, 마천린, 김광부, 허서, 변광수, 김광우, 김계생, 이광대, 김언룡, 최영기, 이원계, 한방언, 김장주, 조인벽, 김윤정, 강원보, 유구, 최중청, 신지혁, 윤선, 장하, 박인천, 한중명, 조군옥, 김사혁, 이방년, 홍구좌, 하원, 김수, 정거길, 이자수, 조평, 이자분, 도천우 | 53 |

그리고 그 시점에서 제1차 홍건적의 침입을 막아낸 공으로 기해격주홍적공(己亥擊走紅賊功; 1359년 1차 홍건적의 침입을 격퇴한 공)과 첨병제사공(簽兵濟師功; 군사 모집 공로)에 대한 공신 책봉을 실시한 것이었다. 〈표 2〉[18]에서 보듯이 공신으로 책봉된 사람은 69명이며, 상은 앞서 공신들에게 내린 상과 같았다.

18) 이 표는 《고려사》 권40, 세가40, 공민왕3, 공민왕12년 11월 임신조를 근거로 작성했으며, 이형우, 앞의 글, 60~65쪽 〈표2〉부터 〈표10〉을 참조하였다.

표 2. 1363년(공민왕 12) 11월 공신책봉

| 공적 | | 성명 | 계 |
|---|---|---|---|
| 기해격주홍적공 | 1등 | 경천흥, 송경, 안우경, 이성서, 이순, 우제, 목인길, 유방계, 김광조, 지용수, 조돈, 허자린, 신구, 유계조, 김선치, 최준, 이선, 김두달, 조린, 장신보, 황보림, 노철, 김손, 왕백 | 24 |
| | 2등 | 한휘, 변안열, 조희고, 김란, 김한진, 박원, 나세, 이수, 장필례, 최공철, 목충, 강영, 김양검, 이원계, 김천년, 왕복명, 김체, 김진, 김장주, 왕보문, 김광부, 방천봉, 박수경, 왕안덕, 공인귀, 송희왕, 고여의, 장지보, 장보지, 윤유린, 김어거, 오한신, 이익, 유지철, 한중보, 고세, 원기, 김우로불화(金亐魯不花), 이귀영, 김현, 방절 | 41 |
| 첨병제사공 | 1등 | 없음 | · |
| | 2등 | 이인임, 이금강, 임희재, 조민수 | 4 |

요컨대, 공민왕이 1363년 한 해 동안 두 번에 걸쳐 책봉한 공신의 수는 무려 349명이었다. 대규모 공신 책봉이라 할 만하다. 그런데 349명 가운데 두 종류의 공신칭호를 받은 사람이 55명, 세 종류를 받은 사람이 7명, 네 종류를 받은 사람이 2명이므로, 중복 인원을 빼면 실제 인원은 285명이다.[19]

19) 이형우는 공신 칭호 두 개를 받은 사람을 61명, 세 개 받은 사람을 8명, 네 개 받은 사람을 2명으로 파악하였다. 그리고 이석·축사와 석말·천영을 총 4명으로 계산하여 실인원을 280명으로 보았다. 민현구도 실인원을 280명으로 파악했으며, 이익주는 275명으로 파악하였다.[이형우, 앞의 글, 32쪽; 민현구, 앞의 글(1968), 64쪽; 이익주, 〈공민왕대 개혁의 추이와 신흥유신의 성장〉, 《역사와 현실》 15, 1995, 48쪽]

여기서 285명이 문신인지 무신인지 가려내는 작업은 쉽지 않다. 기왕의 연구에서는 대부분 무장으로 추측하거나 문신은 12명에 불과하다고 파악하였다.[20] 이 점으로 미루어볼 때 1363년의 공신 책봉은 무장들을 위한 공신책봉이라 해도 지나친 말이 아닐 것이다.

〈표 1〉과 〈표 2〉에서 변안열은 홍건적을 격퇴한 공으로 수복경성공신 1등과 기해격주홍적공신 2등의 작호를 받았다. 그런데 일등공신이 된 배경은 제2차 홍건적의 침입 때 개경을 회복한 공이었다. 그러므로 변안열이 제2차 홍건적의 침입 때 더 큰 공을 세웠음을 짐작할 수 있다.

변안열이 일등공신 칭호를 받을 때의 직함은 판내부시사(判內府寺事; 정3품)였다. 이후 이등공신을 받을 당시의 직함은 첨의평리(僉議評理; 종2품)로서 재추(宰樞)의 일원이었다. 따라서 변안열은 1363년 11월에 두 번째 공신 작호를 받을 때 이미 조정에서 꽤 높은 자리에 있으면서 국정에 참여하였음을 알 수 있다.

변안열이 조정에서 차지한 위상과 지위는 1365년(공민왕 14) 3월에 실시한 인사 조치를 보면 더 분명하다.[23] 이 인사 조치는 신돈이 정치 일선에 등장하기 약 2개월 전으로, 변안열이 전공을 바탕으로 두각을 나타내고 있음을 잘 보여준다. 모두 38명을 임명했는데, 이

20) 이형우, 앞의 글, 33쪽 ; 이익주, 위의 글, 48쪽.

21) '이석축사'의 경우 한 사람인지, '이석'과 '축사'로 두 사람인지 정확하지 않다. 여기서는 한 사람으로 파악하였다.

22) '석말천영'이 한 사람인지, '석말'과 '천영'으로 두 사람인지 정확하지 않다. 여기서는 한 사람으로 파악하였다.

23) 《고려사》 권41, 세가41, 공민왕4, 공민왕 14년 3월 경진.

글의 논의와 관련하여 재부(宰府)와 추부(樞府)에 해당하는 30명의 인사 조치를 보면 〈표 3〉[24]과 같다.

표 3. 1365년(공민왕 14) 3월 인사 조치

| 재부(宰府) | 추부(樞府) |
|---|---|
| 도첨의시중 : 유탁 | 판밀직사사 : 박춘 |
| 수시중 : 경천흥 | 밀직사 : 지용수, 송인적 |
| 찬성사 : 이인복, 송경, 안우경, 최영, 이구수 | 지밀직사사 : 유연, 양백연 |
| 첨의평리 : 우제, 한휘, 김귀, 이금강, 양백익 | 동지밀직사사 : 왕중귀, 김원명, 조희고 |
| 정당문학 : 원송수 | 밀직부사 : 변안열, 한공의, 이자송, 김유, 염지범, 홍사범 |
| 지도첨의 : 홍순을 | 첨서밀지사사: 이색 |
| | 밀직제학 : 최맹손 |

당시 변안열은 밀직부사로서 정3품에 해당하는 벼슬에 임명되었다. 재추에 오른 사람들의 면면을 자세히 검토해보면, 변안열을 비롯하여 유탁, 경천흥, 송경, 안우경, 최영, 이구수, 우제, 한휘, 김귀, 이금강, 양백익, 원송수, 박춘, 지용수, 송인적, 유연, 양백연, 김원명, 조희고, 김유, 홍사범, 이색 등 23명이 1363년에 공신 작호를 받은 사람들이다. 이들 가운데 원송수와 이색을 제외하고 모두 무장이다. 따라서 변안열을 비롯한 무장들은 공민왕대의 전란을 평정하고 반란을 진압하면서 괄목할 만한 성장을 이루었다고 평가할 수 있다.

《고려사》에는 당시 변안열에 대해 "어느 날 재추들이 교외에 모

---

24) 〈표 4〉는 《고려사》 권41, 세가41, 공민왕4, 공민왕 14년 3월 경진조를 근거로 하여 작성하였다.

여서 연회를 할 때, 변안열은 임견미·염흥방 등과 더불어 박희(搏戲)로 승부를 다투었다"[25]고 기록되어 있다. 곧 변안열이 임견미·염흥방 등 당대 실력자들과 함께 어울렸음을 보여준다.

하지만 무장들의 좋은 시절은 그리 오래가지 못한 채 큰 제동이 걸렸다. 1365년 5월에 신돈이 집권하면서 기존의 정치세력 판도를 크게 뒤흔들었기 때문이다. 신돈은 공민왕의 전폭적인 지원 속에서 대대적인 숙청을 시작하였다.

먼저 숙청 명단에 오른 사람은 무장들로서, 첫 번째 대상이 최영이었다. 최영은 계림윤(鷄林尹)으로 좌천되었다. 다음으로 이구수(李龜壽), 양백익(梁伯益), 석문성(石文成), 박춘(朴椿) 등 무장들이 유배되었다. 결과적으로 1365년 3월의 인사 대상 가운데 15명이 확실히 제거되었고, 재신의 경우 14명 가운데 9명이 제거되었다.[26]

이구수는 최영과 함께 무장세력의 핵심 인물로 첨병보좌공신 1등이었다. 김귀는 변안열과 함께 수복경성공신 1등이며, 박춘은 부시피난공신 1등 및 수복경성공신 1등 등 공신호를 두 개나 동시에 받은 인물이다.

변안열은 다행히 숙청 대상에서 제외되었다. 하지만 신돈이 집권하는 동안에는 행적이 그다지 두드러지지 않는다. 관련 자료에서 변안열에 대한 인사 조치나 처벌 기록이 나오지 않아, 아마도 밀직부사를 유임했을 것으로 추정되나[27] 자세하지 않다.

---

25) 《고려사》 권126, 열전39, 변안열.

26) 민현구, 앞의 글(1968), 74쪽.

27) 위의 글, 77쪽. 〈표 7〉.

변안열이 다시 활발하게 활동하는 모습이 포착되는 시점은 신돈이 실각한 이후이다. 1371년(공민왕 20)에 신돈이 몰락하자 그동안 조정에서 쫓겨나 있던 경천흥 · 안우상 · 이순 · 윤승순이 유배에서 풀려났다. 그리고 황상 · 안우경 · 최영이 문하찬성사로, 이순이 삼사좌사가 되어 고위관직으로 복귀하였다.[28] 그러므로 변안열의 활동 재개는 무장들의 정계 복귀와 연관이 깊어 보인다.

변안열은 1373년(공민왕 22) 8월에 새로 창설한 의용좌·우군(義勇左右軍) 가운데 우군의 책임자로 임명되었다.[29] 무엇보다도 1374년 7월에 탐라[제주]의 목호(牧胡; 元 牧子)를 토벌하기 위해 구성된 군사조직에서 변안열의 입지를 확인할 수 있다.(표 4 참조)[30] 당시 명 태조가 제주의 말 2천 필을 요구했으나, 합적(哈赤), 석질리(石迭里) 등 목호들이 300필만 보내고 거부하자, 공민왕이 전함 314척, 사졸 2만 5600명을 동원해 제주를 공격한 것이었다.

탐라의 목호를 토벌하기 위해 조직한 군대의 지휘관은 9명이었다. 양광전라경상도도통사 최영, 도병마사 염흥방, 양광도상원수 이희필, 양광도부원수 변안열, 전라도상원수 목인길, 전라도부원수 임견미, 경상도상원수 지연, 경상도부원수 나세, 삼도조전원수 겸 서해교주도도순문사 김유(金庾)였다.

흥미롭게도 지휘관 9명 가운데 이희필과 지연을 제외한 최영, 염

28) 《고려사》 권43, 세가43, 공민왕6, 공민왕 20년 5월 경신, 8월 을사.
29) 《고려사》 권44, 세가44, 공민왕7, 공민왕 22년 8월 병자.
30) 《고려사》 권44, 세가44, 공민왕7, 공민왕 23년 7월 무자; 《고려사》 권113, 열전26, 崔瑩.

홍방, 변안열, 목인길, 임견미, 나세, 김유 등 무려 7명이 앞서 1363년(공민왕 12)에 공신으로 책봉된 인물이다. 최영은 흥왕토적공신 1등 및 수복경성공신 1등, 염흥방은 수복경성공신 2등, 변안열은 수복경성공신 1등 및 기해격주홍적공신 2등, 목인길은 신축호종공신 1등 및 기해격주홍적공신 1등, 임견미는 첨병보좌공신 1등 및 수복경성공신 1등, 나세는 기해격주홍적공신 2등, 김유는 흥왕토적공신 1등이다.

이상으로 보듯이, 변안열은 공민왕대에 두 번의 홍건적 침입을 막아낸 공으로 두 차례에 걸쳐 공신으로 책봉되면서 무장세력으로 성장하였다. 변안열이 등장하던 때는 최영, 염흥방, 목인길, 이구수, 경천흥, 이성계 등도 함께 부상하던 시기로서, 무장들은 공민왕대의 전란과 반란의 와중에서 군사활동을 통해 성장할 수 있었다.

무장들은 신돈이 집권하면서 조정에서 밀려나 주춤거렸다. 변안열 역시 숙청 대상에서는 제외된 듯하나, 이렇다 할 행적이 없어 다른 무장들과 비슷한 처지였다고 짐작된다. 그러다가 신돈의 몰락과 동시에 최영과 함께 군 지휘관으로 다시 나서고 있다. 이 점은 변안열이 다른 무장들과 연계해 활동했으며, 정계 복귀도 다른 무장들의 정계 복귀와 깊은 연관이 있음을 잘 보여준다.

## 3. 우왕대 변안열의 정치적 성장

### 3.1. 재추宰樞의 구성원

1374년 9월에 우왕은 이인임 등의 추대를 받아 10세의 나이로 즉위하였다. 우왕은 명과 만주의 동태를 예의주시하면서 원과 명 사이에서 중립외교를 펼쳤다.[31] 우왕 즉위 이후 정국은 우왕의 즉위에 결정적으로 영향력을 행사한 이인임이 최영·경복흥 등 무장들의 협력을 얻어 이끌어가는 형태였다.

그 결과 우왕 초기에 군권을 장악한 인물은 최영이었다. 최영은 두 차례에 걸쳐 홍건적의 침입을 막아냈으며, 덕흥군의 침략 및 흥왕사의 난을 진압하면서 무장으로서 실권자의 위치에 올랐다.

이뿐만이 아니었다. 최영은 공민왕대 이후로 지방의 육군 및 수군 병력의 증강을 주도했으며, 1374년(공민왕 23) 양광전라경상도도통사, 1377년(우왕 3) 육도도통사, 1390년(우왕 6) 해도도통사를 겸임하여 사실상 지방군의 총사령관직을 맡고 있었다.[32]

그렇다면 이 시기에 변안열은 어떤 상태였을까? 현재 학계에서는 우왕대의 무장세력을 크게 다섯 개의 범주로 이해하고 있다. 곧, 최영 등 권문세족 출신, 권문세족은 아니나 어느 정도 관원을 배출한 집안 출신, 이성계 등 변방 토호 출신, 왕안덕 등 세계(世系)를 알 수

31) 박용운, 《(수정증보판) 고려시대사》(일지사, 2011, 4쇄), 711~715쪽.
32) 오종록, 앞의 글, 99쪽. 주 38.

없는 출신, 나세와 변안열 등 원에서 귀화한 출신으로 구분한다.

변안열이 탐라[제주]의 목호를 토벌하고 개경으로 돌아온 시기는 공민왕이 시해되고 우왕이 이미 즉위한 1374년 10월이었다.[33] 변안열은 탐라 목호를 토벌한 공으로 지문하부사(知門下府事; 종2품)가 되었다가 문하평리(門下評理; 종2품)로 옮겼다.[34]

이후 변안열이 역임한 관직을 살펴보면, 재추로서 최고 합좌(合坐)기구인 도당(都堂; 도평의사사)에 줄곧 참여하였다. 곧 권력의 핵심에 들어간 상태였다. 〈표 4〉와 〈표 5〉는 변안열의 관력을 정리한 것이다.

변안열은 1363년(공민왕 12) 첨의평리에 오르면서 재추의 반열에 들어섰다. 첨의평리는 밀직사에 속한 종2품직으로, 변안열이 국정을 관장하는 재신(宰臣)이 되었음을 의미한다. 우왕대에는 더 승진하여 문하평리 및 찬성사를 역임하였다. 문하평리나 찬성사는 문하부의 종2품 벼슬로서, 재추 중에서도 상층부에 위치한 자리였다.

우왕대에 변안열의 위상을 더 자세히 알아보기 위해 1375년(우왕 1)부터 1338년(우왕 14)까지 재추들의 명단 일부를 〈표 6〉에서 소개하였다.[35] 우왕 전반기 3품 이상의 고위관료들을 살펴보면, 이인임을

---

33) 《고려사》 권113, 열전26, 최영. 이 기사에 "10월에 최영이 여러 장군과 함께 돌아오니 왕이 이미 죽었으므로 최영은 시체 앞에서 보고하고 목이 메어 통곡하였다"고 하므로 변안열도 이때 함께 돌아왔다고 판단하였다.

34) 《고려사》 권126, 열전39, 변안열.

35) 이 표는 홍영의, 앞의 책, 192쪽 〈표 10〉에서 영(판)문하부사부터 정당문학까지 인용한 것이다. 강지언, 〈고려 우왕대(1374-88년) 정치세력의 연구〉, 이화여자대학교 박사학위논문, 1996, 23쪽 〈표 3〉과 55쪽 〈표 5〉도 참고하였다.

표 4. 변안열의 관력① — 《고려사》 열전

| 왕대 | 내용 |
|---|---|
| 공민왕 | 판소부감사(判小府監事)<br>예의판서(禮儀判書)<br>추성보조공신(推誠輔祚功臣)<br>지밀직사사(知密直司事) |
| 우왕 | 지문하부사(知門下府事)<br>평리(評理)<br>추충양절선위익찬공신(推忠亮節宣威翊贊功臣)<br>문하찬성사(門下贊成事)<br>원천부원군(原川府院君)<br>판삼사사(判三司事) |
| 공양왕 | 영삼사사(領三司事) |

표 5. 변안열의 관력② — 《고려사》 세가, 《고려사절요》

| 시기 | | 관직 | 군지휘관 |
|---|---|---|---|
| 공민왕 | 12년 | 판내부시사<br>첨의평리 | |
| | 13년 | 밀직부사 | |
| | 14년 | 밀직부사 | |
| | 22년 | 밀직사 | 의용우군 통솔 |
| | 23년 | 판밀직사사 | 탐라정벌 때 양광도 부원수 |
| 우왕 | 원년 | 문하평리 | 동북면 부원수 |
| | 2년 | | 양광전라도도지휘사 겸 조전원수(助戰元帥) |
| | 3년 | 문하평리 | 서강 부원수 |
| | 6년 | 찬성사 | 양광전라경상도체찰사 |
| | 8년 | | 원수 |
| 공양왕 | 원년 | 영삼사사 | |

표 6. 우왕 1년~우왕 14년 재신(宰臣) 명단(영문하부사~정당문학)

| 구분 | | 1년 | 2년 | 3년 | 4년 | 5년 | 6년 |
|---|---|---|---|---|---|---|---|
| 1 | 영문하부사 | | | 윤환 | | | |
| 2 | 시중 | 이인임 | 이인임 | 경복흥<br>지연 | 경복흥 | 경복흥 | 경복흥<br>윤환 |
| 3 | 수시중 | | | 이인임 | | 이인임 | |
| 4 | 판삼사사 | 최영 | 최영 | 최영 | 최영 | 최영 | 최영 |
| 5 | 찬성사 | 목인길<br>지연<br>황상<br>배순룡<br>안사기 | 목인길<br>지연 | 목인길<br>홍중선<br>양백연<br>이성계 | 목인길<br>양백연 | 홍중선<br>목인길<br>홍영통<br>양백연 | 홍영통<br>권중화<br>변안열 |
| 6 | 찬성사상의 | | 유연 | 양백익 | | 양백익 | |
| 7 | 삼사좌사 | 이희필 | 이희필 | 이희필<br>이자송 | | 권중화 | 조인벽 |
| 8 | 삼사우사 | 김속명 | 김속명 | 최공철<br>이득제 | | | 석문성 |
| 9 | 문하평리 | 변안열<br>유연 | 변안열<br>조민수<br>임견미<br>홍순 | 변안열<br>조민수<br>임견미 | 한방언<br>박보로 | 이무방<br>조민수<br>이득분<br>김유 | 박보로<br>설사덕 |
| 10 | 평리상의 | 양백연 | | 왕복명<br>이자송 | 최공철 | 한방언 | |
| 11 | 정당문학 | 이무방 | 홍준선 | 권중화 | 권중화 | 허완 | |

| 7년 | 8년 | 9년 | 10년 | 11년 | 12년 | 13년 | 14년 |
|---|---|---|---|---|---|---|---|
| | 이인임 | 최영 | 이인임<br>최영<br>홍영통 | 조민수<br>최영 | 최영 | | 홍영통 |
| 이인임 | 홍영통 | 조민수 | 조민수<br>최영 | 임견미 | 이인임 | 반익순 | 최영 |
| 최영 | 이자송 | 이자송<br>임견미 | 임견미<br>이성림 | 이성림 | 이성림 | 이성림<br>반복해 | 이성림<br>이성계<br>조민수 |
| | 최영<br>이색 | 이색 | 이성림<br>이성서 | 이인임<br>이성계 | 최영 | | 임견미<br>이색 |
| 황상 | 김유<br>이성계 | 우인열<br>김유<br>조인벽<br>권중화<br>우현보<br>김용휘 | 심덕부<br>영흥방<br>변안열<br>우인열 | 심덕부<br>조인벽<br>장자온<br>우현보<br>우인열<br>김용휘 | | 장자온<br>반복해 | 도길부<br>반복해<br>김용휘<br>안종원<br>왕복해<br>윤진 |
| | | 김실 | 김실 | | | | |
| | | 염흥방 | | 염흥방 | 염흥방 | | 염흥방 |
| | | 김속명<br>임성미 | | | 김속명 | | 이존성 |
| 김유<br>나세<br>유수 | 한방언<br>홍상재<br>성원규 | 도길부<br>한 장<br>지용기<br>문달한<br>홍상재 | 도길부<br>문달한 | 윤호<br>반익순 | 안익<br>김주<br>이원굉 | 반익순<br>설장수<br>이구 | 문달한<br>손광미<br>안소 |
| 심덕부<br>이위 | | | | | | 우인열 | |
| | | | 정몽주 | 이인민 | 정몽주 | 장방평 | 곽추<br>성석린 |

비롯해 경복흥, 최영, 목인길, 이희필, 지연, 양백연, 양백인, 변안열, 조민수, 왕안덕, 임견미, 도길부, 윤환, 홍영통, 홍중선, 이림, 권중화, 이성림 등이다.

이들 가운데 무장은 최영, 목인길, 지연, 양백연, 양백익, 왕안덕, 변안열, 임견미, 도길부이다. 이들은 공민왕대의 불안정한 정세 속에서 군사활동을 통해 정치적 성장을 일구어냈다는 공통점을 가지고 있다.[36)]

이에 비해 우왕 후반기인 우왕 8년 이후로 3품 이상의 고위관료를 보면, 임견미를 비롯해 염흥방, 염정수, 도길부, 이성림, 이존성, 우현보, 우인열, 홍징, 반복해, 최영, 심덕부, 정지, 문달한 등이 권력 상층부에 위치한다.

이들 가운데 무장은 최영, 심덕부, 우인열, 정지, 도길부 등에 불과하다. 전반기에 비해 무장의 인적 구성에 변화가 있으며 인원도 감소했음을 알 수 있다. 이러한 부침은 변안열에서 더 두드러지게 나타난다.

〈표 6〉을 보면 변안열은 1375년(우왕 1)과 1377년(우왕 3)까지 문하평리를 역임하다가 1380년(우왕 6)과 1384년(우왕 10)에 찬성사를 지냈다. 하지만 1385년(우왕 11) 이후부터 변안열을 재신의 명단에서 찾아보기 어렵다. 그러면 이는 무엇을 의미하는 것일까? 이 문제를 짚어보기 위해 다음의 기사를 눈여겨볼 필요가 있다.

---

36) 강지언, 위의 글, 23쪽.

왜적이 단양군에 침입하니 변안열이 한방언 등과 함께 이를 격파하고 적 80여 명을 죽이고 말 2백여 필을 노획했다. 또 한방언 등과 함께 안동에서 왜적을 공격하여 30여 명을 죽이고 말 60필을 노획했다. 원천부원군이 되고 이어 판삼사사로 임명되었다.[37]

이 기사를 분석하기 위해, 먼저 고려 말 왜구에 대해 간략하게 짚고 넘어갈 필요가 있다. 왜구는 1223년(고종 10)부터 한반도 해안에 나타나기 시작해 고려가 멸망할 때까지 지속적으로 출몰하였다. 왜구가 대규모로 변한 시점은 1350년(충정왕 2) 이후로 보인다. 1223년에서 1349년까지 왜구 침입은 12회에 그쳤으나, 1350년부터 고려가 망하는 42년 동안에 506회가 침입하고 있어 1350년 이후 왜구 침입이 격화되었음을 알 수 있다.[38]

특히 공민왕대 이후로 왜구의 침입은 더 대규모화되면서 개경 근처까지 올라올 정도로 대범해졌다. 이 때문에 명 조정마저 긴장하여 고려에게 왜구 토벌을 위한 대책 마련을 촉구할 정도였다.[39] 우왕 연간에는 더욱 악화되어 연평균 27회나 왜구가 침입했고, 1383년(우왕 9) 한 해에만 50여 회나 침입하였다.[40]

앞에 소개한 기사에서 변안열이 단양과 안동에서 왜적을 쳐서 그 공으로 원천부원군이 되고 이어 판삼사사에 임명되었음을 보았다.

---

37) 《고려사》 권126, 열전39, 변안열.

38) 나종우, 〈고려말기의 여 · 일관계〉, 《전북사학》 4, 1980, 62~64쪽.

39) 박한남, 〈공민왕대 왜구침입과 우현보(禹玄寶)의 '상공민왕소'(上恭愍王疏)〉, 《군사》 34(국방군사연구소, 1997), 57쪽.

40) 나종우, 〈홍건적과 왜구〉, 《한국사》 20(국사편찬위원회, 1994), 395~396쪽.

표 7. 변안열이 참여한 왜구 토벌

| 시기 | | | 내용 | 전거 |
|---|---|---|---|---|
| 공민왕 | 13년 | 6월 | 책량에 침입한 왜구 토벌 | 고.세가.공민왕 13.6.경자 |
| 우왕 | 2년 | 9월 | 임피 왜적(양광전라도도지휘사 겸 조전원수) | 절요.우왕2.9 |
| | 3년 | 3월 | 책량 및 강화 왜구 토벌 | 고.세가.우왕3.3. |
| | | 4월 | 서강 침입 왜구 토벌 | 고.세가.우왕3.4 |
| | | 8월 | 신주, 문화, 안악, 봉주 등에 침공한 왜구 토벌(조전원수) | 고.세가.우왕3.8 |
| | | 9월 | 영광, 장사(長沙), 모평(牟平), 함풍(咸豊) 등지와 해주, 평주에 침공한 왜구 토벌 | 고.세가.우왕3.9 |
| | 6년 | 8월 | 하삼도 왜구 토벌(都體察使) | 절요.우왕6.8 |
| | | 9월 | 황산대첩 | 절요.우왕6.9 |
| | 8년 | 4월 | 단양에 침입한 왜구 토벌(원수) | 고.세가.우왕8.4 |
| | 8년 | 5월 | 안동의 왜구 토벌 | 절요.우왕8.5 |

* 고:《고려사》, 절요: 《고려사절요》

〈표 7〉은 변안열이 참전한 왜구 토벌을 정리한 것이다. 변안열이 단양에 침입한 왜구를 토벌한 해는 1382년(우왕 8) 4월이며, 안동에 침입한 왜구를 토벌한 해 역시 1382년 5월이었다.

이 점으로 유추해볼 때 변안열이 원천부원군이 되고 판삼사사로 임명된 해는 1382년이 아닐까 추측된다. 앞의 〈표 6〉에는 없으나, 변안열은 우왕 8년에 판삼사사로서 재추에 참여했고, 우왕 10년에 다시 찬성사가 되었다고 볼 수 있다. 그리고 변안열이 승승장구할 수 있던 것은 〈표 7〉에 나타나 있듯이, 왜구 토벌이라는 군사활동과 밀접한 관련이 있다고 판단된다.

하지만 〈표 4〉에서 〈표 6〉까지를 종합하건대, 변안열은 판삼사사 및 우왕 10년 찬성사 이후로 더 이상 재추를 역임한 기록이 없다. 이 점은 변안열이 권력의 핵심에서 비켜나 있었다는 사실을 알려준다. 여기에는 두 가지 가능성을 생각해 볼 수 있다.

하나는 변안열이 권력의 핵심에서 멀어진 경우, 다른 하나는 변안열이 왜구 격퇴를 위해 군 지휘관으로 활약하면서 중앙 정계에서 활동하지 못했음을 예상할 수 있다. 필자의 생각으로는 변안열이 군 지휘관으로 활약하던 우왕 2년, 우왕 3년, 우왕 6년에도 재신으로 있었다는 사실을 고려할 때, 전자의 가능성이 높아 보인다.

이상으로 공민왕대와 우왕대에 걸쳐서 변안열의 정치적 위상을 검토하였다. 변안열은 공민왕 말년에 정계에 복귀한 뒤 군사활동을 바탕으로 조정에서 정치적 지위를 확보하였다. 우왕이 즉위한 해에 탐라 목호를 토벌한 공으로 문하평리에 임명된 이후 줄곧 문하평리 및 찬성사, 판삼사사 등을 역임하면서, 재신으로서 권력의 핵심에 있었다.

이런 추세는 1384년(우왕 10) 이후로 내리막을 맞게 된다. 변안열은 더 이상 재추의 명단에 오르지 못하며, 공교롭게도 이 시기에 변안열의 군사활동도 저조해졌다. 이 점은 변안열의 정치적 위상이 군사활동과 밀접한 연관을 맺으면서 진행되었다는 것을 보여준다.

### 3.2. 정방政房의 참여

변안열의 정치적 위상을 더 자세히 알아보기 위해 한 가지 더 주목할 사안이 있다. 바로 변안열이 정방(政房)의 제조(提調)를 역임했다는 사실이다.

정방은 최우(최이)의 인사기구로서, 1225년(고종 12)에 공식기구로 발족하였다. 무신정권이 몰락한 뒤에도 남아 있으면서 지인방(知印房) 또는 차자방(箚子房)으로 불렸으며, 창왕 때에는 상서사(尙瑞司)로 재편되면서 정치적으로 중요한 역할을 수행하였다.[41]

정방은 인사권을 장악할 수 있는 기구이므로 권력의 대립이 생길 때마다 존폐를 거듭하였다. 이런 가운데 정방의 인사권을 국왕이 장악하거나 재추들이 장악하였다. 그리고 정방에 제조제가 도입되면서 제조를 맡은 재상의 권한이 대폭 강화되었다. 정방에 제조제가 도입된 시기는 충목왕 원년이었다. 제조제가 도입되면서 정방은 소규모의 재추가 모이는 기구로 변하였다.

그 뒤 1357년(공민왕 6) 정방이 혁파되었다가 1363년(공민왕 12)에 다시 나타나면서 재상들의 인사회의 기구로 정착되었다. 그러다가 우왕대에 권신이 발생하면서 이들이 정방의 제조를 독점하였고, 자연스럽게 인사권을 장악하였다. 다시 말하자면, 정방의 제조를 역임했다는 것은 곧 실세이자 권력자임을 나타낸다고 할 수 있다.

그런데 공민왕과 우왕대에 정방 제조는 세족뿐만 아니라 비세족

41) 박용운, 앞의 책, 499~502쪽.

출신과 비과거(科擧) 출신도 다수 차지하였다. 이는 잦은 전쟁으로 인해 무장들이 성장한 상황을 잘 반영한다.[42)]

예컨대, 공민왕 초기에는 홍빈·홍언박 등의 친왕세력, 그리고 홍건적의 침략과 흥왕사의 변을 거치면서 군공을 세워 성장한 최영·오이택 등의 무장들, 신돈에 의해 무장들이 제거된 이후에는 이춘부·이색 등, 신돈 정권 붕괴 후에는 복귀한 무장 경복흥 등이 정방 제조로 활동하였다.

우왕대에 정방 제조를 역임한 무장으로는 경복흥, 유탁, 최영, 이인임, 임견미, 변안열, 양백연, 오인택, 이춘부, 조민수, 이성계 등을 꼽을 수 있다. 곧 우왕의 추대세력이 무장들과 함께 정권을 장악하고, 정방 제조를 겸하면서 인사권을 장악했다고 할 수 있다. 우왕의 집권 후반에는 임견미를 중심으로 한 세력이 인사권을 장악하였다.[43)]

변안열이 정방의 제조를 역임한 시기는 분명하지 않다. 《고려사》의 변안열 열전에는 변안열이 1380년(우왕 6) 9월 남원의 황산대첩에서 승리한 내용 다음에 아래와 같은 기사가 나온다.

> 변안열이 임견미·이인임과 함께 정방의 제조(提調)를 하면서 서로 감싸 주었으며, 공장(工匠)이나 재산이 있는 사람이면 반드시 먼저 임용하였다.[44)]

---

42) 김창현, 《고려후기 정방 연구》(고려대학교 민족문화연구원, 1998), 344~345쪽.
43) 위의 책, 185~186쪽.
44) 《고려사》 권126, 열전39, 변안열.

위의 기사는 변안열이 이인임이나 임견미와 함께 정방의 제조로 활약하면서 인사권을 장악하던 상황을 잘 보여준다.[45] 곧 변안열이 1380년(우왕 6) 9월 이후로 정방의 제조를 맡았으며, 1380년은 바로 찬성사로 있던 시기로서 변안열의 정치적 지위가 정점을 달리던 때였다. 변안열이 정방 제조로서 인사 행정에 관여했다는 것은 다른 무장들에게 영향력을 행사하는 위치에 있었음을 뜻한다.

그런데 위의 기사 말고는 변안열이 정방의 제조로서 활약한 기록을 더 이상 찾을 수 없다. 그러면 그 이유는 무엇일까? 이 문제와 관련하여 1383년(우왕 9)의 사건을 주목할 필요가 있다. 1383년 9월에 변안열은 아들 변현(邊顯)을 전(前) 전공판서(典工判書) 왕흥(王興)의 딸과 혼인시킬 예정이었다.

하지만 우왕이 이 여성을 차지하는 바람에 혼사가 깨지고 말았다. 1385년(우왕 11) 2월에 우왕은 왕흥의 딸을 왕비로 맞이했던 것이다. 1383년 9월에 우왕이 왕흥의 딸을 빼앗으려고 할 때, 조민수 등이 "변안열은 나라의 명장이요 전공이 많은데, 이제 그의 며느리를 빼앗으면 장신치고 누가 실망하지 않겠습니까?"고 하면서 혼인의 허락을 탄원했으나 우왕이 듣지 않았다.[46]

이 사건은 변안열과 우왕 사이가 좋지 않았다는 것을 추정할 수 있는 좋은 사례이다. 여기서 특기할 만한 사항은, 변안열이 나라의 명장이요 전공이 많음에도 우왕에게 며느리가 될 여성을 뺏긴 상황

45) 강지언은 변안열, 최영, 이림, 조민수, 박임종, 도길부, 임견미를 이인임의 족당(族黨)으로 파악하였다.(강지언, 앞의 글, 25쪽. 주 35)

46) 《고려사》 권135, 열전48, 신우3, 신우 9년 9월 임인, 신우 11년 2월 갑오.

이다. 이전의 처지와 비교해볼 때 격세지감이 아닐 수 없다.

따라서 이 점은 변안열이 우왕과 사이가 벌어지면서 권력구조 안에서 그 지위가 하락해가는 정황으로 받아들여도 무방할 듯하다. 변안열이 1384년(우왕 10) 이후에는 재상에 올라 있지 않은 상황도 이러한 추정에 힘을 실어준다. 이제 변안열은 새로운 활로를 모색해야만 하였다. 그 활로란 무엇이었을까? 다음 장에서 이 문제를 검토하도록 하겠다.

## 4. 변안열과 이성계의 대립

### 4.1. 위화도 회군과 이성계와의 관계

1388년(우왕 14)의 위화도 회군은 고려 말 정치 상황을 격변시킨 대단히 큰 사건이었다. 위화도 회군으로 최영이 숙청되고 이성계가 권력을 장악하면서 정치권력의 향배는 한치 앞도 예측할 수 없었고, 정치세력들은 이해(利害)를 좇아 이합집산을 거듭하였다.

《고려사》나 《고려사절요》에 따르면, 변안열은 최영이 이끄는 요동 정벌군의 지휘관으로 올라 있지 않다. 요동 정벌군의 좌군·우군 3만 8830명을 이끄는 총지휘자인 팔도도통사는 최영이며, 좌군도통사는 조민수(曹敏修), 우군도통사는 이성계였다. 그리고 조민수와 이성계 휘하에 모두 28명의 지휘관이 예속되었다.

하지만 변안열이 위화도 회군을 이끈 주역이라는 사실은 여러 기록들을 보면 알 수 있다. 대표적으로, 위화도 회군 직후 최영이 고봉현(高峰縣)에 귀양을 간 뒤, 우왕이 갑옷을 입고 환관 80여 명을 데리고 이성계·조민수·변안열의 집을 습격한 일을 꼽을 수 있다. 우왕의 시도는 세 사람이 군사들을 성문 밖에 주둔시키고 집에 있지 않아 실패로 돌아갔다.47) 이 당시 우왕이 이성계 세력을 칠 만큼의 군사력이 있었는지는 의심스러우나, 적어도 변안열이 이성계·조민수와 함께 위화도 회군의 핵심세력이었음을 알 수 있다.

변안열이 위화도 회군에 참여한 사실은, 그가 두 차례나 회군공신(回軍功臣) 칭호를 받았다는 점에서 알 수 있다. 회군공신에 대한 책봉은 1390년(공양왕 2) 4월과 조선 개국 이후인 1393년(태조 2) 7월에 두 차례나 이루어졌다. 무엇보다도 1390년 4월에 변안열이 공신으로 책봉된 것48)이 위화도 회군에 참여했다는 결정적인 증거로 보인다. 다음의 기사는 1390년 4월에 변안열을 공신으로 책봉하는 장면이다.

> '죽은 영삼사사(領三司事) 변안열은 비록 몸은 이미 죽었으나 공을 잊을 수 없으며, 예조판서 윤소종과 판전교시사(判典校寺事) 남재 등은 사직의 큰 계책을 고사(故事)를 증거로 인용하여 계책을 도왔으니 역시 칭찬할 만하다. 유사(有司)는 포상의 은전을 거행하라.' 하였다.49)

---

47) 《고려사》 권137, 열전50, 辛禑 5.

48) 박천식, 〈무진회군공신의 책봉전말과 그 성격〉, 《전북사학》 3, 1979, 89쪽.

49) 《고려사절요》 권34, 공양왕 2년 4월.

그런데 문제는 앞서 거론했듯이, 요동 원정군의 사령관 명단에 변안열이 빠져 있다는 사실이다. 이에 대해서 변안열이 직접 원정군에 참여하지 않고, 중앙에 머무르면서 회군파에 가담했거나 내응한 것으로 파악하기도 한다.50) 변안열과 비슷한 인물로 박총(朴叢), 유광우(兪光祐), 이백(李伯), 이덕림(李德林) 등을 꼽을 수 있다.

변안열이 위화도 회군에 가담한 것이 종군하여 직접 참여한 것인지, 아니면 중앙에 머무르면서 회군파에 가담했거나 내응한 것인지는 그다지 중요하지 않다. 분명한 사실은, 변안열이 본인의 정치적 활로를 모색하는 과정에서 이성계와 연합했다는 것이다. 그러므로 변안열의 정치적 처지와 관련하여 주목해야 할 사실은 크게 세 가지로 보인다.

첫째, 변안열이 회군의 주역이라 할 수 있는 이성계·조민수와 함께 우왕의 보복을 받을 만큼 위화도 회군의 핵심세력이었다는 점이다. 둘째, 이 점은 변안열이 이성계나 조민수 등과 이해(利害)를 함께 하면서 긴밀한 협조 관계에 있었음을 말해준다. 예컨대, 변안열의 심복 이을진(李乙珍)이 요동 원정 당시 팔도도통사 조전원수로서 이성계 휘하로 출전한 것도 변안열과 이성계의 밀접한 관계를 입증한다. 셋째, 위화도 회군 이후 변안열이 도당(都堂)에 다시 참여하고 있어,51) 변안열이 위화도 회군을 계기로 권력의 핵심부에 재진입했

50) 강지언, 앞의 글, 111쪽. 주 49.

51) 변안열이 도당에 다시 참여한 증거는 "도당에서 그 가부를 토의하게 되었을 때 시중 이색은 오랜 법제를 경솔하게 고칠 것이 아니라는 의견을 가지고 자기주장을 고집하면서 듣지 않았으며, 이림, 우현보, 변안열 및 권근, 유백유 등은 이색의 주장에 추종하였다."는 기사이다.(《고려사》 권118, 열전31, 조준)

다는 점이다.

하지만 변안열은 이성계와 협조 관계를 오래 유지하지 못한 듯하다. 변안열이 이성계와 틈이 벌어진 결정적인 계기는 위화도 회군 직후 진행된 전제(田制) 개혁의 가부 논의였다. 위화도 회군 직후에 조준은 파격적인 전제개혁안을 제시했고, 이 개혁안을 둘러싸고 논란이 가중되었다. 그래서 도당에서 투표한 결과 참석자 53명 가운데 조준·정도전 등 18명이 찬성하고, 이색·조민수·변안열·이림·우현보·권근·유백유 등이 반대하였다.[52)]

> 도당에서 그 가부를 토의할 때 시중 이색은 오랜 법제를 경솔하게 고칠 것이 아니라는 의견으로 자기주장을 고집하면서 듣지 않았으며, 이림·우현보·변안열 및 권근·유백유 등은 이색의 주장을 추종하였다. 정도전·윤소종은 조준의 주장에 가담했고, 정몽주는 이 중간에서 일정한 입장을 가지지 않았다. 또 여러 관료에게 의논하게 하니, 논의에 참가한 자가 53명이었는데 개혁을 요구한 자가 십중팔구였으며, (개혁을) 요구하지 않는 자는 모두 다 명문거족의 자제들이었다.[53)]

위의 기사에서 변안열이 사전개혁과 관련하여 이색의 의견을 따른 점이 눈길을 끈다. 기왕의 연구에서는 이색이 사전개혁에 반대한 이유에 대해, 1363년(공민왕 12) 호종공신 1등에 책봉되면서 전(田) 100결과 노비 20구를 받았고, 부친 이곡에게서 받은 토지나 노비로

52) 《고려사》 권118, 열전31, 趙浚; 《고려사절요》 권34, 공양왕 원년.
53) 《고려사》 권118, 열전31, 조준.

농장을 경영했기 때문이라고 파악하였다.[54] 한마디로 대농장주였다는 것이다.

하지만 당시 일등공신으로 책봉된 여러 사람들이 이색과 똑같은 규모의 토지를 받았다는 사실을 상기해보면, 원인을 다른 데서 찾아볼 필요가 있다.

이색(李穡; 1328~1396)은 '종유'(宗儒)로 불리면서, 고려 말에 백이정(白頤正; 1247~1323), 이제현(李齊賢; 1287~1367)과 함께 성리학을 보급, 확산시킨 중요한 인물이다.

이색은 원(元)의 국자감에 유학하고 돌아와 정몽주·정도전·이숭인·윤소종·권근 등을 배출했으며, 공민왕대에 과거시험에 급제해 1352년(공민왕 1)과 1356년(공민왕 5)에 개혁상소를 올린 인물이다.[55] 홍건적의 침입 때에는 호종공신으로 1등에 책봉되었고, 1365년(공민왕 14) 신돈의 개혁정치에도 참여하였다.

무엇보다도 이색은 요동 정벌에 찬성하지 않고 위화도 회군에 찬성한 사람이다.[56] 이색 역시 이성계와 밀접한 관계를 맺었던 것이다. 이색은 이성계와 개인적인 친분을 쌓아 1379년(우왕 5)부터 이미 이성계의 주연에 초대를 받는 사이였다. 1381년에는 이성계의 자호(字號)를 지어주었으며, 위화도 회군을 하기 한 해 전인 1387년에는 이성계의 부탁으로 이성계 아버지 이자춘의 신도비문(神道碑文)까지 지어주었다.[57]

54) 홍영의, 앞의 책, 282쪽.
55) 도현철, 《목은 이색의 정치사상 연구》(혜안, 2011), 27~28쪽.
56) 위의 책, 32쪽.

또 이색은 1379년 10월부터 1380년 3월, 1383년 11월부터 1384년 7월까지 두 차례를 제외하고, 우왕대에 현직에 있은 적이 없다. 그런 이색이 정치활동에 다시 적극 나선 시점이 위화도 회군 이후였다.[58]

이처럼 이성계와 친밀한 관계를 유지한 이색도 위화도 회군 이후 두 가지 측면에서 이성계와 의견을 달리했다. 하나는, 우왕을 대신할 임금으로 창왕(昌王)을 주장한 일이다. 이성계 세력은 왕씨 가운데 한 사람을 골라 새 왕을 옹립하고자 했으나, 조민수가 이색의 지지를 받아 우왕의 아들 창왕을 세웠다.[59] 이성계는 국왕 옹립에서 자기의 의견이 관철되지 않자 조정을 떠났다. 창왕이 공신으로 책봉할 때 선대인 목조(穆祖)의 이름에 저촉된다는 이유로 녹권도 받지 않고, 얼마 뒤에 병을 이유로 사직을 청해버렸다.[60]

또 하나는, 이색이 이성계와 조준이 의욕적으로 추진하는 사전개혁을 앞장서서 반대한 일이다. 이색은 불법적인 토지 탈점을 금지하고, 한 토지에 한 사람만 세금을 받도록 하면 토지 문제를 해결할 수 있다고 보았다. 이성계 세력은 사전개혁에 반대가 일자 이를 대대적인 숙청의 계기로 삼았다. 그 첫 희생자가 위화도 회군의 주역인 조민수로, 1388년(창왕 즉위년) 7월에 사전개혁을 반대한다는 이유로 유배를 보냈다.[61]

---

57) 이익주, 〈고려 우왕대 이색의 정치적 위상에 대한 연구〉, 《역사와 현실》 68, 2008, 171쪽.

58) 위의 글, 162~165쪽.

59) 《고려사》 권126, 열전39, 조민수.

60) 홍영의, 앞의 책, 250쪽.

61) 《고려사절요》 권34, 신우 14년(창왕 즉위년) 7월.

위화도 회군 이후 사전개혁은 중요한 정치 현안이었다. 이런 분위기에서 변안열이 이색의 의견을 좇아 사전개혁에 반대한 것은 이성계와 더 이상 함께 할 수 없다는 입장을 드러낸 것이었다.

또 공식기록에는 없으나 원주변씨 집안에 전하는 기록에 따르면, 변안열은 "이색의 의견을 좇아 조민수와 함께 우의 아들 창(昌)을 옹립하였다"[62]고 한다. 곧 변안열이 새 국왕을 옹립하는 문제도 이성계를 지지하기보다는 이색과 의견을 함께 했다고 추정된다.

지금까지 살펴본 대로, 변안열은 자신의 정치적 활로를 모색하는 과정에서 이성계와 연합했고, 위화도 회군에 참여하였다. 이 선택은 매우 탁월하였다. 변안열은 위화도 회군 이후 다시 도당에 참여하면서 권력자로서 부상하였다. 하지만 이성계 일파의 정치적 구상에는 뜻을 함께 하지 않았다. 그 대신에 이색과 정치적 입장을 함께 하면서 창왕을 옹립하고 사전개혁에 반대하였다. 그 결과 변안열은 이성계와 갈등을 빚으면서 다시 정치적 위기를 맞게 되었다.

### 4.2. 김저 사건과 변안열

1389년 11월에 창왕이 폐위되고 공양왕이 즉위하자마자, 변안열은 삼사(三司)의 최고책임자인 영삼사사(領三司事)에 임명되었다. 영삼사사는 변안열의 생애 최고의 관직이었다.

이성계의 옹립으로 왕위에 오른 공양왕은 즉위하자마자 장단에

62) 鄭經世, 〈(邊安烈)神道碑銘〉, 《大隱先生實記》(1925; 신석호 편저, 《대은실기》, 대은실기편찬위원회, 1977, 300쪽)

은거해 있던 이색을 판문하부사에 기용하고, 변안열을 영삼사사, 왕안덕을 판삼사사에 등용한 것이었다. 왕안덕은 앞서 1363년(공민왕 12)에 변안열과 함께 기해격주홍적공신[己亥擊走紅賊功; 1359년 1차 홍건적의 침입을 격퇴한 공] 2등에 책봉된 인물이다.

그러면 변안열이 공양왕의 즉위와 함께 영삼사사로 발탁된 현실은 무엇을 의미할까? 그것은 변안열의 정치적 영향력이 아직 건재하다는 증거로 파악할 수 있다. 공양왕은 자신의 왕위를 지켜줄 인물로 이색과 무장 변안열과 왕안덕을 선택했을 가능성이 높아 보인다. 다시 말하면, 공양왕을 중심으로 이성계 일파에 반대하는 세력이 조직적으로 저항했으며, 변안열도 그 안에 있었다고 할 수 있다.

하지만 이 저항은 그다지 오래가지 못하였다. 공양왕이 발탁한 변안열이 1389년(공양왕 원년[63]) 11월에 김저(金佇) 사건에 연루되면서 정치적 몰락과 함께 죽음을 맞았기 때문이다.

김저 사건은 전(前) 대호군 김저와 전(前) 부령 정득후(鄭得厚) 등이 여주에 유배 중이던 우왕의 지시를 받아 이성계를 제거하려다가 발각된 사건이다.[64] 정득후는 체포되자마자 자살했고, 김저만 붙잡혀 문초를 받았다. 이 과정에서 김저가 "변안열·이림·우현보·우인열·왕안덕·우홍수가 공모하여 여흥왕(驪興王; 우왕)을 맞이하려고 하였습니다"[65]고 말하면서 변안열이 연루되었다.

63) 김저 사건은 창왕대에 발생한 사건이나 《고려사절요》에는 공양왕 원년에 들어 있다.

64) 《고려사절요》 권34, 공양왕 원년 11월.

65) 《고려사절요》 권34, 공양왕 원년 11월 ; 《고려사》 권137, 열전 50, 辛禑 5; 《고려사》 권116, 열전 29, 李琳.

현재 학계에서는 김저 사건을 이성계 일파에 의해 조작되었거나, 이 사건이 이성계 일파의 조작에 의해 더 크게 확대되었다고 보고 있다.[66] 하지만 김저 사건의 핵심에 변안열이 자리하고 있음을 간과하는 바람에, 사건의 본질을 명확하게 밝히지 못하였다.

김저 사건은 '변안열의 역모'[67] 또는 '김저·변안열 사건'[68]으로 불릴 정도로 변안열이 차지하는 비중이 높았다. 심지어 김저 사건에 연루된 인물들을 '변안열의 당(黨)'으로 부를 정도였다. 그렇다면 왜 이 사건에서 변안열이 부각되었을까? 이와 관련하여 좌사의 오사충(吳思忠)과 문하사인 조박(趙璞) 등이 올린 상소를 주목할 필요가 있다.

> 이색은 대대로 왕씨에게 봉직하여 공민왕의 더할 수 없는 은혜를 받았습니다. 그런데도 이인임에게 붙어서 신우를 세워 왕씨의 종사를 끊었으며, 장수들이 왕씨를 세우려고 하자 조민수에게 붙어서 우를 내쫓고 창(昌)을 세웠으며, 충신과 의사가 왕씨를 회복하려 하자 변안열에게 붙어서 창을 내쫓고 우를 맞이하여, 다시 왕씨의 종사를 끊으려 하였으니 우와 창에게도 모반하는 신하가 된 것입니다.[69]

오사충과 조박 등이 주장한 내용은 이색이 이인임과 조민수와 함

66) 이형우, 〈정몽주의 정치활동에 대한 일고찰—공양왕대를 중심으로〉, 《사학연구》 41, 1990; 유창규, 〈이성계세력과 조선건국〉, 서강대학교 박사학위논문, 1995; 김당택, 〈고려 창왕 원년(1389)의 김저사건〉, 《전남사학》 12, 1998 참고.

67) 《고려사절요》 권34, 공양왕 2년 정월.

68) 《고려사》 권116, 열전29, 李琳.

69) 《고려사절요》 권34, 공양왕 원년 12월.

께 우왕 및 창왕을 세워 왕씨의 종사를 끊었는데, 이번에 변안열과 함께 다시 우왕을 세우고자 했다는 것이다.

현재 두 사람의 주장에 대한 진위 여부를 확인할 길이 없다. 다만 이 기사에서 눈길을 끄는 내용은, 변안열이 당대 최고의 실권을 장악한 이인임과 조민수와 나란히 거론된 점이다. 이 기사는 이색의 죄를 성토하는 내용이지만, 변안열의 존재가 이인임과 조민수와 동급으로 각인되어 있다.

변안열이 김저 사건에 연루된 결정적인 계기는 명 임금의 자문(咨文)이었다. 사건 발생 2개월 전인 1389년 9월, 권근은 명에 사신으로 갔다 오면서 명 임금의 자문을 몰래 열어보았다. 자문에는 우왕과 창왕이 왕씨가 아니므로 왕씨를 세우라는 내용이 담겨 있었다고 한다.

기록에 따르면, "권근이 도중에 사사로이 열어보고 돌아와서는, 이림(李琳)의 집에 먼저 보인 후에 도당으로 보냈다"[70]고 되어 있다. 그런데 남은(南誾)이 "변안열은 권근이 개인적으로 열어본 것으로 인해서 밀지를 미리 알고 외척과 붙어 무리를 지어 도리어 우를 맞이하려고 하였다"[71]고 했으므로, 권근이 도당에 보낸 밀지를 변안열이 열람한 것이 아닐까 싶다. 하지만 왕씨를 세우라는 명 임금의 밀지를 미리 알고 다시 우왕을 세운다는 것은 뭔가 앞뒤가 맞지 않아, 김저 사건에 큰 의문이 든다.

〈표 8〉[72]은 김저 사건을 처리하는 과정에서 변안열에게 내린 처

70) 《고려사절요》 권34, 공양왕 원년 9월.

71) 《고려사》 권116, 열전29, 南誾.

표 8. 김저 사건의 경과와 변안열에 대한 처분

| 시기 | | 김저 사건 경과 | 변안열 관련 | 전거 |
|---|---|---|---|---|
| 1389년 (창왕원년/공양왕원년) | 11월 을해 | 김저 사건 발생 | | 고려사절요 |
| | 11월 정축 | 김저 문초 | 김저 문초 내용: 변안열 · 이림 · 우현보 · 우인열 · 왕안덕 · 우홍수가 공모해 우왕 옹립 시도 | |
| | 11월 무인 | 이성계가 창왕 폐위 및 공양왕 옹립 제안 | | |
| | 11월 기묘 | 창왕 폐하고 공양왕 즉위 | | |
| | 11월 갑신 | 김저가 갑자기 옥에서 죽음 | | |
| | 12월 | 우왕, 창왕 죽임 | 오사충 · 조박 상소: 변안열이 이색 · 이림 · 김저 · 정득후와 공모 | |
| 1390년 (공양왕2) | 1월 | | -윤소종 · 이첨 상소 : 변안열 파면<br>-윤소종 · 이첨 재상소 : 변안열 관직을 삭탈하고 한양으로 귀향<br>-낭사 상소 : 변안열 극형 요구<br>-낭사 재상소 : 처분 요구<br>-성석린 · 윤소종 상소 : 변안열 극형 요청 | |
| | 1월 경진 | | 변안열 죽임 | 고려사 |
| | 1월 | | -윤소종 : 변안열 심복 이을진 국문 요청<br>-이을진 국문 내용 : 원상 · 이경도 · 정지 · 이림 · 이귀생도 관련<br>-원상 국문 | 고려사절요 |
| | 3월 | | -헌부: 변안열의 공모자 국문 요청<br>-대간이 공모자 처분 요청 | |
| | 4월 | | -대간 요청으로 공모자 일부 귀향<br>-대간 상소로 이을진 등 귀양 | |

분을 정리한 것이다. 김저 사건의 처리가 변안열에게 초점이 맞추어 진행된 것은, 이 사건으로 목숨을 잃은 사람이 당사자인 김저와 정득후를 제외하고 변안열뿐이라는 데에서도 잘 드러난다. 우왕의 장인이자 창왕의 외할아버지인 이림과 이림의 아들 이귀생(李貴生)이 유배로 그친 것에 비하면, 대단히 수위가 높은 처분이 아닐 수 없다.

김저 사건의 처리과정에서 흥미로운 점은, 이색에 대한 처벌이다. 변안열은 사건 발생 이틀 뒤에 실시한 김저의 문초 중에 처음 언급되었다. 하지만 간관들이 변안열을 처벌해야 한다고 주장한 시점은 1390년(공양왕 2) 정월이었다.

그 대신에 김저의 국문과정에서 전혀 언급조차 되지 않은 이색의 처벌이 먼저 거론되었다. 1389년 12월에 오상충과 조박 등은 이색이 김저 사건에 연루되었다고 주장하였다. 그 결과 이색 부자는 이 사건과 전혀 무관한 사전개혁에 반대한 일로 유배에 처해졌다.[73]

다음으로 변안열의 처리 과정이다. 김저 사건에 연루된 28명[74] 가운데 변안열이 "기이한 공을 세워 부귀를 얻으려고"[75] 함께 공모했다고 지목한 사람들은 14명으로, 〈표 9〉[76]와 같다.

14명 가운데 사건 당사자인 김저와 정득후를 제외하면 공모자로

---

72) 〈표 10〉은 《고려사절요》 권34, 공양왕 원년~2년 및 《고려사》 권45, 세가45, 공양왕1, 공양왕 2년 정월 경진일을 근거로 하여 작성하였다.

73) 김당택, 앞의 글(1998), 67쪽.

74) 위의 글, 64쪽.

75) 《고려사절요》 권34, 공양왕 원년 12월.

76) 〈표 10〉은 《고려사절요》 권34, 공양왕 원년부터 3년까지를 근거로 하여 작성했으며, 김당택, 앞의 글(1998), 64쪽 표도 참조하였다.

표 9. 김저 사건의 처리과정에서 변안열의 공모자로 지목된 사람

| 성명 | 구분 | 당시관직 | 인적 관계 | 변안열 관계 | 이성계 관계 | 최종 처분 |
|---|---|---|---|---|---|---|
| 김저 | | | 최영 조카 | | | 옥사 |
| 정득후 | | | 최영 친족 | | | 자결 |
| 이색 | 문 | 판문하부사 | | | | 유배 |
| 이림 | | 전 시중 | 우왕 장인 | 변안열과 함께 사전개혁 반대 | | 유배 |
| 홍영통 | | 영삼사사 | 우왕 인척 | | | 유배 |
| 우현보 | 문 | 전 우시중 | | 변안열과 함께 사전개혁 반대 | | 유배 |
| 왕안덕 | 무 | 판삼사사 | | 변안열과 함께 공양왕원년 관직 임명 | 회군공신 | 유배 |
| 우인열 | 이서 | 찬성사 | 최영과 친교 | | | 유배 |
| 정희계 | 음서 | 전 판자혜부사 | 최영 심복 염흥방 인척 | | 조선개국공신 | 유배 |
| 이을진 | 무 | 전 판후덕부사 | | 변안열 심복 | 요동공략시 이성계 휘하 | 유배 |
| 원상 | | | | 변안열 처족 | | 유배 |
| 이경도 | 무 | 정주목사 | | | | 유배 |
| 정지 | 무 | | | | 회군공신 | 유배 |
| 이귀생 | | | 이림 아들 | | | 유배 |

지목된 사람은 12명이다. 이 가운데 김저가 문초를 받으면서 언급한 사람은 이림・우현보・우인열・왕안덕・우홍수의 5명뿐이며, 나머지는 나중에 연루된 사람들이다.

대간들이 이을진이 변안열의 심복이므로 문초해야 한다고 주장하면서 청주에 유배 중이던 이을진을 문초하였다. 그 결과, 변안열의 처족인 원상을 비롯해, 이경도·정지·이림·이귀생의 이름이 나왔다. 그러자 원상과 이경도(안주)를 국문하고, 유배 중이던 정지(유배지: 경주), 이림(유배지: 전주), 이귀생(유배지: 경주)에게도 사람을 보내 국문하였다.[77]

이후에도 대간들은 1390년(공양왕 2) 3월부터 5월까지 변안열과 연루된 사람들의 처벌을 계속 주장하였다. 공양왕은 대간들의 요구가 계속되자, 이색을 함창으로, 정지를 횡천으로, 이림을 철원, 우인열을 청풍으로 귀양 보내고, 이귀생의 유배지를 고성으로 옮겼다. 그리고 이을진과 이경도는 곤장을 쳤으며, 왕안덕과 우홍수, 원상은 용서하였다.

하지만 대간들이 번갈아 소를 올려 처벌을 요구하자 공양왕은 유배를 보내지 않은 이을진·이경도·왕안덕·우홍수·원상 등도 모두 귀양을 보내는 조치를 취하였다.[78] 여기서 특기할 사항은 연루자들이 죽임까지 당하지 않았다는 사실이다.

그러면 김저 사건에 연루된 사람들 가운데 당사자들을 제외하고 변안열만 죽임을 당한 이유가 무엇인지 궁금하다. 김저 사건은 사전개혁이 논의된 바로 그 해 겨울에 일어났다. 변안열은 이색, 조민수와 함께 사전개혁에 반대하면서 반(反) 이성계 세력을 형성하였다.

앞에서 언급했듯이, 조민수는 김저 사건 이전에 이미 숙청되어

77) 《고려사절요》 권34, 공양왕 2년 정월.
78) 《고려사절요》 권34, 공양왕 2년.

유배되었다. 이색은 김저 사건에 연루되어 사전개혁에 반대했다는 이유로 유배되었다. 이제 남은 사람은 변안열뿐이었다. 변안열의 처족인 원상도 국문 과정에서 "사전개혁을 원망하여 우왕을 세워 그 일을 저지하고자 했을 뿐이다"[79]라고 진술하면서 사전개혁을 거론하였다.

요컨대, 이성계 일파는 김저 사건을 계기로 사전개혁에 반대하던 반(反) 이성계 세력을 숙청했으며, 대표적인 희생자가 변안열이라 할 수 있다. 사전개혁에 반대한 이림과 우현보가 김저 사건에 연루된 것도 이러한 판단에 힘을 실어준다.

이후 '변안열의 당'을 숙청하려는 시도는 여기서 끝나지 않았다. 1390년 5월 왕방과 조반이 명에서 귀국하여 보고한 내용으로 발생한 윤이(尹彛), 이초(李初)의 사건에 김저 사건 연루자 가운데 중요 인물들이 다시 관련된 것이다. 그리고 조민수를 비롯하여 김종연 등 상당수 무장들도 여기에 연루되었다.[80] 변안열은 이미 사망했음에도 이 사건으로 공신호가 박탈되고, 얼마 뒤에 또다시 삭탈관작 되고 가산까지 몰수당했다.[81]

이상으로 살펴본 대로 김저 사건으로 변안열은 죽임을 당하고, '변안열의 당'으로 불리던 측근들은 유배되었다. 이미 이전에 무장세력의 핵심인 조민수가 사전개혁에 반대했다는 이유로 유배되었

79) 《고려사절요》 권34, 공양왕 2년 정월.

80) 조계찬, 〈조선건국과 윤이·이초사건〉, 《이병도구순기념논총》(지식산업사, 1987), 447~453쪽.

81) 《고려사절요》 공양왕 3년 8월 기사, 9월 경술.

다. 이후 윤이·이초의 사건으로 다시 변안열·조민수를 비롯하여 상당수 무장들이 연루되어 이성계의 공격을 받았다. 이성계는 자신을 위협하던 조민수를 실각시키고 변안열을 죽임으로써 공민왕대부터 세력을 키워온 무장들을 숙청했다고 볼 수 있다.

## 5. 맺음말

이 글은 고려 말 무장세력의 등장과 정치적 위상을 변안열을 중심으로 살펴본 논고이다. 공민왕은 두 차례의 홍건적의 침입, 흥왕사의 난, 덕흥군의 침입 등으로 세력기반이 붕괴하자 무장들에게 의존하였다. 그 결과 최영과 오인택 등이 정치적으로 성장했으며, 변안열과 이성계도 두각을 나타내기 시작하였다.

변안열은 공민왕대에 두 번의 홍건적의 침입을 막아낸 공으로 두 차례에 걸쳐 공신으로 책봉되면서 신흥 무장세력으로 등장하였다. 변안열이 등장한 시기는 최영, 염흥방, 목인길, 이구수, 경천흥, 이성계 등도 함께 부상하는 시기로서, 무장세력들은 공민왕대의 전란과 반란을 진압하면서 성장할 수 있었다.

한때 무장세력들은 신돈의 집권으로 조정에서 밀려나 주춤거렸다. 하지만 신돈이 몰락하면서 다시 정계에 복귀해 군사활동을 바탕으로 중앙 정계에 강고하게 자리매김할 수 있었다.

신돈의 집권기간 동안 변안열의 활동은 분명하지 않으나 숙청 대상에서 제외된 듯하다. 그러다가 신돈의 몰락과 동시에 최영과 함께 군 지휘관으로 다시 나섰다. 그 결과 우왕이 즉위한 해에 탐라 목호를 토벌한 공으로 문하평리에 임명된 이후, 줄곧 문하평리 및 찬성사, 판삼사사 등을 역임하면서 재신으로서 권력의 핵심을 차지했고, 정방의 제조까지 역임하였다.

하지만 1384년(우왕 10) 이후로 변안열은 재신의 명단에 오르지 못하였다. 공교롭게도 이 무렵 변안열은 우왕과 불화가 생기면서 사이가 벌어졌다. 이런 가운데 변안열이 정치적으로 돌파구를 마련한 계기가 위화도 회군이었다. 변안열이 활로를 모색하기 위해 이성계와 연합하면서 위화도 회군에 참여한 것이었다.

그렇지만 변안열은 이성계 일파의 정치적 구상에는 반대하였다. 오히려 이색과 정치적 입장을 함께 하면서 창왕을 옹립하고 사전개혁에 반대하였다. 이성계와 갈등을 빚으면서 변안열은 김저 사건의 처리 과정에서 죽임을 당하고, '변안열의 당'으로 불리던 측근들도 유배되었다. 이후 윤이·이초의 사건으로 다시 변안열·조민수를 비롯하여 상당수 무장들이 연루되어 이성계의 공격을 받았다.

이성계는 자신을 위협하던 조민수를 실각시키고, 변안열을 죽임으로써 공민왕대부터 세력을 키워온 무장세력의 핵심들을 숙청하였다. 따라서 변안열의 죽음으로 이성계를 위협하던 중요 무장들도 대부분 제거된 것으로 보인다.

제11주제

# 조선시대의 원주변씨 유적

이 상 규

한국학중앙연구원 전임연구원

## 1. 머리말

원주변씨는 원나라에서 공민왕을 시종하고 고려로 돌아온 변안열(邊安烈)을 시조로 하는 성관이다. 원주라는 본관은 변안열의 부인 원주원씨의 본관을 따서 한 것이고, 변안열의 선대는 황주변씨로서 고려대로 해서 소급되기도 한다.

이 글은 조선시대 원주변씨가 남긴 유물・유적을 검토하는 것을 목적으로 하기 때문에, 원주변씨 이전의 세계(世系)는 다루지 않을 것이다. 서술의 방식은 시간순에 따라 원주변씨 가문의 유적을 제시하고 그것에 담긴 역사적 내력을 밝히는 것이다. 변안열이 고려 말에 무장으로서 두드러진 활약을 보였지만, 그의 활약을 보여줄 수 있는 유물・유적은 조선왕조에 들어서서 16세기에 가서야 생성되었다. 1577년(선조 10)에 전라도 운봉에 건립된 황산대첩비(荒山大捷碑)

는 조선을 건국한 이성계를 주어로 서술하기는 하였으나, 대첩의 전술을 세우는 데 공헌한 변안열의 행적을 살펴볼 수 있는 소재이기도 하다. 황산대첩비가 건립된 때로부터 3년 뒤에 변안열 묘표가 경기도 양주(楊州) 지사리(芝沙里)에 건립되었다. 변안열의 후손들은 1550년대부터 시조 변안열과 시조의 부인 원주원씨의 묘를 확정한 다음, 변안열 묘표의 찬진(撰進)을 의뢰하고 동성·이성의 성의를 모아 1580년(선조 13)에 묘표를 건립하였다.

이보다 앞선 사실은 대략 16세기부터 양주 지사리 일대에 원주변씨 분묘를 형성해 온 점이다. 양주 지사리 이전의 원주변씨 묘지는 양주 주엽산에 있었으나, 세조릉이 들어오면서 지사리로 옮겨서 만들어졌다. 지사리에 들어선 원주변씨 묘지는 변안열과 변안열의 증손대에 이르는 인물이 묻혀 있다. 16세기 이전의 원주변씨 묘지 관계 사실을 고증하기 어렵기 때문에, 이 글에서는 지사리의 분묘가 16세기에 형성된 것으로 판단하였고, 그 근거로서 분묘의 석물 형식을 고증하고자 하였다. 단 원주변씨의 뿌리 찾기 사업이 결정을 맺는 것은 1580년의 변안열 묘표 건립이기 때문에, 황산대첩비의 서술보다 뒤로 두고자 한다.

다음으로 경상북도 예천·안동·봉화 지역의 원주변씨 유물·유적을 살펴보았다. 이곳이 원주변씨의 분파 가운데 유물·유적이 가장 많기 때문이다. 변안열의 현손인 변희리(邊希李)가 연산군대의 무오사화를 피하여 경상도 예천으로 내려옴으로써, 이 지역에 원주변씨가 퍼지게 되었다. 이후 일부는 안동으로 이주하고, 다시 봉화로 이주하였다. 이 지역에 남은 분묘, 고택, 서원 등을 통해 원주변씨가 경상도에 정착해 가는 모습을 살펴보고자 하였다.

따라서 글의 순서는, 원주변씨의 각 파별로 분기한 사정을 먼저 고찰하고, 1577년에 건립된 황산대첩비, 1580년에 변안열 묘표가 건립되는 과정, 예천·안동·봉화의 원주변씨 유적으로 진행하고자 한다. 이 밖에도 족보, 문집 등 더 다루어야 할 사항이 있겠지만, 이 글에서는 네 가지 사항에 국한해서 다루고자 한다.

## 2. 원주변씨 가문의 형성과 분화

경기도 남양주시 진건면 용정리에 있는 변안열과 변안열의 증손대까지 이어지는 묘역은 대략 16세기부터 형성되어 온 것이다. 세조릉이 정해지면서, 본래 선대묘가 있었던 양주 주엽산에서 남하하여, 같은 양주 진건면 지사리로 옮겨왔다. 이곳에는 원주변씨의 시조인 변안열을 비롯하여 변안열의 증손대까지 묘가 분포해 있다. 변안열의 세 아들 변현(邊顯), 변이(邊頤), 변예(邊預) 모두 오늘날 행정구역으로 진건면 사릉리에 묻혔다. 딸은 1800년 이하 간행된 족보에서 무안대군(撫安大君) 이방번(李芳蕃; 1381~1398)에게 시집갔다고 되어 있으나, 《태조실록》을 비롯하여 왕실 족보류에도 방번의 부인이 왕우(王瑀; 개성인)의 딸로 나오고, 변안열의 딸을 부인으로 맞아들였다는 기록은 없다.

맏아들 변현은 문과를 거쳐 판봉상시사(判奉常寺事)를 지냈고, 2

그림 1. 변안열과 부인 원주원씨 묘소

남 2녀의 자녀를 두었다. 아들은 변극충(邊克忠), 변극민(邊克愍)이고, 사위는 박규(朴葵), 박대생(朴大生)이었다. 이들은 양주 성재동(聖在洞)이나 오리동(梧里洞)에 대대로 거주하였고, 일부 후손들은 다른 지역으로 퍼져 나갔다. 19세기 이후로 주요한 주거지는 경기도 양주·인천, 평안도 태천(泰川)[1]이었다. 1580년 변안열 묘표를 세우는데 동성으로서 이름을 올린 유학(幼學) 변양중(邊養中)과 변희중(邊希中) 형제는 변현의 6세손이다. 양중·희중의 아버지 변백윤(邊伯胤)은 원주변씨의 종손으로서, 1556년에 와초동(瓦草洞)을 처음 방문했던 광릉참봉 변순한테서 시조묘의 소재에 대해서 질문을 받았던 사람이다.

둘째아들 변이는 좌군총제(左軍摠制)를 지냈고, 7남 3녀를 두었다. 아들 일곱은 변차희(邊次熹), 변상조(邊尙朝), 변상근(邊尙覲), 변상회

1) 평안도 태천에 거주하는 변극민(邊克愍)의 후손들이 1863년에 간행한 족보에 실렸고, 이 파는 참의공파로 불린다.(《原州邊氏世譜》 1권)

그림 2. 원주변씨 시조 변안열 묘역 전경

(邊尙會), 변상동(邊尙同), 변상빙(邊尙聘), 변상복(邊尙服)이고, 딸 셋은 정유길(鄭由吉), 이점(李漸), 이승손(李承孫)에게 각각 시집갔다.[2)]

맏아들 변차희(邊次熹)는 장흥고직장(長興庫直長), 부안진병마절제사(扶安鎭兵馬節制使), 첨지중추원사(僉知中樞院事)를 지냈고, 양주 지사동(芝沙洞)에 묻혔다.[3)] 변차희 계열은 첨추공파로 일컬어진다. 변차희의 아들 변정(邊定; 1415~1674)은 직장, 수천군사(隨川郡事)를 지냈고, 용인 남방곡(南方谷)에 묻혔다.[4)] 변정의 아들 변희리(邊希李; 1435~1506)는 생원·문과를 거쳐 형조좌랑까지 지냈다. 그는 1498년

---

2) 변이(邊/顒)의 딸에 대한 기재사항은 1863년 간행된 《원주변씨세보》에 3명으로 나오고, 변예(邊預)의 딸 3명(=李珣, =鄭允愼, =鄭師稷)이 1800년 족보에는 마치 변이(邊/顒) 딸처럼 기록되어 있다. 이것은 착오라기보다는 1800년 족보에서 변안열의 3자 변예 본인의 기재사항이 누락되면서, 딸과 관련된 기재사항은 그대로 남겨놓은 것으로 짐작된다.

3) 현 용정리에 제단이 있고, 변차희의 묘는 이곳에 없다.

4) 현재 용정리에 묘가 있다.

(연산군 4)에 무오사화가 일어났을 때 몸을 경상도 예천(醴泉)으로 숨겨 그곳에 정착하였다. 변희리의 동생인 변희달(邊希達) 계통은 변봉(邊封) → 변치훈(邊致勳) → 변순(邊循)으로 내려간다. 이 계열의 묘는 경기도 용인(龍仁), 평안도 송화(松禾), 봉산(鳳山) 등지로 분포하였다. 이들 가운데 변희달의 증손 변순(邊循)은 높지 않은 관직을 지냈지만 족보 편성에 힘을 기울였고, 1550년대부터 시조묘를 찾아 나서고 1580년에 묘표를 건립할 때까지 원주변씨의 기반을 확립하는 데 가장 공로가 많은 인물이다.[5] 변순의 묘는 황해도 안악(安岳) 문일방(聞一坊)에 있다.

변희리의 사촌동생인 변희예(邊希乂)도 경상도 영천(榮川)에 정착하였다. 변희예의 3자인 변광(邊廣)은 영천에서 안동 금계(金溪)로 처음 이주한 인물이고, 안동부에서 20리 떨어진 서후면(西後面) 가음곡(佳音谷)에 묻혔다. 변희예의 손자 변영청(邊永淸)은 호가 동호(東湖)이고, 문과를 거쳐 사헌부집의, 남원부사와 청송부사를 지냈고, 청백리로 알려졌다. 그는 관력을 바탕으로 변순이 주도하는 뿌리 찾기 사업을 성공하도록 뒤에서 지원한 인물이기도 하다. 변영청의 동생인 변영순(邊永淳)은 안동 금계에서 태어나서 내성(乃城) 거촌(巨村)으로 이주하였고, 거촌은 이후 자손들의 세거지가 되었다. 변영청의 손자인 변중일(邊中一; 1575~1660)은 임진왜란 중에도 조모의 병구완하기를 지성으로 하였고, 정유재란 때 망우당 곽재우(郭再祐; 1552~1617)를 도와서 창녕의 화왕산성(火旺山城)을 지켜냈다고 한다.[6] 그

5) 변안열의 외6세손 박승임(朴承任)은 묘표에서 변순(邊循)의 공로를 칭찬하면서 '변순이 실상 주관하여 완성하였다'(循也實管而成之)라 하였다.

는 호가 간재(簡齋)이고, 죽어서 안동 서후면 가음곡에 묻혔다.

요컨대, 변이의 맏아들 변차희 계열은 경기도 양주·여주·용인·장단·교하, 강원도 원주·횡성, 경상도 북부의 예천·영천·문경·봉화·안동·상주 등지로 거주지를 넓혀 나갔다.[7] 한성에 거주하는 일파도 있었다.[8] 변안열의 맏아들 변현 계통이 선대묘와 가까운 와초동, 성재동에 묘지가 형성된 것과는 차이를 보인다고 하겠다.

변이의 둘째아들 변상조(邊尙朝)는 남부령(南部令)을 지냈다. 변상조의 후손은 남부령공파로 불린다. 변상조의 묘는 1800년에 간행된 《원주변씨세보》(전9권)부터 기재되지 않았듯이, 오늘날 남양주시 진건읍 배양곡리에 부인 순천김씨와 함께 제단만 설치되어 있다.[9] 남부령파는 강원도 홍천(洪川), 함경도 고원(高原)에 묘지가 있는 것으로 나와 있을 뿐, 묘지 기록이 자세하지 못하다. 1800년 《원주변씨세보》의 편성자는 1800년 이전부터 함경도에 거주하는 남부령파의 기록이 부실하게 수집된 것을 그 원인으로 들었다.[10]

변이의 셋째아들 변상근(邊尙覲)은 호군 겸 군기시판관을 지냈고, 묘는 양주 변안열 시조묘역에 있다.[11] 변상근의 후손은 호군공파로

6) 1914년 간행, 《原州邊氏世譜》 3권.

7) 경상도 영춘·순흥, 경기도 이천에 세거하는 변차희 계열의 기록이 1800년 족보 말미에 각각 덧붙여졌다. 영춘·순흥에 세거하는 계열은 별좌공 변극충(邊克忠)의 6세손인 변효손(邊孝孫) 이하이며, 이천파는 별좌공의 9세손 진창(震昌), 진룡(震龍), 진형(震亨) 이하이다.

8) 1800년 족보 말미에 덧붙여진 기록이다. 이 파는 거주지는 한성으로 되어 있으나, 묘소는 대대로 충주에 있는 것으로 나온다.

9) 2006년 간행, 《原州邊氏世譜》 수권.

10) "此派舊譜不載, 恐脩譜時 咸鏡一道 未及脩單而然耶"(1800년 간행, 《原州邊氏世譜》 5권)

불린다. 이 파는 기록 사항이 많지 않으며, 묘소도 양주 성재동·해동촌(海東村), 강원도 횡성 정도 기록되어 있다. 족보 말미에 원주에 세거하는 일파의 기록이 덧붙여졌다.

변이의 넷째아들 변상회(邊尙會; 1399~1485)는 생원시에 입격하여 검참판(檢叅判)까지 지냈다. 호는 무송당(撫松堂)이다. 묘는 양주 동면 주을동(注乙洞) 광암(廣巖)이다. 변상회의 후손은 참판공파로 불린다. 변상회의 계열 가운데에는 무과 출신으로서 관력을 빛낸 인물이 많다. 변상회의 셋째아들 변오천(邊伍千)은 전라도수군절제사를 지냈고, 넷째아들 변수(邊脩; 1447~1524)는 무과로 급제했으나, 중시(重試)에 합격하여 좌승지, 참의를 지냈다. 중종반정에 참여하여 원천군(原川君)으로 봉해졌으며, 경기도 양근(양평군) 동종면 갈산리에 묻혔다. 1997년에 경기도 양평에 위치한 변수와 부인 연안김씨의 묘를 이장하던 중, 복식과 목우 등이 다량으로 출토되었다.[12] 국립민속박물관에 복식·목우 등이 기탁되었고, 출토된 복식 등을 소재로 학술회의가 열리기도 하였으며, 2009년에 출토된 일괄유물이 국가지정문화재(중요민속자료 제264호)로 지정되었다. 또한 변수의 영정은 변씨 가문에서 유일한 것으로, 강원도문화재자료 제118호로 지정되었다.

변상회의 현손인 변협(邊協; 1528~1590)은 무과에 급제하여 1555년 을묘왜변, 1587년 전라도 녹도(鹿島)와 가리포(加里浦)에서 각각 왜구를 격퇴하였다. 변협은 경기도 광주 용진 운길산(雲吉山)에 묻혔다. 오늘날 지명으로는 남양주시 조안면이고, 근처에 중앙선 운길

11) 용정리에 있다. 추원재에서 동쪽 방향으로 조금 내려온 언덕에 있다.

12) 원주변씨원천군종친회, 《원천군변수유물》, 2010.

산역이 있다. 양평으로 가는 지방도로에서 조안면 보건소 표지판을 찾아 따라가다 보면 운길산 자락에 묻혀 있다. 월사 이정귀(李廷龜)가 그의 신도비문을 지었고,[13] 정조대의 정승 이병모(李秉謨)가 시장을 지었고, 외6세손 정만석(鄭晩錫)이 행장을 지었다. 변협의 아들 변응성(邊應星; 1552~1616)과 변응정(邊應井; 1557~1592)도 무신으로서 출중한 활약을 보였다. 변응성은 임진왜란에 이천부사에 재직하면서 여주목사 원호(元豪)와 협력하여 남한강에서 일본군을 격파하였고, 1594년에는 광주·이천·양주의 토적을 소탕하였다. 광해군 때 훈련대장, 판윤에까지 승진하였다. 변응정은 무과에 급제하였고, 1592년 충청도 금산에서 조헌(趙憲)과 합류하여 공격할 것을 약속했다가, 중도에 차질이 생겨 조헌이 전사한 뒤에 도착하여, 육박전으로 일본군과 싸워 전과를 올리기도 했으나 야습을 받고 전사하였다.

변상회 계열의 묘는 양주 주을동에서 퍼져 나와 광주 용진 운길산·양근, 장단(長湍), 풍덕(豐德), 강원도 홍천(洪川), 양구(楊口), 충청도 전의(全義), 평안도 정주(定州)[14] 등지에 자리하였다. 변상회파는 수록 인원이 많고 관력도 두드러진다.

변이의 다섯째아들 변상동(邊尙同)은 통훈대부 사헌부 감찰 겸 내승(內乘)을 지냈다.[15] 변상동은 1427년(세종 9)에 평강현감 최중기(崔仲基)의 아내인 유감동(兪甘同)과 정을 통한 20여 명의 인물로 처

13) 조안면 보건소 표지판이 있는 도로변에 2004년도에 세운 월사 이정귀의 신도비가 건립되었다.

14) 1800년 간행, 《原州邊氏世譜》 권7.

15) 1800년에 간행된 《원주변씨세보》 10권에 평안도 정주에 거주하는 변상회 일파의 기록이 덧붙여져 있다.

벌되어 장 90대를 맞고 먼 지방으로 귀양에 처해졌다.[16] 그의 큰 형인 부안진병마첨절제사 변차희가 부임 인사를 하기 위해 국왕을 알현하는 자리에서 동생을 풀어줄 것을 청했다가 처벌을 받았다.[17] 변상동은 당초 아버지 변이가 공신이라는 점으로 엄중 처벌은 면하게 되었다. 변상동의 첫째아들 변효순(邊孝順)은 태종의 딸인 소선옹주(昭善翁主)의 남편이다.[18] 변효순은 1남 1녀를 두었다, 시호는 강안(康安)이다. 변상동의 손자인 변상(邊祥)은 문과에 합격하여 시강원 보덕을 지냈고, 순성군(順城君) 이기(李諿)의 서4녀와 혼인하였다.[19] 다시 말해 변상은 양녕대군(讓寧大君) 이제(李禔)의 손녀와 혼인한 것이다.

변상동 계열은 족보에서 감찰공파로 불린다. 이 계열의 묘지 기록은 변상의 아들 변용원(邊用瑗)이 충청도 진천(鎭川) 문방면(文方面) 성조릉(城造陵)으로 처음 표기되며, 이후 진천 일대가 세거지가 되었다. 변상동의 10세손인 변천기(邊天起)의 묘가 충주(忠州)에 조성됨으로써 계열의 일부는 충주가 세거지가 되었다. 경기도 과천(果川)에 세거한 일파도 있다.

---

16) 《세종실록》 9년 9월 29일(갑인).

17) 《세종실록》 10년 3월 14일(병신).

18) 참고로, 태종의 자녀는 세종을 포함하여 대군 4명, 궁주(공주) 4명, 군 8명, 옹주 13명이었다. 유천위(柔川尉) 변효순(邊孝順)의 부인 소선옹주(昭善翁主)는 권씨가 낳은 딸이고, 옹주 가운데 다섯 번째였다.(1679년 간행, 《璿源系譜紀略》 單, 한국학중앙연구원 장서각 2-966 및 1681년 간행, 《璿源系譜紀略》 單, 같은 2-972A-1)

19) 순성군(順城君)은 서4남 서4녀를 두었고, 변상(邊祥)과 혼례를 치른 딸은 넷째딸이었다.(1760년 간행, 《璿源系譜紀略》 8책, 한국학중앙연구원 장서각 2-986A-3)

변이의 여섯째아들 변상빙(邊尙聘)은 행대감찰(行臺監察)을 지냈고, 1457년(세조 3)에 원종공신(原從功臣) 3등에 책록되었다.[20] 변상빙의 후손은 군수공파로 불린다. 변상빙은 강원도 원주 부론면(富論面) 칠리(七里) 노림장(魯林壯) 남촌(南村)에 묻혔다.[21] 아들 변석륜(邊石崙)은 부장(部長)을 지냈고, 증손 변계온(邊繼溫), 변계공(邊繼恭), 변계검(邊繼儉)이 무과에 급제하여 관직 생활을 하였다. 변상빙의 손자인 변억령(邊億齡)이 원주에서 함경도 북청(北靑)으로 이주함으로써 후손들의 거주지가 되었다.[22] 변억령의 9세손 변대성(邊大成)이 북청에서 경상도 풍기(豐基)로 이주하였다. 다시 말해, 변상빙 계열의 세거지는 원주, 북청, 풍기 등지였다.

변이의 일곱째아들 변상복(邊尙服)은 정종의 딸 덕천옹주와 혼인하여 3남을 낳았다.[23] 변상복 계열은 부마공파로 불린다. 변상복의 첫째아들 변견(邊堅)은 의인(宜人) 봉화금씨(奉化琴氏)와 혼인하였고,[24] 둘째아들 변후(邊厚)는 무과에 급제해서 현령을 지냈고, 영산신씨(靈山辛氏)를 부인으로 맞아들였다. 셋째아들 변정(邊靖)은 역시 무과 출신으로 병사를 지냈고 안식(安植)의 딸과 혼인하였다. 1571년

20) 《세조실록》 3년 8월 12일(계묘).

21) 현재 경기도 여주군 강천면 도전리 원심동 산93번지에 있다.(2006년 간행, 《원주변씨세보》 수권)

22) 변상빙(邊尙聘)은 아들 4명을 두었는데, 그 가운데 변석산(邊石山), 변석곤(邊石崑)이 모두 서자라는 단서만 있을 뿐, 변석곤의 아들 변억령이 북청으로 이주한 이유는 알 수 없다.

23) 《선원계보기략》에는 3남 이외에 2녀를 더 둔 것으로 기록되었다. 1녀는 주부 이수봉(李秀蓬)과 혼인하였고, 2녀는 김여진(金麗珍)과 혼인하였다.

24) 《선원계보기략》에는 부인이 주부 하소의(河紹義)의 딸로 되어 있다.

박승임이 지은 변안열 묘표에, 병사 변정은 시조 묘와 가까운 거리에 거주했다고 하였다. 변상복은 첨지중추원사(僉知中樞院事)를 지냈고,[25] 강릉대도호부사(江陵大都護府使)로 재직하다가 사망하였다.[26] 변상복은 양주 지사리에 묻혔다.[27]

변상복 계열은 양주 지사리에 거주하다가 안동 소천(小川)으로 옮겨간 것으로 되어 있다.[28] 1800년에 간행된 족보 말미에 강원도 강릉·양구에 세거하는 변상복 계열이 실려 있다. 강릉파는 변상복(邊尙服)→2자 변후(邊厚)→자 변극녕(邊克寧)으로 이어지며, 변상복(邊尙服)→3자 변정(邊靖)→자 변준영(邊俊英[29])으로 이어진다.

변안열의 셋째아들 변예(邊預)는 무과에 합격하여 판훈련원사(判訓鍊院事),[30] 방주호군(房主護軍)을 지냈다.[31] 자녀는 2남 5녀였다. 1남은 사용(司勇) 변영청(邊永淸)이고, 2남은 중랑장(中郎將) 변세청(邊世淸)이다. 1녀는 종실 이의(李義), 2녀는 부사 이성전(李誠全), 3녀는 이부(李玸), 4녀는 목사 정윤신(鄭允愼), 5녀는 호군 정사직(鄭師稷)과 각각 혼인하였다.

---

25) 《단종실록》 즉위년 12월 11일(기해).

26) 《세조실록》 1년 7월 12일(을유).

27) 《선원계보기략》에는 양주 오롱리(五弄里)로 되어 있다.

28) 아쉬운 점은 묘지 기재사항이 멱사동(覓寺洞), 대곡동(大谷洞), 정각리(正覺里) 등 자연 지명이 나오고, 여타 경우처럼 군현명이 생략된 채로 동리가 나오지 않기 때문에 세거지 분포를 알기 어렵다는 것이다.

29) 변준영(邊俊英)으로 이어지는 가닥은 1800년 족보 이전에는 실리지 않았다고 하였다.(1800년 간행, 《原州邊氏世譜》 9권)

30) 1863년 간행, 《原州邊氏世譜》 1권.

31) 《태종실록》 8년 7월 26일(임신).

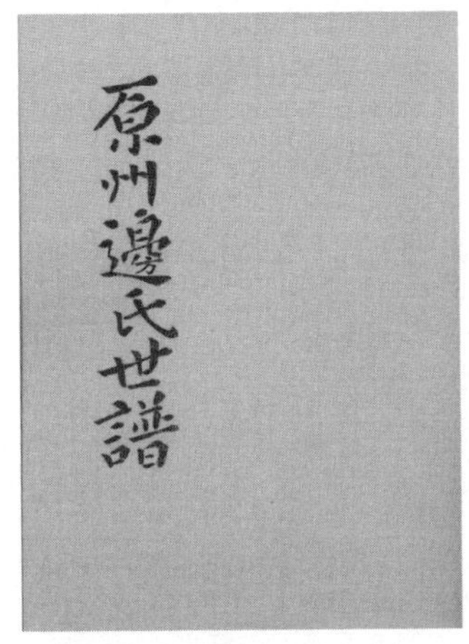


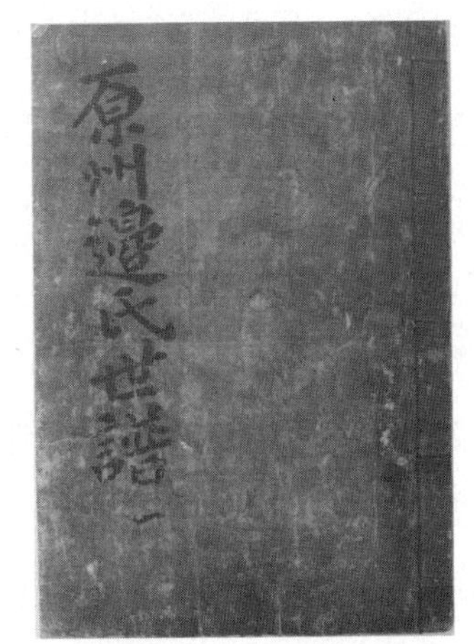

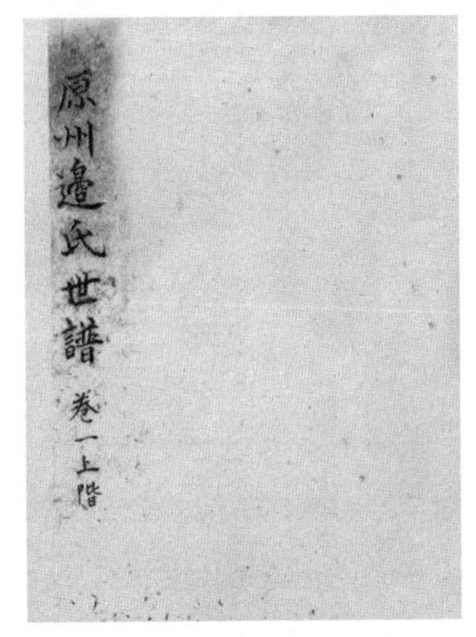

그림 3. 원주변씨세보.
위 왼쪽부터 경신보(1800),
계해보(1863), 갑인보(1914),
기해보(1959), 임진보(2012)

변예의 첫째아들 변영청 계열은 사용공파로 일컬어지며, 관직 사항으로는 무과, 진사 등의 경력이 나타난다. 세거지는 강원도 홍천이다. 변영청의 증손 변봉(邊鳳)과 변봉의 조카 변응성(邊應星)[32]이 1580년에 변안열 묘표를 건립했을 때 동성으로 동참했던 인물이다.

둘째아들 변세청은 중랑장(中郎將)을 지냈고, 특이하게 처향을 따라 제주도로 이주하였다. 이 계열은 무과 계통의 관직을 많이 지냈고, 향공(鄕貢), 문과, 교수의 경력이 나타난다. 이 가운데 변경붕(邊景鵬; 1756~1825)[33]은 제주도 대정읍 신도리 출신 유학자로서 정조조에 과거에 급제하였고, 사헌부 장령을 지냈다. 도학자로서 문집을 남기기도 하였다.[34]

## 3. 운봉 황산대첩비의 건립 과정

황산대첩비는 남원시 운봉면 화수리에 있다. 이곳은 함양읍에서 24번 국도로 따라 약 20킬로미터 가량 떨어진 곳이며, 남원시 방향에서 여원치 · 구동치 · 정령치로 이어지는 고개를 돌아 500, 600미터 안팎의 운봉고원에 위치해 있다.[35] 비는 운봉읍에서 함양 방향으

32) 변응성의 초명은 변두성(邊斗星)이었다.(1800년 간행, 《原州邊氏世譜》 9권)

33) 원주변씨화수회, 《원주변씨대동보》 권5, 엔코리아, 2012.

34) 허남춘 · 김병국 · 김새미오 역, 《통정대부사헌부장령 변경붕문집》, 제주대학교 탐라문화연구소, 2010, 13쪽.

35) 전북전통문화연구소, 《남원 문화유산의 탐구》(남원사회봉사단체협의회 · 원광

그림 4. 고려 원천부원군 대은 변공 황산대첩기념비(신석호 撰)

로 동쪽으로 흐르는 광천을 바라보고 있으며, 비를 에워싼 화수산[36]은 야트막하고 둥그런 동산이다. 황산대첩비가 있는 곳 오른쪽 방향으로 국악의 성지 송흥록(宋興祿) 생가가 있고, 그곳에서 몇 백 미터 떨어져서 황산 자락에 국악의 성지 기념관이 위치해 있다.

황산대첩비는 크게 일제강점기에 파괴된 비의 잔편, 1957년에 다시 세운 비, 그곳에서 오른쪽 위쪽에 있는 황산대첩 사적비, 바깥쪽 바위 자락에 마주하여 새겨진 어휘각으로 이루어져 있다. 또 1970년대 국사학자 신석호(申奭鎬) 박사가 황산대첩비의 내력을 우리말로 적은 비가 있다. 대패한 왜구의 피가 흘러내려 6, 7일 동안 붉은 기

대학교 평생교육원, 2002), 16쪽.

36) 남원공립국민학교, 《남원지》(南原誌), 1948, 211쪽.

운이 있었다는 혈계는, 황산대첩비가 있는 마을을 나와서 함양 방향으로 1, 2킬로미터 떨어져 있고, 지명으로는 운봉읍 인월면이다.

1577년(선조 10)에 황산대첩비가 세워진 내력은 다음과 같다. 1380년(우왕 6)의 황산대첩은 고려 말 왜구의 위세가 수그러드는 전환점이 되었을 뿐만 아니라,[37] 이성계가 천하를 장악하는 큰 분수령이 되었다. 그런 만큼 당대에 이색(李穡), 윤소종(尹紹宗)도 대첩을 찬양하였고, 세종-성종대의 훈신 정인지(鄭麟趾)도 칭송하는 시를 지었다.[38]

그로부터 2세기를 넘겨서 1575년(선조 9) 가을에, 전라도 관찰사 박계현(朴啓賢)은 운봉현 황산(荒山)에서 1380년(우왕 6) 이성계가 왜구를 대파한 것을 기념하여 비석을 세울 것을 건의하였다.[39] 박계현은 운봉현 동쪽으로 16리 떨어진 곳에 있는 황산이 이성계가 승첩을 거둔 곳인데도, 시대가 흘러 지명이 와전되고 길이 어그러져서 지점을 알 수가 없어, 그곳 백성들이 크게 빗돌을 세워 전승을 기록하게 할 것을 수령에게 건의했다고 보고하였다. 전라감사 박계현이 중앙에 보고한 뒤로 2년 만인 1577년(선조 10) 8월에 운봉현감(雲峰縣監) 박광옥(朴光玉)[40]의 주관 아래 비가 건립되었다. 비문은 호조판서 겸

---

37) 李領, 《잊혀진 전쟁 왜구》(에피스테메, 2007), 284쪽.

38) 《輿地圖書》 全羅道 雲峯縣 古跡(변주승 역주, 전주대학교, 흐름, 2009).

39) 金貴榮, 《東園集》 권3, 〈荒山大捷之碑幷頌〉(표점영인 한국문집총간 37, 민족문화추진회, 1988) 하지만 임란 이전 선조대 기록이 부실하여, 비를 세우게 된 전후 사정을 알기는 어렵다.

40) 박광옥(朴光玉; 1526～1593)은 1574년(선조 7) 문과 별시에 급제하고 그 해 8월에 현감으로 도임하여 1578년 8월이 같은 전라도 군사(郡事)로 옮겨갔다.(《雲峯縣邑誌》 邑候案, 서울대학교 규장각한국학연구원, 《全羅道邑誌》 14, 2006)

양관 대제학인 김귀영(金貴榮)이 짓고, 글씨는 송인(宋寅)이 썼으며, 두전(頭篆)은 남응운(南應雲)이 썼다.

비가 건립된 지 90년이 지난 1667년(현종 8)에 운봉현감 허제(許濟)가 비각을 세웠고, 참판 이정영(李正英)이 편액을 썼으며, 예조정랑 김지성(金之聲)이 하교를 받들어 액자를 걸었다.[41] 유학(幼學) 오정익(吳廷益), 출신(出身) 유진립(柳震立)이 공사를 감독하였다. 비가 건립되고 별장을 두어 비전을 지키게 하다가, 중도에 승려가 수호역을 담당하는 것으로 바뀌었다 기유년에 다시 본래 제도로 복구되었다.[42]

다음에 제시한 비문은 전북대학교 박물관에 소장된 '황산대첩지비'(荒山大捷之碑) 탁본(유물번호 1806)에 의거하여 입력한 것이고, 김귀영(金貴榮)의 문집《동원집》(東園集)과《조선금석총람》(朝鮮金石總覽)을 함께 대조하였다.

---

41)《輿地圖書》全羅道 雲峯縣 古跡. 다만, 이 기사에서 참판 이정영(李正英)이 전액을 쓰고 예조정랑 김지성(金之聲)이 현판을 걸었다고 하는 점이 무엇을 가리키는지 분명하지 않다. 운봉현감 허제(許濟)가 비를 보호하는 각을 세운 것은 이해되지만, 이정영이 쓴 전액은 어디에 새겨졌으며 김지성은 어디에다 현판을 건 것인지 알기 어렵다. 1945년 비가 파괴되기 이전의 원형을 알 수 있는 황산대첩비 탁본(전북대학교 박물관 소장)에 따르면, 찬자 김귀영, 서자 송인, 두전 남응운, 건립자 박광옥이 나온다. 다시 말해 1667년의 기사를 입체적으로 그려볼 수 있는 물품이 남아 있지 않다. 그리고《여지도서》의 편자는 황산대첩비의 내력을 연대순으로 적은 것이 아니라 비를 둘러싸고 있는 외곽부터 비문 자체로 이동해 가면서 기록하였다.

42) "初置別將守護矣. 中間遞之以僧, 寔有欠於尊奉, 爽在己酉, 復設別將."(《雲城志》兵警)

荒山大捷之碑(篆題)

荒山大捷之碑

□□□資獻大夫.戶曹判書兼弘文館大提學・藝文館大提學.知成均館・同知▲經筵・春秋館事.五衛都摠府都摠管臣金貴榮.奉▲教撰.

□□□奉憲大夫.礪城君.臣宋寅.奉▲教書

□□□嘉善大夫.戶曹叅判兼五衛都摠府副摠管.臣南應雲.奉▲教篆

□□萬曆三年秋.全羅道觀察使朴啓賢馳▲啓曰.雲峯縣之東十六里有荒山.寔我[ ]

太祖康獻大王大捷倭寇之地也.年代流易.地名訛舛.行路躊躇.指點有不能辨認.誠恐千百歲之後.高者夷.下者湮.益將昧々而莫之其

□□所.願樹一大石以識之.縣之耆倪.相與愬于官.守土之臣.不敢仰以報.謹▲上聞.[ ]

上可其啓.▲命其道幹其事.仍▲命臣貴榮之文.臣承▲命祗慄.謹案.麗季.國步骫骳.島夷乘之.屠城燒邑.殺人盈野.所過波血.千里蕭然.殲咸陽.火[43]雲峰.屯引月.聲言穀馬北上.中外大震.[ ]

太祖發南原.踰雲峰抵荒山.登鼎峰之上.相視形便.指授掎[44]角.盡銳奮激.十倍之賊.不終日而蕩除.邇來二百年間.海不揚波.嶺湖奠安.莫

□□非斯役之所賜.則南民之感戴追慕.思欲封殖而瞻依者.烏得已也.洪惟我[ ]

聖祖.宏功峻烈.昭載國乘.照人耳目.軒天地耀古今.當與玆山而終始.不必區々斲石.爲之形容.然後可以傳示無窮也.雖然.南方之山.巍

□□然高大者.無慮百數.而[ ]

聖祖大勳之集.適在於玆山.則可與天作高山.儷美[45]竝稱.而崧高維嶽.萬

43) 《조선금석총람》에 '화'(火)로 나오며, 《동원집》에 '염'(炎)으로 나옴.

44) 《조선금석총람》에도 '기'(掎)로 나오고, 《동원집》에는 '의'(輢)로 나옴.

世仰止者矣.於戱.岐陽蒐狩.簡車徒也.而石鼓有勒.淮西削平.定
□□藩鎭也.而群臣請紀.
聖武廓淸之功.巍々蕩々.萬世[46]永頼.則鑱之貞珉.閣之龜龍.使居民行旅.瞻望拜稽.有以寄沒世不忘之思焉.不亦韙哉.臣貴榮.謹拜手稽首.獻頌曰.[ ]
□□麗運告窮.奸孼內訌.召彼外戎.島夷㶇突.三陲被毒.爲糜爲肉.萬姓暴骨.千里慘目.孰[47]遏亂略.[ ]
聖祖受越.師出爲律.震々爚々.神精上格.白虹貫日.勝兆已卜.天與之惎.地效其利.荒山是畀[48].爰赫一怒.爰奮厥武.我旆我鼓.凶酋揚穀.欲
□□抗虓虎.自送其脰.頂子應發.兜鍪忽側.已洞利鏃.蜂屯蟻雜.褫氣號哭[49].萬牛股谷.策馬先登.四面以崩.莫我敢乘.雷奔電激.竹破瓦裂.
□□脔腦狼藉.人神協討.會朝迅掃.三韓再造.革面悔罪.厥篚繹海.垂二百載.南民耕鑿.煦愉事育.莫非爾極.載慕載祝.銘在心腹.愈久如
□□昨.明曆五祺.伐石而紀.于山之趾.不騫不剝.永世無斁.有如斯石.
□萬曆五年丁丑八月日□□□朝奉大夫.行雲峰縣監.南原鎭管兵馬節制都尉兼春秋記事官.臣朴光玉建

(※ 본문에 쓴 약호는 □=공백, ▲=1자 빠짐, [ ]=대두를 뜻함. 단 여기서 표기한 약호는 정확한 것은 아니고, 〈그림 1〉의 탁본을 참조하기 바람.)

비문의 도입 부분에 황산대첩비를 세우게 된 사정이 나와 있다.

---

45) 《동원집》에 '미려'(美儷)로 나옴.
46) 《동원집》에 '만민'(萬民)으로 나옴.
47) 《동원집》에 '집'(執)으로 나옴.
48) 《조선금석총람》에도 '비'(畀)로 나오고 《동원집》에는 '계'(界)로 나옴.
49) 《동원집》에 '소'(笑)로 나옴.

그림 5. 황산대첩비 탁본(전북대학교 박물관 소장)

세월이 오래되고 지명이 달라져서 태조 이성계가 왜구를 상대로 대첩을 올린 곳을 알지 못하게 되었으니, 비석을 세워서 후세 사람들에게 전해지도록 해야 한다고 하였다. 다음은 고려 말 왜구가 극성이었는데 이성계가 황산에서 적은 병력으로 왜구를 격파함으로써 200년 동안 평화가 이어지게 했다고 칭송한 부분이다. 고려 말 나라가 위태하여 섬 오랑캐가 그 형세를 타고 들어와 성을 도륙하고 고을을 불태워서 죽은 사람이 들판에 가득 찼으며 천리가 텅 비었다. 왜구가 함양(咸陽)을 남김없이 노략질하고 운봉(雲峯)을 불태운 다음, 인월(引月)에 주둔하였다. (저들이) 말을 먹여 북상하겠다고 큰소리치므로 온 나라가 두려워하였다. 이성계가 남원(南原)으로 떠나 운봉을 넘어서 황산에서 맞닥뜨렸다. 정봉(鼎峯)으로 병력을 이끌고 올라가 양측이 대치하는 형편이 되었다. 소가 뿔을 맞대고 있는 것처럼 주고받는 형세였는데, 예리함을 다하여 힘써 공격하니 열 배의 적을 하루가 되기 전에 소탕하였다. 이후 200년 동안 바다에 물결이 일지 않고 영남·호남 모두 편안하였는데, 이 전역의 혜택이 아님이 없었으니 남도 백성들이 감격하여 추모하였고, 식지를 받들어 우러러 의지할 것을 생각하였다. 어찌 그만둘 수 있겠는가 하였다.

1948년에 발간된 《남원지》에 따르면, 1928년에 비 부근의 이씨 일문이 주장하여 중수하였다고 한다.[50] 일본 식민지 말기에 비가 파괴되었다가,[51] 현재 전북대학교 박물관에 소장된 황산대첩비 탁본[52]에 근거하여 비문을 1957년에 다시 새겼다고 한다. 이 깨어진

50) 남원공립국민학교, 《南原誌》, 1948, 212쪽.

51) 사적기에 그렇게 적혀 있으나, 문헌적 근거를 확인할 수 없었다. 비가 깨뜨려진 시점이 1945년 1월이라고도 하고 1944년이라는 설도 있다고 한다.

비문은 따로 보호각 속에 두고, 귀부(龜趺)와 이수(螭首)를 그대로 이용하여 새 비를 세웠다고 한다.

그런데, 황산대첩비는 조선왕조를 세운 이성계를 주어로 해서 씌어졌기 때문에, 이성계의 뒤를 이어 부장으로 참전한 부장 변안열의 공로를 그려내는 것은 쉽지 않다. 1571년(선조 4)에 외6세손으로서 변안열 묘표를 찬한 박승임(朴承任)은 '인월(引月) 정봉(鼎峰) 대첩에서 이성계의 공이 여타 장졸의 힘에 의지하지 않은 것 같지만, 전투의 방략을 짠 공로로 변안열이 이성계와 나란히 50금을 받았고,[53] 다른 비장이 함께 하지 못한 바였다'[54]고 하였다. 박승임도 변안열이 우왕에게서 받은 50금이 이성계와 같았음을 들어, 전공이 컸음을 우회적으로 표현하였다.

또 하나의 여지로서, 1580년(선조 13)에 건립된 변안열 묘표의 글씨를 쓴 송인(宋寅)은, 1577년(선조 10)에 세워진 황산대첩비의 서자

52) 본문에 제시할 탁본을 살펴보면, 탁본 전체로 큰 글씨로 '운봉'이라고 글자가 들어 있다. 이 자료를 제공해준 전북대학교 박물관의 이종철 학예실장에게 감사의 뜻을 표한다. 나중에 국립문화재연구소에 '황산대첩비' 탁본이 소장되어 있는 것을 알게 되었다. 그리고, 정조 즉위 이후 영조 어제를 중심으로 역대 조선 왕실의 도서를 보관한《봉모당도서목록》(奉謨堂圖書目錄)에서 '황산대첩비 족자'가 들어 있는 것으로 보아, 전북대학교 박물관 소장 탁본도 역시 조선 왕실에서 보관해 내려온 것임을 알 수 있다.(국립문화재연구소 소장,《고문헌목록》, 2012;《奉謨堂 圖書目錄(해제본)》, 한국학중앙연구원 장서각, 2012)

53)《고려사》변안열전에도 박승임의 기록처럼, "禑賜太祖及安烈 金各五十兩, 福命以下諸將, 銀各五十兩"으로 기록되었다.

54) "至於引月鼎峰之捷, 雖[2자 빠짐]聖武所加, 似若不藉羣力. 而觀其酬勞之日, 五十金之賜, 獨與[2자 빠짐]都閫同, 諸偏裨莫與焉. 則知公之於此擧, 籌略居多. 而不與[2자 빠짐]神功聯書, 豈載筆者所重有在而然歟?"(朴承任 撰,〈原川府院君邊公墓表〉)

(書者)이기도 하다. 변안열의 외7세손인 송인이 두 군데의 비문을 쓴 시기는 차이가 있겠지만, 10년 안팎의 일로서 둘의 연관성에 주목해 볼 필요도 있다. 분명한 것은, 두 비의 글씨가 씌어진 시점의 선후 관계를 따질 수 없다는 점이다. 짐작하건대, 1571년에 외6세손 박승임에게서 글을 받은 뒤로 중단되기도 했던 묘표 건립 사업은, 1577년 황산대첩비 건립에 자극을 받아 1580년에 완성된 것으로 보인다. 박승임이 묘표를 지으면서 변안열이 우왕한테서 이성계와 나란히 50금을 받았다는 사실을 내세우면서 외6대조를 표창하려고 했던 점은, 역시 황산대첩비의 글씨를 쓰면서 외7세손으로서 송인이 가졌던 심정과 별반 다르지 않았을 것이다. 다만 송인이 어떠한 조건에서 황산대첩비의 글씨를 쓰게 되었는가 하는 점은 분명히 드러나지 않는다. 추모하는 마음이 더욱 간절하고 받들어 의지할 것을 생각하였다.

## 4. 16세기 원주변씨의 뿌리 찾기와 변안열 묘표 건립

변안열의 묘는 남양주시 진건면 용정리 산197번지에 있다. 1923년에 발간된 《원주변씨세보》에 따르면, 양주(楊州) 주엽산(注葉山)에 있다가 1468년(세조 14) 세조릉이 들어설 주엽산[55]과 인접하여 풍양

55) 오늘날 지도에는 '죽엽산'으로 표기되어 있다.

현(豐壤縣) 건천면(乾川面) 지사동(芝沙洞)[56]으로 이전하였다고 한다. 풍양현은 현재 남양주시 별내면(別內面)을 말하고,[57] 본래 변안열 묘가 있다고 한 주엽산에서 남서쪽으로 내려온 지역이다. 풍양은 고려조에서 풍덕(豐德)이라 고쳐 불리었고, 현종 9년(1018)에 양주에 예속되었다. 뒤에 포천으로 예속되었고, 조선 세종 원년에 양주에 속하게 되었다.[58]

또 건천면은 본래 양주군의 지역으로서, 1914년 행정구역 개편 때 진관면(眞官面)의 7개 리와 건천면 13개 리, 접동면(接洞面) 중포(中浦), 와촌(瓦村) 일부, 미음면(渼陰面) 도농(陶農) 일부가 9개 리로 통폐합되면서 진건면이란 이름으로 바뀌었다.[59] 현 진건면 용정리(龍井里)는 건천면 하독정리(下獨井里) 오룡동(五龍洞), 상독정리(上獨井里) 각각의 일부가 더해져서 생겼다.[60]

하지만, 변안열의 묘가 양주 주엽산에서 남하하여 같은 양주 건천면 지사동으로 옮겼다고 하는 기록은, 족보 이외 자료에서 잘 나타나지 않는다. 양주 읍지의 인물·능묘 조에 보이지 않는다. 이러한 점 때문에 본래 변안열의 묘가 있었던 주엽산 시기를 고증하기 어려우며, 건천면으로 이장한 이후의 사정도 자세하지 못하다.[61]

---

56) 현재 '지사리'라는 지명은 '지세리'로 음이 달라져서 남아 있다.

57) 원경렬 집필, 《한국민족문화대백과사전》, 풍양(豐壤).

58) 《국역신증동국여지승람》 제11권 양주목(楊州牧) 건치연혁.

59) 양보경 집필, 진건읍(眞乾邑), 《경기도역사지명사전》(京畿道歷史地名事典), 한국학중앙연구원 동아시아역사연구소 편, 한국학중앙연구원출판부, 2011.

60) 越智唯七 編纂, 《新舊對照朝鮮全道府郡面里洞名稱一覽》, 京畿道 楊州郡, 京城府公平洞中央市場 發行(1917; 경인문화사 영인, 1990).

61) 후손들에 따르면, 1390년(공양왕 2)에 변안열이 처형당한 후 시신이 제대로 수습

이와 같이 초기 기록이 잘 전해지지 않은 상황 속에서도, 변안열의 후손들은 명종-선조대에 변안열의 묘와 부인 원주원씨의 묘를 찾아내고, 유력 외손들의 참여를 유도하여 묘표를 세운다.

변안열의 7세손인 광릉(光陵) 참봉(叅奉) 변순(邊循)[62]은, 1556년(명종 11) 여름에 양주 건천면 와초동으로 처음 와서, 성손(姓孫)인 변사형(邊士亨)[63]에게 찾아가 시조묘의 위치를 물었다. 당시 변사형은 일흔에 가까운 나이로서 시조묘 근처에 살고 있었다. 그는 변순이 찾아온 묘가 누구의 것인지 내력을 자세히 알지는 못하였으나, 다만 이곳이 선조의 묘이며, 오리동은 틀림없이 시조묘일 것이라고 말했다. 변순이 찾아온 와초동(瓦草洞)은 변안열의 부인 원주원씨의 묘가 있었던 곳이다. 변안열의 묘는 같은 면 오리동(吾利洞)에 있었다.

이 말을 바탕으로 변순은 종손 변백윤(邊伯胤; 1512~1563)[64]에게

되지 못했던 것으로 보인다. 이 점 때문에 조선왕조 건국과 동시에 변안열이 신원되었는데도 지리지 관련 기록에서 양주 편에 변안열 묘가 나오지 않는 원인으로 짐작된다.

62) 변순은 자가 선중(善仲)이고 광릉참봉을 지냈으며, 수직(壽職)으로 자헌대부 첨지중추부사를 받았다. 변순의 딸은 세종의 현손과 혼인하였다. 즉, 세종의 6남 수춘군(壽春君) 이현(李玹)의 증손자 문현수(文峴守) 이율(李慄; 1549~?)과 혼인하였다. 생졸년은 알 수 없다. 부인은 부정(副正) 유희잠(柳希潛)의 딸이고, 묘는 안악(安岳)에 있다. 변순은 첨추공 변차희(邊次熹)의 5세손이다.

63) 변사형의 부인은 우봉이씨 이효정(李孝貞)의 딸이다. 묘는 법곡(法谷) 마산(麻山)이다. 변사형은 사용공(司勇公) 변영청(邊永淸)의 손자이다.(邊安烈 →3자 預 →1자 永淸 →2자 順孫 →2자 士亨)

64) 변백윤의 부인은 영천이씨 지평 이환(李煥)의 딸이다. 부인 영천이씨는 1520년(중종 15)에 태어나서 1581년(선조 14)에 죽었다. 변백윤과 부인의 묘는 쌍분이고 양주 건천면 오리동 동쪽 언덕 성재동(聖在洞)에 있다. 변백윤의 계통은 다음과 같다. 邊安烈 →1자 顯 →1자 克忠 →1자 處寬 →1자 壽楊 →1자 應卿 →1자 伯胤 →1자 養中

물었고, 변백윤의 답도 변사형의 말과 같았다. 변순 자신도 그렇게 여겼다. 그 뒤에 변백윤의 아들 변양중(邊養中; 1543~1607)[65]은 와초동에 시조묘가 있고, 오리동에 부인묘가 있을 것이라고 하여, 앞서 세 사람하고는 거꾸로 이야기하였다. 변순은 둘 사이의 차이를 가릴 만한 문적이 없고, 이런 것 때문에 장차 후손들이 좇을 바가 없게 되는 것을 우려하였다. 이곳이다 저곳이다 판정할 수가 없는 처지에서, 우선 오래전부터 내려오는 견문에 따라 오리동에 묘표를 세웠다. 다만 원주원씨의 묘가 있던 와초동은 풍수의 격이 높다고 관청의 기록에 나오며, 조만간 국가의 용도로 수용될 우려도 있었다. 와초동이 국가의 금지구역(능지)에 있었기 때문에, 그곳에 있던 부인묘를 5리 떨어진 시조묘 옆으로 옮겨 왔다.[66]

그런데, 변순이 시조묘를 찾아 나선 시점보다 8년 전에 와초동의 원주원씨 묘에 투장한 사건이 있었다. 마을 사람인 박언(朴堰) 등이 자기 어머니 묘를 원주원씨 묘에서 몇 자를 남기지 않고 몰래 투장하였다. 박언 등은 묘의 후손들이 관에 제소할 것을 우려해서 원주원씨 묘의 표석을 몰래 제거해서 흔적을 없애려 하였다. 박언의 어

65) 변양중은 자가 성기(成己)이고 효행이 깊었다. 1675년(숙종 1)에 통훈대부 사복시정으로 증직되었다. 묘는 조부인 진사 변응경(邊應卿) 묘의 서쪽에 있다. 부인은 증숙부인 죽산안씨 여절교위(勵節校尉) 안수린(安壽麟)의 딸이다. 1544년(중종 39)에 태어나서 1618년(광해군 10)에 죽었다. 부부 합장묘이다.

66) 16세기 후반에 와초동에 있던 원주원씨 묘를 변안열의 묘가 있던 오리동으로 옮겨 왔다고 했으나, 1986년 사룡리 산26번지에 있던 원주원씨 묘를 용정리 산197번지로 옮겨 쌍분을 만들었다고 하였다.(《原州邊氏世譜》 首卷 소재 사진, 가승미디어제작, 2006) 과연 묘표 음기에 적힌 대로 오리동으로 옮겨 왔는지 아닌지 여부는 좀 더 검토를 거쳐야 할 것이다.

머니 묘는 변순이 시조묘를 찾아 나서는 과정에서 적발되어 옮겨 가게 한 것으로 보인다.

시조묘에 묘표를 세우기로 뜻을 모은 뒤, 1580년(선조 13)에 가서 결실을 맺게 되었다. 동성・이성 후손을 비롯하여 200여 명의 성의가 모여서 1575년 겨울에 충청도 홍주(洪州)에서 비석을 잘라오고, 1576년(선조 9) 가을에 처음으로 음기(陰記)를 새겼다. 역사(役事)의 부담이 커서 공사가 중단되기도 하였다. 마침내 1580년 4월 16일에 풍양현 동쪽 건천면 오리동에 묘표가 세워졌다. 1570년(선조 3)이 변순이 족장인 변영청(邊永淸)과 더불어 묘표를 세울 것을 발의하고, 여러 자손들의 협조를 청한 시점으로부터 만 10년이 소요되었고, 1556년 변순이 시조묘를 찾아 나선 때로부터 25년이 걸린 셈이다.

묘표는 변안열의 외6세손인 황해도 관찰사 박승임(朴承任; 1517～1586)이 1571년(선조 4)이 지었으며, 글씨는 외7세손 여성군(礪城君) 송인(宋寅; 1516～1584)이 썼다.[67] 박승임의 고조부인 예조참판 박규(朴葵)는 변안열의 손자 변현(邊顯)의 딸을 부인으로 맞이하였으므로,[68] 외6세손으로서 변안열의 묘표를 지은 것이다.

비로소 변안열 부부의 묘를 확정하고, 1570년(선조 3)부터 변순이

67) 《씨족원류》(氏族源流)에 의거하여 송인이 변안열의 외7세손이 계통을 간단히 나타내면 다음과 같다. 邊安烈→子邊/頤→子邊尙朝→女=李晟(延安人)→子李世雄→女=南袞(宜寧人)→女=子宋之翰(礪山人)→子宋寅. 그리고 족보를 찾는 데 도움을 준 이근호 선생께 감사드린다.

68) 박승임의 계통을 간단히 표기하면 다음과 같다. 朴應珠→[3대 략]→尙衷→訔→葵[=邊顯女]→秉鈞→碧→珩→承任(《潘南朴氏世譜》 20책, 1831년, 한국학중앙연구원 장서각 2-1750, MF출력 열람본)

주도하고 9촌숙이자 족장(族丈)인 청송부사 변영청(邊永清)이 발의하여 동성의 후손과 타성 후손의 도움을 받고, 외6세손 박승임이 묘표를 짓고, 외7세손 송인이 글씨를 써서, 드디어 1580년(선조 13) 4월에 묘표가 건립되었다.

아래에 제시한 묘표는 '한국금석문종합영상정보시스템'(gsm.nricp.go.kr)에 실린 탁본을 입력하였고, 《대은실기》(大隱實紀)에 실린 묘표도 대조하였다. 묘표의 구두점은 한국고전번역원의 것을 썼다. 광릉참봉 변순(邊循)이 주도하여 묘표를 세우기까지 전후 내력을 기록해 놓은 묘표 음기의 구두점은 필자가 찍었다.

原川府院君邊公墓表(頭篆)

高麗國推忠亮節宣威翊贊補祚功臣壁上三韓三重大匡領三司事原川府院君邊公墓表

外六代孫　朝鮮國通政大夫守黃海道觀察使朴承任　撰

外七代孫　　　　奉憲大夫礪城君宋寅書

東方之邊.皆祖於原.々之有邊氏.自領三司公始.公本中土北地人.生于遼瀋.稟幽燕勁氣.値胡元運訖.德穢寇澒.爰謀避地.至正辛卯.隨恭愍徂東.王乃妻以戚里判樞密元顗女.元本籍原.故公亦因賜原爲鄕焉.于時東亦不靖.外侮充斥.紅巾北蹴.涅齒南跳.以至鑾輿播越.而赤子爛爲魚肉.其戡亂敵愾.或佐或專.公未嘗不與.而績未嘗不茂.賊未嘗不芟.蓋賜號功臣.恩榮及於存亡者非一再.至於引月鼎峯之捷.雖[2자궐]聖武所加.似若不藉羣力.而觀其酬勞之日.五十金之賜.獨與[2자궐]都闞同.諸偏裨莫與焉.則知公之於此擧.籌略居多.而不與[2자궐]神功聯書.豈載筆者所重有在而然歟.公平生履歷.無非華顯.而卒乃封君府院.領印三司.則勳爵相稱.而朝望亦隆矣.獨其末年.因金佇一時蔓辭.遽罹禍網.宥命累降.而竟爲言者所

强.不鞫其情.而蔽以極刑.實恭讓之二年也.革命之際.事變之難.雖後世所不可知.亦所不敢言.而爲子孫者.不能無遺恨焉.作傳者至序於林・廉之次.而其記公所坐之由.則曰問佇不服.刀裂火熨.隨問皆服.遂成獄詞云者.玆數句豈非良史之微意歟.王氏給券而錄已死之功.[1자궐]本朝復官而還沒入之財.公之英靈.於是乎亦可以少慰矣.公衣冠之藏.舊在楊州注葉山.成化初.以逼近[1자궐]陵寢.移諸豐壤之吾利洞.世斬屬疎.遂昧其地.門戶茹嘆.有裔孫曰循者.獨慨然.探尋於黽徑冤迒之間.得一古墓.在脩陵上.比常瘞特崇.又近在兵使公靖墳東.兵使亦公後也.遂意此必公之所葬.而無表碣可考.乃邀喚傍居故老而詢之.則果是也.荒榛翳[土+遂].塵蘚沒階.忻愴交懷.拜奠而退.卽通諭于表裏同譜.又謀所以樹繫牲之石.深刻而永傳.不使再歸於湮廢.聞之者皆怛前之失.幸今之復.慶後之將續於無窮.乃隨饒乏.高下其數而輸之資.循也實管而成之.將涓吉改封而豎焉.公諱安烈.追封重大匡門下贊成事判禮儀司事順之孫.誠勤翊祚功臣壁上三韓三重大匡判三司事諒之子.配元氏.祖僉議贊成事忠.父卽判樞密公也.男三.曰顯.捷文科.判奉常寺事.曰/顧.左軍捴制.曰預.判訓鍊院事.女一.恭順君芳蕃.其壻也.流派轉遠.綿瓞斯繁.至今滿朝簪紳.多公之仍雲.公考以上.世襲元朝千戶.雖積慶有源.而公始爲東方邊氏之第一祖.則厥後永世之蕃衍升揚者.實皆自公而發之也.嗟乎.使如循之篤於孝思者.代有一人.則雖微此碑.公之墓可庶無虞於他日矣.然而遠者人之所易忽.而聖人以能追爲美.則凡爲公之苗裔.敢不思肇啓垂裕之恩.而各自勉旃.以無負此碑也哉.若夫年紀則在史.譜系則在牒.玆不詳錄.而只撮其梗槩云.皇明隆慶五年辛未七月　日.

原川府院君碑陰記

皇明隆慶五年庚午.循與族丈府使永淸.議普告同姓諸孫.縣監邊瑾邊璞邊璣・從仕邊克治・承訓邊龍壽・幼學邊鳳・兵使邊協・郡守邊鳳

祉・縣令邊洪邊彦琇・判官邊浚・縣監邊自新邊斗星・奉事邊潤邊永泰・副護軍邊悏・宣務邊沆・進士邊愼・展力邊致勱・宣略邊克誠・修義邊克敬・幼學邊克寅邊養中邊行徹邊繼源邊承源邊應海邊應河邊希中邊應虛・生員邊慶長・內禁邊淑邊應聖・異姓諸孫領議政洪暹府院君朴應順・廣川君壽禖・河原君鋥・左贊成鄭大年・河陵君鏻・礪城君宋寅禮曹判書洪曇・知中樞任說・寧平君嶜・平原君鎰・同敦寧沈逢源・大司諫白仁傑・叅判李英賢・大司憲朴應男・同知朴民獻・留守沈義謙・兵使申翊李潤德李挺・府尹朴承任・咸川正億載・叅議李栻睦詹・承旨金億齡洪仁慶・僉知李知行權擘元俊良梁思瑩・水使李叔男李欽・禮州牧使郭越・府使孫軾成鏄・僉使李玄培金世功・牧使朴應川權文海李應老・正(言[69])朴應福許晋安容・府使朴承侃金戣許思欽成世寧尹先哲尹健南井辛繼元李元成朴文秀邊良佑・舍人權徵・應教金宇宏・掌令鄭以周金惠孫・經歷安義孫・郡守李遠沈鐵梁思俊金世勣朴宣宋賓宋寧沈仁謙尹之淑朴應寅康台叔鄭純祜鄭忠仁金時晦沈鐩申守淵柳德粹沈禮謙沈信謙・正郎沈忠謙盧稙李元翼・持平李準李渤・都事鄭熙績趙仁俊金巚洪耈英・縣令鄭純嘏李廣寧李孝讜李韶鄭思伋・判官梁允純・佐郎尹峴李雍尹暻韓孝胤李大春・縣監李元常李景嶔安光國李士栗洪翼昌・奉教金晬・注書鄭淑男金敏善・直長李大秋・監役李大禾等二百餘人.共力襄事.越六年乙亥冬.伐石于洪州.丙子秋始刻陰記.而役鉅資乏.或作或輟.至庚辰春功乃告訖.四月十六日.竪立于豐壤縣東乾川面吾利洞兆左第二堦.始祖墓與夫人墓.各在兩地.相距餘五里.而一在吾利洞.一在瓦草洞□

嘉靖戊申年間.有里人朴堰等偸葬其母於瓦草洞右.而其不犯塋域者僅尺

69) 금석문 사이트에는 없으나, 같은 관직자가 열거되고 있어 '言'자가 들어가는 맞을 것이다.

그림 6. 변안열 묘표(남양주시지, 2001)

許.堰等自疑後孫呈訴.竊拔標石.以爲滅迹之地.歲丙辰夏.循始往瓦草洞.尋問姓孫士亨.士亨年幾七十.家在墓隣.亦未詳慣.但道此乃祖先之墓.而吾利洞則.的是始祖墓云.故問諸宗孫伯胤.其言亦如之.循常以爲然.厥後.伯胤之子養中.以瓦草爲始祖墓.吾利爲夫人墓云.然無籍可考.其後.遠裔莫適所從.未辨兩墓于彼於此.姑以夙昔見聞.乃於吾利洞塋側樹焉.第瓦草洞以風水高等.見錄於官簿.早晩或爲[1자궐]國用. 因有禁斥.則移彼于此.庶無恨焉.朴堰母墳.其時督發.故今則無矣.萬曆八年庚辰四月　日七代孫[2자 빠짐]光陵衾奉邊循等立石.

[ ] : 대두

그림 7. 변안열 묘표의 운문일월도 앞면

그림 8. 변안열 묘표의 운문일월도 뒷면

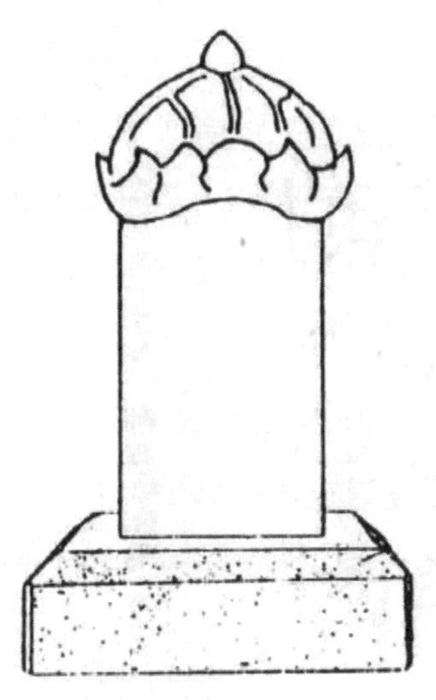

그림 9. 비좌하엽 묘표(李敏植, 1997)

그림 10. 변상복 · 덕천군주 묘표

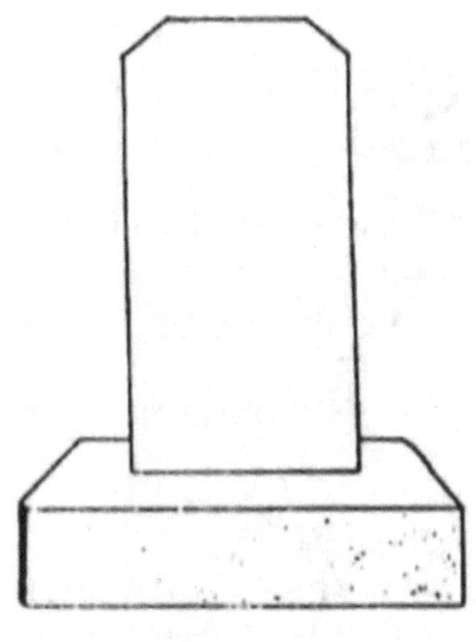

그림 11. 비좌규수 묘표(李敏植, 1997)

그림 12. 변상근 묘표

1580년에 건립된 변안열 묘표는 〈그림 6〉에서 보듯이, 높이가 3미터 25센티미터로서, 이례적인 규모이다.[70] 묘표의 이수(螭首)에 운문일월도(雲紋日月圖)가 새겨져 있는데,[71] 앞면은 달 속에 토끼가 방아를 찧는 모습이고, 뒷면은 해 속에 삼족오(三足烏)가 들어 있다.[72] 운문일월도는 구름무늬에다 해와 달을 새겨 음양을 표현한 것을 말한다.

그리고 변안열의 신도비는 1591년(선조 24) 정경세(鄭經世; 1563~1633)가 지었다고 하였으므로,[73] 황해감사 박승임이 묘표를 지은 시기보다 20년이 늦다. 묘표가 1580년(선조 13)에 건립된 것에 비해 380여 년 뒤인 1969년에 세워졌다. 《대은실기》(1950년 서)에 실린 신도비문을 근거로 건립되었다. 정경세가 지은 신도비는 정경세의 문집 《우복집》(愚伏集)에는 실려 있지 않다.

신도비의 앞부분에 원주변씨가 분파된 내력이 나오고, 시조공 변안열의 행적이 실려 있다. 다음으로 포은 정몽주(鄭夢周)가 지은 변안열 전, 목은 이색(李穡)의 변안열 제문, 야은 길재가 지은 변안열 제문이 실려 있다. 삼은의 기록 뒤에는 부인과 자손록이 들어 있다.

70) 이민식, 〈조선시대 능묘비(陵墓碑)에 관한 연구—경기도 지방을 중심으로〉(한성대학교 사학과 석사논문, 1997.8), 40쪽.

71) 변안열 묘표의 이수 문양과 비슷한 형식으로는 3년 앞서 1577년에 건립된 이황 묘표(李滉墓表)이다.(위의 글, 46쪽)

72) 변기태 편저, 《백세충의》(百世忠義; 원주변씨화수회, 2007), 111쪽.

73) 申奭鎬 편저, 《大殷實紀》, 변안열전 번역(大殷實紀 編纂委員會, 韓一文化印刷社, 1977) 부마공 변상복(邊尙服)의 5세손인 변계남(邊繼男)이 우복(愚伏) 정경세(鄭經世)의 사위인 것으로 족보에 나와 있지만, 정경세의 두 딸 가운데 그러한 인물은 없다(1800년 간행, 《原州邊氏族譜》 권7 및 한국고전번역원 제공, 《愚伏集》 별집 제9권, 李埈 撰, 〈贈崇政大夫……鄭公墓誌銘〉).

찬자 정경세는 변안열의 8세손 변응녕(邊應寧)[74]이 의뢰해서 지었다고 하였다.

그런데, 현재 진건면 용정리에 있는 변안열과 원주원씨의 쌍분은, 변순 등이 명종-선조 초반에 시조공의 묘를 찾고 묘표를 건립했을 때의 형태와는 많이 달라져 있다. 묘표와 망주석을 제외하고 쌍분은 현대적으로 단장되어 있다. 변안열 묘역에서 오른쪽 방향으로 돌아가면 증손대까지 묘가 10여 기 있는데, 이들 묘도 다소간 옛날 형태와 현대적으로 단장된 요소가 공존해 있다. 봉분의 호석, 망주석, 상석, 묘표, 장명등 등을 새로 제작하여 신구의 것을 함께 위치하도록 해 놓았고, 빠진 것을 채워 넣기도 하였다.

아들・손자대의 묘는 추원재 바로 위에 손자인 부마(駙馬) 변상복(邊尙服)의 묘가 있고, 추원재에서 몇 백 미터 떨어진 산자락에 변안열의 둘째아들 총제(摠制) 변이(邊/頤)의 묘가 있다.[75] 다시 추원재에서 동쪽 방향으로 손자 호군(護軍) 변상근(邊尙覲)의 묘, 손자 감찰(監察) 변상동(邊尙同)의 묘, 셋째아들 지훈련(知訓鍊) 변예(邊預)의 묘, 첫째아들 봉상시사(奉常寺事) 변현(邊顯)의 묘, 맏손자 별좌(別坐) 변극충(邊克忠)의 묘, 손자 참의(叅議) 변극민(邊克愍) 묘가 있다. 도로와 산자락이 맞닿은 지점에 증손자 서윤(庶尹) 변정(邊定)의 제단이 있고, 그 위에 변정의 부 첨추(僉樞) 변차희(邊次熹)의 제단이 있다.[76]

---

74) 변응녕(1518~1586)은 자는 영중(寧仲)이고 호는 사괴당(四愧堂)이다. 종9품 장사랑을 지냈다. 그는 생원, 문과에 합격하여 사헌부 감찰로 있다가 무오사화 때에 예천으로 내려와 정착한 변희리(邊希李)의 증손자이다.

75) 변이(邊/頤) 묘는 추원재에서 서쪽으로 돌아내려가서 공장 건물의 뒤편 산자락에 있다.

변안열의 증손대에 이르는 10여 기의 묘는 다소간 현대적으로 단장되어 있어 성립 연대를 짐작하는 데 애로사항이 있다. 하지만 뒤섞여 있는 형식 가운데 묘표의 형식을 유심히 관찰하면, 이들 묘역군이 적어도 16세기부터 형성되어 왔다는 점을 알 수 있다. 그러한 근거로서 1609년(광해군 1) 이후로 등장하지 않는 비좌하엽(碑座荷葉)의 묘표를 주목할 필요가 있다.[77] 앞의 〈그림 9〉, 〈그림 10〉에서 알 수 있듯이, 비좌하엽은 비신을 바치고 있는 비좌가 있고, 비신 위에 연꽃 문양의 덮개가 있는 것을 말한다. 비좌하엽 양식은 15세기 초반부터 등장하기 시작한 것으로 비의 덮개가 불교적인 색채를 띠는 연꽃 모양을 한 것을 말한다.[78] 변안열과 부인 원주원씨 쌍분에도 비좌하엽의 묘표가 있는 것을 비롯해서 변상근의 부인 함양박씨 묘표, 변상동・덕천군주의 묘, 변극충・인천이씨의 묘, 변극민・안동권씨 묘에서도 같은 형식의 묘표가 있다. 묘표의 크기는 각기 다르다.

연꽃 문양의 묘표 형식과 더불어 비좌규수(碑座奎首)의 묘표도 있다. 앞의 〈그림 11〉, 〈그림 12〉에서 알 수 있듯이, 이 형식은 비신의 윗부분을 직선 상태에서 옆면을 비스듬하게 자른 모습으로, 비신의

76) 각 묘마다 정확하게 위치를 표시해야 하지만, 여기서는 변안열의 묘를 포함하여 아들・손자대까지 분묘 석물을 개략적으로 다루는 것이기 때문에 정밀하게 하지 않았다. 양해를 구한다.

77) 비좌하엽 식의 묘표는 1609년에 조성된 〈정승주처시진송씨묘표〉(鄭承周妻市津宋氏墓表)를 끝으로 경기도 일대에서 나타나지 않는다고 하였다.(이민식, 앞의 글, 40쪽)

78) 위와 같음.

윗부분이 마치 편지봉투의 봉합 부분과 비슷한 모양을 한다. 면으로 따진다면 전후, 상하, 양측, 윗부분의 양측면까지 하여 모두 8면이 된다. 비좌규수는 글자 그대로 비신의 윗부분이 별 규(奎)자의 머리 부분과 비슷하다고 해서 지어진 용어인 듯하다. 이 묘표 형식은 1443년(세종 25)에 건립된 허조 묘표(許稠墓表)에서 처음 등장하여, 1570년(선조 3) 이후 잠시 사라졌다가, 1660년(현종 3)에 건립된 김집 묘표(金集墓表)에서 다시 등장했다가 완전히 없어졌다.[79] 변이·의령남씨 묘, 변상근 묘표가 그러한 형식이다.

요컨대, 용정리에 위치한 10여 기의 묘는 그 묘표의 형식으로 관찰하였을 때 적어도 16세기부터 형성되어 왔다는 점을 짐작할 수 있다. 변순이 1556년에 와초동으로 처음 와서 변사형을 찾아갔을 때, 변사형 집 부근에 선대묘가 있었다[80]는 점은, 묘표의 형식을 통해서 입증된다. 다시 말해, 세조릉 조성으로 인해 원주변씨 윗대묘가 양주 주엽산에서 같은 군현의 진건면 지사리로 내려와서 형성된 시기는 정확히 입증할 수는 없으나, 적어도 16세기부터 묘제 형식이 갖추어져 왔다는 사실은 입증이 된다. 다만, 묘표의 뒷면에 새겨진 기

79) 위와 같음.

80) "歲丙辰夏, 循始往瓦草洞, 尋問姓孫士亨, 士亨年幾七十. 家在墓隣, 亦未詳慣, 但道此乃祖先之墓"(〈原川府院君碑陰記〉) 이 기록으로 미루어 본다면, 1556년(병진)에 와초동에는 원주변씨의 선대묘가 있기는 했으나, 아직 묘표가 없었던 것으로 보인다. 변순이 동성의 연장자를 찾아서 물었을 것이고, 그렇다면 연장자인 변사형이 선조묘일 것이라고 얘기한 것은 변사형이 선대의 내력을 제대로 몰랐다는 말도 되지만 당시 선대묘에 묘표가 갖추어 있지 않았다는 것으로도 볼 수 있다. 아마도 변안열과 부인 원주원씨의 묘를 찾고 1580년 변안열 묘표를 건립할 때까지 이루어진 대대적인 위선 사업 속에서 변안열의 아들·손자대의 묘표가 세워진 것은 아닐까 한다.

록이 피장자의 생졸년 또는 건립 연대를 표기한 것으로 추측되기는 하나, 글자 상태가 좋지 않아 더 이상 검토하지 못했음을 밝혀 둔다.

## 5. 예천·안동·봉화 지역의 원주변씨 유적

경기권을 무대로 원주변씨의 일부가 경상도로 이주하게 된 계기는, 변안열의 현손 변희리(邊希李; 1435~1506)가 연산군대의 무오사화를 피하여 경상도 예천(醴泉)으로 내려온 것이다. 족보에서 변희리는 첨추공파에 속한다. 조선 건국과 동시에 신원된 변안열 가문은 변안열의 아들 세 명 모두 태종을 섬겨서 원종공신이 되거나 요직을 지냈고, 유력한 가문과 혼사를 맺어 나갔다. 총제 변이의 둘째딸은 개성유수이자 의안대군(義安大君) 이화(李和)와 혼인하였고, 변이의 일곱째아들인 변상복(邊尙服)은 정종의 딸 덕천군주와 혼인하였다. 변이의 손자 변효순(邊孝順)은 태종의 딸인 소선옹주(昭善翁主)와 혼례를 치렀고, 변이의 증손인 변상(邊祥)은 양녕대군의 손녀와 혼인함으로써 가문의 기반을 든든하게 다질 수 있었다.

하지만 연산군대의 정치적 파행 속에서 첨추 변차희의 손자인 변희리는 경상도 예천으로 피신하였다. 변희예(邊希乂)는 영천(榮川)으로 내려왔다.[81] 변희리는 생원·문과를 거쳐 형조좌랑을 지냈으며,

81) 변희예(邊希乂)가 사화 때문에 경상도로 내려갔다는 기록은 없다.

예천으로 은거한 뜻을 살려 호를 귀계(歸溪)라 하였다. 변희리의 사촌동생인 변희예는 영천에 정착하였고, 그의 셋째아들인 변광(邊廣)은 영천에서 다시 안동 금계(金溪)로 이주하였다. 변희예의 손자인 변영청(邊永淸)은 문과를 거쳐 사헌부집의, 남원·청송부사를 지냈으며 청백리로도 이름을 남겼다. 변영청은 자신의 관력을 바탕으로 1580년 시조 변안열의 묘표를 건립했을 때 전면에 나선 광릉참봉 변순(邊循)을 측면에서 지원한 인물이기도 하다. 변영청의 동생 변영순(邊永淳)은 안동 금계에서 태어나 봉화 내성 거촌으로 이주하였다.

이와 같이 경상도 예천·안동·봉화 지역의 원주변씨는 연산군대의 사화를 피하여 낙남한 데서 자리 잡기 시작하였다. 시간순에 따라 예천·안동·봉화 지역으로 나누어, 각각의 지역에서 남아 있는 원주변씨의 유물·유적을 살펴보도록 하겠다.

### 5.1. 예천 변희리 이하의 묘

원주변씨로서 영남 입향조가 되는 변희리(邊希李; 1435~1506)의 묘는 경상북도 예천군 용문면 노사동 주봉산 자락에 위치하고 있다. 변희리의 묘표에는 '통훈대부 사헌부집의 원주변공희리지묘'(通訓大夫司憲府執義原州邊公希李之墓)라고 새겨져 있다. 변희리의 묘지(墓誌)는 국오(菊塢) 강경순(姜景淳)이 지었다. 변희리의 부인 숙인 전주이씨 묘는 변희리 묘 바로 밑에 있다. 부인 묘에는 묘표가 없다. 그리고 변희리의 사촌동생인 충무위 부사직 변희예(邊希乂)는 영천(榮川)으로 내려와 정착하였다. 변희예의 묘는 순흥(順興) 수민(壽民) 단

요산동(丹腰山洞)에 있다.[82)]

변희리 묘에서 내려와 마주보는 산자락으로 올라가면 현 봉사손의 집이 있고, 그 위쪽에 변희리의 손자 변관(邊瓘; ?~1558)과 부인 연안김씨의 묘가 있다. 변관은 자 숙형(叔瑩)이고 생원·진사를 거쳐 음직으로 영릉참봉(英陵參奉)과 군수(郡守)를 지냈다.[83)] 1800년 족보에는 빠져 있으나, 변관의 맏딸은 성종의 현손 청송부령(靑松副令) 이탄(李坦; 1512~?)과 혼인하였다. 변관의 묘 아래에 아들 장사랑 변응녕(邊應寧; 1518~1586)과 부인 감천문씨(甘泉文氏) 묘가 있다. 변응녕 묘 아래에 변응녕의 아들인 의금부도사 승훈랑 변흠(邊欽; 1558~1589)와 동래정씨의 묘가 있다.

### 5.2. 사괴당 변응녕 고택

사괴당(四槐堂) 변응녕(邊應寧) 고택은 경상북도 예천군 용문면 상금곡리(웃금당실) 430번지에 있다.[84)] 1997년 9월 29일 경북문화재자료 제337호로 지정되었다.[85)] 상금곡리는 원주변씨와 함양박씨의 집성 부락이다. 변응녕은 연산군대의 무오사화를 피하여 예천으로 내려와 정착한 변희리의 증손자이다. 그는 인종대의 을사사화의 소식을 듣고 여독이 미치는 것을 두려워하면서 공명에 뜻을 두지 않고

82) 1800년 경상도 예천 용문사 개간(開刊), 《原州邊氏世譜》 2권.
83) 《成宗大王宗親錄》 藏2-1209, 한국학중앙연구원 장서각.
84) 예천군지편찬위원회, 《예천군지》(醴泉郡誌) 하권(예천의 문화재), 2005, 72~73쪽.
85) 원주변씨화수회, 《백세충의》, 124~126쪽.

정자를 만들고 자연을 노래하였다고 한다. 그가 심은 네 그루의 회나무는 대홍수를 당해 정자, 연못과 함께 유실되어,86) 한 그루만 남아 예천군 보호수로 지정되어 있다. 사괴당은 18세기 후반에 건립된 것으로 추정된다.87)

사괴당은 정침의 정면에 니은(ㄴ)자 모양의 사랑채가 있었으나, 낡아서 철거되었고, 현재 디귿(冂)자형의 정침만 남아 있다. 주위에는 토석 담장을 둘렀는데, 정면에는 3칸 규모의 대문채를 두었으며, 오른쪽 면에는 일제강점기에 세운 초가지붕을 올린 중층의 대문채가 자리하고 있다. 정침은 정면 5칸, 측면 5칸 규모의 디귿(冂)자 모양의 건물인데, 대청의 왼쪽에는 안주인이 관장하는 안 공간을 두었으며, 오른쪽에는 아랫세대의 영역으로 이루어져 있다.

### 5.3. 안동 금계 동호정

동호정은 동호(東湖) 변영청(邊永淸; 1516~1580)을 모시는 정자이다. 변영청은 영천으로 내려와 자리 잡은 변희예의 손자이고, 다시 영천에서 안동 금계로 이주한 변광(邊廣)의 아들이다. 앞 장에서 밝힌 바 있듯이, 변영청은 여타 관직을 지낸 경륜을 바탕으로 1570년부터 1580년까지 외6세손 황해감사 박승임에게 시조 묘표의 찬진을 의뢰하고, 동성·이성의 성의를 모아 묘표를 건립할 때까지 전면에

86) 본래 집은 99칸이었고, 냇가에서 가져온 강돌담으로 만들었다고 현지에서 들었다.
87) 최춘서, 〈예천 금당실 마을의 형성과 전통주거 연구〉, 서울시립대학교 건축학과 박사논문, 2011.2, 29쪽.

나선 광릉참봉 변순을 지원한 인물이다. 자세한 검토를 거쳐야 하겠으나, 묘표 건립에 성원을 보낸 타성 100명의 협조는 출발 단계에서부터 문과를 거쳐 중앙 정계에서 활동한 배경이 아니었다면 의뢰하는 것조차 쉽지 않았을 것이라고 여겨진다. 변영청의 아들 생원 변경장(邊慶長)은 변순을 도와서 묘표를 건립하는 데 일익을 담당한 40여 명 가운데 한 명이다.

현재 남은 동호정만이 아니라, 당초 종택이 있었다고 한다.[88] 검제마을 미림이골에 자리하고 있었던 동호 종택은, 정면 5칸, 측면 2칸의 '일(一)자형'의 정침과, 정침 왼쪽에 연결된 정면 2칸, 측면 1칸 반의 부속채가 딸린 '기역(ㄱ)자형'의 가옥이었다. 정면의 가장 왼편에 1칸 반 규모의 안방, 1칸 반의 안대청, 1칸의 사랑방과 사랑대청이 나란히 배치되어 있었다. 그리고 정침의 왼쪽에 연결되어 있는 부속채에는 부엌과 방이 모두 마련되어 있었다.

동호 종택은 변영청의 아버지 변광이 처가인 안동권씨의 인연으로 검제마을로 이주하여 살던 집이었다. 중도에 몇 차례 자리를 옮겨 지어졌는데, 번계라는 산기슭에 동호정만 남아 있다.

### 5.4. 안동 검제 간재 종택

간재 종택은 동호 변영청의 손자인 변중일(邊中一; 1575~1660)의 후손들이 살아온 집이다. 경상북도 안동시 서후면 금계리 162번지에

88) 원주변씨화수회, 앞의 책, 130~131쪽.

있으며, 경북민속자료 제131호로 지정되었다. 종택이 위치한 금계리는 일명 금제(琴堤) 또는 금제(黔堤, 검제)마을로 더 잘 알려진, 천년불패의 땅으로 불린다. 변중일은 변경장의 둘째아들이다. 그가 남긴 시문은 1860년(철종 11)에 가서 후손 변도신(邊道新)과 변정기(邊正基) 등이 편집하여 간행되었다.

간재 종택과 정자는 마을 어귀 924번 도로에서 오른쪽으로 난 농로를 따라 홍살문을 지나면, 골의 맨 아래쪽에 남서쪽으로 향해 있다. 1763년에 창건되었으며 1949년에 중수되었다. 종택과 정침은 완전 '미음(ㅁ)자형'으로, 앞줄에 중문간채와 사랑채가 놓이고, 그 뒤쪽에 안채와 좌우익사가 안마당을 에워싸고 있다. 사랑채는 덤벙초석 위에 정면 모두와 오른쪽 면의 앞쪽 한 곳은 원기둥으로, 나머지는 네모기둥을 세웠다. 원기둥은 누상주인데, 그 밑에는 팔각형으로 다듬은 누하주를 받쳤다. 이처럼 기둥의 모양새를 달리한 것은 '천원지방'(天圓地方)이라는 동양의 우주관에 따른 조형 원리를 건물 조형에 구현한 것으로, 선조들의 정성어린 조형 사상을 읽을 수 있다. 안채는 안마당 폭을 가득 메운 3칸 안대청이 중앙에 자리 잡고, 그 왼쪽과 오른쪽에 각기 앞뒤 2칸 통씩 안방 상방이 놓여 있다.

종택에 딸린 건물로는, 1686년 건립하고 1847년에 중수한 정충효각(旌忠孝閣), 변중일이 후학을 지도하던 간재정(簡齋亭), 변중일의 위패를 보관한 묘우(廟宇), 별당인 무민당(无悶堂)이 있다.

### 5.5. 봉화 거촌 수온당 종택

봉화의 원주변씨는 변희리의 손자인 변영순(邊永淳; ?~1612)이 안동 금계에서 태어나 봉화 내성 거촌으로 이주한 이후로 형성된 것이다. 변영순은 한성에서 영천으로 낙남한 변희예의 손자이고, 영천에서 안동 금계로 다시 거처를 옮긴 변광의 아들이다. 변영순은 자가 개숙(開叔)이고 경회(慶會)와 경응(慶膺) 두 아들을 두었다.

변경회의 6세손 변상훈(邊尙勳; 1678~1737)이 1713년(숙종 39)에 건립한 수온당(睡穩堂)은 후학들을 가르치고 지역 사림이었던 이광정(李光庭), 권두응(權斗應), 권만(權萬)과 교류하던 정자이다.[89] 변상훈의 계통은 경회(慶會)→약(鑰)→유번(有藩)→수(洙,생부 有翰)→극태(克泰)→출계 언박(彦博)→상훈(尙勳)으로 이어진다.[90]

서쪽 방이 와룡헌이고 동쪽 방이 함양재이다. 종택은 2천 평 대지에 사당 정자 안채, 사랑채, 행랑채 솟을대문 밑에 부속 건물이 약 350년 전에 건립되어 퇴락하여, 지손 변교우(邊敎雨)가 비용을 부담하여 1984년 사당 정자를 제외하고 전부 해체하여 중건하였다.

### 5.6. 봉화 구양서원

구양서원(龜陽書院)은 1914년에 세덕사(世德祠)를 건립한 데서 출발하였다. 변경회(邊慶會)와 변경회의 현손 변극태(邊克泰)를 봉향하

89) 위의 책, 132~133쪽.

90) 1800년 간행, 《원주변씨세보》 2·4권.

그림 13. 구양서원(변안열 사당)

였다. 1924년 변태균(邊台均)이 주관하여 구양리사(龜陽里社)으로 승격되었고, 1984년 후손 변교우가 자비를 들여 강당을 중수하면서 전사청, 동서재, 삼문, 문루, 주사 등을 갖추어 서원으로 승격되었다. 같은 해 11월에 시조 변안열을 주벽으로 모시고 변경회, 변극태를 배향하여 봉안하였다. 서원 사적기와 더불어 변안열의 〈불굴가〉 시비가 있다. 사적기 발문은 변용대(邊用大)가 썼다. 앞문은 염수당(念修堂)이고, 마주보는 현판이 진덕문(進德門)이고, 왼쪽 재사는 무민재(懋敏齋), 오른쪽은 온습재(溫習齋)이다. 전사청, 장서각 등이 있다.

# 부 록

## 과거 합격자 현황

# 과거(文科 · 武科 等 科別) 합격자 현황

| 성명 | 자(호) | 호 | 생년 | 합격연령 | 활동시대 | 과거 및 취재명 | 급제년도 | 전력 및 관직 | 부 | 조부 | 증조부 | 고향 | 소속종파 |
|---|---|---|---|---|---|---|---|---|---|---|---|---|---|
| 변현(顯) | | | | | | 고려문과. 禑王8년 壬戌榜 同進士 18위 | 1382 | 判事 | 변안렬(安烈) | 변량(諒) | 변순(順) | 京 | 判事公派祖 |
| 변경붕(景鵬) | 仲擧 | 一齊 | 1756 | 40세 | 조선후기 | 문과. 正祖19년 乙卯 式年試 丙科 26위 | 1795 | 吏曹參議 | 변성휴(聖休) | 변시해(是海) | 변희련(希蓮) | 濟州. 新桃 | 中郎將公派 |
| 변경우(景祐) | 善哉 | 自然堂 | 1745 | 39세 | | 문과. 正祖7년 癸卯 增廣試 丙科 19위 | 1783 | 戶曹參判 | 변성좌(聖佐) | 변시한(是翰) | 변희노(希蘆) | 濟州. 流水 | 中郎將公派 |
| 변경준(景俊) | | | 1787 | 29세 | | 문과. 純祖15년 乙亥 庭試 丙科 18위 | 1815 | 承政院注書 | 변성보(聖輔) | 변시한(是翰) | 변희노(希蘆) | 濟州. 上加 | 中郎將公派 |
| 변경진(景鎭) | 殷仲 | | 1712 | 42세 | | 문과. 英祖29년 癸酉 式年試 丙科 9위 | 1753 | 幼學 | 변숙(塾) | 변진원(振原) | 변석징(錫徵) | 미상 | |
| 변광대(光大) | 明遠 | | 1485 | 28세 | | 문과. 中宗8년 癸酉 式年試 乙科 4위 | 1513 | 佐郎. 正言 | 변희리(希李) | 변정(定) | 변차희(次熹) | 慶北. 醴泉 | 僉樞公派 |
| 변규창(奎昌) | 舜緱 | 小農 | 1854 | 40세 | | 문과. 高宗30년 癸巳 庭試 丙科 11위 | 1893 | 弘文館秘書監丞 | 변치훈(致勳) | 변석동(錫東) | 변시환(始煥) | 慶北. 醴泉 | 僉樞公派 |
| 변기종(起宗) | | | | | | 문과. 太宗17년 丁酉 式年試 同進士 11위 | 1417 | 縣監 | | | | 미상 | |
| 변득룡(得龍) | 觀汝 | 梧軒 | 1721 | 45세 | | 문과. 英祖41년 乙酉 式年試 丙科 23위 | 1765 | 兵曹佐郎 | 변유달(有達) | 변지두(之斗) | 변윤종(胤宗) | 慶北. 醴泉 | 僉樞公派 |
| 변득한(得翰) | | | 1737 | 35세 | | 문과. 英祖47년 辛卯 式年試 丙科 24위 | 1771 | 幼學 | 변석구(錫耉) | 변해준(海俊) | 변서원(西元) | 미상 | |
| 변복일(復一) | | | | | | 문과. 光海君13년 辛酉 別試 丙科 22위 | 1621 | 幼學 | 변 흡(潝) | 변양걸(良傑) | 변위(偉) | 미상 | 典書公派 |
| 변복일(復一) | 受初 | | 1598 | 26세 | | 문과. 仁祖1년 季亥 改試 乙科 2위 | 1623 | 牧使.通政大夫 | 변 흡(潝) | 변양걸(良傑) | 변위(偉) | 미상 | 典書公派 |
| 변상(祥) | 善翁 | | | | | 문과. 成宗17년 丙午 式年試 乙科 7위 | 1486 | 輔德 | 변덕순(德順) | 변상동(尙同) | 변이(頤) | 미상 | 監察公派 |
| 변상회(尙會) | | 撫松堂 | 1399 | 36세 | | 문과. 世宗16년 甲寅 謁聖試 乙科3等 2위 | 1434 | 戶曹參判 | 변이(頤) | 변안열(安烈) | 변량(諒) | 미상 | 參判公派祖 |
| 변상훈(相勳) | 可无 | 白農 | 1827 | 56세 | | 문과. 高宗19년 壬午 增廣試 丙科 49위 | 1882 | 司憲府執義 | 변계동(啓東) | 변시섬(始暹) | 변익보(益普) | 慶北. 醴泉 | 生父, 錫東 |
| 변성(成) | 善叔 | | 1516 | 36세 | | 문과. 中宗17년 壬午 別試 丙科 1위 | 1552 | 生員. 院正 | 변처녕(處寧) | 변극충(克忠) | 변현(顯) | 미상 | 別佐公派 |
| 변성우(聖遇) | 會叔 | 瀛軒 | 1721 | 45세 | | 문과. 英祖41년 乙酉 式年試 丙科 36위 | 1765 | 承文院校檢 | 변시익(是翼) | 변희로(希蘆) | 변흥명(興冥) | 濟州. 梅村 | 中郎將公派 |
| 변성운(聖運) | 仲休 | | 1717 | 49세 | | 문과. 英祖41년 乙酉 式年試 乙科 6위 | 1765 | 承文院注書 | 변시한(是翰) | 변희로(希蘆) | 변흥명(興冥) | 濟州. 納邑 | 中郎將公派 |
| 변시섬(始暹) | 日進 | | 1773 | 29세 | | 문과. 純祖1년 辛酉 式年試 乙科 4위 | 1801 | 吏曹佐郎 | 변익보(益普) | 변국빈(國賓) | 변유체(有逮) | 慶北. 醴泉 | 僉樞公派 |
| 변시중(是重) | 重如 | | 1694 | 35세 | | 문과. 英祖4년 戊申 別試 丙科 8위 | 1728 | 戶曹參判 | 변희로(希蘆) | 변흥명(興溟) | 변득강(得綱) | 濟州. 納邑 | 中郎將公派 |
| 변영청(永淸) | 開伯 | | 1516 | 33세 | | 문과. 明宗4년 己酉 式年試 乙科 5위 | 1549 | 生員. 執義 | 변광(廣) | 변희예(希乂) | 변녕(寧) | 慶北. 安東 | 僉樞公派 |
| 변옥명(玉明) | 德甫 | | 1677 | 26세 | | 문과. 肅宗28년 壬午 式年試 丙科 22위 | 1702 | 幼學. 典籍 | 변준업(俊業) | | | 미상 | |
| 변욱(旭) | | | | | | 문과. 成宗5년 甲午 式年試 乙科 1위 | 1474 | 訓導. 正字 | | | | 미상 | |
| 변위(偉) | 大虛 | | | | | 문과. 明宗1년 丙午 式年試 丙科 7위 | 1546 | 進士.禮曹佐朗 | 변자정(自靖) | 변확(確) | 변을충(乙忠) | 미상 | 典書公派 |
| 변응벽(應壁) | 明叔 | 九江 | 1562 | 39세 | | 문과. 宣祖33년 庚子 別試 丙科 9위 | 1600 | 幼學. 注書 | 변열(悅) | 변계윤(季胤) | 변효공(孝恭) | 미상 | 參判公派 |

| | | | | | | | | | | | | |
|---|---|---|---|---|---|---|---|---|---|---|---|---|
| 변성일(成一) | 克初 | | 1603 | 28세 | | 무과. 仁祖8년 庚午 式年試 丙科 2위 | 1630 | 保人 | 변옥(沃) | | | 京 | |
| 변성화(聖和) | 士弘 | | 1747 | 25세 | | 무과. 英祖47년 辛卯 式年試 乙科 1위 | 1771 | 通德郎 | 변경우(慶遇) | | | 長湍 | |
| 변속(涑) | 深源 | | 1561 | 23세 | | 무과. 宣祖16년 癸未 別試 丙科 67위 | 1583 | 保人 | 변양언(良彦) | | | 白川 | |
| 변수(脩) | 永叔 | | 1447 | 29세 | 조선중기 | 무과. 成宗7년 丙申 重試 | 1476 | 吏曹參判 | 변상회(尙會) | 변이(頤) | 변안열(安烈) | 京畿 | 參判公派 |
| 변양걸(良傑) | 國華 | | 1546 | | | 무과. 宣祖5년 壬申 | 1572 | 知中樞府事 | 변위(偉) | 변자정(自靖) | 변확(確) | | 典書公派 |
| 변어내(於乃) | | | 1600 | 38세 | | 무과. 仁祖15년 丁丑 別試 丙科 3810위 | 1637 | 免賤 | 변김동(金同) | | | 利川 | |
| 변언림(彦霖) | 士沃 | | | | | 무과. 宣祖27년 甲午 別試 丙科 100위 | 1594 | 兼司僕 | 변홍(弘) | | | 洪州 | |
| 변언수(彦琇) | 君獻 | | 1544 | 24세 | | 무과. 宣祖즉위년 丁丑 式年試 丙科 16위 | 1567 | 忠義衛 | 변경(璟) | 변사륜(士倫) | 변수(脩) | 京畿 | 參判公派 |
| 변염(濂) | 浩源 | | 1560 | 44세 | | 무과. 宣祖36년 癸卯 式年試 丙科 16위 | 1603 | 司正 | 변양좌(良佐) | | | 京 | 典書公派 |
| 변영(泳) | 汝涵 | | 1574 | 29세 | | 무과. 宣祖35년 壬寅 別試 丙科 18위 | 1602 | 內禁衛 | 변봉지(鳳祉) | | | 原州 | 僉樞公派 |
| 변오천(伍千) | 無疆 | | 1445 | 21세 | 조선중기 | 무과, 世祖10년 乙酉試 | 1465 | 兵使 | 변상회(尙會) | 변이(頤) | 변안열(安烈) | 京畿 | 參判公派 |
| 변옥(沃) | 士潤 | | 1577 | 27세 | | 무과. 宣祖36년 癸卯 式年試 甲科 3위 | 1603 | 展力 | 변양걸(良傑) | | | 京 | 典書公派 |
| 변우(寓) | 汝高 | | 1615 | 37세 | | 무과. 孝宗2년 辛卯 別試 丙科 492위 | 1651 | 閑良 | 변이(以) | | | 京 | |
| 변위(煒) | 雲甫 | | 1699 | 25세 | | 무과. 景宗3년 癸卯 別試 丙科 29위 | 1723 | 閑良 | 변상후(相翊) | | | 京 | |
| 변유(宥) | 汝寬 | | 1611 | 23세 | | 무과. 仁祖11년 癸酉 式年試 丙科 12위 | 1633 | 保人 | 변이척(以惕) | | | 京 | 典書公派 |
| 변유정(有定) | 定夫 | | | | | 무과. 仁祖26년 戊子 式年試 丙科 12위 | 1648 | 昭威 | 변사기(士紀) | | | 長興 | |
| 변윤광(潤光) | | | 1746 | 39세 | | 무과. 正祖8년 甲辰 庭試 丙科 925위 | 1784 | 閑良 | 변득문(得文) | | | 楊根 | |
| 변윤종(胤宗) | 仲紹 | | 1540 | 45세 | | 무과. 宣祖17년 甲申 別試 丙科 54위 | 1584 | 忠順 | 변담(淡) | | | 京 | 典書公派 |
| 변윤지(允祉) | | | | | | 무과. 孝宗2년 辛卯 別試 丙科 791위 | 1651 | 閑良 | 변형(逈) | | | 大興 | |
| 변응규(應奎) | 瑞叔 | | 1560 | 24세 | | 무과. 宣祖16년 癸未 別試 丙科 132위 | 1583 | 忠義 | 변열(悅) | 변계윤(季胤) | 변효공(孝恭) | 京畿 | 參判公派 |
| 변응복(應福) | 仁吉 | | 1555 | 29세 | | 무과. 宣祖16년 癸未 謁聖試 丙科 27위 | 1583 | 保人 | 변세린(世麟) | | | 京 | |
| 변응성(應星) | 機仲 | 襄惠 | 1552 | 28세 | | 무과. 宣祖12년 己卯 | 1579 | 資憲大夫漢城判尹 | 변협(協) | 변계윤(季胤) | 변효공(孝恭) | 京畿 | 參判公派 |
| 변응정(應井) | 文叔 | 忠壯 | 1557 | 32세 | | 무과. 宣祖21년 戊子 式年試 丙科 5위 | 1588 | 海南郡守 | 변열(悅) | 변계윤(季胤) | 변효공(孝恭) | 京畿 | 參判公派 |
| 변응진(應軫) | 天卿 | | 1544 | 24세 | | 무과. 宣祖즉위년 丁卯 式年試 甲科 3위 | 1567 | 保人 | 변붕(鵬) | | | 京 | 司勇公派 |
| 변응해(應海) | | | 1598 | 40세 | | 무과. 仁祖15년 丁丑 別試 丙科 4953위 | 1637 | 守門將 | 변의윤(義胤) | | | 京 | |
| 변의(儀) | 聖載 | | 1656 | 31세 | | 무과. 肅宗12년 丙寅 重試 丙科 13위 | 1686 | 副司果 | 변효윤(孝胤) | 변탁(鐸) | 변언황(彦璜) | 廣州 | 參判公派 |

| 변의 (儀) | 制叔 | | 1679 | 21세 | | 무과. 肅宗25년 己卯 式年試 丙科 13위 | 1699 | 副司果 | 변영희 (永熙) | | | 京 | |
|---|---|---|---|---|---|---|---|---|---|---|---|---|---|
| 변의길 (義吉) | 宜仲 | | 1605 | 29세 | | 무과. 仁祖11년 癸酉 增廣試 甲科 2위 | 1633 | 司果 | 변배 (倍) | | | 京 | |
| 변이범 (以範) | | | 1595 | 43세 | | 무과. 仁祖15년 丁丑 別試 丙科 1094위 | 1637 | 判官 | 변첩 (帖) | | | 京 | |
| 변이충 (以忠) | 藎叔 | | 1605 | 29세 | | 무과. 仁祖11년 癸酉 式年試 乙科 5위 | 1633 | 保人 | 변혼 (混) | | | 京 | |
| 변이택 (以澤) | 君友 | | 1590 | 44세 | | 무과. 仁祖11년 癸酉 式年試 丙科 2위 | 1633 | 業武 | 변 염 (濂) | 변양좌 (良佐) | | 白川 | 典書公派 |
| 변이필 (以弼) | | | 1688 | 43세 | | 무과. 英祖6년 庚戌 庭試 丙科 254위 | 1730 | 閑良 | 변계달 (繼達) | | | 黃州 | |
| 변익중 (翊中) | 聖輔 | | 1691 | 23세 | | 무과. 肅宗39년 癸巳 增廣試 乙科 4위 | 1713 | 閑良 | 변창열 (昌悅) | | | 京 | |
| 변익헌 (翼獻) | 而* | | | | | 무과. 仁祖11년 癸酉 增廣試 乙科 1위 | 1633 | 副護軍 | 변응제 (應禔) | | | 京 | |
| 변익흥 (翼興) | 汝善 | | 1599 | 35세 | | 무과. 仁祖11년 癸酉 式年試 丙科 8위 | 1633 | 司果 | 변응제 (應禔) | | | 京 | |
| 변 절 (竊) | 鎭之 | | 1604 | 27세 | | 무과. 仁祖8년 庚午 式年試 丙科 1위 | 1630 | 保人 | 변승룡 (勝龍) | | | 京 | |
| 변종득 (宗得) | | | 1608 | 30세 | | 무과. 仁祖15년 丁丑 別試 丙科 60위 | 1637 | 內禁衛 | 변주성 (胃星) | 변봉 (鳳) | 변사형 (士亨) | 京 | 司勇公派 |
| 변주국 (柱國) | 國甫 | | 1698 | 28세 | | 무과. 英祖1년 乙巳 增廣試 丙科 115위 | 1725 | 閑良 | 변익희 (翼禧) | | | 長湍 | 典書公派 |
| 변준 (俊) | | | 1577 | 61세 | | 무과. 仁祖15년 丁丑 別試 丙科 3228위 | 1637 | 兼司僕 | 변막송 (莫松) | | | 坡州 | 典書公派 |
| 변준 (寯) | 泰浩 | | 1624 | 28세 | | 무과. 孝宗2년 辛卯 別試 乙科 8위 | 1651 | 閑良 | 변이충 (以忠) | | | 京 | |
| 변중겸 (重謙) | 善慶 | | 1662 | 25세 | | 무과. 肅宗12년 丙寅 別試 丙科 29위 | 1686 | 副司勇 | 변성홍 (成弘) | | | 京 | |
| 변진국 (鎭國) | | | 1749 | 36세 | | 무과. 正祖8년 甲辰 庭試 丙科 60위 | 1784 | 閑良 | 변철 (哲) | | | 京 | |
| 변진명 (振溟) | 成甫 | | 1645 | 26세 | | 무과. 顯宗11년 庚戌 別試 丙科 161위 | 1670 | 內禁衛 | 변준길 (俊吉) | | | 京 | |
| 변진억 (鎭億) | 起文 | | 1716 | 35세 | | 무과. 英祖26년 庚午 式年試 丙科 79위 | 1750 | 別武士 | 변대위 (大煒) | | | 平壤 | |
| 변진해 (振海) | 澄甫 | | 1629 | 24세 | | 무과. 孝宗3년 壬辰 增廣試 乙科 7위 | 1652 | 司果 | 변의길 (義吉) | | | 京 | |
| 변찬 (粲) | | | 1603 | 35세 | | 무과. 仁祖15년 丁丑 別試 丙科 4765위 | 1637 | 權管 | 변응령 (應聆) | | | 京 | |
| 변창려 (昌麗) | | | 1756 | 46세 | | 무과. 純祖1년 辛酉 庭試 丙科 75위 | 1801 | 選武軍官 | 변식 (植) | | | 開城 | |
| 변창열 (昌悅) | 良弼 | | 1661 | 34세 | | 무과. 肅宗20년 甲戌 別試 丙科 35위 | 1694 | 閑良 | 변영강 (永康) | | | 京 | |
| 변창일 (昌一) | | | | | | 무과. 孝宗2년 辛卯 別試 丙科 158위 | 1651 | 閑良 | 변약 (瀹) | | | 京 | |
| 변취성 (就晟) | 明輔 | | 1643 | 30세 | | 무과. 顯宗13년 壬子 別試 丙科 16위 | 1672 | 閑良 | 변봉 (鳳) | | | 京 | |
| 변치인 (致寅) | 明輔 | | 1638 | 33세 | | 무과. 顯宗11년 庚戌 別試 丙科 177위 | 1670 | 果毅校尉 | 변위 (偉) | | | 京 | |

| 변태홍(泰弘) | | | 1756 | 29세 | | 무과. 正祖8년 甲辰 庭試 丙科 1476위 | 1784 | 別武士 | 변상주(尙柱) | | | 信川 | |
|---|---|---|---|---|---|---|---|---|---|---|---|---|---|
| 변필(佖) | 義叔 | | 1656 | 23세 | | 무과. 肅宗4년 戊午 增廣試 丙科 219위 | 1678 | 副司果 | 변영희(永熙) | | | 京 | |
| 변한규(漢圭) | 汝長 | | 1807 | 29세 | | 무과. 顯宗1년 乙未 增廣試 丙科 18위 | 1835 | 閑良 | 변계환(啓煥) | | | 京 | 典書公派 |
| 변한진(漢鎭) | | | 1760 | 25세 | | 무과. 正祖8년 甲辰 庭試 丙科 1797위 | 1784 | 閑良 | 변익도(益道) | | | 平壤 | |
| 변해진(海鎭) | | | 1732 | 34세 | | 무과. 英祖41년 乙酉 式年試 丙科 1위 | 1765 | 別武士 | 변진방(晉芳) | | | 安州 | |
| 변협(協) | 子寅 | 襄靖 | 1528 | 20세 | | 무과. 明宗3년 戊子 增廣試 丙科 23위 | 1548 | 工曹判書 | 변계윤(季胤) | 변효공(孝恭) | 변우(佑) | 京畿 | 參判公派 |
| 변혼(混) | 混源 | | 1575 | 29세 | | 무과. 宣祖36년 癸卯 式年試 丙科 6위 | 1603 | 將仕郎 | 변양우(良佑) | | | 原州 | 典書公派 |
| 변홍대(弘大) | | | 1758 | 27세 | | 무과. 正祖8년 甲辰 庭試 丙科 1484위 | 1784 | 閑良 | 변상주(尙柱) | | | 信川 | |
| 변홍점(鴻漸) | | | 1754 | 31세 | | 무과. 正祖8년 甲辰 庭試 丙科 1180위 | 1784 | 騎士 | 변이협(以協) | | | 黃州 | |
| 변흡(潝) | | | 1568 | | | 무과. 宣祖36년 癸卯 | 1603 | 五衛都總官 | 변양걸(良傑) | 변위(偉) | | | 典書公派 |
| 변계환(啓煥) | 稺承 | | 1791 | | | 무관.武譜 | | 部 | 변성화(聖和) | 변경우(慶遇) | 변주국(柱國) | 미상 | 典書公派 |
| 변득규(得圭) | | | 1819 | | | 무관.武譜 | | 武 | 변계환(啓煥) | | | 미상 | 典書公派 |
| 변석린(錫麟) | | | | | | 무관.武譜 | | 宣 | 변철규(徹圭) | | | 미상 | |
| 변승규(昇圭) | | | 1812 | | | 무관.武譜 | | 折 | 변치환(致煥) | 변상화(尙和) | 변경유(慶裕) | 미상 | |
| 변영호(永浩) | | | 1791 | | | 무관.武譜 | | 忿哨 | | | | 미상 | |
| 변익환(益煥) | | | 1807 | | | 무관.武譜 | | 部 | 변처화(處和) | 변경리(慶履) | | 미상 | 典書公派 |
| 변재문(載文) | | | 1794 | | | 무관.武譜 | | 部 | 변정섭(廷燮) | 변시창(始昌) | 변처신(處信) | 미상 | |
| 변진규(晉圭) | 而見 | | 1812 | | | 무관.武譜 | | 同仁 | 변계환(啓煥) | 변성화(聖和) | 변경우(慶遇) | 미상 | 典書公派 |
| 변철규(徹圭) | | | 1824 | | | 무관.武譜 | | 南部參奉 | 변계환(啓煥) | 변성화(聖和) | 변경우(慶遇) | 미상 | 典書公派 |
| 변형규(衡圭) | | | | | | 무관.武譜 | | | 변계환(啓煥) | 변성화(聖和) | 변경우(慶遇) | | 典書公派 |
| 변경장(慶長) | 善源 | | 1539 | 32세 | | 生員試. 宣祖3년 庚午 式年試 式年生員3등 24위 | 1570 | 幼學 | 변영청(永淸) | 변광(廣) | 변희예(希乂) | 慶北.安東 | 僉樞公派 |
| 변광(廣) | 季拓 | | | | | 生員試.中宗8년 癸酉 式年試 式年生員3등 62위 | 1513 | 幼學 | 변희예(希乂) | 변영(寧) | 변차희(次熹) | 榮川 | 僉樞公派 |
| 변광대(光大) | 明遠 | | 1485 | 22세 | | 生員試.中宗2년 丁卯 式年試 式年生員2등 16위 | 1507 | 幼學 | 변희리(希李) | 변정(定) | 변차희(次熹) | 慶北.醴泉 | 僉樞公派 |
| 변기종(起宗) | | | | | | 生員試. 太宗14년 甲午 式年試 式年生員3등, 27위 | 1414 | | | | | 미상 | |
| 변기탁(基卓) | | | 1847 | 42세 | | 生員試. 高宗25년 戊子 式年試 式年生員3등, 25위 | 1888 | 幼學 | 변원중(元重) | | | 長興 | |

| | | | | | | | | | | | | | |
|---|---|---|---|---|---|---|---|---|---|---|---|---|---|
| 변익로(翼老) | 敬叟 | | 1704 | 26세 | | 문과. 英祖5년 己酉 式年試 丙科 7위 | 1729 | 進士. 郡守 | 변흡(洽) | 변석지(錫智) | 변기(墍) | 미상 | 護軍公派 |
| 변인길(麟吉) | 仁徵 | | 1599 | 40세 | | 문과. 仁祖16년 戊寅 庭試 丙科 8위 | 1638 | 參奉. 通禮郎 | 변종신(宗信) | 변취중(就中) | 변홍(弘) | 미상 | 別佐公派 |
| 변종신(宗信) | 信元 | | 1575 | 38세 | | 문과. 光海君4년 壬子 增廣試 丙科 5위 | 1612 | 生員. 平評 | 변취중(就中) | 변홍(弘) | 변인복(仁復) | 미상 | 別佐公派 |
| 변진국(鎭國) | 靖叔 | | 1694 | 33세 | | 문과. 英祖2년 丙午 式年試 丙科 6위 | 1726 | 幼學. 察訪 | 변석달(碩達) | 변지위(之緯) | 변순청(順淸) | 미상 | |
| 변형순(亨淳) | | | 1807 | 31세 | | 문과. 憲宗3년 丁酉 式年試 丙科 20위 | 1837 | 幼學 | 변석언(碩彦) | 변유하(有夏) | 변억기(億基) | 泰川 | |
| 변호길(虎吉) | 威如 | | 1593 | 42세 | | 문과. 仁祖12년 甲戌 別試 丙科 6위 | 1634 | 師傅. 掌令 | 변종신(宗信) | 변취중(就中) | 변홍(弘) | 미상 | 別佐公派 |
| 변효성(孝誠) | 行源 | | 1571 | 67세 | | 문과. 仁祖15년 丁丑 別試 丙科 2위 | 1637 | 縣監. 分承政院承旨 | 변양중(養中) | 변백윤(伯胤) | 변응경(應卿) | 미상 | 別佐公派 |
| 변희리(希李) | 仙甫 | 歸溪 | 1435 | 51세 | | 문과. 成宗17년 丙午 式年試 丙科 6위 | 1486 | 司直. 刑曹佐郎 | 변정(定) | 변차희(次熹) | 변이(頤) | 慶北. 醴泉 | 僉樞公派 |
| 변경인(擎仁) | | | 1755 | 30세 | | 무과. 正祖8년 甲辰 庭試 丙科 8위 | 1784 | 閑良 | 변덕순(德淳) | | | 京 | |
| 변계온(繼溫) | 汝順 | | 1555 | 30세 | | 무과. 宣祖17년 甲申 別試 丙科 46위 | 1584 | 保人 | 변극치(克治) | 변호손(昊孫) | 변석윤(石崙) | 京 | 郡守公派 |
| 변광일(光一) | 景初 | | 1630 | 41세 | | 무과. 顯宗11년 庚戌 別試 丙科 179위 | 1670 | 通德郎 | 변흡(翕) | | | 京 | |
| 변국량(國良) | | | 1758 | 30세 | | 무과. 正祖11년 丁未 庭試 丙科 61위 | 1787 | 兼司僕 | 변득중(得中) | | | 京 | |
| 변극남(克男) | | | 1609 | 29세 | | 무과. 仁祖15년 丁丑 別試 丙科 129위 | 1637 | 守門將 | 변희(希) | | | 京 | |
| 변근(瑾) | 伯珍 | | 1536 | 32세 | | 무과. 宣祖즉위년 丁卯 式年試 丙科 15위 | 1567 | 內禁衛 | 변사륜(士倫) | 변수(脩) | 변상회(尙會) | 京 | 參判公派 |
| 변기한(起漢) | 達卿 | | 1623 | 29세 | | 무과. 孝宗2년 辛卯 別試 丙科 167위 | 1651 | 校生 | 변유성(有城 | | | 安東 | |
| 변끝손 | | | 1598 | 40세 | | 무과. 仁祖15년 丁丑 別試 丙科 1764위 | 1637 | 免賤 | 변금동(今同) | | | 利川 | |
| 변대유(大有) | 天祐 | | 1708 | 21세 | | 무과. 英祖4년 戊申 別試 丙科 396위 | 1728 | 閑良 | 변이즙(以濈) | | | 京 | |
| 변득생(得生) | | | 1614 | 24세 | | 무과. 仁祖15년 丁丑 別試 丙科 4622위 | 1637 | 兼司僕 | 변식(植) | | | 京 | |
| 변몽린(夢麟) | 君厚 | | 1552 | 33세 | | 무과. 宣祖17년 甲申 別試 丙科 165위 | 1584 | 別侍衛 | 변충서(忠瑞) | | | 咸平 | |
| 변박(璞) | 莿玉 | | 1672 | 33세 | | 무과. 肅宗30년 甲申 春塘臺試 丙科 10위 | 1704 | 閑良 | 변상현(尙賢) | | | 白川 | |
| 변상훈(尙勳) | | | 1645 | 28세 | | 무과. 顯宗13년 壬子 別試 丙科 277위 | 1672 | 展力副尉 | 변식(寔) | | | 白川 | |
| 변석룡(錫龍) | 河瑞 | | 1856 | 25세 | | 무과. 高宗17년 庚辰 增廣試 丙科 21위 | 1880 | 閑良 | 변형규(衡圭) | | | 京 | 生父, 得圭 |
| 변선(選) | 仲擧 | | 1629 | 23세 | | 무과. 孝宗2년 辛卯 別試 丙科 295위 | 1651 | 閑良 | 변성일(成一) | | | 京 | |
| 변성대(成大) | | | 1752 | 33세 | | 무과. 正祖8년 甲辰 庭試 丙科 122위 | 1784 | 兼司僕 | 변흥세(興世) | | | 京 | |
| 변성린(聖鄰) | 德甫 | | 1698 | 28세 | | 무과. 英祖1년 乙巳 增廣試 丙科 216위 | 1725 | 閑良 | 변하징(夏徵) | | | 京 | |
| 변성보(聖輔) | | | 1727 | 39세 | | 무과. 英祖41년 乙酉 式年試 丙科 34위 | 1765 | 司憲府監察 | 변시한(是翰) | 변희로(希蘆) | 변흥명(興冥) | 濟州. 上加 | 中郎將公派 |

| | | | | | | | | | | | | | |
|---|---|---|---|---|---|---|---|---|---|---|---|---|---|
| 변대즙(大楫) | 子涉 | | 1853 | 30세 | | 生員試. 高宗19년 壬午 式年試 式年生員3등, 39위 | 1882 | 幼學 | 변응하(膺河) | | | 成川 | |
| 변덕연(德淵) | 伯深 | | 1793 | 35세 | | 生員試. 純祖27년 丁亥 增廣試 增廣生員3등, 40위 | 1827 | 幼學 | 변즙(楫) | | | 鳳山 | |
| 변몽윤(夢胤) | 天與 | | 1628 | 56세 | | 生員試.肅宗9년 癸亥 增廣試 增廣生員2등,23위 | 1683 | 幼學 | 변상중(尙中) | | | 原城 | 生父, 好中 |
| 변보(保) | 君守 | | | | | 生員試. 世宗29년 丁卯 式年試 式年生員2등, 23위 | 1447 | 縣監 | 변상빙(尙聘) | 변이(頤) | 변안렬(安烈) | 京 | 郡守公派 |
| 변상수(尙綏) | 柔遠 | | 1696 | 45세 | | 生員試. 英祖16년 庚申 增廣試 增廣生員3등, 19위 | 1740 | 幼學 | 변극형(克亨) | | | 安東 | 生父, 克泰 |
| 변석(錫) | | | 1809 | 59세 | | 生員試.高宗4년 丁卯 式年試 式年生員3등,39위 | 1867 | 幼學 | 변국한(國翰) | | | 白川 | |
| 변석룡(錫龍) | 子雲 | | 1813 | 36세 | | 生員試. 憲宗14년 戊辛 增廣試 增廣生員3등, 66위 | 1848 | 幼學 | 변재항(在恒) | | | 咸興 | |
| 변석연(錫淵) | 景源 | | 1848 | 44세 | | 生員試. 高宗28년 辛卯 增廣試 增廣生員2등, 11위 | 1891 | 幼學 | 변기홍(基弘) | | | 白川 | |
| 변석윤(錫胤) | 景祚 | | 1855 | 19세 | | 生員試. 高宗10년 癸酉 式年試 式年生員3등, 55위 | 1873 | 幼學 | 변홍규(弘圭) | | | 京 | |
| 변성(成) | 善叔 | | | | | 生員試. 中宗11년 丙子 式年試 式年生員3등, 53위 | | | | | | 京 | |
| 변세영(世英) | 子實 | | 1641 | 29세 | | 生員試. 顯宗10년 己酉 式年試 式年生員2등, 5위 | 1669 | 幼學 | 변인길(麟吉) | | | 京 | |
| 변세혁(世爀) | 子明 | | 1629 | 24세 | | 生員試.孝宗3년 壬辰 增廣試 增廣生員3등,24위 | 1652 | 幼學 | 변호길(虎吉) | | | 仁川 | |
| 변세화(世華) | 子精 | | 1632 | 38세 | | 生員試. 顯宗10년 己酉 式年試 式年生員1등, 4위 | 1669 | 幼學 | 변인길(麟吉) | | | 京 | |
| 변시발(始發) | 德吾 | 瀟軒 | 1763 | 41세 | | 生員試.純祖3년 癸亥 增廣試 增廣生員2등,21위 | 1803 | 幼學 | 변익춘(益春) | 변국빈(國賓) | 변지두(之斗) | 慶北. 醴泉 | 僉樞公派 |
| 변여호(汝虎) | | | 1661 | 36세 | | 生員試. 肅宗22년 丙子 式年試 式年生員3등, 35위 | 1696 | | 변우(寓) | | | 扶安 | |
| 변영청(永淸) | 開伯 | | 1516 | 30세 | | 生員試.明宗1년 丙午 式年試式年生員3등,52위 | 1546 | | 변광(廣) | 변희예(希乂) | 변녕(寧) | 慶北. 安東 | 僉樞公派 |
| 변용연(龍淵) | 雲叟 | | 1874 | 21세 | | 生員試. 高宗31년 甲午 式年試 式年生員3등, 131위 | 1894 | 幼學 | 변홍순(鴻淳) | | | 博川 | |
| 변용원(用瑗) | 伯玉 | | | | | 生員試.燕山君7년 辛酉 式年試 式年生員3등,15위 | 1501 | 幼學 | 변상(祥) | | | 鎭川 | |
| 변우(寓) | 子始 | | 1635 | 57세 | | 生員試. 肅宗17년 辛未 增廣試 增廣生員3등, 35위 | 1691 | 幼學 | 변효원(孝遠) | | | 全北. 高敞 | |
| 변윤중(尤中) | 叔正 | | 1595 | 18세 | | 生員試. 光海君4년 壬子 式年試 式年生員3등, 3위 | 1612 | 幼學 | 변영(泳) | | | 原州 | |
| 변응삼(應參) | 子貞 | | 1821 | 32세 | | 生員試. 哲宗3년 壬子 式年試 式年生員3등, 51위 | 1852 | 幼學 | 변직(稙) | | | 京 | |
| 변익춘(益春) | 萬甫 | 南巘 | 1741 | 37세 | | 生員試. 正祖1년 丁酉 式年試 式年生員2등, 25위 | 1777 | 幼學 | 변국빈(國賓) | 변유건(有建) | 변지두(之斗) | 慶北. 醴泉 | |
| 변익희(益熙) | | | 1834 | 25세 | | 生員試. 哲宗10년 己未 增廣試 增廣生員3등, 8위 | 1859 | 幼學 | 변창중(昌仲) | | | 泰川 | |
| 변인길(麟吉) | 聖徵 | | 1598 | 30세 | | 生員試. 仁祖5년 丁卯 式年試 式年生員1등, 5위 | 1627 | 幼學 | 변종신(宗信) | | | 京 | |
| 변일휴(日休) | | | 1740 | 34세 | | 生員試. 英祖49년 癸巳 增廣試 增廣生員3등, 50위 | 1773 | 幼學 | 변진형(鎭迥) | | | 京 | |

| | | | | | | | | | | | | | |
|---|---|---|---|---|---|---|---|---|---|---|---|---|---|
| 변종신(宗信) | 信元 | | 1575 | 31세 | | 生員試. 宣祖38년 乙巳 增廣試 增廣生員3등, 41위 | 1605 | 幼學 | 변취중(就中) | | | | 別坐公派 |
| 변지두(之斗) | 明宇 | 忘村 | 1621 | 34세 | | 生員試. 孝宗5년 甲午 式年試 式年生員3등, 18위 | 1654 | 贈, 承政院左承旨 | 변윤종(胤宗) | 변흠(欽) | 변응영(應寧) | 慶北.醴泉 | 僉樞公派 |
| 변진규(鎭奎) | | | 1861 | 20세 | | 生員試. 高宗17년 庚辰 增廣試 增廣生員3등, 134위 | 1880 | 幼學 | 변득렬(得烈) | | | 泰川 | |
| 변포(褒) | 盛吾 | | 1577 | 29세 | | 生員試. 宣祖38년 乙巳 增廣試 增廣生員3등, 61위 | 1605 | 幼學 | 변호겸(好謙) | | | 京 | |
| 변호길(虎吉) | 威如 | | 1593 | 32세 | | 生員試.仁祖2년 甲子 增廣試 增廣生員1등,2위 | 1624 | 幼學 | 변종신(宗信) | | | 仁川 | |
| 변홍구(鴻九) | | | 1813 | 46세 | | 生員試.哲宗9년 戊午 式年試 式年生員2등,5위 | 1858 | 幼學 | 변응권(膺權) | | | 泰川 | |
| 변후(厚) | | | | | | 生員試. 世宗29년 丁卯 式年試 式年生員3등, 41위 | 1447 | 縣令 | 변상복(尙服) | 변이(頤) | 변안열(安烈) | 大田 | 駙馬公派 |
| 변겸환(謙桓) | 益之 | | 1823 | 39세 | | 역과. 哲宗12년 辛酉 式年試 1위 | 1861 | 敎誨.正 | 변회(淮) | 변진국(鎭國) | 변철(哲) | 미상 | 護軍公派 |
| 변경구(憬求) | 景心 | | 1781 | 21세 | | 역과. 純祖1년 辛酉 式年試 3위 | 1801 | 直長 | 변용(鏞) | 변한모(翰謨) | 변소(熽) | 미상 | |
| 변계(棨) | 肅甫 | | 1687 | 27세 | | 역과. 肅宗39년 癸巳 增廣試 2위 | 1713 | 折衝將軍.敎誨 | 변상해(相諧) | 변탕(盪) | 변성길(誠吉) | 미상 | 護軍公派 |
| 변기(墍) | 退之 | | 1598 | 33세 | | 역과. 仁祖8년 庚午 式年試 8위. 漢學 | 1630 | | 변대길(大吉) | 변신(信) | 변희령(希齡) | 미상 | 護軍公派 |
| 변백윤(伯胤) | 彦紹 | | | | | 역과. 明宗19년 甲子 式年試 10위 | 1564 | 前奉事 | 변효충(孝忠) | | | 미상 | |
| 변상집(相諿) | 熙叔 | | 1666 | 24세 | | 역과. 肅宗15년 己巳 增廣試 7위 | 1689 | 奉事 | 변적(逖) | 변성길(誠吉) | 변인(仁) | 미상 | 護軍公派 |
| 변섬(暹) | 明甫 | | 1631 | 18세 | | 역과. 仁祖26년 戊子 式年試 1위 | 1648 | 嘉善大夫.敎誨 | 변성길(誠吉) | 변인(仁) | 변희령(希齡) | 미상 | 護軍公派 |
| 변성구(性求) | 士善 | | 1776 | 20세 | | 역과. 正祖19년 乙卯 式年試 2위 | 1795 | 敎誨.上通事.主簿 | 변호(鎬) | 변한유(翰猷) | 변소(燒) | 미상 | 護軍公派 |
| 변수(璲) | 致秀 | | 1800 | 20세 | | 역과. 純祖19년 己卯 式年試(壯元) 1위 | 1819 | 敎誨.敎授通政大夫 | 변성구(性求) | 변호(鎬) | 변한유(翰猷) | | 護軍公派 |
| 변숙(淑) | | | | | | 역과. 仁祖8년 庚午 式年試 3위. | 1630 | 敎誨.內贍寺主簿 | 변사길(士吉) | 변인(仁) | 변희령(希齡) | 미상 | 護軍公派 |
| 변시한(是翰) | | | 1694 | 21세 | | 역과. 肅宗40년 甲午 增廣試 2위. 漢學 | 1714 | | 변상중(尙中) | | | 미상 | |
| 변영정(永靖) | | | 1645 | 19세 | | 역과. 顯宗4년 癸卯 式年試 1위. 漢學 | 1663 | | 변완(玩) | 변충길(忠吉) | 변신(信) | 미상 | 護軍公派 |
| 변영화(永和) | 太平 | | 1638 | 23세 | | 역과. 顯宗1년 庚子 式年試 2위. 漢學 | 1660 | 敎誨.正 | 변훈(壎) | 변충길(忠吉) | 변신(信) | 미상 | 護軍公派 |
| 변욱(煜) | 元明 | | 1841 | 19세 | | 역과. 哲宗10년 己未 增廣試 3위. 漢學 | 1859 | 次上通事.主簿 | 변정환(鼎桓) | | | | 護軍公派 |
| 변위(煒) | 明初 | | 1857 | 17세 | | 역과.高宗10년 癸酉 式年試(壯元)1위.漢學 | 1873 | 主簿 | 변태환(泰桓) | | | 미상 | 護軍公派 |
| 변응두(應斗) | 仲七 | | 1824 | 23세 | | 역과. 憲宗12년 丙午 式年試 6위. 漢學 | 1846 | 奉事.前銜 | 변수(璲) | 변성구(性求) | 변호(鎬) | | 護軍公派 |
| 변준(埈) | 士極 | | 1861 | 19세 | | 역과. 高宗16년 己卯 式年試5위. 漢學 | 1879 | | 변응익(應翼) | 변직(稙) | 변성구(性求) | | 護軍公派 |
| 변준(準) | 聖則 | | 1778 | 21세 | | 역과. 正祖22년 戊午 式年試9위. 漢學 | 1798 | 偶語別遞兒.僉正 | 변진국(鎭國) | | | | 護軍公派 |
| 변직(稙) | 幼實 | | 1794 | 19세 | | 역과. 純祖12년 壬申 增廣試(壯元) 1위 | 1812 | 崇政大夫.敎誨.知 | 변성구(性求) | 변호(鎬) | 변한유(翰猷) | | 護軍公派 |

| | | | | | | | | | | | | | |
|---|---|---|---|---|---|---|---|---|---|---|---|---|---|
| 변직(稷) | 文甫 | | 1804 | 22세 | | 역과. 純祖25년 乙酉 式年試 2위 | 1825 | 上通事.正 | 변경구(憬求) | | | | 護軍公派 |
| 변진환(晉桓) | 康之 | | 1832 | 24세 | | 역과. 哲宗6년 乙卯 式年試 5위 | 1855 | 舊押物.主簿 | 변회(淮) | 변진국(鎭國) | 변철(哲) | 미상 | 護軍公派 |
| 변치관(治寬) | 季成 | | 1790 | 21세 | | 역과. 純祖10년 庚午 式年試 5위 | 1810 | 奉事 | 변흠(欽) | | | 미상 | 護軍公派 |
| 변치중(治重) | 伯遠 | | 1784 | 18세 | | 역과. 純祖1년 辛酉 式年試 5위 | 1801 | 上通事.正 | 변흠(欽) | | | 미상 | 護軍公派 |
| 변치후(治厚) | 時回 | | 1787 | 18세 | | 역과. 純祖4년 甲子 式年試 3위 | 1804 | 奉事.上通事 | 변흠(欽) | | | 미상 | 護軍公派 |
| 변탁(倬) | | | 1660 | 28세 | | 역과. 肅宗13년 丁卯 式年試 4위. 漢學 | 1687 | | 변영희(永熙) | 변선(僐) | 변충길(忠吉) | 미상 | 護軍公派 |
| 변탕(瑒) | 繼周 | | 1640 | 21세 | | 역과. 顯宗1년 庚子 增廣試 3위. | 1660 | 舊押物 | 변성길(誠吉) | 변인(仁) | 변희령(希齡) | 미상 | 護軍公派 |
| 변택중(擇中) | 成執 | | 1676 | 24세 | | 역과. 肅宗25년 己卯 增廣試 8위 | 1699 | 偶語別遞兒.主簿 | 변창회(昌恢) | 변영강(永綱) | 변완(琓) | 미상 | 護軍公派 |
| 변합(合) | | | | | | 역과. 仁祖8년 庚午 式年試 3위. 漢學 | 1630 | | | | | 미상 | |
| 변혁(爀) | 榮三 | | 1858 | 25세 | | 역과. 高宗19년 壬午 式年試 3위 | 1882 | 二押物.副奉事 | 변겸환(謙桓) | 변회(淮) | 변진국(鎭國) | 미상 | 護軍公派 |
| 변호(鎬) | 元京 | | 1758 | 26세 | | 역과. 正祖7년 癸卯 增廣試 2위 | 1783 | 崇祿大夫.押物.敎誨 | 변한유(翰猷) | 변소(燒) | 변상겸(相謙) | 미상 | 護軍公派 |
| 변훤(烜) | 德章 | | 1707 | 16세 | | 역과. 景宗2년 壬寅 增廣試 6위 | 1722 | 正憲大夫.敎誨.同知 | 변상협(相協) | 변적(逖) | 변성길(誠吉) | 미상 | 護軍公派 |
| 변흠(欽) | 愼汝 | | 1755 | 23세 | | 역과.正祖1년 丁酉 增廣試 2위. 漢學 | 1777 | | 변한기(翰基) | 변헌(憲) | | 미상 | |
| 변희 | 穉良 | | 1846 | 29세 | | 역과. 高宗11년 甲戌 增廣試 7위 | 1874 | 參奉.籌學 | 변응참(應參) | 변직(稙) | | 미상 | 護軍公派 |
| 변헌(憲) | 德章 | | 1707 | | | 역과. 景宗2년 壬寅 | 1722 | 同旨中樞府事 | | | | | |
| 변경(炅) | 聖章 | | 1712 | 24세 | | 율과. 英祖11년 乙卯 式年試 | 1735 | | 변계중(啓中) | 변창윤(昌潤) | 변영강(永康) | | 護軍公派 |
| 변계중(啓中) | 得一 | | 1692 | 19세 | | 율과. 肅宗36년 庚寅 增廣試(壯元) 1위 | 1710 | 敎授 | 변창윤(昌潤) | 변영강(永康) | 변완(琓) | 미상 | 護軍公派 |
| 변창휴(昌休) | 明淑 | | 1693 | 19세 | | 율과. 肅宗37년 辛卯 式年試 | 1711 | | 변영정(永靖) | 변완(琓) | 변충길(忠吉) | 미상 | 護軍公派 |
| 변규창(奎昌) | | | 1794 | | | 음관. 蔭譜 | | 癸巳,庭 | 변상훈(相勳) | 변계동(啓東) | 변시섬(始暹) | 慶北.醴泉 | 僉樞公派 |
| 변득규(得圭) | 四匹 | | 1818 | | | 음관. 蔭譜 | | 乙丑,武 | 변계환(啓煥) | 변성화(聖和) | 변경우(慶遇) | 미상 | |
| 변상훈(相勳) | 可无 | 白農 | 1827 | | | 음관. 蔭譜 | | 壬子,增 | 변계동(啓東) | 변시섬(始暹) | 변익보(益普) | 慶北.醴泉 | 僉樞公派 |
| 변시섬(始暹) | 日進 | | 1773 | | | 음관. 蔭譜 | | 辛酉,式 | 변익보(益普) | 변국빈(國賓) | 변유체(有逮) | 慶北.醴泉 | 僉樞公派 |
| 변익환(益煥) | 重九 | | 1807 | | | 음관. 蔭譜 | | 乙卯,部.康侯 | 변처화(處和) | 변경리(慶履) | 변광국(光國) | 미상 | |
| 변진규(晉圭) | 而見 | | 1812 | | | 음관. 蔭譜 | | 乙酉,權.營 | 변계환(啓煥) | 변성화(聖和) | 변경우(慶遇) | 미상 | |
| 변철규(徹圭) | | | | | | 음관. 蔭譜 | | 己巳,參 | | | | 미상 | |
| 변한규(漢圭) | 汝長 | | 1807 | | | 음관. 蔭譜 | | 庚子,宣.延日.原 | 변계환(啓煥) | 변성화(聖和) | 변경우(慶遇) | 미상 | 典書公派 |

| | | | | | | | | | | | | | |
|---|---|---|---|---|---|---|---|---|---|---|---|---|---|
| 변형순(亨淳) | 應秀 | | 1807 | | | 음관. 蔭譜 | | 丁酉, 式 | 변석언(碩彦) | 변유하(有夏) | 변억기(億基) | 泰川 | |
| 변순(恂) | | | 1721 | 24세 | | 음양과. 英祖20년 甲子 式年試(壯元) 1위 | | 三曆官, 訓導, 兼敎授 | 변억로(億老) | | | 미상 | |
| 변제환(濟桓) | 和卿 | | 1817 | 28세 | | 음양과. 顯宗10년 甲辰 增廣試. 天文學 | 1844 | 修述官, 三曆官 | 변회(淮) | 변진국(鎭國) | 변철(哲) | 미상 | 護軍公派 |
| 변종규(宗圭) | 聖五 | | 1864 | 19세 | | 음양과. 高宗19년 壬午 式年試 | 1882 | 命課學 | 변욱(煜) | 변정환(鼎桓) | 변회(淮) | 미상 | 護軍公派 |
| 변찬(燦) | 燦明 | | 1854 | 21세 | | 음양과. 高宗11년 甲戌 增廣試 | 1874 | | 변제환(濟桓) | 변회(淮) | 변진국(鎭國) | 미상 | 護軍公派 |
| 변홍(烘) | 洪明 | | 1857 | 20세 | | 음양과. 高宗13년 丙子 式年試. 天文學 | 1876 | 正 | 변제환(濟桓) | 변회(淮) | 변진국(鎭國) | 미상 | 護軍公派 |
| 변급(伋) | | | | | | 의과. 肅宗7년 辛酉 式年試 | 1681 | | 변영수(永綏) | 변선(墡) | | 미상 | 護軍公派 |
| 변두경(斗卿) | 叔平 | | 1617 | 26세 | | 의과. 仁祖20년 壬午 式年試 | 1642 | 僉正. 敎授二 | 변성남(誠男) | | | 미상 | 護軍公派 |
| 변석구(錫龜) | | | | | | 의과. 孝宗2년 辛卯 式年試 | 1651 | | 변기(塈) | 변대길(大吉) | 변신(信) | 미상 | 護軍公派 |
| 변선(墡) | 道卿 | | | | | 의과. 仁祖8년 庚午 式年試 | 1630 | 判官 | 변충길(忠吉) | 변신(信) | 변희령(希齡) | 미상 | 護軍公派 |
| 변시태(始泰) | | | | | | 의과. 肅宗19년 癸酉 式年試(壯元) 1위 | 1693 | | 변여목(汝牧) | 변두경(斗卿) | 변성남(誠男) | 미상 | 護軍公派 |
| 변여망(汝望) | 渭叟 | | 1639 | 19세 | | 의과. 孝宗8년 丁酉 式年試 | 1657 | | 변두경(斗卿) | 변성남(誠男) | | 미상 | 護軍公派 |
| 변여목(汝牧) | | | | | | 의과. 顯宗13년 壬子 式年試(壯元) 1위 | 1672 | | 변두경(斗卿) | 변성남(誠男) | | 미상 | 護軍公派 |
| 변여적(汝勣) | | | | | | 의과. 肅宗1년 乙卯 式年試 | 1675 | | 변두경(斗卿) | 변성남(誠男) | | 미상 | 護軍公派 |
| 변여정(汝靖) | | | | | | 의과. 肅宗8년 壬戌 增廣試 | | | | | | 미상 | |
| 변영강(永康) | 仲綏 | | | | | 의과. 顯宗1년 庚子 增廣試 | 1660 | 主簿 | 변완(玩) | 변충길(忠吉) | 변신(信) | 미상 | 護軍公派 |
| 변영석(永錫) | | | | | | 의과. 顯宗7년 丙午 式年試(壯元) 1위 | 1666 | | 변선(墡) | 변충길(忠吉) | 변신(信) | 미상 | 護軍公派 |
| 변영수(永綏) | 子安 | | 1636 | 22세 | | 의과. 孝宗8년 丁酉 式年試(壯元) 1위 | 1657 | | 변선(墡) | 변충길(忠吉) | 변신(信) | 미상 | 護軍公派 |
| 변영청(永淸) | 汝靜 | | 1624 | 19세 | | 의과. 仁祖20년 壬午 式年試 | 1642 | 內醫. 同知 | 변원(垣) | 변충길(忠吉) | 변신(信) | 미상 | 護軍公派 |
| 변영태(永泰) | | | | | | 의과. 顯宗3년 壬寅 增廣試 | 1662 | | 변완(玩) | 변충길(忠吉) | 변신(信) | 미상 | 護軍公派 |
| 변영휘(永徽) | | | | | | 의과. 肅宗1년 乙卯 式年試 | 1675 | | 변완(玩) | 변충길(忠吉) | 변신(信) | 미상 | 護軍公派 |
| 변영희(永熙) | 汝和 | | | | | 의과. 孝宗5년 甲午 式年試 | 1654 | 正 | 변선(墡) | 변충길(忠吉) | 변신(信) | 미상 | 護軍公派 |
| 변옥(沃) | | | 1659 | 26세 | | 의과. 肅宗10년 甲子 式年試 | 1684 | | 변석지(錫智) | | | | 司勇公派 |
| 변완(垸) | 叔平 | | | | | 의과. 仁祖13년 乙亥 增廣試 | 1635 | 正. 訓導 | 변충길(忠吉) | 변신(信) | 변희령(希齡) | 미상 | 護軍公派 |
| 변응익(應翼) | 子匡 | | 1827 | 18세 | | 의과. 憲宗10년 甲辰 增廣試 | 1844 | 內醫院正 | 변식(植) | 변성구(性求) | 변호(鎬) | | 護軍公派 |
| 변창윤(昌潤) | 德甫 | | | | | 의과. 肅宗19년 癸酉 式年試 | 1693 | 久任. 敎授. 訓導二 | 변영강(永康) | 변완(垸) | 변충길(忠吉) | 미상 | 護軍公派 |

| 변창흡(昌洽) | 遠瑞 | | | | | 의과. 肅宗25년 己卯 增廣試(壯元) | 1699 | 僉正 | 변영태(永泰) | 변완(琓) | 변충길(忠吉) | 미상 | 護軍公派 |
|---|---|---|---|---|---|---|---|---|---|---|---|---|---|
| 변치수(致綏) | 士安 | | 1742 | 30세 | | 의과. 英祖47년 辛卯 式年試 | 1771 | 正 | 변집(潗) | 변홍로(弘老) | 변흡(洽) | 미상 | 護軍公派 |
| 변치정(致定) | 寧甫 | | 1630 | 28세 | | 의과. 孝宗8년 丁酉 式年試 | 1657 | | 변위(偉) | 변희량(希良) | 변형(馨) | 미상 | 典書公派 |
| 변치한(致翰) | 汝宗 | | 1743 | 29세 | | 의과. 英祖47년 辛卯 式年試 | 1771 | 折衝將軍,內醫 | 변순 | 변억로(億老) | 변흡(洽) | 미상 | 護軍公派 |
| 변치헌(致憲) | 章甫 | | 1634 | 24세 | | 의과. 孝宗8년 丁酉 式年試 | 1657 | 惠民署久任, 主簿 | 변위(偉) | 변희량(希良) | 변형(馨) | 미상 | 典書公派 |
| 변태환(泰桓) | 大之 | | 1820 | 40세 | | 의과. 哲宗10년 己未 增廣試(壯元) 1위 | 1859 | 僉正 | 변준(准) | 변진국(鎭國) | 변철(哲) | 미상 | 護軍公派 |
| 변한수(漢壽) | 眉仲 | | 1734 | 23세 | | 의과. 英祖32년 丙子 式年試 | 1756 | 惠民署主簿 | 변계(棨) | 변섬(暹) | 변성길(誠吉) | 미상 | 護軍公派 |
| 변혁(爀) | 晦一 | | 1689 | 25세 | | 의과. 肅宗39년 癸巳 增廣試 | 1713 | 惠民署主簿 | 변상욱(相勗) | 변적(逖) | 변성길(誠吉) | 미상 | 護軍公派 |
| 변훈(壎) | 子律 | | 1619 | 24세 | | 의과. 仁祖20년 壬午 式年試(壯元) 1위 | 1642 | 久任. 敎授三 | 변충길(忠吉) | 변신(信) | 변희령(希齡) | 미상 | 護軍公派 |
| 변광대(光大) | 明遠 | | 1485 | 22세 | | 진사시. 中宗2년 丁卯 式年試 식년진사3등 10위 | 1507 | 幼學 | 변희리(希李) | 변정(定) | 변차희(次熹) | 慶北.醴泉 | 僉樞公派 |
| 변기풍(基豊) | 大有 | | 1874 | 21세 | | 진사시. 高宗31년 甲午 式年試 식년진사3등 590위 | 1894 | 幼學 | 변원학(元鶴) | | | 龍潭 | |
| 변기홍(基弘) | 士裕 | | 1809 | 72세 | | 진사시. 高宗17년 庚辰 增廣試 증광진사 3등 72위 | 1880 | 幼學 | 변대형(大亨) | | | 白川 | |
| 변동식(東植) | 春卿 | | 1878 | 17세 | | 진사시. 高宗31년 甲午 式年試 식년진사3등 802위 | 1894 | 幼學 | 변승학(承學) | | | 平山 | |
| 변동환(東煥) | | | 1874 | 21세 | | 진사시. 高宗31년 甲午 式年試 식년진사3등 591위 | 1894 | 幼學 | 변지화(智和) | | | 海州 | |
| 변득일(得一) | 寧甫 | | 1720 | 40세 | | 진사시. 英祖35년 己卯 式年試 식년진사3등 8위 | 1759 | 幼學 | 변진설(震卨) | | | 仁川 | |
| 변몽정(夢程) | 萬軍 | | | | | 진사시. 中宗2년 丁卯 式年試 식년진사3등 70위 | 1507 | 內禁衛 | 변호(浩) | | | 京 | |
| 변사검(士儉) | | | | | | 진사시. 中宗14년 己卯 式年試 식년진사3등 70위 | 1519 | 進士 | 변오천(伍千) | 변상회(尙會) | 변이(頤) | 京畿 | 叅判公派 |
| 변사청(士淸) | 仲叔 | | 1733 | 22세 | | 진사시. 英祖30년 甲戌 增廣試 증광진사 2등 23위 | 1754 | 幼學 | 변진원(鎭遠) | | | 博川 | |
| 변석홍(錫洪) | 聖範 | | 1828 | 49세 | | 진사시. 高宗13년 丙子 式年試 식년진사 3등 56위 | 1876 | 幼學 | 변태규(泰圭) | | | 平山 | |
| 변섭(僱) | 士聽 | | 1689 | 26세 | | 진사시. 肅宗40년 甲午 增廣試 증광진사 3등 24위 | 1714 | 幼學 | 변시척(是陟) | | | 大興 | |
| 변수양(壽楊) | 仁叟 | | | | | 진사시. 成宗14년 癸卯 式年試 식년진사 3등 42위 | 1483 | 幼學 | 변처관(處寬) | | | 미상 | |
| 변숙(橚) | 華伯 | | 1682 | 24세 | | 진사시. 肅宗31년 乙酉 式年試 식년진사 3등 15위 | 1705 | 幼學 | 변진탁(震鐸) | | | 仁川 | |
| 변순(栒) | 叔建 | | 1699 | 40세 | | 진사시. 英祖14년 戊午 式年試 식년진사 2등 17위 | 1738 | 幼學 | 변진장(震長) | | | 忠原 | |
| 변신(愼) | 重叔 | | 1526 | 30세 | | 진사시. 明宗10년 乙卯 式年試 식년진사 3등 32위 | 1555 | 幼學 | 변명윤(明胤) | 변사겸(士謙) | 변환(煥) | 京畿 | 叅判公派 |
| 변안(晏) | 安之 | | | | | 진사시. 中宗5년 庚午 式年試 식년진사 3등 27위 | 1510 | 幼學 | 변극문(克文) | 변정(靖) | 변상복(尙服) | 京 | 駙馬公派 |
| 변역(減) | 次海 | | 1584 | 59세 | | 진사시. 仁祖20년 壬午 式年試 식년진사 2등 6위 | 1642 | 幼學 | 변영태(永泰) | | | 京 | |

| | | | | | | | | | | | | | |
|---|---|---|---|---|---|---|---|---|---|---|---|---|---|
| 변용각(龍珏) | 雲汝 | | 1874 | 21세 | | 진사시. 高宗31년 甲午 式年試 식년진사 3등 263위 | 1894 | 幼學 | 변홍순(鴻淳) | | | 博川 | |
| 변욱(頊) | 君玉 | | 1666 | 28세 | | 진사시. 肅宗19년 癸酉 式年試 식년진사 3등 40위 | 1693 | 幼學 | 변상렬(尙烈) | | | 白川 | |
| 변위(偉) | 大虛 | | | | | 진사시. 中宗20년 乙酉 式年試 식년진사 3등 5위 | 1525 | 幼學 | 변자정(自靖) | 변확(確) | 변을충(乙忠) | 白川 | 典書公派 |
| 변위호(威虎) | 仲雄 | | 1628 | 25세 | | 진사시. 孝宗3년 壬辰 增廣試 증광진사 3등 28위 | 1652 | 幼學 | 변익흥(翼興) | | | 京 | |
| 변응보(應輔) | 汝隣 | | 1532 | 30세 | | 진사시. 明宗16년 辛酉 式年試 식년진사 3등 54위 | 1561 | 幼學 | 변의(儀) | | | 京 | |
| 변익로(翼老) | 敬叟 | | 1704 | 24세 | | 진사시. 英祖3년 丁未 增廣試 증광진사 3등 62위 | 1727 | 幼學 | 변흡(洽) | | | 京 | 護軍公派 |
| 변적(迪) | 吉甫 | | 1635 | 26세 | | 진사시. 顯宗1년 庚子 式年試 식년진사 3등 16위 | 1660 | 幼學 | 변복일(復一) | | | 京 | |
| 변정원(挺原) | 梃之 | | 1656 | 44세 | | 진사시. 肅宗25년 己卯 式年試 식년진사 3등 3위 | 1699 | 幼學 | 변석징(錫徵) | | | 京 | |
| 변제(悌) | 子和 | | 1524 | 35세 | | 진사시. 明宗13년 戊午 式年試 식년진사 3등 15위 | 1558 | 幼學 | 변계윤(季胤) | 변효공(孝恭) | 변우(佑) | 京畿 | 叅判公派 |
| 변졸 | 晦甫 | | 1714 | 34세 | | 진사시. 英祖23년 丁卯 式年試 식년진사 3등 8위 | 1747 | 幼學 | 변억로(億老) | 변흡(洽) | | 京 | 護軍公派 |
| 변주헌(周憲) | 稚章 | | 1844 | 16세 | | 진사시. 哲宗10년 己未 增廣試 증광진사 3등 64위 | 1859 | 幼學 | 변학규(學珪) | | | 平壤 | |
| 변진유(震維) | 士張 | | 1647 | 35세 | | 진사시. 肅宗7년 辛酉 式年試 식년진사 3등 66위 | 1681 | 幼學 | 변세휘(世輝) | | | 仁川 | |
| 변충익(忠翊) | 開亮 | | 1602 | 41세 | | 진사시. 仁祖20년 壬午 式年試 식년진사 3등 33위 | 1642 | 幼學 | 변응벽(應璧) | 변열(悅) | 변계윤(季胤) | 京畿 | 叅判公派 |
| 변택용(宅鏞) | 舜明 | | 1840 | 49세 | | 진사시. 高宗25년 戊子 式年試 식년진사 2등 7위 | 1888 | 幼學 | 변규(奎) | 生父. 垛 | | 鳳山 | |
| 변학명(鶴鳴) | | | 1808 | 73세 | | 진사시. 高宗17년 庚辰 增廣試 증광진사 3등 167위 | 1880 | 幼學 | 변정욱(晶郁) | | | 泰川 | |
| 변효성(孝誠) | 行源 | | 1571 | 39세 | | 진사시. 光海君1년 己酉 增廣試 증광진사 3등 | 1609 | 幼學 | 변양중(養中) | | | 京 | |
| 변계환(繼煥) | 景時 | | 1834 | 38세 | | 취재. 高宗8년 辛未 籌學 | 1871 | | 변격(格) | 변치후(治厚) | 변흠(欽) | 미상 | 護軍公派 |
| 변준(埈) | 稚隆 | | 1801 | 73세 | | 취재. 高宗10년 癸酉 籌學 | 1873 | | 변응익(應翼) | 변직(稙) | 변성구(性求) | 미상 | 護軍公派 |
| 변희 | 稚良 | | 1846 | 26세 | | 취재. 高宗8년 辛未 籌學 | 1871 | 計士 | 변응참(應參) | 변직(稙) | 변성구(性求) | 미상 | 護軍公派 |